皇宫黄档
——中国历代帝王宫廷故事

向斯 著

人民出版社

目 录

引　言　神化的中国帝王们 ·· 1
　　三皇五帝 ·· 1
　　何为帝王 ·· 4
　　帝王的相貌 ·· 5
　　帝王的寿命 ·· 7

第一章　秦帝王生活 ··· 9
　一、秦帝王宫廷生活 ·· 10
　　　秦帝王宫室 ·· 10
　　　秦宫廷服饰 ·· 11
　　　秦宫廷饮食 ·· 12
　　　先秦和秦宫廷乐舞 ·· 12
　二、秦始皇嬴政 ·· 16
　　　生平 ·· 16
　　　为政举措 ·· 16
　　　典故逸闻 ·· 17
　　　秦始皇陵 ·· 20
　三、秦二世胡亥 ·· 22
　　　生平 ·· 22

昏庸残暴 …………………………………… 23
典故逸闻 …………………………………… 24
秦二世皇陵 ………………………………… 25

第二章　汉帝王生活 …………………………… 27

一、汉帝王宫廷生活 …………………………… 28
汉帝王宫室 ………………………………… 28
汉宫廷服饰 ………………………………… 29
汉宫廷饮食 ………………………………… 31
汉宫廷乐舞 ………………………………… 31
秦汉宫廷游乐 ……………………………… 34
汉宫优伶凑趣 ……………………………… 37
皇帝好男宠 ………………………………… 38

二、汉高祖刘邦 ………………………………… 40
生平 ………………………………………… 40
为政举措 …………………………………… 42
历史评价 …………………………………… 45
典故逸闻 …………………………………… 45
家族成员 …………………………………… 53
长陵 ………………………………………… 54
吕后陵墓 …………………………………… 55

三、汉武帝刘彻 ………………………………… 55
生平 ………………………………………… 55
为政举措 …………………………………… 56
历史评价 …………………………………… 61
典故逸闻 …………………………………… 62
家族成员 …………………………………… 65
茂陵 ………………………………………… 66

四、东汉光武帝刘秀 …………………………… 67

生平 ………………………………………… 67
　　事迹 ………………………………………… 68
　　历史评价 …………………………………… 71
　　典故逸闻 …………………………………… 71
　　家族成员 …………………………………… 73
　　原陵 ………………………………………… 74

第三章　三国两晋南北朝帝王生活 ……… 75
一、帝王宫廷生活 …………………………… 76
　　宫廷服饰 …………………………………… 76
　　宫廷饮食 …………………………………… 76
　　宫中游乐 …………………………………… 77
　　宫廷乐舞 …………………………………… 80
　　文化生活 …………………………………… 82
二、三国帝王生活 …………………………… 83
　　帝王宫室 …………………………………… 83
　　魏武帝曹操 ………………………………… 83
　　蜀汉昭烈帝刘备 …………………………… 86
　　吴大帝孙权 ………………………………… 87
　　帝王陵墓 …………………………………… 90
三、两晋帝王生活 …………………………… 91
　　帝王宫室 …………………………………… 91
　　晋高祖司马懿 ……………………………… 91
　　晋文帝司马昭 ……………………………… 91
　　晋武帝司马炎 ……………………………… 92
　　东晋元帝司马睿 …………………………… 92
　　东晋明帝司马绍 …………………………… 92
　　帝王陵墓 …………………………………… 93
四、南北朝帝王生活 ………………………… 94

帝王宫室 …………………………… 94
　　帝王生平 …………………………… 94
　　帝王事迹 …………………………… 97
　　帝王陵墓 …………………………… 104
　　六朝陵墓综述 ……………………… 107

五、亡国帝王的悲苦命运 ……………… 108
　　为何生在帝王家 …………………… 108
　　长安天子 …………………………… 110
　　晋恭帝从容赴死 …………………… 111
　　愿后世永不生在帝王家 …………… 112
　　齐和帝痛饮至死 …………………… 113
　　长城县公陈叔宝 …………………… 114

六、典故逸闻 …………………………… 116
　　三国典故逸闻 ……………………… 116
　　两晋典故逸闻 ……………………… 126
　　南北朝典故逸闻 …………………… 130

第四章　隋帝王生活 …………………… 139

一、隋帝王宫廷生活 …………………… 140
　　隋帝王宫室 ………………………… 140
　　隋宫廷服饰 ………………………… 140
　　隋宫廷乐舞 ………………………… 141
　　隋帝王文化生活 …………………… 142

二、隋文帝杨坚 ………………………… 143
　　生平 ………………………………… 143
　　为政举措 …………………………… 144
　　典故逸闻 …………………………… 149
　　家庭成员 …………………………… 150
　　泰陵 ………………………………… 151

三、隋炀帝杨广 ······ 152
生平 ······ 152
事迹 ······ 153
家族成员 ······ 161
典故逸闻 ······ 162
炀帝陵 ······ 164

第五章 唐帝王生活 ······ 167
一、唐帝王宫廷生活 ······ 168
唐帝王宫室 ······ 168
唐宫廷服饰 ······ 170
唐宫廷饮食 ······ 172
唐宫廷乐舞 ······ 174
唐宫廷游乐 ······ 179
唐优伶、百戏、杂技 ······ 183
唐宫廷鸟兽 ······ 186
唐帝王文化生活 ······ 187
唐宫太监 ······ 191

二、唐高祖李渊 ······ 196
生平 ······ 196
事迹 ······ 197
家族成员 ······ 199
献陵 ······ 201

三、唐太宗李世民 ······ 201
生平 ······ 201
为政举措 ······ 203
历史评价 ······ 207
典故逸闻 ······ 207
家族成员 ······ 214

005

昭陵 ··· 216

四、唐高宗李治 ······················· 217
　　生平 ··· 217
　　事迹 ··· 218
　　典故逸闻 ·································· 219
　　家族成员 ·································· 223
　　乾陵 ··· 224

五、唐玄宗李隆基 ···················· 225
　　生平 ··· 225
　　事迹 ··· 228
　　典故逸闻 ·································· 231
　　家族成员 ·································· 236
　　泰陵 ··· 239

第六章　五代十国帝王生活 ······ 241

一、五代帝王生活 ···················· 242
　　帝王宫室 ·································· 242
　　帝王生平 ·································· 242
　　帝王事迹 ·································· 246
　　典故逸闻 ·································· 247
　　帝王陵墓 ·································· 250

二、十国帝王生活 ···················· 251
　　帝王宫室 ·································· 251
　　帝王生平 ·································· 252
　　帝王事迹 ·································· 253
　　典故逸闻 ·································· 255
　　帝王陵墓 ·································· 258

第七章　宋帝王生活 ··················· 261

一、宋帝王宫廷生活 ············ 262
宋帝王宫室 ············ 262
宋宫中服饰 ············ 264
宋宫廷饮食 ············ 266
宋宫廷乐舞 ············ 267
宋宫廷游乐 ············ 269
帝王文化生活 ············ 272
宋宫年节和风俗 ············ 277

二、宋太祖赵匡胤 ············ 285
生平 ············ 285
为政举措 ············ 285
典故逸闻 ············ 291
家族成员 ············ 298
宋陵永昌陵 ············ 299

三、宋太宗赵光义 ············ 300
生平 ············ 300
事迹 ············ 301
典故逸闻 ············ 302
家族成员 ············ 303

四、宋徽宗赵佶 ············ 305
生平 ············ 305
事迹 ············ 306
典故逸闻 ············ 310
家族成员 ············ 311
永佑陵 ············ 313

五、宋高宗赵构 ············ 314
生平 ············ 314
事迹 ············ 314
典故逸闻 ············ 317

家族成员 ………………………………… 318
　　　永思陵 …………………………………… 319

第八章　辽金元帝王生活 ………………… 321

一、帝王宫中生活 ……………………………… 322
　　　三朝宫室 ………………………………… 322
　　　宫廷服饰 ………………………………… 325
　　　宫廷饮食 ………………………………… 328
　　　宫中游乐 ………………………………… 329
　　　宫廷乐舞 ………………………………… 338
　　　帝王文化生活 …………………………… 339

二、帝王荒唐生活 ……………………………… 345
　　　大辽睡王 ………………………………… 345
　　　扇岳父耳光 ……………………………… 347
　　　金熙宗嗜杀 ……………………………… 348
　　　鲁班天子 ………………………………… 350

三、辽帝王生活 ………………………………… 351
　　　辽帝王生平 ……………………………… 351
　　　辽帝王事迹 ……………………………… 352
　　　典故逸闻 ………………………………… 353
　　　辽帝王陵墓 ……………………………… 355

四、金帝王生活 ………………………………… 356
　　　金帝王生平 ……………………………… 356
　　　典故逸闻 ………………………………… 357
　　　金帝王陵墓 ……………………………… 357

五、元帝王生活 ………………………………… 358
　　　元帝王生平 ……………………………… 358
　　　典故逸闻 ………………………………… 360
　　　元帝王陵墓 ……………………………… 361

第九章　明帝王生活 …… 363

一、明帝王宫廷生活 …… 364
　　明帝王宫室 …… 364
　　明宫廷服饰 …… 369
　　明宫中饮食 …… 370
　　明宫廷游乐 …… 371
　　帝王文化生活 …… 374
　　中国皇帝和西方传教士 …… 376
　　明宫习俗和节令 …… 378

二、明代皇陵 …… 381
　　中都皇陵 …… 381
　　孝陵 …… 381
　　十三陵 …… 382

三、明太祖朱元璋 …… 384
　　生平 …… 384
　　事迹 …… 385
　　个人作品 …… 387
　　历史评价 …… 387
　　典故逸闻 …… 388
　　家族成员 …… 392

四、明成祖朱棣 …… 394
　　生平 …… 394
　　为政举措 …… 395
　　典故逸闻 …… 398
　　家族成员 …… 403
　　长陵 …… 404

五、明武宗朱厚照 …… 405
　　生平 …… 405
　　事迹 …… 405

典故逸闻 ⋯⋯⋯⋯⋯⋯⋯⋯⋯⋯⋯⋯ 405
　　康陵 ⋯⋯⋯⋯⋯⋯⋯⋯⋯⋯⋯⋯⋯⋯ 407
六、明思宗朱由检 ⋯⋯⋯⋯⋯⋯⋯⋯ 407
　　生平 ⋯⋯⋯⋯⋯⋯⋯⋯⋯⋯⋯⋯⋯⋯ 407
　　事迹 ⋯⋯⋯⋯⋯⋯⋯⋯⋯⋯⋯⋯⋯⋯ 407
　　典故逸闻 ⋯⋯⋯⋯⋯⋯⋯⋯⋯⋯⋯⋯ 410
　　家族成员 ⋯⋯⋯⋯⋯⋯⋯⋯⋯⋯⋯⋯ 412
　　思陵 ⋯⋯⋯⋯⋯⋯⋯⋯⋯⋯⋯⋯⋯⋯ 413

第十章　清帝王生活 ⋯⋯⋯⋯⋯⋯⋯ 415

一、清帝王宫廷生活 ⋯⋯⋯⋯⋯⋯⋯ 416
　　清帝王宫室 ⋯⋯⋯⋯⋯⋯⋯⋯⋯⋯ 416
　　清宫廷服饰 ⋯⋯⋯⋯⋯⋯⋯⋯⋯⋯ 426
　　清宫廷饮食 ⋯⋯⋯⋯⋯⋯⋯⋯⋯⋯ 429
　　深宫美酒 ⋯⋯⋯⋯⋯⋯⋯⋯⋯⋯⋯⋯ 432
　　清宫廷乐舞 ⋯⋯⋯⋯⋯⋯⋯⋯⋯⋯ 433
　　清宫廷游乐 ⋯⋯⋯⋯⋯⋯⋯⋯⋯⋯ 434
　　帝王文化生活 ⋯⋯⋯⋯⋯⋯⋯⋯⋯ 436
　　皇帝的隐私 ⋯⋯⋯⋯⋯⋯⋯⋯⋯⋯ 442
　　清宫节令和风俗 ⋯⋯⋯⋯⋯⋯⋯⋯ 443
　　乾隆的养生之道 ⋯⋯⋯⋯⋯⋯⋯⋯ 446

二、清太祖努尔哈赤 ⋯⋯⋯⋯⋯⋯⋯ 450
　　生平 ⋯⋯⋯⋯⋯⋯⋯⋯⋯⋯⋯⋯⋯⋯ 450
　　事迹 ⋯⋯⋯⋯⋯⋯⋯⋯⋯⋯⋯⋯⋯⋯ 450
　　姓氏之谜 ⋯⋯⋯⋯⋯⋯⋯⋯⋯⋯⋯⋯ 452
　　家族成员 ⋯⋯⋯⋯⋯⋯⋯⋯⋯⋯⋯⋯ 453
　　福陵 ⋯⋯⋯⋯⋯⋯⋯⋯⋯⋯⋯⋯⋯⋯ 456

三、清太宗皇太极 ⋯⋯⋯⋯⋯⋯⋯⋯ 457

  生平 ………………………………… 457
  事迹 ………………………………… 458
  典故逸闻 …………………………… 458
  家族成员 …………………………… 459
  昭陵 ………………………………… 462

四、清世祖福临（顺治帝）…………… 463
  生平 ………………………………… 463
  事迹 ………………………………… 463
  典故逸闻 …………………………… 466
  家族成员 …………………………… 468
  孝陵 ………………………………… 470

五、清圣祖玄烨（康熙帝）…………… 471
  生平 ………………………………… 471
  为政举措 …………………………… 471
  典故逸闻 …………………………… 474
  家族成员 …………………………… 477
  景陵 ………………………………… 483

六、清高宗弘历（乾隆帝）…………… 483
  生平 ………………………………… 483
  事迹 ………………………………… 485
  典故逸闻 …………………………… 490
  家族成员 …………………………… 495
  裕陵 ………………………………… 498

七、西太后和宣统帝溥仪 …………… 498
  生平 ………………………………… 498
  事迹 ………………………………… 499
  光绪之死疑案 ……………………… 499
  典故逸闻 …………………………… 500

八、清代皇陵 ………………………… 501

沈阳福陵 …………………………………… 501
沈阳昭陵 …………………………………… 502
清东陵 ……………………………………… 502
清西陵 ……………………………………… 504

参考文献 ………………………………………… 506

引 言

神化的中国帝王们

三皇五帝

三皇五帝,是中国传说时代的部落联盟首领,是大约在夏朝以前出现的"帝王"。从传说的三皇时代到五帝时代,大约经历了数千年。在中原地区,近代考古发现,裴李岗文化、贾湖文化等古代文化,大约在10000年前,就已经进入农业社会,其中,出土的有文字性质之龟骨契刻符号,与大约3000年前的殷商甲骨文字,有许多类同和相似之处。

三皇五帝,是中华民族上古传说时代的帝王,也是当时最为杰出的部落代表。三皇时代距今十分久远,大约在七八千年以前,乃至更为久远,时间跨度上也可能很大;五帝时代距离夏朝不太远,大约在4000多年以前。

三皇五帝,在中国史学界存在多种说法。根据考古和文献记载,最接近历史真实的三皇五帝应应该是:三皇——燧人氏、伏羲氏、神农氏;五帝——黄帝,号有熊;帝颛顼,号高阳;帝喾,号高辛;帝尧,号陶唐;帝舜,号有虞。帝禹,号夏后,而另有姓氏,姓姒氏。

三皇五帝,是中国在夏朝以前出现的传说中的"英雄",他们出类拔萃,极富个性魅力,实力强大,成为各个部落联盟的领导者。从民众的眼光看,中国古人认同的三皇,是上古时期的伏羲氏、女娲氏、神农氏。伏羲氏,是以天道泰德而王天下的,称为天皇泰帝。女娲氏,最大的业绩是建立婚姻制度,是以人道伦德而王天下的,称为人皇娘娘。神农氏,最显著的成就是建立农耕制度,是以地道炎德而王天下的,称为地皇炎帝。

真实的三皇五帝是什么样的?据信史记载,人类繁衍初期,伏羲、女娲等群居共处,原始种群茹毛饮血,生活过得十分艰难。多少年过去了,人们才知道取火,用火,知道保存火的方法。这时,人类才真正从动物群落之中分离出来。后来,伏羲发明了结网,开始捕鱼;接触动物,懂得狩猎、驯养,这样,人类进入种群文明时代。女娲,是母系群体的代表。伏羲,是父系群体的代表,更大的可能是,那时男女之间根本就是混乱的,男女平等,一切自然而然,没有父系、母系之分。

人类在山林和洞穴中生活,过了亿万年之久。突然,大灾难降临了。在大灾难降临之时,智者女娲先知先觉,预先派人四出传达逃避灾难的命令和方法。由于是在恐龙时期,传达方式极其缓慢,得到通知的人群极为稀少。女娲名声远播,成为众人的"娘娘",也就成为了人类共同的祖母。女娲时期,是旧石器时期,这个时期长达2亿年。

大灾难后,太昊伏羲挺身而出,以超群出众的智慧施恩天下:创制八卦,划分九州,以龙记官,创建了中国远古时期第一个原始社会形态的国家。从此,他成为部落联盟的首领。于是,人类社会进入了部落文明时期。太昊伏羲眼界开阔,有远见卓识,他的最大功绩在于,下令他的儿孙们远游四方,向世界各地扩散;不仅如此,他特地吩咐自己的四个儿女,前往不同方向的目的地。

人类扩散的过程中,智者燧人氏发明燧石取火。太昊伏羲十分高兴,主动将联盟首领之位置让给燧人氏,自己则离开昆仑,到大儿子羲伯那里去了。燧人氏继承太昊伏羲之位,接管了伏羲的昆仑部落,建立燧明国。接着,他们在昆仑山南北和天山南北扩散,向东、向南发展。这时期,玄女发明了结绳文字,再后来,发明了天干地支,发明了陶文。这样,人类进入了新石器时期。

进入有史记载的文明时代,渐渐形成了三皇五帝。三皇:羲皇、燧皇、炎皇。五帝:黄帝、颛顼、帝喾、尧帝、舜帝。中华儿女之所以称为炎黄子孙,就是源于炎帝和黄帝。据称,黄帝时期,炎帝是黄帝的哥哥,成为神农氏首领;黄帝,成为有熊氏首领;炎黄联盟,相继征服帝俊、蚩尤之后,建站了统一的联盟,从此,天下进入空前规模的大一统时代。在中国历史上,这是前所未有的奇迹。因此,生活在这片土地上的子孙们,都统称为"炎黄子孙"。

中华儿女之所以被称为龙的传人,源于伏羲、女娲时期。据称,天地感应,孕生伏羲、女娲。当时,霹雳大作,雷神威猛,雷电之状,如同游龙,击之于木而熊熊燃烧。人们取用木火,温暖身体,烧烤食物,从此以后,人类的生活得以彻底的改变,人类从动物世界之中正式分化出来,走出蒙昧。人们崇拜伏羲,视他为龙。伏羲具备木德,木为青,故称为青龙。华夏子孙,均为青龙之传人。

司马迁是西汉著名的史学家,他在《史记·秦始皇本纪》中说:天皇、地皇、泰皇为三皇,以泰皇最贵。那么,泰皇是谁?《太平御览》卷七十八引《春秋纬》提出:天皇、地皇、人皇为三皇。似乎,泰皇即人皇。《尚书大传》和《白虎通义》等主张,三皇为燧人、伏羲、神农。《运斗枢》《元命苞》等纬书,认为三皇是伏羲、神农、女娲。《帝王世纪》称,伏羲、神农、黄帝为三皇。《通鉴外纪》说,伏羲、神农、共工为三皇。从史书记载上看,伏羲、神农,占三皇之两席,基本一致;第三席是谁,分歧较大。

五帝之说,看法莫衷一是。《世本》《大戴礼记》《史记·五帝本纪》称:黄帝、颛顼、帝喾、唐尧、虞舜为五帝;《礼记·月令》认为:太皞(伏羲)、炎帝(神农)、黄帝、少皞、颛顼为五帝;《尚书序》《帝王世纪》说:少昊(皞)、颛顼、高辛(帝喾)、唐尧、虞舜为五帝。东汉王逸注《楚辞·惜诵》,称"五帝"为五方神,即东方太皞、南方炎帝、西方少昊、北方颛顼、中央黄帝。唐贾公彦疏《周礼·天官》,"祀五帝",为东方青帝灵威仰、南方赤帝赤熛怒、中央黄帝含枢纽、西方白帝白招拒、北方黑帝汁先纪。

我们梳理中国最早的古史系统,发现中国古史的英雄传说之中,进入战国时期,才真正形成"五帝"之说;直到战国末期,才出现"三皇"一词;到汉代时,才将三皇前置,放在五帝之前,形成三皇五帝之说。

不过,不同时代的不同历史学家,对于"三皇五帝"都有不同的定义。大致归纳起来,三皇有八说,五帝有六说。三皇八说是:①燧人、伏羲、神农(《尚书大传》);②伏羲、女娲、神农(《风俗通义》);③伏羲、祝融、神农(《风俗通义》);④伏羲、神农、共工(《风俗通义》);⑤伏羲、神农、黄帝(《古微书》);⑥自羲农,至黄帝。号三皇,居上世(《三字经》);⑦天皇、地皇、泰皇(《史记》);⑧天皇、地皇、人皇(《民间传说》)。

第五种说法,由于《古微书》的广大影响力,得到广泛的推广,因此,伏羲、神农、黄帝三人,成为中国最古时期最为著名的三位帝王。汉朝时,纬书大行其道,纬书中称:三皇,为天皇、地皇、人皇,是三位天神。后来,在中国传统的道教之中,将三皇细分,包括初、中、后三组:初三皇,具人形;中三皇,人面蛇身或龙身;后三皇——后天皇,人首蛇身,即伏羲;后地皇,人首蛇身,即女娲;后人皇,牛首人身,即神农。

五帝六说是:①黄帝、颛顼、帝喾、尧、舜(《大戴礼记》);②庖牺、神农、黄帝、尧、舜(《战国策》);③太昊、炎帝、黄帝、少昊、颛顼(《吕氏春秋》);④黄帝、少昊、颛顼、帝喾、尧(《资治通鉴外纪》);⑤少昊、颛顼、帝喾、尧、舜(伪《尚书序》),以其经书地位之尊,以后史籍皆承用此说。于是这一三皇五帝说被奉为古代的信史;⑥黄帝(轩辕)、青帝(伏羲)、赤帝又叫炎帝(神农)、白帝(少昊)、黑帝(颛顼)(五方上帝)。

三皇五帝之说,是后人对于远古传说时代部落英雄的概括,是华夏儿女对祖先丰功伟绩的尊崇与缅怀。根据史书记载,不妨将三皇五帝,列出世系传承表:黄帝→玄嚣[长子]、昌意[次子]—玄嚣→蟜极→高辛(帝喾)→放勋(尧)—昌意→高阳(颛顼)→穷蝉→敬康→句望→桥牛→瞽叟→重华(舜)。

三皇五帝				
说法一	伏羲	神农	女娲（《司马贞·三皇本纪》）	
说法二	伏羲	神农	黄帝（《帝王世纪》）	
说法三	伏羲	神农	燧人（《尚书大传》说法）	
说法一	黄帝	颛顼	帝喾	帝尧
	帝舜（《史记·五帝本纪》《礼记》和《春秋国语》说法）			
说法二	少昊	颛顼	帝喾	帝尧
	帝舜（《白虎通义》和《尚书序》说法）			
说法三	太昊	炎帝	黄帝	少昊
	颛顼（《吕氏春秋》和《淮南子》说法）			

何为帝王

秦始皇执政以后，为了表示其地位至高无上、崇高无比，采用三皇之"皇"、五帝之"帝"，构成自己"皇帝"的称号。这是中国有史以来，真正正式使用皇帝的开始，也是中国2132年帝制时代的开端。

"皇"，其原始意义为帝王。《说文解字》称："皇，始王天下者"。"帝"，帝王，《说文解字》称："帝，王天下之号也。"秦始皇统一华夏，自认为功过"三皇五帝"，因此将"皇"和"帝"组合一起，发明了"皇帝"这一称号。实际上，这个称号同古代部落首领、氏、后、王等没有什么区别，只是修饰了词组，取其至尊至贵之意。

皇，形声字。字从白，从王。白，本义指空白。王，本义指王者。白、王二字联合，表示意思是：空前的王者、从来没有过的王者。皇之本义为：始王天下者。皇字，从白从王，最早见于秦始皇之会稽刻石。据郭沫若考证，皇、帝二字，其原意都有太阳出土放光芒之含义，从甲骨文的形象中也可以看出来。皇，大也。意思不是指皇字的本义是大，而是指三皇统治范围空前广大，有大九州之说。《帝王世纪》称：神农以上，有大九州，柱州、迎州、神州等。黄帝以来，德不及远，惟于神州之内分为九州。古文献中也称：夏，大也。大，也是指三皇统治范围之大。从史料记载上看，三皇皇室，来源于良渚文化一系，其故乡在古杭州良渚一带，也就是所谓的夏人。夏，本指炎热季节，所在方位是南方。夏人，就是远古时代的南方人。这些南方人，入主中原，时间久了，就变为中原土著了。所以，《说文解字》称：夏，中国之人也。

"帝"，原指天帝。人间的"五帝"一词，在孟子时尚未出现。因为，在孟子的书中，只提到"三王五霸"。《荀子》书中，才有"五帝"一词，排在"三王"之前，但是,没有具体人名,只在其《议兵篇》中,称尧、舜、禹、汤为"四帝"。《孙子兵法》中,有"此黄帝之所以胜四帝也"之句,似亦有四帝、五帝之称(但梅尧臣谓此"帝"字系"军"之讹)。《管子》《庄子》屡称"三皇五帝",也都未指实人名。

从古代史料记载上看,帝者,德合天地曰帝。这就是说,一个人的道德修养,达到了与天地一样的高度,并且与天地贯通、阴阳和谐,这个人,就可称之为帝。这样的人,必然是人类之中最有智慧、能力出众、出类拔萃者,人们愿意让他来管理大家,指导公共生活,引导教化民众,人们推举他为最高管理者。但是,后来人们不再重道德,只重权力、地位,于是,帝之意义开始发生变化,由原来代表道德修养最高境界者,变为社会的至高权力地位者,于是,才有了所谓帝制之说。

战国以前,帝专指道德修养和功德至高至大者,也就是部落的最高管理者。秦以后,帝成为皇帝之简称。《庄子·庄帝王》中,有南海之帝、北海之帝等。商、周天子,称王不称帝。公元前288年,齐湣王称东帝,秦昭王称西帝。当时,列国均已称王,欲寻一更尊于王之称号,于是借上古大帝之名,用为后世人君之号。《史记》以《五帝本纪》为首篇,所载帝号,实系后人所加。秦始皇以皇帝为君主之称号,帝遂为皇帝之简称。

帝王的相貌

相貌,是一个人的显著特征。认识一个人,总是首先要目睹其相貌。中国古代的皇帝,称自己为特殊的人,自诩为具有神格的人,他们也一直被赋予了神秘的色彩,被认为是神的后裔,有着特殊身份和地位。古人们也大多相信,帝王们不是凡胎,他们都是龙种,是先天决定的。而留在史官笔下的历代帝王们,他们的出生和他们的相貌,也真的不同凡响,有别于常人,令人惊叹、羡慕和敬畏。

中国古史的神话,是关于英雄的神话。那些长寿的英雄们,就是远古时代的没有称为帝王的帝王。据说,天皇有13个头,地皇有11个头,人皇有9个头;伏羲氏相比之下则有些人的模样——长头,修目,眉有白毫,长须飘飘下垂委地,翻起的龙唇下是一口很别致的龟齿。不过,伏羲和女娲都是人首蛇身,而尝遍百草、教民耕种的神农氏却连人首都不是,而是长着一颗牛的脑袋。

从神话时代进入传说时代以后,帝王们的模样,就更加接近世俗之人;尽管如此,但他们仍然不是凡胎。世称轩辕氏的黄帝,史书记载他是龙颜,就是长着一张像龙一样的脸。他活了111岁,生有25个儿子。穿越数千年的历史直到今天,人们仍然很怀念和敬仰这位长寿多子的黄帝,他智慧、多福、健康长寿;他勤劳、勇敢、富于创造力,于是,他成了整个中华民族引以为骄傲的祖先。

帝尧身长十尺,眉毛有八种色彩,胡须长七尺有余。帝舜身长仅六尺,中等身材,但他的嘴巴很大,而且是重瞳——眼瞳是双重的。夏禹是长鼻子,大嘴巴,两耳三漏——两个耳廓有漏眼;而且腿还点瘸,不能快步行走,越快越拐得厉害。商汤身长九尺,下颌很丰满,臂有四肘——手臂上有四个关节。周文王身长八尺三寸,龙颜虎肩,胸有四乳——长着一张像龙一样的脸,身材修长,肩膀如虎一样的健美,胸部还有四个乳头。周武王是骈齿、望羊——就是有双重牙齿,高瞻远瞩,视野开阔。

秦始皇是蜂准、长目、豺声、鸷鸟膺——高大的鼻子,眼睛很长,声音就像豺发出的一样,是一种少有的细而尖厉、悲而仓凉的嚎声,胸部突起如同鸷鸟。汉高祖刘邦,龙颜,隆准,美须髯,左股七十二黑子。就是说,他有一张像龙一样的脸,鼻梁高高的,胡须长而飘飘,左大腿上还有七十二颗黑痣。东汉光武帝刘秀,日角、隆准、大口、美须眉,身长七尺三——他的额头很饱满,如同太阳;他的鼻子很高,嘴巴很大,胡须很长,身高七尺三寸。

三国蜀主刘备,身长七尺五寸,垂手下膝,顾自见其耳。就是说,他的上肢很长,双手一下垂,就能越过膝界;他的耳垂也很长,自己的眼睛能够看见自己的耳朵。东晋晋元帝司马睿,白毫生日角之左、眼有精曜——左额头上长出了一片不耀眼的白毛,一双眼睛炯炯有神。南朝齐高帝萧道成,姿表英异,龙颡钟声,鳞文遍体。就是说,他的额头长得像龙的一样英武,声音如同洪钟一样响亮,浑身上下都是鱼鳞般的皮肤。

隋文帝杨坚,龙颜,目光外射,额上五柱入顶,有文在手曰王,长上短下。这是说:他有一张龙一样的脸,炯炯有神的眼光向外射,额头上有五条纹路直入头顶,手掌上有王字纹,上身较长,而下身略短。唐高祖李渊,体有三乳、左腋下有紫痣如龙——他的胸部较为宽阔,比一般人多出一个乳头,左边的腋下有一片紫色的小痣,形成一个龙形的图案。唐太宗李世民是龙凤之姿,天日之表。这是最完美的经典帝王形象,其姿容如龙如凤,脸部饱满如同太阳。宋太祖赵匡胤,容貌雄伟,气度豁如。辽太祖耶律阿保机,丰上锐下、目光射人——额头宽阔,下颌峻削,双目炯炯有神向外发光。金太祖完颜阿骨打,身长八尺,状貌雄伟,臂长过膝。

明太祖朱元璋,姿貌雄杰、奇骨贯顶——身姿雄伟,相貌堂堂,头顶上还长出了一个奇异的骨骼。这是史书《明史》上写的,是史官的溢美之词。其实,朱元璋先生长得奇丑,要不是有留传至今的画像作证,我们真的会被帝王和史官们合伙作弊,蒙骗过去:朱元璋有12幅画像传世,其中,有10幅画像丑陋无比——这很可能就是他的真容貌,山根(鼻梁)下陷,下巴向外突出,脸上满是密密麻麻的黑点;另两幅则判若两人,画面上的朱元璋红光满面,眉目清秀,五官端正,真是英气勃发,相貌堂堂,这等英武的相貌,后来就成了朱元璋的标准像。孰真孰假,不能分辨吧?

清太祖努尔哈赤,仪表雄伟,发声若钟。从这些记载上看,帝王们真的不是凡胎,他们是介于神、仙、人之间的物种,是半人半神半仙之间的一种神物,至于他们真的是不是那幅模样,恐怕也只有天才知道。

帝王的寿命

如果从三皇五帝时的黄帝算起,直到1911年清王朝灭亡,中国经历了数千年的漫长历史时期,在这漫长的历史长河之中,先后出现了558位帝王,包括396位皇帝,162位国王。

如果从秦始皇算起,直到1911年清末代皇帝溥仪,其间2132年,有皇帝335人,其平均寿命是41岁。如果不包括南北朝时期和五代十六国时期的帝王,那么帝王的数字是235人,其平均寿命是39岁。

上述这200多位帝王,如果按照朝代顺序进行分析,可以发现这样一组有趣的数字:

秦汉时期的帝王是28人,平均寿命是34岁;

魏晋南北朝时期的帝王是121人,平均寿命是38岁;

隋唐时期的帝王是41人,平均寿命是44岁;

五代十国时期的帝王是44人,平均寿命是46岁;

北宋皇帝9人,平均寿命是48岁;

南宋、辽、金时期的帝王39人,平均寿命是48岁;

元代帝王14人,平均寿命是39岁;

明代皇帝18人,平均寿命是42岁;

清代皇帝12人,平均寿命是53岁。

如果从年龄段上分析,可以得出如下一组数字:

20岁以下的是28人;

20—40岁的是83人;

40—60岁的是77人;

60—80岁的是36人。

70岁以上的是6人——汉武帝刘彻70岁,吴大帝孙权71岁,唐高祖李渊70岁,唐玄宗李隆基78岁,辽道宗耶律洪基70岁,明太祖朱元璋71岁。

80岁以上的是6人——梁武帝萧衍86岁,唐女皇武则天82岁,五代吴越王钱具美81岁,宋高宗赵构81岁,元世祖忽必烈80岁,清高宗弘历89岁。

如梁武帝萧衍,是一位特立独行的皇帝。他出身名门,是汉代丞相萧何的第25世孙。他天性至孝,6岁时他的母亲去世,他三天三夜滴水不进,多次哭得昏死过去。他从小就勤奋学习,几乎每天都手不释卷,读了大量的书籍,并与当世才华横溢的名士沈约等交游密切,时称竟陵八友。他统兵数十万,南征北战,仅仅半年时间便鼎定天下,建立了梁王朝。他天资聪颖,下笔成章,一生著作等身,仅一部《通史》就是600卷。他在位48年,活了86岁!

如唐女皇武则天,82岁时,风韵犹存,她有许多长寿之道;宋高宗赵构,活了81岁,他的长寿仙方是清心寡欲;元世祖忽必烈数十年驰骋疆场,80岁去世,他的长寿秘密是纵马驰奔;清高宗弘历,活了89岁,是中国最长寿的皇帝,人称神仙皇帝、长寿之君。他一生写了4万多首诗文,他的文治武功自诩天下第一,在中国专制皇帝之中是空前绝后的。乾隆皇帝是性情中人,一生浪漫多情;他心胸开阔,生活有规律,饮食很节制,进膳讲究,养生有道。

第一章
秦帝王生活

　　周孝王时,封伯益后代于秦(甘肃张家川),嬴姓,生活在犬丘(陕西兴平)一带。秦孝公任用商鞅变法,迁都咸阳,富国强兵,为战国七雄之一。秦惠文王时,夺回河西之地,攻灭巴蜀,夺取楚国之汉中。秦昭王时,不断攻取魏、韩、赵、楚等国大量土地。公元前221年,秦王嬴政统一中国,建立秦王朝,正式称帝,称秦始皇,在位11年。秦历时14年(前221—前206年),凡三世:秦二世胡亥在位3年,秦王子婴在位仅46天,秦朝灭亡。

中国的皇帝以国为家，奄有四海。但是，他们的主要生活空间却是高墙围起的皇宫。若想了解帝王的生活，首先要从皇宫说起。皇宫是帝王的居处所在，帝王的住所在其全部生活中占据着非常重要的地位。帝王不是普通人，是被赋予并且自诩为具有神格的人，皇宫便起着把帝王和普通人分割开来的作用。

宫殿雄壮、华丽、肃穆、门禁森严，有着不可替代的象征意义，它象征着帝王的神圣、威严和神秘莫测。宫廷苑囿既是帝王生活的主要场所，也是帝王活动的产物。历代帝王，包括开国和守成的，都把营建宫室作为其生活中的重要活动。特别是开国君主卸身戎马之后，便要立即营建皇宫，这是他坐天下的必要工作。

一、秦帝王宫廷生活

宫，有两个意思，一个指的是单一的一座宫殿；一个指的是由几个或众多宫殿及其附属物组成的宫区、宫殿群。供皇帝生活和听政的宫殿群用高大的城墙包围着，称为宫城。坐北朝南是其一贯的方位，宫城以南北为纵向分为外廷和内廷。外廷是皇帝举行大典、接见群臣、处理政事的地方。

外廷由若干个大型宫殿组成，其中最大的一座一般称"前殿"，是皇帝举行即位、大赦、节庆等大典的地方。外廷的东西两侧，是官员办公的低矮房屋。内廷，是皇帝上朝前和退朝后日常生活的地方。内廷的东侧是皇太子生活、读书的地方，称为东宫；西侧是皇后、皇太后、妃子们的居住区。古人认为，东象征着春天，属阳性，故为太子宫；西象征着秋天，属阴性，故为后妃宫，但是，事实上并非每个朝代都这样严格布置。宫城南北，贯穿着一条中轴线，两侧排列的宫殿采取大体对称的布局，表现出古人观念中的均衡秩序。明清两代宫城之外，又有一圈包围着它的，供王公贵族、高级官员居住的城区，叫作皇城。

秦帝王宫室

秦始皇是中国历史上的第一个皇帝，他的都城咸阳位于现在西安市的西北部。咸阳背靠大山，南临渭河。秦始皇的宫殿几乎铺满了整座城市，气吞山河的秦始皇动用了数百万的劳工为他修建宫室，包括为他修建死后的陵墓，耗费了二十多年时间，直到他死在巡游的路上，庞大的建筑工程仍然没有结束。

据史书上说，秦始皇每吞并一个诸侯国，便令工匠仿照该国的宫室式样，再造于咸阳，将房获的各国美女、钟鼓，纳入其内，还将收缴的各国兵器销还为铜，铸成各重1000斤的12个铜人，置于宫中。各宫殿之间用复道相连接。复道是封闭的走廊,秦始皇行踪诡秘,一是为保性命安全,二是听信方士的建议匿居深宫,不令外人知晓,冀与仙人往来。

秦始皇构建的宫室,史称遍及咸阳内外二百里,共二百七十座,复道相连,是否确实,不可详考。但阿房宫无疑是最大的宫殿群。建造工程浩大的阿房宫,是秦朝盛极而衰以至灭亡的一个转折点。阿房宫的建造,出自于秦始皇炫耀威德的一种狂热心态。秦始皇在灭六国后的第九年,忽觉得咸阳宫太小,无法容纳成千上万的各国旧贵族的朝见,更无以显示新王朝的气魄,遂决定在渭水之南营建朝宫。朝宫规模壮观,阿房宫是整个朝宫的前殿。

阿房宫,并不是这座宫殿的名字。当时,此宫名称未定,因为前殿东西北三面,以高墙为屏障,当时,俗呼为阿城。后来,人们称为阿房宫,就成为这个宫殿群的称谓。阿房宫,建筑在高大的台基上,东西五百步,南北五十丈,上下两层,上可以坐万人,下可以建五丈旗,四周为阁道。以南山为阙(阙即宫之大门)。北阙门为磁石门,此门以磁石构筑,以防止藏甲怀刀的人进入门内。

秦宫廷服饰

中国远古的先民们穴居野外,没有衣服,只是用兽皮、树叶遮蔽身体。后来,渐渐出现了丝麻粗葛。聪明、爱美的先人热爱生活,他们在狩猎之中,发现孔雀、雉鸡的羽毛非常美丽,于是,他们尝试着用颜色染饰,用于装饰。后来,等级出现了,统治者唯我独尊,世间一切珍稀之物,只有统治者才可以享受。从此以后,等级制产生了。中国古代社会出现不同的社会阶层,呈金字塔结构,皇帝处于金字塔的顶端。服饰,是古代划分等级、判别尊卑的重要标志。十二纹章,是皇帝的专有衣饰。

十二纹章,包括:日、月、星辰、龙、山、华虫、火、宗彝、藻、粉米、黼、黻。这十二纹章,各寓深意:日、月、星辰取其照临天下,三光之耀;龙取其应变;山取其稳重;华虫即是雉鸟,取其文彩;火取其光明;宗彝取其威猛;藻取其圣洁;粉米取其滋养;黼为斧形,取其决断;黻为两弓相背形,取其明辨。

中国古代的宫廷中,衮冕,是最为隆重的服饰。冕是古代皇帝最为重要的礼冠。冕通常和衮服一起用,合称衮冕;和大裘配用,称为大裘冕。衮冕用于祭庙、登基、纳后、受贺时皇帝穿用。裘冕一般是用于祭祀天地。衮服通常是玄衣纁裳,即上黑下红。衮服上绣有十二章纹饰。

起码在西周时期,中国就有了冕服。西周以后,中国的冕服臻于完善。中国古代,有所谓六冕:大裘冕、衮冕、鷩冕、毳冕、彩希冕、玄冕。大裘冕,祀昊天上帝;衮冕,祀先王;鷩冕,祀先公;毳冕,祀四望;彩冕,祀社稷;玄冕,祀林泽。秦始皇统一中国后，废止六冕，祭祀之时，只用玄冕，称为元冕。

玄冕，是古代冕服中属于最低的一级，是小祀时穿用的。秦始皇灭六国，君临天下，何以要用最低一级的玄冕作为自己最为隆重的服饰？

元代学者马端临作了可信的解释：秦出自西戎，不习礼文之事。而且，其立意大概为是今非古，尊己卑人；所以，秦灭六国后，将所获六国君王的冠服，赐赏侍从，将所获君王之车，作为副车；秦始皇如此作为，焉能参考损益，恢复先王车旗之制？

秦宫廷饮食

中国是一个注重吃的国度，所谓吃在中国。饮食文化在中国数千年的漫长历史中一直是争奇斗妍、丰富多彩。中国古代的帝王和后妃们是人间最知道享乐的一群，他们的饮食及其烹饪，从来就是一件不可苟且的事。在世界范围内，也只有中国的宫廷，把日常的吃饭搞得大张旗鼓、礼仪繁多、有声有色。

中国古代的君主们很注重吃，自然，在他们生活的宫室中要专门设置负责吃的官员。宰在中国被视为百官之长，但在先秦时，宰却是负责君主饮食的官员，就是宫廷厨师，只是到后来，宰才渐渐由于君主的信任进而成为朝中、宫中最重要的官员。

商初著名的大臣伊尹，就是商汤这位君王身边的宰。太史公马迁说：伊尹是扛着鼎，端着俎，一方面用美味佳肴取悦商汤，一方面给这位旷世圣主传授王道。历史真是令人称奇。原来，这位令后世效法、仰慕的圣主商汤，是在美味佳肴中学习治国之道，勤劳理政。不过，伊尹以后，宰成为显职，不再在厨房中端俎扛鼎了。君主厨房中，首领衍而为膳夫，膳夫和庖人、食医、内饔、外饔、笾人、酒正、醢人等，分工协作，小心侍候宫中的主子。秦汉时，御厨的首领称为大官令，下设大官丞、胞人长、胞人丞、大官献食丞、汤官令、汤官丞等。

先秦和秦宫廷乐舞

中国古代的宫廷乐舞可以分为两类：一是礼仪性的，一是娱乐性的。音乐也就有雅乐、燕乐之分。与音乐相配的乐舞也同样分为两类。礼仪性的乐舞是在重大的礼仪活动举行中使用的，如册立太子、纳后、元旦、冬至、朝会、宴会等，最主要的是用于祭祀。

据说，最早发明乐器和弹奏音乐的人是古圣人伏羲。黄帝时命伶伦造律，依凤凰之鸣分为十二音阶，于是，就产生了古代最早的礼仪性乐舞《云门大卷》。尧时，有《咸池》。舜时，有《大韶》。孔子博学，自称其听过韶乐，大加赞赏，称其乐舞尽善尽美。禹时,有《大夏》。商时,有《大濩》。周时,有《大武》。这些著名古曲,都是古代礼仪性的乐舞。

山东古城菏泽,大约在公元前二十二世纪时期,先后产生了中国古代四位圣明君主,也是四位有德之贤人,他们分别是尧、舜、禹、汤。他们带领部族人众,开荒种地,大兴土木,建立都城,繁衍生息。从考古发掘看,这里有商汤之古京都等等系列古迹,包括:景亳、古贯国、古莘国、南燕国,以及商汤陵。从这些古迹看,这里确实是商之先人活动的中心地区。据史料记载,商代之时,出现了著名的乐舞,也是中国古代六大乐舞之一的《大濩》,此乐,就是出自于商汤古都景亳之桑林。

《大濩》乐舞之形成,有其历史背景。据史料记载:商汤建国,天下归心。可是,不久,遭遇一场空前绝后的大旱,形成旱灾。这场旱灾,持续七年之久,大地干裂,河井枯涸,草木焦亡,人民流离失所。商汤费尽心血,干旱依旧,没有一丝雨水。

伊尹独出心裁,教导人民在田头地角挖掘水井,用来灌溉农田,抗旱救灾。然而,杯水车薪,旱灾肆虐。人们祈求上帝,恭请能够通达鬼神的巫师祈求神灵。巫师献舞求神,形成中国最早的舞蹈。中国古代甲骨文中,出现有"舞"字。

汤王亲自举行祭祀大典,步行到景亳野外之桑林,祈求天公下雨。据说,商汤沐浴熏香,清洁身体,剪去指甲,全心全意地将自己作为牺牲,虔诚恭敬地祭祀上帝。商汤自我检讨,愿意自己领罪,希望上帝不要降祸于百姓。上帝感动了,不久,天降甘雨,大陆泛绿。

商汤欣喜,命伊尹作乐,赐名《大濩》,用以纪念桑林祝祷,喜得甘霖。《诗经》之中,有一首乐歌,就是描述商汤祭祀之时所唱之乐歌,表现商代祭祀宫廷乐舞《大濩》之盛况:

猗与那与!(好伟大啊!何其壮丽啊!)
置我鞉鼓。(摆起我们的小鼓和大鼓。)
奏鼓简简,(鼓的声音和美啊洪亮啊!)
衎我烈祖。(舞蹈娱乐我们英勇的先祖。)

周时,保存有完整的这六套乐舞,称为六乐,分别在重大的祭祀活动中使用:《云门大卷》用于祭祀天神;《咸池》祭地神;《大韶》祭四望;《大夏》祭山川;《大濩》祭周始祖姜嫄;《大武》祭祀周代先祖。

六乐,流传到汉代,只有《大韶》《大武》二乐,而且因时代久远,这些雅乐变得越来越模糊,失传、残缺等越来越严重,流传异常艰难。除了古人记谱手段拙劣以外,是雅乐本身缺少生命力。用乐舞传述礼义,调和天地,表现仁,实在是难为了乐舞,负此重大使命的乐舞怎能不严肃、沉重、平板?

礼仪性的雅乐乐舞分为文舞、武舞两类,象征文治武功。文舞的舞队每人左手执籥(乐器),右手秉翟(舞具)。武舞的舞队每人手执朱干(盾)、玉戚(斧)等兵器。雅乐用于正规的场合。帝王们在雅乐面前,生不出任何杂念,也不会感到轻松。

战国时,魏文侯好古乐,细听雅乐想从雅乐中听出一点滋味来。不料,雅乐没有奏完,魏文侯已昏昏欲睡。魏文侯不得不对孔子的学生子夏说,寡人听古乐就老想睡觉,一听郑卫之音就一点也不觉得疲倦!郑卫之音是儒家贬斥的所谓淫邪之声。子夏当即反驳,替雅乐辩解,但文侯还是提不起兴致。因此史书说:魏文侯虽然好古乐,然听古乐时犹昏昏欲睡,于是,淫声炽盛而雅乐尽废。

燕乐是帝王们在后廷宫苑宴乐时演奏的乐曲。古代考据学者郑玄确切地说,燕乐就是房内乐。明宣宗认为,周公作乐,曰《勺》,又有《房中之乐》,以歌后妃之德。显然,燕乐是供娱乐、消遣的,怡情悦耳,轻轻松松。这与沉重、拖沓的雅乐刚刚相反,因此被斥为淫声,所谓"淫于色而害于德,是以祭祀不用也"。

商纣淫乱天下时,曾命乐师师延作靡靡之音。音乐流传开来,乐音妖冶,使民日渐轻慢,鄙贱无常,人心思乱。武王伐纣,师延自知其罪,惶惶地投水自尽。这恐怕是最早的燕乐,较之周公的房中之乐更早。燕乐因其通俗、浅显,因而被称为俗乐,其大多数取自于民间。春秋、战国时期,郑、卫的民间音乐婉转优美,儒者斥之为淫靡之声,子夏称郑音好滥淫志,卫音趣数烦志,自此郑、卫之音就成了妖冶燕乐的代称。

先秦的儒生对于燕乐惶惶不可终日,生怕燕乐取代了雅乐的地位,导致贵贱不分,斯文扫地。秦汉以后,雅乐、燕乐日渐分途,各自有各自的用处,谁也取代不了谁。后来,雅乐不断地衰败,虽代代扶持也无济于事,似乎正应了先秦儒生们的担忧。但事实上,雅乐的衰落与燕乐没有什么关系。

周代有了天子宴享时的宴乐,是宫廷燕乐的一个部分,而且燕乐节目丰富,多姿多彩。燕乐一般都配有舞蹈,出现在皇帝日常宫廷生活中的乐舞自然就是燕乐舞。《鹿鸣》《四牡》《皇皇者华》是代表作品。有时在宫廷大典和大节宴庆上,也会演奏颂扬本朝的雅乐舞。

商灭亡后,商纣的叔父箕子路过故都,看见废墟上长出了麦苗,箕子很伤感,触景生情,随口唱道:

麦秀渐渐兮,
禾黍油油兮,
彼狡童兮,
不与我好兮。

周成王时国泰民安,凤凰来翔,成王高兴地唱道:

凤凰翔兮于紫庭,
予何德兮以感灵?
赖先人兮恩泽臻,
于胥乐兮民以守。

荆轲图穷匕首见,一把抓住秦王嬴政的衣袖,要刺死嬴政。秦皇无路可遁,请求听琴一曲,再凭处死。王美人即兴弹唱:

三尺罗衣何不掣,
四面屏风何不越!

秦皇感悟,立即掣衣、拔剑,越过屏风,以剑击向荆轲。

从史料记载上看,中国先秦、秦汉时期,人们喜爱即兴而歌,《诗经》就是人们歌咏的结晶。《诗经》,是中国第一部诗歌总集,收集了自西周初年至春秋中叶五百多年的诗歌305篇。先秦、秦时,称为《诗》,或者,取其整数,称为《诗三百》《三百篇》。西汉时期,其被尊为儒家经典,才正式称为《诗经》,一直沿用至今。

《诗经》之成书大约在春秋时期,传承到汉代,传授《诗经》者,著名的有齐、鲁、韩、毛四家。齐人辕固生、鲁人申培公、燕人韩婴,简称齐、鲁、韩,合称三家诗。齐诗亡于魏,鲁诗亡于西晋,韩诗到唐时还在,但是,如今世上仅有外传10卷。据研究考证:东汉以后,齐、鲁、韩三家先后亡失,其所传之《诗经》失传,世间仅存《毛诗外传》。现今流传于世的诗经,是毛公(大毛公:毛亨,小毛公:毛苌)所传之毛诗。毛诗,盛行于东汉,一直盛行,并流传至今。

据说,春秋时期,流传下来的诗歌,多达三千余首,后来,只剩下三百一十一首(其中,有六首笙诗:南陔、白华、华黍、由庚、崇丘、由仪),后来,为了称呼方便,就简称"诗三百"。内容上,分为风、雅、颂三部分。风,就是各个地方的地方民歌,有十五国风,共计诗歌一百六十首。雅,主要是朝廷乐歌,分为大雅和小雅两部分,共计诗歌一百零五篇。颂,主要是宗庙乐歌,共计诗歌四十首。

二、秦始皇嬴政

生平

秦始皇(前259年—前210年),嬴姓,赵氏,名政,中国第一位皇帝。他是秦庄襄王之子,出生在赵国都城邯郸。十三岁时,继承王位。三十九岁时登上宝座,自称皇帝,在位三十七年。在中国历史上,秦始皇是一位著名的政治家、战略家、改革家,也是第一位完成华夏大一统的杰出政治人物:通过铁腕手段,在中原大地上,建立了第一个多民族的中央集权国家;他采用三皇之皇、五帝之帝,发明皇帝这一特殊称号,是世界上第一个称皇帝的一姓王朝之君主。

秦始皇,又称始皇帝、祖龙、赵政,创建了中央集权的皇帝制度,皇帝之下,设立三公九卿、文武百官,共同管理国家大事。地方上,废除分封制,实行郡县制,以皇帝任命的官员为地方最高长官,代表皇帝管理地方事务。在全国范围内,发布诏令,实现书同文,车同轨,统一度量衡。秦始皇重视武备,建立强大的武装力量,对外北击匈奴,南征百越,稳固边疆,开疆拓土。他征调民夫,修筑万里长城,修建灵渠,沟通水系,加强农业建设。秦始皇在中国中原地区完成统一,建立了第一个大一统的帝国时代,实现专制主义中央集权,奠定了中国两千余年政治制度的基本格局,对中国和世界历史产生了极其深远的影响。明代思想家李贽肯定秦始皇建立帝国的伟业,称赞他是千古一帝。

为政举措

秦王朝建立以后,嬴政为了显示自己的功德和确立自己至高无上的权威,认为自己德兼三皇,功过五帝,于是决定更名号为皇帝。嬴政又想将帝位传至万世,因而自号为始皇帝。秦始皇为了巩固他的集权统治,在政治、经济、文化等方面采取了一系列重要措施。

秦始皇建立中央集权制度,集一切大权于一身;取消分封制,建立郡县制,分全国为三十六郡;设立从中央到地方的各级官制,最高统治者为皇帝,中央设三公九卿,郡设守、尉、监,县设令、尉、丞,乡设三老、啬夫、游徼,亭设亭长,里设里正;颁布统一的制度,统一法律,统一货币,统一文字,统一度量衡。

六国虽已灭亡,但其赖以存在的根基即富商大贾和领主还依然存在,秦始皇便集六国贵族和天下富豪,迁居咸阳。为了防止各国贵族反抗,秦始皇又收集天下兵器,集中咸阳,熔铸成十二金人,放于宫中,并将六国都城城郭和各国之间的城墙一律平毁。

秦始皇接受大臣的奏议,废除井田制,实行土地私有,并鼓励开垦土地,兴修水利,修建驰道。秦始皇三十四年,博士淳于越主张师古,分封子弟。丞相李斯批驳这一主张,认为是以古非今,惑乱黔首。秦始皇接受李斯的建议,下令焚书:除博士官藏书、秦国史书和医药卜筮、种树之书以外,所有《诗》《书》和百家语、史书等,一律烧毁;敢偶语《诗》《书》者杀头;以古非今者灭族,官吏知情不告者同罪;令下三十日不烧者,黥为城旦;禁止私学,愿学法令者以吏为师。

焚书第二年,秦始皇得知有些儒生、方士对他不满,说他专任狱吏、乐以刑杀为威、贪于权势等等。秦始皇一直认为自己对待儒生、方士不薄,而方士们耗费了巨大资财,长生仙药不但没有弄到,反而和儒生们一道恣意妖言,惑乱黔首,于是下令逮捕他们,严加拷问。结果牵连、蔓延,先后逮捕儒生、方士460人,全部坑杀于咸阳。

秦始皇巩固政权的同时,加强边防。始皇三十二年,他派青年将军蒙恬率领大军30万,北逐匈奴,经一年血战,占领了被匈奴侵占的原秦、赵等国大片领土。秦始皇又在原秦、赵、燕既有长城的基础上,修筑一条西起陇西临洮、东至辽东的万里长城,并在新收复的地区,设置44县,移民12万人充实。

始皇二十六年至三十二年,秦始皇派尉屠睢率五十万大军分五路南下,远征百越,南拓疆土。征服百越后,先后设置闽中、南海、桂林、象郡四郡,迁民五十万。为支援战争,秦始皇又令监禄开凿一条长34公里的灵渠,沟通湘水、漓水。秦始皇统一全国后,曾先后五次出巡,到达过今陕、甘、豫、晋、冀、鲁、苏、浙、皖、鄂、湘等地,一路上刻石铭文,歌功颂德,留下许多遗迹。

典故逸闻

1. 奇货可居

秦公子子楚在赵国做人质。大商人吕不韦见他困顿不堪,郁郁不得志。吕不韦经详细的调查和周密的分析,认为子楚像稀有的货物一样,可以囤积起来,等待高价出售。后来,吕不韦帮助子楚回国做了秦国国君,即秦庄襄王。吕不韦也因之当上了丞相。后世又以此比喻挟某种技艺、事物作资本,以此博取功名、财利。

2. 谁是父亲?

秦始皇嬴政的父亲是谁?这一直是一个谜。秦昭襄王时,孝文王为安国君,是太子。安国君有位爱姬,立为正夫人,号华阳夫人。华阳夫人一直没有儿子。子楚的母亲是夏姬,夏姬却不爱子楚。吕不韦见质于赵国的子楚奇货可居,一方面把娶过来的赵国富家的女儿赵姬让给了贪色的子楚,一方面送子楚五百金,让他广结宾客才士。吕不韦自携五百金游说秦国,求见华阳夫人的姐姐,将奇珍异宝尽数献给华阳夫人。

结果,安国君继立为国君之后,华阳夫人劝安国君在二十多个皇子之中,立子楚为太子。安国君即位便是孝文王,孝文王死,子楚即位。子楚娶过赵姬以后,赵姬便生下了一个儿子,取名嬴政,这便是秦始皇。名义上,嬴政是安国君即孝文王的孙子,子楚的儿子,实际上,吕不韦是在赵姬怀孕以后再把赵姬让给子楚,子楚便以为赵姬怀上的是自己的儿子,何况这位儿子是怀孕十二月方才降生!嬴政出生以后,子楚便立赵姬为夫人。这便是嬴政的身世之谜。

3. 求仙

秦始皇封禅泰山时,齐国的方士徐福上书秦始皇,说东海中有蓬莱、方丈、瀛洲三座仙山,仙山上有仙人居住,上面有长生不老药。秦始皇派徐福入海寻求仙人。过了几年,徐福拜见秦始皇,说在海中看到了三神山,见到了仙人,他向仙人求长生药,仙人说他的礼物太薄,只能看看,不能相赠。他随仙人来到了蓬莱山,看见了黄金、白银建造的宫殿,看见了毛发尽白的遍地禽兽,还看到了一个龙形铜色的使者,光彩夺目。徐福问要什么礼物,神仙说,带些童男、玉女和百工即可。秦始皇很高兴,派童男玉女三千,带着丰富的财物和百工技艺随徐福扬帆出海,到东海寻找仙山,求取长生不死药。直到始皇三十七年,徐福等方士浪费了秦始皇的大量资财,还有数千童男玉女,都是泥牛入海,一去不回。始皇三十二年,嬴政东巡过碣石,派燕人卢生,求羡门、高誓,又派韩终、侯公、石生等人四处求仙。卢生从海上归来,带来一纸仙书,上写:亡秦者胡也。嬴政便派将军蒙恬,领兵三十万,北击胡人。直到嬴政临终,他还令博士作仙人真人诗,令乐人弦歌。

4. 图穷匕首见

战国末年,秦以刚勇之师征服了燕国。前226年,荆轲奉燕太子丹之命,前去秦国刺杀秦王嬴政。荆轲是卫国人,是齐国贯族庆氏的后裔,好读书习剑,卫人称为庆卿。秦灭卫国后,逃到燕国,燕人称为荆卿。燕太子丹用重金相聘,尊为上卿。秦兵攻到燕国南境,形势可危,燕太子丹派荆轲带着秦叛将樊于期的头和督亢地图进献秦王。献图时,图穷而匕首见,荆轲执匕首猛刺秦王,没有得手,荆轲最后被杀死。后来,用图穷匕首见比喻形迹败露。

5. 兵马俑

秦始皇陪葬的兵马俑是 1974 年发现的,经探测和发掘得知,兵马俑坑凡三座。一号坑东西长 230 米,南北宽 62 米,总面积 14220 平方米;二号坑 6000 平方米;三号坑 520 平方米。三个坑南一北二,都是坐西面东、各自独立。三个坑位于秦始皇陵东垣外 1000 米处,正在东门大道北侧。坑中有兵俑 7000 多个,战车一百余乘,挽马四百余匹和数十万件兵器。兵马俑按照战阵排列,相当于拱卫地下皇城的御林军。

6. 封禅

早在战国时,齐鲁一带的儒生就说,五岳中以泰山最高,帝王君临天下,首先应当取得天地神灵的认可,就是要拜谒祭祀,封禅泰山。登泰山筑坛祭天,称为封;在山南梁父山上辟基祭地,叫作禅。秦始皇为了宣扬自己是真命天子,便于始皇二十八年东巡,祠于邹峄山,刻石纪功,随之带着齐鲁的儒生,封禅泰山。封禅的大典十分隆重,包括刻石、改号、金册、石函、金泥、玉检等等。然而不幸的是,上天并不赐福。秦始皇封天以后,自北而下,到山腰时风雨大作。秦始皇狼狈不堪,只好委身一棵树下,暂避风雨。秦始皇心中惶惶,也无限感慨,风雨过后,意味深长地封这棵大树为五大夫。

7. 焚书坑儒

焚书坑儒,是秦始皇嬴政执政期间所行的两项恶政:公元前 213 年,焚毁书籍;公元前 212 年,坑杀犯禁者 460 余人。焚书坑儒,又称燔书坑儒。焚,烧,坑,将人活埋,儒,读儒家之书的书生。焚书坑儒,意思是焚毁典籍,坑杀书生,后来,比喻对文化以及文化人之摧残。

秦始皇三十四年(前 213 年),秦始皇采纳李斯的建议,下令除《秦记》以外,所有列国史记,全部焚毁;除博士馆藏之外,所有不属于博士馆藏之私藏《诗》《书》等书籍,限期交出,集中烧毁;有敢私自议论《诗》《书》者,一律处死;有敢以古非今者,一律灭族;禁止私学;想学法令者,以官吏为师。此项焚毁诗书的行动,史称"焚书"。

"坑儒"之说,最早出自于西汉大学者孔安国,他是孔子之第十二世孙,他在《〈尚书〉序》中称:"及秦始皇灭先代典籍,焚书坑儒,天下学士逃难解散。"不过,在孔安国之前,西汉大史学家司马迁在所著《史记·儒林列传》中,曾谈及过焚书坑儒:"及至秦之季世,焚诗书,坑术士,六艺从此缺焉"。

据史料记载,在焚书坑儒之前,秦王朝之大臣们对于大秦帝国治国之基本国策,展开了激烈的争论。全国统一之初,对是否分封诸子为王的问题,发生了一场争论。以丞相王绾为首的守旧官吏,请求秦始皇分封诸子于燕、齐、楚故地为王。廷尉李斯持反对态度,认为,春秋战国时期诸侯混战,源于西周的分封制;只有废除分封制,才能免除祸乱。秦始皇采纳李斯之议实行郡县制。李斯还提出焚毁古书的三条建议:

(1)史官非秦记,皆烧之。

(2)非博士官所职,天下敢有藏《诗》《书》、百家语者,悉诣守、尉杂烧之;有敢偶语《诗》《书》者,弃市;以古非今者,族,吏见知不举者与同罪;令下三十日不烧,黥为城旦。所不去者:医药、卜筮、种树之书。

(3)若欲有学法令,以吏为师。

秦始皇接纳了李斯的建议,第二天,全国开始了收书、焚书之举。

焚书之第二年,公元前212年,高调奉命为秦始皇寻找长生不老之药之术士侯生、卢生,回到京城,没有找到长生不老的仙药,他们没有进宫,如实汇报寻药之真实情况,反而还在私下集会中,以恶毒的言语诽谤秦始皇,然后,他们悄悄出逃了。秦始皇得知奏报后,大为愤怒,下令随从、密探,遍布都城咸阳大街小巷,秘密察访。

于是,秦始皇派遣御史案问诸生,"诸生传相告引,乃自除犯禁者460余人,皆坑之咸阳,使天下知之,以惩后。益发谪徙边。"

秦始皇陵

继埃及金字塔、古巴比伦空中花园、希腊奥林匹亚宙斯神像、土耳其以弗所阿尔忒弥斯神庙、土耳其哈利卡纳苏摩索拉斯陵墓、地中海罗德岛阿波罗巨像、埃及亚历山大城灯塔等世界七大奇观之后,人们惊奇地发现了世界第八大奇观:位于陕西西安市以东35公里、临潼县城以东5公里的中国乃至世界上最大的一座帝王陵寝——秦始皇陵。

秦始皇陵南踞骊山,北枕渭河。这座庞大陵园的兴建始于秦始皇即位不久。统一天下以后,秦始皇又从全国征发七十余万人大规模修建陵墓,直到秦始皇沙丘病逝,这一工程还未竣工,二世又接着修建了两年。这一工程,前后费时近四十年。汉代学者、史学家司马迁对这座皇陵的地宫、陈设等曾有过生动的描述。司马迁说,地宫深邃、坚固,不但砌筑上等纹石,堵绝地下泉水的涌入,而且还涂有丹漆,以防止潮霉。

秦始皇陵墓中,修有豪华的宫殿和文武百官的位次,殿室中摆满了各种奇珍异宝。墓中燃烧着一种四只脚、似人形的东海人鱼的人鱼膏制作的蜡烛,光照清亮,长久不熄。防止盗墓并能自动发射的弩机、暗箭巧妙地隐藏墓中,随时攻击。灌注流动的水银如同百川、江河、大海般机械转动,川流不息。墓室上绘天文,下具地理。这座陵墓实际上是秦始皇建造在地下供自己死后享受的又一座人间世界缩影的大型寝宫。

秦始皇陵是东西走向,陵园外围墙的大门开在东面,这和一般陵墓坐北朝南的格局完全不同。这似乎是一种象征,显示一种雄踞西方、东吞六国、统一天下的赫赫威势。皇陵突出之处是内外两重城垣的布局,呈现一个南北略长的回字形结构。据精细的勘察,皇陵外城南北长2173米,东西宽974米,周长6000多米。陵园凡四门,还有警卫的四角角楼。

秦始皇陵面积约56平方公里。陵园以秦始皇陵墓为中心,其他包括陪葬墓坑、刑徒墓坑、兵马俑坑、珍禽异兽坑、石料加工场、马厩等等。由于皇陵位于骊山北麓大水沟的冲积扇前缘,易于受到山洪的威胁,因此,墓陵前又筑起了一条高10米、长1400米的土堤,这便是拦水坝,它改变了大水沟北流的方向,使水出山口后转而东流,向北注入沙河,流入渭河,另一条水流则导向西北,流入董沟后再北入渭河。

秦始皇陵陵园规整,地宫广阔,气势雄伟,从葬品异常丰富。这一浩大的工程,从墓室、墓道、甬道、耳室、配房到从葬坑、礼仪坑、围墙、阙楼、寝殿和其他附属建筑,需要花费无以数计的财力、人力和物力。唐代大诗人王维曾观览秦始皇陵,无限感慨,写下了一首《过秦皇墓》:

> 古墓成苍岭,幽宫象紫台。
> 星辰七曜隔,河汉九泉开。
> 有海人宁渡,无春雁不回。
> 更闻松韵切,疑是大夫哀。

诗中,透出一种沧桑的悲凉:荒草覆盖着古老的陵墓,幽深、神秘的墓宅修筑得金碧辉煌,如同人间的皇宫一样。日、月、星辰在墓中闪烁,浩瀚的银河忽隐忽现,在九泉下流淌。陵墓中说有栩栩如生的滔滔大海,但这个广阔的江海岂能有人摆渡过江?幽暗的地下没有春天,没有春天的墓宅,永远没有大雁归来。墓顶上松涛阵阵,凄风悲切,仿佛是天下仁人志士对秦始皇的胡作非为感到哀婉和痛心。

三、秦二世胡亥

生平

胡亥,秦二世(前230—前207年),嬴姓,赵氏,名胡亥,在位时间3年(前210—前207年),世称二世皇帝。他是秦始皇第十八子,公子扶苏的弟弟。从小任性,从中车府令赵高学习狱法。秦始皇出游南方,病死于沙丘宫平台,随从出巡的胡亥秘不发丧,在宦官赵高与丞相李斯的帮助下,先后杀死兄弟姐妹二十余人;并且,假传秦始皇诏书,逼公子扶苏自杀,当上秦朝的二世皇帝。

秦二世登基后,宦官赵高掌握实权,政治黑暗,纲纪混乱,实行十分残暴的血腥统治,最终,激起了陈胜、吴广等大规模起义。这时,六国旧贵族乘机掀起复国运动。公元前207年,胡亥被赵高的心腹阎乐控制,被迫自杀于望夷宫,卒年24岁。

胡亥,是秦始皇最小的儿子,一直受到秦始皇的宠爱。秦重法令,胡亥奉始皇帝敕令,从中车府令赵高学习法律。公元前210年十月,秦始皇外出巡游。左丞相李斯奉旨跟随,右丞相冯去疾留守京城。少子胡亥贪玩好动,想随父亲一起巡游,秦始皇答应了他的请求。十一月,皇帝车队走到云梦,在九嶷山,秦始皇遥祭圣主虞舜。皇帝车队到达平原津时,秦始皇病倒了,病情很严重。

秦始皇一直厌恶"死"字,群臣无人敢说皇帝死后的大事。秦始皇卧床不起,奄奄一息了。秦始皇自觉将不久于人世,于是,写了一封密函,盖上皇帝的御印,准备派遣密使送给公子扶苏,内容是:"与丧,会咸阳而葬"。意思是:快回咸阳,参加老父的丧事,负责将老父安葬在咸阳。密信写好、封好了,秦始皇没有及时交给密使,而是存放在中车府令赵高执掌印玺事务的办公处。没想到,七月丙寅日,秦始皇突然在沙丘平台逝世。

中车府令赵高、丞相李斯和公子胡亥秘密定计,决定由胡亥继承皇位。他们悄悄拆开秦始皇写给公子扶苏的那封没有发出的密信,知道了密信的内容。他们决定,假传皇帝遗旨,谎称:丞相李斯在沙丘平台,接受了始皇帝遗诏,立皇子胡亥为太子;同时,他们以皇帝的名义,分别致函公子扶苏、大将军蒙恬,列举他们的种种罪状,严厉斥责扶苏:戍边十余年,无丝毫之功,还屡屡上书,非议朝政,赐剑自刎。蒙恬,身为大将军,不能规劝扶苏,实为对皇帝不忠,赐令自尽。

扶苏接到诏书,流着眼泪,举剑自刎。蒙恬将军感觉有诈,上前劝说:公子应该回到京城,当面向皇上申诉,如果属实,再行自刎。扶苏摇头说:父皇让我死,何必申诉？说完，扶苏含泪自尽。蒙恬据理力争，不肯自裁。使者逮捕蒙恬，将他投入阳周（今陕西子长北）的监狱里。车驾继续前行，从井陉到达九原。时值暑天，秦始皇的尸体在辒凉车中不断发出臭味。昼夜兼行，车队取直道回到咸阳，正式发布皇帝丧事公告，宣布胡亥为皇太子，继承皇位，就是二世皇帝。九月，秦始皇入葬在骊山皇帝陵。

昏庸残暴

胡亥登上皇帝宝座之后，第一件大事，就是收拾自己的兄弟。公子扶苏、大将蒙恬，一直是心腹之患。他们假传圣旨，已经将扶苏处死。据史书记载，胡亥登基以后，对其他兄弟姐妹实行更加残暴的杀戮，简直毫无人性。第一个屠杀现场是在都城咸阳，他将自己的十二个兄弟残忍处死。第二个屠杀地是在咸阳以东的杜邮，集体碾死了自己的六个兄弟和十个姐妹，刑场悲痛哭号，血肉横飞，惨不忍睹。

据说，在胡亥的众多兄弟姐妹之中，死得最体面的是公子高。当时，血雨腥风，众多兄弟姐妹们一一被残害致死，他知道，自己一定难逃厄运。他想，如果逃走，只会连累家人，不如以自己体面的死来保全家人。于是，他上书胡亥，说自己愿意前往骊山，为父亲殉葬。胡亥看到奏书，喜出望外，立即下旨，赏赐公子高十万钱，允准殉葬。

铲除了自己的兄弟姐妹之后，胡亥开始将屠刀对准文武大臣。第一个屠杀的对象，就是蒙恬兄弟。本来，蒙恬兄弟俩是国家栋梁，胡亥想继续重用他们。可是，赵高害怕他们手握兵权，随时会威胁到自己的利益。于是，赵高挑拨说：当年，秦始皇本想立胡亥为太子。但是，因为蒙恬的兄弟蒙毅极力阻止，秦始皇这才打消了立胡亥做太子的念头！

听了赵高之言，胡亥大惊，竟信以为真，大怒之下，胡亥下令严审蒙恬；逮捕蒙毅，将他关押在代郡（今河北蔚县东北）狱中，严刑拷打。随后，胡亥派出密使，逼蒙毅自尽；然后，派遣随侍前往阳周监狱，逼蒙恬自杀。蒙恬拒绝自杀，声辩说，要面见皇帝胡亥，请他收回诏命，使者不允。蒙恬感到绝望，只好服毒自尽。

蒙恬兄弟自杀后，胡亥、赵高开始大开杀戒。

胡亥即位后，赵高大权在握，感觉曾经的合作伙伴李斯是自己的巨大威胁，于是，他决定除掉这个对手。赵高精心设计，胡亥渐渐对李斯不满，最后，赵高诬陷李斯，定其三大罪。

秦二世二年（前208年），胡亥听信赵高之言，派遣心腹，秘密监视李斯。李斯得讯,立即上书揭发赵高种种劣迹。胡亥相信赵高,将李斯密信给赵高看。赵高怀恨在心,进一步罗织罪名,诬陷李斯。胡亥大怒,命令将李斯逮捕,交给赵高审理。赵高对李斯用尽酷刑,逼迫李斯认罪。

最后,李斯无法忍受酷刑折磨,屈打成招。赵高洋洋得意,拿着李斯的亲笔供词,上报胡亥。胡亥大怒,李斯被判处极刑,受尽五种酷刑而死。

忠臣良将被诛灭后,赵高不断将自己的亲信安插到重要的职务。赵高的兄弟赵成任职中车府令,执掌宫廷大权,掌管印玺。赵高之女婿阎乐担任都城咸阳县令要职,执掌京畿防务大权。赵高的亲朋好友以及私人党羽,担任朝野要职,遍布天下。

典故逸闻

1. 指鹿为马

赵高任丞相以后,想篡夺秦王朝的最高统治权,但又怕群臣不服,于是,赵高想先测试一下。这一天,群臣朝见天子。赵高将一只鹿进献给秦二世。赵高指着鹿对二世说:这是一匹马,微臣把这匹马献给陛下。二世胡亥大笑,说:你认错了,这是鹿,不是马。赵高坚持己见。二世问近旁的大臣这到底是鹿是马。结果,凡是说了实话的大臣都遭到了赵高的制裁。群臣此后无不唯命是从,胆战心惊。后来,用指鹿为马比喻故意颠倒是非,擅作威福。

2. 人头畜鸣

赵高手握重权,向胡亥进谗言。胡亥杀丞相李斯,又迫冯去疾、冯劫自杀。赵高专权以后,又杀死了二世胡亥。汉代学者、太史令司马迁记述这段历史后,曾感叹地说:痛哉言乎!人头畜鸣!司马迁的意思是说:真是可惜呀!虽然是人,可是愚蠢得像个畜生。后来,用人头畜鸣比喻人的行为极端恶劣、愚蠢。

3. 望夷宫政变

秦二世胡亥昏庸无道,日夜沉迷声色,朝政事务全部委于丞相赵高。起义军迫近咸阳,眼看无法隐瞒,赵高便于二世三年八月,派女婿咸阳令阎乐和弟弟赵成领兵千余人,进入望夷宫,密谋一举杀死二世。阎乐领兵外攻,赵成在二世居住的望夷宫做内应。赵高又怕女婿靠不住,便将阎乐的母亲扣作人质。阎乐领兵杀死望夷宫卫令数十人。胡亥又惊又怒,急召左右,竟无人护驾。

阎乐迫令胡亥自杀。胡亥再三哀求,请求见赵高一面。阎乐不许。胡亥恳求,自己不做皇帝,只做一郡之主?不同意。胡亥继续求情,说不做一郡之主,当个万户侯？依旧不同意。胡亥最后哀求,让他和他的妻子,保全性命,做一个平民百姓。阎乐仍是不同意。胡亥无路可走,只好自杀。

秦二世皇陵

据史书记载,公元前207年,权臣赵高胁迫秦二世自杀,以庶人身份葬于周杜国属地。其墓地,在今西安市雁塔区曲江乡曲江池村南缘台地上,人称胡亥墓。胡亥墓,坐落在原坡地带,环境幽静偏僻,异于历代帝王之陵。陵墓附近有杜陵、少陵。

整座陵园较为规整,占地20余亩。正南,是一座朱门红柱卷棚式山门,三进。门额正中,高悬一块黑色金字大匾,上书:秦二世皇帝陵园。穿过山门,拾级而上,是一座秦式硬山大殿,面积180余平方米。大殿后面,是胡亥陵墓。墓地为土筑,圆形,封土堆直径25米,高5米。墓北,有石碑一座,高3米,宽98厘米。碑面阴刻,上书六个隶书大字:秦二世皇帝陵。此碑,为清乾隆四十一年(1776年)陕西巡抚毕沅所立。

第二章
汉帝王生活

公元前206年,汉高祖刘邦灭秦。随后,打败西楚霸王项羽。公元前202年,刘邦正式称帝,建立强大的王朝,定都长安(今陕西西安),史称西汉。疆域辽阔,东至大海,西到巴尔喀什湖、费尔干纳盆地以及葱岭地区,南到两广,西南到云南、广西、越南中部之地,北到大漠。

西汉,历时214年,凡13帝(后):汉高祖刘邦、汉惠帝刘盈、汉高后吕雉、汉文帝刘恒、汉景帝刘启、汉武帝刘彻、汉昭帝刘弗陵、汉宣帝刘询、汉元帝刘奭、汉成帝刘骜、汉哀帝刘欣、汉平帝刘衎、汉孺子婴。再经17年动荡(8—25年),历王莽、淮阳王刘玄、成家公孙述,西汉灭亡。

东汉,历时195年(25—220年),凡14帝,是中国历史上大一统时期。东汉、西汉,合称汉朝,为了区别,西汉称为前汉,东汉称为后汉。东汉首都洛阳,称为东京。因此,东京为东汉代称。

公元220年,曹丕篡汉,东汉灭亡。自此以后,中国进入了长达400年的大分裂时期。

一、汉帝王宫廷生活

汉帝王宫室

秦朝二世灭亡,项羽的一把毁灭性大火在咸阳连烧了三个月,当年雄视一切的王朝在大火中毁灭,秦始皇苦心经营的宫室也被焚毁殆尽。数年之后江山易手刘氏,汉代的开国君主刘邦住进了尚称完好的秦兴乐宫。之后,刘邦开始建筑自己的宫城——长乐宫与未央宫。

长乐宫位于长安城的东南角,未央宫位于长安城的西南角。后建的未央宫规模壮丽。当时,刘邦从外还京,见丞相萧何正指挥营建未央宫,刘邦抬眼见工程相当浩大,不禁怒火中烧,质问萧何:天下混乱,打了好几年仗,胜败还不知道,干吗要这样大修宫室?萧何回答:天下还没有定,正需要修造宫室!况且天子是以天下为家,不壮丽辉煌如何体现威严?刘邦听后默然,点头称是。萧何道出了宫室之壮丽对于皇帝的意义。

西汉初年的宫廷苑囿,比较而言尚不算奢侈,因而它无法满足好大喜功的汉武帝的需要。于是他大兴土木,增修了明光宫、建章宫,并修缮、扩充原有的宫室。至汉武帝时代,汉代宫室在精美、舒适方面已经超过了秦代,规模较之秦代也不为逊色。长乐宫,周回二十余里,有鸿台、临华殿、温室殿及长信、长秋、永寿、永宁四殿。长乐宫的前身是秦兴乐宫,汉高祖刘邦在位时居于此宫。惠帝以后的汉帝居未央宫。

未央宫,方圆二十八里。利用龙首山的地势为台殿,高出长安城。前殿东西五十丈,周围台殿四十三座,宫十三座,池一个。武帝修缮后的未央宫,以香木为栋橼,以杏木作梁柱,门扉上有金色的花纹,门面有玉饰,橼端上以璧为饰,窗为青色,殿阶为红色,殿前左为斜坡,以乘车上,右为台阶,供人拾级。黄金制作的壁带缀以珍奇的玉石,清风袭来,发出玲珑的声响。

温室殿,在未央宫殿北,皇帝冬天取其温暖居于此殿。温室以椒涂壁,再饰一层文绣,以香木为柱,设火齐屏风、鸿羽帐,地上铺以毛织地毯。清凉殿,也在未央宫殿北,皇帝夏居之殿。清凉殿以画石为床,设紫瑶帐,殿内盛夏时仍清凉无比,如同含霜。

桂宫,也是皇帝日常居住的地方,位于未央宫北,用紫房复道与未央宫相连。桂宫内有武帝所喜爱的四件宝物:七宝床、杂宝案、厕宝屏风、列宝帐。所以,桂宫又叫四宝宫。后宫,在武帝时有八殿,后又增修了十几个殿,有的殿名颇为雅致,如兰林、飞翔、苣若、椒风、蕙草等。除后宫区以外,还有其他藏娇纳艳的地方,如月影台、云光殿、九华殿、鸣銮殿、开襟阁、临池观。

建章宫,本是武帝为求仙所造的,后来也成了选养美女的地方。武帝命将燕、赵地区二十岁以下、十五岁以上的美女纳入此宫中,年满三十的出嫁,亡者递补。建章宫位于长安城外,在未央宫西,跨城池作飞阁,两宫相通,皇帝乘辇往来于两宫之间。建章宫据史书上说有高二十余丈的阙,阙上有铜凤凰。高大的阙门,迎风而立的铜凤表达着汉武帝要与仙人相见的意愿。宫内建有造价昂贵的玉堂——阶陛皆为玉造,似乎是准备迎见仙人的场所。真仙行踪杳然,但铜铸的仙人却每天为武帝服务。建章宫的神明台,高五丈,上有承露盘,一位铜仙人手把铜盘玉杯,以承云表之露。汉武帝以此露和玉屑服之,冀求长生。

太液池,在未央宫的西南,建章宫之北。池中刻石为鲸鱼,长三丈。池中筑起三山,象征传说中仙人所居的瀛洲、蓬莱、方丈三神山。长乐宫中有酒池,原为秦始皇建造。史书之中,没有对秦始皇在酒池戏谑的记载,却见有汉帝作乐场面的记载。汉武帝时,命三千人在酒池牛饮,他在池北的平台上观赏。这三千人,每人用一铁杯饮酒,杯重举不过两次,酒量相当于牛饮水的量。汉武帝看着怪态百出的三千人饮酒狂欢的场景,品味着作为皇帝的威福,乐不可支。

汉昭帝时建淋池。汉昭帝为武帝的幼子,八岁即位。汉昭帝十分聪慧,但未及建立功业,年仅二十一岁便去世了。淋池中,留下了汉昭帝青春的瞬间。淋池是一个迷人的去处,池中生长着一种荷花,一茎四叶,开如骈盖。日光照射时叶片低首,当时称为低光荷。荷花的果实如佛珠,可以佩戴,花叶咀之令人口气常香,宫女十分喜爱。每当游宴时,宫女都口含花叶,或折叶蔽日,楚辞称为折芰荷以为衣。昭帝以文梓为舟,木兰为桨,船首雕刻飞鸾翔鹢。昭帝与宫人终日游乐忘归,乃至通夜。

观,是一种建筑楼台。汉代时,著名的飞廉观,是用飞廉这种神鸟命名的。据说飞廉能引来风气,铜铸的飞廉在高高的台柱上迎风展翅。可以肯定,飞廉观是汉武帝常常流连的地方。宫殿既是皇帝享乐的场所,便有贪于享乐的皇帝去发明别出心裁的宫殿。

汉成帝是位荒淫的皇帝,他的另一项发明是飞行殿。汉时轿子还没有问世,出门一般都乘车马。汉成帝设计的飞行殿,结构同于宫殿,长宽各一丈,选禁中卫士肩扛疾行,汉成帝坐在"殿"中,只觉风声灌耳,可知飞行殿移动速度之快。

汉官廷服饰

汉高祖刘邦时,大儒叔孙通奉命制订朝仪,撰《汉礼器制度》,明文记述了弁冕的长短，但并未详记衮冕的规格和形制。汉惠帝刘盈曾感叹说：汉初只是稍定汉诸仪法。直到西汉末年，王莽拜受衮冕衣裳和皮弁素积，西汉的冕服制度至此才见端倪。

刘秀建立东汉，兴明堂，立辟雍，复兴旧制。汉明帝时，诏有司采《周官》《礼记》《尚书》诸篇旧制，确立服饰制度。天子冕服从欧阳氏之说，冕广七寸，长一尺二寸，前圆后方，朱绿裹，玄上，前垂四寸，后垂三寸，系白玉珠十二旒；衣绣日、月、星辰等十二章；纁下玄上。冕服在汉时用于春祭、祀岁首、天地等。

通天冠，高九寸，正竖，下为铁卷梁，前有山。秦天子乘舆时戴。汉百官月正朝贺时，天子戴通天冠。高山冠，又叫侧注冠，形制和通天冠相同，但顶不斜却；高凡九寸，无山，无展筩。高山冠本是赵王冠，秦灭赵后承之。秦汉之时，天子有时乘舆戴高山冠。

武冠，又叫赵惠文冠。秦灭赵后，以其君冠赐赏近臣。汉因秦制，又称武弁大冠，由武官们佩戴；汉宫侍中、常侍加黄金珰附蝉，貂尾为饰，侍中插左貂，常侍插右貂，用赤黑色貂尾。中国古代，有冠无帻。战国时，秦武将首加绛帕，以示贵贱。这种绛帕冠，就是早期的帻。后来，在帻前作颜题，就是在额上前面作山。汉代时，增颜题，并加巾连额。汉文帝时，增高颜题，加增其巾为帻屋，增施其耳。汉元帝额部有壮发，不想让人看见，于是戴帻。此后，汉君臣戴帻成风。王莽秃顶，将帻屋上施巾，戴在头上，帻便罩住了整个头部。

汉代服饰制度不甚完备，但是，对宫中后妃的衣饰，却有十分明确的规定。《后汉书》记载：汉太皇太后、皇太后入庙服饰，绀（深青带红）上皂（黑色）下；蚕服，青上缥（青白色）下，都是深衣（即单衣）制。汉宫皇后的谒庙服饰和太后的大致相同，绀上皂下；蚕服，青上缥下，深衣制；所不同的是，假结，步摇，簪珥。贵人助蚕服为纯缥（淡青色）上下，也是深衣制，但大手结，墨玳瑁，加簪珥。长公主衣服，加步摇。公主大手结，均加簪珥。公主、封君以上，皆带绶，以采组为绲带。皇后到两千石夫人，均以蚕服为朝服。

汉宫女子，日常衣服是上衣下裙制。汉马皇后，就爱穿大练裙，即大帛裙。汉赵飞燕皇后，则爱穿南越进贡的云英紫裙，以致后宫宫女纷纷仿效，并襞裙为绉，号留仙裙。

汉宫女子，时兴高髻。宫中影响京师，京师影响全国。有诗描述云：城中好高髻，四方高一尺。马皇后以后，宫中兴起四起大髻，髻后留有余发，可以绕髻三匝。汉桓帝时，宫中的愁眉啼妆、堕马髻流行京师。唐代时，大诗人刘禹锡就曾描述说：鬟髻梳头宫样妆，春风一曲杜十娘。

汉宫廷饮食

汉时的宫中使用筷子,以饭为主食。汉景帝召见条侯周亚夫时,有一次赐给他饭食,但没有切肉,也没有筷子,周亚夫心里很不痛快。汉成帝时,中山王入朝,成帝每次都赐食,中山王也每次都痛痛快快地接受,史称其必饱而出。

汉武帝时,有一次,武帝很高兴,赐赏侍从肉食。东方朔不等首领大官丞到来,擅自拔剑割肉,对同僚们说:伏日炎炎,当早点回家,我先受赐走了。说着,割下肉扬长而去。大官丞得知此事后,非常生气,就将此事奏呈汉武帝。

第二天,东方朔入朝。武帝问他:昨天赐肉不待诏,用剑自行割肉而去,为什么?东方朔忙摘下冠,伏地谢罪。

武帝见状,笑一笑说:起来吧,站在这儿自责。东方朔再拜自责说:东方朔东方朔,受赐不待诏,多么无礼!拔剑割肉,多么豪气!割肉不多,多么廉洁!割肉回家,恭送细君,多么仁义!武帝开怀大笑,说:让你自责,你倒赞誉起自己来了。武帝当即赏酒一石,肉一百斤。

汉代宫中,酒肉极为丰富。雄才大略的汉武帝刘彻,好大喜功,在酒肉方面也不甘于输给先王。汉武帝在宫中建造酒池,命三千人在池中牛饮,他在池北的平台上观赏。武帝看见三千人牛饮美酒后醉态百出,心中说不出的舒服。武帝非常豪爽,曾悬肉为林,让各地使臣观赏,无一不惊叹咋舌。

炙,是汉宫中的重要食物。史书记载说,东汉时,陈正曾任管理宫中膳食的大官令。陈正和侍候皇上的黄门侍郎有些过节,黄门侍郎一直想加害他。有一天,陈正进呈御食,御食炙上发现了一根头发。光武帝刘秀见到后,勃然大怒,下令杀死大官令陈正。

临刑前,光武帝问陈正,还有什么要说的?陈正跪在地上,从容不迫地说:臣该处死,有三条大罪。炭火很旺,焦肤烂肉,而头发还在,这是罪一。刀具砥砺锋利,去肌截骨,却不能断发,这是罪二。微臣小时,目阅章表犹读五经,如今御食臣、丞、庖人六目齐视,却比不上黄门侍郎的两只眼睛,这是罪三。刘秀听了这番陈述后恍然大悟,当即笑笑,赦他无罪。

汉武帝时,宫中有九丹金液、紫红华英和太清红云之浆。浆就是淡酒。汉宫中有名的酒是兰生酒、百末旨酒。百末旨酒是采百草花末杂在酒中,酝酿而成。马酒是马乳酿成的汉宫美酒。汉时,西域大宛国进贡的葡萄美酒十分有名,帝后们极为喜欢,视为宫中珍品。据说,汉武帝就曾用葡萄美酒虔诚地迎接西王母的降临。

汉宫廷乐舞

汉高祖刘邦是一位很不错的音乐爱好者,除《大风歌》以外,他还即兴填词,

用楚地的曲调,唱过一首悲歌,这首悲歌是唱给戚夫人的:

> 鸿鹄高飞,一举千里。
> 羽翼已就,横绝四海。
> 横绝四海,又可奈何?
> 虽有矰缴(打鸟的工具),尚安所施!

吕后所生的太子刘盈,有雄厚的辅翼,戚夫人的儿子终究不可能取代刘盈的太子位置,刘邦用歌声道出了他的无奈。戚夫人是位女音乐家,对于音乐、舞蹈的共同爱好加深了他们的感情。戚夫人会弹奏各种乐器,舞技高超,亦能像刘邦一样歌以述志。在被吕后罚做女奴,整日舂米的日子里,戚夫人想念儿子,悲叹自己的命运,唱道:

> 子为王,
> 母为虏。
> 终日舂薄暮,
> 常与死为伍。
> 相离三千里,
> 当使谁告汝。

此时,戚夫人自然不会忘记与刘邦歌舞宴乐的日子。或与刘邦倚瑟弦歌,或带领宫女们歌唱,高亢或低婉的歌曲《出塞》《入塞》《望归》,宫女数百人随着她的声音齐唱,声入云霄。

谈到汉代的音乐,人们很容易想起刘邦荣归故里时唱的《大风歌》:

> 大风起兮云飞扬,
> 威加海内兮归故乡,
> 安得猛士兮守四方!

汉代时,掌管宴乐的机构是乐府。乐府中的大部分音乐采自民间,早在周代就有采风制度,采集民间的诗和音乐。西汉乐府的基本工作就是收集、挑选民间音乐,直接取用原来的歌词或填写新的歌词,配制乐器,准备在各种场合演奏。由于汉代的皇帝是楚地人,按照"乐其所生,礼不忘本"的规律,汉代皇帝自然偏爱楚地的音乐,所以乐府的音乐多为楚声,乐人也多来自楚地。西汉乐府的乐人多至八百余,其中负责民乐的占一半以上。

西汉时期,在音乐上颇有造诣者,应首推李延年和汉元帝。李延年善弹、善歌,亦会制曲,他曾根据从西域传入的胡笳曲,改编为十首乐曲。李延年音乐才能出众,被汉武帝任命为协律都尉。

汉元帝则是汉代皇帝中最有音乐修养的一位。汉元帝的文与艺兼长,文辞十分优美,班婕妤曾评估元帝父子的文学风格,说元帝词句华丽优雅,成帝则平易亲切。汉元帝喜爱吹箫,也能弹琴鼓瑟,善于自度曲,配以歌声。史书称元帝的自度曲是分寸节度,穷极窈眇。曲调非常优美,节奏多有变化,当然胜于一字一腔的雅乐,相信也超过了已有的燕乐曲。

汉武帝对音乐的关心不亚于其曾祖刘邦,他们二人善于造新词配旧曲,汉武帝曾作《白麟之歌》《宝鼎天马之歌》《朱雁之歌》等,以纪念天降祥瑞,赞颂神明。

汉武帝晚年,巡行各大河流,秋日泛舟于汾河,与群臣宴饮,胸中腾起悲壮之兴,乃作《秋风词》,配以楚歌:

秋风起兮白云飞,
草木黄落兮雁南归。
兰有秀兮菊有芳,
怀佳人兮不能忘。
泛楼船兮济汾河,
横中流兮扬素波。
箫鼓鸣兮发棹歌,
欢乐极兮哀情多。
少壮几时兮奈老何!

赵飞燕的歌喉与舞姿并美,她在太液池上仙人般的歌舞被千古传颂。汉武帝命工匠造了一座合宫之舟,浮在太液池上,为歌舞之台。成帝曾以文犀簪击瓯,伴赵飞燕歌《归风送远之曲》,船随歌声飘荡。歌正酣时大风起,赵飞燕顺风高扬歌喉。

西汉时,末代第二位皇帝汉哀帝一举取消了乐府机构。他对乐府的燕乐采取了"圣人"态度,在诏书中说:孔子不是说放任郑声,郑声流播四野,淫乱天下吗?罢黜乐府官。汉哀帝天性不喜好音乐,即位之前就对成帝时的骄奢淫逸极为不满,即位不久就罢黜了乐府。此事并不能说明哀帝通达大义,却显示了皇帝对宫廷燕乐兴衰所起的决定性作用。

汉代时,还有一支经常出现在宴会上的乐队——黄门鼓吹。黄门鼓吹,是天子宴乐群臣的乐队。东汉的燕乐舞机构就是黄门鼓吹署。鼓吹的乐器包括箫、笳、笛、觱篥、铙歌,主要用笳、箫、铙歌,"鸣笳以和箫声","短箫铙歌"是军乐的代称,所以鼓吹乐本来就是军乐,偶然用于宫廷宴会上以助兴。汉武帝尤其喜爱这类振奋情绪的军乐。

汉时,凡乐曲都可配以舞蹈。《诗经》中说:咏歌不足以表达,就辅以手舞足蹈,歌、舞表达一种情绪。周代及以前的六代雅乐都有舞,叫作"六代舞"。汉代的乐府、黄门鼓吹署的燕乐,也应配以舞蹈。但舞姿似无严格规定。西汉的两位舞蹈家戚夫人和赵飞燕,舞技很高,戚夫人擅长"翘袖舞""折腰舞",赵飞燕擅长"掌上舞",舞技是她们独创独擅,未见传授人。她们多在乐曲声中即兴起舞或边歌边舞,哀则折腰,遇风则扬袖,无一定章法。汉高祖刘邦歌罢《大风歌》,情不自禁地起舞,汉武帝与长沙定王宴乐时也即兴起舞。

秦汉宫廷游乐

庞大的秦帝国存在了 15 年。专制的秦皇虽然收缴、销毁兵器,禁止天下臣民习武,限制许多活动的开展,但先秦的养生学说却仍在留传,宫中也不绝于杂技乐舞,而且宫内的各种活动也并没有受到限制。

汉初无为而治,休养生息,奖励农耕,几十年间生产发展,经济繁荣。宫内的各种活动相继展开。汉武帝时国力鼎盛,宫内盛行角抵百戏,争奇斗胜。蹴鞠、投壶、射猎、棋弈也竞相争盛,开展得轰轰烈烈。昭帝、宣帝时又有骋骛、游观、钓鱼、鼎力、蹴鞠、斗鸡、毕弋捷健、角抵、田猎等,宫中娱乐称盛。历新莽至于东汉,宫中的娱乐好尚和帝王、后妃们的雅好不绝如缕。

1. 投壶 博戏 棋弈

投壶是古代宫廷贵族和士大夫们宴会和日常活动的一种游戏。一人奉矢司射,每人依次投矢于壶,投中多者为胜,少者罚饮。汉武帝时,与东方朔同为戏谑宠臣的郭舍人是位投壶的高手。一般投壶的人为了使壶中的矢不再弹出来跃出壶外,往往在矢中夹一小豆。郭舍人却不同,用竹做矢,不用棘木。他不仅能让竹矢准确无误地落入壶中,而且还能让竹矢反弹回来,回到自己的手中,而且一矢百投百返。武帝在宫廷宴会,常令郭舍人代他投壶,每次大胜,武帝厚赐他金帛。

汉时,《投壶赋》中说,投壶的壶高三尺,盘腹修颈,外饰金银,文以雕刻,投壶的时候壶与筵席相距七尺。这种壶是精工制作的专用壶,显然与武帝时郭舍人玩的不是一种。博戏分为多种。有掷骰决输赢的博类,即投骰后行棋,如六博、挦蒲、叶子戏、纸牌。有猜谜类博类,如射覆、藏钩。有游戏类博类,如投壶、触铃。

六博,又叫陆博,与棋相似,先掷采,后行棋,棋子每人六粒,故称。博与弈常常合称,即博弈,但博的胜者赢钱,所赢叫作进。汉宣帝刘询少时,在民间度日,常与陈遂交往,对博对弈。刘询输了,向陈遂交纳博进时,常常钱囊空空,只好赊账。

汉初,景帝做太子时,也好博戏,而且有些过分。他与吴(封国)太子有一次玩博戏,吴太子赢了,他勃然大怒,为争输赢竟将棋盘砸在吴太子头上,吴太子当即殒命。射覆是猜测覆物的一种游戏。一种东西被覆盖着,没有任何线索,很难猜中的。如果一次次射中,不免有些神秘。

汉时,宫廷中的郭舍人和东方朔,都是射覆如神,大概是特异功能也未可知。有一次,武帝把一只守宫(壁虎)盖在盂下,召来了几个善卜者射覆,结果一个也没有射中。东方朔请求武帝允许他尝试一下,理著布卦,从容说道:微臣以为是龙又没有角,像蛇但有脚,会爬壁,就是守宫!武帝大为称善,当即赐帛十匹。武帝又扣住了几样东西,让东方朔射。东方朔从容不迫,一一射中。武帝和近侍们无不称奇,又赐以帛。

藏钩,与射覆相近似,也是猜拳头内中东西的一种游戏。据说它起于汉武帝时期。武帝晚年,得钩弋夫人。钩弋夫人入宫,一直把拳头攥得很紧。武帝展其手,见有一只小钩。后来,藏钩戏在宫里便兴盛起来。玩法是分成两队,每队有一只钩,在众人手中传递,双方互射其小钩所在,猜中率高者为胜。

棋类,在中国起源很早,大约西周即已存在。棋类最早也最普及的是围棋。弈即是围棋。围棋是一种游戏,传说,它是圣主尧所创造,用以教导愚子丹朱。孔夫子说:天天吃饱喝足了,不知道干什么,真是难啊!不是有博弈吗?博弈总比不知道干什么好!

宫廷娱乐中,弈、博都是很受欢迎的。弈需要费神,博相比来说,具有消遣性,更能够调动人玩的情绪。博的玩法很多,也能翻出许多新花样。博常常在酒宴上进行,称为饮博。弈则常常是皇帝与文人雅士间的游乐活动,层次较博高些,也更雅致。

围棋,在西周、春秋的兵事战阵中产生以后,到了战国时就已普及。秦始皇兼并六国,围棋没有什么发展,直至汉代一直受到冷落。因此东汉初年的班固感叹说:如今博行于世而弈独独绝迹。秦汉时,围棋受到冷遇,但弹棋却很盛行,尤其是盛行于宫中。

2. 百戏　蹴鞠　武事

百戏,包罗万象,内容庞杂,凡是歌舞、杂技、角力、幻术等等,无不囊括其内。春秋、战国时即有侏儒扶卢(爬竿)、优倡侏儒为戏、弄丸、弄七剑等记载。到秦汉时期,这些百戏才兴旺起来。

西汉国力鼎盛,汉武帝时通往西域的丝绸之路洞开,中亚、西亚的乐伎、杂耍艺人纷纷涌入汉朝,百戏越加丰富多彩。百戏又称角抵戏、大觳戏、角抵奇戏,包括角力、角技艺、射御等等。这是秦王朝在秦武王作角抵的基础上的发展。到了汉代,百戏就丰富了起来。

汉武帝对百戏很迷恋。他曾在未央宫中设角抵戏。元封三年,他又在京师兴百戏,导致三百里内臣民前来观看。元封六年,武帝在上林苑平乐馆设角抵戏,京师臣民得到许可前去观看。可谓君民同乐,一片升平景象。汉武帝不仅用角力百戏招待臣民,还以此接待远道而来的边夷首领和外国贵宾。

踩绳索,是百戏中除角抵之外的又一个宫廷活动项目,其形式是凌高履索,踊跃旋舞。汉代正旦的时候,宫中常有踩绳索的表演,届时天子在德阳殿,接受朝贺,然后观看倡女在绳上的表演——用两根丝绳系在两根柱子头上,相距数丈,两位倡女在绳上对行而舞,相逢切肩而毫不倾斜。

蹴鞠,就是踢球。战国时期齐、楚一些城市就风行这种活动。秦时宫中没有这项活动的记载,汉时则在宫内风行起来。汉高祖刘邦建立汉朝以后,将父亲接到都城长安。老头子过惯了乡居生活,对深宫大院很不习惯,整天闷闷不乐。刘邦询问缘故,才知道老父生平所好,是与屠贩少年斗鸡蹴鞠,而宫中又没有这些,能不郁郁寡欢?刘邦笑了起来,这个好办。刘邦便吩咐,在宫中仿故乡丰邑的格局,建新丰屋舍,充实贩夫屠卒,斗鸡蹴鞠,供老父取乐。

汉武帝的姑母馆陶公主宠幸董偃,董偃酷爱狗马蹴鞠。汉武帝、汉成帝对蹴鞠也很喜爱,并到了痴迷的程度。史书上说,汉武帝游观三辅离宫馆时,临山泽,弋猎、射驭、狗马、蹴鞠刻镂,每有所感,即命文士枚皋作赋,以助其兴。汉武帝平定西域以后,得胡人中善于蹴鞠者选养宫中。这些人便捷跳跃,精于鞠道,武帝极为喜爱。汉成帝好蹴鞠到了有伤身体的程度,结果群臣反对,谏章不断。

据说,蹴鞠是远古的黄帝发明的,是他在中原征讨时,以这种活动来训练士卒。蹴鞠于是和习武联系在一起。秦汉的军中尤其是守卫宫城、皇城的军中盛行这项竞技活动。秦汉时的鞠从字面上即可以看出来,是以动物的皮作为外囊,里面实以毛发。

击鞠是蹴鞠的延续和发展,即在马上持棍击球。汉以后这项运动在宫廷中较为流行。武事活动在秦汉的宫中也很盛行,自皇帝至从官,几乎很少没有佩剑。汉高祖刘邦就很会剑术,曾为泗水亭长时,醉酒夜行就能拔剑斩蛇。

秦统治者重视武事,因而有庞大的战阵队伍,其兵马俑就威风凛凛。汉统治者设车骑、材官(步兵)、楼船(水兵)三种兵,规定民13岁即应征,一岁为卫士,一岁为材官骑士,习射御骑驰战阵,到56岁方退。即便小小亭长,也得精习五兵:弓、戟、楯、刀剑、甲铠。

骑射,一直是中国古代时期帝王们必须学习和掌握的一项重要课程,尤其是东汉时期。东汉儒学成为统治思想的主体,而儒尚射,皇帝于是在辟雍从事射礼的活动。汉帝行射礼的记载不绝于书。汉明帝、汉和帝、汉殇帝等皇帝尊奉儒学,在位期间,就曾举行过这些活动。

天子习射,在中国的文人看来是很有意义的,所谓射是仁道,善射能够正己,自己正了然后立足天下。天子为什么要亲自射御?是因为射能够助阳气,通达万物。皇帝们得天下要骑射的功夫,守天下骑射便成了礼仪、修养、闲时健身活动的一个组成部分。

汉宫优伶凑趣

汉代有两位著名的优伶——东方朔、郭舍人,他们是汉武帝刘彻的不离左右的两位活宝。

东方朔,字曼倩,平原厌次人。武帝初即位时,征天下贤良方正文学材力之士,东方朔自荐具备各种才能和美德,请求录用。东方朔文辞不逊,高自称誉,武帝大为奇怪,令待诏公车。俸禄很薄,没有机会进见天颜。过了一段日子,东方朔抓着一个侏儒,骑在他的身上,对他说道,皇上觉得,你们不能耕田,不能治事,又不能从军,没有一点用,只是浪费衣食!所以,皇上要杀尽你们!侏儒听罢,大惊失色,吓得啼哭起来。

东方朔随即说,一会儿皇上路过,你们叩头请罪就没事了。不一会儿,武帝刘彻过来了。侏儒们奔了过来,跪伏一片,号哭不止,连连磕头。刘彻觉着奇怪,问是怎么回事,他们回答说,听东方朔讲,皇上要杀尽我等。

武帝召来东方朔,问他为什么要吓唬侏儒,东方朔从容不迫,侃侃回答:东方朔活着是这席话,死也是这席话。侏儒长只有三尺多,俸是一囊粟,钱二百四十;而东方朔身长九尺多,也是俸一囊粟,钱二百四十!侏儒饱得要撑死,东方朔饥得要饿死!我就说这么多!武帝大笑,吩咐他待诏金马门。自此,东方朔得以随侍皇上。

射覆、赐肉以后,武帝越发宠幸东方朔,令他随侍左右。建元三年,武帝开始微行,北到池阳,西至黄山宫,南猎长杨,东游宜春。武帝游乐以后,感觉道远劳苦,行动不便,于是,他想,将阿城以南、以东和宜春以西的广大地区,辟入上林苑,属之南山。寿王以此进奏,武帝万分高兴。这时,东方朔进谏,表示反对。同日,东方朔进奏《泰阶》之事,武帝大为喜悦,拜东方朔为太中大夫、给事中,赐黄金百斤。然而,武帝照旧扩建上林苑。

皇帝好男宠

秦汉时代,伦理观念、道德规范还没有健全,人们生活在一种自由度相当大的空间之中。这个时期的皇帝创建了庞大的帝国,不可一世,睥睨天下。踌躇满志的皇帝们只要能够想到,便可以做任何愿意做的事情。皇帝们在拥有了江山社稷、满足了一颗征服四海迫令天下归一的英雄心以后,就转而享乐人生,尽享天下所有,纵情、纵欲,沉湎声色。

汉代的皇帝中,有不少的皇帝在享乐女色的同时,对男色也充满兴趣,而且置身其中,亲尝个中的美味,其乐陶陶,滋味无穷。当然,皇帝好男色,将美貌可人的男人变为感情游戏的宠物和玩物,不过是满足自己对于色的欲望,是出于自己对于性的纵乐,绝不是因为真挚的感情,所以,皇帝喜好男色,让皇帝感情专一,那简直不可能。而事实上,中国历朝历代的皇帝几乎很少不是好色之徒,他们既好男色,也好女色,而好男色的皇帝又没有一个是专一的同性恋者。

中国皇帝宠爱男色不过是他们纵欲生活中更富于刺激性的一部分内容,是他们性生活中的业余爱好。能充当皇帝同性恋者的男宠主要包括两类人:一类是宫内的美貌侍从,包括皇帝的近侍和宦官;一类是宫外的美男子,包括朝臣和京师美少年。而有些男宠则是皇帝少年的伙伴,是皇帝少年时感情倾慕的伴侣,等到皇帝成年执政,占有当年的伙伴,以圆少年时的玫瑰美梦。不可一世的秦王朝在秦始皇嬴政的东征西讨中,建立了庞大的威服四海的帝国。强大的秦帝国却在嬴政过世以后,没几年便走向灭亡。历史何以如此奇妙?当年数百万雄兵转瞬之间何以如此匆匆的烟消云散?秦帝国不是灭于敌人的崛起,也不是灭于六国旧贵族,而是灭于秦始皇嬴政和秦二世胡亥的男宠赵高。

起兵于沛县的亭长刘邦,经艰苦征战,终于打败了项羽,夺得了秦王朝丢弃的江山,建立起了新的王朝,就是西汉。西汉创立初年,宫、府职责分明,皇帝的男宠只是供皇帝纵欲取乐,决不许染指政,因而都没有赵高弄权的幸运。而到了东汉,情况则有所不同,男宠不仅成为皇帝的心肝供皇帝纵欲,同时也控制了皇帝,任意废立和宰杀皇帝,汉王朝也终于败亡于皇帝宠信的宦官之手。

刘邦是创建汉王朝的开国皇帝汉高祖。刘邦驰骋疆场,南征北战,宠幸过无数的美女。然而,好色的刘邦不仅仅染指女色,还不放过美貌迷人的男子。刘邦宠爱的男子,史书上记载的就有一个,名叫籍孺。籍孺长得清秀,举止柔婉,惹人怜爱。多情的刘邦岂能放过这样的尤物?

刘盈是汉高祖刘邦的嫡长子,母亲是心狠手辣的吕雉。刘盈五岁时,立为太子,再过三年,立为皇太子。刘邦去世后,刘盈16岁即皇帝位,为汉惠帝。惠帝刘盈在性格上既不同于放荡不羁的父皇刘邦,也不同于果断狠辣的吕雉,而是谦卑仁厚,性情柔弱。不过,在好男色方面,刘盈却不逊于他的父皇刘邦,且有过之。

刘盈仁孝宽厚,何以沉迷于声色?原来有苦不堪言的个中原因,可以说,是他的母亲吕雉逼的。吕雉以太后身份临政,第一件大事便是将刘邦宠爱的戚夫人变成人彘,放在厕所中,让其要生生不得,要死死不成,被臭气熏着,没有人形。

惠帝刘盈是16岁的少年,刚即大位,在厕所中看到了这番不堪入目的惨状,难以置信,当他得知这是自己一直很喜爱的父皇的宠妃戚夫人时,不禁悲痛得大哭,从此一病不起,竟至一年有余。刘盈愤然地说:这不是人干的事情,太后却干了;我身为太后的儿子,还有什么面目治理天下!

从此以后,惠帝刘盈不问政务,病愈以后就沉湎于后宫美色之中,终日纵酒纵欲,伤身伤寿,置生死于不顾。这样的结果是,少年皇帝刘盈在位仅仅七年,便死于长安未央宫,年仅23岁。

刘盈悲悼戚夫人的命运,从惨状中看到了人性的丑恶,哀莫大于心死,心死了的刘盈纵情酒色,以死了结这痛苦的生命。还有一层痛苦的原因,就是自己的皇后张氏,不是别的女子,而是自己的亲外甥女。吕后出于巩固权位的考虑,强行指婚,吕后亲自主持婚礼,立张氏为皇后。刘盈心中,痛苦万分。从太后到皇后,刘盈从心里对女人有一种本能的抗拒。

惠帝刘盈一腔情愫,向谁倾诉?美男子闳孺走进了皇帝的生活,从此,刘盈成为同性恋者,闳孺成为皇帝的男宠。闳孺美貌,是刘盈深爱着的男人,是惠帝那颗孤独的皇心的感情寄托。闳孺长得端庄秀雅,柔媚多情,深得惠帝刘盈的喜爱。刘盈将闳孺留在身边,侍从左右,同起同卧,简直如同夫妻。

刘盈宠爱男宠闳孺,毫不避讳,朝野大臣几乎无人不知。大臣们没有人进章反对,认为这不过是皇帝的个人爱好,是皇帝的私生活,无关乎军国大事,都表示默认。而一些人则奔走于闳孺门庭,趋奉巴结,以求取一官半职,或求仕途通达,平步青云。

文帝最宠幸的三个男人之中,最喜欢的一个,要算士人邓通。什么缘由?这其中,有一段特殊而迷人的因由。邓通是蜀地人,当时属于蜀郡南安人氏。邓通长得清秀,但出身贫寒,没能读书走上仕途。邓通长大以后,只以摇船度日,做了一个渡船的黄头郎。

何谓黄头郎?是说土能胜水,土质是黄色的,取安宁的意思,摇船的人都头戴黄帽,时人称为黄头郎。邓通一无所长,唯有过人之处的便是美色。可邓通再美,也不过是个摇船的黄头郎,如何能让天子看见?天子即便要摆渡,也不会用他这个没有名分的黄头郎!天子见不到,美色自然无人赏识,又如何会和天子有什么瓜葛?

奇怪的是,邓通却被皇帝汉文帝看上了,而且一步登天。文帝如何就看上了邓通?是因人引见吗?不是。也许是天意,是因为文帝做了一个梦,梦中文帝老想上天,可怎么努力也上不去,这时,来了一个文静秀气的黄头郎,轻轻地,将文帝推上了天。文帝十分高兴,举目细看,只见黄头郎衣着朴素,衣带从身后穿过,面如满月,美色如玉。文帝看他,不禁怦然心动。

文帝为黄头郎的美色所震动,恋恋不舍,不觉梦醒。文帝醒来以后,赶忙起床,直奔渐台,去寻找自己梦中的那位推自己上天的美貌少年黄头郎。文帝走近渐台,一见到邓通,便整个人都呆了:这一位,不正是梦中的那个黄头郎吗!衣着、面容、发式完全相同,再看衣带,果真也是从身后穿过。

文帝相信天意,认为这是上天赐福,赐这么一个美貌少年,辅助他治理天下,侍奉他上天。文帝问他叫什么名字,回答说,叫邓通。文帝更是大喜:邓不就是登吗?帮助登天的不是他还会是谁!文帝高兴得无以复加,便将邓通留在身边,随侍左右,朝夕同吃同卧。

二、汉高祖刘邦

生平

汉太祖刘邦(前206—前195年),沛丰邑中阳里(今江苏徐州市丰县)人,汉朝开国皇帝,他是中国历史上杰出的政治家、卓越的战略家和出众的指挥家。他对汉民族的发展,以及中国的统一、强大作出了十分突出的贡献,是汉民族、汉文化的伟大开拓者。他出身于农家,是江南富庶之地的农家子弟;然而,他却不喜农事,不爱生产。他豪侠仗义,为人豁达,胸怀大度,喜欢广结良缘,结交天下豪杰。历任沛县泗水亭长、沛公、汉王,最后,登基为帝。

早在秦时,他任泗水亭长,因释放刑徒而逃匿芒砀山中。陈胜起事后,他集合县中约三千子弟响应起义,攻占沛县等地,人称沛公。不久,他投奔项梁。公元前206年,刘邦军进驻霸上,秦王子婴向刘邦投降,秦朝灭亡。刘邦颁布法令,废秦苛法,与关中父老约法三章。

鸿门宴后,项羽封刘邦为汉王,统治巴蜀之地以及汉中一带。楚汉战争之初,彭城之战,刘邦大败。刘邦吸取教训,知人善任,虚心纳谏,广纳天下贤士,充分发挥部下才能,联合各地反对项羽之力量,终于反败为胜。经过4年楚汉战争的较量,刘邦击败西楚霸王项羽,统一天下。公元前202年2月28日,刘邦在定陶汜水之阳,登基称帝,正式即皇帝位,定都长安,史称西汉。

刘邦登基之后,双管齐下,加强中央集权。一、大力消灭韩信、彭越、英布、臧荼等异姓诸侯王;同时,裂土分疆,分封九个同姓诸侯王。二、建立制度,发展农业,采用休养生息之宽松国策,重农抑商,恢复社会经济,稳定统治秩序,促进汉朝文化繁荣。三、实行睦邻政策,对匈奴和亲,开放汉与匈奴之关市,互通有无。高祖十二年,刘邦讨伐英布叛乱,被流矢射中后卧病不起。公元前195年去世,庙号太祖,谥号高皇帝。毛泽东说,刘邦是"封建皇帝里边最厉害的一个"。

公元前203年10月,项羽引兵东归。楚、汉订盟之后,刘邦本想退兵,但是,张良、陈平献计,在项羽东归之时,下令全力追击楚军。11月,两军会战于固陵(淮阳西北),项羽小胜。公元前202年1月,刘邦以封赏笼络韩信、彭越、黥布等人。垓下决战,汉军重创楚军。刘邦、韩信、刘贾、彭越、英布等各路汉军,合计70万人,与10万久战疲劳的楚军在垓下(安徽灵璧县南)展开决战。

汉军以韩信率军居中,将军孔熙为左翼,陈贺为右翼,刘邦率部跟进,将军周勃断后。韩信采用诱敌深入战术,前军先诈败,韩信引兵后退,命左、右翼军包抄攻击楚军后部步军。楚军久战疲劳,后军迎战失利。汉军一鼓作气,将楚后军与项羽前军骑士分割两半。韩信再次指挥大军反击,楚军大败,阵亡四万余人,被俘两万,被打散两万,仅剩不到两万伤兵,追随项羽,退回阵中。楚军退入壁垒坚守,被汉军重重包围。

楚军兵疲食尽,士气低落。韩信命汉军士卒夜唱楚歌,歌云:"人心都向楚,天下已属刘。韩信屯垓下,要斩霸王头!"楚军士卒思乡厌战,军心瓦解。项羽无奈,只率800亲兵突围,逃到乌江(安徽省和县境),项羽身边只剩下28骑。一位亭长恭迎项羽,愿意带他们逃至江东,重振霸业。项羽面对困境,拒绝了亭长的请求。随后,项羽带着28锐士,大战汉军。最后,项羽全军覆没,项羽不愿被俘受辱,在乌江边,自刎而死。

刘邦迅速回到定陶,驰入韩信军中,收夺他的兵权,改封韩信为楚王,定都下邳(江苏邳州市东)。公元前202年2月,刘邦兑现封王诺言:封韩信为楚王,彭越为越王。楚王韩信、越王彭越,联合燕王臧荼、赵王张敖、长沙王吴芮,共同上书刘邦,请求他即位称帝。刘邦不许,假意推辞。

韩信进言:"大王虽然出身贫寒,但能率领众人,扫灭暴秦,诛杀不义,安定天下,功劳超过诸王,您称帝,是众望所归。"刘邦顺水推舟,高兴地说:"既然你们都这样看,觉得有利于天下吏民,那就按你们说的办吧。"公元前202年2月28日,刘邦在山东定陶汜水之阳,举行登基大典,国号为汉。刘邦即皇帝位,定都洛阳。一个月后,迁都栎阳。随后,正式定都长安,史称西汉。

为政举措

1. 善用人才

建立汉朝之后,刘邦确定以文治国,广征儒生,广求贤才。即位之时,刘邦在洛阳南宫,举行隆重的庆功宴。宴席之上,刘邦总结经验,告诉众人,自己因何取胜:"论运筹帷幄之中,决胜于千里之外,我不如张良;论抚慰百姓,供应粮草,我不如萧何;论领兵百万,决战沙场,百战百胜,我不如韩信。可是,我能做到知人善任,发挥他们的才干,这是我们取胜的真正原因。至于项羽,他只有范增一人可用,然而还对他猜疑,这是他最后失败的原因。"

2. 定都关中

确定都城,非常重要。刘邦最后定都长安,是因为娄敬之故。娄敬,生卒年不详,后因刘邦赐姓,改名刘敬。娄敬是齐国卢人,作为齐国戍卒,被发往陇西戍边。同乡虞将军认为娄敬是人才,特地引荐给刘邦。当时,刘邦想建都洛阳,娄敬力陈,都城不宜建在洛阳,应该建在关中。刘邦犹豫不决,张良明言,建都以关中为上:关中是"金城千里,天府之国",退可守,攻可出。于是,刘邦定都长安。刘邦赐娄敬姓刘,拜为郎中,号奉春君。

汉高祖七年,娄敬出使匈奴。回国后,娄敬认为,不可北击匈奴。刘邦不听,下令逮捕娄敬,将他关押在广武。刘邦亲率大军,进驻平城。汉军主力未至,冒顿单于倾全国之兵,乘刘邦巡视白登之际,将刘邦团团围住。陈平献计,解除白登之围。刘邦虎口脱险,亲自前往广武,特赦刘敬,当面认错,赐两千户,封建信侯。娄敬献计,与匈奴和亲;迁徙六国后裔以及强宗豪族十余万人,充实关中。刘邦接纳建议,吩咐实施。

3. 完善立法

刘邦继承秦之中央集权制和郡县制，废除秦朝苛律刑法，提出德主刑辅，建立健全法治。刘邦命萧何参照秦朝法律，"取其宜于时者，作律九章"，也就是"汉律九章"。战国时期，李悝制订《法经》六篇，包括：盗法、贼法、网法、捕法、杂法、具法。在此基础上，补充户律（户口管理、婚姻制度和赋税征收）、兴律（征发徭役、城防守备）和厩律（牛马畜牧和驿传方面）三个部分，形成《九章律》。刘邦重用叔孙通，让他制定礼仪制度。叔孙通撰写《汉仪十二篇》《汉礼度》《律令傍章十八篇》等书，刘邦采纳，付诸实施。

4. 收拾异姓王

刘邦称帝后，时刻关注着自己的皇位，不敢掉以轻心。有一天，他设盛宴招待英布等大臣，他的父亲刘太公与宴，刘邦自得地问父亲："以前，您经常骂我是无赖，没有生计之道，没有哥哥能理家治业。现在，我做了皇帝，您看，是哥哥的财富多，还是我的财富多？"刘太公无言以对。

刘邦做了皇帝，踌躇满志。他兑现承诺，大封异姓王。然而，他觉得威胁皇位、最不放心的就是分封在各地的异姓王：他们有封地，握有兵将，三心二意。还有大臣、将领，他们足智多谋，能征善战，管理一方，手握实权，一旦不满，投奔异姓王联合作乱，后果不堪设想。六国贵族的后裔，旧的富商大族，随时试图恢复祖业，东山再起，决不能掉以轻心。刘邦在位八年，一直在加强中央集权，甚至于不择手段，巩固皇权。

刘邦第一个收拾的对象是战功赫赫的楚王韩信。

汉高祖六年（前201年），有人告发，称韩信谋反。刘邦问大臣：怎么办？大臣异口同声地说：讨伐。但是，谋士陈平表示反对，说：楚国地域广阔，兵精粮足，韩信极善用兵，如果发兵，很难取胜。

陈平献计：皇上名义上巡游云梦，召集各地诸侯王，前来陈县（河南淮阳）。到时，韩信一定会来，然后，当场抓捕归案，将他问罪。刘邦点头，依计行事，果然将韩信抓住了。善于打仗的韩信有些木讷，听完对他的指控，不禁大叫，一再喊冤。最后，他气恨地说："古人说得好——狡兔死，走狗烹；高鸟尽，良弓藏；敌国破，谋臣亡！今天下已定，我这样的人，就该烹杀了。"

刘邦逮捕韩信，将他押往洛阳。但是，没有什么明确证据，不知如何判罪，只好释放了他，宣布免除他的王爵，降他为淮阴侯。无罪降爵，韩信愤愤不平，怀恨在心。第二年，韩信经过谋划，决定：先策动陈豨反叛；刘邦一定会亲领大军，自前去平叛；这时，自己领兵，袭击留守都城的太子和吕后。韩信之计败露，吕后将计就计,采用萧何之计,将韩信诱骗入宫,随即抓捕。经过严刑拷打,最后,韩信被斩于长乐宫钟室。

韩信是军事奇才缘于萧何发现,萧何毁灭,所以说"成也萧何,败也萧何"。随后,诸侯王彭越等人一一被消灭,只剩下一个异姓王,就是谦卑、懦弱的长沙王吴芮。

5. 打击权臣,加强集权

天下稳定,经济繁荣。刘邦坐在朝堂之上,突然觉得,丞相权力太大,威望太高。于是,刘邦决定,收拾丞相萧何。平定黥布叛乱之后,刘邦回到长安。丞相萧何大摇大摆地进殿,大大咧咧地提议:皇上,开放上林苑吧,让百姓进去耕种,因为,上林苑基本荒芜了,不是养兽、狩猎的好地方。刘邦一身疲惫,当即大怒,破口大骂,说萧何一定受人贿赂了,借百姓之名,为商人牟利!于是,刘邦一声令下,将萧何关进监狱。

几天后,大臣问:丞相何罪?刘邦狡辩称:李斯做秦国丞相时,一切功劳都归皇帝,所有不好的事都自己承担。可是,丞相萧何不同,一切功劳归自己。另外,他接受商人贿赂,替他们求情,开放上林苑,收买人心。所以,我要治他的罪。大臣默然。刘邦打击元老功臣萧何,削弱相权,加强皇帝的权力。朝野大臣人人自危,恭恭敬敬。接着,刘邦宣布,尊自己的父亲太公为太上皇。刘邦想,通过尊重父亲来告诉大臣们,必须遵循礼法,尊重长辈,效忠君主。

6. 尊孔崇儒

刘邦年轻时,鄙视儒生。称帝以后,刘邦认为,自己马上得天下,《诗》《书》礼仪,没有任何用处。陆贾反驳说:皇上马上得到天下,能马上治天下吗?刘邦哑口无言,觉得陆贾言之有理。于是,刘邦命陆贾著书,论秦失天下之因,以资借鉴。刘邦渐渐重视文化,着手筹建规模宏大皇家藏书体系,先后建立了皇室图书馆天禄阁、石渠阁等。天下稳定,刘邦命萧何定律令,韩信申军法,张苍定章程,叔孙通制礼仪,陆贾著《新语》。刘邦与开国功臣剖符作誓,丹书铁契,金匮石室,藏之宗庙。

汉高祖二年,刘邦颁布《重祠诏》,称:"吾甚重祠而敬祭,今上帝之祭,及山川诸神当祠者,各以其时礼祠之如故。"刘邦认为:"天子尊事天地,修祀山川,古今通礼。"汉高祖十二年十二月,刘邦自淮南回京,过鲁,以太牢(猪、牛、羊三牲各一)大礼祭祀孔子。刘邦专程前往曲阜,以太牢礼仪祭祀孔子。刘邦是中国历史上第一个亲临孔庙祭祀孔子的皇帝,开中国帝王祭孔之先例。从此以后,祭祀孔子,成为中国历代帝王的头等大事。

历史评价

刘邦虽然天纵英明，创立了大汉江山，开创了许多国家典章制度。但是，他毕竟是一介莽夫，生性好动，不事农商，不爱读书。对于刘邦的评述，历代学者莫衷一是，见仁见智：

汉史学家司马迁评价："然王迹之兴，起于闾巷，合从讨伐，轶于三代，乡秦之禁，适足以资贤者为驱除难耳。故愤发其所为天下雄，安在无土不王。此乃传之所谓大圣乎？"

毛泽东说："刘邦是在封建时代被历史学家称为'豁达大度，从谏如流'的英雄人物。刘邦同项羽打了好几年仗，结果刘邦胜了，项羽败了，不是偶然的。""能够打败项羽，是因为刘邦和贵族出身的项羽不同，比较熟悉社会生活，了解人民心理。""汉太祖刘邦比西楚霸王项羽强，他得天下，一因决策对头，二因用人得当。"

典故逸闻

1. 鸿门宴

刘邦进军关中，项羽往北救赵，临行前约定：先入关中者为王。刘邦军纪严明，一路瓦解敌军，很快便进入关中，攻下咸阳。秦王子婴投降，秦朝灭亡。刘邦封秦府库，驻军灞上；尽废秦朝苛法，和秦民约法三章。刘邦受到关中百姓的拥戴。项羽巨鹿血战以后，歼灭了秦军主力，西进函谷关时，听说刘邦已经攻破咸阳，于是，怒攻函谷关，驻军鸿门，准备第二天大破刘邦军。

当时，项羽拥兵40万，刘邦只有10万。项羽叔父项伯和刘邦谋士张良交好，连夜告知张良，希望张良尽快离开。张良忠于刘邦，告知一切，刘邦决定第二天带张良、樊哙前往鸿门拜会项羽。项羽设宴款待刘邦。席间，项羽的谋士范增多次举起所佩玉块向项羽示意，要他杀死刘邦，但项羽视而不见。

范增无奈，只好派武将项庄舞剑，乘机行刺刘邦。项伯看出不妙，也拔剑起舞，多次挡住项庄刺来的舞剑。樊哙听说刘邦涉险，持剑握盾闯入军帐，怒发冲冠，指斥项羽别有用心。项羽一时哑口无言。刘邦乘着间隙，谎称上厕所，溜出军帐，逃回灞上。

2. 白登山之围

汉高祖七年（公元前200年）冬，刘邦领步骑32万，自晋阳北上，追击投降匈奴的韩王信。汉军连战连捷，克复楼烦关、马邑等地。刘邦中匈奴诱敌深入之计，领部分骑兵向北急进，追至平城（今山西大同东北古城）白登山，被匈奴精锐骑兵40万团团合围,整整七日七夜。

刘邦无奈,用谋士陈平秘计,厚赂匈奴王后阏氏,方得解围。此后,刘邦接受大臣娄敬的和亲建议,将宗女远嫁匈奴单于做阏氏,并每年送给匈奴大量的金、银、米、酒、彩绸、丝绵。

3. 伪游云梦

楚王韩信手握重兵,良将如云。有人告发韩信谋反。刘邦垂问众将,该怎么办?众将主张发兵平叛。刘邦犹豫不定,垂问陈平。陈平回答说:韩信谋反,证据不足,何况兵将远逊于韩信,不如行古代天子巡狩、会见诸侯的旧制,在云梦泽大会诸侯,然后一举捉拿韩信。刘邦采纳了陈平的建议,把韩信捉住,带回京师,降其为淮阴侯。

4. 高阳酒徒

刘邦行军至高阳,四处访求贤士。军队中,正好有一骑士,家在高阳,回家探亲。高阳人郦食其为其同乡好友,请他代为向刘邦引荐自己。他对骑士说:我听说,沛公傲慢,看不起人。但是,他有许多远大谋略,这是我真正想要追随的人,一直苦于没人引荐。你见到沛公时,就这样对他说:我的家乡,有位郦先生,年过六十了,身高八尺,人称狂生。骑士说:沛公不喜欢儒生,许多人头戴儒生帽子来见他,他立刻把他们的帽子摘下来,在里边撒尿。在和儒生谈话时,动不动就破口大骂。所以,您最好不要以儒生身份去见他。郦食其说:你只管像我教的说。

骑士回去后,就按郦生嘱咐,从容告知沛公刘邦。刘邦不屑地说:告诉他,我正忙着呢,没空见儒生!郦食其怒目横眉,按着宝剑,大声说:去,你告诉沛公,我是高阳酒徒,不是儒生!通过骑士引荐,郦食其见到了沛公。但是,刘邦召见他时,正踞坐在床,令两女子给其洗脚。郦食其大为不满,长揖不拜,直接斥责道:您是想帮助秦国攻打诸侯呢,还是想率领诸侯灭掉秦国?刘邦骂道:你个奴才相的蠢儒生!天下之人,同受秦朝之苦很久了,所以,诸侯们陆续起兵,反抗暴秦,你怎么说帮助秦国攻打诸侯呢?郦生愤然说:如果您下决心聚合民众,召集贤士前来推翻暴秦,那就不应该如此倨傲,慢待长者!刘邦自知失礼,立即起身道歉,整理好衣冠之后,以礼接待郦食其。当时,郦食其有个弟弟,名叫郦商,陈胜起兵时,他已经聚数千人响应。郦食其归汉,郦商率其部下四千多人加入沛公队伍。后来,用"高阳酒徒"借指喜好饮酒、狂放不羁的人。

5. 人为刀俎，我为鱼肉

鸿门宴刀光剑影，险象环生。刘邦借机从宴上溜出如厕，准备逃走，可是，他又觉得，没有向项羽告辞，不大合适。武士樊哙粗中有细，急谏刘邦：现在情况危急，人为刀俎，我为鱼肉，还讲形式上的礼节干什么?! 后来，用"人为刀俎，我为鱼肉"，比喻人家掌握生杀大权，自己处于被宰割的地位。

6. 妇人之仁

刘邦和大将韩信共论天下大事，说到项羽的为人。韩信说，项羽只是在生活细节上对下属关心体贴，而对立有战功的人却优柔寡断，不封官晋爵，把封爵的大印拿在手上，摸来摸去，印的棱角都给他磨光了，还舍不得把印给人家。韩信说，项羽没有政治家的胸怀和气度，只不过有一种妇道人家的仁慈罢了。

7. 分我杯羹

楚汉之战，相持不下。项羽俘虏了刘邦的父亲，项羽扬言要烹杀刘邦的父亲，以此要挟威胁刘邦。刘邦得讯后，却高兴地说：我们共同受命于怀王，相约为兄弟，我的父亲也就是你的父亲；你一定要烹杀他，也请你分给我一杯肉汁。后用分我杯羹、杯羹之让指从别人那里分享一份利益。

8. 功人功狗

汉高祖五年，刘邦论功行封。萧何受封为酇侯，所得封赏最多。身经百战的功臣武将们很不服气，怨气冲冲。刘邦坐在那里，平静地问众位将领，是否知道打猎？猎狗是干吗用的？都说知道。刘邦接着说：打猎时，追杀野兽的是猎狗，而发现野兽踪迹，指挥猎狗行动的则是猎人；各位身经百战，功劳再大，也不过像猎狗一样，而萧何的功劳如同猎人。后来，用"功人功狗"，比喻谋臣、武将，用发踪指示比喻幕后操纵、指挥。

9. 东陵瓜

吕后用萧何之计，杀死了大将韩信。刘邦派使者晋封萧何为相国，又封爵五千户，令一都尉率兵五百人做萧何的护卫。群僚好友纷纷祝贺萧何，只有召平认为，萧何要遭大祸。召平在秦时，曾封东陵侯。秦亡以后，沦为百姓，家贫如洗，便在长安城东以种瓜为生。召平的瓜味道甜美，人称东陵瓜。

召平见到萧何，对他说：皇上在外受风霜之苦，领兵征战，您在后方平平安安，然而皇上却又给您封赏，为什么？因为韩信最近在后方谋反，皇上对您起了疑心。希望您不要接受封赏，并把自己的家产全部拿出来，充作军饷。萧何听了召平的话，果然免祸，刘邦十分高兴。后来，用"东陵瓜"指甜美之瓜，或比喻辞官归隐的田园生活。

10. 鸿沟

鸿沟，开通于战国魏惠王十年（前360年）。故道自河南荥阳北引黄河之水东流。秦始皇时，引河水灌溉大梁，称作鸿沟，就是贾鲁河，为古时汴水的分流。楚霸王项羽和汉王刘邦在鸿沟对峙，相约以鸿沟为界，中分天下，鸿沟以西为汉王所有，鸿沟以东为楚王所有。鸿沟，成为楚、汉的分界线。

11. 约法三章

公元前206年，刘邦率领大军攻入关中，驻扎在距离秦都咸阳几十里的霸上。当时，子婴仅仅做46天秦王，向刘邦投降。刘邦进入咸阳，宫殿富丽堂皇，刘邦欲好好享受。但是，心腹大将樊哙和谋士张良告诫他，现在处境险恶，不能这样享受，以免失掉人心。刘邦接受他们的意见，下令封闭王宫，吩咐留下少数士兵保护王宫和大量宫廷财宝。然后，刘邦率领大军，回到霸上。

为了取得民心，刘邦召集关中各县父老、豪杰，郑重宣布：秦朝严刑苛法，把众人害苦了，全部废除。现在，我和众位约定，不论是谁，都要遵守三条法律：杀人者要处死，伤人者要抵罪，盗窃者要判罪！父老、豪杰们兴高采烈，坚决拥护约法三章。百姓们听了，都热烈拥护，纷纷拿了牛羊酒食，慰劳刘邦的军队。

12. 楚汉战争

楚汉战争，又名楚汉之争、楚汉争霸、楚汉相争、楚汉之战等，汉元年（前206年）八月至汉五年十二月（前202年年初），西楚霸王项羽、汉王刘邦两大集团为争夺政权而进行的4年大规模战争。楚汉之争，以项羽败亡、刘邦建立西汉王朝而告终。

当时，两大阵营包括：汉军还定三秦时期——楚：雍（章邯）、塞（司马欣）、翟（董翳）、韩（韩成）、西魏（魏豹）、常山（张耳）、河南（申阳）、殷（司马卬）、燕（韩广）、九江（英布）、临江（共敖）、衡山（吴芮）；汉：赵（赵歇）、代（陈余）。汉军东进初期——楚：雍（章邯）、韩（郑昌）、西魏（魏豹）、河南（申阳）、殷（司马卬）、燕（韩广）、九江（英布）、临江（共敖）、衡山（吴芮）；汉：齐（田荣）、赵（赵歇）、代（陈余）、塞（司马欣）、翟（董翳）、河南（申阳）、魏（原西魏，魏豹）、殷（司马卬）。韩信北伐后——楚：临江（共尉）、衡山（吴芮）；汉：魏（相国、建成侯彭越）、赵

(张耳)、齐(韩信)、燕(韩广)、淮南(原九江,英布)、闽越(无诸)。垓下之战时期——楚:临江(共敖);汉:魏(相国、建成侯彭越)、赵(张耳)、齐(韩信)、燕(韩广)、淮南(英布)、衡山(即后来的长沙,吴芮)、闽越(无诸)。主要战争包括:平定三秦、伐楚之战、彭城之战、成皋对峙、垓下决战。

垓下一战,刘邦全歼楚军,获得最后胜利。项羽败亡后,楚地陆续平定。最后,唯原项羽封地鲁久攻不下。汉军以项羽头示鲁,鲁遂降,至此,楚国全部平定。楚汉战争末期,属楚国阵营的衡山王吴芮、九江王英布,先后归附汉王刘邦,唯临江王仍不听命,拒绝投降。汉五年(前203年)十二月,汉军攻破临江国都江陵(湖北荆州),俘虏项羽所立临江王共尉。公元前202年2月28日,刘邦在定陶正式称帝,为汉高祖,建立了西汉王朝。公元前196年,南越王赵佗上表称臣。至此,天下统一。

13. 垓下之围

高祖四年(前203年)八月,汉军与楚军在广武对峙,楚军粮尽后陷入困境。刘邦想调来韩信、彭越等人军队参与合围没有成功,无法对楚军展开最后决战。于是,双方妥协,在鸿沟签订了"鸿沟和议"。和议约定,以战国时魏国所修运河鸿沟为界,划分天下。九月,西楚霸王项羽遵守和议,率领十万楚军绕南路向固陵方向迂回,向楚地撤军。刘邦打算遵守和议,撤军西返。正当刘邦准备下令率军西返之时,谋士张良、陈平献计:撕毁鸿沟和议,趁楚军疲师东返之机,攻其不备,从其背后发动偷袭。

刘邦考虑再三,决定采纳二人之议。于是,汉军违背和约,经过充足准备,向楚军突然发起战略追击,双方再次交战。汉军追至夏南,刘邦约集韩信、彭越南下,共同合围楚军。韩信、彭越没有如约出兵合击楚军,结果,刘邦在固陵之地被项羽打败。刘邦仓皇后撤,率军退入陈下,并且筑起坚固堡垒,坚守不出。结果,楚军又一次合围刘邦汉军。汉军坚守壁垒,外面重重合围,刘邦心有余悸,询问张良:"诸侯不从约,为之奈何?"张良说:"楚兵且破,信、越未有分地,其不至固宜。君王能与共天下,今可立致也。即不能,事未可知也。君王能自陈以东傅海,尽与韩信;睢阳以北至谷城,以与彭越。使各自为战,则楚易败也。"

刘邦采纳张良之计,承诺:陈以东,直至海,所有领土,归齐王韩信;睢阳以北直至谷城,归彭越。以大片土地作为报酬,韩信、彭越动心,二人接受条件,按照约定,挥师南下;刘邦整装待命,按时突围。同时,刘邦命令刘贾率军,联合英布,自淮地北上。五路大军,同时发动攻击,展开对项羽楚军的最后决战。高祖五年(前202年)十月下旬,灌婴引兵攻占彭城,随后攻克许多楚地。淮南王英布进军九江，诱降守将、楚大司马周殷。随后，英布合军北上，进攻城父（安徽涡阳东）。刘邦率领大军由固陵东进，形成对楚军的最后合围。战场形势对楚十分不利，项羽被迫向东南撤退。

韩信进献五军阵图，刘邦采纳，准备发动总攻。韩信30万主力大军为前锋，刘邦本部军20余万监督，向垓下10万楚军发起了最后的进攻。60万汉军，排出五座连阵阵形：韩信亲率30万大军居中，为前锋主力；将军孔熙率军数万，为左翼军；将军陈贺率军数万，为右翼军；刘邦率本部主力20余万，尾随韩信军跟进；将军周勃率军数万断后。韩信亲率汉军，发动猛攻。初战之时，进攻受挫。楚军发动攻击，汉军左右两翼，迂回夹击楚军。两军相峙，短兵相接，陷入胶着状态。这时，韩信带领大军回头再战。楚军受到三面夹击，项羽楚军被截成数节，大败。项羽无奈，被迫退回垓下城。

楚军虽败，汉军伤亡惨重。夜间，汉军高唱楚歌，楚军士气崩溃。项羽眼见大势已去，乘夜率领八百精锐骑兵向南突围。天明后，汉军得知项羽突围，派遣五千骑兵追击。项羽渡过淮水，仅剩一百余骑相随。行至阴陵（安徽定远西北），因为迷路耽搁时间，被汉军追及，项羽突至东城（安徽定远东南），身边仅剩28骑。项羽和28骑来回冲阵，杀开一条血路，向南疾走，行至乌江（安徽和县东北长江边乌江浦）边，自觉无颜见江东父老，下令从骑全部下马，以短兵器与汉兵搏杀。项羽一人，杀死汉军数百人，自己身中十余创伤，最后，项羽自刎而死，年仅31岁。项羽死后，汉军全歼八万楚军，楚地皆降汉。

垓下之战，汉军适时发起战略追击，集中优势兵力，多路围攻，以绝对优势兵力全歼楚军，创造了中国古代大规模追击战的成功战例。垓下之战，结束了4年楚汉相争，也结束了秦末以来的混战局面，刘邦统一中国，奠定了大汉王朝四百年基业。这场战役，楚军失败，主要原因如下：一、楚军没有根据地，没有强大的后方。当长江以北楚地失陷后，十万楚军成为孤军，陷入困境；二、楚军没有充足粮草，士兵经常处于饥饿状态，军队补给不足；三、汉军联合作战，兵力多达60余万，粮草充足，精神饱满，士气旺盛，项羽楚军10万饥寒交迫，士气低落，久战疲惫，最终溃散；四、汉军五路大军，层层包围，步步为营，楚军被牢牢困住，难以发动反攻。

14. 成皋之战

成皋之战，始于汉高祖二年（前205年）五月，讫于汉高祖四年（前203年）八月，历时两年零三个月，是西楚霸王项羽和汉王刘邦围绕战略要地成皋（河南荥阳汜水镇）而展开的一场决定性持久争夺战。这场战争中，刘邦及其谋臣、武将巧妙运用正面相持、翼侧迂回、敌后骚扰等战略战术,调动、疲惫、削弱敌军,最后战胜强敌项羽。成皋之战,是中国战争史上刘邦首创的后发制人、疲敌制胜之战术,也是中国古代战争史上以弱胜强的成功典范。

据《秦楚之际月表》记载,成皋之战始于汉三年四月。京索之战后,楚军休整一年,楚军攻打荥阳军队,包括:项羽楚军20万,大司马龙且军20万,以及大司马曹咎楚军、大司马周殷军和项冠、项悍、项声楚军,楚军大约是十倍于荥阳汉军。汉军防守荥阳,大约5万人。

成皋之战开始之时,刘邦处于劣势。但是,经过半年较量,刘邦以弱胜强,取得胜利。刘邦以弱小兵力,在成皋之战中战胜强大楚军,主要原因:一、建立战略后方基地,确保人力、物力、财力源源不断得到补充。二、彭城失利后,汉弱楚强,刘邦改变战略方针,转攻为守,打持久战。三、制定策略,步步为营,使楚军陷于多面作,顾此失彼,疲于奔命,瓦解敌军,实行战略包围。

15. 萧规曹随

曹参,字敬伯,沛(今江苏沛县)人,西汉开国名将。萧规曹随,意思是,萧何创立了汉朝规章制度,萧何死后,曹参做了宰相,仍然照着实行。比喻按照前任之成规办事。汉朝建立,汉室休养生息,大力发展经济。萧何顺应民意,制定了一系列积极措施。曹参任相时,审时度势,采取无为而治之策略,人称萧规曹随。

汉惠帝即位,任命曹参为丞相。可是,曹参一天到晚不理政事,请人喝酒聊天。有一天,惠帝对中大夫、曹参之子曹窋说:你回家时,顺便问你父亲,就说:高祖刚刚去世不久,现在皇上年轻,没有治国经验,正要丞相多加辅佐,可是,身为丞相,整天喝酒闲聊,长此下去,如何治理好国家?曹窋听从皇帝吩咐,回家之后,质问父亲。曹参听后,大骂曹窋:臭小子,你懂什么?朝政是该你过问的吗?赶快回宫去,好好侍候皇上!还打了他一顿。曹窋回到宫中,向惠帝大诉委屈。惠帝听后,更加莫名其妙。

第二天,下朝后,汉惠帝留下曹参,责备说:你为何责打曹窋?他说的那些话,是我的意思,是我让他去规劝你。曹参听后,立即摘帽,跪在地下,叩头谢罪。汉惠帝说:你有什么想法,就直说吧!曹参迟疑片刻,大胆地问:请问陛下,您跟先帝比,谁更贤明?惠帝立即说:我怎敢和先帝相提并论!曹参问:请问陛下,我和萧何相国相比,谁更强呢?汉惠帝笑道:你好像不如萧相国。

曹参说:陛下英明。您的贤能不如先帝,我的才德不及萧相国,那么,先帝与萧相国统一天下后,陆续制定了贤明法令,卓有成效。现在,陛下继承帝业,我们遵照先帝遗制,恪守职责,照章办事,就可以了,陛下以为如何?汉惠帝听后,恍然大悟,立即转怒为喜,笑道:我明白了,你歇着去吧!

曹参任相三年,主张清静无为,遵照萧何制定好的法规行事,政治稳定,经济发展、人民安居乐业。他死后,百姓们编有歌谣:萧何定法律,明白又整齐;曹参接任后,遵守不偏离。施政贵清静,百姓心欢喜。史称萧规曹随。

16. 明修栈道,暗度陈仓

意思是,将真实的意图隐藏起来,用表面行动迷惑对方,使敌人产生错觉,从而出奇制胜。陈仓,古县名,在今陕西省宝鸡市东陈仓区。《史记·高祖本纪》记载:项羽自封为西楚霸王,分封各路诸侯,其中,将巴、蜀、汉中三郡分封给刘邦,立为汉王。刘邦去封地途中,下令部下烧毁栈道。刘邦经营汉中,准备出兵进攻项羽。韩信献计:明修栈道,暗度陈仓。陈仓,是刘邦进入关中必经之地,山势险恶,有雍王章邯之重兵把守。刘邦采纳韩信之计,派遣最信任大将樊哙带领一万士兵,修复五百里栈道,立下军令,限一个月内修好。陈仓守将雍王章邯万万没想到,刘邦精锐部队已经抄小道翻山越岭,偷袭了陈仓,取得大捷。后来,以"明修栈道",比喻用假象迷惑对方,以达到某种目的。引申意:用明显行动迷惑对方,使敌人不备,也比喻暗中进行活动。

17. 犬牙交错

犬牙交错,指接触地带参差不齐,没有横向、纵向之交叉,比喻交界线非常曲折,像狗牙那样,参差不齐。也比喻情况复杂,双方有多种因素参差交错。

汉高祖刘邦建立汉朝,分封功臣到各地为王。诸侯王各拥实力,图谋谋反,于是,刘邦决定消灭他们。汉景帝时,爆发以吴王为首的七国之乱。汉景帝派太尉周亚夫平定叛乱。汉武帝时,施行领地削减之策,进一步削弱诸侯王势力。诸侯王恐慌,对汉武帝说:我们血脉相连,先帝分封诸侯王,将封地如犬牙般交错安排,就是为了让我们共保汉室,希望皇上手下留情。于是,汉武帝颁布推恩令,将诸侯领地分封给他们的子弟。

18. 成也萧何,败也萧何

萧何,是汉高祖刘邦丞相。成也萧何,是指韩信成为大将军,是由萧何推荐;败也萧何,是指韩信被杀,是由萧何献计导致的。意思是,不论成功,还是败亡,都是由同一个人造成的。

汉初,淮阴一个名叫韩信的人,生活孤苦,被人瞧不起。后来,韩信投奔项羽,参加反秦。他向项羽提出建议,没被采纳。韩信感觉才能无法施展,改投刘邦。起初,刘邦没有重用韩信,只让他当个小军官,有一次,韩信犯军法,差点处死。免死之后,韩信任治粟都尉,管理粮草。有一次,韩信偶遇萧何。一席长谈之后,萧何对韩信非常钦佩,认为韩信是位杰出军事天才。萧何决定向刘邦推荐韩信。这时,韩信逃跑了。原来,刘邦部下大多是徐州一带人,刘邦被封为汉王,封地在汉中,地区偏狭,难以发展。因此,部下大多数想家,纷纷逃亡。韩信见刘邦没有重用之意,也跟着跑了。

萧何得知韩信逃跑,心急如焚,来不及报告刘邦,跳上战马,连夜把韩信追回。刘邦大惊,以为萧何也逃跑了,非常生气。后来,刘邦得知,萧何连夜出走,竟然是为了亲自追回韩信,一个不起眼管粮草的小官。刘邦大骂萧何,小题大做。萧何郑重其事向刘邦推荐韩信说:韩信有杰出军事才能,不是普通人才。您甘愿做一辈子汉中王便罢,如要夺取天下,非重用此人不可! 由于萧何力荐,刘邦终于同意,拜韩信为大将军,选择吉日良辰,举行隆重拜将仪式。

韩信拜为大将军后,为刘邦统一天下立下赫赫战功。但是,刘邦做了皇帝后,担心韩信谋反。首先,刘邦解除韩信兵权,由齐王改封为楚王。随后,逮捕韩信。没有借口,只好赦免,改封韩信为淮阴侯。韩信闲住长安,郁郁不得志,图谋反叛,被人向吕后告发。吕后想乘机除掉他,可是,吕后害怕韩信不肯就范,就同萧何商议。萧何献计,召韩信入宫,吕后以谋反罪名,将韩信杀害于长乐宫钟室。

后来,人们用"成为萧何,败也萧何",比喻事情之成败或好坏,都由于同一个人。

家族成员

据史书记载,刘氏起源于三皇五帝之尧帝。尧帝长子监明,受封于"刘"邑(今河北省唐县)。监明早亡,其子式继封,遂以刘邑为氏。传至夏朝,有刘累。下传至士会,适秦,归晋,有子留于秦,恢复刘氏。之后,在战国时,获于魏,遂为魏大夫。魏国,从安邑迁都大梁。刘邦曾祖父刘清出生,清生刘仁。刘仁迁丰邑,从此以后,刘家在丰邑安家。

曾祖父:刘清,战国末期,魏国大夫,出生于魏都大梁。其子刘仁,迁丰邑中阳里。至今,丰县汉皇祖陵保存有刘清之墓。

祖父:刘仁,迁居丰邑。丰邑,本属宋国,宋灭后,入齐。前284年,五国伐齐后,原宋国国土尽入魏国,为魏国东部边陲。刘仁迁丰后,刘家在此定居。

父亲:刘煓,字执嘉,人称刘太公。刘邦登基后,尊为太上皇,崩于公元前197年。两年后,刘邦去世。

生母:温氏,一说王含始,被追谥为昭灵夫人(昭灵后)。

庶母：李氏，太上皇庶妻，封太上皇后，逝于公元前197年；生楚元王刘交。

刘伯，刘邦大哥，汉五年正月，追尊为武哀侯。高后时，追尊为武哀王。长嫂封阴安侯。

刘仲，名喜，刘邦二哥，被刘邦封为代王，统辖今河北、山西一带。后来，因抵抗匈奴战败，被革为合阳侯。死后追谥为代顷王。二嫂为顷王后。

刘交，刘邦弟弟，排行第四，被刘邦封为楚王。死后，谥元王。

从父兄：荆王刘贾。

从祖弟：燕王刘泽。

姊：宣夫人，昭哀后。

后妃，主要有8人：曹夫人、吕皇后、戚夫人、薄姬、赵姬、管夫人、赵子儿、石美人。

子女，共有9人，生八子一女。八子：刘肥、刘盈、刘如意、刘恒、刘恢、刘友、刘长、刘建。一女：刘乐，鲁元公主，下嫁张耳之子张敖，母吕后。刘邦女儿，史书记载，只此一人。

原配吕雉，公元前187年起，临朝称制八年。公元前180年，崩，寿62岁，葬于咸阳东陵。生子女二人，一子一女：子，刘盈，汉孝惠帝；女，鲁元公主。

曹氏，生一子：刘肥，高祖六年，立为齐王，卒谥齐悼惠王。

戚氏，生一子：刘如意，汉高祖七年，封代王。九年，徙为赵王。15岁，被吕氏毒死，谥赵隐王。

薄氏，生一子：刘恒，初封代王，后即帝位，为孝文帝。公元前155年四月，崩，葬于霸陵。

赵氏，生一子：刘长，公元前196年，封淮南王。文帝六年，谋反，废徙蜀，死，谥淮南厉王。

诸姬生子：

刘友，初封淮阳王，后改封赵王。吕后临政，幽禁而死，卒谥赵幽王。

刘恢，公元前196年，高祖诛梁王彭越，随后，立他为梁王。16年后，因赵幽王刘友幽禁而死，改封他为赵王。吕后建立吕氏天下，刘恢被迫娶吕产女儿。刘恢宠妃走投无路，被迫自杀。刘恢终日闷闷不乐，公元前181年六月，刘恢殉情自尽。死后，废其嗣。文帝时，追谥为赵恭王。

刘建，公元前196年，燕王卢绾逃奔匈奴。第二年，立刘建为燕王。15年后死，谥曰灵。刘建本有子，吕后使人杀之，绝嗣后，除其国。

长陵

汉高祖十二年四月二十五日（前195年6月1日），刘邦驾崩，享年62岁，葬于长陵(今陕西咸阳),谥号为高皇帝,庙号为太祖。全称为"汉太祖高皇帝",简称庙号为"汉太祖",简称谥号为"汉高帝"。

司马迁著《史记》,作"高祖本纪",首称刘邦为"高祖"。司马氏为汉武帝时史官,汉武帝之父亲景帝,景帝之父为文帝,文帝之父为太祖高皇帝。高皇帝刘邦,正是武帝的曾祖父。《尔雅》称:"曾祖王父之考,为高祖王父"。因此,汉武帝要称太上皇(高帝之父)为高祖。《尔雅》郭注称:"高者,言在最上。"汉武帝称曾祖父高帝刘邦为高祖,正是此意。

长陵,又名长山,是汉高祖刘邦与皇后吕雉(吕后)的陵墓。位于西安市窑店镇三义村北,距离西安市中心以北约 20 公里、咸阳市以东约 20 公里。1988年,国务院将其列为全国重点文物保护单位。据勘测,长陵陵基东西约 160 米,南北约 132.3 米,高 31.9 米,形状呈覆斗形。长陵东 200 米处,是吕后陵。再往东,是戚夫人墓。戚夫人,被吕后所杀,葬在长陵之东,距县东 35 里。

吕后陵墓

吕后陵,在刘邦长陵东 200 米。吕后陵墓,东西约 153.9 米,南北 135 米,高 13.84 米,形状也和长陵一样,呈覆斗形。1967 年,在长陵之东,出土了一方玉印,印文:皇后之玺。这方印,可能是吕后的墓葬物或遗物。

三、汉武帝刘彻

生平

汉武帝刘彻(前 156 年—前 87 年),西汉第七位皇帝,中国历史上十分杰出的政治家、战略家、诗人。汉武帝刘彻 16 岁登基,是一位文韬武略的杰出皇帝。为巩固皇权,他建立了中朝制度,在地方设置刺史;为选拔人才,他开创了察举制,以搜罗天下英才;为削弱王国势力,采纳谋士主父偃的建议,颁行"推恩令",减少王国势力威胁;为加强中央财政收入,颁旨盐铁专卖,铸币权收归中央;首创年号,这是中国皇帝在位时期正式纪年之开始;大兴太学,发展儒学,培养人才,加强文化建设;采用儒士董仲舒的建议,"罢黜百家,独尊儒术",经尊孔崇儒为基本国策,结束了先秦以来"师异道,人异论,百家殊方"之混乱局面;大力加强军力,不拘一格选拔人才,开疆拓土,北边击溃匈奴,东边吞并朝鲜,南边诛灭百越叛乱,西边翻越葱岭,征服大宛,奠定了中华帝国广阔的疆域版图;首开丝绸之路,建立了畅通无阻的通往西域和世界各地的经济贸易渠道。汉武帝刘彻开拓了汉朝最大的统一疆域版图,在经济、文化、军事诸领域颇有建树,开创了中国帝制时代的第一个汉武盛世,成为中国历史上的三大盛世之一。晚年之时,疾病缠身,刘彻穷兵黩武,制造了巫蛊之祸,皇后、太子冤死宫中,京城血流成河。征和四年(前89年),刘彻下罪己诏,检讨自己的过失。后元二年(前87年),刘彻崩于五柞宫,享年70岁,谥号孝武皇帝,庙号世宗,葬于茂陵。

为政举措

汉武帝即位时,政治稳定,经济良好,面临的主要问题:统治思想混乱,基本国策尚待确立;经济方向不明确,有关方针政策尚待确定;诸侯王国势力较大,威胁皇权;边境不宁,匈奴袭扰不断。针对这些主要问题,年轻的刘彻重视人才,广纳贤策,采取了一系列措施,成就斐然,造就了中国帝制时代第一个百年盛世:文化上,罢黜百家,独尊儒学,确立礼尊儒学、尊孔崇儒的基本国策;经济上,采纳桑弘羊之主张,许多重要行业,由政府直接管理和经营,如运输、贸易;军事上,大力加强军事建设,任用卫青、霍去病为大将,率领强大汉军,南征北战,北伐匈奴,解除了北边的威胁,统一南方(两广),推动了经济、文化的融合和发展。

1. 加强中央集权

汉武帝刘彻即位之后,感觉诸侯王是主要威胁,强干弱枝是迫切之务。大臣主父偃献计,颁布推恩令,加强中央集权。刘彻大喜,欣然接受。推恩令,是指允许诸王将自己的封地分给自己的子弟,在国中建立更小的诸侯国。主要内容包括:诸侯王之王位,由嫡长子继承之外,还可以"推恩"及其他儿子,在本侯国之内,自行分封;中央批准之后,新的侯国脱离原来王国,地域独立,侯国的政治权力结束,新的侯国受当地郡县官吏管辖。推恩令的结果,使原来独立的地方王国自行削弱势力,自动分权,将权力上交给中央。从此以后,地方王、侯之特权,仅仅限于物质方面,也就是享用自己封地的租税,没有任何政治特权。随后,武帝寻找借口,一次削去一半侯国。

吕后、惠帝、文帝、景帝时期,刘邦确定的丞相主政制度,确立丞相是皇帝之下的政府首领。当时,丞相德高望重,大多是跟随刘邦打天下的开国功臣,受到特别的礼遇。汉武帝感觉丞相权力过重,意见经常不合。于是,一有机会,刘彻就寻找借口,借机打压甚至杀死丞相。高压之下,大臣们胆战心惊,以至于许多大臣不敢、也不愿意接任丞相。为了更加顺利地贯彻、执行命令,刘彻特别设立中朝、尚书台等机构,长官由皇帝亲自任命。许多大臣是开国功臣,他们年老体衰,相继去世。汉武帝刘彻重用儒生,任命要职,让众多儒生接替元老,执掌大权。公元前124年,汉武帝不拘一格,任命平民出身的儒生公孙弘为丞相。从此,贵族担任丞相之惯例打破。

汉武帝刘彻文韬武略,是一位开创性的皇帝。在中国历史上,刘彻是第一位使用年号的皇帝。为了方便纪年,公元前113年,汉武帝宣布,以当年为元鼎四年;同时,追改以前执政纪年,分别确定为建元、元光、元朔、元狩,每一年号,时间为六年。事实上,在此之前,刘彻曾试用过年号。如根据汉代一些出土文物,上面标有建元、元光等年号,证明建元、元光等年号,并不是后来追改的。

为了加强集权,确立皇帝至高无上的权威,汉武帝刘彻特设御史,分行各地,对地方官吏、豪强进行全面监督。公元前106年,刘彻宣布,将全国分成13个监察区,每个区称为部,每部派出一名刺史,由皇帝任命;中央派出的刺史称为司隶校尉,其他12个州称为刺史。刺史代表中央,地位极高,相当于皇帝特派的钦差大臣,常驻地方,有自己独立的办事处,随时直接奏报皇帝。"刺史"之名,就是监视之意。"刺",意思是刺探、刺举,侦探不法行为;"史",意思是使者。

2. 唯才是举

汉武帝时期,用人方面,唯才是举,不拘一格,广泛招纳天下英才,委以要职。其在位期间,曾于元光元年、元封五年,两次颁布求贤诏,广招贤才:"博开艺能之路,悉延百端之学""州郡察吏民有茂材异者,可为将相及使绝国者"。班固修《汉书》,感叹汉武帝用人之道,说:"汉之得人,于此为盛!"当时,任用各级官吏,非常多元化。刘彻规定:两千石以上官吏,可以通过任子制度,推荐子孙当官;有钱之人,可以通过"赀选",出钱当官,如司马相如;先圣先贤后裔,可以特封,授予官职,如贾谊两个儿子,恩封,授予郡守。

最为突出的是,汉武帝刘彻没有成见,在选择皇后、妃子,以及将军诸方面,完全打破常规,不拘一格。如卫子夫,出身于歌女、婢女,选为皇后。卫青、霍去病,分别是奴仆和奴产子,选为将军。丞相公孙弘以及大臣严助、朱买臣等人,都是贫寒之士;御史大夫张汤、杜周和廷尉赵禹等人,是从小吏中选拔的。有些军功卓著的将军并不是汉人,而是越人、匈奴人。如金日磾,匈奴俘虏,是宫中养马奴隶,由刘彻提拔,成为大将军,与霍光、上官桀并列,同为托孤重臣。

征和四年(前89年),病中的汉武帝感觉晚年诸多恶政,对不起人民。于是,他郑重降旨,下罪己诏,昭告天下:自己决策失误,给百姓造成痛苦,罪在自己;从此以后,不再穷兵黩武,不再劳民伤财;对自己的行为,深表悔意。这份自白书,就是《轮台罪己诏》。

这份罪己诏书,是中国历史上第一份帝王罪己诏。

3. 开疆拓土

汉武帝时期,国力强盛,军事力量空前壮大。刘彻深思熟虑,精心布局,开疆拓土,建立了强大的西汉王朝,疆域十分辽阔。汉室向北,击败强大的匈奴帝国;向西,远征西域,大宛等西域诸国臣服,设立西域都护校尉,管理西域;向南,收服两越;向西南,打通西南夷;向东,灭朝鲜,设官治理。西域正式纳入中华版图,是从西汉时期开始的。汉武帝时期是汉朝疆域最大的时期,北极漠北,西越葱岭,东到朝鲜,南到大海。

汉武帝之时,派遣张骞出使西域,开辟了丝绸之路。丝绸之路是连接欧亚大陆的一条贸易通道,是中西贸易、中西交流的重要通道。主条通道的建立,标志着大汉王朝第一次将中国的目光投向世界。据史书记载,当时,汉朝使者络绎不绝,先后到达西域,以及西域以西广大地区,包括大宛、康居、大月氏、大夏、安息、身毒(印度)、于阗、扜罙、犁轩(埃及亚历山大港)等地。其中,汉使到达的最远之地是犁轩,即今埃及亚利山大港。

北击匈奴:公元前133年至公元前119年,汉武帝多次派兵北征,击溃匈奴。其中,决定性的战役先后有三次:河南之战、河西之战和漠北之战。

公元前119年的漠北战役规模最大,战争最为激烈。汉室国库充盈,军威极盛。汉武帝决定征服匈奴,彻底解决北部边患,将北部草原广大地区纳入版图。武帝经过深思熟虑,任命卫青、霍去病为大将军,率领精锐骑兵10万人,步兵数十万,分路出击匈奴。一路从定襄郡(今内蒙古呼和浩特东南)出发,一路从代郡(今河北蔚县)出发,千里行军,在漠北会师,共击匈奴单于(匈奴首领)。

卫青统领第一路大军,北进一千余里,越过大沙漠(戈壁沙漠),直抵阗颜山(今蒙古国杭爱山脉)。一路上,多次遭遇匈奴骑兵,展开激战,连战大捷。汉军所向披靡,歼敌1.9万余人。霍去病率领第二路大军,深入北地一千余公里,大败匈奴左贤王。左贤王狼狈溃逃,汉军追击匈奴军,一直追到狼居胥山(今蒙古国肯特山),大败匈奴,俘敌7.4万余人。汉军乘胜追击,饮马瀚海,直达贝加尔湖。漠北之战,汉朝以雷霆万钧之势,给匈奴以致命打击。"匈奴远遁,漠南无王庭"。匈奴害怕汉王朝,大举北徙,迁往漠北之后,还不放心,接着西迁。贝加尔湖周围、漠南广大地区正式纳入汉之版图,湛蓝的蒙古草原由汉室设官管理。北自朔方,西至令居(今甘肃永登),武帝派遣60万吏卒屯田,加强防守。从此以后,长城内外,"马牛放纵,畜积布野"。

西征大宛:大宛,位于今乌兹别克斯坦费尔干纳盆地,以出产汗血马闻名。张骞出使西域之后,汉武帝为了得到汗血马,特命使者带黄金20万两,以及一匹黄金铸成的金马,前往大宛国都,要求换取汗血马。但是;大宛国王毋寡拒绝了汉之美意，以汗血马为大宛国宝为由，拒绝交换。汉使节大怒，咆哮大宛王庭，在国王毋寡面前，破口大骂，当场将金马击碎，拂袖而去。国王毋寡大怒，吩咐杀死使团所有成员，夺走汉室金银财宝。汉武帝迫切想要汗血马，急切地盼望使者的消息。没想到，使者被杀，财物被劫，汉武帝勃然大怒，当即任命李广利任贰师将军，率领精兵数万，远征大宛。

太初四年（前101年），汉武帝召见李广利将军，设宴饯行。汉军浩浩荡荡，西征大宛。汉军兵强马壮，人多势众，声势十分浩大。西域沿途小国不敢对抗，纷纷开城出迎，臣服大汉，主动供给食粮、饮水。只有轮台（新疆轮台）小国，拒绝臣服，抗拒汉军，一直紧闭城门，紧守不出。李广利大怒，吩咐汉军攻城。接连数日，轮台破城。然后，汉军直袭大宛都城贵山城。汉军十分神速，先行切断贵山城周围所有水源，接着，四面八方合围，将贵山城团团围困。

汉军日夜攻打，大宛守军顽强抵抗。汉军攻破贵山外城，杀死大宛勇将煎靡。大宛统治集团出现慌乱，内部开始发生内讧。贵族们惊慌失措，大多数人埋怨大宛国王毋寡，认为是他得罪了大汉，造成大宛灭顶之灾。于是，大宛贵族联合起来，一起杀死了国王毋寡。随后，他们派遣特使，持王毋寡的首级，带着厚礼，亲赴汉营求和。大宛特使进见李广利，献上国王首级，表示愿意将国宝汗血良马驱出，供汉军挑选；从此以后，大宛绝对服属西汉。李广利收下大宛国王首级，不置可否。下命搜粟都尉上官桀，继续攻打郁成城。经过数日激战，郁成城守军抵挡不住汉军强烈的攻势，终于战败，开城投降。

郁成王负隅顽抗，带领残兵败将，逃往康居。上官桀率领汉军，追至康居，命令康居开城投降，献出逃犯。康居见大宛城已破，无力抗衡汉军，只好开城投降，恭恭敬敬地献上郁成王，交给上官桀。上官桀知道，郁成王还会反叛，手下上邽骑士赵弟奉命，在途中秘密杀死了郁成王。汉军西征，击溃大宛，威震整个西域。西域大小诸国心惊胆战，纷纷派遣子弟进入大汉，贡献方物。从此以后，西域大部分地区臣服汉室，只有少数王国负隅顽抗。

4. 经济繁荣

汉武帝统治时期，经济繁荣，国库充足，史书记载："京师之钱累巨万，贯朽而不可校。"由于发动战争，国库渐渐入不敷出。富商大贾，富可敌国。中央政府决定，鬻卖功爵，增加财政收入。此外，"冶铸煮盐，财或累万金，而不佐国家之急，黎民重困。于是，天子与公卿议，更钱造币以赡用，而摧浮淫并兼之徒。"汉武帝亲位后，加强中央集权，先后进行六次币制改革，基本解决了汉初以来的币制问题。六次改革后，三官五铢发行，一举解决了困扰西汉多年的私铸、盗铸问题。汉武帝币制改革,促进了经济繁荣,取得了较大成功。接着,汉武帝实行盐铁官营,盐、铁、茶等主要项目,由政府控制。

5. 文化昌盛

汉武帝加强集权,在思想上,采纳董仲舒之议,"罢黜百家,表彰六经,独尊儒术"。汉武帝听从董仲舒建议,罢黜百家,表彰六经,正式将儒家学说作为正统思想,将尊孔崇儒作为基本国策。武帝大力推行儒学教育,在长安举办太学。太学,是中国古代最高学府,以儒家五经为主要教材。罢黜百家,表彰六经,是中国历史上第一次推崇儒学,倡导儒经。当然,汉武帝重视儒家的同时,也兼顾法家等诸家学说,实际上,实行儒法结合之策,即儒表法里。如夏侯始昌,既研习儒家,又通晓阴阳五行家;宰相公孙弘,兼治儒、法两家;主父偃,以纵横之术起家;汲黯、司马谈、司马迁,以黄老学说起家。

汉武帝刘彻能诗善赋,重用四方文人贤士,大力加强文化建设。武帝颁布诏,在全国范围内征集图书,广开献书之路;建藏书之策,置写书之官,建立皇家藏书体系。数十年间,广充秘府,史书记载:"书积如丘山"。当时,政府设太常、太史、博士之藏,皇宫有延阁、广内、石渠、秘室之府,宫廷藏书多达33090余卷。皇室和政府藏书,空前丰富。

太初元年(前104年),汉武帝改太初历,以正月为岁首,色尚黄。《太初历》之制订,是中国历史上具有划时代意义的一次历法大改革,是中国天文学的杰出成就,在世界天文学史上作出了不朽贡献。《太初历》之科学成就,首先在于历法计算上之精密准确。中国汉初以前,主要采用的是古六历,也就是黄帝、颛顼、夏、殷、周、鲁之《颛顼历》。

乐府,本指管理音乐的官府。汉武帝时,在掌管雅乐之太乐官署外,另立乐府官署,掌管俗乐,收集民间歌辞入乐。后来,人们把乐府机关配乐演唱之诗歌,也称为乐府。

6. 丝绸之路

中国文明悠久,独特的冶铁术、凿井术、丝绸制造、漆器制造等技术遐迩闻名,通过丝绸之路传到西域及西方。西方、西域之文明,通过丝绸之路,传入中国,包括胡(黄)瓜、胡豆、胡麻、石榴、胡萝卜、葡萄、汗血马、核桃、天马等。中原丝织品和金属工艺品,影响深远,远近闻名,历史意义重大。

公元前2世纪左右,西域分为36国,互不统属。天山以北之准噶尔草原,有乌孙、且弥等国;天山以南、昆仑山以北之塔里木盆地地区,分为南道诸国和北道诸国。北道诸国，有龟兹（今新疆库车）、疏勒、焉耆（今新疆焉耆）、车师（今新疆吐鲁番）等规模较大的国家。南道诸国，有莎车（今新疆莎车）、于阗（今新疆和田）、楼兰（今新疆罗布泊西）等国。

汉武帝时，任命张骞为中郎将，出使西域。张骞率领三百多位随员，携带大批金币、丝帛，以及大量牛羊，向西域进发。张骞到达乌孙后，无法前行，原定目的虽未达到，但接触了大宛、康居、月氏、大夏等国。元鼎二年（前115年），张骞回国。乌孙派出使者数十人，随同张骞一起，来到长安。随后，汉武帝派出使者，到达安息（波斯）、身毒（印度）、奄蔡（咸海与里海间）、条支（安息属国）、犁轩（附属罗马的埃及亚历山大城）。中国使者到达安息，安息国王十分重视，专门组织两万人，举行盛大欢迎仪式。从此以后，丝绸之路正式开通，开辟了一条连接东到西汉长安、西到罗马帝国、最远至埃及亚历山大的世界贸易通道。

历史评价

汉武帝是位开创性的皇帝，一生之中，创下了许多第一。

第一次设科取士，选拔贤良方正直谏之士，皇帝亲自策问，选拔人才；独尊儒术，确定儒学为国学；

第一次置五经博士，招收儒学人才50人，通一艺以上者，为官；

第一次设立太学，培养国家所需人才；

第一位使用年号；

第一位统一由国家制定、颁布太初历，确定以正月为岁首；

中国第一部纪传体史书《史记》问世；

第一部国家级的《舆地图》问世；

元封二年（前109年），黄河瓠子口决口，汉武帝以皇帝身份，第一次亲临决口现场，指挥、督察堵塞决口；

派张骞通西域，第一次打通丝绸之路，促进中、西经济、文化交流；

元封六年（前105年）令细君公主远嫁乌孙，第一次汉与西域和亲；

在新疆轮台、渠犁屯田，置使者校尉，第一次对新疆实施管理；

第一次用井渠法作龙首渠，随后，传入新疆地区，并传波斯等地；

第一次从西域引进葡萄、苜蓿等物种进行种植，从大宛引进良种马汗血天马，西域乐曲、魔术等传至中国，中国的铸铁技术、丝织品、漆器传至大宛等地。

元鼎二年（前115年），第一次实行国家专有铸钱，禁止郡国铸钱，专令国家所属上林三官负责铸钱事务，非三官钱不得流通，郡国以前所铸钱皆废销，等等。

汉武帝雄才大略，开创了第一个专制时代的王朝盛世。

当时，西汉王朝国力鼎盛，经济繁荣，是当时世界上最为强大的国家。《汉书》称，汉武帝刘彻具有"雄才大略"。《谥法》称："威强睿德曰武。"就是说，威武、坚强、睿智、仁德，谥号为武。汉武帝唯才是举，不拘一格，选拔人才；晚年之时，能够自我批评，降罪己诏，检讨自己过失。历朝历代，皇帝、大臣、学者、贤士多对汉武帝评价较高。

清政治家曾国藩称："自古英哲非常之君，往往得人鼎盛。若汉之武帝，唐之文皇，宋之仁宗，元之世祖，明之孝宗。其时皆异材勃起，俊彦云屯，焜耀简编。"

孙中山说："秦皇汉武、元世祖、拿破仑，或数百年，数十年而斩，亦可谓有志之士矣。拿破仑兴法典，汉武帝纪赞，不言武功，又有千年之志者。"

毛泽东说："汉武帝雄才大略，开拓刘邦的业绩，晚年自知奢侈、黩武、方士之弊，下了罪己诏，不失为鼎盛之世。"

典故逸闻

1. 文景之治

文景之治，是指西汉汉文帝、汉景帝统治时期，社会稳定，经济繁荣，史学家称为文景之治。汉初，社会经济十分衰弱，刘邦及其统治集团采用黄老之术，实行轻徭薄赋、与民休息政策，社会迅速走向繁荣。

汉文帝二年、十二年，皇帝颁诏，两次实行"除田租税之半"。文帝十三年，诏令全免田租，鼓励生产。为了保存国力，汉室采取睦邻友好政策，对周边敌对国家也不轻易出兵，保持边境安宁，维护和平，以免耗损国力。这些稳定社会、发展经济的措施，就是文帝时期轻徭薄赋、睦邻友好之策。

汉文帝多次诏令全国，劝课农桑，鼓励生产。根据户口比例，汉室设置三老、孝悌、力田若干员，确定名分，给予赏赐，树立榜样。特别鼓励生产，制订奖励办法，奖励努力耕作之民；劝诫百官，务必关心农桑。每年春耕时，皇帝和官员亲自示范，下地耕作，树立务农榜样。文帝是一位自律的皇帝，克己复礼，生活十分节俭。据史书记载，其宫室之中，衣服没有修饰，多年不见增添，衣不曳地，车无华饰，帷帐被褥不施文绣，膳食严禁奢侈，一切从简。同时，文帝特别下诏，禁止郡国贡献奇珍异物。

景帝继承文帝发展经济的基本国策，继续发扬光大，以德化民，经济发展，人民和睦相处。由于社会安定，经济繁荣，百姓渐渐富裕起来。到景帝后期，国家粮仓满屯，府库充足，大量铜钱多年不用，以至于穿钱的绳子都烂了，散钱堆满屋子，无法计算。文景之治，是汉朝第一个繁荣时期，也是中国历史上经济繁荣、文化极盛的第一个王朝盛世的序幕。文景之治,为随后汉武帝开创的汉武盛世奠定了坚实的基础,也为汉武帝征伐匈奴取得空前大捷奠定了雄厚的物质基础。

文、景时期,国家发展经济,节省开支,开源节流。由于皇帝身体力行,贵族、官僚无人敢奢侈浪费,从而极大地节省资源,减轻了人民负担。这些举措,就是汉初数十年间实行的休养生息、发展经济之策,史家大力赞誉,称为文景之治。

2. 七国之乱

七国之乱,是发生在汉景帝时期的一次诸侯国叛乱。平定七国之乱,为汉武帝盛世奠定了政治基础。当时,参与叛乱的是七个刘姓宗室诸侯王,他们分别是:吴王刘濞、楚王刘戊、赵王刘遂、济南王刘辟光、淄川王刘贤、胶西王刘昂、胶东王刘雄渠,所以,又称为七王之乱。

汉景帝二年(前155年),御史大夫晁错针对诸侯王势力强大,提议削弱诸侯王势力,大力加强中央集权。汉景帝采纳晁错之议。经过深思熟虑,第二年冬,景帝下诏,削夺吴、楚等诸侯王封地。皇帝削减诸侯王封地,剥夺他们的特权,吴王刘濞等诸侯王十分愤怒。于是,以吴王为首的七个刘姓宗室诸侯王联合起来,以"清君侧"名义,发动叛乱。汉室立即采取措施,派遣大臣,果断镇压。

七国联军战略失当,将士离心,很快被汉朝和梁国联军平定,取得大捷。当时,平定七国之乱,有七大功臣,他们分别是:汉朝方面有4人,周亚夫、窦婴、栾布、郦寄;梁国方面有3人,刘武、张羽、韩安国。七国之乱,源于诸侯王势力强大,尾大不掉,与中央专制皇权相抗衡。七国之乱的平定,标志着西汉一姓王朝集权加强,诸侯王势力威胁基本被清除。中央集权进一步加强,为汉武帝盛世打下了坚实的政治基础。

3. 马邑之谋

马邑之围,又称为马邑之战、马邑之谋,是指汉武帝元光二年(前133年)西汉谋划在马邑(山西省朔州市朔城区)之地实施一场规模浩大的、针对匈奴的诱敌歼灭战,称为马邑之谋。当时,汉军30万人,匈奴10万人;汉军指挥官,是王恢、李息、韩安国,匈奴指挥官是军臣单于。通过诱敌深入,匈奴单于率领大军即将进入汉朝设下的埋伏圈。

就在这时,守卫烽火台的亭尉投降匈奴,向匈奴单于透露了汉军包围计划。单于大惊,立即下令匈奴军后撤,因此,汉军未能达到包围匈奴、就地歼灭的目标。结果,匈奴四处出兵,侵扰汉朝边境,以报复马邑之围。因马邑之围失败,未能成功伏击匈奴,汉武帝大怒,下令将谋划诱敌的主将王恢下狱,王恢愤然自杀。

自此以后,汉与匈奴开始了大规模的交战。

马邑之围失败,汉武帝大怒,认以王恢献计伏击,临阵脱逃,将王恢逮捕下狱。廷尉审问王恢,认为他畏敌观望,判处王恢死刑。王恢家族势力强大,极力买通田蚡,通过汉武帝母亲王太后求情。但是,汉武帝震怒,决意将王恢治罪。王恢走投无路,被迫自杀。马邑之谋后,匈奴拒绝与汉和亲,纵兵抢劫掳掠,不断侵袭边境。从此以后,边境不得安宁。汉武帝正式放弃和亲政策,确定准备征伐匈奴。汉室对匈作战,从此拉开序幕。

4. 杨可告缗

元狩四年(前119年),汉武帝颁布算缗令。所谓算缗,就是征收商人、手工业者的财产税,以及车、船税。但是,许多人隐匿财产,偷税漏税。元鼎三年(前114年)十一月,朝廷明令天下:凡告发偷漏缗钱者,称为告缗,给予奖励。告缗事务,由杨可主管。朝廷明确规定:凡是告发属实,没收偷漏缗钱者财产之一半,赏给告缗者。根据史书记载,朝廷因为告缗,获得财产过亿,奴婢上千万,大县田地数百顷,小县百余顷,宅亦如之。汉武帝大喜,将告缗获得的财产、田地、奴婢分配给急需的各个部门,发展经济。水衡、少府、太仆、大农等部门,特别设置农官,分别经营没收所得之各县土地。没收之奴婢,负责饲养禽畜,或者在官府之中担任杂役。告缗之制,前后延续了近十年,直到汉室实行盐、铁、酒官营,均输获利,国家财政明显好转,汉武帝才下令,终止告缗。

5. 巫蛊之祸

巫蛊,为一种巫术。汉时,人们认为,如果使巫师祠祭,或者以桐木偶人埋于地下,诅咒所怨者,被诅咒者就会有灾。

征和二年(前91年),丞相公孙贺之子公孙敬声被人告发,行巫蛊之术,诅咒武帝;而且,他与阳石公主通奸。武帝大怒,吩咐将公孙贺父子下狱,论死;诸邑公主、阳石公主、卫青之子长平侯卫伉等,皆受牵连,坐诛。武帝病重,疑心重重,命宠臣江充负责追查巫蛊案。江充大用酷刑,栽赃、牵引,迫使无数人认罪,朝野大臣、富豪大族、京城百姓,无不惊慌失措。重刑之下,人们胡乱指认,牢狱充塞,数万人被处死。

江充一直与太子刘据有隙,于是,趁机陷害太子行巫蛊之术。他与案道侯韩说、宦官苏文等四人合谋,诬陷太子。皇后卫子夫和太子刘据走投无路,被迫起兵反抗,不果,相继自杀。壶关三老、田千秋等人冒死上书,指出太子冤死。武帝如梦初醒,下令夷江充三族,烧死苏文。随后,武帝修建思子宫,在太子被害之处,建造归来望思之台,以寄托哀思。这件太子冤案,牵连者达数十万人,史称巫蛊之祸。

6. 求仙

据《史记·孝武本纪》记载,元封元年(前110年),汉武帝前往泰山,举行封禅大礼。他听信方士蛊惑,相信蓬莱诸神山可得仙草,食之,能够长生不老。武帝北至碣石,沿着海边前行,一直来到有神岳之称的碣石山,祭神求仙。汉武帝碣石求仙,十分隆重,召鬼神、炼丹砂、候神仙等,数不胜数。碣石山南麓,至今还有汉武帝行宫遗迹。1958年,修建位于昌黎县城西山东坡原二中(昌黎一中)校园操场时,曾出土大量"千秋万岁"瓦当,此地,当为汉武帝当年驻跸行宫所在。

汉武帝在碣石山求仙,也像当年秦始皇一样,进行刻石纪功活动。郦道元在《水经注·濡水》中记述:"濡水(滦河),又东南,至絫县碣石山。……汉武帝亦尝登之,以望巨海,而勒其石于此。"絫县,即昌黎,西汉时县名,坐落在昌黎县城之北之碣石山主峰仙台顶,所以,又名汉武台。

家族成员

曾祖父:太祖高皇帝刘邦;曾祖母:(追谥)高皇后薄氏。

祖父:太宗孝文皇帝刘恒;祖母:孝文皇后窦氏。

外祖父:王仲;外祖母:臧儿,故燕王臧荼孙。

父亲:孝景皇帝刘启;母亲:孝景皇后王氏。

皇后:2人。

陈皇后,阿娇,生卒年不详,无子,汉武帝刘彻的第一任皇后,正史未留其名,被废,居长门宫。

卫子夫:孝武卫思后(?—前91年),人称卫皇后,名不详,字子夫。汉代平阳(今山西临汾)人,汉武帝刘彻的第二任皇后。卫子夫,原是平阳侯曹寿和平阳公主的歌女。建元二年(前139年)春,汉武帝到访平阳公主家,临幸,带入宫中,受宠。

李夫人,后来,权臣霍光追封她为孝武李皇后,乐师李延年之妹,生昌邑王刘髆。

王夫人,生齐怀王刘闳。

赵婕妤,即钩弋夫人,又称拳夫人,生汉昭帝刘弗陵。后来,被追封为赵太后。

尹夫人,即尹婕妤。

邢夫人，即邢娙娥。

李姬，生刘旦、刘胥。

某氏，生夷安公主。

某氏，生盖长公主，即鄂邑长公主。

子女：12人，6子6女

儿子6人：

长子，戾太子刘据，母亲是皇后卫子夫，其孙刘询后为汉宣帝。

次子，齐怀王刘闳，母亲是王夫人，元狩六年立，18岁薨。

三子，燕刺王刘旦，母李姬。

四子，广陵厉王刘胥，与刘闳、刘旦同日封王。

五子，昌邑哀王刘髆，母李夫人，天汉四年立，其子是汉废帝刘贺，当过27天皇帝。

六子，汉昭帝刘弗，又名刘弗陵，母亲是钩弋夫人赵婕妤，在位13年，21岁驾崩。女儿6人：

史书记载不详，刘彻之女，没有具体数字，也未有明确排序，可能部分帝女未曾留名。如：汉景帝时期，记载刘彻三个同母姐妹；文帝时期，只记载馆陶公主和绛公主。

长女，卫长公主，又称当利公主，是汉武帝和卫皇后之长女。可以说，她是汉武帝最喜欢的女儿。卫长公主先嫁曹寿之子平阳侯曹襄，因丈夫早亡，由武帝做主，再嫁栾大。后来，武帝发现，栾大是骗子，武帝大怒，派人把栾大活活烧死。从此，卫长公主从史书消失；其子曹宗，在巫蛊之祸中遇害身亡。

鄂邑长公主，又称盖长公主，生母不详。刘彻去世后，因抚养汉昭帝，被封长公主。她与燕王刘旦、上官桀、上官安以及桑弘羊等人合谋，诛杀权臣霍光，事发后，被迫自杀。

诸邑公主，《史记索隐》称：其母为卫子夫，死于巫蛊之祸。

石邑公主，《史记索隐》称：其母为卫子夫，生卒年不详。

阳石公主，又称德邑公主，生母不详，死于巫蛊之祸。

夷安公主，生母不详，嫁汉武帝姊妹隆虑公主之子昭平君。后来，昭平君因杀人犯法，处死。

茂陵

西汉时期，有11座帝王陵，其中，最大的帝王陵是汉武帝茂陵。茂陵，位于陕西省咸阳市下辖之兴平市东北原上，西距兴平市12公里，东距咸阳市15公里。其北面是九嵕山，南面是终南山。东西，为横亘百里之五陵原。此地原属汉时槐里县之茂乡，故称茂陵。

后元二年（前87年）二月，武帝刘彻死于五柞宫（今陕西周至县东南），享年71岁。三月，入葬茂陵。茂陵呈覆斗状，底部东西长231米，南北长234米，高46.5米。四周筑夯土垣墙，东西长430米，南北长414米，墙宽5.8米。每面正中各辟一门，门处夯土筑成双阙。

《关中胜迹图志》称：汉诸陵皆高十二丈，方一百二十步，唯茂陵高十四丈，方一百四十步。茂陵始修于武帝即位的第二年建元二年（前139年），历时凡53年。汉学者班固说：茂陵墓室中，金钱财物、鸟兽鱼鳖、牛马虎豹，凡一百九十余物，充实其中，不计其数，以至到武帝死时，墓中再也放不下其他东西了。

茂陵，总占地面积为56878.25平方米，封土体积848592.92立方米。陵园四周呈方形，园内的墓冢，上小下大，平顶锥状，形如覆斗。至今，东、西、北三面土阙犹存。茂陵是一座巨大的陵园，周围是夯土筑的墙垣。陵园内还建有祭祀时用的寝殿、便殿和宫女、守陵人等居住的房屋。陵园之中，还设有陵令、寝庙令、园长、门吏等官。

茂陵庄严肃穆，周围还有二十多个大大小小的陪葬墓。陪葬陵墓，大多为武帝和西汉其他时期的著名功臣、将领、外戚、后妃的墓冢，主要有霍去病墓、卫青墓、金日磾墓、霍光墓、李夫人墓、上官桀墓等。

茂陵是汉代帝王陵墓之中，规模最大、修造时间最长、陪葬品最丰富的一座皇帝陵，被称为中国的金字塔。公元25元，赤眉军入长安，刘盆子称帝，茂陵被掘空。

四、东汉光武帝刘秀

生平

刘秀（前6—57年），字文叔，南阳郡蔡阳县（今湖北枣阳县西南）人，出生于陈留郡济阳县（今河南兰考东北）。他是东汉的开国皇帝，是中国历史上著名的政治家、军事家。新莽末年，天下大乱，海内分崩离析。刘秀身为一介布衣，有着前朝皇室血统，面对乱世，刘秀在家乡毅然起兵。刘秀南征北战，经过了长达12年的统一战争，先后消灭了关东、陇右、西蜀等地的割据政权，结束了自新莽末年以来长达20年的军阀混战、割据局面。公元25年，刘秀宣布与更始政权决裂，在河北鄗南千秋亭，正式登基称帝。刘秀定都洛阳，为表复兴刘氏政权之意，仍然以"汉"为国号,史称东汉。

刘秀在位33年,政绩卓著。大兴儒学,推崇气节,影响整个东汉王朝,以至于被后世史学家大力推崇,称东汉时期是中国历史上"风化最美、儒学最盛"之时代。建武中元二年二月初五(57年3月29日),刘秀在南宫前殿逝世,享年62岁。刘秀遗诏称:我无益于百姓,后事都照孝文皇帝制度,务必俭省。刺史、二千石长吏都不要离开自己所在的城邑,不要派官员或通过驿传邮寄唁函吊唁。刘秀死后,其子刘庄继位。同年三月初五日,葬刘秀于原陵,上庙号为汉世祖,谥号光武皇帝。

从史书记载上看,刘秀是汉高祖刘邦的九世孙,出自汉景帝一脉。刘秀的先世,一代不如一代,从王爵降为列侯,到他父亲刘钦这一辈,只是济阳县令。建平元年(前6年),刘秀出生于济阳县。据史书《东观汉记》记载,他出生时,有赤光照耀整个房间;当年,稻禾(嘉禾)一茎九穗,因此,名秀。

元始三年(公元3年),县令刘钦去世。刘秀有两个哥哥,两个姐姐,一个妹妹,刘秀时年9岁,从此以后,他和他的兄妹就成了孤儿,生活无依地靠,只好回到祖籍枣阳春陵白水村,依靠叔父刘良抚养,成为普通平民百姓。刘秀勤于农事,辛劳耕作。其兄刘縯好侠养士,以刘邦自居,因此,刘縯经常取笑刘秀,将他比作刘邦的兄弟刘喜。新朝天凤年间(14—19年),刘秀来到长安,学习《尚书》,略通大义。

事迹

1. 建立帝业

昆阳大战,刘秀取得大捷。随后,刘秀一路南下,攻城略地,所向披靡。这时,传来一个惊天噩耗,刘秀长兄大司马刘縯被更始帝杀害。哥哥被杀,刘秀十分悲痛。然而,刘秀悲愤不形于色,依旧指挥若定。为了排除更始帝的猜疑,刘秀急忙返回宛城,向更始帝刘玄谢罪,对大哥刘縯部将从不私下接触。昆阳大战,公推刘秀首功,但是,在更始帝面前,刘秀从不表昆阳之功,只是一再谦卑地表示:兄长犯上,对皇帝不敬,自己也不能辞其咎。面对刘秀,更始帝心中不免惭愧。本来因为刘縯一向不服,因此杀之;刘秀军功卓著,不但没有责问,反而如此谦恭。更始帝自愧之余,感觉刘秀兄弟在创建帝业过程中立有大功,所以下诏封刘秀为武信侯。

刘秀安定河北,势力日益壮大。更始帝坐立不安,遣使前往河北,赏赐大量财宝,封刘秀为萧王,让其回长安受封,交出兵权。同时,刘玄密令尚书令谢躬,就地监视刘秀一举一动;任命心腹之人为幽州牧,接管刘秀兵马。更始帝之意,刘秀心知肚明,以河北未平为借口,拒不受命。不久,刘秀授意手下悍将吴汉击杀谢躬,收编其全部兵马。更始帝任命的幽州牧苗曾、上谷等地太守韦顺、蔡允等人,全部被吴汉、耿弇等人所杀。从此以后,刘秀正式与更始政权决裂。

河北基本控制之后,刘秀开始发幽州十郡精锐突骑兵,疯狂剿杀河北各州郡的铜马等起义军。经过激战,数十万铜马起义军投降,刘秀选择精锐编入军中,组成精锐之师。铜马能战,当时,关中之人称赞河北刘秀为铜马帝。公元25年六月,刘秀跨州据土,带甲百万,意气风发。在河北鄗城(今河北省邢台市柏乡县固城店镇)千秋亭,众将山呼万岁,一致拥戴刘秀登基称帝。为表示来自正统产、重兴汉室,刘秀建国,仍然使用"汉"之国号,定都洛阳,史称后汉。唐末五代以后,因为都城洛阳位于东方,因此,称刘秀之汉为东汉。刘秀为东汉世祖光武皇帝。

2. 统一天下

建武元年(25年)十月,刘秀定都洛阳。这时,长安城处于极度混乱之中。赤眉军拥立傀儡小皇帝刘盆子,建立新的建世政权,拥兵30万,进逼关中。更始帝刘玄派遣诸将率领绿林军迎战赤眉军,经过激烈交战,两败俱伤,死伤惨重,三辅震动。不久,更始帝请降,赤眉军封他为长沙王。后来,赤眉军缢杀刘玄。刘秀稳坐洛阳,静观绿林、赤眉两路大军发生火并。这时,刘秀派遣邓禹将军领兵西入关中,以观时变。三辅大地,饿殍遍野,人相食,满眼白骨,城郭空虚。

刘秀目光远大,很有远见卓识。关中乃兵家必争之地,刘秀布置重兵,与赤眉军展开生死之战。同时,刘秀在关东(函谷关以东)一线,派遣一支生力军进行东征,由虎牙将军盖延带领,目标是扫荡梁王刘永。刘永是西汉梁孝王刘武的八世孙,皇室家族,世代为梁王,据守梁地,因此,在梁地方圆百里素有名望,威名卓著。当年王莽摄政时,其父梁王刘立不服,因为联合平帝外家卫氏,被王莽所杀。更始帝时,册立刘永为梁王,据守旧地。更始帝末期,天下大乱,刘永据梁国起兵,势力不断壮大。

建武元年(25年)至建武六年(31年)初,6年时间,经东征西讨,刘秀基本上控制了广大中原腹地,统一了东方。但是,西北陇右由隗嚣占领,西南巴蜀由公孙述控制,形成三足鼎立之势。从建武元年(25年)至建武十二年(36年),刘秀登基之后,用了12年时间,统一天下,结束了自新莽末年以来四分五裂的局面。

3. 政绩卓著

（1）偃武修文

新莽大乱以来,历经近20年,天下统一。经济破败,百姓伤亡,农业不振,战死、伤残、疾病、饥饿濒死者比比皆是,不计其数。刘秀统一天下之后,统计人口,已经是十存一二了。西汉末年以来,大量失去土地的农民沦为奴婢。刘秀连续下诏六道,释放奴婢。于是,大量奴婢得到解放,生活自由,待遇得到了极大改善,战乱之后大量荒芜土地有人耕种,人口不足的问题也得到了解决。

刘秀整顿吏治,大力裁撤官吏,合并郡县,减少官员,减轻百姓的负担。刘秀统治时期,社会稳定,农业发展,经济繁荣。刘秀统治末年,人口增长一倍以上,数量达到两千余万。刘秀实行轻徭薄税,鼓励生产,兴修水利;打击贪官污吏,加强中央集权;开源节流,精兵简政;文化方面,不断选拔人才充实官员队伍,大量文人贤士进入仕途建功立业,成为各个行业的著名人物。经济繁荣,文化昌盛,史称"光武中兴"。

刘秀十分重视文化建设,注重文化传播,建立皇家藏书。王莽末年,大量典籍被焚,汉室皇家和官府藏书散佚惨重。当时,民间藏书丰富。刘秀南征北战,所到之处未及下车就率先访问硕学儒雅,搜罗典籍,采求阙文,建立藏书体系。他多次降旨天下,广收图籍。战乱之时,许多博学之士,怀挟图籍,逃遁林薮。从此而后,隐藏山林之博学鸿儒,莫不抱负典策图籍,云集京师。大量图书典籍进入宫廷,成为皇家珍藏。数十年间,图书汇集宫中,汉室建立皇家藏书室,包括金匮、石室、兰台、东观、仁寿阁等等。东汉皇室藏书,规模空前,数量远超西汉。刘秀迁都洛阳,图书典籍秘书装载2000余车。

（2）权归中央

刘秀心胸博大,为人宽容,以优待功臣闻名。建立东汉王朝以后,刘秀厚待军功卓著的功臣,赐给爵位、豪宅、田地,给予高官厚禄,剥夺其军政大权,重用文官。西汉时期,三公权重。刘秀虽然设立三公,但是,他特设尚书台,统辖一切行政大权,直接听命于皇帝。尚书台设尚书令一人,秩千石;尚书仆射一人,六曹尚书各一人,秩皆为六百石。其下设丞、郎、令史等官。王朝一切政令,归于尚书台,由皇帝裁决。

（3）独尊儒学

刘秀建国以后,在都城洛阳修建太学,设五经博士,恢复西汉时期十四博士之学。他经常巡视太学,关心学生生活。在他的大力提倡下,各地郡县纷纷兴办学校,大量私学开始出现。刘秀下诏,独尊儒术。鼓励学习儒经,增设博士。允许博学鸿儒收徒讲学,各以家法传授诸经。刘秀巡幸鲁地,特遣大司空祭祀孔子。刘秀尊敬孔子，降旨封孔子后裔孔志为褒成侯，以示尊孔崇儒。刘秀信奉儒家今文经学派的谶纬之说，对其推崇备至，甚至于以此治国。刘秀崇尚气节之士，重礼聘任西汉末年以来隐藏山林的硕学、名士，表彰他们的高贵气节，依据才能，委以重任，给予重要职位。

刘秀在位期间，政绩卓著。然而，刘秀最大的缺憾是不容直言敢谏之臣。当时饥荒汹汹，政局不稳。大司徒韩歆直言进谏，言辞恳切。刘秀怒不可遏，立即将其罢免，遣归田里。刘秀犹不解恨，特地派遣专使，前往韩歆故乡，严词谴责。韩歆和其儿子韩婴恐惧，惶惶不可终日，被迫自杀。

历史评价

唐太宗李世民称："朕观古先拨乱反正之主，皆年逾四十，惟光武年三十三。"

明太祖朱元璋称："惟汉光武皇帝延揽英雄，励精图治，载兴炎运，四海咸安，有君天下之德而安万世之功者也。"

近代学者梁启超称："汉尚气节，光武、明、章，奖励名节，为儒学最盛时代，收孔教复苏之良果。尚气节，崇廉耻，风俗称最美。"

毛泽东说：刘秀是"最有学问、最会打仗、最会用人的皇帝"。"人常说秀才造反，十年不成。刘秀是个例外，十年不鸣，一鸣惊人。他在家读书，安分守己。一旦造反，倒海翻江。轰轰烈烈，白手起家，创建了一个新的王朝。"

典故逸闻

1. 丸泥封关

刘秀想平定陇西的隗嚣和蜀地的公孙述。建武五年（29年），刘秀派来歙传旨隗嚣，让他的儿子入侍。实际上这是扣作人质。隗嚣迫于形势，只好将长子隗恂派赴洛阳。隗嚣的大将王元说，函谷关形势险要，据此可以称霸一方。王元称：请以一丸泥，为大王东封函谷山，此万世一时也！丸泥封关，就是用弹子大的泥丸就可以将函谷关封闭，言其关之险要。

2. 马革裹尸

建武二十年（44年），马援平叛以后凯旋回朝。刘秀赐马援兵车一乘，朝见时位次九卿。众多亲朋故旧纷纷祝贺。平陵人孟冀是马援的好友，也在宴会上举杯庆贺。马援心情沉重地对孟冀说：你也在这儿为我捧场，我很意外。从前，伏波将军路博德平定南越，开置七郡，汉武帝才给他数百户封地。如今我功劳很小,却得到大县的封赏。功薄赏厚,如何能长久?您有什么指教?孟冀沉默。马援又说:现今匈奴、乌桓还在北边骚扰,我想请命率兵远征,大丈夫应当战死沙场,用马皮裹尸驮回安葬,怎能儿女情长,老死家中呢?

3. 功垂竹帛

刘秀在长安求学时,同学中有一位年仅13岁的孩童,十分聪明,他便是南阳新野人邓禹。邓禹聪慧过人,发觉刘秀在憨态之下的不同寻常,便倾心和刘秀结为挚友。刘秀在河北发展势力,邓禹听说后,千里迢迢赶到刘营。刘秀很高兴,说:您大老远来,想当官吗?我可以封拜您。邓禹摇头,说当官并非所愿。刘秀不解。邓禹说:我希望您威德加于四海,我若能为您统一天下建尺寸之功,垂功名于竹帛青史,心愿足矣!

4. 失之东隅,收之桑榆

刘秀登基后,派大将冯异率军西征,平定赤眉军。赤眉军佯败,在回溪之地大破冯异汉军。冯异失败回营后,收集散兵,穿上敌军衣服混入赤眉军。然后里应外合,内外夹攻,在崤底之地,大破赤眉军。事后,刘秀下诏奖励冯异,称冯异初虽回溪失利,但是,终能在渑池获胜。此可谓,失之东隅,收之桑榆!意思是,在此先有所失,在彼后有所得。因此,论功行赏,给予表彰!

5. 谶纬治国

谶即谶书,又叫图谶,是巫师、方士制作的一种隐语或预言,用作吉凶的符验或征兆。大学者李贤解释说:图即河图,谶即符命书,是帝王受命的符验。刘秀为贫民的时候,曾和严光、牛牢很要好,常在一处游玩,一同读谶,当时的谶书十分流行。有一次,刘秀读谶,见上面写着:刘秀作天子。刘秀大笑,说:怎么知道这刘秀不是我呢?如果是我,你们会怎么样?牛牢豪气干云,大声说:大丈夫志在四方,决不和帝王为友!众人大笑。

刘秀地位日著,将士们纷纷请求其自立为帝。刘秀很犹豫。有一天,军中来了一位他的同舍生,名叫疆华,献上一纸《赤伏符》,上书:刘秀发兵捕不道,四夷云集龙斗野,四七之际火为主。刘秀见符大喜,四七不是二十八吗?从汉高祖到光武帝,正好228年,应四七之数。刘秀便设坛千秋亭,即皇帝位。

做了皇帝以后,治国的头等大事是委任官员。百官之中,至尊者是太尉、司徒、司空三公。光武帝刘秀任命三公,不是以才具委任,其中两人竟是以符谶授职。即便是王朝祭祀大礼,刘秀也离不开图谶。

有一次，刘秀和大臣郑兴议论郊祀礼，在具体仪式上有些分歧，刘秀说要以图谶裁夺。郑兴听后大惊，跪在地，说他不会图谶。刘秀大怒，斥责说：不会图谶就是菲薄图谶，就是蔑视天子！后来，刘秀又靠谶文，任孙咸为平狄将军，王染为大司空。这样的结果令百官们不知所从。

家族成员

家世

六世祖：西汉景帝刘启

五世祖：长沙定王刘发

高祖父：舂陵节侯刘买

曾祖父：郁林太守刘外

祖父：巨鹿都尉刘回

父亲：南顿县令刘钦

母亲：樊娴都（樊重之女）

后妃

阴丽华，史称光烈皇后，或光烈阴皇后。

光武郭皇后郭圣通，后被废。

许美人。

子女（16人）

儿子11人，女儿5人。

东海恭王刘疆，母郭皇后。

沛献王刘辅，母郭皇后。

济南安王刘康，母郭皇后。

阜陵质王刘延，母郭皇后。

中山简王刘焉，母郭皇后。

楚厉王刘英，母许美人。

汉明帝刘庄，初名刘阳，母光烈皇后。

东平宪王刘苍，母光烈皇后。

广陵思王刘荆，母光烈皇后。

临淮怀公刘衡，母光烈皇后。

琅邪孝王刘京，母光烈皇后。

刘义王，建武十五年封为舞阴长公主，嫁陵乡侯太仆梁松。

刘中礼，建武十五年封为涅阳公主，嫁大鸿胪窦固，汉章帝时尊为长公主。

刘红夫,建武十五年封为馆陶公主,嫁驸马都尉韩光。

刘礼刘,建武十七年封为淯阳公主,嫁阳安侯长乐少府郭璜。

刘绶,建武二十一年封为郦邑公主,嫁新阳侯世子阴丰。

原陵

刘秀晚年患风眩病,痛苦不堪。中元二年(57年)二月,刘秀死于洛阳南宫前殿,时年62岁。三月,葬原陵。原陵,位于今河南孟津县铁谢村附近,在临平亭东南,洛阳以北40里。原陵南倚邙山,北临黄河,近山傍水,庄严肃穆。原陵始建于建武二十六年(50年),陵冢很低,建筑规模远远小于西汉的帝王陵。

原陵,当地称为"汉陵",俗称"刘秀坟"。陵园呈长方形,占地6.6万平方米。四周有垣墙,墙正中是门阙,墙内建有寝殿,殿内设置光武帝刘秀的神座。陵冢位于陵园北部,封土为陵,坐北朝南。刘秀墓冢,位于陵园正中,为夯土之丘,高17.83米,周长487米。冢前,立有一个墓碑,碑高3米,上书:东汉中兴世祖光武皇帝之陵。此碑文系清乾隆年间河南知府张松林手书,孟津知县杨名灿勒石。从陵冢到门阙修有神道,道旁并列的是石象、石马和郁郁葱葱的柏树。如今柏树依然存在,共有28棵,高耸入云,当地人称为二十八宿。陵冢西侧,是光武帝庙。祭祀时,在庙里举行。

第三章
三国两晋南北朝帝王生活

六朝(222—589年),是指三国至隋朝在南方建立的六个朝代,包括:孙吴(或称东吴、三国吴)、东晋、南朝宋(或称刘宋)、南朝齐(或称萧齐)、南朝梁、南朝陈。六个朝代,承汉启唐,创造了极其辉煌灿烂的六朝文明,在科技、文学、艺术等诸方面,达到了空前繁荣,开创了中华文明的新纪元。六个朝代共同点是:均建都于南京。六朝时期,南京城是世界上第一个人口超过一百万的城市,它和古罗马城并称为世界古典文明两大中心。唐朝人许嵩著的《建康实录》,记载了六个朝代,因此得名。

一、帝王宫廷生活

宫廷服饰

魏晋历史短促,承汉余风,服饰变化不大。南北朝时,北方民族纷纷入主中原,南北朝宫中的服饰发生了极大的变化。太和十年,北魏孝文帝始服衮冕。十八年,变革本族衣冠制度,尽用汉服;次年,赐百官汉式冠服。

北方民族逐水草而居,衣着以衣裤为主,就是上身着褶,下身着裤,称为裤褶服。褶的形状像袍,形制很短,袖子长大,又叫左衽袍。

南朝朝会时,天子头戴通天冠,黑介帻,着绛纱袍,皂缘中衣,作为朝服。通天冠同如汉制,晋、齐时冠前加金博山颜。皇太子戴远游冠,梁前也加金博山。白纱帽是南朝天子的首服,又称白纱高顶帽。南朝天子在私下宴会时,大多爱戴白纱帽。

南朝自齐高帝萧道成后,即皇帝位者即戴白纱帽。皇太子在上省戴乌纱帽,在永福省(宫中)则戴白纱帽。帽是由有帻的冠和弁发展而来的。

曹操临政时,为节省开支,设计了一种简便的武弁,依古代皮弁的式样,用缣帛制成恰帽。曹操常戴恰帽召见群臣。当时,有不少大臣认为这种帽没有威严。南朝的皇帝许多爱戴恰帽,加上白纱,就是白纱高顶帽。流传下来的梁武帝画像,戴的就是白纱帽。

宫廷饮食

从北齐开始,中国负责宫廷饮食的机构是光禄寺,一直到清代。大概从西汉开始,人们将麦磨成面,加上水后和成团,压扁火烤或者蒸熟,称为饼。馒头便是由饼发展而来。从此,肉、面、米成为中国宫廷中的主食。经常出现在中国宫廷御食中的汤饼,是一种煮熟的面食。饼,是当时面食的通称。汉代的汤官负责供应御膳中的饼类。

至少在南北朝时,中国的宫廷中就已出现了发面饼。南齐宫室曾用面起饼作为祭品。发面食品在这一时期以及以后,便堂而皇之地进入了美味的御膳的行列。事实上,魏晋南北朝时的宫廷饮食上承秦汉,这个时期的食物精是精细,但在美食的色、香、味方面,却远远不能和后世相比。

魏晋南北朝时政治特殊,社会格局也是五光十色。当时最为奇特的现象大概要算食在门阀,就是宫廷的膳食远不如门阀贵族的饮食,美味佳肴在门阀而不在宫廷。

晋武帝司马炎有一次到大臣王济家中做客。王济的父亲王浑是晋朝的大将,王济是一代名士兼驸马。武帝在王济家中进食,竟然发现这里的美味佳肴,有些自己是从未尝过!尤其是其中的一样,用琉璃器皿蒸熟的食物,真正是美味无穷。武帝尝过以后,问这道菜如何做法。王济回答说,用人乳蒸之。武帝听后,脸上现出不平之色,没有吃完就愤然离去!

宋文帝刘义隆常到大臣谢弘微家进食。谢弘微出身世族,是位天才的理膳能手。文帝每到谢家,谢弘微便忙和家人一同在厨房中烹制,有条不紊,呈上美食,供文帝美滋滋地饱餐一顿。

宋明帝刘彧以贪杯、嗜食、肥胖著称。明帝最爱吃的美食之一是逐夷,就是用石首鱼、鲨鱼、鲻鱼的肠肚制成的一种酱。明帝将逐夷用银钵盛蜜浸渍,每餐吃上数钵,非常陶醉。有一天,明帝刘彧召见扬州刺史王景文,对他说:这是奇味,你有吗?王景文摇头,回答说:臣一直很喜欢吃,但家里贫穷,很难得到。明帝心中高兴、得意,越发嗜食此物。结果,由于贪吃,明帝五脏难以负荷,胸闷腹胀,以至无法透过气来,加上大量饮酒,终于饱食而死。

宫中游乐

围棋在中国宫廷中最为盛行的时代无过于以风雅相尚的南朝。南朝大多数皇帝爱好围棋,有的虽然棋艺不佳,但精神十分可贵。

南朝宋明帝是以贪吃而著名的,但同时也是一个十足的棋迷。宋明帝的棋艺就像他嗜吃的吃相一样极不雅致,可以说是近乎拙劣。臣僚们私下评论宋明帝,称他的棋艺最多是二流水准。然而,宋明帝对于自己的水平并不清楚,或者说他不在乎他的技不如人,而将这一活动视为一种有益的娱乐,而娱乐不在于结果,而是寓于这一活动的过程之中。所以,宋明帝常常召来全国一流的棋手和他对弈。

当时,一流棋手中最有名的是风流才子王抗。王抗知道,他这是和手握生杀大权的天子下棋,自然要完全礼让,不能下赢。但高手的高明之处恰在让又要让得有分寸,不落一点痕迹。王抗每一盘都是饶明帝几步棋,口中却说:皇帝下棋,微臣不是对手。明帝居然听不出来王抗的意思,自己情绪极佳,洋洋得意。此后,明帝当然爱好围棋更笃,乐此不疲。

宋明帝对于围棋的痴迷绝不是一时兴起,而是实实在在的。明帝这位十足的棋迷在对弈之余,别出心裁,曾下令设置围棋州邑,以选拔入仕人才的九品中正制为选官模式,由著名的围棋高手担任这个他所指定的围棋州邑的最高长官大中正、小中正等。

想当年,宋明帝的父亲即宋文帝刘义隆也是一位戎马之余迷恋围棋的棋迷。文帝刘义隆常爱和神棋手羊元保对弈,并时常赌棋,赌注动辄是一个郡。结果,文帝输了,羊元保获胜赢得了一个郡,做了宣城郡太守。

围棋高手王抗在齐高帝萧道成时期仍然雄风不减,为一代高手。当时,王抗定为第一品棋手,褚思庄、夏赤松定为第二品棋手,都是皇帝的亲密棋友。有一次,齐高帝萧道成命褚思庄和王抗对弈,两人奉命,从晌午一直战到日暮方才完成一局。一旁观战的萧道成有些支撑不住了,就先回宫就寝。到五更时分,两人方才决出胜负。一场酣战结束了,王抗去休息室睡觉,褚思庄却因用思过度无法平静而达旦不寐。

褚思庄是谨严的棋手,对于对弈从不苟且,包括和皇帝对弈,也是决不谦虚。褚思庄的个性和王抗显然不同,他决不容许皇帝悔棋,更不用说是礼让三分。当齐高帝想要举子易行时,褚思庄马上会将皇帝的手挡回去,毫不客气。好在齐高帝天性宽厚,不与争执,也没有怪罪。

梁武帝萧衍精通琴棋书画。他在投身这些活动时精力极为旺盛,处于忘我的境界中,乐此不疲。武帝迷恋围棋,经常通宵达旦,弄得侍从官们哈欠连天或者东倒西歪——宫中有严格规定,皇帝没入寝时,近侍们不得就寝,要时时保持清醒,以随时奉召。每次武帝召呼来人时,近侍中唯有陈庆之始终醒着,即时应命,因而极得武帝的宠信和赏识。

执迷于围棋中的武帝萧衍,有一次竟在对弈中误杀了一位难得的僧友。当时,有位僧人,称为磕头师,高行神异,棋艺极高。武帝笃信佛教,并多次要舍身佛门,坐禅同泰寺。武帝对于高行的法师自然心存敬重,何况是一位难得的棋友?便经常传令中使,召磕头师入宫,论讲佛法,对弈相娱。

有一次,中使奉命召磕头师入宫,来到武帝跟前,武帝正在棋盘酣战。中使进奏说:磕头师到。武帝正杀得兴起,而棋局正入高潮,武帝应声说:杀。中使闻命,大惊失色,但立即奉旨将磕头师拖出斩首。磕头师不明白是怎么回事,临去西天前,他只得自我安慰说:我没有罪,想必前生是沙弥,误杀了一条蚯蚓,而皇上正是那条蚯蚓,今天来报仇索命。武帝的棋局结束了,正自高兴,以为大法师正在外面等候,即命中使立召大师上殿。不料,中使回奏:刚才陛下下令杀磕头师,已经正法了。

弹棋,据说始于中国汉成帝时期。汉成帝以后,宫中十分流行弹棋。弹棋经西汉到东汉,从东汉汉冲帝、汉质帝以后,不再流行,渐渐在宫中绝迹。到了汉献帝时,弹棋再次在宫中复兴。汉献帝时代和三国曹魏时代,是递相连接的。献帝时，宫中的宫女们为了消遣寂寞的时光，纷纷玩起了弹棋游戏，并对弹棋的内容、规则有所更新。进入曹魏以后，弹棋在宫中广为流行，以至于有一种说法，说弹棋是始于魏宫中的妆奁之戏。

魏文帝曹丕很少喜欢其他的游戏，但独喜爱弹棋。曹丕小的时候，才华横溢，曾写了一篇《弹棋赋》，赞叹和描述弹棋的有趣。文帝曹丕的弹棋技艺是十分高超的，以至于在宫中没有一个对手。他能用手巾角拂动棋子，几拂几中。

魏文帝曹丕在宫中没有弹棋对手，自然有些惆怅，极想在宫外找一位高手较量，以过过瘾。有位棋手毛遂自荐，自称棋艺高超，于是被引入深宫，和文帝比试。这位高手低头用头上的葛巾角拂棋，成功率居然高于文帝，文帝十分高兴。在此以前，京师中还有两位名声很响的弹棋高手：东方世安、张公子，可惜已经故世。曹丕一直为未能和这两位高手较量而深深遗憾。

博戏，分为许多种，有掷骰或掷骰后行棋而决输赢的博类，包括六博、摴蒱、叶子戏、纸牌等；有猜谜类，包括射覆、藏钩等；有游戏类，包括投壶、触铃等。

六博，又叫陆博。这一游戏相当古老，和棋有些近似，是先掷彩，而后行棋，棋子每人六粒，故称六博。这种博可以和弈通称为博弈，但博的胜者是要赢钱的，所赢的钱叫作进。六博，盛行宫中的时代，是在汉代。六博不风行后，双陆、摴蒱便盛行起来。

双陆器具，是黑白小棒槌各十二个，放在木制的四方盘上，盘中彼此内外各有六梁，骰子两只，掷骰，依点数行，以计胜负。双陆始于天竺，《涅槃经》中名为波罗塞戏。曹魏时期，双陆传入中原，进入宫廷，到梁、陈、北魏、北齐、隋、唐时大为繁盛。

摴蒱，在汉代时已经产生，盛行于晋时。这种博戏十分精彩，也十分有趣。隋唐以前，摴蒱是这样玩法：三分其子三百六十，限以二关，人执六马，骰子五枚，分上黑下白，黑者刻二为犊，白者刻二为雉。投掷时，全黑为卢，得彩十六；二雉三黑为雉，得彩十四；二犊三白为犊，得彩为十；全白为白，得彩为八；四者为贵彩。开为十二塞，为十一塔，为五秃，为四撅，为三枭，为二。六者为杂彩。贵彩得连掷，得打马，得过关，余彩则不。

晋武帝司马炎常爱和宠妃胡贵嫔玩摴蒱戏，以此消遣时光。胡贵嫔恃宠而骄，对于武帝全然没有逊让的意思。有一次，武帝又和胡贵嫔玩摴蒱，两人在棋局上争执，结果还弄伤了武帝的手指。

宋武帝刘裕在即皇帝位前后都是一个不折不扣的激情昂扬的大博徒。刘毅是刘裕博场上的好友之一。刘裕即位之前，和刘毅就多次较量，即位以后两人更是在宫中的博局中畅快拼杀，有时争执得有些邪乎。

有一年，南梁的余绪、后梁主萧督进献了一座玛瑙钟，文帝宇文泰拿着钟对丞郎们说：能掷摴蒱头得卢者，便给钟。丞郎们激动不已，无一不跃跃欲试。但可惜的是，一一失败。轮到了大臣薛瑞，薛瑞先诚恳地说：不是为玛瑙钟，只是想对皇上表示忠诚。连掷五子，皆黑得卢。薛瑞就获得了这座价值连城的玛瑙钟。

有一次，文帝宇文泰解下自己所服的金带，对近侍们说：谁先得卢就给谁。众近侍争先恐后，一轮将遍，仍无人得卢。到了大臣王思政，王思政决定以性命孤注一掷，立下死誓：微臣尽心效命，上报知己之恩；如果天感此诚，就一掷得卢；如果内怀不尽，神灵也自明了，就当杀身谢罪！说罢，拔剑横在膝上，拿过摴蒱投掷。文帝刚要制止，局上已经显卢。王思政得到了金带。文帝以此千金换得了忠心。

宫廷乐舞

魏晋南朝皇帝对于能够娱情的事物大多感兴趣，在歌舞上的用心自然不少。被追认为魏武帝的曹操和魏文帝还对诗歌倾注了极大的热情，他们所作的诗大多是乐府诗，用以配唱。曹魏宫廷将汉代流传的相和歌改编增删为十三曲，大部分用曹氏父子创作的乐府诗歌唱。采中原旧曲和吴、荆楚民歌作为宫廷音乐的清商三调中，曹氏父子和魏明帝的新词占了绝大部分。曹丕用诗表现乐人演唱乐府新诗的情景：

> 弦歌奏新诗，游响拂丹梁。
> 繁音赴促节，慷慨时激扬。

每一个王朝在继承前一个王朝的乐曲时，往往改换曲目名称和曲辞，以适应于本朝并标明新的朝代有新的一套。例如南梁将汉曲《朱鹭》改名为《本纪谢》，《思悲翁》改为《贤首山》，《艾如张》改为《桐柏山》……《上陵》改为《昏主恣淫慝》，《上邪》改为《惟大梁》用以歌颂梁师的战功，渲染齐东昏侯的无道以衬托大梁的德业。

梁武帝是南朝皇帝中最懂音律的，他曾按十二律制十二笛以写通声，较古钟玉律并周代古钟都不差。他主持制定了梁王朝的礼乐。由于笃敬佛法，又制成述佛法的十篇乐章，为《善哉》《大乐》《大欢》《天道》《仙道》《神王》《龙王》《灭过恶》《除爱水》《断苦轮》。在欲断尘念的同时，梁武帝又创作了许多以闺情为主题的艳歌，这是南朝宫廷诗歌的一种风尚，梁武帝是其中的集大成者，他在《春歌》中咏道：

> 阶上歌入怀,
> 庭中花照眼。
> 春心一如此,
> 情来不可限。

他的儿子昭明太子萧统、梁简文帝萧纲都是艳歌的热心创作者,轻浮绮靡的阴软之歌中了"亡国之音"的圣贤判断。继之的短命王朝南陈,又被陈后主的软歌送掉。陈后主也擅长诗歌、音乐,创造了《玉树后庭花》《堂堂黄鹂》《留金钗》《两臂垂》。《玉树后庭花》的曲子似应是陈后主亲自谱写,也可能是采自江南歌调,极其哀婉,其辞有:玉树后庭花,花开不复久……大臣何胥也奉命从事艳曲的创作和配制,教习宫女们歌唱。

北魏孝文帝在大飨群臣的宴席上,为表示对冯太后的尊敬,离席起舞于太后前,群臣全部离席,随皇帝一起欢舞。孝文帝且舞且歌,向冯太后拜寿。孝文帝是位贤明、崇尚风雅的君主,他在酒宴上与群臣高歌,文辞雄浑、雅致。

琵琶、笛是北方胡人的常用乐器,北朝皇帝有不少能够娴熟地吹奏。北魏节闵帝元恭曾经与大臣在酒席上吹笛、奏弦管。北齐后主高纬,人称"无愁天子",对音乐耽爱无已,他能弹奏许多乐器,自制曲调,悦玩无倦,倚弦而歌。常在后宫自弹琵琶领唱,和唱者百余人。

北齐王朝的奠基者是高欢,他也曾闻歌堕泪。那时因为征战受挫,又中弩箭,高欢心情沉重,勉强出见众将,佯装无疾,令斛律金唱敕勒歌:

> 敕勒川,阴山下,
> 天似穹庐,笼盖四野。
> 天苍苍,野茫茫,
> 风吹草低见牛羊。

高欢也唱了起来,苍凉、感伤,竟涕泪横流。

由于隋唐承接的是北朝而非南朝,北朝引入宫廷的西域民族驾乐舞为隋唐的燕乐舞灌注了新血,也成为隋唐燕乐舞的特色。北齐的杂乐有《西凉乐》《龟兹乐》,为西域音乐;北周君主喜欢在宴飨时演奏高昌音乐;后来突厥人又带来了康国和龟兹音乐。

隋取代了北周,也继承了其音乐。《玉海》中说:周、隋管弦杂曲有数百首,都是西凉乐,鼓舞曲都是龟兹乐。元代学者马贵与认为,隋唐所谓燕乐,西戎乐居其大半。另一位学者郑夹漈认为，清乐妙舞，没有不是出自西域的。八音中以金为主，五方乐曲以西乐为主。此话虽有些偏颇，但无法否认胡乐舞在隋唐燕乐中的优势，就连盛唐第一曲《霓裳羽衣曲》也是采用西凉音乐的作品。

文化生活

魏晋南朝出现了很多诗人皇帝，被追认为皇帝的曹操是位领一代风骚的政治家。魏文帝曹丕写诗吟诵，不落其父之后。南梁的君主不知为何都染上了诗癖。梁武帝萧衍的爱好不脱时代特色，专喜细腻、阴柔的闺怨诗。他最喜欢的诗人是谢朓，到了"不读谢诗，三日觉口臭"的程度。谢朓也擅长这类风格的诗。

兹举一首《玉阶怨》：

夕殿下珠帘，流萤飞复思。
长夜缝罗衣，思君此何极。

梁武帝之子萧统、萧纲都沉醉于诗文。先立为太子的萧统是位青年文学家，他编纂了中国第一部文学总集《文选》，著有评论集、诗集四十卷。冥冥中注定等待他的不是帝位，便在英年仙逝。萧统死后谥为昭明太子，现今流传下来的著作又称《昭明文选》。

萧统的弟弟是萧纲，也就是后来的梁简文帝，自称"七岁有诗癖，长而不倦"。他继萧统为太子后，以作艳诗自娱。"艳"意为美人，古代楚地的歌曲也称为艳，艳诗则是指男女爱情诗，与闺情闺怨诗属一种源流。萧纲的艳诗在南梁广为流传，文士争相效仿，艳诗很快成为当时诗坛的主旋律，由于它出自宫中，又被称为"宫体"。

简文帝的《美女篇》：

佳丽尽关情，风流最有名。
约黄能效月，裁金巧作星。
粉光胜玉靓，衫薄拟蝉轻。
密态随羞脸，娇歌逐软声。
朱颜半已醉，微笑隐香屏。

南梁的君臣几乎无一不是诗人，一群诗人组成了一个朝廷。君臣宴乐，常常诗兴大发，吟诗往往成为宴饮上的主要内容，这种宴便叫诗宴。在诗宴上，文臣们竞相展示才华。梁武帝时,沈约当仁不让是文坛泰斗,诗宴自然由他担任主角,他负责分韵给在座诸臣,要求即兴成诗。

有一次,武将曹景宗立功还朝,参加诗宴,沈约以为他只会吃酒,没分给他韵,曹景宗不甘寂寞,执意要求赋诗,但韵将分完,只剩下"竞""病"二字,曹景宗领了韵,稍作沉思,挥笔完成,诗中的韵句是"归来笳鼓竞""何如霍去病"。真是机智惊人,功底不浅。文臣们不得不对武将刮目相看了。梁武帝第七子、五岁就能背诵《曲礼》的梁元帝萧绎,文才不在兄长们之下,可惜遭逢外乱。当北魏大军进攻至城下时,梁元帝别无良策,却在城上身穿戎服对臣下讲《老子》,巡城时犹口占为诗,随从的大臣也有占诗与他唱和者。眼见魏军发起猛攻,城将不守,梁元帝愤而焚烧图书!以宝剑击柱,哀叹地说:"文武之道,今夜尽矣!"然后,他率众出城投降。

二、三国帝王生活

帝王宫室

曹魏建都邺城,时间是公元 204—220 年。邺城,位于中国华北大平原南部。先后有曹魏、后赵、前燕、东魏、北齐各代建都于此。邺城,在今临漳县西南 17.5 公里。中国著名的地理著作《水经注》描述称:"邺城,东西七里,南北五里,用砖砌成城墙,墙上百步一座城楼。城中各宫殿门台隅雉,都加观榭,层甍反宇,飞檐入云,上绘丹青,着色轻素。去邺六十里望去,苕亭巍巍,如同仙居。"

邺城,北部为宫殿区,分东、西两大部分。西部宫城位于全城正中心,前面是宫廷广场,永昌殿是这一区域宫城的主殿,朝廷朝会、礼仪、大典都在永昌殿举行。东部宫城是官署,其后是常朝用的听政殿。宫殿区东部是戚里所在,居住着朝中贵族。宫城西部的铜雀园是王室专用的园林。宫殿区基本上是按前朝后寝的方式布局。

曹丕建魏代汉以后,正式迁都洛阳。

魏武帝曹操

1. 生平

曹操(155—220 年),字孟德,一名吉利,小字阿瞒,沛国谯县(今安徽亳州)人,汉族。他是杰出的政治家、军事家、文学家、书法家,是三国曹魏政权的真正缔造者。东汉末年,曹操挟天子以令诸侯,以汉天子名义征讨四方,对内消灭二袁、吕布、刘表、马超、韩遂等割据势力,对外降伏南匈奴、乌桓、鲜卑等少数民族势力,统一了中国北方;执政期间,采取了一系列政策、措施,恢复经济生产,稳定社会秩序,奠定了曹魏立国的坚实基础。曹操在世时,担任东汉丞相,后为魏王;去世后,曹操谥号为武王。其子曹丕称帝后,追尊他为武皇帝,庙号太祖。

2. 事迹

熹平三年(174年),曹操20岁,被举为孝廉,来到京都洛阳,为郎官。不久,任命他为洛阳北部尉。洛阳是东汉都城,是皇亲、国戚、贵族、豪绅聚居之地,一直很难治理。曹操到任北部尉后,就申明禁令,严肃法纪,造五色大棒十余根,悬于衙门左右,明令:"有犯禁者,皆棒杀之"。皇帝宠幸宦官蹇硕,其叔父蹇图违反禁令,夜行都城,被捉。曹操毫不留情,吩咐用五色棒将蹇图处死。从此以后,都城宁静,人人都知道曹操厉害,不敢惹他。史书称:"京师敛迹,无敢犯者"。

中平元年(184年),黄巾军起义,烽烟四起。曹操临危授命,拜为骑都尉,奉命带兵出征,镇压起义军。曹操军与皇甫嵩等军会合,联合进攻盘踞颍川的黄巾军,获得大捷,大破黄巾军,斩敌首级数万人。军功卓著,曹操迁任济南相。在济南相任内,曹操治事严厉。

济南国(今山东济南一带)中,有十余县,各县县令关系复杂,盘根错节,长吏大多依附权贵,仗势欺人,贪赃枉法,肆无忌惮。曹操到任前,历任国相皆视若无睹,置之不问。曹操任职后,严明法纪,大力整顿,十分之八的长吏被免职。一时之间,济南官场震动,贪官污吏纷纷出逃。

中平五年(188年),汉灵帝为巩固统治,特旨设置西园八校尉,统领朝廷军队。曹操家世显赫,精通军事,皇帝任命他为八校尉之典军校尉。

曹操统一北方后,大力屯田,兴修水利,从根本上解决了军粮缺乏的问题,促进了农业发展;3次发布招贤令,用人唯才,打破世族门第观念,网罗大量中下层人才,抑制豪强,加强集权;曹操掌握政权之后,全面推行抑制豪强之策。他说:"夫刑,百姓之命也";"拨乱之政,以刑为先"。他起用王修、司马芝、杨沛、吕虔、满宠、贾逵等地方官吏,抑制不法豪强。汉末政失于宽,袁绍以宽济宽。袁绍实行宽纵之策,豪强横行霸道。百姓不能亲附,甲兵不能强盛。曹操得冀州后,立即惩治豪强,百姓喜悦。曹操提倡廉洁,大量选用清正之士,社会风气渐好。

曹操精于兵法,著《孙子略解》《兵书接要》《孟德新书》等书。曹操刻苦钻研兵法,熟读孙武、吴起等军事家著作,结合实际,写成《兵书接要》一书,论述实战经验;所撰《孙子略解》,开创了整理注释《孙子》十三篇之先河。曹操主张,兵以义动,强调师出有名;在战略战术上,主张灵活多变,因事设奇,任势制胜,兵不厌诈;他治军严厉,令行禁止,法令严明。一次,行军途中,曹操传令,战马不得践踏麦地;违犯者,一律斩首。曹操战马受惊,践踏了麦田。他当即拔剑,割下自己一撮头发,以示惩罚。

征战之余,曹操十分重视文化建设。统一北方时,曹操十分注意保护图书、典籍、文物。建安五年(200年),他击败袁绍,下令"尽收其辎重、图书、珍宝"。受任魏公后,曹操专门设置掌管典籍之官,广收散佚各地的官府、民间藏书,收藏于中外三阁、秘书省,建立魏国藏书。他请教于蔡邕之女蔡文姬,讲藏书往事。蔡文姬"缮书送之,文无遗误"。

曹操博览群书,在文学、书法、音乐诸方面造诣很深。曹操长于诗歌,其《蒿里行》《观沧海》《龟虽寿》等著名诗篇,气魄雄伟,慷慨悲凉,充分抒发了自己非凡的政治抱负,反映汉末人民的苦难生活。文学成就方面,曹操的诗歌、散文独步当世,别具一格。曹操诗歌,今存20多篇,全部是乐府诗,内容主要是三类:时事、理想、游仙诗。

曹操不为所动,不想废献帝自立。曹操说:"若天命在吾,吾为周文王矣。"

建安二十五年(220年)正月,曹操还军洛阳。不久,曹操病逝洛阳宫中,终年66岁,谥曰武王。曹操临死前,留下《遗令》。根据曹操遗嘱,二月廿一日(4月11日),曹操被安葬于邺城西郊之高陵。十月,魏王曹丕代汉自立,正式称帝,国号魏,追尊曹操为武皇帝,庙号太祖。

3. 历史评价

史书评论:陈寿《三国志》:"汉末,天下大乱,雄豪并起,而袁绍虎视四州,强盛莫敌。太祖运筹演谋,鞭挞宇内,揽申、商之法术,该韩、白之奇策,官方授材,各因其器,矫情任算,不念旧恶,终能总御皇机,克成洪业者,惟其明略最优也。抑可谓非常之人,超世之杰矣。"

李世民:"帝以雄武之姿,常艰难之运。栋梁之任,同乎曩时;匡正之功,异乎往代。"

鲁迅:"曹操是一个很有本事的人,至少是一个英雄。我虽不是曹操一党,但无论如何,总是非常佩服他。"

毛泽东:"曹操是了不起的政治家、军事家,也是个了不起的诗人……曹操统一中国北方,创立魏国。他改革了东汉的许多恶政,抑制豪强,发展生产,实行屯田制,还督促开荒,推行法治,提倡节俭,使遭受大破坏的社会开始稳定、恢复、发展。"

蜀汉昭烈帝刘备

刘备，汉景帝之子中山靖王刘胜的后裔。刘备祖父是刘雄，举为孝廉，官至东郡范令。刘备父亲是刘弘，早亡。少年刘备早孤，与母亲一起，以织席贩履为业，生活非常艰苦。刘备家中，屋舍东南角篱上，有一棵大桑树，高约五丈，远远看去，如同车盖。人们觉得此树非凡间之物，认为此家必出贵人。刘备少年时，与同宗小孩在树下玩乐，曾指着桑树说：将来，我一定会乘坐这样的羽葆盖车。刘备叔父刘子敬紧张地说：你不要乱说，会让我们一家遭灭门之罪！

汉灵帝熹平四年（175年），刘备15岁。母亲准备行装，让他外出求学。刘备和同宗刘德然、辽西公孙瓒一起，拜原九江太守、同郡卢植为师，系统学习。同宗刘德然的父亲刘元起知道刘备家境贫寒，经常资助他，如同对待儿子刘德然一样。但是，此举遭到刘元起妻子的不满和反对。刘元起劝导说：我们宗中有这样一个孩子，不是平常人。公孙瓒和刘备结为好友，公孙瓒比刘备年长，刘备视公孙瓒为兄长。

刘备身长七尺五寸，长手，大耳：两手下垂，长及膝盖；耳朵很大，自己能看见自己的耳朵。他不爱读书，喜欢武艺，酷爱狗马、音乐、漂亮衣服。不爱说话，能平易近人，善待下人。自制力强，喜怒不形于色。喜欢交友，遍结天下英雄豪杰。远近豪侠之士，争相依附刘备。中山大商人张世平、苏双等人携带千金，贩马来到涿郡，见到刘备，立即给予资助。刘备大喜，用这第一笔经费，集结众多豪士。

史学家陈寿评价刘备："先主之弘毅宽厚，知人待士，盖有高祖之风，英雄之器焉。及其举国托孤于诸葛亮，而心神无贰，诚君臣之至公，古今之盛轨也。机权干略，不逮魏武，是以基宇亦狭。然折而不挠，终不为下者，抑揆彼之量必不容己，非唯竞利，且以避害云尔。"

▪ 刘备画像

吴大帝孙权

1. 生平

孙权（182—252年），字仲谋，吴郡富春（今浙江富阳）人，生于下邳（今江苏徐州市邳州）。三国时，东吴建立者。东汉末年，群雄割据。孙权父亲孙坚、兄长孙策，打下江东基业。建安五年（200年），孙策遇刺身亡，孙权掌事，成为一方诸侯。建安十三年（208年），孙权、刘备联合，在赤壁打败曹操。建安二十四年（219年），孙权派吕蒙袭取荆州，获得成功，占有大片领土。黄武元年（222年），魏文帝曹丕封孙权为吴王，建立吴国；黄龙元年（229年），孙权正式称帝。设置农官，实行屯田；设置郡县，设官管理。多次派使驾船出海。黄龙二年（230年），派遣卫温到达夷州。孙权晚年，反复无常，引起党争，政局不稳。

▪ 孙权像

太元元年（252年），孙权病逝，享年71岁，在位24年，谥号大皇帝，庙号太祖，葬于蒋陵。

2. 事迹

（1）发展生产

孙权十分注重振兴经济，发展生产，富国强兵。他接替其兄主事，随即推行屯田制度。东吴屯田制度正规，包括军屯和民屯，设立典农校尉、典农都尉、屯田都尉等职官，进行专门管理。军屯之屯田兵，且耕且战，屯田诸户只须种田，免除民役。东吴屯田地区很广，屯田军民众多。仅仅皖城屯田基地，就有屯兵数千家；毗陵屯田民，有男女数万人。东吴屯田规模空前，耕作技术、耕作器具较为先进。黄武五年（226年），陆逊管理少谷，上表孙权，请令诸将增广农田，拓开屯田。孙权同意，下令扩大屯田面积；将驾车之牛全部改作耕牛。孙权亲自耕田，鼓励将吏屯垦。

水利是农业的命脉。孙权非常注意水利建设，兴修水库。黄龙二年（230年），孙权修筑东兴堤，以遏巢湖之水。赤乌十三年（250年），修建堂邑涂塘（今江苏六合县瓦梁堰）。特别重要的是，孙权组织民力，开凿了几条运河，有效地疏通了内河航道,对农田灌溉起到了十分重要的作用。孙权多次下令,宽赋降息,鼓励生产。夺取荆州之后,孙权下令,免除荆州农民租税;下令诸将要居安思危,加强武备,崇尚节俭;要求为政宽和,不要催收农夫所欠租税。东吴首都建业,原名秣陵,是一个小县城。孙权定都建业后,发展生产,开凿运河,建业很快成为东南地区的大都市,后来成为六朝古都——南京。

(2)扩大外交

为了扩大东吴势力,黄龙二年(230年),孙权遣将军卫温、诸葛直等人,率领甲士万人,乘船出海,前往夷州、亶州。吴军浩浩荡荡,到达夷州(台湾岛),揭开了大陆、台湾正式交往的历史序幕。从此以后,大陆、台湾融为一体,不可分割。孙权扩大和巩固对交州的统治,积极派遣使臣,前往徼外扶南(柬埔寨)、林邑(越南南方)诸国,建立友好关系;派遣交州刺史率领船队,出使南洋诸国,与印度等国建立了外交关系。

吴赤乌六年十二月,扶南王范旃遣使进献乐人以及方物。范旃大将范寻继为扶南王时,孙权派宣化从事朱应、中郎康泰等人,出使扶南,以及南海诸国。两人回国后,朱应撰写《扶南异物志》,康泰撰写《吴时外国传》,详细地记载了自己的出使见闻,成为研究东吴时期对外交往的重要资料。二书已经失传,在《水经注》《北堂书钞》《艺文类聚》《通典》《太平御览》等书中,收录了部分片段、引文。

3. 趣闻轶事

(1)外貌奇伟

据《搜神记》记载:吴夫人怀孙策时,梦见月亮飞入怀中;怀孙权时,梦见太阳入怀。孙坚听夫人说起后,喜不自胜,断言:日月乃阴阳之精华,极富极贵之兆!

《三国演义》称:孙权,方颐大口,碧眼紫髯,人称碧眼儿。《三国志》记载:孙权,目有精光。朝廷使者刘琬奉命授予孙策官爵时,看见孙权,形容他相貌高大挺拔,骨架躯体不同于常人,有大贵之表,而且一定是孙氏兄弟中最长寿者。

(2)乘马射虎

建安二十三年(218年)十月,孙权骑马去庱亭,准备射虎。不料,他所骑乘之马被老虎抓伤。孙权很勇敢,把双戟(兵器)投向老虎。老虎退却,孙权侍从张世乘势用戈攻击老虎,把它抓住。

(3)宝剑六柄

崔豹《古今注》记载:孙权有六柄宝剑,分别命名为:白虹、紫电、辟邪、流星、青冥、百里。据《古今刀剑录》记载:黄武五年(226年),孙权采武昌铜铁锻剑,造了千口剑、万口刀,分别长三尺九寸。刀头方,由南铜越炭所造,以小篆书写"大吴"。

4. 家族成员

祖父:孙钟

父亲:武烈皇帝孙坚

母亲:武烈皇后吴氏

伯父:孙羌

叔父:孙静

兄弟姐妹

哥哥:长沙桓王孙策

弟弟:丹杨太守孙翊

乌程侯孙匡

定武中郎将孙朗

姐姐:孙氏,嫁曲阿人弘咨;孙氏,嫁陈姓人家,其女嫁潘秘。

妹妹:孙夫人,嫁刘备。

皇后

潘皇后,生孙亮。

嫔妃

步练师,步夫人,生孙鲁班、孙鲁育,最受孙权宠爱,死后被追封为皇后。

王夫人,琅琊人,生孙和,其子孙皓继位后,被追尊为大懿皇后。

王夫人,南阳人,生孙休,孙休即位后追尊为敬怀皇后。

袁夫人,袁术之女。

谢姬,生孙霸。

仲姬,生孙奋。

子女

儿子

孙登,字子高,孙权长子,谥号宣太子。

孙虑,字子智,孙权次子,建昌侯。

孙和,字子孝,孙权三子,文皇帝(其子孙皓追谥)。

孙霸,字子威,孙权四子,鲁王。

孙奋,字子扬,孙权五子,齐王。

孙休,字子烈,孙权六子,被拥立为吴景帝。

孙亮,字子明,孙权七子,继任为吴国第二任皇帝。

女儿

孙鲁班,小字大虎,孙权长女,全公主,前嫁周瑜子周循,后嫁全琮。

孙氏,孙权次女,嫁刘纂,早卒。

孙鲁育,小字小虎,孙权三女,朱公主,前嫁朱据,后嫁刘纂。

帝王陵墓

1. 魏高陵

曹操陵为魏高陵,在今河北临漳县西原上。高陵以山为陵。建安二十三年,曹操下令:规西门豹祠西原上为寿陵,因高为基,不封不树。由此可见,高陵不建寝殿,地面上不露丝毫痕迹,不设陵墓神道。

关于高陵,有许多传奇、传说。相传,曹操为防止死后陵墓被掘盗,曾设72疑冢。但据考古学者探测,大多是北齐大墓。但曹操陵冢的具体地点,在中国历史上一直是一个不解之谜。

2. 魏首阳陵

曹丕葬首阳陵。首阳陵,构造极为简单,依山为体,不封不树,也不建陵寝、园地、神道等,地表没有任何痕迹。陵中建筑毫不奢华,随葬品以瓦器为主,以防后人掘盗。

3. 吴蒋陵

太元六年十一月,孙权患风疾,次年四月去世,享年71岁,葬蒋陵。据《三国志》记载,孙权死后,葬于蒋陵。孙权因避祖父吴孝懿王孙钟名讳,将钟山改名蒋山;孙权陵因在蒋山,又称作蒋陵。

孙陵岗,葬有孙权夫人步氏、潘氏,以及宣明太子孙登等人。20世纪40年代,因岗上多梅花,因此,人称孙陵岗为梅花山。

明初,朱元璋建孝陵。主持建陵工程之中军都督府佥事李新曾向朱元璋建议,把孙权墓移开。朱元璋说:孙权是一条好汉,留着给我看门吧!

4. 蜀惠陵

章武二年十二月,刘备患痢疾,后感染他病,次年四月死于永安宫(今白帝城),享年63岁,葬惠陵,和甘、吴二夫人合葬。惠陵,位于今四川成都市南郊。

陵冢拔地而起,红砖垣墙环绕陵墓,墓前是无数翠竹点缀的夹道。

惠陵前无门阙、石刻,陵前的寝殿十分简陋狭小。墓上封土高 12 米,绕陵是一圈古砖墙,周长 180 米。陵前有一穹碑,是乾隆五十三年刻制的,上书:汉昭烈之陵。陵前建有寝殿,正面墙上嵌有康熙七年石刻:汉昭烈之陵。

紧挨惠陵的是著名的古迹武侯祠、昭烈庙。昭烈庙和诸葛武侯祠本来毫不相涉、各自分立,后来因刘备、诸葛亮太为密切,便合二为一。

三、两晋帝王生活

帝王宫室

东汉定都洛阳,经 160 多年的营建,非常繁荣。但董卓之乱,南北两宫大都焚荡。魏文帝曹丕从邺城迁都洛阳,营建洛都凡 46 年,在东汉故城的基础上扩建,并修复了北宫。

晋高祖司马懿

司马懿(179—251 年),字仲达,司州河内郡温县孝敬里舞阳村(今河南省温县招贤镇)人,出身士族家庭。三国时,魏国大臣,政治家、军事家,西晋王朝的奠基人。曾任职曹魏的大都督、大将军、太尉、太傅,是辅佐魏国四代之托孤辅政重臣。后来,成为掌控魏国朝政的权臣。善谋奇策,多次征伐有功,其中,最著名的功绩是两次率大军成功对抗诸葛亮北伐和远征平定辽东,对屯田、水利等农耕经济发展有重要贡献。其子司马昭称王后,追尊为晋王;其孙司马炎称帝后,追尊为高祖宣皇帝,故也称晋高祖、晋宣帝。

曹氏废汉建魏,司马懿任太子中庶子,参与大谋,常有奇策,深得文帝曹丕的倚重。魏文帝时,迁侍中、尚书右仆射,转抚军,加给事中,录尚书事。明帝时,任大将军,多次率军和诸葛亮相抗衡,使诸葛亮空怀壮志,不能进取中原。曹芳即位,司马懿和宗室曹爽受遗诏辅政。嘉平元年,司马懿控制中央禁卫军,发动宫廷政变,杀死曹爽,专擅国政。建晋后被追尊为皇帝。

晋文帝司马昭

司马昭,字子上,司马懿次子。司马懿死后,长子司马师以抚军大将军辅政,旋迁大将军,加侍中、持节、都督中外诸军,录尚书事,专擅朝政。三年后的嘉平六年,司马师废魏帝曹芳,立曹髦为帝。第二年,司马师病死。司马师死后,弟弟司马昭继为大将军,统掌国政。从此,日夜密谋代魏。

甘露五年,司马昭杀死曹髦,立曹奂为帝。景元四年,发兵灭亡蜀汉,司马昭自称晋公,后为晋王。两年后去世。几个月后,其子司马炎废魏建晋,追封司马昭为文帝。

晋武帝司马炎

司马炎,字安世,系晋文帝司马昭的长子。曹魏时,司马炎历任给事中、奉东都尉、中垒将军,加散骑常侍,迁中护军、中抚军。晋文帝司马昭称晋王,司马炎被立为世子,拜抚军大将军、开府、副贰相国。

咸熙二年,晋文帝死,世子司马炎继为相国、晋王。不几个月,司马炎废魏称帝,建立晋朝。四年后灭吴,统一全中国。武帝执政期间,实行了历史上著名的占田制、课田制,并在占田制基础上,规定赋税制为户调、田租。

武帝鼓励农桑,奖勉学校;观察风俗,协调律令,考核度量衡;还选用囚徒,清理冤狱,详察政刑得失。太康九年间,政务适当,天下富足,人民安居乐业,史称"太康繁荣"。

东晋元帝司马睿

司马睿,字景文,晋宣帝司马懿的曾孙,琅琊恭王司马觐的儿子,生于洛阳。司马睿15岁时,嗣琅琊王位。永嘉元年,司马睿为安东将军,都督扬州诸军事。从下邳移镇建康后,加镇东大将军、开府仪同三司。西晋怀帝司马炽被俘,司马睿大权在握,被司空荀藩等推为盟主。西晋愍帝司马邺即位,司马睿加左丞相。一年后,进丞相、大都督总中外诸军事。建兴五年三月,司马睿在中原南迁大族王导、王敦和江南大族顾荣、贺循等的支持下,在建康称晋王。第二年,晋愍帝死,司马睿即帝位,建立东晋。

东晋明帝司马绍

司马绍,字道畿,晋元帝司马睿的长子。大兴元年,司马绍立为皇太子。四年后,元帝去世,司马绍即帝位,为明帝。司马绍自幼聪慧过人,性情至孝,有文武才略,近贤好士,喜爱文辞。

司马绍能文能武。他长于丹青,擅画佛像、山水,精于书画的鉴赏、识别。司马绍画技从师于当世名家王廙,笔力遒劲。其著名的代表作包括:《毛诗图》《洛神赋图》《史记㭘士图》《汉武回中图》《轻舟迅迈图》。

帝王陵墓

1. 晋宣帝高原陵

高原陵，位于今河南偃师县北邙首阳山。史书记载说，晋宣帝司马懿预作终制，在首阳山为土葬，不坟不树。由此可见，司马懿在他生前就在首阳山预造寿陵，选好陵址，组织建造，并规定不封墓冢，不建陵寝，地表不留任何痕迹。

2. 晋文帝崇阳陵

崇阳陵，位于今河南省偃师潘屯、杜楼二村北枕头山。据实地勘测挖掘，枕头山有古墓凡五座。其中，东部一座古墓地位最尊，规模最大，建筑规格也最高，此墓应是崇阳陵。崇阳陵墓道长46米，宽8米；墓室长4.5米，宽3.7米，高2.5米。其余四座墓规模较小，应是陪葬墓。

3. 晋武帝峻阳陵

峻阳陵，位于今河南省偃师南蔡庄北一座山坡上，背倚鏊子山，面临平坦广阔的伊洛平原。实地勘探，发现此地有晋墓凡23座。其中，东部一座古墓地位最尊，规模最大，这便是峻阳陵。峻阳陵墓道前宽后窄，长36米，宽10.05米；墓室长5.5米，宽3米，高2米。陵墓坐北朝南，地表没有封土，也没有任何陵园痕迹。

4. 东晋穆帝永平陵

穆帝司马聃永平陵位于今南京市和平门外幕府山南麓。永平陵依山建筑，陵墓地宫由墓道和墓室构成。墓室系砖砌建筑，为圆弧形券顶。墓室长5.5米，宽2.6米，高3.05米。墓室明显地分为前后两个部分。前部是用砖砌成人字形的地面，后部则是用砖砌成的棺床。棺床长3.6米，宽和墓室相等。

5. 东晋恭帝冲平陵

恭帝司马德文冲平陵位于今南京城东北钟山西部太平门内富贵山。实地发掘发现，该墓是依山建成，离地面高约9米，在山中凿一个墓坑：长35米，底宽6.85米，口宽7.5米，深4.3米。墓坑底部铺砖十层，然后再砌甬道、墓室。墓室长7.06米，宽5.18米，上部系拱券。甬道长2.7米，宽1.68米。墓中有红色漆棺，陪葬品极为丰富，包括玉佩、玻璃珠、玉饰、石珠、石兽、青瓷鸡首壶、水盂、钵、碗、陶箱箧、步障等等。

四、南北朝帝王生活

帝王宫室

建康,即今南京,是六朝古都,孙吴、东晋和南朝的宋、齐、梁、陈都先后建都于此,前后凡 360 年。孙吴时建康都城称为建业,位于今南京市中部玄武湖南。城周约二十里。东晋、南朝时也大致相同。

建业城呈方形,每边长约五里。从南垣中门宣阳门直至淮水,形成一条五里长的中轴线,称为苑路,就是御街。孙吴时著名的太初宫位于城西。

太初宫周环三百丈,共开八个门:公车门、苍龙门、白虎门、玄武门、大航门、升贤门、左掖门、右掖门。正殿是神龙殿。太初宫东部,孙皓建有昭明宫。昭明宫周五百丈,正殿是赤乌殿。

建业城,除了太初宫、昭明宫外,还有著名的南宫、西池、苑城。南宫是太子宫。西苑系太子孙登所建,东晋明帝做太子时进一步修缮,并造楼养士,时称太子西池。苑城又称建平园。

孙吴都城建业,最初界竹篱,后来用土墙篱门,到齐高帝以后,开始立六门都墙。东晋南渡以后,定都建康。从晋成帝开始,在建康营建新宫,名为建康宫。东晋皇室是魏晋旧族,建康城基本上仿照曹魏邺城和魏晋洛阳城的布局,形成了中国都城所独有的中轴线布置主殿、两边建筑对称的风格。

东晋建康城凡十二门。建康宫周长八里,布局仿照魏晋洛阳宫室。其正殿是太极殿。太极殿是皇帝理政的地方。

太极殿后是显阳殿,是皇后的居室。东晋建康宫,宫垣凡两重。梁时增为三重。宫城北部是苑囿区。东晋在鸡笼山修华林园,在舟山有北郊坛、药园。刘宋时,在玄武湖修三神山;并在华林园内造景阳山,引玄武湖水入华林园天渊池,通向建康宫。南梁以前,华林园内有景阳山、武壮山、景阳楼、灵曜殿、兴华殿、风光殿、日观台、琴堂、芳香堂。梁武帝时,又造重阁,上名重云殿,下名兴光殿、朝日楼、朝月楼。

帝王生平

1. 北魏昭成帝拓跋什翼犍

什翼犍,是北魏平文郁律的次子,烈帝翳槐的弟弟。翳槐临死时,对顾命大臣说:要想使社稷安定,必须迎立什翼犍。当时,什翼犍作为人质扣在后赵。

权臣梁盖等共推郁律的第四子拓跋孤为帝。拓跋孤不从,亲自驰赴邺城,迎兄什翼犍,而自己甘愿代为人质。后赵主石虎很感动,礼送他兄弟二人回国。晋咸康四年(338年)十一月,什翼犍在繁畤北即位,仿汉建立国家、年号,时年19岁。

2. 北魏道武帝拓跋珪

拓跋珪是什翼犍的孙子,其父是献明帝拓跋寔。前秦王苻坚灭亡什翼犍。淝水之战后,苻坚惨败,为姚苌所杀。拓跋珪乘机复国。登国元年(386年),拓跋珪在牛川即位代王,旋改魏王,改国号为魏,史称北魏。拓跋珪是北魏的建立者,在位23年。

3. 北齐神武帝高欢

高欢,又名贺六浑,渤海蓓(今河北景县)人,世居怀嘲(今内蒙古包头东北),是属于鲜卑化了的汉人。高欢历任队主、函使、晋州刺史。北魏永熙元年(532年),高欢占领邺城,大破尔朱氏20万兵,拥元修为帝,受封丞相、天柱大将军。旋拥元善为帝,迁都邺,史称东魏。东魏武定四年(546年),高欢围攻西魏重镇,久攻不下,气急染病。次年,死于晋阳。

4. 北齐文宣帝高洋

高洋,字子进,是高欢的次子。高洋历封使持节、丞相、都督中外诸军事、录尚书事、大行台、刘郡王、齐王。东魏武宗八年(550年)五月,高洋废东魏孝静帝自立,建立齐朝,史称北齐。

5. 北周文帝宇文泰

宇文泰,字黑獭,武川镇(今内蒙古武川西南)人。鲜卑族。宇文泰先后追随葛荣、尔朱荣,在尔朱荣部将贺拔岳麾下任关西行台左丞,领府司马,掌管行台军政。北魏永熙三年(534年),侯莫陈悦杀死贺拔岳,宇文泰统兵讨伐,侯莫陈悦兵败自杀,北魏孝武帝以宇文泰为统兵大都督,旋升关西大行台。12月,宇文泰鸩杀孝武帝元修,另立孝文帝孙元宝炬为帝,为西魏文帝,大权统掌于宇文泰,宇文泰旋由大将军累迁雍州刺史兼尚书令、都督中外诸军事、录尚书事、柱国大将军、太师、大冢宰。宇文泰第三个儿子宇文觉建立北周后,追尊宇文泰为文帝。

6. 南朝宋武帝刘裕

刘裕,字德舆,小名寄奴,祖上是彭城(今江苏省徐州)人,永嘉之乱时,全家渡江，迁居京口（今江苏镇江）。刘裕出身寒微。小的时候家境贫寒，曾以贩履、种地、捕鱼、伐荻为生。刘裕豪爽、好赌，有一次和刁逵赌博，输钱数大，无力偿还，被刁逵缚在马桩上一顿痛打。

刘裕后来参加了北府兵，在大将军刘牢之部下，屡建战功，累官建武将军、下邳太守。桓玄篡晋，刘裕在京口被推为盟主，出兵击败桓玄，迎东晋安帝司马德宗复位，官至侍中、东骑将军、扬州刺史等职，执掌军政大权。十数年间，刘裕灭掉南燕，活捉其主慕容超，收复青、兖广大地区；西攻谯纵，收回巴蜀；北伐后秦，攻下洛阳、长安，俘获后秦主姚泓。刘裕遂被封为相国，刘裕统掌大权，便缢死了晋安帝司马德宗，立其弟司马德文为傀儡皇帝。晋元熙二年（420年），刘裕废司马德文为零陵王，自立为帝，代晋建宋。

7. 南朝齐高帝萧道成

萧道成，字伯绍，小名斗将。原籍东海兰陵（山东省枣庄峰城）人。其高祖萧整，东晋初午南迁渡江，迁居晋陵武进县内侨置兰陵郡，时称南兰陵。其父萧承之，是宋武帝刘裕继母萧皇后的远亲。萧道成初隶于萧皇后内侄、雍州刺史萧思话部下，以功封西阳县开国侯。淮南兵弱，宋明帝派他镇守淮安。民间盛传：萧道成当为天子。明帝不放心，派冠军将军吴喜持银酒壶前去察看，查明他毫无异志。不久，明帝就把萧道成召回京师。

宋后废帝刘昱在位时，萧道成领兵平叛刘休范、刘景素之乱，升为中领军，加尚书左仆射，执掌军政大权。元徽五年，萧道成杀死皇帝刘昱，召开大臣会议，商讨大权由谁统管时，皇族刘秉、士族袁粲略有迟疑，萧道成便须髯尽张，目光如电。他的同谋王敬则立即拔出腰刀，大喊说：天下事应尽归萧公萧道成，谁敢反对，就此血刃！但是，萧道成并不急着夺得帝位，而是立刘准为傀儡皇帝，自己官拜司空、录尚书事，坐镇东府。荆州刺史沈攸之、司徒袁粲不满于萧道成权势日甚，起兵造反。萧道成统兵一一平定，进位齐公、齐王。

升明三年，即公元479年，萧道成废刘准自立为皇帝，国号为齐。萧道成为齐高帝，是北齐的缔造者。萧道成在位仅三年。临政期间，曾针对宋末的奢侈和昏乱，着手一系列改革。萧道成做皇帝后，大力倡导节俭，还将宫中的一应铜器都改为铁器，金银器皿则一律不用。最为有趣的是，萧道成将装饰在男子头上的玉导打碎，以此表示拒绝奢侈。

8. 南朝梁武帝萧衍

萧衍，字叔达，小名练儿，南兰陵（今江苏常州）人。其父萧顺之是齐高帝萧道成的族弟。萧顺之生有十个儿子,长子萧懿,三子是萧衍。齐武帝萧赜在位时,萧衍曾在竟陵王萧子良门下任学士,和文学才士沈约、谢朓、王融、萧琛、范云、任昉、陆倕等交好,时称"竟陵八友"。

明帝建武二年,就是公元495年,萧衍为冠军将军。东昏侯统治时期,萧衍为雍州刺史,镇守襄阳。齐国内乱时,萧衍乘乱起兵,夺得帝位,改国号为梁。萧衍为梁武帝,是梁朝的缔造者,在位48年。

9. 南朝陈武帝陈霸先

陈霸先字兴国,小名法生。原籍是颍川(今河南禹县)人,晋永嘉之乱时,其祖迁居吴兴,便为吴兴长城(今浙江长兴)人。陈霸先出身寒微,曾为乡里司,到建康后为油库吏。大同元年(535年),32岁的陈霸先在吴兴太守萧映的手下当小吏。萧映调广州刺史,陈霸先随往,镇压广州农民起义有功,累迁西江都督、高要太守,统督七郡诸军事。

公元552年,陈霸先和王僧辩攻破建康,灭掉侯景。梁元帝封陈霸先为司空领扬州刺史,镇守京口。承圣三年十一月,西魏攻破江陵,梁元帝被杀。陈霸先、王僧辩共迎萧方智为梁主。第二年五月,王僧辩又迎立被北齐俘虏的萧渊明为帝,陈霸先袭杀王僧辩,依旧迎立萧方智。陈霸先一一肃清了王僧辩的残余势力,又将护送萧渊明的北齐军队打败,驱出江南,遂受封为陈王。太平二年(557年)十月,陈霸先废梁自立,国号为陈。陈霸先为陈武帝,是陈朝的缔造者。

帝王事迹

1. 北魏道武帝拓跋珪

拓跋珪,建立北魏,在位23年。临政期间,大力发展农业生产,鼓励耕种,从而有效地改变了游牧民族的生活方式。拓跋珪执政之初,分散各部落,让他们分土定居,加强生产,没有获得允许,不许随便迁徙,变一直逐水草而居的游牧生活为择土定居,编户齐民,并制定措施,劝课农桑,奖励耕织。

拓跋珪编户齐民以后,制定了各项制度:官制、朝仪、律令、音乐、科禁等等,使王朝的统治制度化,做到有法可依,有制可行。皇始元年,即公元396年,拓跋珪执政已10年。这一年,拓跋珪建立台省,设文武百官,置拜公、侯、将军;地方设刺史、太守、令、长等官。

皇始二年,拓跋珪分尚书三十六曹;设置五经博士,国子学收国子学生员三十人,学习儒家经典;又将原八部大夫改为八国,下置大师、小师;各郡也设师,职分如同八国;仿魏晋九品中正制选拔官员。

拓跋珪深知中原汉族文明深厚,因而大量任用汉族知识分子,吸收汉族文化。但是,拓跋珪在军事上依旧依靠鲜卑族的贵族,倚为骨干,并明确颁布了按功分赏俘获财物的命令。

立国三年以后,拓跋珪统兵征战,一举统一了大漠诸部。接着东破库莫奚,西破高车,灭亡匈奴别部卫辰。皇始二年,拓跋珪攻取晋、真定,夺得中山、邺,尽取黄河以北大片领土,和东晋形成对峙之势。

天兴元年(398年),拓跋珪迁都平城,即今山西大同,并称魏帝。拓跋珪下令营建平城,模仿邺城、洛阳、长安的都城、宫室的建造形制,仅运送木材就达数百万根。拓跋珪灭掉后燕,将中原百工十万余人迁入平城,充实京师。

后来,拓跋珪为帝位忧烦,终日疑神疑鬼,神思恍惚,最后终于被次子清河王拓跋绍杀死,时年39岁。

2. 文成帝和冯太后

文成帝(440—465年),北魏第五位皇帝,太武帝嫡孙,景穆帝长子。皇后冯氏,后来成为著名的冯太后、文明皇后。晋愍帝司马邺在位时,于建兴三年二月,就是公元315年,封屡建战功的鲜卑将领拓跋猗卢为代王,食邑代、常山二郡。东晋成帝司马衍在位的咸康四年(338年)十一月,拓跋什翼犍在北部中国建代国,自为国主,统治一方。

东晋孝武帝司马曜在位时的太元十一年(386年)四月,拓跋珪自称魏王,建立魏国,定居盛乐,以盛乐为中心向周围扩张。魏皇始三年(398年)七月,魏国力强盛,兵强马壮,正式定都平城。鲜卑族拓跋氏自此真正从北部中国崛起。魏第三代统治者是勇武强悍的拓跋焘。拓跋焘统领魏兵,四处攻战,于太延五年即公元439年将北凉灭亡,统一了北部中国。这是中国历史上北朝的开始。魏便称为北魏。拓跋焘开创北魏王朝基业,称为太武帝。

鲜卑族是个强悍民族。鲜卑族沉寂多年,终于出了强悍首领拓跋氏,于是驰骋征战,所向无敌。拓跋焘善于用兵,连年攻战,统一了北方,和南朝刘宋划江而治。拓跋焘凶暴好杀,盛怒之下竟能杀死太子,其民族性的强悍、冲动、敢作敢为由此可见一斑。

拓跋焘的太子是拓跋晃,很得拓跋焘的喜爱。拓跋焘统兵南征刘宋,想一举统一中国,太子拓跋晃受命留守平城,总理军政。太子贪图享乐,好钱财,图小利。魏兵挥师南征,一路势如破竹,各营兵将虏获金银财物无数。太子贪财,竟私自向各营索要财物。

统兵在外征战的拓跋焘得知太子所为,便派心腹回平城查实。怒火中烧的拓跋焘打算回到平城,废掉太子,令其自尽。拓跋晃得悉父亲震怒,有废杀自己之意,自然十分恐惧。无计可施的太子拓跋晃便决计在拓跋焘回平城时,一举将他杀死,自立为帝。太子图谋不轨的计划有人告知拓跋焘,拓跋焘大怒。拓跋焘当时正统兵驻扎在长江流域扬州以南的瓜州。北魏兵威正盛,正想大规模南攻,没想到太子捣鬼,南伐的事只好放后,先解决后方这事关江山安危的大事。

太子拓跋晃稚气未脱,好意气用事,如何是老谋深算、久战沙场的拓跋焘的对手。拓跋焘统率大军,班师回朝,没入平城之前诈称染病,生命垂危,派心腹近侍飞驰平城告知太子。不几天,拓跋焘病死的丧讯送到平城。太子按礼制在国门迎丧。拓跋焘乘太子不备,出其不意,将太子逮捕。

拓跋焘进入都城平城,开始清洗太子私党。拓跋焘做了一个大铁笼子,将太子关在笼子里,宣布了太子谋逆的罪状,太子自然服罪。铁笼子囚车载着太子,运到城外,将太子活活摔死。太子拓跋晃就这样死去了,秦王拓跋翰最长,拓跋焘有意立他为太子。拓跋焘恨太子拓跋晃,可是却一直十分喜爱太子的儿子拓跋濬,而要是以皇长孙立拓跋濬也是可以的。拓跋焘在太子的册立人选上犹豫不决时,北魏宫中再起波澜,发生了政变,太武帝拓跋焘不幸身死。

宫廷政变的主谋是拓跋焘的近侍宦官,名叫宗爱,一直受拓跋焘的信任,倚为心腹。宗爱讨好拓跋焘的同时,考虑到未来,便和拓跋焘的第五个儿子交好,旋即密谋立这第五个儿子为太子。这件事被拓跋焘的心腹侦知,告诉了拓跋焘,拓跋焘十分痛恨宗爱,认为对他如此信任,他竟背叛自己,弄权耍奸,拓跋焘想杀了他。

宗爱得知拓跋焘获悉了自己的阴谋,知道事情不好,很快会有杀身之祸,于是干脆先下手,在拓跋焘的饮食中放毒,使拓跋焘还没有着手收拾他之前便暴死宫中。拓跋焘死了,太子也已死了,新的太子又没有册立,下一步是谁继大位?宗爱就控制着后宫,假传遗诏,立拓跋焘的第五个儿子吴王拓跋余为皇帝。宗爱立了吴王,为长的拓跋翰会就此甘休?宗爱也想到了这一层,便假传太后赫连氏懿旨,召秦王拓跋翰入宫。秦王一进入深宫,便被逮捕,当即被杀死。

吴王拓跋余在宗爱的精心策划下终于登上了皇帝宝座。宗爱拥立有功,出任太宰,掌握朝政大权。而拓跋余自己则不问政事,一味地沉溺于酒色之中。宗爱是工于权谋的小人,得此良机大权独揽,如鱼得水,掌握军政大权,私党遍及朝野,这个时候他自然不把享乐游玩的拓跋余放在眼里。

宗爱飞扬跋扈,妄自尊大,轻蔑拓跋余,时间久了,拓跋余自然明白。拓跋余也不是那种无能之辈,知道宗爱权力太大,日后难于控制,加之深知宗爱这人心狠手辣,一旦图谋不轨,恐怕难以应付,不得不防。拓跋余就想除掉宗爱。

宗爱毕竟是权术阴谋的行家,很快就知道了拓跋余的意图,宗爱十分震怒,气恨拓跋余,觉得自己这样辅佐他,他竟背叛自己。宗爱就派亲信小内监贾周当夜将拓跋余杀死在宫中。不到八个月,连失两个皇帝,朝野大臣十分惶恐,不知道是怎么回事。皇位虚悬了,又立谁为皇帝?

大臣们觉得事出有因,一定是宫内出了大事。北魏两位忠心耿耿又智勇兼具的老臣南部尚书陆丽和禁军统领源贺秘密定计,决计拥立皇太孙拓跋濬,清理后宫,搜捕宗爱等奸人。

禁军统领源贺指挥禁军,封锁皇宫,以一支精兵包围宗爱府。陆丽策马飞奔皇太孙住地,将太孙抱在马上,驰入皇宫,拥进永安宫,随即召集朝臣,宣布即位。这位皇太孙拓跋濬便是闻名历史的文成帝。

宗爱和他的死党被清洗,朝政归于正直大臣陆丽、源贺手中,北魏转危为安,政治走上正轨。文成帝君临天下,但年方11岁。文成帝的母亲郁久闾氏体弱多病,不能听政。文成帝即皇帝位后不到一年,其母亲郁久闾氏病故。文成帝自小和乳母常氏在一起,吃常氏的奶水长大,常氏照顾得无微不至,如同生母。这个时候,生母去世,文成帝尊乳母常氏为太后。第二年,正式改尊常氏为皇太后。公元452年,文成帝即位后,封14岁的冯氏为贵人,18岁立为皇后。同年,立两岁的儿子拓跋弘为皇太子。冯皇后抚养拓跋弘,待太子如同亲生。文成帝死后,献文帝拓跋弘即位时,年仅12岁,尊冯皇后为皇太后。

冯太后死死抓住权力,处处想控制献文帝。想有所作为的献文帝周身被太后罗织的网所束缚,感到由衷厌恶。信奉佛教的献文帝便转而沉迷佛典之中,日渐消极避世。日子久了,超脱出世的献文帝便萌发了退位做太上皇的意思,想将皇位传给太子,自己终日清修,参禅悟道,过着无牵无挂、没有烦恼的生活。

这个时候,献文帝还不到20岁,真实的年龄是18岁,而太子才5岁。献文帝集合朝臣,宣布退位,因太子太小,想让位给叔父京北王拓跋子推。文武群臣大惊失色,这无异于晴天霹雳。大臣们反复劝解,无济于事,献文帝下定了决心。冯太后并没阻止献文帝禅位,只主张一点:皇位必须禅给太子。献文帝接受。大臣默然无语。献文帝就这样18岁就做了太上皇,过着清修的生活。

年方5岁的皇帝如何执政?军政自然归于冯太后。献文帝以太上皇身份,进住北苑崇光宫。宫中特地建了一座鹿野寺,鹿群出入,野趣幽幽,献文帝十分满意。献文帝超脱凡尘,但凡尘中真有大事,还是得他来解决。献文帝心里十分痛苦。北方蠕蠕族人时常入侵,献文帝先后五次走出寺庙,统兵远征,浴血沙场。

献文帝英勇豪爽,长于骑射,曾在15岁时射杀老虎。但献文帝太过仁孝,对冯太后宽纵有余,威行不足。献文帝聪颖敏感。太后和太卜令王睿、秘书令李冲不清不白,献文帝很看不惯。献文帝厌恶王睿、李冲,想把他俩除掉。王睿、李冲惧怕献文帝,时常在冯太后跟前挑拨,冯太后便疏远了献文帝,并觉得献文帝碍手碍脚,不如除掉算了。

于是,冯太后命心腹在献文帝食物中下毒,献文帝于承明元年(476年)6月被毒死宫中,做了六年太上皇,终年仅23岁。拓跋宏即皇帝位,称为孝文帝,后以改革而闻名历史。孝文帝在位,冯太后被尊为太皇太后。孝文帝年纪小,太皇太后冯氏临朝执政,俨然为女皇帝。献文帝去世了,年方10岁的孝文帝俯首听命。孝文帝天性仁孝,母亲死时很小,一直由冯太后抚养,视冯太后为生母,在冯太后在世时十分孝顺,从不违抗。

太皇太后主政,就大开杀戒,将一应反对过自己的人,统统处死。李惠首当其冲,被人诬告以后,满门抄斩。接着,杀尽了李欣全家,以泄残杀奸夫李敷兄弟的怨恨。太皇太后冯氏为人凶狠,果敢用刑,杀人不眨眼。一次平定河南叛乱,怀州一城久攻不下,城破时冯氏下令屠城!

冯氏的所作所为自然令大臣们不满。兰台御史张求对冯氏的贪权揽政、滥杀无辜非常愤恨,便联络部分朝臣,策划政变。冯氏信佛,政变最好在佛寺之中。献文帝令僧众敬仰,僧侣们十分喜爱他。献文帝不明不白的暴死,人们窃议是太后所为。天宫寺住持法秀敬佩献文帝,谈到献文帝的死时常怒形于色。张求便打算说动法秀。

张求的计划是,孝文帝巡视河北,天宫寺每年一度的建醮大法会马上就要开始;届时,冯太后必定莅寺进香;只要事先在寺中埋伏好壮士,拘禁太后,再以禁军封锁城门,入宫拘捕冯熙等一应太后私党,共举德高望重的任城王主政,废杀冯太后,政归孝文帝。这个计划很好,但不幸事机不密,走漏了风声。冯太后先下手,将法秀、张求等一应人员全部逮捕,凡一百余人,夷灭三族,计数千之众。

3. 北魏孝文帝拓跋宏

拓跋宏,又称元宏,父亲是献文帝元弘,母亲是李夫人。3岁时,拓跋宏被立为太子,5岁时便即皇帝位,政事全由太皇太后冯氏裁决。拓跋宏在位28年,执政期间,实行了一系列的政治改革,从此对北魏以至整个中国北部地区产生了深远的影响。太和十四年(490年)九月,太皇太后冯氏去世,拓跋宏亲政,时年23岁。北魏一直定都平城,以平城为统治中心,遥控中原,而贵族、豪强则把持地方政权,大量的浮户、隐户依附豪强,逃避国家赋役,这对于国家的统治极为不利。

孝文帝拓跋宏亲政以后,出于加强中央集权的考虑,推行了一系列的政治改革。冯太后曾在太和八年即已推行俸禄制,禁止官吏自行向农民征税,统一财政收支;又在太和九年公布均田制,将编民安置在固定的土地上;太和十年,全国建立了三长制,以五家为邻,五邻为里,五里为党,责成邻、里、党三长负责征收租调,征发兵役、徭役,从而确保王朝的财政收入。

亲政后第三年,即太和十七年八月,孝文帝拓跋宏以讨伐南朝齐为名,率军进抵洛阳,下诏营建洛宫殿。两年后,前朝、后宫一应人员,全部自平城迁都洛阳。迁都以后的拓跋宏接着便推行大规模的政治改革:评定士族门第,以门第选官,依靠鲜卑贵族和汉人士族加强统治;推行汉化,使用汉语,禁用鲜卑语;改鲜卑复姓为汉人单姓;提倡穿戴汉服,禁穿鲜卑服;提倡和汉人通婚;依照汉制制订官制朝仪。

孝文帝拓跋宏是一位英明的政治家和杰出的皇帝。他酷爱读书,经常手不释卷。拓跋宏精通儒学五经,兼涉史传百家,善谈老子,尤精佛理。拓跋宏文武兼备,既长于诗文,又精于骑射,而且倚重人才,兼听博采,从善如流,励精图治。可惜拓跋宏早年夭折,于太和二十三年病死军营,年仅33岁。

4. 北周武帝宇文邕

宇文邕,字祢罗突,是文帝宇文泰的第四个儿子。累封辅城郡公、鲁国公,历拜大将军、柱国、大司空。武成二年,宇文护毒死明帝宇文毓,宇文邕即皇帝位,在位十八年。

宇文邕执政期间,大力发展生产。保定二年春,开蒲州河渠和同州龙首渠,以灌溉农田,发展农业。掌握兵权的宇文护父子作恶多端,骄横妄为。伐齐连续失败,宇文护的威望降低。建德元年三月,宇文邕趁宇文护入宫朝见太后之机一举将宇文护杀死,从而夺回了军权。宇文邕接着杀死了宇文护的儿子宇文会、宇文至、宇文静以及优侯龙恩、万寿、刘勇等,正式亲政,时年30岁。

亲政的第二年,政权巩固,宇文邕下令,禁止佛、道二教。接着,下令释放北齐境内的奴婢、杂户;部分私奴转为私家部曲、客女。随后,宇文邕大量招募汉人为府兵,从而削弱了将兵对于主将在身份上的从属和依附,冲淡了将兵的部落形式,加强了民族融合。最后,宇文邕重新统一度量衡,颁布《刑书要制》,极大地打击了豪强大族劫掠财物、隐没土地、隐匿人口的种种罪行。

建德六年,北齐内外交困,国力衰弱,宇文邕毅然出兵征伐,一举灭掉北齐,统一了北部中国地区。随后,又派大军大举伐陈,夺得淮南大片领土,消灭陈军主力三万余人,一时北周疆土抵达长江沿岸。宣政元年四月,宇文邕准备进攻突厥,中途染病,折回长安,终于病死宫中,时年36岁。

5. 南朝宋武帝刘裕

刘裕,废晋建宋,在位仅两年。执政期间,刘裕在政治、经济诸方面进行了一系列改革。刘裕颁行土断法,令北方流亡而来的士民就其所居地作为土著,待遇和南方土著相同;颁令裁减侨州郡县,以便统一法令,节省开支;派太子镇守重镇,从而解除了豪门大族的威胁。

刘裕一直致力于加强中央集权,削弱豪强的势力。刘裕下令开放豪强垄断的山林川泽,允许庶民采薪、捕鱼,并不许收税。刘裕征发造船木料,推行和市,按规定价格收买,不强行征发。刘裕又颁令免去人民所欠租税,大力倡导学校教育,选拔寒门庶族的优秀分子入仕辅政。

刘裕提倡节俭,并身体力行。由于刘裕生活俭朴,相貌厚道,因而他的子孙称他为田舍翁。

6. 南朝梁武帝萧衍

萧衍,在位 48 年,前期勤于政务,在政治、经济诸方面采取了一系列改革措施,并卓有成效;后期则沉迷于佛教,三次舍身同泰寺,去做和尚,而不当皇帝。

萧衍重视人才,网罗了寒族士子典掌机要,也广泛争取了世家旧族作维护统治的基础力量。后来,萧衍渐渐废除了典签制,从而极大地增强了诸王的权力。经济方面,萧衍允许流浪各地的流民回乡生产,分给荒田,严禁豪强侵占公田,垄断河流山泽,还部分免去贫寒之家不胜负荷的租调。萧衍体察百姓的疾苦,选用正人良吏巡视四方,考察州郡,举凡损公肥私、侵渔祸害百姓的官吏一律严惩,同时命令地方州郡注意推荐、搜罗各方人才。还任蔡法度制定《梁律》,确定刑律 20 篇。统治后期,萧衍渐渐荒于政务,一心向佛。他大力提倡佛教,鼓励各地兴建寺院,仅京师兴建的寺院就达五百余所,僧尼人数就在十万以上,各地方州郡寺院更是不计其数。寺院势力庞大,为所欲为,广大农民无法生存,便只好流入寺院,充当僧尼,以逃避猛于虎豹的赋役。

萧衍三次舍身同泰寺,表示不愿意做皇帝,而想一心做一个和尚。然而,他每次舍身以后,又都要由群臣、太子跪请出寺,并郑重其事地出钱将他从寺中赎出,再做皇帝。萧衍对于儒家经学极有研究,造诣很深,著述极多。同时,萧衍又精通佛经,有关佛学方面的著作就有十多种,而《制旨大涅槃经讲疏》就达 101 卷。萧衍兼通文史,著有《通史》600 卷,诗文、隶草、骑射等样样精通。萧衍的音乐天赋很高,不仅精于乐律,还创制准音器四种,并制长短笛子十二支以应音律十二律。

帝王陵墓

1. 北魏孝文帝长陵

北魏孝文帝自平城迁都洛阳,历宣武帝、孝明帝、孝庄帝、节闵帝、孝武帝,凡六帝,41年。长陵是孝文帝拓跋宏的陵墓,坐落在洛阳市北郊官庄村东南。长陵为圆形墓冢,冢高约35米,周长约190米。1946年,官庄村东头一座小冢中,盗墓者盗出了一块墓志,是文昭皇太后高氏的,墓志上称:祔葬于高祖长陵之右。位置相符,和文献上的记载也相一致。由此可知,这处大冢系孝文帝长陵。1949年以前,长陵周围,出土了大量的元氏墓志,有明确记载的所谓陪葬、附葬墓志包括元袭、元钻、元灵。孝文帝拓跋宏幽皇后去世后,也祔葬于长陵。

2. 北魏宣武帝景陵

景陵系北魏宣武帝元恪的陵墓,坐落在洛阳市北大约7公里的邙山冢头村东。现存圆丘形大冢。北魏祔葬景陵的十余方墓志已出土,据其所载,冯邕妻子元氏、元纬等墓也在景陵附近陪葬。北宋元丰年间张子和墓志上,仍称冢头村为宣武村。邙山冢头村东大冢由此可判断为宣武帝元恪陵墓。

3. 北魏文明皇后冯氏永固陵

永固陵,系北魏文明皇后冯氏的陵墓,坐落在今山西大同北25公里西寺儿梁山南郡。永固陵始建于北魏太和五年,就是公元481年,到太和十四年建成,历时九年时间。太和十四年冯太后去世,入葬永固陵。永固陵墓冢封土高大,结构系坐北朝南,墓冢高约221.87米,下部是方形,墓南北长117米,东西宽124米。陵墓前方约600米所在,有一座长方形建筑遗址。建筑遗址前约200米,又有一座围绕回廊的方形塔基遗址。

永固陵系砖砌墓室,墓室位于陵墓区的最中心。墓室中的主室呈正方形,四壁微向外凸,略呈弧形,墓顶再向内收,成四角攒尖顶,顶心上嵌一方雕刻莲花图案的白石。永固陵墓室前部为墓道,墓道的前后,各有一座石门,石门两侧的龛柱,雕饰得十分精美,还有一个手捧莲蕾、笑容可掬的赤足仙子,仙子体态轻盈、丰润圆腴,衣带飘飘欲飞。全墓长约23.5米。

4. 北魏孝庄帝静陵

静陵系北魏孝庄帝元子攸的陵墓,坐落在洛阳市邙山上寨村南部。静陵有圆形土丘大冢,冢高约15米,直径达30米,周长约100米。静陵和北魏宣武帝景陵并列。宣武帝元恪和孝庄帝元子攸是堂兄弟。由此判定此陵系孝庄帝元子攸之陵。近年来,在静陵南 20 米的地方,出土了一个高 3.14 米的石人和一个残破的石人头。石人站在石座上,座残高 0.3 米。石人姿态端庄,双眼平视,双手抚着宝剑放在胸前,十分英武。高大石人出土的地方,还发现了一具石狮。石狮高约 1.6 米,三绺长须,弯曲下垂,体态威武敦厚,丰满可人。这石人、石狮应该是静陵神道两侧的石翁仲。

5. 西魏文帝永陵

永陵系西魏文帝元宝炬的陵墓,坐落在今陕西富平县刘集。永陵陵高约 13 米,周长 230 米。陵园中原有大量的石刻,如今仅存一只石兽,其他荡然无存。永陵中和文帝元宝炬合葬的有皇后乙弗氏、郁久闾氏。永陵东部有一座陪葬冢,冢高约 5 米,周长约 112 米。陪葬冢的主人是谁?一直说法不一:一说是西魏废帝元钦;一说是西魏恭帝元廓;一说是文帝元宝炬的妹妹平原公主明月。

6. 北齐神武帝义平陵

义平陵系北齐神武帝高欢的陵墓,坐落在今河北临漳县西北漳水西部,即邺城西北。史书记载说,高欢的长子高澄为其父亲凿陵于安鼓山石窟佛顶之旁为一墓穴,收纳高欢的棺枢,而塞入穴中,并杀尽所有工匠。北齐灭亡以后,一个工匠的儿子知道高欢的陵寝所在,掘石取金而后逃亡。

7. 南朝宋武帝初宁陵

初宁陵系南朝宋武帝刘裕的陵墓,坐落在蒋山(钟山),即今南京麒麟门外麒麟铺。初宁陵坐北朝南,周长 35 步。初宁陵现仅存双翼石兽一对,东为天禄,西为麒麟。天禄、麒麟造型凝重敦厚,风格古朴。天禄头部已残缺,身长 2.96 米,残高 2.80 米,颈高 1.35 米,口张、目瞋、突胸、昂首,两只角已失去,有长须,有双翼,翼翎鳞纹极为秀美。麒麟身长 3.18 米,残高 2.65 米,体态和天禄对称,只是头略后仰,一只角,有双翼,但四脚残失。

《金陵图考》引前人诗描述云:

地悴天荒丘陇平,难从野老问衰兴。
苍烟落日低迷处,折足麒麟记坏陵。

8. 南朝齐高帝泰安陵

泰安陵,系南朝齐高帝萧道成的陵墓,坐落在今江苏省丹阳县胡桥乡吴家村,俗称皇(王)坟山。泰安陵坐北朝南,陵园有一座大型正方形墓冢,冢长30米,宽28米,高8米。墓冢系夯土筑成。泰安陵前石麒麟、石天禄一对。石麒麟昂首、挺胸、张口、吐舌、尾巴下垂。石天禄情态有似于麒麟,也是张口、吐舌,背部还刻有双翼。泰安陵玄宫用青砖砌成,平面呈凸字形状,前面是甬道,后部为主室,全长13.5米。玄宫甬道中设有两座石门,门外砌有三道封门墙。石门的门柱、门额、门槛、门扇、门杠都是用玄武岩雕凿而成。门额有精美的石雕,上面是浮雕人字拱,周围是阴刻龙凤图案。

泰安陵墓的主室呈长八角形,长8.2米,宽5.19米,砖砌的穹隆顶形式。陵墓主室较甬道高出半米,以利于排水。泰安陵墓室中装饰着各种花纹和壁画,壁画分砖印、彩绘两种,包括羽人戏龙、羽人戏虎、竹林七贤、狮子、车马出行图等。随葬品也极丰富,出土的就有:文臣、武士、侍女石俑十件;石马一件;彩绘陶俑四件。

9. 南朝齐武帝景安陵

景安陵,系南朝齐武帝萧赜的陵墓,坐落在今江苏丹阳县建山乡前艾庙。景安陵坐北朝南,陵墓已被夷平。陵前有一对石兽:东为天禄,西为麒麟。天禄身长3.15米,高2.80米,昂首,挺胸,腾跃如飞,翼作卷云纹,中有细鳞,后为长翎。麒麟已失四脚,身长2.70米,残高2.20米。

10. 南朝梁武帝修陵

修陵,系梁武帝萧衍的陵墓,坐落在今江苏丹阳荆林乡三城巷。修陵陵前石刻仅存一具天禄,位于神道北侧,南向,身长3.10米,高2.80米,挺胸、昂首,十分雄武。天禄有两只角,颔下长须卷曲,直垂胸际,还有双翼,翼面雕饰,前为螺纹,后为翎羽。

清朝大诗人袁枚写有梁武帝《疑陵诗》:

> 一麟腹陷泥沙深,一麟僵蹲山角阴。
> 牙须剥落麟爪尽,风雨千年石不禁。

11. 南朝陈武帝万安陵

万安陵,系南朝陈武帝陈霸先的陵墓,坐落在江苏江宁县东南高桥门外上方镇石马街。万安陵陵高2丈,周长60步。现陵墓仅存一对石兽:天禄、麒麟,长、高各2米有余,都是有翼无角,张口、吐舌、长须拂胸。陈武帝宣皇后章氏也祔葬此陵。

12. 南朝陈文帝永宁陵

永宁陵,系南朝陈文帝陈蒨的陵墓,位于南京栖霞区七月乡狮子冲。永宁陵坐北朝南。陵墓前约 200 米处,有两对石兽:双角为天禄,单角为麒麟,长、高均在 3 米以上。石兽麒麟独角上突起三个圆形物,环目,张口,舌尖上翘,须髯下垂,耳朵如同削竹,双翼上有鳞纹、羽翅纹,遍体是卷毛纹。

13. 南朝陈宣帝显宁陵

显宁陵,系南朝陈宣帝陈顼的陵墓,位于今南京市西善桥油坊村罐子山北麓。显宁陵依山建筑,先凿墓室,后堆土成冢。显宁陵地宫由墓室、墓道、封门墙、甬道、墓门、排水沟构成。

花纹砖砌成的墓室长 10 米,宽 6.7 米,高 6.7 米。墓室呈椭圆穹隆顶建筑结构。墓室和甬道相连,甬道顶部是用砖砌成的券形。甬道中有两道石门,甬道的终点用砖砌成了一道封门墙。封门墙外是用条砖砌成的长 37.5 米的墓道。

显宁陵地上建筑仅存一座封土堆,高 10 米,周长 141 米。陵前神道石刻已经无存。陵中出土有陶俑、玉块、青瓷小碗、鎏金铜泡。其中有一件陶女俑,白衣施彩,头梳双髻,身穿宽袖对襟长袍。

六朝陵墓综述

魏晋南北朝时期较有代表性的帝王陵墓是六朝陵墓。六朝是指三国时的东吴、东晋、南朝的宋、齐、梁、陈。六朝历时三百年,都是建都南京。

六朝的帝王陵墓有着独特的风格和墓葬制度,这种风格和制度一直影响着后世的中国,延续了一千多年。六朝时代的陵墓,据史书记载,属帝后王侯的就有 71 处,而至今有遗迹可考的有 31 处,一般都集中在南京、丹阳一带,主要的包括:宋武帝刘裕初宁陵、齐高帝萧道成泰安陵、齐武帝萧赜景安陵、梁武帝萧衍修陵、陈武帝陈霸先万安陵、陈文帝陈蒨永宁陵。

六朝可考的帝王陵有十三处,陵前遗存石刻最多的是梁文帝萧顺之的建陵,凡八件四种:石兽一对,石碑一对,方形石础一对,神道石柱一对。其他大多数帝王陵墓前仅存一对石兽或一件石兽,就是天禄和麒麟。

六朝帝王陵前的石兽造型大致相同,双角为天禄,独角为麒麟。双角天禄居左,独角麒麟居右。当时帝陵的石刻制度大致规定是六件三种:石兽一对,即天禄、麒麟;神道石柱一对;石碑一对。而王公墓则规格低一级:石狮一对;神道石柱一对;石碑一对。

石兽天禄、麒麟是中国传说中的两种灵兽、瑞兽,往往是应帝王之瑞、天降贵人时才出现,只有至高无上的天子皇帝才能拥有。六朝帝陵前的石兽上都有石刻雕饰,尤以石兽为最多,艺术价值也最足称道。石兽一般体形高大,威严肃穆,雕琢更是精工洗练,自然生动,富于想象力。

神道石柱是六朝时期帝王陵墓中极富时代特色的一种雕刻圆柱,分为上、中、下三个部分。上部是一种仰莲形的圆盖。中部为柱身,柱的外表饰有竹筒纹二十四道,柱身上部连接一方矩形石额,额上刻有文字,石额上下雕有蛟龙纹、绳索纹和力士等浮雕。下部是双螭座柱础,由一对螭龙组成,螭龙头有双角,口内含珠,长尾相交,两龙相对环绕。

石碑依旧沿自汉碑的造型,碑呈圭形,圆首,碑顶盘有双龙纹,额部穿一个圆孔,下面是龟趺座。

六朝时期,帝王的入葬制度一承汉代族葬之风。入葬墓地的选择也是十分讲究,要背倚高山,面临平原,藏风蓄水,聚财望气。讲求风水的堪舆学说,中国早在东汉时期便已产生,到了六朝时,更是蔚然成风,聚族而葬的墓地,一般都要选在山麓、山巅、山腰等风水宝地。

墓地选好后,先要向内凿成长方形的墓坑。墓坑凿好了,便开始营造墓室。六朝帝王的墓室一般为砖室结构,砌成穹窿墓顶。墓门大多数为石砌,门额呈半圆形。墓前一般有长长的排水沟,结构十分讲究,以防墓室中积水,而这一点在北方的帝王墓室中极少见到。

五、亡国帝王的悲苦命运

帝王们荣华富贵,过着锦衣玉食的生活。在和平时期,他们独有天下,尽享世间的美女玉帛,奇珍异宝。然而,一旦权臣篡位或兵败国破,帝王和成群的后妃们便沦为敌人的阶下囚,成为胜利者恣意玩弄和污辱践踏的对象。尊贵无比的帝王、后妃于是就从九重云霄中坠入没有一线生机和希望的十八层地狱,过着非人的生活,在绝望和无奈中死去,命运往往极其悲苦。因此,年仅11岁的宋顺帝刘准在临终前大声哭叫:愿后世永远别生在帝王家!

为何生在帝王家

帝王们养尊处优,几乎个个贪生怕死。国家败亡了,帝王和后妃们并不像一些忠臣义士那样以身殉国,报效朝廷。他们想的就是要活命,不论怎样个活法,哪怕是降为王侯乡君庶民,只要有口气有吃有穿就行。

第三章　三国两晋南北朝帝王生活

曹操迎汉献帝刘协到许都，刘协从此成了曹操手中的宝物，挟天子以令诸侯。曹操先后击败了吕布、袁术、袁绍，征服乌桓，统一了北方。刘协便失去了意义，成了大权在握的曹操手中的玩物。

曹操死以后，太子曹丕即位。曹丕迫刘协禅位建魏，为魏文帝，刘协被废为山阳公（山阳属河内郡，在怀州修武西北），食邑一万户，位在诸侯王之上，奏事不必称臣，受诏也不拜，并且以天子的车服郊祀天地，宗庙、祖、腊等皆如汉制，都城是山阳的浊鹿城。四位封王的皇子也相应地降为列侯。

汉献帝比起秦二世胡亥和后来的末代帝王，算是很幸运。他在建安十九年（214年）十月的一次朝会中，还敢说"君若能相辅，则厚。不尔，幸垂奋发相舍"。曹操不仅没有怪罪他，竟还惶然失色，汗流浃背。文帝曹丕也还仁厚，让刘协自逊位后安度了整整十四年，最后死时已到了54岁，谥孝献皇帝，以天子之礼葬于禅陵，并设园邑令丞。献帝刘协有了这样的结局，应该知足了，也会死而瞑目。

曹魏的开国帝王对汉末帝这般仁厚，到了曹魏的末代帝王，就没有这般幸运了。魏齐王曹芳23岁时被废，43岁死去，大将军司马师要立彭城王曹据。郭太后和群臣主张立文帝的长孙曹髦。曹髦即位，司马师辅政。次年，司马师死，其弟司马昭嗣任大将军职，总揽朝政。

曹髦聪颖好学，擅长书画，人称他：才同陈思（曹植），武类太祖（曹操）。然而，他生不逢时，即位时已是受制于人，大权旁落。18岁的曹髦对此不能容忍，便在他即位后的第五年，即甘露五年（260年）五月，密诏侍中王沈、尚书王经、散骑常侍王业，说：司马昭的野心，路人都知道。我不能坐受废辱，今天和你们一同讨伐！王经摇头，认为不可能成功。

不幸的是王沈、王业却泄了密，奔告司马昭。曹髦别无选择，决心除掉司马昭，遂率僮仆数百人，鼓噪而出。司马昭早有准备，其舍人成济一刀将曹髦杀死，时年刚19岁。司马昭以王礼葬曹髦于洛阳西北的瀍涧之滨。百姓如潮似的聚观，说：那就是前天所杀的天子！一个个掩面哭泣，悲不自胜。

曹髦死后，立曹操的孙子、燕王曹宇的儿子常道乡公曹奂，是为魏元帝，时年15岁，一应军政皆决于大将军司马昭。五年以后，司马昭死，世子司马炎继为相国、晋王。四个月后，元帝曹奂被迫禅位，司马炎废魏建晋，为晋武帝。曹奂被废，封陈留王，《三国志》记载说：曹奂废为陈留王后，迁往金墉城，后来在邺城去世，终年20岁。《魏世谱》则记述：封帝为陈留王。年58岁，太安元年去世，谥元皇帝。

蜀后主的末路荒唐可笑，实在令人啼笑皆非。后主名刘禅，字公嗣，小字阿斗,父亲是蜀开国皇帝刘备,母亲是甘夫人。炎兴元年(263年)冬,魏军大举攻蜀,兵临城下。后主刘禅万般无奈,便面缚舆榇,即双手反绑在后面,面朝前,车上装着棺材,带着一群宫眷,到邓艾军门前投降。

邓艾见敌国的皇上前来投降,当然大喜,就接纳了刘禅,并当场把棺材一把火烧掉。刘禅松了一口气,终于把命给保住了。蜀灭亡。刘禅带着妻妾,东迁洛阳,受封安乐公。

刘禅到了洛阳以后,司马昭有一次设宴款待。宴席上,司马昭让从蜀国掳来的艺人表演节目。蜀国的旧臣一个个悲伤落泪,感怆不已。只有刘禅美滋滋地坐在那里,喜笑自若。过了几天,司马昭问刘禅:想蜀地吗?刘禅回答说:这里很快乐,不想蜀地。

事后,跟随刘禅的蜀国旧臣郤正告诉他,如果司马昭再问,就哭着说:先人的坟墓都在岷、蜀,心里很悲苦,没有一天不想念故土。后来,司马昭果然又问此事,刘禅就按郤正的话回答。司马昭好生奇怪,便诈问道:怎么和郤正说的一样?刘禅惊恐地睁大眼睛,看着他说:正是郤正说的!左右人失声大笑。蜀国的旧臣摇头叹息。司马昭也觉得啼笑皆非:诸葛亮怎么会扶持辅佐这么个傻子!

相比之下,吴国的末代皇帝孙皓就光彩得多。灭蜀几年以后,晋主司马炎准备大举伐吴。晋成宁五年(279年),晋益州刺史王浚上书:孙皓荒淫凶逆,应迅速征伐;若一旦孙皓死,再立贤主,则成强敌。司马炎立即派王浚领兵二十万,分六路攻吴。吴军土崩瓦解。次年春天,王浚军直指建业,攻入石头城。孙皓也是面缚舆榇,到军前投降。吴灭亡。

孙皓被带到晋都,封归命侯,举家迁居洛阳。司马炎在皇城召见孙皓。孙皓应召就座。司马炎指着座位,对孙皓说:我设这座位,等你很久了。孙皓虽然荒淫,却很机敏,而且无所畏惧,口气也还不小,当即笑着答道:我在南方,也设这座位,等你好久了。

这个时候,晋太傅贾充也上前凑趣,戏问孙皓:听说你在南方,爱凿人双目,剥人面皮,这是真的?孙皓随即回答说:人臣中有弑其君和奸回不忠的,就加此刑。贾充听后,如芒在背,面现愧色,噎在那里,不能再说什么——原来,正是贾充杀死魏帝曹髦附晋,恰所谓弑其君和奸回不忠者。

长安天子

西晋孝愍皇帝是西晋的末代皇帝,名叫司马邺,字彦旗。司马邺是晋武帝司马炎的孙子,父亲是吴王司马晏,出继给秦王司马柬,袭封秦王。永嘉二年,拜散骑常侍、抚军将军。洛阳陷落以后,避难荥阳密县,和舅舅荀藩、荀组相遇,又自密县逃到许颍。

豫州刺史阎鼎与前抚军长史王毗、司徒长史刘畴、中书郎李昕及荀藩、荀组等同谋奉司马邺即帝位,回到长安。不料,刘畴等中途反叛。阎鼎领兵追杀刘畴,荀藩、荀组仅仅获免。阎鼎便挟持司马邺乘坐牛车,自宛奔武关。一路上,频遇山贼,士卒亡散,驻扎于蓝田。

刘曜逼近京师,内外断绝。镇西将军焦嵩、平东将军宁哲、始平太守竺恢等战死。麹允与公卿百官守卫长安小城自固。散骑常侍华辑监京北、冯翊、弘农、上洛四郡兵东屯霸上。镇军将军胡崧率城西诸郡兵屯遮马桥。

围困两个月,京城粮尽,斗米二金,人相食,死者大半。麹允将太仓的麦饼弄成屑,做成粥供司马邺吃,也全部吃尽。司马邺哭着说:如今如此困顿,外无救援,为社稷江山赴死,是我的分内事!将士百姓不要抵抗,以免荼毒。此即遗书,我意已决!

使侍中宋敞持书拜见刘曜。司马邺乘坐羊车,肉袒衔璧舆榇出降。群臣百姓悲恸号哭,攀车扯袖,执着司马邺的手。司马邺也如万箭穿心。御史中丞吉朗自杀。刘曜也是焚榇受璧,派宋敞奉司马邺还宫。当时有首童谣传唱说:天子在何许?近在豆田中。

司马邺被带到了刘曜的营中,营地在城东的豆田壁。司马邺又被带到平阳。汉主刘聪任司马邺为光禄大夫,封怀安侯。刘聪临殿听政,司马邺稽首行礼。麹允伏地恸哭,挥刀自杀。尚书梁允,侍中梁潜,散骑常侍严敦,左丞臧振,黄门侍郎任播、张伟、杜曼和诸郡郡守都被刘曜一一斩首。

第二年十月,日食。刘聪领侍卫出猎,命司马邺行车骑将军,戎服执戟为前导。百姓们围观,偷偷地说:那就是长安天子!故老旧臣一个个唏嘘流涕。刘聪又在光极殿大宴群臣,命司马邺在席前替人斟酒,并负责洗刷酒爵。刘聪更衣,又使司马邺在一旁执盖。在场的晋臣开始噤若寒蝉,渐渐控制不住悲痛,一一凄凄饮泣。尚书郎辛宾不能自已,抱着司马邺放声大哭。刘聪吩咐将辛宾当即斩首。过了几天,司马邺也被杀害,死时年仅18岁。

晋恭帝从容赴死

晋太元二十一年(396年),东晋孝武帝司马曜和年届三十的张贵人戏言:你老了,我要把你废掉,怎么样?这句戏言,想不到张贵人当了真,趁司马曜醉卧于清暑殿,用被子将他闷死。长子司马德宗即位,是晋安帝,时年14岁。

晋安帝是一个白痴,不能说话,不知道饥饿,也不明白四季寒暑,甚至连饮食起居也不能自理。武帝的弟弟会稽王司马道子辅政。道子昏聩无能,终日嗜酒,饮酒必醉，遇事就求神，三年之后终于被其18岁的儿子司马元显所取代。元显有才有识，但生性刻薄、好聚钱财，弄得民怨沸腾。孙恩领众起事。荆、江二州刺史桓玄乘机东下，入主建康，杀死元显。

桓玄奢侈豪逸，喜怒无常。他迫德宗让位，自立为帝，废晋建楚。德宗被封为平固王，迁居浔阳。建武将军刘裕攻入建康，桓玄出逃浔阳，挟德宗西上江陵。随后桓玄被杀，桓玄的故将桓振挟德宗至江津，遣使求割江、荆二州方奉送天子。晋将刘毅不许，一举击败桓振。司马德宗被迎回建康，刘裕总揽朝政。

刘裕先后灭南燕、后秦，杀刘毅、诸葛长民、谯纵，于义熙十四年十二月趁德宗染病居外，令中书侍郎王韶之将德宗缢死在建康东堂。德宗时年37岁。刘裕以德宗的同母弟、琅琊卫、大司马领司徒并领徐州刺史的司马德文即帝位，为东晋的最末一位皇帝晋恭帝，时年32岁。

司马德文信奉佛教。他曾铸币千万，造一丈六尺的金佛像，并亲自步行十多里到瓦官寺奉迎像尊。即位两年以后，中书令傅亮根据宋公刘裕授意，草拟了一份禅位诏书，让德文照此书写，禅位刘裕。司马德文欣然拿笔，对左右的人说：桓玄的时候，晋氏已失去天下。重为刘公所延，将近二十年。今天的事，理所当然！于是，书赤纸为诏。刘裕即皇帝位，废晋建宋。

刘裕封司马德文为零陵王，居于秣陵，允许他行晋时正朔，车马旗杖服色等一如旧制。但司马德文深知处境险恶，总觉得灾祸将至。褚皇后日夜不离德文左右，并亲自操持德文的日常饮食，刘裕一直无法下手。刘裕曾令前琅琊郎中令张伟前往秣陵，将德文毒死。张伟认为鸩君以求生，不如死！自己先饮毒酒自尽。德文每生一个儿子，刘裕就派人逮空杀死。

宋永初二年（421年）九月丁丑，刘裕令褚皇后的哥哥褚叔度、褚淡之前往秣陵。褚氏到别室与哥哥相见。士兵便乘机翻墙入室，令司马德文喝毒酒自尽。德文从容地说：佛教说，自杀的人不会再变成人。不肯听命就饮。士兵们遂以被子掩而杀之，时年36岁。谥恭皇帝。

愿后世永不生在帝王家

南朝宋明帝刘彧死后，长子刘昱即位，时年10岁，为后废帝。尚书令袁粲、护军将军褚渊辅政。刘昱即位以后，桂王刘休范认为尊亲莫二，自己理应为宰辅，未遂，而发兵作乱；两年后建平王刘景素在心腹的鼓动下也起兵京口，结果，两次均被萧道成领兵平复。

刘昱忌恨萧道成的威名，想把他除掉而后快。萧道成密结刘昱的心腹杨玉夫、杨万年等十五人。元徽五年（477年）七月七日晚，杨玉夫趁刘昱熟睡，用刘昱的防身刀将刘昱杀死。刘昱死后,萧道成拥立安成王刘准为帝,为宋最后一个皇帝宋顺帝。

刘准,字仲谋,小名智观。3岁时被封为安成王,后废帝刘昱即位时加扬州刺史,到中领军萧道成杀死刘昱强立他为皇帝时,年仅9岁。刘准年幼,萧道成自为司空、录尚书事、骠骑大将军,总揽军政,朝野恭敬听命。中书监袁粲、尚书令刘秉不满萧道成专权,拟于十二月二十三日夜举事,事泄后两人被杀。荆州刺史沈攸之称受太后密诏,讨伐萧道成,兵败被杀。

萧道成大权在握,操纵着朝野的官吏任免。沈攸之之乱平定以后,他又杀死了几欲反叛的郢州刺史黄回,还将明帝的宠臣阮佃夫、杨运长调往外地。萧道成同时又安插亲信江州刺史萧嶷为镇西将军、荆州刺史。尚书、左仆射王延之为安南将军、江州刺史。安西长史萧顺之为郢州刺史。骁骑将军王玄邈为梁、南秦二州刺史。

萧道成一步步集军政大权于一身。他先为太傅加相国,总百揆,封十郡,为齐公,备九锡之礼,加玺绂远游冠,位于诸王之上,加相国绿綟绶,并仍兼骠骑大将军、扬州牧、南徐州刺史。后进封齐王,增封十郡,并服御仪制一如天子:冕十二旒,建天子旌旗,出警入跸,乘金根车,驾六马,备五时副车,置旄头云罕,乐舞八佾,设钟簴宫悬。

萧道成的世子也由加尚书仆射、中军大将军、开府仪同三司到副贰相国、绿綟绶到进位为太子。宋室名存实亡。升明三年(479年)四月,宋顺帝刘准被迫禅位。萧道成废宋建齐,为齐高帝。

刘准迁居丹阳宫。萧道成即位,封刘准为汝阴王,待以不臣之礼,行宋正朔,上书不为表,答表不为诏。禅位的这一天,直阁将军王敬则勒兵入殿。年方11岁的刘准吓得什么似的,逃到佛盖下躲了起来。出来以后,刘准得知禅位,泣而弹指说:愿后世永不生在帝王家!宫中一片哭声。一个月后,刘准被杀,谥顺帝,葬遂宁陵。

齐和帝痛饮至死

永泰元年(498年)七月,齐明帝萧鸾死于正福殿,次子萧宝卷即皇帝位,时年12岁。宝卷原名明贤,字智藏,在东宫时即嬉游无度,不爱读书,专以捕鼠玩鼠为乐。宝卷说话迟钝,平常缄默少言。明帝死时,借口喉痛不哭,而太中大夫羊阐因悲痛俯仰痛哭时头巾落地,露出一个秃头,他则放声大笑。

永元二年(500年)十月,宝卷毒死尚书令萧懿,又派人行刺萧懿之弟雍州刺史萧衍。次年正月,萧衍起兵襄阳,拥南康王萧宝融为皇帝。十月,兵围建康。

建康守将征虏将军王珍国、兖州刺史张稷密结萧衍，于十二月六日夜晚，引兵入殿杀死萧宝卷，用黄绢施油包着宝卷的人头送呈萧衍。萧宝融继而即帝位，为齐最后一位皇帝——齐和帝。

宝融字智昭，是明帝的第八个儿子，先封随郡王，后改封南康王，出而为西中郎将、荆州刺史，督七州军事。东昏侯萧宝卷令西中郎长史萧颖胄进兵襄阳，攻伐萧衍，并遣辅国将军刘山阳领兵三千助战。萧颖胄杀死刘山阳，投奔萧衍。萧衍上表劝宝融称尊号，不许。一个月后，荆州将佐又劝宝融称尊号，又不许。中兴元年（501年）正月，萧宝融称相国，三月即帝位。以萧颖胄、萧衍辅政。大赦天下，文武赐位二等，鳏寡孤独不能自存者赐谷，人各五斛。时年萧宝融13岁。

萧颖胄由相国左长史超升尚书令。晋安王萧宝义为司空。烟陵王萧宝源为车骑将军、开府仪同三司。建安王萧宝寅为徐州刺史。散骑常侍夏侯详为中领军。领军将军萧伟为雍州刺史。萧衍自为中书监、大司马、录尚书事、骠骑大将军、扬州刺史、建发郡公，总揽朝政，并依晋武陵王承制故事，百僚致敬。萧衍还受赐钱两千万，布绢各五千匹。

中兴二年（502年）正月，宣德太后临朝，入居内殿。大司马萧衍致敬依旧，并都督中外诸军事，加殊礼。随后，诏大司马萧衍进位相国，总百揆，扬州牧，封赐十郡为梁公，如齐高帝萧道成当年一样，备九锡之礼，加远游冠，位于诸王之上，加相国绿綟绶。随后又进梁公为梁王，增封十郡。

三月，皇太后令赐梁王萧衍钱五百万，布五千匹，绢千匹。鄱阳王萧宝寅出奔虏，邵陵王萧宝攸、晋熙王萧宝嵩、桂阳王萧宝贞伏诛。梁王又受命冕十二旒，建天子旌旗，出警入跸，乘金根车，驾六马，备五时副车，置旄头云罕，乐舞八佾，设钟簴宫悬。

和帝萧宝融已是名存实亡了，齐实际上已不复存在。中兴二年三月，宝融至姑孰，被迫禅位。萧衍废齐建梁，为梁武帝。萧宝融降为巴陵王，宫于姑孰。四月，萧衍遣亲信郑伯禽到姑孰，以生金迫萧宝融自杀。萧宝融从容地说：我死没什么，要美酒就够了！宝融痛饮，烂醉如泥，郑伯禽将他杀死，时年15岁。追尊为齐和帝，葬恭安陵。

长城县公陈叔宝

南朝陈的最后一位皇帝是后主陈叔宝，字元秀，小名黄奴。陈叔宝是宣帝陈顼的嫡长子，母亲是柳敬言。江陵陷落以后，陈顼被俘至长安，陈叔宝留在穰城。天嘉三年，陈顼还建康，叔宝立为安城王世子，后历太子中庶子、侍中、皇太子。

太建十四年（582年）正月，陈顼卧病。长子叔宝、次子叔陵、四子叔坚并入侍疾。始兴王陈叔陵心怀异志,陈顼刚刚咽气,叔宝俯伏哀哭,叔陵便抽出药刀,砍伤叔宝的脖部,叔宝当即闷绝过去。

叔宝的母亲柳氏前来相救,也被叔陵连砍数下,柳氏倒地。叔坚扑过来抓住二哥叔陵的手腕,想夺过药刀,谁知叔陵力大,奋力得脱,驰还东府,放出囚徒充作战士。官军都调往江防,京师空虚。叔宝忍着痛,命右卫将军萧摩诃领兵攻打叔陵。叔陵自知不敌,便将妃妾七人沉入井,自率步骑数百人奔隋,在路上被追兵所杀。

叔宝在太极前殿即皇帝位,诏示天下。侍中、翊前将军、丹阳尹长沙王陈叔坚为骠骑将军、开府仪同三司、扬州刺史。右卫将军萧摩诃为车骑将军、南徐州刺史。镇西将军、荆州刺史樊毅进征西将军。平南将军、豫州刺史任忠进镇南将军。皇后尊为皇太后。弟叔重为始兴王,叔俨为浔阳王,叔慎为岳阳王,叔达为义阳王,叔熊为巴山王,叔虞为武昌王。叔宝负伤,不能视事,一应政务皆决于叔坚。

叔坚培植党羽,权倾朝野,日渐蛮横骄纵。叔宝大为忌恨。都官尚书孔范、中书舍人施文庆憎恶叔坚,日夕叩见叔宝,指斥叔坚。叔宝于是调叔坚为江州刺史,旋复留为司空,接着免职。

陈叔宝不理政务,终日纵酒淫乐,游玩无度。他宠文士孔范、王瑳等十余人,授予高官,常与他们一同游宴后庭,称为狎客。游宴时,叔宝常令妃嫔与狎客们夹座饮酒,共同赋诗,相互赠答,然后取其中艳丽的诗文披以新声,选宫女传唱。游乐常常夜以继日,通宵达旦。

叔宝内宠爱妃张丽华,常将她置于膝上一同决事。宦侍们由是内外勾结,卖官鬻爵,无恶不作,贿赂公行,政治一片漆黑。孔范、孔贵嫔结为兄妹,两孔恃宠,权倾朝野。叔宝对他们言听计从。

秘书监傅縡上书直谏:陛下近来酒色过度,不虔敬郊庙大神,专媚淫昏恶鬼。叔宝见奏大怒,下令将傅縡逮捕入狱,赐死狱中。吴兴人章华也上疏极谏:今日疆场日紧,隋军压境,陛下如不改弦易张,天下就会灭亡!章华立即被斩。

祯明二年(588年)十月,隋文帝杨坚发兵五十余万,大举南伐。江滨守将立即飞报。取代晋王陈叔文任湘州刺史的施文庆压而不报,置之不理。后来,陈叔宝得知隋军攻伐,却从容自得地说:王气在这里,齐兵三次来,周师多次进攻,无不摧败,隋军算什么!宠臣孔范也附和着说:长江天堑自古以来限隔南北,今日虏军,哪里能渡江!边将想邀功,故意这么说罢了!叔宝深以为然,便放心地更加纵酒淫乐。

两个月后,隋吴州总管贺若弼渡过长江,攻拔京口,进据钟山。陈叔宝得悉敌军兵临城下,不组织十数万兵士抵抗,却只是终日啼哭。诸将纷纷请战,施文庆压制不许。陈军与隋军交战,陈军大败。贺若弼乘胜进占乐游苑,进而攻入宫城,火烧北掖门。隋总管韩擒虎自横江济采石,陷南豫州后直逼石子冈,陈将任忠出降,并引韩擒虎经朱雀航直趋宫城,自南掖门而入。

宫城内文武百官奔窜而出,只有尚书仆射袁宪守在殿内。尚书令江总、吏部尚书姚察、度支尚书袁权、前度支尚书王瑗、侍甲王宽也仍然留在省中。后主陈叔宝听说隋兵入宫,慌忙从宫人十数余出后堂景阳殿,准备投井躲避。尚书仆射袁宪侍侧苦谏,叔宝不听。后阁舍人夏侯公躺在井口,以身蔽井。叔宝和他相争很久,这才入井。不离叔宝左右的,始终是贵妃张丽华,最后,也是她陪着叔宝躲入井中。

隋军到来以后,对井大呼,没有声音。吩咐投下巨石,井中才响起声音。投下绳子,叔宝和张贵妃这才出来。叔宝见到隋总管贺若弼,十分恐惧,流汗股栗,颤抖不已,向贺若弼跪拜。晋王杨广吩咐将贵妃张丽华斩首,葬于青溪中桥。陈叔宝被带到了长安,终日以酒为伴,长醉不起。隋仁寿四年(604年)十一月,陈叔宝死于洛阳,时年52岁。隋追赠他为大将军,封长城县公,谥曰炀,葬河南洛阳邙山。

六、典故逸闻

三国典故逸闻

1. 宁我负人毋人负我

董卓带兵进入洛阳以后,曹操不打算和董卓合作,就换名改姓,逃出洛阳,东行到朋友伯奢家。伯奢一家老小忙出来迎接。伯奢有五个儿子。这时,五个儿子都在家。曹操是贵客,伯奢一家十分恭敬。夜晚时,曹操听到了器物碰撞的声音,以为是伯奢一家要谋害自己。实际上,伯奢一家是在给曹操准备饮食,是食器的碰撞声。精明机敏的曹操疑心重重,哪里容得下这个?便不由分说,趁着黑夜,一举杀死了伯奢的五个儿子。发现真相后曹操凄怆地说:宁我负人,毋人负我!意思是说:宁可我辜负别人,也不能让别人辜负我。接着,曹操又匆匆东逃。

2. 望梅止渴

建安三年(198年)三月,曹操领兵第三次南征张绣。张绣知道自己不是对手,就和刘表联军,共同对付曹操。天气十分炎热,南行途中,士兵们口渴难当,到处又找不到水。曹操看着渴累交迫几难行进的士兵便心生一计,传令全军:前面有一大片梅林,急行军赶到那里,去吃又酸又甜的梅子,就可以解渴了!士兵们听到此令,想着那又酸又甜的梅子,一个个口里流出涎水来,精神振奋,急速前进,很快到达了预定的目的地。后来,人们把虚妄而难以实现的愿望以及空口答应人家的要求、只给人以希望而不实际解决问题喻为望梅止渴。

3. 土鸡瓦犬

官渡大战时,统兵主帅曹操对大将关羽说:袁绍的人马,原来这等雄壮!关羽不屑一顾,轻蔑地说:在我看来,这不过是些土鸡瓦犬罢了!诸葛亮任益州牧,委杜微出任主簿。后来,杜微请求致仕,就是不当官了。诸葛亮得报以后,就写信给杜微,说:曹丕篡汉献帝帝位,自立为皇帝,就好像是土龙乌狗一样。乌就是草。乌狗就是用草扎的狗。后来,土鸡瓦犬又作土龙乌狗、陶犬瓦鸡、土牛木马,都是有名无实,似是而非,表示一种轻蔑的意思。

4. 如嚼鸡肋

建安二十四年(219 年)春天,曹操的一员大将夏侯渊在阳平关(今陕西勉县西)和刘备军大战,夏侯渊战死,刘备夺得阳平关。曹操得报后,立即带兵从长安(今西安市)出斜谷,经过汉中,直奔阳平关,想一举夺回阳平关。刘备以逸待劳,据险拒守。曹操见很难取胜,就决定退兵,传出了"鸡肋"口令。属官们大感不解,什么是鸡肋?用意何在?主簿杨修得此口令,会意一笑,马上整理行装,等待退兵。很快,曹操果然下令班师。人们觉得奇怪,问杨修:你怎么知道魏王要退兵?杨修淡然地回答:鸡肋扔了可惜,吃了又无味,魏王以此来比喻,正是想退兵。后来,人们用鸡肋比喻乏味,称如嚼鸡肋或味如鸡肋。

5. 绝妙好辞

东汉时,浙江上虞出了一名孝女曹娥,仅14岁。其父在江中淹死了,她投入江中,寻找父亲的尸体,结果也被淹死,人称为孝女。度尚请邯郸淳写了一篇辞来纪念这位少女。著名文学家、书法家蔡邕看了刻有邯郸淳辞的石碑,感慨万于,当即题了八个大字:黄绢幼妇外孙齑臼。这八个字,让人迷惑,一直令人不解。有一次,曹操和主簿杨修看到了曹娥碑,曹操问杨修:这八个字如何解释?杨修想了想答道:黄绢,就是色丝,丝旁边一个色字,就是绝字,幼妇就是少女,女旁边一个少字,就是妙字。外孙就是女儿的儿子,女字旁边一个子字,就是好字。

117

䘔是辛辣的蒜泥、葱末等,臼是捣蒜的钵子,就是受辛的器物,受辛二字合二为一,就是辞字。这八个字称赞碑文是绝妙好辞!

6. 治世能臣乱世奸雄

曹操在少年时,为人机警,颇有权术,但却任侠放荡,不务正业,不为世人所知。梁国人桥玄、南阳人何颙见到了曹操,对他十分赏识。桥玄官至汉太尉,在当时以知人善任著称。桥玄异常看重曹操,对他说:我见天下名士已经很多了,但还没有看到一个能比得上你,你好自为之,我已经老了,愿以妻儿托付给你。当时,汝南人许靖、许劭兄弟长于品评人物,每月评论一次,称为汝南月旦评。桥玄对曹操说:你名气不大,可以去见见许劭。曹操果然去拜见许劭,问道:我是什么样的人?许劭审视曹操片刻,不予回答。曹操再三相请,望许劭回答。许劭对他说:你是治世之能臣,乱世之奸雄。曹操大笑,于是为世人所知。

7. 五色棒

曹操20岁时,被举孝廉,担任郡官,出任洛阳北部尉。曹操走马上任,第一件事是下令修缮四门,制造五色棒数十根,每门左右各悬十余根,有犯禁令的,不论豪强百姓,一律用五色棒打死。几个月来,五色棒威行洛阳。灵帝爱幸的小黄门蹇硕的叔父违禁夜行,被巡卒逮捕。曹操得报以后,依旧下令用五色棒打死。从此以后,京师洛阳的豪强贵戚收敛行迹,不敢再违犯禁令,胡作非为。

8. 相煎何急

曹丕废汉建魏以后,为魏文帝。文帝曹丕自知诗才不如胞弟东阿王曹植。即皇帝位以后的曹丕便时常刁难曹植,不能容他,要置他于死地。有一次,文帝曹丕命胞弟曹植七步成诗,否则,以违旨立施大法。曹植非常伤感,一时间才思泉涌,应声吟诗:"煮豆持作羹,漉菽以为汁。萁在釜下燃,豆在釜中泣。本自同根生,相煎何太急。"文帝曹丕面有愧色。相煎何急,又作煮豆燃萁,后来,以此比喻骨肉兄弟相残杀。

9. 画饼充饥

曹叡即皇帝位后,为魏明帝。明帝在位期间,诸葛诞、邓飏等人名声远扬,有四聪八达之号。明帝很厌恶这种浮华不实的风气,决定予以治理。不久,朝廷要选举中郎将。明帝曹叡颁下诏令:选举莫按名声,名声就像是画饼,画饼如何充饥!画饼充饥,比喻徒有虚名,于事无补。后来,用画饼充饥比喻用空想来安慰自己。

10. 司马昭之心路人皆知

魏主曹髦大权旁落,心里不胜愤怒。有一天,曹髦密召心腹侍中王沈、尚书王经、散骑常侍王业。曹髦对这几位心腹说:司马昭的野心,路人都知道!吾不能坐等被废,受其侮辱;今天召你们来,想共商大计。曹髦是由大将军司马师拥立为皇帝的,司马师统掌朝中军政。司马师死后,由其弟司马昭继位大将军,总揽朝政。尚书王经听了曹髦的一番话,只是摇头,认为不可能成功。侍中王沈、尚书王经由于害怕,终于奔告司马昭。曹髦一不做二不休,决心除掉马司昭,便统率僮仆数百人,呼叫冲出,直奔司马昭。司马昭的舍人成济早领兵恭候,成济一刀将曹髦杀死。司马昭之心,路人皆知,本指司马昭想什么,谁都明白。后来,用以指人所共知的野心和阴谋。

11. 身在曹营心在汉

关羽和汉主刘备结拜兄弟,关系很好,十分投机。有一次,关羽和刘备失散了,关羽被曹操留在军营中,封侯赐爵,三天一小宴,五天一大宴,上马一提金,下马一提银,礼敬招待得十分周全。但是,关羽却惦念刘备,很想回到刘备身边。后来,关羽得知刘备在袁绍处,于是,关羽挂印封金,过五关斩六将,终于如愿以偿。人称关羽是身在曹营心在汉。

12. 髀肉复生

刘备在荆州住了好几年,有一次上厕所,刘备发现自己的大腿上长了不少肉,便黯然神伤,不禁痛哭流涕。回到座位,刘表不解,问刘备何以悲伤。

刘备痛苦地说:我以前经常身不离鞍,大腿上没什么多余的肉;如今不再骑马了,大腿上却长了这么多肉!时光过得太快了,不知不觉间人就老了,而功业无成,所以心中伤悲。髀,是指大腿。后来,人们用髀肉复生感叹自己长期赋闲,没有什么成绩。

13. 识时务者为俊杰

刘备有一度寄寓荆州,关于世事走向,刘备走访了名士司马德操。司马德操论述说:儒生俗士,哪里明识时务?明识时务的只能是才士俊杰,这一带就有俊杰伏龙、凤雏。刘备听了这番论述,赶忙问德操,伏龙、凤雏是谁?司马德操回答:诸葛孔明和庞士元。识是明识,认清。时务是世事形势、时代去向。俊杰是杰出的人物。识时务者为俊杰,意指能认清形势,了知世事潮流的才是杰出的人物。

119

14. 隆中对

东汉末年,宦官专权,朝政极其腐败,政治黑暗,民不聊生。各种矛盾十分尖锐,终于爆发了全国规模的黄巾农民大起义。黄巾起义军失败后,政治更加黑暗,地方豪强割据一方,形成了长达十年的军阀混战。割据混战初期,曹操占据兖州、豫州(今山东南部、河南),袁绍占据冀、青、并、幽四州(今河北省、辽宁省、山东省、山西省及河南省北部),刘表占据荆州(今湖北、湖南省),孙策占据江东(长江下游),刘焉、刘璋父子占据益州(今四川)。

刘备先后依附公孙瓒、陶谦、曹操、袁绍,后来,前往荆州,投靠刘表。刘备以帝室之胄的身份,以恢复汉室相号召,广揽天下人才。公元207年,徐庶把诸葛亮推荐给刘备。刘备前往隆中,三顾草庐。诸葛亮受到感动,在自己的草屋中接待刘备,分析天下形势。随后诸葛亮出山,辅佐刘备,建立帝业。"隆中对",出自史学家陈寿之《三国志·诸葛亮传》,是诸葛亮纵谈天下大事之记载。

公元207年冬至208年春,刘备驻军新野。在谋士徐庶的建议下,三次前往隆中,拜访诸葛亮。直到第三次拜访,才见到诸葛亮,诸葛亮为刘备分析天下形势,提出三步战略:先取荆州,建立根据地;再取益州,成三足鼎立之势;继而图取中原,建立帝业。诸葛亮深谋远虑,就是以"隆中对"的方式,为刘备指引了一个建立帝业的战略远景。

可是,毛泽东认为,诸葛亮谋划深远,但是必败:"始误于隆中对,千里之遥而二分兵力。其终,则关羽、刘备、诸葛亮三分兵力,安得不败。"毛泽东说,诸葛亮始误于隆中对,因为诸葛亮提出:"待天下有变,则命一上将,将荆州之兵以向宛、洛;将军身率益州之众,以出秦川。百姓有不箪食壶浆以迎将军者乎?"毛泽东认为,荆州、益州相距千里之遥,两地分兵作战,必然失败。"隆中对"付诸实施,结果关羽镇守荆州,被孙权军团偷袭得手,关羽父子命丧孙权之手。可以说,蜀汉衰亡,祸根就在"隆中对"。

15. 六出祁山

六出祁山,通常地说,指三国时期,蜀汉丞相诸葛亮出兵北伐曹魏的军事行动。不过,史书记载,诸葛亮北伐曹魏,仅二出祁山;六出祁山之说,出自小说《三国演义》。《三国演义》影响较大,因此,六出祁山,成为诸葛亮北伐的代名词。

诸葛亮出师北伐,共为五次,真正出兵祁山,只有两次;还有一次,是魏军进攻汉中,不是诸葛亮出击。后世概言之,说成六出祁山。

诸葛亮六出祁山,没有完成北定中原之统一大业,原因如下:

(1)诸葛亮鞠躬尽瘁,英年早逝。建兴十二年(234),诸葛亮日夜操劳,在伐魏前线之五丈原大营去世。这是蜀汉的重大损失,对于伐魏十分不利。后来,姜维接替前线总指挥,但是,蜀汉人才匮乏,后继无人。

(2)复兴汉室,没有号召力。蜀汉政权人才缺乏,实力不济。蜀汉建立晚于曹魏、孙权。夷陵之战后,蜀汉军事实力大减,远不及魏、吴。

(3)蜀汉朝廷,后主昏暗,宦官黄皓专权,后防空虚。将士拼命作战,无济于事。后主刘禅早想降魏。

(4)北伐战事关键时刻,用人失误。马谡失街亭,李严误军粮,等等,一再丧失大好战机。

16. 言过其实

马谡是襄阳宜城(今湖北宜城)人,以荆州从事追随刘备入蜀,官拜绵竹、成都县令,迁越嶲太守。马谡才识过人,喜好纵论军事,见识非凡,深得丞相诸葛亮的赏识和器重。刘备临死时,对诸葛亮说:马谡言过其实,不可大用,你要好好识察。诸葛亮不以为然,依旧觉得马谡才识过人,是个难得的人才,并委马谡为参军。建兴六年,即公元228年,诸葛亮统兵出祁山,任马谡为先锋。马谡轻敌,被魏大将张郃战败,重要的军事要地街亭失守,马谡按军法下狱处死。这就是诸葛亮挥泪斩马谡。言过其实原指言语浮夸,超出了他的实际能力;后来则指说话夸张,和实际不相符合。

17. 闻雷失箸

刘备在许昌的时候,汉献帝刘协的舅舅车骑将军董承接受献帝装在他衣带中的密诏,前去和刘备密谋,准备杀了曹操。密谋还没有付诸行动,曹操却请刘备赴宴喝酒。酒席上,两人论到当世天下的英雄,刘备不无钦佩地说:袁绍、袁术应当是英雄。曹操听了刘备的这番话,摇头说道:当今天下英雄,只有你刘备和我两人,袁绍之辈不值得一提。刘备正在用菜,听到了曹操的宏论,竟说他刘备是英雄,而且是和曹操唯一能相提并论的对手,深怕曹操因此而加害,不能相容,手一抖,筷子就给弄掉了。这时恰巧惊雷滚动,响彻天野,刘备借机掩饰说:雷声把筷子都给震掉了。随后,刘备借故离开了许昌,脱离虎口。后来,闻雷失箸用以比喻故作失惊以掩饰自己。

18. 开门揖盗

建安五年,即公元200年,东吴孙策去世,将一应军政事务交给孙权,孙权心中忧伤,痛哭不止。孙策是有胆有识的兄长,自孙策起事江东,孙权常追随他,突然间失去了这位兄长,作为弟弟的孙权自然非常痛苦。孙策的长史张昭见孙权日夜忧伤,觉得不能这样,便劝告说:孝廉大人,难道现在是痛哭流泪的时候吗?如今奸雄角逐,豺狼满路,在这个时候,还要为亲人哀伤,顾全礼制,这不就是开门揖盗吗?这是不能称为仁智的!孙权默然,当然觉得言之有理。张昭就请孙权更换衣服,上马巡视军队。东吴这才转危为安。揖是作揖、打躬,是表示欢迎的意思。开门揖盗意思是打开大门,迎接强盗,比喻引进坏人,自招祸患。

19. 生子当如孙仲谋

东吴主孙权,字仲谋,汉长沙太守孙坚的第二个儿子。建安十八年(213年)正月,曹操出兵濡须(今安徽巢县南),造作油船,乘夜渡河上洲。孙权派水军前去围攻,活捉曹兵三千余人,溺水而死的也有数千之众。孙权下令军士多次到营前挑战,曹操一直坚守不出。孙权亲自乘坐轻舟,从濡须口(今安徽无为南)进抵曹军营前。曹军将领以为是前来挑战的,想要统兵出击。曹操摇头说:这必是孙权来察看我军形势。曹操立即下令军中戒严,弓箭不许乱发。孙权巡视一番后,离去了五六里,又回头命军士击鼓作乐。曹操望见孙权舟船遍布,兵器整齐,军伍肃静,不禁感叹地说:生儿子就应像孙仲谋啊!刘表的儿子刘琮简直像猪狗。后来,人们常用生子当如孙仲谋比喻希望自己的儿子当像孙权那样有所作为。

20. 封张昭门

张昭,是东吴主孙权的股肱大臣。公孙渊擅自称藩,孙权想派人出使辽东,拜公孙渊为燕王。张昭知道这事以后,立即劝谏,但孙权还是不听,君臣争论不休。孙权觉得有失君王体面,十分恼火。孙权手握佩刀,恶狠狠地对张昭说:吴宫士人入宫拜见我,出宫就敬重你,我对你的尊敬已经到了极限!而你多次在朝臣面前驳斥我,让我下不来台!

张昭看了孙权很久,这才慢慢地说,我明知道我的意见不会被采纳,但每次都尽我愚忠,为什么?实在是因为太后驾崩以前,召我到床前,遗诏我辅佐你,说罢,抽泣流涕。孙权听了这些,将刀扔在地上,也满脸是泪。但是,孙权还是派张弥、许晏前去辽东。张昭见孙权不听劝谏,心里很生气,从此便称病不再上朝。孙权对此十分愤怒,派人用土墙塞了张昭的府门,张昭也让家人用土从里面封住府门。后来,公孙渊果然杀死了孙权派去的使臣张弥、许晏。孙权觉得自己错了,多次派人慰问张昭,并向他认错,张昭还是坚决不上朝。孙权屈驾亲自到张昭府中,请张昭主持国务,张昭以重病推辞。

孙权恼羞成怒,竟一时性起,派人放火烧掉张昭府门,想恐吓张昭,好让他出来。谁知张昭反而把门户闭得更紧。孙权没办法,又让人扑灭大火,他则站在烧焦的门口,默然良久。张昭的儿子将张昭扶出,孙权立即用车将张昭载入宫中,并深刻检讨。张昭不得已,只好重新上朝。

21. 党锢之祸

党锢之祸,是指东汉桓帝、灵帝时期,士大夫、贵族等对宦官乱政的现象不满,与宦官之间发生党争之历史事件。事件起因,宦官以党人罪名,禁锢士人终身,从而得名。党锢,前后发生过两次。党锢之祸,以豪族大族诛杀宦官几尽,从而结束了长期以来宦官专权局面而告终。当时,有关言论,以及史学家之史书,多同情士大夫,认为党锢之祸,动摇了汉朝根本,为黄巾之乱和汉朝灭亡埋下祸根。

东汉桓帝、灵帝时,当权者分为两派:宦官、外戚,他们争权夺利,交替专权。宦官集团,包括:侯览、曹节、王甫等人,他们结党营私,拉帮结伙,败坏朝纲,为祸乡里,怨声载道。侯览横行乡里,曾夺人住宅381所,土地118顷;其兄为所欲为,谋财害命,构陷无辜,聚敛上亿之财。相对而言,外戚一党,如窦武等人,比较清正。因此,贵族李膺、太学生郭泰、贾彪等人联络外戚集团,对宦官集团进行激烈抨击。这些人通称为士人,他们忧虑国事,品德高尚,时称君子,有三君、八俊、八顾、八及之称。

22. 官渡之战

官渡之战,是东汉末年三大著名战役之一,也是中国历史上著名的以弱胜强之典型战役之一。东汉献帝建安五年(200年),曹操2万人马与袁绍10万大军相持于官渡(今河南中牟东北),展开战略决战。曹操奇袭袁军在乌巢(今河南封丘西)之粮仓,接着,击溃袁军主力。官渡之战,奠定了曹操统一中国北方的基础。

建安元年(196年),曹操迎献帝,迁都许县,从此以后,开始挟天子以令诸侯(奉天子而征四方),威震四方。曹操精通兵法,先后击败吕布、袁术,占据兖州、徐州,以及部分豫州、司隶。建安四年(199年),袁绍战胜公孙瓒,占据幽州、冀州、青州、并州四州,尽有河北之地,意欲向南,争霸天下。

建安四年(199年)六月,袁绍挑选精兵十万,战马万匹,企图南下,进攻许都,官渡之战正式拉开序幕。曹操部将大多认为,袁军强大,不可交锋。但是,曹操认为,袁绍志大才疏,胆略不足,刻薄寡恩,刚愎自用,兵多而乱,容易击破。于是,曹操决定集中兵力抗击袁绍:派臧霸率精兵自琅玡(今山东临沂北)入青州,占领齐(今山东临淄)、北海(今山东昌乐)、东安(今山东沂水县)等地,牵制袁绍,巩固右翼,防止袁军从东面袭击许都;曹操率领大军,进据冀州黎阳(今河南浚县东,黄河北岸);令于禁率步骑两千人,屯守黄河南岸之重要渡口延津(今河南延津北),协助扼守白马(今河南滑县东,黄河南岸)之东郡太守刘延,阻滞袁军渡河和南下;同时,以主力在官渡(今河南中牟东北)一带,筑垒固守,以阻挡袁绍从正面进攻;派人镇抚关中,拉拢凉州,以稳定侧翼。

建安五年(200年)正月,袁绍派陈琳撰写檄文,发布天下,大骂曹操。二月,袁绍进军黎阳,企图渡河,寻求与曹军主力决战。袁绍首先派颜良进攻白马东郡太守刘延,企图夺取黄河南岸要点,以保障主力渡河。四月,曹操为争取主动,求得初战胜利,亲自率兵北上,解救白马之围。这时,谋士荀攸认为,袁绍兵多,建议声东击西:先引兵至延津,伪装渡河,进攻袁绍后方,使袁绍分兵向西;然后,遣轻骑迅速袭击进攻白马之袁军,攻其不备,一定可以击败颜良。曹操采纳此议,果然,袁绍分兵延津。曹操率领轻骑,派张辽、关羽为前锋,急趋白马。关羽迅速迫近颜良军,冲进万军之中杀死颜良,袁军溃败。

两军相持,互有胜负。同年十月,袁绍派车运粮,令淳于琼率兵万人护送,囤积在袁军大营以北大约20公里之故市(今河南延津县内)、乌巢(今河南延津东南)。这时,袁绍谋士许攸投奔曹操,建议曹操轻骑奇袭乌巢,烧其辎重。曹操立即行动,留曹洪、荀攸守护营垒,自己亲率步骑五千,冒用袁军旗号,人衔枚,马缚口,各带柴草一束,利用夜色,走小路偷袭乌巢。到达之后,立即进攻,纵火燃烧辎重粮草。

袁绍得知曹操袭击乌巢,立即回击:一方面,派轻骑救援;另一方面,命令张郃、高览率领重兵,猛攻曹军大营。可是,曹营坚固,攻打不下。当时,曹军急攻乌巢淳于琼营,袁绍增援部队已经迫近。曹操鼓励士兵,死战拼搏,大破袁军,杀死淳于琼等人,将其粮草全部烧毁。张郃、高览闻得乌巢被破,军心动摇,全部投降曹操。袁军大乱,军心动摇,全军崩溃。袁绍带领八百骑兵,仓皇出逃,退回河北。官渡之战,曹军先后歼灭、坑杀袁军七万余人,取得大捷。官渡之战极大地增强了曹操实力,为曹操击溃袁绍,统一北方,奠定了坚实的基础。

23. 赤壁之战

赤壁之战,是指东汉末年,孙权、刘备联军,于建安十三年(208年),在长江赤壁(今湖北省赤壁市西北)一带,大破曹操大军,从此三国鼎立,是中国历史上以少胜多、以弱胜强的著名战役,是三国时期三大战役中最为著名的战役,也是中国历史上第一次在长江流域进行的大规模江河决战战役。战役结果是孙刘联军火攻大破曹军,曹操北回,孙、刘取得胜利。

曹操失败,原因如下:

(1)曹操腹背受敌,后方不稳。马超、韩遂尚在关西,为曹操后患。曹操顾此失彼,关西军一直是曹操的心腹威胁。

(2)曹操长于陆战,不善水战。"舍鞍马,仗舟楫,与吴越争衡,本非中国所长"。曹操陆军主力悉数开赴赤壁,他希望以荆州水军为主力渡江,进而利用绝对优势的陆军兵力消灭孙刘联军。

(3)天寒地冻,没有粮草。

(4)北方士兵,南下千里,远涉江湖,不习水土,大量生病。

24. 彝陵之战

夷陵之战,又称彝陵之战、猇亭之战,是三国时期蜀汉刘备对东吴发动的大规模战役,是中国古代战争史上一次非常著名的、积极防御的成功战例,也是三国时期三大战役之最后一场。章武元年(221年)七月,刘备称帝三个月后,刘备以替名将关羽报仇为由,挥兵东征东吴,气势如虹。孙权求和不成,决定:一面向曹魏求和,避免两线作战;一面派大将陆逊率军应战。陆逊以逸待劳,成功地阻挡了蜀汉军之攻势。章武二年(222年)八月,在夷陵一带,陆逊大败蜀汉军。夷陵之战,蜀汉惨败,继关羽失荆州之后,蜀汉再次实力大损。

当时,江南正是炎夏,气候闷热。蜀军营寨都是由木栅筑成,其周围全是树林、茅草,一旦起火,就会连成一片。决战开始,陆逊命令吴军士卒各持茅草一把,乘夜突袭蜀军营寨,顺风放火。顿时之间,风借火势,火乘风威,熊熊燃烧。一时之间,蜀军大乱。陆逊乘势发起反攻,大量杀伤蜀军,迫使其西退。吴将朱然率军五千人,首先突破蜀军前锋,猛插至蜀军后部,与韩当所部大军,进围蜀军于涿乡(今湖北宜昌西),切断了蜀军退路。吴将潘璋所部,猛攻蜀军冯习部,大破之。

陆逊率领主力大军,会同诸葛瑾、骆统、周胤诸部,在猇亭一带向蜀军发起攻击。守御夷道的孙桓部队,主动出击,投入激烈战斗。吴军势如破竹,进展神速,很快就攻破蜀军营寨四十余座,快速以水军截断了蜀军长江两岸之联系。蜀军将领张南、冯习,以及土著部族首领沙摩柯等人,相继阵亡;杜路、刘宁等人,卸甲投降。

刘备登高瞭望,发现蜀军全线崩溃,仓皇逃往夷陵西北马鞍山,命蜀军精锐布防,环山据险自卫。陆逊集中兵力,四面围攻,歼灭蜀军近万之众。至此,蜀军溃败。刘备乘夜突围,狼狈逃遁,行至石门山(今湖北巴东东北),被吴将孙桓部追逼,几乎被擒。后卫将军傅彤等人拼死力战,被杀。后来,依赖驿站人员焚烧溃兵所弃装备,堵塞山道,刘备才得以脱险,逃入永安城(今白帝城,四川奉节东)。

蜀军镇北将军黄权所部,正在江北防御魏军。刘备溃败后,黄权归路为吴军所截断,不得已,八月他率众向曹魏投降。同月,大将马良由南方往西北撤退,被步骘截击而死。此战刘备几乎全军覆没,阵亡数万人。夷陵惨败,刘备恼羞成怒,郁闷终日,一病不起。第二年四月,刘备亡于白帝城。

夷陵之战中火烧连营是战争的重要转折点。当时,魏文帝曹丕得知刘备连营七百里,就对群臣说:"备不晓兵,岂有七百里营,可以拒敌者乎!"

晋代史学家陈寿著《三国志·吴书·陆逊传》,高度称赞陆逊:"刘备天下称雄,一世所惮。陆逊春秋方壮,威名未著。摧而克之,罔不如志。予既奇逊之谋略,又叹权之识才,所以济大事也。"

两晋典故逸闻

1. 食少事繁

蜀相诸葛亮领军出祁山,魏将司马懿领兵迎战,和蜀军周旋。诸葛亮多次派人前去挑战,但司马懿就是不应。诸葛亮没有办法,心生一计,派人给司马懿送去一套妇女的衣服,讽刺他胆小怕事,像妇女一样。

司马懿这位西晋的开创者,心胸开阔,竟不急不恼,接过送来的妇女衣服,平静地询问诸葛亮的日常饮食。使者讲了诸葛亮为国操劳,饮食较少。司马懿回头对诸将和左右侍从说:诸葛亮吃得少,事务繁忙,还能长久吗?食少事繁又作食少事烦,用以指吃得少,事情繁多,操劳过度。

2. 尸居余气

西晋的开创者司马懿是个了不起的人物。曹魏后期时,魏主曹爽和大将军司马懿争权,司马懿为了躲避,故意称病,不参与朝政,但曹爽依旧深怀疑虑。曹爽的心腹河南尹李胜将调任荆州,李胜以告别为名,前往司马懿府中刺探虚实。司马懿装着染病很重,出来时由两个侍女搀扶,一会儿衣服脱落,一会儿又叫口渴。侍婢捧上稀粥,司马懿捧杯饮,弄得满脸满身都是,又故意胡言乱语。

李胜放下心来,觉得司马懿确实是完了。李胜返回宫奏报曹爽:司马公尸居余气,形神已离,不足忧虑了。从此,曹爽不再戒备。尸居余气,是说像尸体一样躺着,仅有一点气息,意指接近死亡。后来尸居余气也用以形容人庸碌无为,暮气沉沉。

3. 吴牛喘月

晋武帝在位的西晋初年,累官至尚书令的大臣满奋,有一天去拜见武帝。武帝司马炎见他来了,让他靠北窗坐下,然后再说事。北窗口正立着一扇透明的十分精美的琉璃屏风,看上去好像是一个不能挡风的空架子。满奋在朝中历来是以怕风闻名,因此,他听到武帝让他靠北窗而坐,心里一个激灵。北窗正是风口,看那无遮无挡,肯定会受不了。可是,皇帝赐坐,你能不遵旨?满奋进退两难,正不知如何是好。

武帝司马炎看到这情景,料到他没有看见屏风上的琉璃,于是,便指着琉璃屏风,大笑起来。这个时候,满奋才发现自己闹了个大笑话。满奋也很机灵,一边走向北窗的座位,一边自嘲地说道:微臣就像吴地的一头牛,见着月亮也喘。吴牛喘月,本意是江南的水牛最怕午时的太阳,有的在晚上看到月亮,以为是太阳,也吓得先喘起来。后来,人们用吴牛喘月,比喻因害怕一样东西,因而经常戒备,发现了一些类似的、似是而非的迹象时,也立即心神不宁,十分害怕。

4. 狗尾续貂

晋惠帝司马衷时,发生了八王之乱,赵王司马伦和大臣孙秀试图废惠帝篡位,许诺成功以后,所有同谋和有功者,一律不论身份、才能,统统加官晋爵。按照当时的制度规定,凡是近侍官员,都是以貂尾作为冠饰。由于起事的赵王司马伦封官太滥,所以,一遇到朝会,满堂上下貂尾冠饰,随处可见。由于近侍封官太多,貂尾不够用,到处搜刮,所以,当时在京师流行一句谚句:貂不足,狗尾续。这是讥讽、嘲笑封官太滥。貂,是一种珍稀动物,皮毛十分珍贵,貂尾自然是珍贵的稀罕物。狗是普通动物,随处可见,狗尾当然不值钱。后来,用狗尾续貂泛指以坏续好,前后不大相称。

5. 青衣行酒

晋怀帝司马炽统治时期,汉主刘渊、刘聪曾三次统领大军,进攻西晋都城洛阳,终于攻陷洛阳,俘虏了晋怀帝。怀帝司马炽被俘后,被送到平阳。有一天,汉主刘聪大会群臣,广摆宴席。刘聪要细细品尝成功和胜利者的滋味,便令被俘的晋怀帝司马炽,身穿仆人常穿的青衣,在席上侍候一旁,随时斟酒。晋故臣侍中庾珉也在现场,见到故主这等受辱,哪里受得了,庾珉便在酒席上放声痛哭。汉主刘聪勃然大怒,一气杀了对晋朝心怀眷恋的旧臣十余人,晋怀帝司马炽也随之被杀。

6. 日近长安远

东晋明帝司马绍,小的时候十分聪颖,深得其父晋元帝司马睿的喜爱。司马绍在9岁时,有一次坐在元帝司马睿膝前,恰逢长安使者到来,元帝就问司马绍:你说太阳和长安哪一个更远?司马绍应声回答:长安近些,太阳远,没有见谁从太阳处来,由此可见。元帝司马睿和使者听后都十分惊奇,也十分欢喜。

第二天,元帝大宴群臣,想在众大臣跟着炫耀一下自己的宝贝儿子。元帝当着大臣的面,又一次发问。司马绍不假思索地回答:太阳近,长安远。元帝一听,大惊失色,这不是答反了吗?元帝忙提示说:怎么和昨天答的不一样?司马绍从容地回答:抬眼看见了太阳,却看不见长安,由此可知。元帝和众大臣无不惊服。后来,用日近长安远借指向往帝都和向往故土却不能至。

7. 八王之乱

八王之乱,是西晋中后期司马氏同姓王之间,为了争夺中央政权而爆发的一场大混战。杨骏被杀后,卫瓘、汝南王司马亮辅政,他们与贾后对抗;最后,以东海王司马越夺取大权,宣告结束。八王之乱,前后历时16年,为中国历史上空前的大内讧,从而引发了西晋亡国,以及近300年的动乱。从此以后,中国进入十六国时期。西晋皇族之中,参与这场动乱之王,不止八人。但是,八王是主要参与者,《晋书》将八王汇为一列传,所以,史称"八王之乱"。

八王之乱,是西晋统治阶层历时16年(291—306年)之久的一场内乱。核心人物包括:汝南王司马亮、楚王司马玮、赵王司马伦、齐王司马冏、长沙王司马乂、成都王司马颖、河间王司马颙、东海王司马越八王。太熙元年(290年),晋武帝司马炎驾崩,外戚杨骏为太傅、大都督,掌管朝政。

晋惠帝司马衷痴呆无能,皇后贾南风专权。为了让自己家族掌握政权,永平元年(291年),贾皇后与楚王司马玮合谋,发动政变,杀死杨骏。然而,政变之后,政权落入汝南王司马亮和元老卫瓘之手。贾皇后政治野心膨胀,当年六月,她指使楚王司马玮杀汝南王司马亮,然后,反诬楚王司马玮矫诏,擅杀大臣,将司马玮处死。从此,贾后执政,掌握实权,任用贾模、张华、裴頠等人,天下暂时安定。

元康九年(299年),贾后不顾张华等人劝阻,毅然决然废太子司马遹;第二年杀之。赵王司马伦统领禁军,联合齐王司马冏发动政变,起兵入宫,杀死贾皇后及其宠臣张华等人。永宁元年(301年),司马伦废惠帝自立。司马伦篡位,驻守许昌之齐王司马冏起兵,讨伐司马伦。镇邺之成都王司马颖、镇守关中之河间王司马颙同时举兵,响应齐王。洛阳城中,禁军将领王舆宣布起兵,反对司马伦。他们联合起来,恭迎惠帝复位,逮捕司马伦,赐死。司马冏任职大司马,入京辅政。

太安元年(302年),司马颙从关中起兵,讨伐司马冏。洛阳城中,长沙王司马乂起兵,入宫杀死司马冏。从此,政权落入司马乂之手。太安二年(303年),司马颙、司马颖合兵,讨伐司马乂。司马颙命都督张方率精兵7万人,自函谷关出发,向洛阳推进;司马颖调动大军20余万,渡河南向洛阳。二王联军,屡次被司马乂打败。第二年正月,洛阳城中,司马越与部分禁军合谋,擒拿司马乂,将其交给张方,被张方烧死。司马颖进入洛阳,担任丞相,但是,他决定回到根据地邺城,以皇太弟身份专政。从此,政治中心转移到邺城。

司马越对司马颖专政不满,率领禁军,挟惠帝北上,进攻邺城。荡阴(今河南汤阴)一战,被司马颖击败,惠帝被俘,带入邺城。司马越败逃,逃往自己封国东海(今山东郯城北)。司马颙派张方率领大军,占领洛阳。接着,并州刺史司马腾(司马越弟)与幽州刺史王浚联兵,攻破邺城,司马颖带着惠帝投奔洛阳,转赴长安。永兴二年(305年),司马越起兵山东,进攻关中,击败司马颙。光熙元年(306年),司马越迎惠帝回到洛阳,司马颖、司马颙相继为其所杀,大权落入司马越手中。至此,八王之乱才真正结束。

8. 永嘉之乱

永嘉之乱,是指西晋永嘉五年(311年),匈奴攻陷洛阳、掳走怀帝之历史事件。西晋中后期,八王之乱,王朝大厦将倾。天灾连年,胡人乘时入侵。永兴元年(304年),汉化匈奴贵族刘渊在左国城(山西离石)宣布起兵,控制并州地区,自称汉王。光熙元年(306年),晋惠帝死,司马炽嗣位,是为晋怀帝,改元永嘉。刘渊派遣石勒等人率领大军,大举南侵,屡破晋军,势力日强。永嘉二年,刘渊正式称帝。永嘉四年,刘渊死,其子刘聪继位。第二年,刘聪派遣石勒、王弥、刘曜等人率领大军攻晋,在平城(河南鹿邑西南)歼灭十万晋军,杀死太尉王衍,以及诸多王公,进入京师洛阳,俘获晋怀帝,杀死王公、百官、士民三万余人。这场变故,史称永嘉之乱。

永嘉之乱,是中国历史上一场巨大的动乱风暴。动乱之前,中国大陆本部,以汉民族活动为中心,影响边疆少数民族。但是这场大乱,怀、愍二帝掳北去,晋室南渡,中国北方地区,成为以胡人为中心的大舞台。匈奴刘氏兴起,中原地区连绵战争,相互攻伐,混战不休。从此以后,三百年间,中原之地人民流离失所,尸骨盈野。

9. 淝水之战

淝水之战,发生于公元383年,是东晋时期北方统一政权前秦向南方东晋政权发起的一场侵略吞并战争之决定性战役。前秦出兵伐晋,在淝水(今安徽省寿县的东南方)之地,双方展开交战,最后,东晋以八万之众,战胜了八十余万之前秦军,大获全胜。前秦占有绝对优势,在此惨败,国家随之衰亡。北方各民族纷纷脱离前秦统治,分裂为后秦和后燕为主的数个政权。东晋趁此北伐,把边界北推进至黄河。

11月,谢玄派广陵相刘牢之率领五千精兵开赴洛涧,正式揭开了淝水大战序幕。秦将梁成,扼守山涧,部署兵力迎击。刘牢之熟悉地形,取得洛涧大捷,斩杀梁成,以及弋阳太守王咏,秦军折损十名大将,以及五万主力军。刘牢之派遣部队阻绝淮河渡口,歼灭前秦军队一万五千人,抓获前秦扬州刺史王显等人。晋军行动神速,西行进军,与秦军对峙于淝水。

12月,晋人向苻坚建议,秦军后退,晋军渡河决战。秦将认为,阻敌于淝水之畔,比较安全。但是,苻坚认为,晋人半渡而击,可获全胜。当秦军后移时,晋军渡水突击。这时,朱序在秦军阵后大叫:前线秦军败了!一时之间,秦军阵脚大乱。随后,晋军全力出击,大败秦军。谢玄、谢琰等人率领晋军七万,战胜了苻坚和苻融所统率的前秦大军,阵斩苻融。

淝水之战,前秦军被歼、逃散者共70余万人。唯独鲜卑慕容垂部3万人马,完整无损。苻坚统一南北的希望彻底破灭,北方统一随之解体。两年后,苻坚被姚苌俘杀,前秦灭亡。东晋获胜,原因如下:东晋主战派谢安等人沉着冷静,临危不乱,并坚决抗战。军队团结,战斗力强,主将善战,指挥若定,上下齐心;民心所向,百姓支持;淝水天险,占尽地利;战略战术得当,分化离间使前秦内部瓦解、涣乱其军心。

南北朝典故逸闻

1. 自毁长城

南朝宋文帝刘义隆时,大将檀道济功勋卓著,封为永修公,出任江州(今四川省重庆市)刺史,驻守西北边疆。檀道济是一代名将,早在东晋末年,就曾追随宋武帝刘裕攻城破垒,为创建南朝宋立下了汗马功劳。檀道济威名远扬,麾下的将领身经百战,由他坐镇南朝宋西北边陲,连强盛的北魏也惧他三分。

但是,正因为檀道济劳苦功高,手握重兵,朝廷一直对他很不放心。加上他的手下将领身经百战,有智有勇,几个儿子更是志向远大,才华横溢,因此,心胸稍稍宽厚的宋文帝也对他心怀疑虑。

元嘉十三年(436年),31岁的文帝身染重病。领军将军刘湛忧虑国事,怕文帝一去世,手握重兵的檀道济就会不听朝命,甚至于自立为帝。刘湛就对文帝的弟弟司徒刘义康说:皇上危在旦夕,檀道济手握重兵,占据着上游的军事重地,日后恐怕难以控制,不如趁皇上还在,把他除掉,以绝后患。

刘义康觉得言之有理,便把这一想法进奏文帝,文帝也有同感。文帝就派人召檀道济进京。檀道济心地坦荡,没加多想,但檀道济的夫人向氏却是一位精通历史的了不起的女子。向氏见朝廷无故突然召丈夫进京,深怀疑虑,打算劝劝丈夫。

向氏对檀道济说:自古以来,凡是功高权重让主上感到威胁的大臣,没有一个能得以保全,如今朝廷无故相召,恐怕凶多吉少。所以,向氏劝丈夫不要进京。但是檀道济不听,认为文帝久病不愈,是要向他嘱托后事。

檀道济日夜兼程,赶回建康。进京后,文帝病情好转,以至一个多月后差不多病愈。文帝就没有杀他之意,让他还是回江州。檀道济刚刚上船,文帝便病情恶化,刘义康假传圣旨,马上召檀道济回宫,并立即将他逮捕,宣布罪状。

宣布的罪状当然是无中生有:暗中散布钱财,收买人心,企图发动叛乱。檀道济两眼冒火,十分愤怒,狠狠地将头巾摔在地上,大声呵斥:你们这是毁掉自己的长城! 檀道济还是被斩了,他的儿子、亲信也都全部被处死。

北魏听说檀道济被杀了,非常庆幸。魏主自得地说:道济死了,刘宋再也没有可怕的人。太平真君十一年(450年),魏太武帝拓跋焘统率大军攻宋,一直打到长江北岸的瓜步! 这时,文帝没死,无限伤感地说:道济若在,胡马岂能至此!

2. 废帝画像

南朝宋前废帝刘子业是中国历史上一个独特的皇帝。有一天,刘子业去祭拜祖宗庙堂时,心血来潮,命令画工画他的祖父和父亲的像。画工画好像后,分别将刘裕、刘义隆、刘骏的画像放入各自的庙中。刘子业进入刘裕的庙,指着画像说:这人是大英雄,活捉了好几个天子。刘子业来到刘义隆庙,指着刘义隆的画像说:这人也不坏,只是晚年的时候,头被儿子砍了。刘子业随即又来到父亲刘骏的庙中,指着刘骏的画像说:这人好色,而且不管尊卑亲疏。刘子业又转过头对左右人说:这人还是酒糟鼻子,怎么不画上,当即就命画工补上。

3. 廉泉让水

南朝宋明帝刘彧时,梁州的长官范柏年因事谒见明帝。明帝召见范柏年后,对他说到广州的贪泉,便问他:你的故乡梁州也有贪泉水吗? 范柏年知道明帝的意思,当即回答说:梁州没有贪泉,只有文川、武乡、廉泉、让水。明帝就笑着问:你家又在什么地方? 回答说:微臣家住在廉泉、让水之间。后来,用廉泉让水比喻风土淳美。

4. 射腹

南朝齐后废帝刘昱荒淫残暴,是一个昏庸不堪的皇帝。有一天,刘昱嬉戏游乐,率领数十人走进了领军府,正看到了领军府长官萧道成。当时,天气十分炎热,萧道成正袒胸昼卧。刘昱看见萧道成的肚子很大,就吩咐以他的肚脐作为箭靶靶心,当即张弓搭箭。

萧道成醒了,看到这一切,知道事情不好,但却依旧神态自若,从容地说:老臣没有罪。跟随刘昱的侍从王天恩乘机说:领军萧道成肚脐肥大,是一个最理想的箭靶,如果一箭射死,以后就无法再射了,不如换上骨箭头射。

刘昱觉得有道理,当即换了骨箭头箭,张开弓,一箭射出,正中萧道成的肚脐,当即鲜血迸流。由于箭头是骨制的,伤势不算太重,萧道成幸免于一死。刘昱射过以后,见射得很准,把弓一下扔到地上,放声大笑。笑后又说:如此神射,是否? 大家面面相觑。萧道成没死,后来废宋建齐。

5. 一木难支大厦

泰豫元年(472 年),陈郡夏阳(今河南太康)人袁粲以尚书令受宋明帝遗诏,和大臣褚渊共同辅佐苍梧王即后废帝刘昱。萧道成派人杀死了刘昱以后,拥立明帝的第三个儿子刘准为帝,是为宋顺帝。顺帝初年,袁粲出任中书监,镇守军事重地石头城(今南京清凉山)。

当时,手握军政大权的萧道成准备代宋称帝。袁粲反对萧道成,和刘秉密谋,准备杀了萧道成,但被褚渊告密。萧道成派大将戴僧静领兵攻城,城被攻破。见大势已去的袁粲痛苦地对儿子袁最说:本来就知道,一根木头不能支撑将崩的大厦,只是做到仁至义尽。后来,用一木难支大厦比喻力量孤单,难以挽回败局。

6. 量体裁衣

张融是南朝齐吴郡(今江苏吴县)人,身材很矮小,从小就过着清苦的生活。张融做官以后,依旧保持着俭朴的生活作风,日常穿着的衣服都是破旧又肥大,和他那矮小的身材很不和谐。萧道成没当皇帝以前,经常和张融往来,很赏识张融的才华,两人关系十分密切。萧道成看到张融的模样,常开玩笑说:像你这样的人,不能没有,也不能太多。

后来,萧道成做了皇帝,身为臣子的张融上朝时,依然穿着一身又破又肥的衣服。萧道成觉得有失体统,便对张融说:我送你一件故衣,虽然旧了,却是我穿过的,并按你的身材量过剪裁,你穿上看是否合体。后来,人们用量体裁衣比喻按实际情形办事。

7. 鸡鸣埭

鸡鸣埭是南京玄武湖北埭,是一道堵水的堤坝。南朝齐武帝萧赜喜好玩乐,常常在各苑游玩。武帝萧赜最爱去的地方是玄武湖北埭,每次他都叫侍从备办车驾,并让宫中的嫔妃坐在车上,一同游乐。因为后宫离端门较远,宫中的美人们听不到端门的鼓漏声,美人们起床没有一定的时间,出外游玩很不方便,所以武帝吩咐,在宫中景阳楼上,放置一口大钟,时称景阳钟。

每天景阳钟响,宫中美人们便赶快起床,洗刷修饰一番以后,就随着武帝,坐车出游。武帝和众美人到达玄武湖北埭时,总是鸡刚鸣叫,景阳楼上的钟正敲五下,所以,人称鸡鸣埭。

8. 迷途知返

陈伯之是南朝齐江州(今南昌)刺史。梁武帝萧衍起兵攻打齐朝时,曾经很好地阻击过萧衍。后来,陈伯之向萧衍投降,仍做江州刺史。天监元年,即公元502年,陈伯之起兵反梁,接着大败。陈伯之败后逃往北魏,魏宣武帝拜他为平南将军,都督淮南诸军事。天监四年冬天,梁武帝命其弟临川王萧宏领兵北伐。陈伯之率重兵据守寿阳,与梁军对峙。萧宏命记室丘迟以私人的名义写信给陈伯之。信中劝陈伯之反正。先斥责他忘恩负义,投降敌人。接着,阐明梁室宽大为怀的立场。最后,分析了双方的势力,指出只有反正才是唯一的出路。信末尾说:迷途知返,才是值得赞许的。陈伯之读信后,率八千将士回到梁朝。

9. 千万买邻

南朝梁武帝萧衍时,开国功臣吕僧珍功劳显赫,却不谋私利,不私亲戚,平等待人。有一位南康郡守,名叫宋季雅,罢职以后,在京城花了一千一百万钱买了一座紧靠着吕僧珍的住宅。吕僧珍听说这事后,觉得很奇怪,忙问他:房价怎么这样贵?宋季雅回答:我用一百万买住宅,用一千万买邻居。

吕僧珍生儿子时,宋季雅前往祝贺,贺礼匣子上写着:一千钱。看门的人嫌少,不让他进。他坚持不懈,一定要看门人进去通报。吕僧珍得讯后,觉得另有缘故,就亲自打开贺匣,原来里面装的是金钱。吕僧珍将这件事报知给梁武帝,并陈述了宋季雅的才能。武帝就封宋氏为壮武将军、衡州刺史。千万买邻,本来是赞颂吕僧珍的品格,后来,人们以此说明要选择一个好的邻居。

10. 全无心肝

　　南朝陈后主在位时,沉溺于酒色,荒淫嬉游无度。陈灭亡以后,陈叔宝被俘至隋都长安。隋文帝杨坚释放了陈后主,赦他无罪,并给他三品官的待遇。

　　每次朝廷宴会时,文帝怕引起后主陈叔宝伤心,吩咐不让奏江南音乐。后来,监守陈叔宝的人报告文帝,说陈叔宝从来不因亡国而伤心,还请求皇上加封一个正式的官号。文帝听了这个奏报,心里很不是滋味,淡淡地说:叔宝全无心肝。监守的人说:叔宝常饮酒大醉,很少有醒的时候。文帝就说:随他的便吧,不然的话,如何度日? 后来,用全无心肝比喻毫无羞耻之心。

11. 太武灭佛

　　北魏太武帝拓跋焘统治时期,道教天师寇谦之辅佐太武帝,以道教、儒教实施统治。道教获得了极大的发展。司徒崔浩手握重权,也信奉道教,并多次在太武帝跟前抨击佛教。佛教此前在北魏十分盛行,教徒泛滥,使大量的劳动力流失。太武帝崇武强兵,大量征调青壮年入伍,但是,人力不够。泰延四年(438年),太武下诏征沙门50岁以下强壮者还俗服役。第二年,太武帝攻凉州,大量僧徒顽强抵抗,太武想杀尽抵抗的3000僧众,因寇谦之等请求,这才赦免。

　　太武帝倡导儒学,主张整饬风化。太平真君五年(444年),太武帝颁布灭佛诏,限期所有师巫、沙门还俗,否则处死。沙门玄高、惠崇等违诏,太子晃和尚书韩万德庇护,但最后还是被处死。两年后,太武帝第二次大规模灭佛。佛教至此遭受了沉重的打击。

12. 宁为玉碎不为瓦全

　　北魏后来分为东魏、西魏。高洋夺得了东魏政权,建立北齐,高洋为巩固统治,大规模地清洗了元氏东魏贵族。有一天,高洋到晋阳,生怕元氏贵族趁机造反,吩咐将元氏贵族大加杀戮。这个时候,定襄县令元景安想请求改姓高,以免一死。

　　元景安的堂兄元景皓坚决反对,义正词严地说:哪有抛弃祖宗而改为他姓的,大丈夫宁为玉碎,何能瓦全? 元景安为了讨好高洋,竟出卖了堂兄元景皓,元景皓被高洋所杀,而元景安真的被赐高姓,免于一死。后来,用宁为玉碎,不为瓦全比喻宁愿为正义而赴死,而不愿意苟且偷生。

13. 孝文帝改革

北魏孝文帝改革，俗称孝文汉化，是指在南北朝时期，北魏孝文帝在位之时所推行政治改革。改革主要内容，是汉化运动，包括：推行均田制和户调制，变革官制和律令，迁都洛阳，改易汉俗等。

鲜卑族是中国历史上一个古老北方民族。拓跋部，是鲜卑族活动在大兴安岭北端东麓的一个分支。拓跋部不断南迁，在西晋时，部落首领拓跋猗卢帮助抗击刘渊、石勒有功，被皇帝封为代王，建立代国。不久，代国被兴起的前秦所灭。淝水之战后，前秦统治瓦解，拓跋部之拓跋珪趁机复国，召开部落大会，即代王位，宣布改国号为魏，称帝，史称北魏。此后，几代北魏统治者致力于统一，发动战争，先后灭亡北方之大夏、北燕和北凉，公元439年，统一北方。

鲜卑族之拓跋氏统一华北，建立北魏，历代君主十分重视汉文化。北魏孝文帝时，冯太后和朝臣李冲已经着手改革，建立均田制。孝文帝由冯太后抚养，深受汉文化影响。皇兴五年（471年），拓跋宏即位，是为孝文帝。为了缓和社会矛盾、民族矛盾，冯太后、孝文帝先后进行了一系列改革，统称孝文帝改革。

政治方面，进行了多方面改革。

整顿吏治：延兴二年（472年），下令——任满一年，升迁一级；治绩不好者，受到处罚，甚至降级。**变革税制**：延兴五年（475年），改变州、郡、县争收租调之混乱局面，政府确定，由县一级征收；征收时，禁止使用大斗、长尺、重秤。**实行俸禄制**：太和八年（484年），颁布俸禄制，申明俸禄以外，贪赃满一匹绢布，处死。次年，颁行均田令，规定地方守宰，按官职高低，给一定数量俸田。**改革官制**：太和年间，议定百官品秩，分为九品，每品分正、从。从品，为北魏之首创。十九年，按照家世、官爵等标准，将代北以来之鲜卑贵族，定为姓、族，姓为高，族次之，其中，穆、陆、贺、刘、楼、于、嵇、尉八姓，为显姓，"皆太祖已降，勋著当世，位尽王公。灼然可知者，且下司州、吏部，勿充猥言，一同四姓。"所谓四姓，一说为中原汉族高门崔、卢、李、郑；一说为汉族甲、乙、丙、丁四种郡姓。后者似为正确。

迁都洛阳：为了便于学习、接受汉文化，孝文帝拓跋宏决定，把国都从平城（今山西大同市）迁到洛阳。孝文帝称欲南征。大臣反对，最激烈者是任城王拓跋澄。孝文帝说：国家，是我的国家，你想阻挠我用兵吗？拓跋澄反驳：国家虽然是陛下的，但我是国家的大臣，明知用兵危险，哪能不讲？孝文帝宣布退朝，回到宫里，单独召见拓跋澄，对他说：老实告诉你，刚才我向你发火，是为了吓唬大家。我真正的意思，是觉得平城不是用武之地，不适宜改革政治。现在，我要移风易俗，非迁都不可。这次出兵伐齐，是假借机会，带领文武官员迁都中原。你看如何？拓跋澄恍然大悟，马上同意。太和十七年（493年），魏孝文帝亲自率领步兵骑兵三十余万南下，从平城出发，来到洛阳。随后，正式迁都。

经济方面，推行多项措施。实行均田制：太和九年（485年），颁布均田令，对不同性别之成年百姓、奴婢，以及耕牛，作了详尽受田规定。授田，有露田、桑田之别。露田，种植谷物，不得买卖，七十岁时交还国家。桑田，种植桑、榆、枣树，不须交还国家，可以出卖多余部分，买进不足部分。创立三长制：太和十年（486年），以三长制取代宗主督护制，采用邻、里、党之的乡官长老组织，抑制地方豪强。改革租调：太和十年（486年），孝文帝对租调制度进行改革。新租调规定，以一夫一妇为征收单位，每年，交纳帛一匹，粟二石；十五岁以上未婚男女，从事耕织之奴婢，每八人，耕牛每二十头之租调，分别相当于一夫一妇之量。

文化方面，明确实行汉化。禁止胡语，使用汉语，改穿汉服。禁止胡语，这是孝文帝汉化措施之中最为重要的政策，改变语言，规定不准说鲜卑复合语，完全使用单音节汉语。改为汉姓：孝文帝下令，鲜卑族人之姓氏，复姓改为单姓，包括：拓拔（皇族）—元姓；独孤—刘姓；丘穆棱—穆姓；步六孤—陆姓；贺赖—贺姓；贺楼—楼姓；尊孔：孝文帝迁都后，下令修建孔庙，祭祀孔子；降旨给孔子后裔土地、银两。

14. 侯景之乱

侯景之乱，是南北朝时期一场政变。梁武帝太清二年（548年）八月，东魏降将侯景勾结京城守将萧正德，举兵谋反。萧正德派大船数十艘，暗中接济侯景军辎重，发动叛乱，史称侯景之乱。侯景之乱，是中国历史上南朝时期由诸侯王发起的祸国殃民之乱。南朝梁武帝萧衍，信奉佛教，广建寺庙佛塔，不理朝政，王朝危如累卵。

侯景，羯族人，曾是东魏将领，投靠西魏。梁武帝为收复中原，招纳侯景，封为河南王。梁宗室子弟萧渊明，被东魏俘获。梁武帝打算用侯景与东魏进行交换。这一事件激怒了侯景。公元548年，侯景举兵反叛，率军攻入京城建康，将皇宫围住。第二年，攻破皇城，困死萧衍，侯景自己当丞相，执掌朝政。公元551年，侯景自封为帝。

侯景过江时，兵不过8000，马不过数百。当时，建康台城之中，尚有男女10余万，甲士2万，以及四方援军相继，约30余万。但是，援军无统一指挥，宗室诸王，屯兵不前，只想保存实力，以夺取皇位。太清三年（549年）三月，侯景攻陷台城。城破之时，城中只剩下两三千人，尸骸堆积，血汁漂流，惨不忍睹。侯景残暴，东掠三吴，使富庶的长江下游之地，"千里绝烟，人迹罕见，白骨成聚，如丘陇焉"（《南史·侯景传》）。

侯景得势后，杀萧正德，软禁梁武帝。不久，梁武帝忧死。侯景踌躇满志，立萧纲为帝。接着废杀萧纲，扶立萧栋为帝。天正元年（551年），侯景废萧栋，正式称帝，国号汉。第二年，梁将王僧辩、陈霸先率领大军，大败侯景军，攻下建康。侯景乘船出逃，被部下杀死。侯景之乱，历时长达三年零八个月，南朝士族遭到沉重打击，社会秩序造成极大破坏，六朝古都建康，变成一片焦土。南朝梁相继遭到西魏和北齐进攻，最终，被南朝陈取代。

第四章

隋帝王生活

　　隋朝（581—618年），是中国历史上上承南北朝、下启唐朝的重要朝代，因为隋朝唐朝文化、制度、社会特点一脉相承，所以，史学家常合称隋唐。公元581年，北周静帝禅位给杨坚，杨坚登基，为隋文帝，定国号为隋，北周灭亡。公元618年，隋恭帝杨侑禅让李渊，隋朝灭亡，历二帝：文帝、炀帝，国祚38年。

　　隋朝政府大胆革新，在政治、经济、文化、外交等领域进行了大刀阔斧的改革。政治上，确立了影响深远的三省六部制，以巩固中央集权制度；正式制定出完整的科举制度，以选拔优秀人才，弱化世族垄断仕官；建立政事堂议事制度、监察制度、考绩制度，加强中央集权。在军事上，继续推行和改革府兵制。经济上，一方面实行均田制，改定赋役；另一方面，采取"大索貌阅"和"输籍定样"等措施，清理户口，增加财政收入。兴建大运河，修造驰道，改善水陆交通线；兴建京都大兴城和东都洛阳。

　　隋朝疆域东到东海，西到新疆东部，西南到云南、广西、越南北部，北到大漠，东北到辽河，南到南海。

一、隋帝王宫廷生活

隋帝王宫室

隋开皇二年,即公元582年,文帝杨坚命高颎、宇文恺等人在汉长安城东南龙首原上设计一座新的宫城。建成以后,命名新宫城为大兴城。隋初宫城,为何叫大兴城?一种说法是太极殿位于大兴村;另一种说法是文帝最初封为大兴王,到他登极时,就将县、门、园、池都用大兴命名。大兴是指永远兴隆的意思。

文帝认为,汉长安故城凋残日久,屡为战场,因而决定再造新城。当时长安故城确实十分残破而且其水质咸苦。新城选在距长安十几里的龙首原,这里北枕渭水,南倚终南山,东有浐水,西有沣河。

建造大兴城,只用了九个月时间,到开皇三年二月正式迁都。大兴城东西长9721米,南北宽8651米,城周长近38公里,面积84平方公里,而汉长安故城周长仅25公里,魏晋洛阳故城周长仅12公里。大兴城可以说是古代世界上最大的城。

大兴城,分为三大部分:外廓城、皇城、宫城。宫城位于北部正中,宫城南边为皇城,外廓城则从东、西、南三面护卫着皇城和宫城。

外廓城共十二门,四面各三门。东、西、南、北四面的中门为:春明门、金光门、明德门、景曜门。明德门是一门五道,其余的是一门三道。

隋初,开凿了三条大的水渠:龙首渠、清明渠、永安渠。龙首渠在城东,引浐水过长乐坡而后分成两支,一支过通化门和兴庆宫、太极宫,一支绕东北角过大明宫南流入禁苑。

大兴城宫城,称大兴宫,位于全城北部正中。大兴东为东宫,是太子居住的所在;其西为掖庭宫,是嫔妃美人居住的所在;中部为太极宫;南部为皇城;北部和外廓墙之间是太仓,墙外就是大兴苑。

大兴宫,南北1492米,东西2820米,周长约8.6公里。大兴宫中的主要宫殿包括太极殿、武德殿、承香殿、大吉殿、立政殿。隋大兴宫到唐代时就改名为太极宫。

隋宫廷服饰

隋初开皇年间,就是公元581年至604年之间,隋文帝革除北朝的衣冠旧制,命大臣制定了新朝的衮冕制度:衮冕垂白珠十二旒,玉笄,元衣纁裳,衣上绣山、龙以下五章,裳上绣藻以下四章。革带、大带、素带朱里,外是上朱下绿缘边。

古代天子的衮冕有所谓六冕。隋开皇以后,天子只用衮冕,从氅冕以下,不再使用。

常服,古时称为宴服。隋时天子的常服是黄衫、黄袍。隋文帝杨坚听朝时爱穿赭黄文绫袍,头戴乌纱帽,脚蹬六合靴。隋宫中女子的日常服饰是上身穿襦、袄和衫,下身穿裙。《中华古今注》上记述说,隋炀帝杨广宫中,有云鹤金银泥披袄子。背子,也是隋宫中女子的常用物。史书记载说:隋炀帝宫人都以绯罗蹙金飞凤背子作为朝服。

隋宫廷乐舞

隋宫廷乐舞承自北朝。北朝引入宫廷的西域民族乐舞为隋唐的燕乐舞灌注了新鲜血液,也成了隋唐燕乐舞的一大特色。北齐有杂乐《西凉乐》《龟兹乐》,是西域音乐。北周君主喜欢演奏高昌乐。后来,突厥人又带来了康国和龟兹音乐。隋取代北周,也继承了北周的音乐。所谓周隋管弦杂曲数百首皆西凉乐,鼓舞曲皆龟兹乐。

元代学者马贵与认为,隋唐所谓燕乐,西戎乐占其大半。另一学者郑夹漈也说,凡清乐妙舞没有不是出自西域的。学者的这些论述虽然略有偏颇,但无法否认的事实却是,胡乐舞在隋唐的乐舞中占有相当的比重,就连"盛唐第一曲"《霓裳羽衣曲》,也是采有西凉音乐的作品。

隋文帝杨坚底定天下,立即将魏、齐、周、陈乐人子弟征集于长安,并且录用新人,广召乐士,空前地扩大了音乐机构。隋朝的乐舞伎按照乐舞种类,分为七个部分,称作七部乐,即国伎、清商伎、天竺伎、高丽伎、安国伎、龟兹伎、文康伎。

吕光占据凉州时,将龟兹音乐加以改编,名为秦汉伎。北魏北周时,叫作国伎,歌曲有《永世乐》,舞曲有《于阗佛曲》,解曲是《万世丰》。解曲,即是分为许多段子的曲子。国伎可见就是西凉乐。清商乐是从汉代流传下来的。隋朝取陈时,得清商乐。歌曲有《阳伴》,舞曲有《明君》《并契》。天竺伎是张重华占据凉州时,印度通过四重翻译进贡的男伎带来的。歌曲有《沙石疆》,舞曲有《天曲》。高丽伎出自高丽国。歌曲有《芝栖》,舞曲有《歌芝栖》。

隋大业年间,炀帝杨广增加疏勒、康国两部,扩七部乐为九部乐。由于龟兹为一大宗,而且曲调独特,炀帝便以龟兹乐为曲调,填写艳词,命太乐令白明达配制成歌曲,曲目有《万岁乐》《藏钩乐》《七夕乐》《相逢乐》《斗鸡子》《泛龙舟》《还旧冒》《斗百草》《长乐花》《玉女行觞》《神仙留客》《掷砖续命》等,曲调掩抑摧藏,哀音断绝,炀帝悦之不已。

大业六年，西域高昌国来献音乐。炀帝杨广要了个花招。高昌乐人在旅馆演习时，密令懂得音律的人在暗地里倾听，一一默记。等高昌乐人来到殿前正式献艺，炀帝先令隋朝乐工在一旁演奏，听得高昌乐人目瞪口呆。这次进献的歌曲有《善善摩尼》，解曲有《婆伽儿》，舞曲是《小天》，还有《疏勒盐》。

隋帝王文化生活

帝王，是国人中的文化人。不识字的皇帝几乎没有。有几个识字不多的开国皇帝，读书不如何，但能够听书，而且听出了书的三昧。在宫中长大的皇帝则都是由全国一流文士中的优秀者启蒙、教育，全面学习，掌握多方面的知识。中国大多数的帝王因而有作诗的才能，有的把诗文作为嗜好，甚至沉溺其中。好诗、爱诗往往与皇帝的天赋和性情有关。多愁善感和豪爽浪漫的个性能引导他们好诗、爱诗，而天赋则决定着他们的能力和水平。

隋朝虽二世而没，但文帝、炀帝却不乏诗才，相比之下，炀帝较之文帝更好诗，且技高一筹，更有天赋，也更加自负。

文帝杨坚巡幸并州时，与亲族欢聚，感叹韶光流逝，曾赋诗述怀：

红颜讵几，玉貌须臾。
一朝花落，白发难除。
明年后岁，谁有谁无？

炀帝痴爱诗文，在文学上造诣很深，且才能过人。史称他行文：并存雅体，归于典制，虽意在骄淫，而词无浮荡。从炀帝开始，一改以往的取士标准，专以诗赋取士，广罗天下文才入仕朝廷。

炀帝自视甚高，视自己为天下人的领袖，才能自然在众人之上。他曾自负地说：天下都认为我继承皇位，拥有四海，如果让我和士大夫高选，我也当为天子。然而，残酷的事实是，天下文士中确实有不少高才才华闪烁，远远在自己之上。炀帝每到这时，见到惊人妙语出自文士，便愤愤不已，进而便置之于死地。

大臣薛道衡曾写了一篇奏章，称颂圣明。炀帝借口他歌颂文帝而不赞美本朝，吩咐斩首。薛道衡死时，炀帝解恨地说：还能写"空梁落燕泥"吗！原来杀机从此处起，是妒恨薛道衡的文才。

另一位文士王胄，命运也同薛氏差不多。王胄依附叛乱的杨玄感，败后被捕，接着送上了断头台。王胄死前，炀帝诵其佳句，揶揄说："庭草无人随意绿"，还能写出这句吗？原来如此！

炀帝晚年醉生梦死。他日夜酣饮,以此麻醉自己,遗忘那些烦人而无对策的王朝祸事。炀帝内心是清楚的,天下危如累卵,他却故作从容,信步闲游,内心能不忧之如焚?他写下了五言诗,表述自己的心情,结句是:徒有归飞心,无复因风力。诗成以后,令美人吟咏,炀帝泪下沾襟,侍者也唏嘘不已。炀帝在生命终结时还留下一首五言诗,诗人在无奈和绝望中,还不乏幽默:

求归不得去,真成遭个春。
鸟声争劝酒,梅花笑杀人。

二、隋文帝杨坚

生平

隋文帝杨坚(541—604年),隋朝开国皇帝。汉族,弘农郡华阴(今陕西省华阴市)人,汉太尉杨震第十四世孙。鲜卑小字为那罗延(金刚不坏),鲜卑姓氏为普六茹。普六茹,鲜卑姓氏,是其父杨忠受西魏恭帝所赐。后来,杨坚掌权以后,恢复汉姓"杨"氏,并且,让宇文泰鲜卑化政策中改姓之汉人,全部恢复汉姓。在位期间,政绩卓著。军事上,攻灭南朝陈,成功地统一了分裂数百年的中国;击破突厥,被尊称为"圣人可汗";施政方面,开创选官制,发展文化,繁荣经济,创立了盛世之国。开皇年间,隋朝疆域辽阔,人口达到700余万户,是中国农耕文明的辉煌时期。1978年,美国学者迈克尔·H.哈特著的《影响人类历史进程的100名人排行榜》中,杨坚排名第82位。

杨坚之父杨忠,追随北周文帝宇文泰,起事关西,战功赫赫,因此,赐姓普六茹氏,官至柱国、大司空,封随国公。死后,追赠太保,谥号桓。杨坚相貌奇伟,性格刚毅,心怀大志。他承袭父爵,然而,他感觉伴君如伴虎。齐王宇文宪觉得杨坚非久居人下之人,曾对武帝宇文邕说:"普六茹坚,相貌非常。臣每见之,不觉自失,恐非人下,请早除之。"宇文邕也有同感,他对杨坚早存疑心,听宇文宪说后,疑心更重。但是,是否立即除掉杨坚,他犹豫不决。于是,他问计于钱伯下大夫来和。来和知道,杨坚气宇不凡,前程万里,他想给自己留条后路。来和回答:"杨坚是可靠之人。如果皇上让他做将军,带兵攻打陈国,没有攻不下的城防。"一席话,让杨坚避免了一场杀身之祸。

宇文邕仍然放心不下,他暗中派人请相士赵昭进宫,偷偷为杨坚看相。赵昭是著名相士,一直与杨坚交好。他佯装仔细观察杨坚,然后,轻描淡写地说:"皇上,请不必多虑。杨坚相貌极其平常,无大富大贵相,最多不过是大将军罢了。"这次看相,杨坚再次闯过了生死险关。这时,内史王轨不喜欢杨坚,他劝谏宇文邕,尽早杀了他:"杨坚,貌有反相"。宇文邕相信相士赵昭的判断,认为杨坚不过是征战将军罢了。听了王轨的话,宇文邕面露不悦地说:"如果真是天命所归,有何办法?"杨坚化险为夷,再次与死神擦肩而过。

宇文邕死后,其子宇文赟即位。杨坚长女杨丽华,被封为皇后。杨坚是皇帝岳父,晋为柱国大将军、大司马。然而,皇帝宇文赟对岳父杨坚疑心更重,他随时随地感觉到杨坚的威胁,有一次,他直言不讳地对杨皇后恨恨地说:"我一定要灭你全家!"他吩咐内侍,在宫中埋伏杀手,下令:"只要杨坚有一丝无礼,立即杀之!"安排妥当后,他召杨坚进宫,议论政事。杨坚经历过几次生死考验,每次化险为夷,这次进宫,他心中早有准备。议事时,不管宇文赟怎样激怒、刺激,怎样蛮不讲理,杨坚都神色自若,泰然处之。宇文赟无机可乘,杨坚再次躲过大劫。

杨坚知道,宫中绝非久留之地。经过慎重考虑,他想出了两全之策。通过内史上大夫郑译,向皇帝宇文赟传达信息,杨坚久有出藩之意。杨坚在京城,宇文赟心中不安。得知此意,他立即任命杨坚为亳州总管。杨坚离开京城,皇帝宇文赟放下心来。杨坚出任亳州总管之时,谋士庞晃进言:乘机起兵,建立帝业!杨坚摇头,握着庞晃的手,微笑着说:"时机不成熟啊!"杨坚久有大志,他取周自代之愿,溢于言表,表露无遗。宇文赟胸无大志,终日沉溺酒色,不问朝政,朝纲废弛,政治昏暗。满朝文武,忧心忡忡。宇文赟觉得,做皇帝太麻烦,不能称心如意。如何才能终日逍遥自在,不受干扰?他别出心裁,决定将皇位让给自己年仅6岁的儿子。他做太上皇,自称天元皇帝,终日缠绵于后宫之中,纵情享受,吃喝玩乐。结果,因为荒淫无度,年仅22岁,就命丧黄泉。

为政举措

1. 建立帝业

宇文阐即位,为周静帝,年仅7岁。杨坚大权在握,被任命为丞相。杨坚在郑译、刘昉等大臣的帮助下,以外戚身份,牢牢地控制了北周政权。杨坚出任丞相,立即开始实施篡夺北周、建立帝业的计划。他控制皇宫,掌握军队,执掌朝政。政权稳固之后,他以皇帝的名义,召北周宗室五王进京。赵王招、陈王纯、越王盛、代王达、滕王逌兴致勃勃,奉诏来到长安。等五王聚齐后,杨坚一声令下,当场全部杀掉。接着,杨坚重用韦孝宽,率领大军打败了劲敌尉迟迥,彻底消灭了自己最大的政敌。

开皇元年(581年)二月甲子日,北周静帝走投无路,以杨坚众望所归,下诏宣布禅让。杨坚虚意三让,最后,接受静帝退位,自相府以常服入宫。筹备大礼,杨坚即皇帝位于临光殿,为隋文帝,定国号为隋,改元开皇。随后,杨坚宣布大赦天下。平定叛乱之后,天下没有统一,还有两个小政权存在:南方之陈朝和江陵一隅之地的西梁。开皇七年(587年)九月十九日,杨坚废西梁后主萧琮,西梁亡。

开皇八年(588年),杨坚集合大军,兵分三路,整装出发:杨广统领大军,兵出六合;杨俊一路,出师襄阳;杨素带领水军,出兵永安。三路大军,共计五十一万八千人,浩浩荡荡,围攻陈

■ 隋文帝杨坚

国。开皇八年十二月,杨素水军沿着长江东进,击破陈之沿江守军,顺流而下。但是,因为施文庆、沈客卿等人扣留告急文书,陈朝没有调出建康大军。开皇九年正月二十日(589年2月10日),陈将任忠投降,引隋之韩擒虎军攻入建康城,活捉陈叔宝,陈朝灭亡。随后,各地陈军或者接受陈后主号令纷纷投降,或者坚决抵抗,隋军将之消灭。最后,只有岭南之地,受到冼夫人保护,据守顽抗。开皇十年(590年)八月,隋派使臣韦洸等人前往岭南,安抚众人。冼夫人率领众人迎接隋使,宣布归顺。从此,岭南诸州悉为隋有,天下统一。

杨坚建立隋朝,统一中国,正式定都长安(大兴城),社会稳定,经济繁荣,开创了一个辉煌、昌盛的历史时期,史称开皇之治。杨坚建立隋朝,结束了西晋末年以来,将近300年的分裂、割据状态,实现了自秦、汉以来中国又一次的大统一,促使了北方各民族的大融合,极大地发展和促进了南方经济。

杨坚晚年时,诸子争位,受到极大的困扰。杨坚忍无可忍,吩咐软禁三子秦王杨俊。接着,在开皇二十年(600年),杨坚下令:长子、太子杨勇,贬为庶人;改立次子杨广,册立为太子。仁寿二年(602年),杨坚降旨:四子蜀王杨秀,贬为庶人。仁寿四年(604年),杨坚病逝于大宝殿,在位23年,终年64岁,葬于泰陵(陕西省杨陵区城西5公里处)。

2. 政绩卓著

隋朝建立以后,百废待举,杨坚积极进取,在政治、经济等方面进行了一系列

的改革。在政治方面,杨坚着手巩固和加强中央集权,在中央之地,实行三省六部制;将地方政权的州、郡、县三级制,改为州、县两级制;中央、地方官吏,一律由中央任免。

在中央,设立三师、三公、五省。三师、三公,只是荣誉虚衔。掌握政权者,是五省:内侍省、秘书省、门下省、内史省和尚书省。内侍省、秘书省,是服务部门,在国家政务之中,不起任何作用。内侍省,是宫廷宦官机构,管理宫廷事务。秘书省,掌管书籍、历法,是文化事务部门。其他三省是中央权力机关。内史省、门下省、尚书省,是最高政务机构。内史省负责中央决策;门下省负责审议;尚书省负责执行。后来,唐朝继承,确立为历代承袭的三省制。

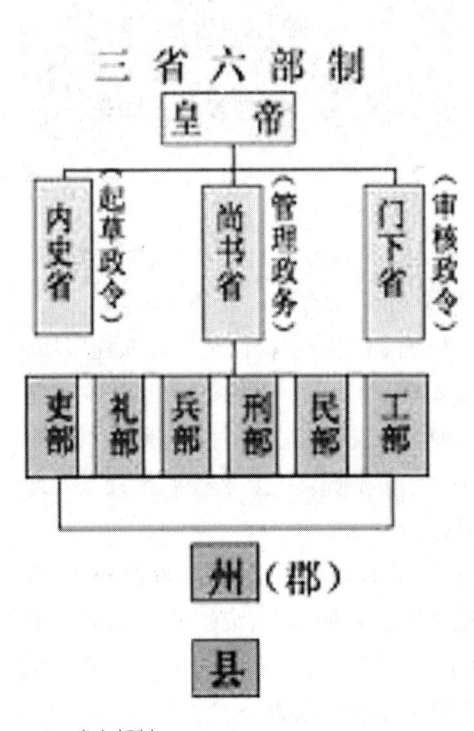

尚书省下,设立吏、民、礼、兵、刑、工六部。每部设立尚书,总管本部政务。中央具体办事机构,就是六部:吏部,掌管全国官吏之任免、考核、升降和调动;民部,掌管全国之土地、户籍,以及赋税、财政收支;礼部,掌管祭祀、礼仪和对外交往;兵部,掌管全国武官之选拔,以及兵籍、军械等事务;刑部,掌管全国之刑律,以及判案、断狱诸事务;工部,掌管各种之工程、工匠、水利、交通等事务。

最初之时,六部称为六曹,也就是中央六大办事机构。六部长官则称为尚书。三省、六部之设立,是杨坚的一大创举,成为后来历代封建王朝中央政权的固定制度。三省、六部之制,职责分明,分工明确;上传下达,组织严密;

■ 三省六部制

三省之上,统属皇帝,极大地加强了中央集权。这套机制,对唐代及以后历朝历代,影响十分巨大。隋文帝杨坚革除旧制,建立了一整套规模庞大、组织完备的三省六部官僚机构,充分表明以皇帝为核心的封建制度,至此已经发展到了成熟阶段。隋朝之制成为历代定制,一直沿袭至清朝灭亡。

3. 营建大兴城

隋时,在汉长安城东南之地,建筑新城,取名大兴城,其故址在今西安城以及城东、城南、城西一带,也就是唐之长安城。隋朝开国之初,都城长安,久经战乱,残破不堪。杨坚发现,长安宫室狭小,不适合居住;数百年来,城市污水沉淀,排水不畅,都城饮水也成为严重的问题。因此,杨坚决定,放弃龙首原以北之长安旧城,在龙首原以南之汉长安城东南,选择新址,建立新城。

开皇二年(582)正月,杨坚命宇文恺为总负责人,主持设计、建造皇宫新城大兴城。第二年三月,工程竣工。宇文恺参照北魏之洛阳城,以及东魏、北齐之邺都南城,将龙首原以南之6条高坡,视为乾之六爻,以此为都城核心,作为长安城总体规划之地理坐标。六坡,是大兴城之核心和骨架,是皇宫、中央政权机关和皇家寺庙之所在地,它们耸立在高原之上,与普通民居形成鲜明对照。冈原之间,形成低地,建立普通居民区,形成耕地,开渠引水,挖掘湖泊,增大都城水域。

大兴城堪称当时之世界第一城。它的建筑设计和布局,对后世都市建设影响深远,尤其对日本、朝鲜之都市建设,产生了巨大的的影响。秦汉以来,直到南北朝,都城之城市格局,较为混乱,没有章法,没有布局,皇宫、官署、民居,交错相处,十分杂乱。隋之大兴城,形成统一的都城格局,建筑均衡对称,街道整齐划一,东西对称,南北交错,大街小巷,井然有序。

大兴城为长方形,全城由宫城、皇城、外郭城三部分组成,完全采用东西对称布局。外郭城约占全城总面积的88.8%。可以说,普通居民区之大幅扩大,是大兴城建筑设计的一大特点。宫城、皇城、民居,各自独立,界线分明,安全实用。大兴城充分利用地形优势,极大地扩展了城市立体空间,使得宫城非常雄伟壮观。大兴城,建筑宏伟,是当时世界上最为繁华、庞大的城市,它是汉长安城的2.4倍,明清紫禁城的1.4倍;它比同时期拜占庭王国都城大7倍,比公元800年建造的巴格达城大6.2倍。

开皇四年(584年),杨坚命宇文恺开掘漕渠:从大兴城西北,引来渭水,循汉代漕渠故道而东,至潼关进入黄河,全长150多公里,名广通渠。这条渠水,是修建大运河之始。大运河,连接黄河流域和长江流域,是隋朝著名的水利工程。

4. 开皇盛世

隋文帝杨坚在位二十余年,政权巩固,社会稳定,经济繁荣,民生富庶,人民安居乐业,史称开皇之治、开皇盛世。据史书记载,隋文帝杨坚在位时,倡导节俭,厉行节约,千方百计节省政府开支,废除所有多余的苛捐杂税,设置国家谷仓,储存食粮。

开皇之治,经济发达,人口猛增。据史书记载,开皇十七年,户口滋盛,中外仓库,无不盈积。隋文帝杨坚登基之时,全国人口400万户。隋炀帝登基时,全国人口已达890万户。以一户六口计算,全国人口应该在5000万以上。这个人口数字,唐玄宗时才达到。唐高宗时,全国户口是380万户。唐玄宗时,全国是760万户,大约4100万人。隋文帝开皇九年,全国开垦田地1944万顷。隋炀帝大业中期,全国开垦田地5585万顷。隋朝京城,以及各地粮仓,大的可以储粮千万石,小的也可以储粮数百万石,仓库之中都储满了谷物。长安、洛阳和太原国库之中,储存着绢帛,各有数千万匹。隋文帝临终时,天下仓库之积储,可供全国60年正常使用。

隋文帝开创了一个崭新的时代,史称"地广三代,威振八纮"。大隋王朝,存在了37年(581—618年),建立了广大的行政区域,实施有效管辖。杨坚指挥隋朝军队,歼灭或重创了突厥、吐谷浑、契丹、高句丽势力,取得空前大捷。《剑桥中国隋唐史》一书,给予了高度评价:"隋朝,消灭了其前人过时的和无效率的制度,创造了一个中央集权帝国的结构,在长期政治分裂的各地区,发展了共同的文化意识,这一切同样了不起。人们在研究其后的伟大的中华帝国的结构和生活的任何方面时,不能不在各个方面看到隋朝的成就,它的成就,肯定是中国历史中最引人注目的成就之一。"

5. 武功赫赫 统一全国

(1)灭西梁

西梁,是南朝梁武帝萧衍之孙萧詧所建,初都襄阳,后来迁都江陵。前后共有三个皇帝,历时33年。后梁,严格地说,实际上是北朝西魏、北周、隋之附庸。西魏、北周、隋时,都在江陵设置总管,以监其国。开皇七年(587年),隋文帝杨坚召后梁皇帝萧琮来到长安,将其软禁。随后,杨坚派兵进据江陵,西梁灭亡。

(2)灭南陈

开皇八年(588年)十月,隋在寿春设立淮南行台省,以晋王杨广为尚书令,全面负责灭陈战役。不久,杨坚分别以晋王杨广、秦王杨俊、清河公杨素为行军元帅,领兵出征陈国。兵分三路,杨广出六合,杨俊出襄阳,杨素出永安。同时,荆州刺史刘仁恩出江陵,蕲州刺史王世积出蕲春,庐州总管韩擒虎出庐江,吴州总管贺若弼出广陵,青州总管燕荣出东海。各路隋军,浩浩荡荡,共计总管九十、兵力五十一万八千人,由晋王杨广节度,东自大海,西至巴蜀,在广大战线上,向陈发动全面进攻。

隋军大举南下,兵临城下。陈后主陈叔宝不思进取,优柔寡断,不做任何应战准备,听天由命。陈国不作抵抗。于是,隋军顺利渡过长江。

开皇九年(589年)正月,贺若弼、韩擒虎率军先后渡江。后来,陈叔宝狼狈不堪,被隋军所俘。长江上游之陈军知道大势已去,全部解甲投降。至此,陈朝灭亡。

6. 文化繁荣

北齐和北周时期,上层贵族一度热衷于鲜卑化、西胡化。北周武帝亲政后,开始倡导汉化。承光元年(577年),北周灭北齐,统一北方。但是,北周武帝英年早逝,北周汉化进程中断。杨坚先辈是武川镇司马杨元寿,因为帮助鲜卑有功,被赏赐胡姓普六茹。杨坚执政后,立即恢复自己的汉姓,大力推行汉化。

隋文帝重视汉文化,下诏求书,建立了完备的藏书体系,对汉文化的发展、传承起了十分重要的作用。连年混战,许多书籍在战火之中被焚毁,或者遗失大半。隋开皇三年(583年),隋文帝下诏求书:凡献书一卷,赏赐绢一匹。于是,"民间异书,往往间出"。隋时,宫廷藏书十分丰富,藏书量是中国历代宫廷藏书之中最多的朝代之一。隋朝宫廷藏书,最多之时,达37万卷,有77000多类的图书。可是,隋宫藏书大部分毁于战火。唐玄宗时,宫廷藏书才8万余卷。

典故逸闻

1. 爱妻皇帝

隋文帝杨坚是一位雄才大略的皇帝,也是中国历史上拥有唯一妻子、深爱妻子的皇帝男人。他和文献皇后独孤伽罗一起生活,四十余年,同甘共苦,感情真挚,爱情动人。《剑桥中国隋唐史》高度评价隋文帝和独孤皇后伉俪情深:"杨坚的夫妻关系,在中国历史中,很可能是独一无二的。一个后妃,在君主的大部分执政期间,对他有如此强烈和持续的影响,这实在少见。"

北周孝闵帝元年(557年),新娘独孤伽罗出嫁月余,初为人妇,尚在娇羞之中。然而,政治冷酷,其父独孤信,与北周权臣宇文护政争失败,残忍被杀。一夜之间,她从八柱国之贵族之女,沦落为父母双亡、家族败落的罪人之女。当时,杨坚17岁,受到此事牵连,前程无望,性命堪忧。但是,杨坚十分坚强,用自己的有力双肩,牢牢地护住自己14岁的小妻。史书称:"初,高祖与独孤后,甚相爱重,誓无异生之子"。

杨坚登基,为隋文帝。这时,独孤皇后已经38岁了,一直是文帝唯一的妻子。独孤皇后态度明确,皇帝只能有一个妻子,不准有其他嫔妃。独孤皇后主张感情专一,特地制定出了一份内外命妇制度,确保皇帝只属于皇后。皇后去世后,隋文帝、隋炀帝父子,不得不重新修订后宫制度。

根据史书记载,文帝杨坚和独孤皇后关系亲密:"上每临朝,后辄与上方辇而进,至阁乃止。使宦官伺上,政有所失,随则匡谏,多所弘益。候上退朝而同反燕寝,相顾欣然。"但是,隋文帝晚年时,也有点小心思,想找美人,调剂老年生活。他试探性地宠幸宫女尉迟氏,然而万万没有想到,引来尉迟家族的杀身之祸。皇后悲愤交加,怒杀尉迟宫女。皇帝杨坚十分生气,一怒之下,愤然离家出走。独孤皇后内心痛苦,受伤害更深。几年之后,她奄然辞世。

垂暮之年失去爱妻,皇帝杨坚痛苦不堪。62岁的皇帝冒着严寒,亲自奔波于山道,礼送亡妻,前往陵园下葬。没有老妻管束,杨坚孤独寂寞,试图在温柔乡中寻找安慰。皇后去世一年后,皇帝一病不起,临终前,感叹地说:如果皇后在,何至如此!最后,皇帝对皇太子说:丧事,你们商量着办吧。不能忘怀皇后,如果灵魂有知,一定要让我们夫妻在地下团聚。仁寿四年(604年)十月,隋文帝杨坚和独孤皇后合葬太陵,夫妇二人在地下相守,已历千年。

2. 相有奇表

《隋书》记载,杨坚:"为人龙颔,额上有五柱入顶。目光外射,有文在手曰王。长上短下,沉深严重。"由此可见,杨坚之相貌,有六大特征:一、天生龙颜,额头突出,明显有五个隆起部分,从额头直到头顶;二、下颌较长,非常突出;三、目光犀利,咄咄逼人;四、掌纹特别,上有"王"字纹;五、上身长,下身短;六、神情庄重,深沉严肃。如此相貌,降生不久,母亲吕氏就大骇失色。

北周太祖宇文泰感叹杨坚相貌曰:"此儿风骨,不似代间(瀚海沙漠)人。"

公元583年十一月,陈后主陈叔宝派遣散骑常侍周坟、通直散骑常侍袁彦出使隋朝。陈叔宝听说隋文帝杨坚状貌神异,不同于常人。于是,他让袁彦画像而归。可是,当陈叔宝看到杨坚画像后,大惊失色,大叫道:"吾不欲见此人!"吩咐将此画扔了。

家庭成员

父母

父亲:杨忠。隋文帝称帝后,追尊为武元皇帝。

母亲:吕氏。隋文帝称帝后,追尊为元明皇后。

兄弟姐妹

二弟:蔡景王杨整,隋文帝同母弟。

三弟:滕穆王杨瓒,隋文帝同母弟。

四弟:道宣王杨嵩,隋文帝异母弟。

五弟:卫昭王杨爽,隋文帝异母弟。

姐姐:万安公主,后为安成长公主。

后妃

文献皇后:独孤伽罗,独孤信之女。

宣华夫人:陈氏,陈宣帝第十四女宁远公主。

容华夫人:蔡氏。

弘政夫人:陈氏,陈宣帝第二十四女临川公主。

宫人:尉迟氏,尉迟迥孙女,被皇后独孤伽罗所杀。

子女

长子:房陵王杨勇,文献皇后所生。

次子:隋炀帝杨广,文献皇后所生。

三子:秦王杨俊,文献皇后所生。

四子:蜀王杨秀,文献皇后所生。

五子:汉王杨谅,文献皇后所生。

长女:乐平公主杨丽华,文献皇后所生,嫁北周宣帝宇文赟,女儿宇文娥英,外孙女李静训。

五女:兰陵公主杨阿五,初嫁仪同王奉孝,后嫁柳述。

襄国公主,下嫁河阳郡公李长雅。

广平公主,下嫁安德县公宇文静礼。

泰陵

泰陵,是隋文帝杨坚的陵墓,位于今陕西省扶风县城东南22.5公里处的三畤原上,面临渭河,和终南山相望。仁寿二年八月,杨坚皇后独孤氏去世。杨坚命大臣选择吉地,在三畤原上造好墓地,建造泰陵,入葬独孤皇后。仁寿四年(604年)七月,杨坚病逝。十月,合葬泰陵,和皇后同坟异穴。

泰陵,又称太陵,俗称杨家陵,以封土为陵。太陵冢高27.4米,呈覆斗形,夯筑而成。底部面积为26560平方米。陵冢顶部较为平坦,呈长方形,东西长48米,南北宽38米。陵冢底部,四周已被挖掉3—5米,现残存东西长166米,南北宽160米。

陵冢周围,原筑有夯土城垣,现基本毁坏,唯北城尚有残墙,长约130米,最高处1.2米,残存宽5.5米。经初步考古钻探,陵垣东西长756米,南北宽652米,总面积49.29万平方米。垣墙四角,以及中部地区,发现大量砖瓦残片,应当是当时阙楼、城门遗存。

泰陵,一如秦汉陵墓之制,封土为陵。隋文帝尚简,其陵墓较简单,远远不如秦汉皇陵之规模。西汉时规定,皇帝即位第二年,从全国税收之中,抽取三分之一,营造皇帝陵墓,即寿陵。帝王陵园占地七顷,陵穴占地一顷,陵高十二丈,深十三丈,墓室高一丈七尺。陵墓有四个墓道,能并行驾驶六匹马车。陵墓四门,埋设暗剑、伏弩机关,以防盗墓。死者身上穿戴金缕玉衣,口含玉蝉。然而,隋文帝之泰陵极其简朴,没有有关泰陵随葬品的记载。当地百姓都说,太陵无宝可盗。据说,历代军阀、土匪、盗墓贼,均无所获。

三、隋炀帝杨广

生平

■ 隋炀帝杨广像

隋炀帝杨广(569—618年),一名杨英,小字阿䗣,华阴(今陕西华阴)人。他是隋文帝杨坚和文献皇后独孤伽罗之次子,隋朝第二位皇帝。生于隋之大兴宫,开皇元年(581年),立为晋王。开皇二十年(600年)十一月,立为太子。仁寿四年(604年)七月,继承大位,为隋炀帝。在位期间,修建大运河:开通永济渠、通济渠,加修邗沟,疏通江南运河。同时,营建东都,迁都洛阳。开创、完善科举制度,成为后世科举取士之典范。穷兵黩武,亲征吐谷浑,三征高句丽,滥用民力,天下大乱。618年,在江都游乐,被部下缢杀。唐朝时,谥号炀皇帝。《全隋诗》中,收录其诗40余首。

北周天和四年(569年),杨广生于大兴宫(今陕西西安)。史书称:"美姿仪,少聪慧"。北周时,其父杨坚功勋卓著,被封为雁门郡公。开皇元年(581年),杨坚即皇帝位,封为晋王,官拜柱国、并州总管,时年13岁。后来,授任武卫大将军,进位上柱国、河北道行台尚书令等。

开皇八年(588年)冬,隋朝兴兵伐陈,时年,杨广20岁,为领衔统帅,带领贺若弼、韩擒虎等将军出征。平陈之后,大军进驻建康。杨广吩咐,杀掉陈叔宝宠信之奸佞之臣以及宠妃张丽华,封存府库。随后,将陈叔宝以及皇后等人,带回京城。凯旋班师,杨广进封太尉。统一全国过程中,杨广屡立战功。隋文帝开皇十年(590年),他奉命赴江南,任扬州总管。他和杨素一起,平定江南高智慧叛乱,杨素封越国公。开皇二十年(600年),他率军北上,大破突厥。杨广登基称帝后,先后对高句丽、吐谷浑和突厥发动大规模战争。

事迹

1. 迁都洛阳

隋炀帝刚刚继位,就决定迁都洛阳。史书记载表明,隋炀帝决定迁都洛阳,可是,汉魏洛阳破旧,已经不适合作为都城。于是,隋炀帝另选地址,重新营建新都洛阳。

隋炀帝营建洛阳新城,是经过深思熟虑的。洛阳城,南对伊阙,北倚邙山,东有瀍河、洛水,纵贯其间,确实是气象万千的帝王之都。都城主要分外郭城、宫城、皇城三大部分,还有东城、含嘉仓城、园壁城和耀仪城等,规模宏大,布局对称,井然有序。宫城、皇城,位于郭城西北。都城独特的布局和整齐划一的街道里坊,在中国都城建设史上具有重要的历史地位。隋炀帝修建洛阳城,具有战略考虑。隋到五代、北宋之时,洛阳城一直是全国的政治、经济、文化中心。

美籍汉史学家费正清著《中国:传统与变迁》一书,感叹:"在隋文帝和隋炀帝的统治下,中国又迎来了第二个辉煌的帝国时期。大一统的政权,在中国重新建立起来。长城重新得到修缮,政府开凿了大运河(这为后来几百年间的繁华提供了可能),建造了宏伟的宫殿,中华帝国终于得以重振雄风。"

隋炀帝大业元年(605年),迁都洛阳。他下令,大规模营建东都,历时十个月,每月征调民夫多达二百万人。东都,在旧洛阳城之西,规模宏大,周长五十余里,分为宫城、皇城、外郭城三部分。宫城,是皇帝生活宫殿所在地。皇城,是官衙所在地。外郭城,是官吏私宅和普通百姓居所。外郭城较为广大,居民区达一百余坊,设有丰都市、大同市、通远市等三大市场。

2. 修建大运河

营建东都的同时,隋炀帝下令,开凿连接南北之京杭大运河。

隋朝大运河,以都城洛阳为中心,分为三大段,北起涿郡(北京),南抵余杭(杭州),全长2700公里。

大运河北段,名永济渠,北起涿郡(北京城西南),南达洛阳。大运河中段,包括通济渠、邗沟。通济渠,北起洛阳,东南进入淮水。邗沟,北起淮水南岸之山阳(江苏淮安),南达江都(今扬州),进入长江。大运河南段,名江南河,北起长江南岸之京口（镇江），南通余杭（浙江杭州）。

京杭大运河，分段开凿，前后历时五年，全长两千余公里。后来，经过元朝取直疏浚，全长为1794公里，成为现今之京杭大运河，利用了当年隋朝大运河不少河段，缩短了900多公里。

据史书记载，隋炀帝下令调征河南、淮北诸郡人民一百余万人，开凿通济渠。自洛阳西苑，引谷、洛两条河水，进入黄河。自板渚（在虎牢之东）处，引黄河之水，经荥泽进入汴水。自大梁之东，引汴水入泗水，直达淮河。炀帝征发淮南民工十余万人，开掘邗沟。北起淮水南岸之山阳（今江苏淮安），南达江都（今扬州），进入长江。统一标准，渠宽四十步，水渠两旁，建筑工整平坦的御道，夹种杨柳。从长安到江都，修建皇帝专用的离宫四十多座。大运河开工后，接着，炀帝派人前往江南，专造龙舟以及其他杂船数万艘。随后，炀帝杨广下令，开凿永济渠、江南河。后来，统称为隋朝大运河。

从时间上看，大运河是隋朝两代皇帝完成的。隋开皇四年（584年），隋文帝命宇文恺率众开凿漕渠。自大兴城西北引入渭水，略循汉代漕渠故道而东，至潼关进入黄河，全长150多公里，名广通渠。隋仁寿四年（604年），改名永通渠。

大业元年，隋炀帝即位第一年，就着手修建通济渠。同年，修建和改造邗沟。大业四年，炀帝征发河北民工一百万人，开凿永济渠，以供辽东之需。隋大业六年（610年），沟通长江。至此，开凿大运河工程基本完成，历时六年时间。

从地理上看，大运河是分段完成的。隋炀帝按照规划，分段开凿、疏浚河道。永济渠：引沁水向南，到达黄河；向北，到达涿郡（今北京）。通济渠：由黄河进入汴

隋朝大运河

水,再由汴水进入淮河;邗沟,从淮河进入长江;江南河:从京口(今江苏镇江)到达余杭(今浙江杭州)、会稽(今浙江绍兴)。

隋唐大运河以洛阳为中心,南至会稽,北到涿郡(今北京),全长2700公里,跨越地球10多个纬度,纵贯在中国最富饶的东南沿海和华北大平原上,经过浙江、江苏、安徽、河南、山东、河北、北京七个省市,通达黄河、淮河、长江、钱塘江、海河五大水系,是中国古代南北交通的大动脉,在中国的历史上产生过巨大的作用,是中国古代劳动人民创造的一项伟大的水利建筑工程,也是世界上开凿最早、规模最大的运河。后经元朝取直疏浚,全长1794公里,成为现今的京杭大运河。明清之时,大运河取直,不再绕道洛阳。清末时,改漕运为海运,大运河不再是国家经济大动脉。

隋朝大运河,以洛阳、涿郡、余杭为三点,江南河、邗沟、通济渠、永济渠为四段,将钱塘江、长江、淮河、黄河、海河五大水系连接起来,形成纵横交错的交通网。如此浩大的水利工程,功在千秋,利在万代。可以说,京杭大运河对于交通落后的中国来说,是一件功德无量的伟业,其历史价值甚至超过了长城。大运河连接黄河流域、长江流域,使中国古老的两大文明连成一体。

3. 军事行动

(1)南北统一

隋开皇九年(589年),杨广20岁,被任命为隋朝兵马都讨大元帅,统领51万大军,一路南下,向富裕的陈朝发动进攻。当时,南书谓北为索虏,北书指南为岛夷。杨广指挥隋军英勇善战,势如破竹,一举突破长江天堑,所向披靡。隋军纪律严明,对百姓秋毫无犯,对陈朝库府资财,一无所取。征陈之战,为杨广赢得了广泛的赞誉,"天下皆称广以为贤"。

隋开皇十年(590年),杨广奉命前往江南,任扬州总管。随后,杨广平定了江南高智慧叛乱。当时,江苏、浙江、福建、安徽、江西各地大家巨室,相继叛乱。杨广潜心学习江南方言,娶江南女子为妻,亲近江南学子,重用饱学之士整理文化典籍。杨广花十年心血,在江南笼络人心,缓和了南人的怨恨,化解了文化隔阂。杨广两平江南,江南财赋之地,才正式归顺中央。接着,北击匈奴,取得大捷。

(2)畅通丝绸之路

大业五年(609年),隋炀帝亲率大军,从京都长安(今西安)出发,穿过甘肃陇西,西上青海,横穿祁连山,经大斗拔谷北上,到达河西走廊之军事重镇张掖郡。隋炀帝这次西巡,历时长达半年,巡视甘肃、青海,亲历河西走廊。西巡过程中,杨广设置西海、河源、鄯善、且末四郡,确定了甘肃、青海、新疆等大西北土地是中国的固有疆域。在封建时代,中国皇帝抵达到西北如此遥远之地,唯隋炀帝一人。隋炀帝御驾西巡,开拓疆土,安定西疆,威震各国,加强了经济贸易,畅通了丝绸之路。

隋炀帝到达张掖后,西域27国君主纷纷前来朝见,表示臣服。各国商人,纷纷云集张掖,进行贸易。隋炀帝为了炫耀国家富强,下令:每年正月,各地少数民族和外国首领、商人聚集洛阳时,在洛阳端门外大街上,盛陈百戏、散乐,戏场绵亘八里,动用歌伎约三万人,乐声传播数十里外。西域商人到市上交易,炀帝下令:盛饰市容,装潢店肆。房檐一律,珍货充积。据称,当时,卖菜者都要垫以龙须席。商人从酒店前经过,都要邀请他们进屋,免费用餐,说:"中国丰饶,所有酒食,例不取直(值)。"当时,市场上的树木都缠以丝织品为饰。有些胡商疑惑不解:"中国亦有贫者,衣不盖形,何如以此物与之!缠树何为?"

大业元年(605年),隋将韦云起率突厥兵大败契丹。韦云起声称,借道去柳城(今辽宁朝阳南),与高句丽交易。于是,他率军入其境,契丹人未加防备。韦云起率军,进至距契丹大营50里处,突然发起进攻,大败契丹军,俘虏其男女4万余人。大业四年(608年),隋炀帝派遣大军,消灭了吐谷浑,开拓疆域数千里:东起青海湖东岸,西至塔里木盆地,北起库鲁克塔格山脉,南至昆仑山脉。杨广设置郡县,派遣官员,实施管理。大业六年,隋置伊吾(今哈密)郡,共为五郡。此前,隋在张掖设市,和西域商人进行贸易,由黄门侍郎裴矩负责具体事务。杨广击败吐谷浑,将其领地建成四郡,派遣官员治理,保证了丝绸之路的畅通。

4. 文化成就

(1)宫廷藏书

隋炀帝执政期间,文化兴盛,建立了完备的宫廷藏书体系,藏书事业十分发达。炀帝下令:秘书省官员,凡秘阁所藏之书,均抄写50册副本,充实和丰富宫廷藏书。隋宫修文殿,是著名的皇室藏书楼,藏有品种完备的正本图书,书库装饰华丽,宝轴锦签,牙签锦册。抄写的副本图书,以及西京嘉则殿藏书,共计37万余卷。史书称赞:"历代之书籍,莫厄于秦,莫富于隋"。

东都洛阳观文殿内,东厢、西厢建立皇家书屋14间,收藏经史子集四部古籍,"东屋藏甲乙,西屋藏丙丁"。皇家书库内,藏书丰富,建造自动装置,方便皇帝阅览。据史书记载,每三间开方户,垂锦幔,上有二飞仙,户外地中有自动开启装置。皇帝入库时,宫人执香炉前行,按动机关,于是,飞仙飞下,收幔而上,户扉以及橱扉皆自动开启。皇帝离开后,则自动关闭。

隋室宫廷藏书,分为三等,称为三品:上品,为红琉璃轴;中品,为琉璃轴;下品,为漆轴。东京观文殿后,建筑二台:东为妙楷台,收藏古代名人法书真迹;西为宝迹台,收藏历代名人名画、古物。隋炀帝建立佛藏、道场,专门收藏佛经、道经。隋炀帝重视文化事业,特令秘书监柳顾言等人,对宫廷藏书进行校勘、整理,得正御书37000卷,收藏于东都修文殿。柳顾言编纂《隋大业正御书目录》,详细著录宫廷书籍,已佚。

(2) 重视文化

隋炀帝杨广崇敬儒教,尊敬孔子,特别下旨,封孔子后裔为绍圣侯。大业五年,隋炀帝杨广即位第一年,颁诏天下:"君民建国,教学为先。移风易俗,必自兹始。"唐人封演在《封氏闻见记》中称:"炀帝即位,复兴教化。"杨广重视文化事业,特别注重教育,下旨恢复被杨坚废除的国子监、太学以及各地州县之学。

杨广派出专使,视察各地州、县学校,检查教学,考察学习。杨广特别指出,发现教育方面的模范人物、模范行为以及文才出众、学有专长者,经过考察,礼送京师。杨广任扬州总管时,就大量网罗学者,前来整理典籍。杨广登基时,二十年间,共修成书籍130部,17000多卷。据史书记载,隋炀帝重视各地特产,诏命天下诸郡,绘制各地风俗、物产地图,以及地方志。杨广在位期间,组织学者,编纂《长洲玉镜》400卷,《区宇图志》1200卷,《诸郡物产土俗记》131卷、《诸州图经集》100卷。史书称赞:"今于大隋圣世,图书屡出。"

炀帝时,著名地理学家裴世矩奉敕前往张掖,管理西域。在西域商人交市时,他搜集了大量有关西域的山川、风俗、特产等资料,撰成《西域图记》。这是一部图文并茂的地理著作,书中有地图,有记述,有穿着民族服装的各族人彩绘图。"依其本国服饰仪形,王及庶人各显容止,即丹青模写,为《西域图记》,共成三卷,合四十四国。仍别造地图,穷其要害。"

(3) 开创科举

魏晋以来,选任官员,注重门第,按品选用,称为九品中正制。

隋文帝即位以后,废除九品中正制,开始采用科举制,分科取士,选拔官员。隋炀帝时,正式设立进士科。从此,中国的科举制度正式诞生。

大业二年,隋炀帝下诏,设立进士科,确定科举取士。开设进士科,考政论文章,选择文章秀美之才。《通典》称:杨广选才,注重个人品质和文才。杨广特设十科,选拔人才。大业三年,炀帝下诏:"文武有职事者,以孝悌有闻,德行敦厚,节义可称,操履清洁,强毅正直,执宪不挠,学业优敏,文才秀美,才堪将略,膂力骠壮十科举人。"

科举制之创立,是封建选官制度的一大进步,为国家网罗人才,为贫寒之士带来希望。通过公平竞争,大量优秀人才脱颖而出。科举取士,冲破了世家大族垄断仕途的局面,极大地抑制了门阀势力。科举取士,扩大了官吏的来源,为大批寒庶知识分子提供了参政机会,科举制,将读书、考试、做官,三位一体,紧密地联系起来,提高了儒学的地位,提升了官员的文化素质。科举取士,权在中央。选拔人才和任命官吏之权,从地方豪门世族手里剥夺,集中于中央政府。这样,大大地加强了中央集权,有利于政权稳固。

大业三年,隋炀帝颁布《大业律》:改州为郡;改度量衡,依照古式;改官制,设五省、三台、五监、十六府等。杨广修订法律,主要是对隋文帝的严酷法律进行改革。《唐律》,就是依据《开皇律》《大业律》修订的。

(4)个人才华

隋炀帝杨广才华横溢,博览群书,爱好极广。他喜爱典籍,特别酷爱文学艺术。杨广好诗文,早期一度喜爱梁陈宫体诗。后来,他西游塞上,远征辽东,因此,他写下了大量的史诗般的诗篇,记述、描写所见所闻,语言生动,自然景物、戎马生活、历史事件等等,跃然纸上。

隋炀帝西巡时,触景生情,写下了著名的诗篇《饮马长城窟》:

■隋炀帝集

肃肃秋风起,悠悠行万里。
万里何所行,横溪筑长城。
岂台小子智,先圣之所营。
树兹万世策,安此亿兆生。
讵敢惮焦思,高枕于上京。
北河秉武节,千里卷戎旌。(北河,一作两河。)
山川互出没,原野穷超忽。
撞金止行阵,鸣鼓兴士卒。

千乘万骑动,饮马长城窟。
秋昏塞外云,雾暗关山月。
缘崖驿马上,乘空烽火发。
借问长城侯,单于入朝谒。
浊气静天山,晨光照高阙。
释兵仍振旅,要荒事方举。
饮至告言旋,功归清庙前。

《饮马长城窟》,流传广泛,成为千古名篇,历代给予了高度的评价。清史学家王夫之对隋炀帝的《泛龙舟》评价极高:"神采天成,此雷塘骨少年犹有英气。"郑振铎称:"(杨)广虽不是一个很高明的政治家,却是一位绝好的诗人"。隋炀帝的诗歌成就和文学地位不可小视,在中国文学史上占有一席之地。可以说,他的诗歌清新俊逸,起到承上启下的作用,一扫百年之间流行于世的梁陈靡靡之诗,恢复了汉民族的诗歌风格和写实精神,实属难能可贵。隋炀帝的诗歌,开创了大唐盛世辉煌大气的阳刚诗风,其"济苍生""安社稷",一直是盛唐诗歌的精神支柱,有人甚至认为他是唐诗之祖。《隋书·经籍志》中著录了《炀帝集》55卷;《全隋诗》中,录存其诗40余首。

隋炀帝开凿汴渠时,意气风发,曾作《水调歌》,流传千古。唐代大诗人张若虚,以名篇《春江花月夜》闻名遐迩。然而,在张若虚之前,杨广曾写有一篇《春江花月夜》,是现存最早的版本,意境幽远,诗意极美。此词牌,原为陈后主所创,但是,原词早已失传。杨广以此为题作曲,完成诗篇。

杨广的《春江花月夜》,诗歌丽而不艳,柔而不淫,有正言风格,雅语气象,正是雅味正声。

其一

暮江平不动,春花满正开。
流波将月去,潮水带星来。

其二

夜露含花气,春潭漾月晖。
汉水逢游女,湘川值二妃。

相比之下,唐朝张若虚的《春江花月夜》,是拟题作诗,已非原有曲调。从诗歌可以看出,张若虚的《春江花月夜》,一定程度上受到杨广《春江花月夜》的启示和影响。

杨广的《野望》诗,可谓唐诗之祖,诗意极美:

寒鸦飞数点,流水绕孤村。
斜阳欲落处,一望黯消魂。

杨广清新自然的诗风,对唐代以及后世诗人产生了许多积极影响。他有许多诗词佳句,成为后世诗人模仿之范本,因为诗句太美了,甚至许多名家直接袭用之。如"寒鸦飞数点,流水绕孤村。斜阳欲落处,一望黯消魂"。此诗前3句,曾被宋代著名词家秦观用《满庭芳》词中,几乎完全袭用:"斜阳外,寒鸦万点,流水绕孤村。"元代著名词家马致远作,写有一首名词《天净沙·秋思》,也是直接袭用杨广佳句:"枯藤老树昏鸦,小桥流水人家,古道西风瘦马。夕阳西下,断肠人在天涯。"

6. 游乐丧国

政治上,杨广加强集权,打破关陇集团控制朝政、垄断仕途的局面,重用了虞世基、裴蕴等南方集团官员。他假造隋文帝遗诏,缢杀兄长、废太子杨勇。其弟汉王杨谅,以讨杨素为名,在并州起兵。炀帝派杨素领兵镇压,杨谅投降,幽禁至死。不久,炀帝听从云定兴之建议,毒死太子杨勇诸子,彻底根除了对帝位的威胁。同时,炀帝下令,处死了隋朝功臣宇文弼、贺若弼、高颎等人。

杨广建筑大运河,目的在于江南游乐。他盼咐建造龙舟等各种船舶数万艘,巡游江都。据记载,皇帝游乐时所乘龙舟,高四十五尺,阔五十尺,长二百尺,上有四层楼。上层设有正殿、内殿、东西朝堂。中间两层,有房一百二十间。下层为内侍居处。

隋炀帝每年出巡游乐,曾三游扬州,三幸涿郡,两巡塞北,一游河右。他经常往返于长安、洛阳之间,尽情享乐。每次出游,都大造离宫。隋炀帝晚年,依旧沉迷于江南生活,不想回到北方。大业十四年(618年)三月,天下大乱,杨广心灰意冷,无心回到北方,下令在南京修造丹阳宫,准备定居江南。侍从圣驾者,都是关中卫士,他们怀念家乡,纷纷逃亡。

虎贲郎将元礼和直阁裴虔通等人共谋叛乱,他们知道,卫士们思念家乡,怨声载道。于是,他们推举宇文述之子宇文化及为首领,突然发动兵变。宫廷大乱,叛军冲入皇宫,缢杀杨广,时年五十岁。萧皇后得报,匆匆赶到,皇帝已死。萧皇后和宫人拆开床板,简单地做了一个小棺材,收殓了杨广,偷偷地将他葬在江都宫流珠堂下。后来,陈棱集众缟素,为杨广发丧,齐备仪卫,改葬杨广于吴公台下。唐朝平定江南,贞观五年(631年),唐太宗以皇帝之礼,将杨广改葬于雷塘(江苏扬州市北15公里雷塘南平冈上,南距吴公台10里)。

家族成员

父母

父亲:隋文帝杨坚。

母亲:文献皇后独孤伽罗。

兄弟

哥哥:房陵王杨勇(前太子)。

弟弟:秦王杨俊、蜀王杨秀、汉王杨谅。

姐妹

乐平公主杨丽华,嫁北周宣帝宇文赟。

襄国公主,下嫁李长雅。

广平公主,下嫁宇文静礼。

兰陵公主杨阿五,下嫁柳述。

后妃

萧皇后,西梁明帝萧岿之女。

萧嫔,赵王杲母。

陈婤,陈后主第六女。

陈氏,陈后主第四女广德公主。

王氏,李渊外甥女,唐同安长公主女。

宣华夫人陈氏(存疑),陈宣帝第十四女宁远公主,陈后主妹。

容华夫人蔡氏(存疑)。

崔氏,隋东郡公崔君绰女。

子女

元德太子杨昭,母萧皇后。子:隋恭帝(代王)杨侑、皇泰主(越王)杨侗、燕王杨倓。

齐王杨暕,母萧皇后,遗腹子杨政道。

赵王杨杲,母萧嫔。

第三子早夭(殇子铭)。

南阳公主，母萧皇后，开皇十九年下嫁宇文士及，子宇文禅师。

杨妃，唐太宗妃，子吴王李恪、蜀王李愔。

典故逸闻

1. 禁绝私史

修史是中国文人的传统。隋文帝杨坚统一全国以后，觉得要统一思想，控制各种学说，以利于统治。开皇十三年，即公元593年，文帝杨坚颁令全国：禁止民间私人撰修国史，评论人物。文帝命著作郎魏澹和学者颜之推等人重撰《魏书》；命史学家李德村修撰《齐史》；命史学家王昭修撰《隋书》。这些属于官修史书。

中国自古以来为文人推重并在西汉以后日益兴旺发达的私人修史工作，到这时便成为朝廷有组织的一项文化工作，史书自此也就从私修转而为官修，从个人修撰转而为集体修撰。

2. 崇佛抑儒

自汉武帝罢黜百家，独尊儒术以后，儒学成为中国维护统治的国学，并为各代统治者所推崇。杨坚从小生活在佛寺，在智仙的尼姑庵里长大，13岁时才出寺还家。北周武帝大规模灭佛，智仙隐藏在杨家宅院中，并预言说：杨坚将来会做皇帝，并会重兴佛法。

杨坚青云直上，一路顺风，很快由一介草民而入主天下。杨坚认为自己帝业有成是因为得到了佛的保佑。杨坚曾对大臣说：我得天下，是得佛法。杨坚于是大倡佛教。杨坚在即皇帝位的前一年，就以皇帝外祖的身份在北周执政时下令：旧时一应和尚、道士，重新入寺观传教。

杨坚即位以后，颁令天下：民人可以随便出家入寺，并令各地，以人口出钱，营造寺观，塑造佛像，印刷佛经。从此，佛教大盛。据说，民间流行的佛经远远多于儒经数十上百倍。

3. 一衣带水

杨坚即大位以后，就一直想灭陈，并积极准备。居于长江之南的陈后主对此浑然不觉。隋开皇七年，即公元587年，文帝杨坚命西梁皇帝萧琮入朝大隋。西梁国大臣萧岩大肆劫掠，并驱逐文武百官和十余万民众投奔陈国，陈后主欣然接纳。文帝杨坚得知这一情况后，大为愤怒，对大臣高颎说：我治理天下，身为百姓的父母，哪里能因为像一条衣带一样的长江把南北阻隔，就不去解救那里的黎民百姓呢？于是，杨坚下令造作大型的作战船，准备渡过长江，一举灭陈。

一衣带水，原意是指长江很狭窄，像一条衣带一样，不足以为阻。现常用一衣带水比喻一水之隔，是指极其邻近的意思。

4. 牛角挂书

隋炀帝杨广有一个著名的侍卫，名叫李密。李密的父亲是李宽，封爵蒲公。李密相貌英伟，长得十分俊美，炀帝杨广对此十分恼火。宇文述为此劝告李密，说你家一直尊贵，你何不以才学显于当世，非要当侍卫干什么？李密觉得有理，就辞去了侍卫一职，一心用功读书。

李密听说学者包恺学富五车，便骑一头牛前去求学，沿途骑在牛背上也不忘读书：李密将《汉书》挂在牛角上，一边前行，一边阅读，中途被越国公杨素看见了，杨素竟带着马鞭，在后面跟踪。

杨素见李密读得专心致志，便上前问他：先生为什么这样勤学用功？李密抬起头，一看是大名赫赫的越国公杨素，赶紧下牛拜见。杨素询问以后，得知李密正读《项羽传》。杨素大为感叹，回去以后就告知了他的儿子杨玄感。杨玄感从此倾心结交李密。牛角挂书，后来用以比喻好学不倦。

5. 自比长城公

大业末年，杨广到江都以后，天下大乱，杨广感到末日已经来临。杨广终日带着萧皇后和美女一千余人，在宫中饮酒，通宵达旦，醉生梦死。

有一次，杨广举着酒杯，对萧皇后用吴地方言说：外面有许多人想害我，可是，我顶多不过是像陈后主，亡国以后做个长城公，你也不过像陈后主的沈皇后！这算什么？不管这些吧，咱们放心痛饮，及时行乐！

杨广以最坏不过是做个长城公来安慰自己，但是，杨广的内心是很痛苦，也很失落的。他照着镜子，不胜凄苦地感叹说：这么好的脑袋，不知道将来被谁砍掉！萧皇后听后大惊，问他怎么说出这种话，杨广苦笑说：贵贱苦乐，都是变化无常的，砍头有什么好悲伤的呢？后来，杨广被叛兵杀死，结局比长城公还惨。

6. 输籍法

输籍法，是隋代制定各户等级和纳税标准的办法。统治者利用这一手段，最大限度地搜刮钱财，发现隐藏户口，借以防止人民逃税，从而抑制士族、豪强私自占有劳动人口，确保政府收入。开皇五年（585年），左仆射高颎上书，鉴于兵役、力役、税收、授田等多项杂役都与户籍有关，当时，户等之划分，因为长吏懒息,工作不细致,大多不实。于是,他强烈地建议,由中央确定划分户等之标准,称为"输籍定样"。然后,正式颁布到各州各县。明确规定:每年1月5日,县令出查;百姓300—500家为一团,依照定样,确定户等,写成定簿,称为"输籍之法"。依靠这一方法,政府将大量隐漏、逃亡之农民,转化为国家正式编户;通过输籍定样,剥夺了许多士族、豪门所控制的依附民,削弱其经济势力,增加国家赋税收入,从而建立起比较完善的户籍制度,加强中央集权。

7. 貌阅

貌阅,是隋唐时期地方官员亲自检查百姓之年貌形状,以便核实户籍的一种制度。隋大业五年(609),户部侍郎裴蕴上书,因为当时户口多漏,诈伪老小,借以躲避赋役,这一现象十分严重,直接影响到国家收入。因此,建议皇帝推行"大索貌阅"。所谓"大索",就是千方百计搜罗隐匿人口;所谓"貌阅",就是责令地方官员,亲自审核,当面检查,凡是所在户籍之人口,必须亲阅年龄、面貌、形状,以便查出已经成丁之岁而以诈老、诈小之法逃避承担赋役的人员。制度规定明确,奖惩分明,严格责成有关官吏执行:"若一人不实,官司解职,里正、里长皆远流配";奖励告密,"若纠得一丁,令被纠之家代输赋役",等等。因此,政府大量"进丁",增加"新附口",从而极大地增加了赋税收入。据史书记载:当年,进丁二十四万三千人,新附六十四万一千五百人。

炀帝陵

炀帝陵,位于今扬州西北约三公里的邗江槐泗乡雷塘。这里俗称为皇墓墩,隋炀帝杨广被杀后尸体就躺在这里。隋炀帝杨广被杀后,最初,葬在江都宫内西苑的流珠堂内,是萧皇后安排入葬的。唐武德五年,即公元622年,江都总管陈棱又将杨广改葬在吴公台下。

唐高祖李渊平定江南以后,又以帝王大礼将杨广迁葬到雷塘。唐贞观二十二年,即公元648年,萧皇后去世,唐太宗李世民下令将炀帝杨广和萧皇后合葬。后人切齿痛恨杨广这个暴君,合葬后一直没有人为其添土加封,到后来连墓碑也不见了,陵墓成了一座大土墩,当地人称之为皇墓墩。

清嘉庆十二年,在籍前浙江巡抚阮元访实了这块地方,向当地农民买土一千石,加大坟堆,并种树150棵,刻上墓碑:隋炀帝墓。

2013年4月,扬州市邗江区一处房地产项目施工时,发现了两座古墓,其中一座墓志,显示墓主为隋炀帝杨广。另一座,专家推测,墓主可能是隋炀帝的皇后萧氏。在发掘的一座墓中,出土了铜制衔环铺、金镶玉腰带,以及表明墓主身份墓志。墓志铭文,清楚写着:"隋故炀帝墓志"等字,清楚地表明墓主为隋炀帝杨广。

2013年11月16日上午,国家文物局和中国考古学会在扬州组织召开扬州曹庄隋唐墓葬考古发掘成果论证会,中国考古界权威专家黄景略、徐光翼、王巍、赵辉、刘庆柱、信立祥、焦南峰、付清远、王学荣等10余人参加了论证会。专家们一致确认,扬州曹庄隋唐墓葬为隋炀帝墓,是隋炀帝杨广与萧皇后的埋葬之地。

第五章

唐帝王生活

　　唐朝(618—907年),是继隋朝之后出现的大一统王朝,历时289年,共21位皇帝。因为皇室为李姓,又称李唐王朝。

　　公元618年,李渊在长安(今西安)称帝,建立帝国,称为唐。公元626年,唐太宗登基,开创贞观之治。唐高宗时期,武则天以周代唐。唐玄宗即位,政治清明,经济发达,军力强盛,四夷宾服,万邦来朝,开创了大唐极盛的开元盛世。天宝末年,全国人口达8000万。安史之乱后,藩镇割据、宦官乱政,大唐衰落。公元904年,朱温胁迫唐昭宗迁都洛阳。公元907年,朱温篡唐,唐朝灭亡,进入五代十国。

　　唐代科技、文化、经济、艺术繁荣,具有多元化特点。在诗、书、画各方面,辉煌灿烂,名家辈出,包括诗仙李白、诗圣杜甫,"颜筋柳骨"之颜真卿、柳公权,"画圣"吴道子,音乐家李龟年等。唐朝文化,兼容并蓄,海纳百川,形成开放的国际文化。当时,唐朝与阿拉伯帝国并列为世界上最强盛的帝国,闻名遐迩。

　　唐朝疆域最西曾经到达咸海,最北到达贝加尔湖、叶尼塞河上游、西伯利亚,西北达里海,东北达日本海,最东到达萨哈林岛(库页岛),最南到达南海,这是中国历史上十分强盛的空前盛世。

一、唐帝王宫廷生活

唐帝王宫室

大唐建都长安,长安有三个自成体系的宫殿区:太极宫、大明宫,兴庆宫。三个宫区宫殿楼阁不是同时建造的,也不是同时作为帝王生活起居的中心。

太极宫兴建于隋代,当时叫作大兴宫。唐初改称太极宫,又叫西内,唐初的两位帝王主要生活在这里。太极宫位于皇城北部中央。其东为东宫,太子居住;西为掖庭宫,嫔妃居住。中间为太极宫宫室,南接皇城,北部和外廓墙间为太仓,墙外为大兴苑。

太极宫,有大型宫殿十六所。正殿太极殿居中。东边有七大殿:武德殿、神龙殿、昭庆殿、承香殿、凝阴殿、大吉殿、立政殿。西边有万福殿、承庆殿、安仁殿、淑景殿。北边有两仪殿、甘露殿、延嘉殿。

太极宫宫城,有十座城门。东边一门叫凤凰门,最初曾叫建春门、通训门。西边二门南为通羽门、北为嘉猷门。北边二门中为玄武门,东为东安门。南边有五门,中叫承天门,东为长乐门、永春门,西为广运门、永安门。东宫还有一个至德门。承天门有三个门道,地上全是石板、石条面地。

在三个宫区中,太极宫之兴建,是最早的,而且紧邻皇城,被认为是隋唐的正式宫城。太极宫正门叫承天门,前殿为太极殿。每年元旦、冬至、喜庆、大赦等重大节日和外国使臣来会,皇帝便登上随天门主持盛典,并设宴奏乐。太极殿是唐初帝王朝见群臣,处理政务的地方。

太极殿北门,叫玄武门。玄武代表北方,在中国传统的星象学说中,玄武即是由北方七个星宿组成的星象。神话传说中玄武是北方之神,是龟和蛇合体的一种水神。唐初具有重大历史意义的李世民玄武门之变,就是发生在这里。

太极宫内三泓水池,即东海池、北海池、南海池。三泓水池是帝王、后妃们泛舟的处所。据记载说,玄武门之变发生时,高祖李渊正在池中和美人们调笑泛舟。由此可见唐太极宫的规模很大,李渊在宫城北部的海池内游玩,竟听不到玄武门的喊杀搏斗声。

值得注意的是,隋唐的皇宫内廷、外朝已有了明确的区分。太极殿以北,包括两仪殿在内的数十座宫殿,构成内廷,是皇帝、后妃、太子、皇子们生活的所在。两仪殿属于内廷的主殿,处于中轴线上,皇帝日常听政理事就在这里。唐中叶以后,帝王、后妃的丧事也多在这里举行。两仪殿北部的甘露殿、神龙殿,是唐中期帝王的常住寝殿。唐代帝王的许多寝殿都叫长生殿,取吉祥、长寿之意。七月七日长生殿,是指华清宫的寝殿。

大明宫,在太极宫北部稍东,又叫东内。大明宫原是太极宫的后苑,靠近龙首山,比太极宫的地势高些。龙首山在渭水之滨折而向东,山头高二十丈,尾部高六七十丈。汉代的未央宫就是踞于龙首山折东高处,因而未央宫高于长安城,唐大明宫在未央宫东,地势因而更高。

大明宫,是太宗贞观八年李世民为他父亲李渊避暑修建的,最初叫永安宫,后来改名蓬莱宫,第二年改名大明宫。龙朔元年,高宗李治患风湿病,改修大明宫,龙朔三年又大规模扩建,此后,高宗和武则天就把政治中心迁到大明宫,这里也成了朝会的处所。大明宫地位上升,原来的太极宫便成了闲宫,主要用于办理丧事和即位大典。高宗以后除玄宗开元、天宝四十余年,直至唐末,大明宫一直是朝廷处理政务的所在。

兴庆宫,原是玄宗李隆基即位前的邸宅,玄宗即位以后,将此地扩建,这一带便又成了一个宫殿区。兴庆宫在后城东部稍北,位于原来的兴庆坊内,改造成宫区始于开元二年。十二年后又扩建,构置朝堂,四年后竣工,玄宗听政于此。

兴庆宫东接京城的城墙,南连春明门通往金光门的东西大道。宫城四面有门。正门兴庆门在宫城西墙稍北。宫城内以墙分隔成南北两个部分。北部为宫殿区,南部为园林区。南区有一池,呈椭圆形,是驰名历史的龙池。

除了三座宫城以外,唐代还有三座大型苑囿,为西内苑、东内苑、禁苑。西内苑在西内太极宫北。苑内有部分宫殿,其中的弘义宫便是太宗李世民做秦王时居住的宫室,即位以后改名为大安宫。贞观四年,退位的太上皇高祖李渊迁居大安宫,五年后病死在大安宫垂拱殿。东内苑在东内大明宫东南角,苑内有承晖殿、龙首殿、看乐殿、毡场亭子殿。还有灵符应圣院,唐僖宗即死在院内。池有龙首池,引龙首渠之水注入,后来将池填平,改成了蹴鞠场。坊有小儿坊、内教坊、御马坊。

三苑中以禁苑最大,东内苑、西内苑面积只有一两里,而禁苑位于长安城西北部,北枕渭水,向西包揽了汉代整个长安城,南接宫城,周回达一百二十余里。如此大片的地区,如此大规模的苑囿,这在中国的历史上也是罕见的。苑中有柳园、桃园、梨园、葡萄园,景色秀丽,生机盎然。数十座典雅的小亭散布在禁苑之中,各个景点都建有造型各异的宫殿,供帝王和后妃们设宴、观景、休息、谈笑时用。苑中在汉宫宫阙的遗址上,还重建了著名的未央宫和数座亭台。苑内还饲养了奇禽异兽。皇帝兴之所至,便前来狩猎游玩。

唐宫廷服饰

皇帝和后妃们在宫禁中的服饰，基本上是由饱读经史的文臣们去详定和解释的。中国古来的舆服制度卷帙浩繁，有时候却又语焉不详，帝王们也时常对此大惑不解。

唐高祖李渊就曾询问过令狐德棻：丈夫冠、妇人髻都那么高耸，为什么？令狐德棻答得含糊：冠、髻都在头上，象征着君主。晋代将亡的时候，君弱臣强，因此江左的女子都上衣短而下裳长。宋武帝登极，君主重振龙威，人们的衣裳这才更改过来。这是前段历史的验证。令狐德棻作为一代学者把冠服和国家兴亡联系在一起，这是古代士大夫的一种常有的思维方法，意在提醒皇帝。然而这样一解释，冠服制度意义重大，也越发令人难以索解了。

唐代的天子有六冕，即大裘冕、衮冕、氅冕、毳冕、缔冕、元冕。这是继自周以来的舆服制度。但在具体使用冕服上，隋唐较之以前，又略有不同。唐因隋制，到武德四年著衣服令，规定天子十四服。

大裘冕广八寸，长一尺二寸。衮冕金饰，垂珠十二旒，以组为缨，色如其绶，玄衣纁裳，十二章。衣八章，日、月、星、龙、山、华虫、火、宗彝；裳四章，藻、粉米、黼、黻。衮冕形制明了，氅冕以下四冕便依次降减其旒数、章数。

隋唐时期，皇帝主要戴两种冠，即通天冠、翼善冠。通天冠是皇帝冬至日受朝贺、平日上朝以及在后宫燕居时所佩戴，既用于节日，又用于平日。不过，一般地讲，皇帝在后宫燕居嬉游时，多半不戴冠。翼善冠是唐太宗李世民发明的，主要用于朔望（初一、十五）上朝时服用。通天冠凡二十四梁，附蝉十二首，加金博山，配珠翠黑介帻，即以黑介帻承冠。翼善冠采自古制，形状如幞头，以转脚相交于上。另有一种白纱帽，用乌纱做成，白裙襦或衫，白袜，乌皮履，这是南朝时帝王们所戴，隋统一后，沿用此名，唐实以乌纱。

幞头，是北周兴起的，又叫折上巾、软裹。隋文帝迫周帝禅让登基以后，上朝时即戴幞头，和群臣的一样。实际上，幞头和汉末流行的巾有些相同。幞头是用一幅黑巾向后把头发笼住，脑后垂两个巾角，另两个角折上去。唐太宗发明的翼善冠很像幞头。今人见到的唐太宗像和《步辇图》中的唐太宗，都是头戴幞头。唐中期以后，皇帝开始把幞头的两个软角变成硬角，两角或圆或阔，用丝弦为骨，自然翘起。

南北朝时，袍，被规定为皇帝的朝服。晋明帝诏令朱纱袍专用于皇帝听政时服，士庶严禁服各色袍。隋文帝听朝用赭黄文绫袍，戴乌纱帽，折上巾，六合靴，士民禁用黄袍。唐高祖以赭黄袍巾带为常服。唐服的袍分青、绯、黄、白、黑五种，是上承东汉五色季节袍，赤、黄两色为后帝专用。除元旦、冬至受贺和大祭祀以外,唐朝皇帝均穿袍服。高祖时下令禁止士庶用赤、黄色为衣服和杂饰,高宗时规定黄袍为皇帝专服,重申不许士庶服黄之令。但唐玄宗不爱穿黄袍,而爱穿绛纱袍。

隋、唐后妃的服制,基本上在以往舆服制的基础上稍有损益。隋制规定,皇后有袆衣、鞠衣、青衣、朱衣四等。三妃有褕翟。九嫔有阙翟。美人有鞠衣。宝林有展衣。唐代皇后服饰主要是三种:袆衣、鞠衣、钿钗礼衣。袆衣是受册、助祭、朝会大典时服用的。深青织成为之,上画晕赤质五色十二等,素纱中单,黼领,朱罗縠襟和褾。鞠衣由黄罗帮成,不画采,蔽膝,大带,革带,舃随衣色,是亲蚕时服用的。

宫中的后、妃、美人和社会上的贵妇喜欢梳高髻,以示尊贵,而属于宫婢类的宫女则爱梳类同牛羊耳朵的双髻。高髻在梳妆上比较复杂,一般要别人合作方可完成。宫中有时限制什么身份的女子才能梳什么发髻,但髻的式样变化万端,也难以一一归类。

隋唐的高髻有许多种,主要的有飞天髻、螺髻、望仙髻、惊鸿髻、抛家髻、半翻髻。这些髻式有的是隋唐以前就有的,有的是隋唐时期产生的。飞天髻,始于南北朝,式样十分浪漫,因而很适于奢华富丽的隋唐女子们的口味,并一直延续了下去,历两宋至于明代,流行不衰。飞天髻与佛教有关,而起于唐初盛行于武则天时代的螺髻也是系于佛教信仰,据说,释迦佛的发型就是螺髻。唐代宫中十分流行的抛家髻秀雅美观,其式样是两髻蓬松向后拢,好像两髻抱面,头上做成椎形的朵子。半翻髻和抛家髻梳法相似,但式样略有不同,半翻髻同样流行于隋唐宫中,很得美女们的青睐。

唐代时期,宫中驰名的面妆是梅花妆。梅花妆据说起自于南朝宋武帝的女儿寿阳公主。寿阳公主曾卧于含章殿檐下,一朵梅花飘落在她的额上,印出五瓣花形,几天竟洗不去,皇后发现公主额上的梅花印十分美观,便让她留住。梅花妆就流传下来,到了竞相奢侈的隋唐时期,宫中遂盛行起来。到武则天时,上官婉儿施用梅花妆,配上她的天生丽质和过人的聪慧,形成高峰。

宫廷之中,除了规定的服饰以外,还有变化万端的时装。南朝出现的宽袖热,到隋唐时仍是后妃宫女们喜爱的式样。窄袖小衣先在北朝中流行,后来影响及于隋唐,到唐初和盛唐时期就超过宽衣长袖的风尚,成为后妃们争奇斗艳的一种时装。

窄袖小衣在隋唐以前是以节俭实用而大加倡导的,但隋唐盛行窄袖小衣,并不是为了节俭,而是尚奇斗美。窄袖衫是胡服中男子的衣着,唐玄宗时,宫女穿男装成为时髦,便竞穿窄袖衣物。当时,宫女们快乐无比,动辄骑马游乐,于是,便于骑马游乐的胡服窄衣小袖就为宫女们所喜爱。盛唐的繁荣膨胀了整个社会的欲望,到处洋溢着泱泱大国的富足和天朝应有尽有的满足,豪爽、奢华,寻求快乐和刺激就成了后宫美人们的一种追求。这时的宫女们既好红装又好武装,她们身穿男式的圆领袍衫,窄衣短袖,有的甚至还裹上幞头,脚蹬软靴,颇为洋洋得意,快乐无比。

唐时宫女的服装一般是上身衫襦,下身长裙。盛唐改变了女子们的观念,宫女们开始享受在繁荣的刺激下兴起的开及半胸的窄袖或宽袖短衫。宫中裙子的种类极多。隋至唐初的裙装尚窄,到盛唐时裙式越来越宽大,裙上折裥密布,飘动感很强,正可以和飞天髻等发式配合。隋唐时时尚的裙装颜色很多,但基本原色裙为红色、黄色、绿色,都很鲜艳。

杨贵妃爱穿黄裙。武则天的女儿安乐公主拥有两件百鸟裙,可谓旷世珍品。百鸟裙是由负责后宫衣物的机构尚方制作的,是用百鸟的羽毛织成。裙的颜色五彩纷呈,令人眼花缭乱,目不暇接。正面看是一种色,反面看是一种色,阳光下呈一种色,阴影里又是一种色,分不清什么是其本色,只是在其变幻不定的色彩中,闪烁着栩栩如生的百鸟图,真是神奇而不可思议。能和百鸟裙相提并论的是隋炀帝为宫女们设计的花笼裙。花笼裙用丝织成,薄而透明,上面彩绣着鲜花、飞鸟,几可乱真。

唐代的后妃宫女喜欢肩搭披帛,披帛上面绣着活灵活现的花卉。披帛和帔肩兴起于秦代。秦始皇曾令宫女们披浅黄银泥飞云帔。唐时女子出嫁时用披帛,出嫁后用帔肩。玄宗开元年间,诏令后宫二十七世妇和宝林、御女、良人等等,在随侍和参加后廷宴会时,披有图案的披帛。宫女们在端午节,都要披华丽美观的披帛,称为奉圣巾或续寿巾。

和宫中繁荣而开放的气氛相匹配,唐后宫盛行重台履。重台履履头高起,履底较厚。高起的履头呈各种形状,如花状、鸟状、笏状,露在裙袍外头。岐头履的形式也盛行宫中,深得女子们的喜爱。唐玄宗长孙皇后就爱穿岐履,履头向上翘起三寸左右,呈凹状,用丹羽织成,履上镶嵌石状金钿。

唐宫廷饮食

负责宫廷饮食机构的光禄寺是从北齐开始正式设立的,此后一直保留,直至清代。隋唐时期又开辟了第二个宫廷御膳机构,即殿中省尚食局。从此以后,即是说自隋唐以后,宫廷的膳食机构有两个,一个是光禄寺,一个是尚食局。几乎每代都是如此。

隋唐的光禄寺设卿一人,从三品,掌管寺中一切。卿以下依次为少卿、丞、主簿。光禄寺下设太官、珍馐、良酝、掌醢四署,主要负责祭祀食品、宫廷朝会宴享和京官膳食。太官署除令、丞、府、史等主管人员以外,另有供膳2400人,主膳15人。龙朔二年,光禄寺改为司宰寺。武后光宅元年,又叫司膳寺。

殿中省下的尚食局负责皇帝的日常膳食。尚食局长官为奉御,副手为直长,督办御膳,保障遵守春肝、夏心、秋肺、冬肾的食禁,呈给皇帝美味的食品,并每次需由奉御先尝,看是否有毒。尚食局下还有食医八人,正九品。龙朔二年,尚食局改称奉膳局,奉御称为大夫,下有书令、书吏、主食、主膳、掌固等。其中主膳为840人。

唐代的御食是用装饰华丽的牙盘盛装的。日常的膳食每餐用九个牙盘盛装食物。唐代御膳中的许多食物取名怪异,和今天的叫法大不相同,令人迷惑。如早膳有一种叫作玉尖面,是用消熊栈鹿为内馅,就是今天的包子。玉尖面是指馒头。熊之极肥者叫作消,鹿之倍料精养者叫作栈。这种玉尖面包子馅用的熊肉和鹿肉,而且是以肥肉为主。古人尚肥肉为美味,在宫廷也不例外,所谓肥白为上乘肉,是指熊背部的肥肉部分。

唐代御膳中有许多的花样世人见所未见,闻所未闻,更不用说尝过了。宫中御厨的绝艺秘不外传,世人无从知晓,只有高官贵戚从皇帝的赐赏食物中能略见一斑。如唐懿宗李漼的女儿同昌公主下嫁,懿宗赐赏的御馔有灵消炙、红虬脯,见者、尝者无不叹为观止。灵消炙是从一只羊身上取下四两肉精心烤制加工而成的,经过酷暑也不会腐败,而且色正而味美。虬脯是用牛或者其他牲畜筋做成的,贮存盘中健状如虬,红丝高一尺,按倒可以再弹起来。没有人能看出这是何物,是用什么做成的。

灵消炙之类的食物在唐代御膳中是很多的。唐代御膳中的许多食品是制好后可以久存的熟肉。这些熟肉在制作中所使用的调料有较多的盐和糖,经过精细的烧烤以后,去掉大部分的水,因此能够久存,即便在盛夏炎热也不会腐败。唐代宫廷御膳中炙的品种极多,其中有些只闻其名而不知是用何种原料,如何做成的,如逍遥炙,用的是九龙食举盛装,想必定是炙中的佳作。其他不知名的更不知有多少了。

唐玄宗曾自己设计了一种食样,叫热洛河。热洛河是用刚刚射倒的鲜鹿(幼鹿),取血、剖肠,以鹿血加热煎熬洗净的鹿肠,然后趁热时进食,极为鲜美。唐玄宗李隆基还将这道自己发明的美味赐赏给宠臣安禄山和哥舒翰。

唐敬宗李湛在位时,宫中御膳中出了一种供暑时食的清风饭。清风饭是用水晶饭、龙睛粉、龙脑末、牛酪浆调和而成,调好后放入金提缸中,垂下水池,等到完全冷却,取出供呈御用。实际上这不过是一种凉粥而已,其所以美味,是在于用料精奇，其中原料除牛酪浆外，其他不知道都是些何物。

唐代的帝王为了广揽美食，定了一项新规定，凡是新升任的公卿大臣，都要向皇帝献食，称为烧尾。烧尾的意思，取自新羊入群，往往不大愿意，便以火烧其尾，新羊才窜入群中。烧尾本来是士人新登第或者升迁时的贺宴，被皇帝借用过来，可见唐代的皇帝贪婪饕餮。

据史料记载，韦巨源拜尚书令后，曾大献烧尾，并留下了一本食账，可供后人一睹当时饮食之盛。其中包括：单笼金乳酥(独隔通笼)、曼陀样夹饼(公开炉)、巨胜奴(酥蜜寒具)、婆罗门轻高面(笼蒸)、贵妃红(加味红酥)、七返膏(糕子)、金铃炙(酥揽印脂取真)、御黄王母饭(脂盖饭面，装杂味)、通花软牛汤(胎用羊膏髓)、光明虾炙(生虾)、生进二十四气馄饨(馅料形各异，二十四种)、同心生结脯(先结后风干)、见风消(油浴饼)、金银夹花平截(剔蟹细碎卷)、火焰盏口馓冷蟾儿羹、唐安饺、水晶龙凤糕、玉露团、汉宫棋、长生粥、天花饆饠等等，凡五十八种。

唐代的酒类品种繁多，而且爱用春字为酒命名。唐代有名的酒有富水春、若下春、石冻春、土窟春、松醪春、竹叶春、梨花春、罗浮春、翁头春、抛青春等。据说唐丞相魏徵就是一位造酒的能手，他造的酒有醽渌、翠涛置于罐中，贮藏十年也不会腐坏。

隋唐时期，光禄寺下设良酝署，这种机构一直到明清，常设不衰。良酝署是负责酿造和供应祭祀用酒及进贡宫廷宴用酒的，其中进贡宫廷饮宴用酒，有名的有醁醥、桑落等等。

唐宪宗时，李化酿制了一种美酒，名叫换骨醪，气味芬芳，可谓上乘，换骨醪不知是用什么制作的，宪宗饮用以后，视此酒为上品。晋国公平淮西之乱，班师回京。宪宗将贮于金瓶上盖着黄帕的换骨醪二斗，赐赏这位平乱的功臣。唐玄宗对奇酿异酒有着天生的爱好，其时宫中所藏的乌弋山离国进献的龙膏酒，气味独特，色黑如漆，饮后令人神清气爽，宪宗就极为珍爱。

唐宫廷乐舞

唐玄宗时，西域贡给唐宫一位琵琶高手，玄宗置酒设宴，请西域乐人演奏，西域乐人弹奏完毕，玄宗对他说：此曲我宫人也能。于是取过一个大琵琶，令人送到一帷幕后，开始演奏。只听曲声悠扬，和刚刚西域艺人演奏的一音不差。西域艺人大惊，问是宫女吗？自惭无法胜过宫人，告辞西去。唐朝无所不能的消息于是不胫而走，遐迩传闻。西域数十国于是臣服于唐。帷幕后的乐人是谁？是受过阉刑纳入后宫的伶人罗黑黑，他在西域乐人演奏时，躲在幕后细听，只一遍便记住了全部乐曲。

九部乐中的康国乐,歌曲有《戢殿农和正》,舞曲有《贺兰钵鼻始》《末奚波地》《农惠钵鼻始》等。疏勒乐歌曲有《亢利死让乐》,舞曲有《远服》,解曲有《盐曲》。文康乐又名礼毕乐,是从晋代沿袭下来的。晋太尉庾亮死后,庾家的歌舞伎追思庾亮,编制歌舞,用假面具扮成庾亮,执翳而舞。文康是庾亮的谥号,故名文康乐。而九部乐中,文康乐位于最后,故又名礼毕乐。其乐行曲有《单交路》,舞曲有《散花》。

唐武德初年,九部乐为:燕乐、清商、西凉、龟兹、疏勒、康国、安国、扶南、高丽九伎。贞观十六年(642年),玄宗增高昌一部,为十部乐。十部乐中,以中原乐舞为主,也兼及边地民族乐舞和外来乐舞。唐代的教坊乐舞有健舞、软舞之分,大多数来自民间,而后来便用于后宫宴享。

隋唐时期,音乐舞蹈艺术方面,如果没有帝王们的热心参与,在中国历史上便不会如此的繁荣兴盛,尤其是唐代。唐代的乐舞昂扬振奋,有一种博大的胸怀和泱泱大国的气度。这种大展宏图、驾驭四海的帝王之气毕竟和亡国之君的靡靡之音有所不同。

闻名于世的《秦王破阵乐》奏响了唐代宫廷乐舞的序曲。这支乐舞,是唐太宗李世民的杰作。李世民做秦王时,战胜刘武周,回师途中,河东士庶歌舞于道,士兵们也在秦王的率领下耍着剑戟,擂着大鼓欢舞。后来,这种场面经过唐太宗加工发展,而成为大型的宫廷乐舞,又名七德舞,兼为雅乐舞。举凡宴会必定演奏。《秦王破阵乐》舞队形为左圆右方,先偏后伍,交错屈伸,像鱼丽鹅鹳。舞姿健美,动作刚劲有力,队容整肃,观之无不为之振奋。太常卿萧瑀奏请太宗,在舞中加入擒获敌将的段落,太宗没有同意。破阵乐是汉族清乐和西域龟兹乐的结合。所用的大部分乐器是西域乐器,用大鼓壮威,胡乐齐鸣,声传百里,震荡山谷。李靖看过这支乐舞以后评述说:我看陛下所作的这破阵乐舞,前有四表后有八幡,左右旋折趋走,配以金鼓,这就是八阵图和四头八尾的说法。太宗李世民点头说:兵法可以意授,不能言传,我作的这破阵乐,只有你有些明白。

唐太宗豁达而亲和,高兴时喜欢即兴起舞。其第九子李治(高宗)立为太子不久,生下长子李忠。太子在东宫设宴,太宗也赶来助兴。太宗对席上的臣僚说:我有了孙子,想和大家同乐。于是君臣开怀畅饮。酒酣耳热,太宗起身舞蹈,又邀在座的诸臣一同欢舞。

舞蹈在唐代是大臣们的必备技艺,其好坏与否还影响着大臣的仕途。唐代大臣舞风盛行,所谓臣妾人人学团转,这应该说是与帝王的倡导有关。由于皇帝喜欢,大臣们在赐宴的酒席上即兴舞蹈,表达心情的愉悦,也带有向皇上献媚取乐的用意。当然这之中有成功也有失败,那完全取决于自己。玄宗时工部尚书张锡表演的《谈容娘》就很成功,舞得内行,大得玄宗的夸奖。将作大匠宗晋卿长于浑脱舞,左卫将军张洽善于舞《黄麐》,都颇得皇上的青睐。

然而,中宗时的博士祝钦明却因表演舞蹈出尽了洋相。宴饮时,想出风头的祝钦明自我推荐,说能舞《八风舞》。中宗让他舞一个看看。可实际上,祝钦明根本不会跳舞,又没有这方面的条件和天赋。他的身体肥胖笨重,根本就旋不起来,只能站在原地,不停地摇头晃脑,把个眼睛睁得溜溜圆,左顾右盼,丑态百出。中宗禁不住大笑。在场的吏部侍郎卢藏用很愤怒,不禁嘲讽地说:这一下,五经扫地!

诗人王维较为豁达,但是,因为跳了禁舞,被免了官。唐代规定:不是皇帝,谁也不能舞《黄狮子》。王维做了大乐丞,被人怂恿,舞了一回《黄狮子》。结果,被人告发,免了大乐丞一职。从此以后,大臣们便加倍小心,再也不敢乱舞。

唐玄宗是唐代最热心于音乐、歌舞的皇帝,在中国历史上也是独一无二的。他多情多艺,对于音乐痴醉而沉迷,以至沉溺其中,几乎不能自拔,欢乐系之,悲愤系之,感叹系之,生命系之。

内廷歌舞场中,玄宗经常是乐队中的一位成员。当教坊女艺人谢阿蛮舞蹈玄宗创作的《凌波曲》时,往往是宁王吹玉笛,玄宗击羯鼓,杨贵妃弹琵琶,马仙期击方响,李龟年吹觱篥,张野狐弹箜篌,贺怀智击板。赏花宴上花酒飘香,玄宗曾一旁吹笛,为杨贵妃甜润的歌声伴奏。

当时,牡丹盛开,玄宗和贵妃在兴庆池东沉香亭前赏花观玩,乘兴即召来梨园弟子中的十几位高手,以歌咏花。杨贵妃的歌声很柔美。时称宫中第一歌者的李龟年手持檀板,在乐人的吹奏下正要一展歌喉,玄宗止住他,说:赏名花,对妃子,哪能用旧乐词?遂命李龟年持金花笺,宣翰林学士李白呈献新词。

李白高兴,即兴写了《清平乐》三首。李龟年奉上,玄宗命梨园弟子调弦配曲,催李龟年演唱。杨贵妃含笑手持玻璃七宝杯,酌西凉州葡萄美酒,情意饱满,出而领唱。玄宗无限高兴,立即拿过玉笛吹奏。贵妃边饮边歌,酒酣歌酣,柔情百转。玄宗伴奏着也不忘调情,每次曲尽将终,便故意拖长笛声以媚之。

笛子是玄宗制曲的工具,经常是按笛创作新曲。一次坐朝时,高力士发现玄宗不停地用手指上下不断地按腹,有些奇怪。下朝以后,高力士问玄宗:陛下总用手指按着肚子,是不是圣体欠安?玄宗回答说:不是。昨天夜里我做了一个梦,梦中游玩月宫,月宫中的仙子让我听上清乐曲,清越婉转、悠扬动听,真正是人间闻所未闻。我听得沉醉了。听完合奏以后,仙子送我回宫,奏曲凄楚动人,余音在耳。我回宫后,用玉笛演奏,竟奏出了全曲,坐朝的时候怕忘记了,便怀揣玉笛,时以手指反复练习,不是不安。高力士请求聆听玄宗此曲,玄宗欣然吹奏。吹罢,高力士问其名,玄宗笑说:曲名《紫云回》。

唐代最辉煌的舞曲《霓裳羽衣曲》也是玄宗神奇般地创作出来的,其过程十分玄妙。据说,玄宗登上三乡驿,望女山,忽感光阴易逝,人生短促,心神向往着极乐无忧的神仙生活。回来以后,玄宗根据这种感受,创作了《霓裳羽衣曲》。又一种传说是,被玄宗请到宫中向他传授神仙术的大师罗公远,在天宝初年某个八月十五日夜晚宫中赏月之际,对玄宗说,陛下愿从臣作月中漫游吗? 说着,取过一个桂树枝,向空中掷去,化成了一座白银似的天桥,罗公远请求玄宗与他一道登临此桥。行至数十里,眼前出现了美丽壮观的宫室。罗公远告诉玄宗,这就是月宫。这时,有仙女数百人在广庭上歌舞,玄宗被美妙的音乐吸引,走上前问:这是什么曲子? 对方回答:是《霓裳羽衣曲》。

玄宗将曲调密记心中,回到皇宫,银桥神秘地消失。自此《霓裳羽衣曲》被玄宗由天上带到了人间。这个美妙的故事可能是创作时的梦境,也可能是浪漫的玄宗自己编造的。《霓裳羽衣曲》完成数年后,西凉府都督杨敬述进献了一支印度《婆罗门》曲。玄宗觉得此曲与《霓裳羽衣曲》有相合之处,正是梦寐以求!于是,将《婆罗门》曲糅进了《霓裳羽衣曲》中,成了一部完美的舞曲。杨贵妃入宫以后,对该曲进行了再创作,并配上舞蹈。由于贵妃入宫时是以女道的身份,因此,舞蹈的服饰、道具用上了道教的羽服、幡节。此舞就成了杨贵妃的最得意之作,杨贵妃以此认为其成就盖过了赵飞燕。

《霓裳羽衣舞》,确实是唐代宫廷乐舞的杰作。由于失传已久,因而它的美妙之处无从形容。唐诗人白居易有幸在此乐舞出现约一百年以后于宪宗朝观赏它,便兴奋地写下了《霓裳羽衣歌》。现节录如下:

> 我昔元和侍宪皇,曾陪内宴宴昭阳。
> 千歌百舞不可数,就中最爱霓裳舞。
> 舞时寒食春风天,玉钩栏下香案前。
> 御前舞者颜如玉,不著人家俗衣服。
> 散序六奏未动衣,阳台宿云慵不飞。
> 中序擘騞初入拍,秋竹竿裂春冰坼。
> 飘然转旋回雪轻,嫣然纵送游龙惊。
> 小垂手后柳无力,斜曳裾时云欲生。
> 烟蛾敛略不胜态,风袖低昂如有情。
> 上元点鬟招萼绿,王母挥袂别飞琼。

> 繁音急节十二遍,跳珠撼玉何铿铮。
> 翔鸾舞了却收翅,唤鹤曲终长引声。

唐玄宗做了四十年的太平天子,其音乐歌舞天赋在中国的帝王群中是独一无二的。他的创作名曲虽有些玄妙,似是神授,实际上是他天才的创作欲望在梦境化作了真实,就是说是他自己天才地创作的。《羯鼓录》记载说:玄宗洞晓音律,天资聪颖,凡是管弦,都能极尽其妙,制作曲调也是随意就成,没有约束,曲调音律都极合节拍。玄宗的音律造诣之高,即便是古代的著名乐师夔和师旷也比不过他。

然而,歌舞升平日久,懈政之下招致烽烟四起,王朝危在旦夕。玄宗准备奔蜀,路途遥遥,心乱如麻。玄宗自忖欢歌乐舞不可复得,再一次登楼置酒,命乐人弹唱,乐工弹唱,乐工弹琵琶,美人歌《水调》,唱尽歌罢,玄宗准备离去,又恋恋不舍,徘徊于歌楼酒席间,感慨不已。玄宗忽然问询旁人,楼下是否还有擅长歌《水调》曲子的?这时一个少年领悟其意,自荐献歌一曲,便唱道:

> 山川满目泪沾衣,富贵荣华能几时?
> 不见只今汾水上,唯有年年秋雁飞。

此曲悠扬,唱出了玄宗此时的心境。玄宗潸然泪下,感叹词作者李峤为真才子,不待曲终,便凄然离去。逃奔蜀地的路上,贵妃被赐自尽,玄宗怀念爱妃,写下一曲《雨霖铃》,命张野狐记下来。又一日玄宗登高,望见秦川,想起宰相张九龄箴言,遣人祭悼张九龄,调弄新曲,作《谪仙怨》。

唐代不少的帝王与音乐、舞蹈有缘。高宗也是通晓音律。一天,高宗闲坐,不知从何处传来莺的婉转啼鸣。高宗即兴作《春莺啭》,命乐工白明达记述了下来。高宗创作的舞蹈有《上元舞》,舞者180人,穿五色云衣,象征元气。武则天创作了《万岁乐舞》。宫中养的鹦鹉善模仿人言,口中万岁不已,武则天高兴,就创作了这支乐舞:舞者三人,红袍大袖,头戴鸟冠,状如鹦鹉,欢跃起舞。这如同游戏的乐舞当然不能同玄宗的杰作媲美。

唐宣宗是晚唐皇帝中最突出的一位音乐爱好者,而且很有天赋。他经常创作美妙动人的新曲,传授给宫女,他自己则长于吹奏芦管。每次赐宴前数日,宣宗总要教宫女们排练他的新作。设宴之日,数百宫女盛妆而出,分行列队,联袂而歌。歌声清扬悠怨,浑不像是人间之作。其主要作品有《播皇猷》《葱岭西》《倾杯乐》《泰边陲》。据说《倾杯乐》制成以后,宣宗捻管演奏,命乐工辛骨骷打拍。吹奏时宣宗发现辛骨骺的拍子没打在点子上,便袭目瞠视,辛骨骺肝胆俱裂,回去后竟一日便死去。

唐宫廷游乐

大唐时期,是中国历史上一个繁荣昌盛的时代。这个时代国家富足,人民安康。由于唐代的帝王较为洒脱、豁达,因此,在后宫宫廷的娱乐活动,也呈繁荣之势,其项目之多、技艺之精,此前可以说是无与伦比。这其中,主要有棋弈、博戏、骑射、百戏、杂技、猛兽等,一一叙述如下。

1. 棋弈　博戏

"弹棋玉指两参差,背局临虚斗打危。先打角头红子落,上三金字半边垂。"这是唐代大诗人王建写的一首宫词,描述的是后宫宫女玩弹棋的情景。从诗中看,弹棋到了唐代,已不仅仅属于智力游戏,趣味和动作也占了很大的比重,弹棋始于汉代,到曹魏时后宫弹棋还十分流行。唐代帝王们多喜欢弹棋,因而弹棋在唐代宫中也十分盛行,不仅帝王,后妃们乐此不疲,连宫女也极为喜爱。

弹棋的游戏规则现在难以描述,但弹棋确实是一种有益于身心的游戏。许多文人墨客就专门描写过弹棋,除了上述大诗人王建的宫词,还有有诗圣之称的杜甫专写过一首绝句,咏弹棋感怀。唐代另一位大诗人韦应物,写了一首《弹棋歌》,由歌词中可粗略了解弹棋的格式和玩法:

圆天方地局,二十四气子。
刘生绝艺难对曹,
客为歌其能,
请从中央起。
中央转斗颇欲阑,零落势背谁敢弹?
此中举一得六七,旋风忽散霹雳疾。
履机乘变安可当,置之死地翻取强。
不见短兵仅掌收已尽,
唯有猛士守四方。

四方又何难,横击且缘边。
岂知昆明与碣石,一箭飞中隔远天。
神安志悏动十全,满堂惊视谁得然。

唐顺宗李诵极好弹棋。李诵在东宫时,即对弹棋很喜爱,身边聚集着一群弹棋高手,如吉达、崔同、杨同愿、高铽等,仅次于这些高手的还有窦深、甄偶、崔长孺、独孤辽等。

汉代盛行的六博在隋唐遭到冷落。隋唐盛行双陆,双陆器具是黑白小棒槌各十二枚,玩时将棒槌放在木制的四方盘上。盘中彼此内外各有六梁,骰子两个,掷骰,依点数行,以计胜负。唐女皇武则天曾做梦和人玩双陆,可始终无法获胜。梦醒以后,武则天心存疑惑,百思不解,便召来狄仁杰,问其是何梦意,原因何在。

当时,武则天废了中宗,自己总揽朝政,进而改国号为周称帝。狄仁杰借机一语双关说:宫中无子。唐代的双陆似乎与以前的略不相同。元人虞裕考证说,唐双陆是用黑、白各六子。还有联为证:三个半升升半酒,两行双陆陆双棋。

双陆始于天竺,即《涅槃经》中的波罗塞戏。曹魏时双陆流入中原,历梁、陈、北魏、北齐、隋、唐各代,而以唐代为最盛。元代时,此种博戏称为六甲。儒家讲究,君子不博。身为儒家卫道士的狄仁杰却常常参与后宫的博戏,即双陆,可见当时双陆之盛,也以其雅而化解了儒生们学究式的偏见

双陆在博里面确实有雅戏之称,大概狄仁杰这么一位刚正不阿的人物是看上了它是雅戏。武则天临朝时,南海进贡了一袭珍贵的集翠裘,武则天将此赐给张昌宗,正巧,狄仁杰入内奏事,武则天命狄仁杰和张昌宗对垒双陆。狄仁杰遵命。武则天问赌以何物?狄公说,以臣的紫纯袍赌昌宗的集翠裘。武则天觉得不公平,说集翠裘价逾千金。狄公理直气壮地说:我的袍是大臣朝见天子的朝服,集翠裘不过是嬖幸宠遇的衣服。用我的朝袍和集翠裘赌,我还觉得不乐意呢! 武则天无话可说,张昌宗也极为沮丧,交战的结果张昌宗连连败北。狄公拿着集翠裘扬长而去。

唐中宗在位时,武三思与韦皇后私通。昏弱的中宗竟陪他们在内殿玩双陆,武三思和韦皇后公然在胡床上对垒,中宗帮他们在一旁点筹。

和双陆近似的一种博戏叫作长行,是唐代时出现的。武则天喜欢双陆,在双陆的基础上发明了一种博戏,叫九胜局,子粒三十,头加千万二彩,对垒起来十分有趣。武则天还将这种博法传授给在朝的文武百官,并命令他们分成两队,进行角逐。

2. 游乐 骑射

中国古代浩如烟海的史籍中,没有体育这个词。但是,这并不能说中国古代

没有什么体育运动。相反,中国古代的体育项目很多,在宫廷中则主要为健身运动,后来健身运动便和游乐、游戏结合起来。

出现在帝王生活中的体育活动,有些是从帝王历经战阵中发展而来的,有些则仅仅是供消遣和观赏。帝王们所欣赏和参与的项目主要是健身方面的,但有些只供观赏而不能亲自参与,如赤膊袒腹地投入角力。有些则技能要求很高,或者危险性很大,皇帝也不会去费工夫或去冒险。

秦始皇造高台四十丈,在台上射飞鸿,叫作鸿台。自此以后,射猎长盛不衰。北周武帝的姐夫窦毅,有位相貌奇特、机智过人的女儿。窦毅认定女儿前途无量,面对络绎不绝的求婚者,曾告诉说:我这女儿相貌奇特,哪能随便嫁人?为选择乘龙快婿,窦毅在自家门上画了两只孔雀,公开征婚,求婚者每人射两箭,如何达到标准他没有挑明,但他心里明白,射中两只眼睛的可以入选。数十个求婚者举箭而射,一一淘汰。最后一位深沉勇毅的年轻人,张弓搭箭,两箭各中一目。这位青年便是唐高祖李渊,窦氏就是唐太宗李世民的母亲。

唐太宗比起他的父亲,更有智慧,也更勇武,对于骑射更是行家里手。这位有着北方民族血统的虬须皇帝,对于弓箭骏马爱不释手。射箭对于太宗来说,妙趣横生,趣味无穷。他闲时常常张弓挂矢,用特大的箭,以后苑小门为的,射箭为戏。

文臣萧瑀,素来不会射箭。有一天,太宗想作弄一下这位宋国公。他把萧瑀召进宫中,给他一筒箭,令他射不远处的箭垛。萧瑀只好从命,勉强完成了动作,可是没有一箭射中。这时,随侍在侧的欧阳询忍不住,就作了一首诗,嘲笑不会射箭的萧瑀。

唐太宗见诗后,大笑不已。太宗有意想提高萧瑀的射艺,便拿着这首诗,对萧瑀说:这是四十字章疏。可惜萧瑀此后并没有刻意学习射箭,反而将这场玩笑,变成了一次受辱,从此就和欧阳询有了嫌隙。

唐太宗因箭术高超,又酷爱射箭,因而经常游乐、射猎。唐代和汉代一样,有广大的皇家苑囿,飞禽走兽出没其中,皇帝有兴时射猎、游玩。园苑狩猎也是难免有危险的,因为苑中有许多猛兽,稍不小心,便有性命之忧。

唐太宗有一次在后苑射兽,突然一群受惊的野猪不知道从哪片林中奔窜了出来,直奔太宗。太宗镇定自若,引弓发箭,四发击中了四只野猪,当场倒毙。而一只雄性野猪睁着一双血红的眼睛愤怒而疯狂地向太宗的坐骑奔来。随从狩猎的武臣唐俭见形势危险,立即跃下马来和野猪搏斗,最后还是太宗飞起一剑,结果了这只试图复仇的野猪。

唐玄宗比起曾祖父太宗,没有冒过什么生命危险。玄宗是个精力充沛、好动好闹的人,而且能骑善射,多才多艺。他能够骑在马上奔驰,一箭射杀走兔。至于唐肃宗三发三中,唐宣宗百步穿竹,那就是唐代帝王们中的一般水平了。

击球是一项马上的运动,因而叫作马球。马球在南北朝时出现,到唐代盛行于宫中。马球所击的球是木制的,中间掏空,外面施以朱漆。用以击球的鞠杖也是木制的,杖头呈月牙状。

击球需要高超的技巧,尤其是马上击球,马技是首要的。唐玄宗马技极好,又嗜好击球,因而与马球结下了不解之缘。玄宗十分注意挑选良马,派专人细心训练。然而,选上一匹可意的良马,却是十分困难,玄宗为此费尽了心机。

玄宗常常辗转于内厩,对所有的马一一进行测试,然而没有一匹让他中意。后来,玄宗无限感慨,对伶官黄幡绰说:我想得良马已经很久了,一直没有人懂得相马经。黄幡绰立即回答说:我知道!当今的仨丞相,精通相马经。玄宗觉得惊讶,没想到善悉马经的竟就在身边,但玄宗还是有些疑惑,奇怪地说:我和仨丞相谈论政事以外,还谈些别的学问,一直不知道他还精通相马经。黄幡绰从容地答道:我在沙堤上,每天看见仨丞相乘骑着好马!玄宗这才回过神来,原来这位优伶在用幽默讥讽他。

玄宗的马球技艺很高,在没有即位前就已享誉域外了。唐中宗李显在位时,吐蕃遣使到唐都城长安,迎接金城公主入藏。使臣逗留长安期间,中宗曾请他们到梨园亭子看击球。使者赞咄进奏说:我的部下有爱好马球的,请让他们和汉人比试一下。中宗也是个击球爱好者,见吐蕃有意比试,也想看一看精彩场面。他令宫中马球队和吐蕃队比赛。结果,吐蕃队取胜。

中宗很不甘心,又临时拼凑了一支贵族马球队。当时,身为中宗弟弟李旦儿子的玄宗只是位受封的临淄王。临淄王一直摩拳擦掌。中宗就命他与王邕、杨慎交、武秀四人和吐蕃十人入场开战。只见临淄王纵马驰骋,东奔西突,如风回电闪,挟速度、勇力和胆略,所向无敌。吐蕃被临淄王的气势所压倒,技艺无法施展,最后终于败北。中宗龙颜大悦,当即赐给侄儿数百匹绢。

马球比起蹴鞠来,是一项危险性的运动。击球者颠簸在奔驰的马背上,稍不小心就会从马背上摔下来。玄宗常爱在楼台上观看宫中马球队的精彩比赛,情形紧张而激烈。球艺高超者左萦右拂,盘旋宛转,然而其间坠马受伤者大有人在,不幸毙命者也有。

唐僖宗李儇12岁即位,在位16年,却始终是个不更事的顽童。他委政事于田令孜,专事骑射、游戏、剑矛、法算。他长于音律,精于赌博,对于蹴鞠、斗鸡、击球、走马无一不精通,尤其是善于马球。他曾夸口说:我要是应试步打进士,我肯定是状元。有一次僖宗令陈敬瑄等四人在球场角逐,陈敬瑄赢得了第一筹,僖宗当即任命陈为西川节度使。另两位右神策军中击球高手周宝、高骈,都因球艺出众超擢为将军。

拔河、角抵,也是宫中的健身游乐活动。拔河游戏在唐代后宫中十分流行。是用四五十丈长的大麻绳,两头分系小索数百条,挂在胸前。拔河者分成两队,向两头用力,在大绳的中间立一面大旗为界,把对方拉过大旗为胜。拔河比赛时,常常是旁观者在旁助威,叫喊声惊天动地。而两队队员各挂着小索,背结着向相反的方面用力地拉,输者向后却步,赢者向前挺立。这和今天拔河两队面对面向后拉有所不同。

唐代后宫中曾举行过一场高级的拔河比赛。那是在一个清明节,唐中宗李显集文武百官于梨园球场。中宗命七位宰相、两位驸马为东队,命三位宰相、五位将军为西队,进行拔河比赛。东队贵人多,西队认为太不公平,奏请皇帝重新分配。中宗不允。比赛的结果自然是西队败北。西队的老丞相韦巨源、唐休璟在退却中随绳子跌倒,半天站不起来。中宗见状后不禁大笑,忙令左右扶他们起来。

唐玄宗是一位好热闹的皇帝,他在位时,宫中的拔河比赛热闹非凡,参加者常常千余人之众,助威者更是喊声震天。玄宗坐在楼上细心地观看,既欣赏着这热烈的场面,又品味着身为天子临御万方的威严。

角抵,起自于汉代。汉武帝曾命两位力量相当的武士角力,后来发展成为一项宫中运动。唐玄宗也喜好角抵戏,每次集会、宴乐时,在各种节目演出以后,便命左右军捶击大鼓,引壮士上场,肚子以上赤裸,两相较力,决出胜负。

宫中的各种游乐项目可以说是花样繁多,数不胜数,而且很多是皇帝即兴发明的。秋千是个固定的玩乐项目,从来没被宫女们冷落过。皇帝一般不参加秋千这种游戏,但在一旁观看,欣赏秋千晃荡中的美人娇容,无疑也是一种享受。

唐玄宗称秋千戏为半仙之戏,大概取其女子站在秋千上飘飘欲仙的意思。唐玄宗还发明了一种游戏,叫作风流阵。风流阵常常是在酒酣耳热以后,由杨贵妃统领宫女百余人,他自己统率小宦官百余人,面对面排成两阵,在掖庭中对阵,张开霞被、锦被为旗帜,向前冲击,一比一对打,败者罚饮巨觥,以为乐戏。玄宗和贵妃以及参加的宫女、太监都是兴高采烈、乐此不疲的。

唐优伶、百戏、杂技

优伶,是后宫中插科打诨、谐趣调笑、时不时从旁规谏的一类人物。其主要职责是让皇帝高兴,同时为皇帝达下情、存讽议,以幽默调笑适时规谏。中国优伶之盛,最盛莫过于唐代。唐代著名的优伶有罗黑黑、纪孩孩、贺怀智、张野狐、黄幡绰、雷海青、李龟年、李可及等，其中以黄幡绰最有名。

黄幡绰本来是一名乐工，他的语言和幽默谐趣超过了他的音乐水平。玄宗发现了他，因而将他留在身边，调笑凑趣。黄幡绰为人机敏，不多久便对玄宗的秉性摸得很透彻。有一次，玄宗召他入殿演奏，可是内外传呼，竟许久不见他的踪影。玄宗怫然变色，吩咐近侍将他捉来。近侍带着黄幡绰怯怯地赶到大殿，没有入门，就听到玄宗调弄羯鼓的声音自殿内传来。黄幡绰不禁惊喜，恐惧顿时烟消云散。黄幡绰马上请求捉拿他的近侍，先不要奏报。

过了一会儿，玄宗奏完一曲，又改奏另一曲。演奏之中，黄幡绰低着头，诚惶诚恐地疾步奔入大殿。玄宗看见了他，竟笑着说：幸好来迟了，否则必鞭挞一顿。黄幡绰果然估计得很准，玄宗一奏上音乐，准把一切烦恼抛之云霄了。黄幡绰赶忙跪拜谢恩。一旁的宦官却在窃笑。玄宗诘问，宦官便把刚才的情形如实禀报。玄宗笑笑，也没有怪罪他。又有一次，黄幡绰因故触怒了玄宗，玄宗怒极之下，令侍从提着黄幡绰，把他的头按进水里，估计快受不了了，再命侍从把他的头从水中提起来。玄宗解恨地问道，滋味如何？在水下见到谁了？黄幡绰摸一把湿漉漉的脸，进奏说：在水下见到了屈原，屈原笑话我，说我遇上了圣明君主怎么也是这样下场。玄宗转怒为喜，忍俊不禁了。

安史之乱，玄宗带着后宫不多人匆匆西奔，许多教坊艺人落入叛军手中。乐工雷海清拒绝为安禄山演奏，被残酷地杀死。黄幡绰运用他的狡黠和机敏，自由地出入安禄山宫中。长安被唐军收复，黄幡绰和叛军一起就擒。黄幡绰被带到玄宗面前，玄宗怜其敏捷，宽恕了他。

这时，有人告知玄宗，说：黄幡绰在叛兵来时，曾多次给贼首圆梦，而且都是歌功颂德，全然忘了陛下多年的恩宠。安禄山梦见衣袖很长，直到阶沿下，黄幡绰圆梦说：这是垂衣而治天下。安禄山梦见殿前桶子倒了，黄幡绰圆梦说：革故从新。以此类推，这样的事例太多了。玄宗问黄幡绰如何解释，黄幡绰理直气壮地说：微臣其实不知道皇上已去了蜀地。我既然被贼人俘虏，怎么能不让他们一时高兴，好留下一条性命？今天能再见陛下，更知道给贼首圆梦那是假的。玄宗问何以见得，黄幡绰说，逆贼梦见衣袖长，是指出手不得；梦见桶子倒塌，就是胡不得！玄宗大笑而作罢。

优伶负有调笑规谏的职责，因而优伶身边的一切都可能成为调笑的材料，包括皇帝惧内。唐中宗时，御史大夫裴谈妻子悍妒，裴谈畏之如虎。中宗皇后韦氏秉承武后之风，中宗也渐染惧内之疾。有一次在内宴上，优伶唱着《回波词》，加入了新填的内容：

回波尔时栲栲,怕妇也是大好!

外边只有裴谈,内里无过李老。

优伶调笑、谐趣、讥讽、针砭,有时有点肆无忌惮,皇帝也并不责怪。唐僖宗李儇不务政事,专好游乐、骑射,尤其喜好击球。李儇曾自得地对优伶石野猪说:我要是应试,肯定能中状元。没料到石野猪应声回答说:要是尧、舜、禹、汤做礼部侍郎主持考试,陛下肯定落第!僖宗李儇只是笑笑而已。

杂技是百戏中的技巧项目。杂技在宫中虽然不曾间断,但其地位远在乐舞、戏曲之下,不像在民间那样受宠。自从戏曲自百戏中分离出来自行发展以后,百戏便只是包括杂技和一些零星的不见经传的技艺。然而杂技确实又是独特的,不容忽视,其技艺之精之绝,不能不令人拍案惊奇。

杂技艺人应该说是一类奇人,他们虽然大多不见经史,没有青史留名,但他们的技艺却是不绝于书的。秦汉的杂技项目繁多,包括走丸、跳剑、吞刀、吐火、履索、扛鼎,以及激水转石、漱雾等等。这些项目中,能够被宫中接受而又具有很好的观赏性的项目,是履绳,即所谓绳技。履是用大丝绳系在两根柱子之间,两根柱子相距数丈,由称为倡优的杂技艺人行走绳上,表演舞蹈,做种种惊人的险象环生的动作。两人相向相逢而过时,简直是电闪雷奔,看得人心都要跳出胸膛,而其肩却不曾有丝毫的倾斜。东汉绳技艺人的精彩表演给学者张衡留下了深刻的印象,因而这种精彩的场面被写入了他的作品之中。

唐玄宗曾兴致勃勃地观赏了宫中的绳技表演。表演是由女子完成的,先期的工作是艺人们将一条长绳通过立柱垂下,分别埋入两边的土中,用辘轳固定住。两端的绳系在辘轳上,助手们勒紧辘轳,直到立柱上的绳索直如琴丝。然后,女艺人自绳端蹑足而上,开始了表演。只见她们往来倏忽,飘若仙子,脚下的丝绳似有若无,其情景和姿容模样真是美不胜收。两人在绳上相遇,侧身而过,如同在平地行走。有的干脆穿着鞋,在绳上从容行走,来去自如,还做各种惊险绝伦的俯仰动作。

中国后宫中,虽然百戏、杂技等项目繁多,但纵观中国历史,似乎喜欢变戏法、幻术、魔术一类的帝王为数不多,后宫中也从来没有专职的魔术艺人。东汉时西南掸国曾进献过幻术师,能表演吐火,还可以肢解自身,并将自己的头取下来换成牛头、马头。这些都曾在元旦皇帝朝见群臣时的盛会上表演过。但事后却招来了大臣们的交章非议。大概冒烟吐火、魔术肢解之类,古人认为是奇技淫巧之极,而正统的观念是历来排斥奇技淫巧的。因此种种,于是,中国古代从事魔术技艺的人数和水平,远远逊于邻国印度。

唐代有许多印度魔术艺人带着绝技来到中国，到京都献艺。然而，这些艺人被拒于宫门之外，只能流于民间。唐高宗还为此特下一道禁幻戏诏，严词予以谴责。诏书说：据大臣报告，说外国婆罗门胡人，每次杂戏时，用剑刺肚子，用刀割舌头，幻惑百姓，这是要不得的。应马上把他们遣送回国，不许久留，并约束边境地方，再有此类人等不许入朝。

唐宫廷鸟兽

帝王在后宫生活中，除了美人、乐伎、奇珍、异宝，还有不少的动物玩偶。这些动物玩偶有的很温驯，如猫、狗、奇鸟，带在身边，供随时观玩；有的则很凶猛，豢养在广大的宫禁苑囿之中，供狩猎之用，平常则作为奇禽异兽予以供养。尚武好勇的帝王多爱玩弄猛兽，骑射击杀，满足自己威震四方、降伏天下的虚荣。然而更多的帝王豢养猛兽是为了观赏，增添园林野趣，以助游兴。

唐武宗李炎是个沉毅果断、喜怒不形于色、敢作敢为的皇帝。武宗李炎有个爱好，就是爱养各种动物，也包括凶禽猛兽。

武宗早在做颖王时，王邸苑囿中就养有许多动物，他将其中可人者列为十玩，绘具十玩图传于后世。十玩各有雅名：九皋处士（鹤）、长鸣都尉（鸡）、惺惺奴（猴）、长耳公（驴）、茸客（鹿）、玄素先生（白鹇）、灵寿子（龟）、守门使（犬）、鼠将（猫）、辩哥（鹦鹉）。即位以后，武宗更是无所顾忌，玩动物成性。

唐玄宗盛年时对于鸟类极富温情，叫黄莺为金衣公子。长安城中有只鹦鹉破案立功，玄宗封它为绿衣使者，交付后宫豢养。岭南进献白鹦鹉，美丽动人，玄宗和贵妃呼之为雪衣娘。雪衣娘在宫中备受宠爱，待遇极厚，也调教得伶俐、驯服，由于它语言能力很强，因而极得玄宗的宠爱。

唐玄宗吟诵近人的诗篇，几遍以后，雪衣娘便能成诵，出口无误。杨贵妃教它《多心经》，雪衣娘滚瓜烂熟，日夜不息地念着此经，似乎是为杨贵妃祈祷，雪衣娘几乎不离玄宗和贵妃左右，日夜侍侧。玄宗常和贵妃、诸王博戏，当玄宗局面要输时，玄宗的侍从便呼雪衣娘，雪衣娘闻命立即跃上博局，脚踏局盘，双翅翻舞，博局只好从头开始。然而有一天，雪衣娘在殿廷玩耍，突然遭猎鹰袭击，一个回合便一命呜呼。玄宗和贵妃见雪衣娘如此惨状，痛惜不已，哀悯之情长久澎湃奔涌于胸中，不能止息。雪衣娘被隆重地葬在苑中，特地立冢，呼为鹦鹉冢。

斗鸡是古代王公大臣们的一大乐事，帝王在后宫中摆开鸡场，更是热闹非常的。较早喜好斗鸡的帝王大概是周宣王。汉唐时斗鸡达到极盛，尤其唐代，蓬蓬勃勃，蔚然成风。

唐太宗、玄宗、文宗、穆宗都对斗鸡有着浓厚的兴趣。玄宗专设鸡坊,畜养斗鸡,搜集长安城中金尾铁距、高冠昂首的雄鸡上千只,养于坊中,又挑选六军小儿五百人驯养教饲,弄得十分红火。13岁的斗鸡神童贾昌被玄宗发现,立为五百小儿长,专事斗鸡。

八月十五日是玄宗的生日,贾昌在万乐相聚的盛会上一展风姿。他头戴雕翠金华冠,身着锦袖绣襦裤,手执铎铃,拂导群鸡,群鸡立在广场,神气活现,不可一世。它们顺从着贾昌的指挥,竖着毛发,振动双翅,磨吻擦距,跳跃进退,随着贾昌的鞭子有进有退。战斗激烈,胜负决出以后,胜利的走在前面,失败的走在后面,随着贾昌雁字而行,回到鸡坊。

斗鸡之外还有斗鸭、斗鹅。斗鸭是魏文帝的嗜好,他曾派专使向东吴要良种鸭,可见东吴有斗鸭的传统。斗鹅是晋桓公、晋灵公的传世宝,到唐僖宗时发扬光大,臻于极盛。唐僖宗经常在兴庆池和诸王斗鹅。大量的鹅被高价买入后宫,一时间,鹅价飞涨。僖宗偏爱的一只斗鹅竟值五十万钱。真可谓鹅贵人贱。

唐帝王文化生活

1. 诗文活动

唐代是诗人辈出的时代,皇帝即便有幸列入诗人的行列,也不过是泛泛之辈,极不起眼。当然,对于身系天下的皇帝来说,作诗不过是雕虫小技,不必像有些帝王如梁元帝、隋炀帝那样被诗陷进去,以至于亡命、亡国。

唐太宗李世民是位勇略英武的皇帝。他的贞观之治,功德兼隆,享誉历史,垂名后世。他也注重文事,对于经术造诣很深。他爱好诗文,礼贤文士,早在藩邸时即开文学馆,召名儒十八人为学士。即便临朝理政,太宗也常与文臣讨论典籍,杂以赋诗论文。因此史称:唐朝三百年文化鼎盛,皇帝实在有功。留传下来的太宗作品,有集四十卷,诗一卷,凡69首。

唐太宗的《秦王破阵乐》是以勇武刚劲见长的,然而,太宗在后宫,却不必那么郑重、严肃,正容端坐地观赏着礼仪性的具有象征意义的乐舞。太宗在香殿粉阁间信步闲游,从容不迫。他常常斜倚楼台,躺在珠帘翠幕前观赏殿前的歌尘舞影,饮酒赋诗。他的《三层阁上置音声诗》注满雅兴,道出了人间天子和仙子的无穷滋味。

太宗在后宫中极有情趣,人情味很浓。后宫的芳兰、庭雾、池柳、残菊都栩栩如生地进入他的诗中,融情入景,咏事状物,展示着一幅幅生动感人的后宫图画,令人追思和遐想,也丰富和充实着太宗的生活。兹引录如下:

> 春晖开紫苑,淑景媚兰场。
> 映庭含浅色,凝露泫浮光。
> 日丽参差影,风传轻重香。
> 会须君子折,佩裹作芬芳。
> ——《芳兰》

> 年柳变池台,隋堤曲直回。
> 逐浪丝阴去,迎风带影来。
> 疏黄一鸟弄,半翠几眉开。
> 萦雪临春岸,参差间早梅。
> ——《春池柳》

唐太宗在后宫宴饮时,即便大臣在场,气氛也不一样,尽可以捧腹调笑。有一次在宴席上,太宗心血来潮,令大臣们相互嘲弄,揭别人的短处取乐。皇后的哥哥长孙无忌先嘲弄书法家欧阳询,笑其身材瘦小,面貌丑陋:

> 耸膊成山字,埋肩不出头。
> 谁家麟阁上,画此一猕猴。

欧阳询反唇相讥,应声回诗作答:

> 索头连背暖,漫裆畏肚寒。
> 只由心浑浑,所以面团团。

原来,长孙无忌生性怕寒,长着一张圆粉脸,冬天头戴大厚皮帽,袍服里和一般开着裆的不一样,而是把裤裆缝严。两首诗写得幽默风趣,嘲弄得入木三分,可谓旗鼓相当。太宗在听罢大笑以后,问欧阳询:你难道不怕皇后知道?

唐高宗李治在位三十四年,也是一位喜好诗文,勤于笔耕的皇帝。高宗流传下来的作品不多,诗文仅存八首,这在他的八十六卷的文集中只占极少的比重,可惜其文集已经失传。从高宗仅存的八首诗中,可看出他的生活情趣和诗人的天赋。请看他的《七夕宴悬圃》和《守岁》。

> 羽盖飞天汉,凤驾越层峦。

俱叹三秋阻，共叙一宵欢。
璜亏夜月落，靥碎晓星残。
谁能重操杼，纤于濯清澜。

——《七夕宴悬圃》

唐中宗李显只在位六年，但他雄姿英发，雅好文事。他置修文馆学士，广引天下词学文臣，从侍游燕。他们游幸各地，吟诗作赋，四季不辍。中宗虽被女儿和皇后毒死，年仅55岁，却留下了文集四十卷。可惜其文集大多失传，仅留下了几首诗和联句，其中也不乏佳作，如《九月九日登高》《登骊山高顶寓目》。

九日正乘秋，三杯兴已周。
泛桂迎尊满，吹花向酒浮。
长房萸早熟，彭泽菊初收。
何藉龙沙上，方得恣淹留。

——《九月九日登高》

诗仙李白和才子型的皇帝唐玄宗生活在一个时代。李白的才名传到了玄宗耳里，玄宗特地在金銮殿召见。他们放达豪放、共议大事，指陈时政得失，李白不免兴奋起来，当即挥毫成《颂》，玄宗大为欣喜，当即赐食，并亲自调羹赏赐，诏命为供奉翰林。

李白空怀凌云壮志，他不愿意只充御用文人，而希望济世救民。可玄宗恰恰只是需要诗文才格外看重他。李白在翰林中受到玄宗的特别青睐，但李白从未受宠若惊，这是个性使然。玄宗没有得到多少李白的颂歌，但李白过于放达，脱靴一事，不免令玄宗和高力士大为尴尬，尤其是高力士终身以此为耻，也深得杨贵妃的同情。李白诗中：借问汉宫谁得似，可怜飞燕倚新妆。把贵妃比作赵飞燕，贵妃大为恼火。李白无形中，在皇帝的身边结下了两个举足轻重的冤家，岂能仕途通达？

唐玄宗讲道艺文，在位47年，留下了不少翰墨文章，今流传下来的有诗一卷，凡数十首。玄宗的诗作后期胜于前期，尤其是逃奔巴蜀以后融入诗作之中的往往具有更深更沉的含意，兼具艺术和历史的双重价值。玄宗的晚年落寞凄凉，往事耿耿于怀，却又常常如同幻影，虚虚实实，浑浑沌沌。只有李白的《傀儡》诗，多少能慰藉他那颗孤独的心。冷落的深宫，人们看见的是毫无当年容光声色的老人，在喁喁低吟：

刻木牵丝作老翁,鸡皮鹤发与真同。
须臾弄罢寂无事,还似人生一梦中。

唐肃宗李亨留下有诗四首。德宗李适善于属文,尤其长于篇什,在位25年,留下不少作品,不幸失传,今只存诗15首,大多是重阳、佳节应时之作。兹录一首《九日绝句》:

禁苑秋来爽气多,昆明风动起沧波。
中流箫鼓诚堪赏,讵假横汾发棹歌。

宣宗李忱恭俭好善、虚怀若谷,史称有贞观遗风,他每次曲宴总与学士唱和。一应公卿出镇,他都诗赋饯行。他的诗今仅留传下来六首,其《吊白居易》一篇诗味无穷:

缀玉联珠六十年,谁教冥路作诗仙。
浮云不系名居易,造化无为字乐天。
童子解吟长恨曲,胡儿能唱琵琶篇。
文章已满行人耳,一度思卿一怆然。

一代女皇武则天也有诗文名世,只是大多是元万项、崔融等代作,但《如意娘》是她的作品:

看朱成碧思纷纷,憔悴支离为忆君。
不信比来长下泪,开箱验取石榴裙。

2. 书画活动

书法、绘画是文人的艺术。皇帝是国人中的文人,因而中国的皇帝与书法、绘画有缘。加之中国绝大多数的文人才士集聚在皇帝的身边,因而中国的皇帝与书法、绘画艺术的联系更是千丝万缕。

唐太宗算不算一位书法家?他的草隶很有成就,但他的书法艺术正像他的诗文在唐代文坛一样,算不上第一流。人才济济的唐代诗人、书法家辈出,群星灿灿,太宗也许无法争得一席之地,但太宗确实与书画有缘。

唐太宗执政之暇,爱临书习字。虔诚笃敬,全神贯注。他练习书法长年不倦，细习临摹，因而多有心得。他说：我临摹古人的书法，不学其形势，而是学习骨力，学到了骨力形势自然就有了。

多年以后，太宗认为已得书法真谛，于是，他著书立说，写下了有名的《笔法论》《指法论》。

唐太宗对于二王的书法很钦慕，尤其是偏爱王羲之。他曾评点王献之的字说：王献之虽然有他父亲的风骨，但还是稍逊一筹。王羲之的字迹，疏瘦像隆冬的枯枝，纵笔又极有气势。

唐太宗的书法从师于虞世南。虞世南是旷世奇才。入仕隋朝时，隋文帝曾称虞世南有五绝：博学、德行、书翰、词藻、忠直。文帝说：有其中一项，就足可以称为名臣，而虞世南五项兼具。虞世南学书于同郡僧人智永，智永是王羲之《兰亭序》的藏主。智永学王羲之，世南学智永，太宗学世南，真像是一脉相承。

不过，太宗的书法实践远不如他的书法理论头头是道，得心应手。他从虞世南学书，在戈字上常常窘住，不论怎么写总是不得要领。有一次太宗写"戬"字，不敢写右半边，召虞世南来完成。写完以后，太宗送给魏徵鉴赏。魏徵慧眼惊人，令太宗大惊。魏徵说：看皇上这个字，只有戬字的戈字边逼真。太宗大惊之下，为之心服。

唐太宗常将自己的作品书于屏风，示于群臣，召至称颂之声不绝于耳。太宗的书法虽然不及虞世南，但也不同凡响。他对自己的成就也十分自信。他曾对侍臣说：学习书法不能着急。经常留心练习，也比时断时续好。所有技艺都是这样，没有勤学而毫无收获的。学而无得在于用心不专，为人懈怠。俨然一代宗师。

太宗的后继帝王也多通书法。高宗李治善作飞白书。睿宗李旦工于草隶。玄宗李隆基长于八分书。玄宗留传至今的作品是行书《鹡鸰颂》，现藏于台北"故宫博物院"。

唐宫太监

隋承前代制度设内侍省，管理内官。内侍省设内侍、内长侍等。内侍即前朝的长秋。内长侍即前朝的中常侍。下领宫内尚食、宫闱、掖庭、内仆、内府、奚官等局。炀帝大业年间，又改内侍省为长秋监，设监令一人，正四品；少令一人，从五品；丞二人，正七品，以宦官任职，杂用士人。又改内常侍为内承奉，凡二人，正五品；给事改内承直，凡四人，从五品，均用宦官。

唐高祖武德初年，又改为内侍省，概用宦官。唐太宗下诏，内侍省不立三品官，以内侍为长，阶四品，不任专事，只负责门阁守御、廷内扫除、禀食侍奉而已。

武则天时,增内官人数。到中宗景龙年间,黄衣内官两千员,七品以上员外千员,但赐衣朱紫者很少。玄宗开元、天宝时期,财用富足,好大喜功,随意随兴赏赐爵位,结果,后宫人满为患:后宫宫嫔四万,宦官黄衣三千员,赐衣朱紫者达千余之众。有的拜三品将军,列戟军门。有的在殿头供奉,委以专任,持节传命,势焰惊动朝野。于是,上等甲舍、名园、肥沃田土被内官所侵占者几达京畿之半。唐朝之亡,也亡于宦官。

1. 宦祸的形成

汉唐两代是中国宦官势焰熏天的时代。所不同的是,汉代的宦官控制后宫,一手遮天,根本没有走出宫外。而唐代则不同,加官晋爵,赐土封侯,出使监军,持节使藩,势力遍及朝野,天下趋之若鹜。

唐代的宦官势力是自唐中叶以后渐渐形成的,而后愈演愈烈。宦官所以能在唐代形成气候,首先是本身具有的优越条件。晋以来扩大的门下省,是朝政宣达的特殊机构,门下省由宦官把持,一旦朝廷党争激烈。各派和皇帝均要争取宦官,宦官干预政务自然是轻而易举,而且举足轻重,再加上总管后宫的内侍省是宦官的天下,传宣圣旨由宦官一手操纵,激烈的宫廷争斗之下,宦官便是从容的得利者。

2. 杨思勖

唐代宦祸的形成始于唐玄宗,杨思勖是第一号人物,继之高力士,形成唐代宦祸的第一个高峰。杨思勖是罗州石城人,自小没入宫中,给事内侍省。玄宗讨伐内难时,随侍左右,以功擢左监门卫将军,倚为爪牙心腹。开元初年,安南蛮渠梅叔鸾举三十二州之众,令四十万人据海南,外结林邑、真腊、金瞵等国,自号黑帝反叛,玄宗时杨思勖请行平叛,准其招募首领子弟十万人,会同安南大都护光楚客由马援故道而出,一举平息了叛乱。杨思勖以功进辅国大将军,给禄俸、防阁。玄宗封泰山,杨思勖奉旨随从,进骠骑大将军,封虢国公。后杨思勖又平邕州封陵獠、梁大海之乱及泷州陈行范之乱,功勋卓著。

杨思勖以宦官见知于玄宗,为大唐立下了卓越功勋。玄宗信用杨思勖,并因此对宦官寄予厚望,委以重任。杨思勖平叛有功,却是以狠毒阴鸷驰名。他好斗嗜杀,将士无不惮服畏惧,杀敌勇武,因而成功。

3. 高力士

高力士与军功用事的杨思勖不同,主要是得宠于玄宗,不离左右,进而干预朝政。高力士本姓冯，是冯盎的曾孙。圣历初年，岭南讨击使李千里进奉两个阉儿，一个叫金刚，一个叫力士（高力士）。武则天喜欢力士，以其聪敏强记，敕给事左右。后来，坐累逐出，中官高延福收为养子，故改姓。高力士得武三思信任，一年后复入禁中，禀食司宫台，成年的高力士膀大腰圆，高六尺五寸。高力士为人谨密，善于传宣诏令，升宫闱丞。

李隆基为藩王时，高力士倾心附结。平复韦氏以后，得玄宗李隆基信任，擢内给事。先天元年，太平公主阴结宫人元氏，毒害隆基未遂，密谋起事，李隆基先下手。高力士杀萧氏、岑氏有功，升右监门卫将军，知内侍省事。自此以后，四方重要奏章，高力士先省后奏，小事自决，而且洗沐眠息都在殿中，俨然一代天子。

唐玄宗省时省力，有空醉心游乐，便自得地说，有高力士在，我睡觉才安！当时，以才能得宠的还有宇文融、李林甫、盖嘉运、韦坚、杨慎矜、王鉷、杨国忠、安禄山、安思顺、高仙芝，这些人均厚结高力士，因而平步青云，踵至将相。内外百官于是望风依附。

中官黎敬仁、林昭隐、尹凤翔、韩庄、牛仙童、刘奉廷、王承恩、张道斌、李大宜、朱光辉、郭全、边令诚等并拜内供奉，他们得宠于玄宗，结交高力士和高力士心腹左右，因此，他们有的监军，有的出使，有的市购鸟兽，获得动辄巨万，京师甲地池田、良田美产，占有侵吞十分之六，朝野为之震动。太子李亨以兄事高力士，其他王公大臣贵戚，都叫高力士为高翁，戚里诸家尊称为爷，玄宗也不直呼其名，而是称为将军。

高力士一生没有大过，但外朝将相、后宫重要宦官都是他一手扶植提拔。他位于一人之下，百官之上，因而家族也鸡犬升天。他的养父高延福夫妇因他而拜受供奉，尊养宫中。岭南节度使在他的老家找到他的生母麦氏，恭敬地派专人送到长安。高力士不相识，失散时太小记忆模糊，他的母亲对他说，你的胸前有七个黑子，看还在不在？高力士袒开胸，果如其言。麦氏随拿出金环，说是他小时所戴，母子抱头恸哭。玄宗封麦氏为越国夫人，追赠其生父为广州大都督。

金吾大将军程伯献与高力士为结拜兄弟，麦氏死后，程氏以孝子缞绖成服，接受宾客的祭吊。河间人吕元晤做吏京师，女儿很美，高力士娶之为妻，吕元晤因而不次荣升，由刀笔吏而少卿而刺史，子弟也官至王傅。吕夫人病死，葬礼极为隆重，百官争相献祭，车马不绝，道路为之堵塞。

高力士虽然势倾朝野。但对于玄宗的忠诚却是至死也没有改变。他身处高位，始终不失持正匡辅的立身原则。玄宗临政时高力士曾多方进谏，不使有误。玄宗中年以后委政于奸相李林甫，太子李亨终日忧惧，怕遭构陷，忧心终至鬓发斑秃。高力士力争权柄不可以假人,使玄宗有所醒悟。

唐玄宗为太子的事心烦意乱,犹犹豫豫。李亨是玄宗的第三子,在当时居长,可玄宗却偏爱惠妃之子寿王李瑁。李林甫求媚于武惠妃,也力主立寿王。然而,太子是一国储君,将来要付托大事,相比之下,李亨年长,且仁孝恭谨,聪颖好学,博闻强记,适合于做天子。玄宗为此犹豫不决。一次吃饭,玄宗还在为此神思恍惚,食不甘味。高力士小心侍候,了知玄宗的忧烦,对玄宗说,不是立太子吗?推长而立,谁敢妄言?于是李亨立为太子,就是后来的肃宗。

安史之乱、唐室动荡,玄宗和高力士患难与共。高力士日夜不离玄宗左右,随玄宗西奔巴蜀。逃亡途中,得知郭子仪收复京都,君臣以手加额,庆幸之至。回到京师,玄宗退居太上皇,没有权力,居于兴庆宫。高力士依然侍从左右,在兴庆宫起居,侍奉七十多岁的玄宗。

唐肃宗即位,宠信宦官李辅国。李辅国出身微贱,品行低劣,原来只是高力士手下的低级宦官。李辅国得志,便恣意妄为。他见太上皇和高力士退居兴庆宫,却还是仪容高贵,根本不把他放在眼里,他极不痛快,耿耿于怀。他向肃宗建议,让玄宗搬出富丽华贵的兴庆宫,迁往西内。移仗前一天,李辅国派人将兴庆宫原有的厩马三百匹取走,只留下十匹。玄宗目睹这一切,只好与高力士忍气吞声,装作从容无事。

第二天,玄宗去见儿子肃宗。肃宗自称有病,令他人代为起拜,留玄宗吃饭,饭后温语劝慰玄宗,希望留在兴庆宫。然而,李辅国等用事假传圣旨,刁难无礼。玄宗无可奈何,只有痛楚地对高力士说:我的儿子被李辅国迷惑了,不能尽孝啊!

唐玄宗心事重重,郁郁寡欢。他骑在马上,心情沉重地溜达着,高力士一路上小心侍候。刚走到夹城,忽听到身后传来急促的马蹄声。玄宗一阵心悸,慌乱中回头观望,目瞪口呆。原来是李辅国带领五百铁骑,气势汹汹地飞奔而来,直逼到玄宗的坐骑前。

唐玄宗惊慌失措,险些从马上掉下来。五百铁骑露出兵刃排列道路两旁,李辅国傲慢地说:皇上说兴庆宫湫隘,想迎太上皇迁居大内!高力士怒不可遏,呵斥道:李辅国,不得无礼!李辅国阴恻恻地笑道:他们这是护卫圣驾,以防不测。高力士驳斥道:即便有变故,也要遵守礼法,哪能如此惊动上皇?李辅国也心中冒火,回骂高力士:老家伙不懂事,走开。手起刀落,斩了高力士的一位随从。年迈的高力士没有办法,只有忍辱负重,牵着玄宗的马,向西内缓缓而去。到了西内,惊魂略定,主仆相顾凄然。玄宗老泪纵横,哽咽着对高力士说:如果不是你保佑,阿瞒已是乱兵前的死鬼了。阿瞒就是唐玄宗。

唐玄宗和高力士相依为命,主仆继续共赴患难。然而好景不长。玄宗的膳食江河日下,渐渐不再出现肉,也没什么油腥,但对于这些,玄宗还是坦然接受了。每天日出日落,玄宗和高力士相携在一起,或讲经论义,追怀往事,说些有趣的话题,或静坐一边,津津有味地看着杂役洒扫院落。有时,他们也动动手,修剪花枝。高力士不通文墨,不懂得经史文义,然而能尽心地陪着玄宗,说说心里话,主仆相伴着打发时光,彼此觉得很开心。

可是,不久,高力士因体弱患上了疟疾。他怕传染给玄宗,便主动移出了院落,住到了功臣阁内。高力士盼望着能早点康复,好回去再尽心侍候玄宗。一天深夜,突然有人敲门,接着听人说:太上皇叫你。高力士听说是玄宗相召,高兴地开门迎候,急急地问道:见到太上皇了?对方点头,说见到了。高力士看着来人,有些疑惑,但还是跟着走出阁外。

到了阁外,一个宦官交给高力士一卷文状。高力士借着微弱的灯光,但见文状上全是对他的指责。高力士知道又是李辅国捣鬼,要求到肃宗跟前谢罪,以申明自己的冤枉,但没被允准。第二天,宣旨高力士潜通逆党,但念其久侍帷幄,颇效勤劳,且舍殊死,可除名,长流巫州。

高力士没能与玄宗见上一面,便被迫怆然上路。高力士带了数月的衣粮,有随从八九名,一路凄风苦雨,奔赴巫州。他们翻山越岭,风餐露宿,过了三年的流放生活。第二年到达夷州时,路遇昔日的大臣第五国珍,也被贬至此,两人悲喜交加,涕泪纵横。高力士悲怆地对第五国珍说:宰相都遭此厄运,其他就不用提了!对国事,两人忧心如焚。

唐肃宗在位七年,五十二岁便过世了。肃宗临终前,诏命一切流放人员回京。几个月后,玄宗、肃宗相继离世。高力士在巫州听到了玄宗的死讯,号天哭地,五内俱焚,简直有点痛不欲生,其哀祭服丧的程度超过了礼仪规定。高力士奉旨回京了,要将自己的风烛残年陪侍玄宗的陵寝。

高力士一路上恸哭不已,几次昏死过去。由于哀毁过甚,年迈的高力士悲伤成疾,从巫山行到郎州,用了一个多月的时间,人就形销骨立,病得不能成行。高力士知道不行了,奄奄一息,临终前还泣下沾襟。高力士于宝应元年八月十八日死于郎州开元寺西院。他死后,消息不胫而走,远近传播,天下臣民无不为这位忠心耿耿的太监悲叹伤感。高力士的灵柩被送往京师,陪葬在玄宗陵侧。

然而,高力士毕竟是太监中的凤毛麟角,他的忠诚温和并不能阻遏宦祸的形成,相反,随着他和玄宗权势的丧失,他们君臣也被葬身在滚滚而来的宦祸浪潮中,以身殉难。

二、唐高祖李渊

生平

唐高祖李渊(566—635年),字叔德,陇西成纪人,祖籍邢州尧山,唐朝开国皇帝。他出身于北周贵族世家,七岁时,袭封唐国公。隋炀帝杨广即位后,李渊出任荥阳(今河南郑州)、楼烦(今山西静乐)二郡太守。后来,被召为殿内少监,进而升职为卫尉少卿。大业十一年(615年),李渊官拜山西河东慰抚大使。大业十三年(617年),进迁太原留守。隋末之时,天下大乱,李渊乘势自太原起兵,不断发展壮大,攻占长安。义宁二年(618年)农历五月,李渊接受亲自扶立的隋恭帝禅让,正式称帝,建立唐朝,定都长安。随后,逐步消灭各地割据势力,统治全国。武德九年(626年),玄武门兵变,李渊退位,称为太上皇,禅位于儿子李世民。贞观九年(635年),李渊病逝,谥号太武皇帝,庙号高祖,葬于献陵。上元元年(674年)农历八月,改上尊号为神尧皇帝。天宝十三载(754年)农历二月,上尊号神尧大圣大光孝皇帝。

李渊是十六国时期西凉国开国君主李暠的后裔,世家大族,代代显贵。陇西成纪(今甘肃省秦安县西北)人,一说是陇西狄道(今甘肃省临洮县)人,祖籍邢州尧山(今邢台市隆尧县)。李渊祖父李虎,在西魏之时,官至太尉,是西魏八柱国之一。李渊父亲李昞,北周之时,历官御史大夫、安州总管、柱国大将军,袭封唐国公。李渊母亲,出身高贵,是隋文帝独孤皇后的姐姐。北周天和元年(566年),李渊出生在长安。李渊七岁时,父亲李昞去世,于是,他世袭为唐国公。李渊长大后,豪迈洒脱,性格开朗,为人宽厚,待人宽容。

开皇元年(581年),隋文帝接受北周静帝禅让,建立隋朝。接着,隋文帝任命李渊为皇宫禁卫武官千牛备身。李渊之姨母,是隋文帝独孤皇后,隋文

■ 李渊画像

帝宠爱和尊重独孤皇后,因此,他特别亲近、器重李渊,委以重任,累迁谯州、陇州、岐州三州刺史。一位相士,名叫史世良,极善给人看相。他给李渊相面后,告诉李渊:您骨骼奇伟,必为一国之主。愿您自爱珍重,不要忘记我说的话。从此以后,李渊胸怀远大,信心十足。

大业十三年(617年),李渊奉命出任太原留守,成为太原最高长官。农历七月,李渊率领三万大军,誓师起义,正式发布檄文,宣布反隋。檄文中,严厉斥责隋炀帝昏庸残暴,听信谗言,杀害忠良,穷兵黩武,导致天下大乱,民怨沸腾。誓师之后,李渊带领长子李建成、次子世民,统率大军,挥师南下。一路之上,唐军势如破竹,先后攻破霍邑(今山西霍县)等地,渡过黄河,挺进西南。当时,隋炀帝远在江都(今江苏扬州),关内各地,隋军力量薄弱。中原地区,瓦岗军、王世充军激战方酣,无暇西顾。

李渊父子率领唐军,如入无人之境,进军神速。大业十三年,李渊攻入长安。进入长安后,李渊宣布:遥尊隋炀帝为太上皇,拥立隋炀帝之孙代王杨侑为帝,改元义宁,是为隋恭帝。隋恭帝下旨,进封李渊为唐王,以李建成为唐王世子;李世民为京兆尹,改封秦国公;封李元吉为齐国公。

事迹

1. 统一全国

义宁二年(618年),李世民徙封赵国公。同年农历三月,隋炀帝在江都被部将杀死。同年农历五月,隋恭帝被迫禅位于李渊。李渊正式即皇帝位,定都长安,国号唐,建元武德,是为唐高祖。李渊临政,任命李世民为尚书令。随后,李渊立李建成为皇太子,封李世民为秦王,封李元吉为齐王。唐朝建立以后,疆域仅仅限于关中、河东一带,各地战乱不断,尚未实现统一全国。因此,李渊派遣儿子李世民、李建成、李元吉领兵出征,分化瓦解,逐步消灭各地割据势力。

武德元年(618年)农历六月,李世民率军攻打盘踞甘肃、兰州等地的薛举、薛仁杲父子。农历九月,薛举战死。农历十一月,俘获薛仁杲,就地击杀。从此,西北地区平定。武德二年(619年),唐朝用反间计,激化李轨集团内部矛盾,大破李轨军,俘杀李轨,河西走廊平定。同年,刘武周、宋金刚企图勾结突厥,不久,为突厥所杀。当时,黄河流域,窦建德建立了夏政权,王世充建立了郑政权,他们与唐朝成鼎足之势。最后,李渊派李世民统领大军,东征王世充。王世充自知不敌,和窦建德结成联盟,共同对抗李世民。武德四年(621年),李世民俘杀窦建德。王世充走投无路,降唐。武德六年(623年),太子李建成俘斩刘黑闼,河北之地平定。武德七年(624年),高开道为其部下张金树逼杀,张金树降唐。

2. 宫廷政变

晋阳起兵,是李世民一手谋划的。当时,李渊同意起事后,曾经答应:事成之后,立李世民为太子。然而,李渊建立唐朝后,没有兑现诺言,却立长子李建成为太子。统一全国,李世民战功赫赫,声名远播。太子李建成自惭形秽,联合三弟李元吉,极力排挤李世民。李渊称帝,优柔寡断,朝中政令经常冲突。李建成、李世民兄弟矛盾激化。

武德九年(626年),突然,突厥侵犯唐朝边境。太子李建成看准时机,立即向李渊建议,任命李元吉为统帅,统率大军,出征突厥。这时,王晊在太子东宫担任率更丞,为主管计时之官,他已经被秦王李世民收买,成为李世民安插在东宫的卧底。太子的举动,他十分清楚,于是,他告诉李世民:李建成让三弟统领大军,是想借机掌握兵权,控制秦王兵马;并且,太子已经在昆明池设下伏兵,想杀死秦王。

李世民深思熟虑,决定先发制人。武德九年(626年)六月初四,李世民在首都长安发动兵变:在皇宫北门之玄武门,李世民带领随从,突然出击,射杀皇太子李建成、齐王李元吉。这场事变,史称玄武门之变。事变中,李世民杀李建成、李元吉及其子女家人,控制了政权。随后,李世民宣布,将他们兄弟从宗籍中除名。李渊别无选择,拱手相让军政大权,宣布秦王李世民主政。三天后,李世民被立为皇太子。李渊下诏:自今以后,军国事务,无论大小,悉数委任太子处决,然后奏闻皇帝。武德九年(626年)八月初九日,李渊宣布退位,称为太上皇,禅位于李世民。李世民登基,是为唐太宗。第二年,改元为贞观。

李渊做太上皇,一直在太极宫生活。贞观三年(629)农历四月,李渊从太极宫迁出,搬入大安宫。在大安宫中,李渊几乎被软禁,除偶尔参加李世民举行的宴会之外,几乎不能离开大安宫。九成宫,是隋朝仁寿宫,位于陕西麟游,是避暑胜地。李世民喜欢九成宫,经常到九成宫避暑,李渊却不来没到过九成宫。贞观八年(634年)农历十月,李世民决定,在宫城东北营建大明宫,作为太上皇清暑之所。第二年,李渊病死。大明宫没有建成,直到唐高宗时,大明宫才渐成规模。贞观九年(635年)农历五月,李渊因病驾崩于垂拱前殿,终年七十一岁,庙号高祖。同年农历十月,李渊安葬于献陵(今陕西三原县内),其妻窦氏,加号太穆皇后,祔葬。

3. 政绩卓著

李渊称帝之时,经济凋敝,百废待举。一方面,各地战火不断,李渊组织力量,分兵出击,统一全国;一方面,各地政权废弛,李渊任命官员,分赴要地,实施管理,巩固和加强政权建设。李渊在位9年,唐初之政治、经济、文化、军事制度诸方面,渐渐步入正轨,初具规模。

政治体制方面,李渊继承了隋朝的制度,进一步有所发展。唐朝中央政府,包括:三省、六部、二十四司。三省,是尚书省、中书省和门下省。

尚书省,掌管全国政令,是政府的中枢机构和政令的具体执行机关。中书省下,设立六部:吏、户、礼、兵、刑、工。吏部,掌管全国官吏的选用、考核、奖惩;户部,掌管全国的户籍、赋税;礼部,掌管所有礼仪活动,以及科举考试事务;兵部,掌管全国的军事事务;刑部,掌管全国之刑狱;工部,掌管所有重大土木工程。每部,分设四司,作为具体办事机关。

中书省,负责皇帝诏书之起草,是政府的决策机关。

门下省,负责审核中书省起草之诏书,凡是认为不合适者,立即驳回,予以修改。

政府之监察机关,是御史台,主要职责是监督、弹劾文武百官。

地方政权机构,基本是州、县两级制,州、县长官分别是刺史和县令。刺史,一州之最高长官,全面负责州中事务;每年负责巡查各县,考核官员政绩,举荐优秀人才。县令,一县之最高长官,具体负责一县之各种事务。

唐高祖李渊在经济方面继承了均田制,在此基础上,实行租庸调制:受田农民,每丁每年交粟二石,这是租;每年,交绢二丈、绵三两,或者,交布二丈五尺,麻三斤,这是调;每丁每年服役20天,不服役者,可以折算为每天绢三尺,这是庸。如果官府额外增加役期,加15天免调,加30天免租调。每年加役,最多30天。唐朝租庸调制,用庸代替服役,条件放宽了许多,有利于农民从事生产。

文化方面,李渊推崇儒学,倡导儒家教育。儒家经书,是国学教学的重要内容,包括《周易》《左传》《礼记》《尚书》。李渊十分重视文化活动,曾组织儒生编撰了大型类书《艺文类聚》,全书引用古籍达一千余种,为后世保存了许多很有价值的历史资料。李渊重视史学,特地下诏,组织学者编纂各朝历史。

家族成员

后妃

窦皇后

万贵妃

尹德妃

宇文昭仪

莫嫔

孙嫔

崔嫔

杨嫔,杨素女

小杨嫔

张婕妤

薛婕妤(薛道衡女,后封河东郡夫人,出家为尼。唐高宗麟德元年(664年),因与上官仪私下书信来往,被削去婕妤和河东郡夫人之号,幽禁于唐高祖别庙静安宫)

子女

隐太子李建成(母窦皇后)

太宗李世民(母窦皇后)

卫怀王李玄霸(母窦皇后)

巢剌王李元吉(母窦皇后)

楚哀王李智云(母万贵妃)

荆王李元景(母莫嫔)

汉王李元昌(母孙嫔)

酆悼王李元亨(母尹德妃)

周王李元方(母张婕妤)

徐康王李元礼(母郭婕妤)

韩王李元嘉(母宇文昭仪)

彭思王李元则(母王才人)

郑惠王李元懿(母张宝林)

霍王李元轨(母张美人)

虢庄王李凤(母杨美人)

道孝王李元庆(母刘婕妤)

邓康王李元裕(母崔嫔)

舒王李元名(母小杨嫔)

鲁王李灵夔(母宇文昭仪)

江安王李元祥(母杨嫔)

密贞王李元晓(母鲁才人)

滕王李元婴(母柳宝林)

长沙公主(下嫁冯少师)

襄阳公主(下嫁窦诞)

平阳公主（谥号"昭"，称平阳昭公主，母窦皇后，下嫁柴绍）
高密公主（下嫁长孙孝政，又嫁段纶）
长广公主（先封为桂阳公主，下嫁赵慈景，又嫁杨师道）
万春公主（先封为万春公主，后来改封长沙公主，下嫁豆卢怀让）
房陵公主（先封为永嘉公主，下嫁窦奉节，又嫁贺兰僧伽）
九江公主（下嫁执失思力）
庐陵公主（下嫁乔师望）
南昌公主（下嫁苏勖）
安平公主（下嫁杨思敬）
淮南公主（李澄霞，下嫁封道言）
真定公主（下嫁崔恭礼）
衡阳公主（下嫁阿史那社尔）
丹阳公主（下嫁薛万彻）
临海公主（下嫁裴律师）
馆陶公主（下嫁崔宣庆）
安定公主（先封为千金公主，下嫁温挺，又嫁郑敬玄）
常乐公主（下嫁赵瑰）

献陵

唐献陵，是唐高祖李渊的陵墓。李渊死后，唐太宗李世民依照东汉光武帝原陵之规格，修建献陵。献陵坐北朝南，封土为陵，呈覆斗形。平面上看，呈长方形。陵园为夯筑城垣，四面各有一门。门外，各置石虎一对。陵墓陪葬区，位于陵园东北，现存有封土67座，除襄邑李神符在三原县外，其余均在渭南市富平县。

三、唐太宗李世民

生平

唐太宗李世民（598—649年），祖籍陇西成纪，是唐高祖李渊和窦皇后的次子，唐朝第二位皇帝，杰出的政治家、战略家、军事家。李世民少年从军，曾去雁门关营救隋炀帝。唐朝建立后，李世民历官尚书令、右武候大将军，受封为秦国公，后封为秦王。战功赫赫，先后率部平定了薛仁杲、刘武周、窦建德、王世充等

■ 李世民画像

大军阀,在建立唐朝和全国统一的过程中,立下了赫赫战功。武德九年(626年)六月初四,李世民发动玄武门之变,杀死自己的兄长、太子李建成和齐王李元吉,以及二人诸子,大权在握。随后,被皇帝李渊立为太子。不久,唐高祖李渊退位,李世民即位,改元贞观。

李世民称帝后,从谏如流,积极听取群臣建议。对内方面,注重文化,以文治天下。虚心纳谏,政治清明。厉行节约,劝课农桑,使百姓能够休养生息。经济繁荣,国泰民安,开创了中国历史上著名的贞观之治。对外方面,加强军事,富于进取,开疆拓土,攻灭东突厥与薛延陀,征服高昌、龟兹、吐谷浑,重创高句丽,设立安西四镇。国家强盛,睦邻友邻,各民族融洽相处,被各族人民尊称为天可汗。贞观之治,为后来唐朝一百余年的繁荣盛世奠定重要基础。贞观二十三年(649年)五月己巳日,李世民因病驾崩于唐宫含风殿,享年52岁,在位23年,庙号太宗,葬于昭陵。李世民爱好文学、书法,才华横溢,有墨宝传世。

李世民降生于武功李家别馆,父亲是隋朝官员李渊,母亲是北周贵族窦氏。李世民4岁时,家里来了一位相面书生,对其父李渊说:"您是贵人,而且,您有贵子。"见到李世民时,书生高兴地说:"龙凤之姿,天日之表。二十岁时,必能济世安民!"李渊大喜,以"济世安民"之说,为儿子取名为"世民"。童年时,李世民聪明过人,办事果断,从来不拘小节。他全面接受儒家教育,学习武术,擅长骑射。

隋炀帝大业九年(613年),李世民娶高士廉外甥女长孙氏为妻。大业十一年(615年),李世民参加云定兴的军队,前往雁门关,营救被突厥人围困的隋炀帝。大业十二年(616年),李渊出任晋阳留守,李世民跟随父亲来到太原,多次随父亲出征,平定各种叛乱,抗击东突厥人的入侵。

太原起兵,是李世民深思熟虑的谋略。当时,李渊曾答应:事成之后,一定立他为太子。但是,李渊称帝,建立唐朝,没有兑现承诺,而是立长子李建成为太子。天下平定之后,李世民功名日盛。太子李建成忧心忡忡,联合弟弟李元吉,极力排挤李世民。儿子争权,李渊优柔寡断,朝中政令冲突,加剧诸子的矛盾,很快,他们兵戎相见,发生了玄武门之变。

李渊退位,称为太上皇,禅位于李世民。李世民正式登基称帝,为唐太宗。次年,改元贞观。

为政举措

1. 贞观之治

隋末之时,战火纷飞,相互争战,人口锐减。贞观二年(628年),唐朝人口只有290万户。李世民登基以后,励精图治,实行改革;发展经济,富国强兵;从谏如流,广招人才;精兵简政,政治清明;他经常以亡隋为戒,注意修养,克制欲望;叮嘱臣下不要以"上不悦"而停止进谏。李世民知人善任,从谏如流;薄赋尚俭,为政谨慎;发展教育,尊孔崇儒,致力于复兴文教,一时之间,人口猛增,经济繁荣,天下称治,四海清宁。

李世民在位期间,十分注重吏治。他认为,政治清明,是一个王朝的头等大事。登基之初,他命房玄龄负责省并冗员,派遣李靖等13名黜陟大使巡察全国,考察吏治;他亲自选派都督、刺史等地方官员,并且,将他们的功过一一写在宫内屏风之上,作为封疆大吏升降奖惩之依据。李世民明确规定:五品以上京官,必须轮流值宿中书省,以便随时召见,垂询民间疾苦,以及施政得失。从此,文武百官自励有为,廉能办事,极大地提高了政府效率。

军事方面,李世民多次对外用兵,先后平定突厥、薛延陀、回纥、高昌、焉耆、龟兹、吐谷浑等。从此,大唐声威远播,四方臣服。经过李世民君臣23年的努力,大唐社会稳定,经济充满活力,生产稳定发展。唐高宗永徽三年(652年),人口达到380万户。至此,奠定下了唐高宗、武则天、唐玄宗一百年间大唐盛世的基础,史称贞观之治。

2.《帝范》

贞观十七年(643年)四月,太子李承乾走投无路,被迫起事。结果,以谋反罪被废。李世民经过考虑,决定册立第九子晋王李治为太子。李世民吩咐,选择师傅,对太子严加教育和管理。晚年之时,李世民根据自己多年所学,以及执政经历,著《帝范》一书,旨在教诫太子李治。书中讲述了大量自己的施政经验,客观地评价了自己一生之功过。

贞观二十二年(648年)正月,唐太宗李世民撰写的《帝范》十二篇一书,正式刊印。李世民郑重地将此书颁赐给太子李治,告诫说:你应当以古代圣哲贤王为师,像我这样的,是不能效法的。如果取法于上,仅得其中。如果取法于中,只能仅得其下了。自从登基以来,我所犯过失较多:锦绣珠玉不绝于前,宫室台榭屡有兴作,犬马鹰隼无远不致,行游四方供顿烦劳,等等。所有这些,都是我所犯的最大过失,千万要以此为戒。

3. 政治清明

李世民即皇帝位后,按照秦王府文学馆之模式,设立弘文馆,广泛招揽人才,为国家储备了大量英才。李世民知人善任,用人唯贤。凡是人才不问出身,量才录用。初期,延揽房玄龄、杜如晦;后期,任用长孙无忌、杨师道、褚遂良等,都是忠直廉洁之士;武将方面,李勣、李靖等人,都是一代名将。李世民心胸宽广,从来不计前嫌,李建成旧部之魏徵、王珪,降将尉迟恭、秦琼等人收在身边,信任、重用,成为一代名臣。贞观时期,人才济济。

李世民十分重视人才,注重抬高他们的身份和价值,他命高士廉、令狐德棻等人,充分利用宫廷文献、档案、图书,重修《氏族志》,着重考虑的标准,就是:立德、立言、立功,以功臣代替世家贵胄。他完善科举制度,积极吸纳各方人才,尤其是有才干的庶族士人,通过科举考试,取得功名。从此以后,寒门子弟

■《唐太宗纳谏图》

有更多的机会进入仕途,从而为大唐政坛带来新活力,新气象。李世民接纳封德彝之议,因才量用,命宗室出任官吏,从而革除了宗室坐享富贵的传统恶习。

李世民以史为鉴,吸取隋炀帝拒谏亡国的惨痛教训,经常以此为戒。即位之后,他多次下诏,广开言路,鼓励直言。他重视谏官言官,将他们的权力扩大;鼓励群臣勇于批评朝廷政务,对各种决策以及领导作风提出批评,发表忠告。大臣之中,魏徵以直言敢谏闻名于世。据档案记载,魏徵廷谏多达200余次,在朝堂之上,当众直陈皇帝的过失,批评政务之失策。特别是在早朝之时,多次廷谏,让李世民陷入尴尬,很下不了台。当时,李世民十分生气。但是,随后,李世民主动

承认错误,虚心纳谏。大臣王珪、马周、孙伏伽、褚遂良等人,都是以敢言极谏驰名朝野。晚年之时,国富民强,大唐如日中天,李世民有点自满,纳谏、气度不如初期,偶尔还发生了误杀大臣之事。不过,总体上说,李世民一生较为克制,有纳言从谏之风范。

李世民在位期间,大力完善制度,精简机构。中央政府方面,延续三省六部之制,特设政事堂,合议政务,监督三省,让它们互相牵制;地方政府方面,沿袭郡、县两级制,将全国分为十个监区(道)。军事方面,实行府兵制,寓兵于农;继续承袭科举制、均田制、租庸调制等。

贞观时期,河清海晏,天下大治。社会安宁,夜不闭户,道不拾遗。贞观四年(630年),全国判处死刑囚犯,仅仅29人。据档案记载,贞观六年(632年),死刑囚犯是290人。这年年末,李世民特旨,准许他们回家过年,等到贞观七年(633年)秋天,再回来执行死刑。古时,秋天行刑,称为秋决。神奇的是,贞观七年(633年)九月,290个囚犯,全部回来,无一逃亡。应该说,当时政治清明,官吏尽职,人民安居乐业,百姓没有太多积怨。

4. 开疆拓土

贞观二年(628年)四月二十六日,朔方人梁洛仁杀死夏州割据势力首领梁师都,归降唐朝。至此,大唐全国统一。贞观四年(630年),大唐政治稳定,经济蒸蒸日上。李世民命令李靖率领大军,出师塞北,拉开了征服东突厥的序幕。东突厥驰骋草原多年,一直是东亚广大地区的霸主。李靖指挥大唐军队,纵横草原腹地,几场大战,消灭了东突厥,大唐声威大振,李世民被西域诸国敬仰,尊称为天可汗。

平定东突厥后,李世民继续派兵出击,经营西域。他调兵遣将,多次用兵。贞观八年(634年),吐谷浑大举犯边。李世民派李靖、侯君集统兵出击,多次交战,大获全胜。第二年,吐谷浑伏允可汗大败溃逃,逃入沙漠。不久,被国人所杀。李世民另选宗室,扶立为吐谷浑国王。

贞观十三年(639年),李世民以高昌王麴文泰向西域朝贡,不服大唐,派遣侯君集、薛万彻等率领大军,讨伐高昌。第二年,麴文泰病死,其子麴智盛继位为王,投降唐朝。于是,李世民选定高昌首府交河城,设置安西都护府,管理西域。从此以后,西域各国都到长安朝贡。

贞观十九年(645年),薛延陀首领多弥可汗拔灼不服大唐,开始起兵叛乱,公然和唐朝大军作战。贞观二十年(646年),李世民任命大将,组织唐军开始反击。经过几场血战,唐军大败拔灼,薛延陀溃不成军,其附庸回纥降唐,杀死拔灼。

拔灼堂兄伊特勿失可汗咄摩支别无选择,率部向唐军投降。至此,薛延陀灭亡。

贞观二十年,大唐北部草原地区基本稳定,李世民下旨,在漠北地区,设立安北都护府;在漠南地区,设立单于都护府。随后,大唐将北到草原、南至大海的大片地区,纳入了统治版图,建立机构,设置官职,实施有效管理。大片统治区域,包括:南至罗伏州(今越南河静),北括玄阙州(后改名余吾州,今安加拉河地区);西及安息州(今乌兹别克斯坦布哈拉),东临哥勿州(今吉林通化)。

5. 繁荣盛世

经济方面,李世民继承均田制和租庸调制,鼓励生产,保障农民安定生产,安心生活,耕作有时。这样,极大地促进了经济的发展。李世民重视经济,大力发展农业,尽可能地减轻农民赋税、劳役。他自己注重节约,戒奢从简,节制欲望,倡导简朴;特别注重开源节流,精兵简政,革除民少吏多之弊政,删减不必要的职官,最大限度地减轻人民的负担。

李世民心胸宽大,具有政治家的远见卓识。贞观年间,商业繁荣。这是中国历史上十分少有的开明时期,从上到下,不歧视商业,不歧视商人,制定措施,让各行各业为商业发展提供充分便利。在李世民有效的倡导下,贞观时期,商业经济快速发展,新兴的商业城市如雨后春笋般地兴起。

据史料记载,当时,世界上著名的商业城市,一半以上都集中在中国,首都长安、陪都洛阳是当时世界上最繁华的大都会。商业城市,集中在沿海和内陆主要交通要道。沿海包括:交州、广州、明州、福州;内陆包括:洪州(江西南昌)、扬州、益州(今成都)、沙州、凉州等。

西汉开辟丝绸之路,从此以后,中国大陆地区通过这条陆路交通干线,一直和西域、中亚和欧洲联系密切,成为东西方物质、文化、商业交流的重要纽带。唐朝之时,疆域辽阔,对西域朝廷有效的管理,设立安西四镇,设官就职,派兵镇守,确保西部地区社会稳定,人民安居乐业。当时,西域边界直达中亚石国(今哈萨克斯坦),确保了丝绸之路畅通无阻,为东西方来往的商旅提供了良好的经商环境和有效的安全保障。大唐时期,商业繁荣,丝绸之路上,商旅络绎不绝,紧俏商品和大宗货物搬运于东西方之间,在丝绸之路上往来传递。因此,丝绸之路人称黄金走廊。

李世民重视文化建设,注重搜罗图书,建立宫廷藏书体系。贞观初年,李世民下诏,在全国范围内搜罗图书,聚集图籍。在皇宫弘文殿,聚集了四部群书20余万卷,初步形成了宫廷藏书体系。李世民设立弘文馆,收宫廷图籍,任命学者虞世南、褚无量、姚思廉、欧阳询等人充任学士,整理图籍;任命魏徵、虞世南、颜师古等著名学者为秘书监,管理皇家藏书;下旨选择五品以上工书者,为宫廷书手,抄录、缮写图书;在弘文馆设立检校官员,负责收藏缮写、整理、校勘图书,分类藏于内库,设宫人管理。皇家和官府藏书楼,包括弘文馆、史馆、崇文馆、秘书省等,其藏书质量上乘,品质优良,数量远超前代。

大唐王朝建立时,东边有稽胡不断骚扰,西边有强盛的吐谷浑,北边有游牧善战的突厥,尤其是以奴隶主贵族为核心的突厥骑兵,长期侵扰,一度逼近首都长安(今西安)。李世民登基以后,认为应该加强军事建设,彻底解决边患问题。经过几年的充分准备,国家经济繁荣,军事实力大增,李世民着手调兵遣将,对突厥骑兵的骚扰侵袭,决定从全面防御转入主动反击。对于其他边疆少数民族,则采取怀柔政策。

李世民心胸博大,视天下为一家,视疆域之内的所有臣民为子民。武德九年(626年)九月,李世民刚刚登基,对大臣们说:"王者,视四海如一家。封域之内,皆朕赤子。"贞观元年(627年),他说:"朕以天下为家。"贞观十八年(644年),边患问题基本解决,李世民提出,视四夷如一家。

贞观二十一年(647年),唐太宗李世民赢得了周边各民族的广泛尊重,被回纥等族拥戴为"天可汗"。从此以后,李世民成为各民族的共主,成为东亚地区的最高首领。当时,各民族在回纥以南、突厥以北地区,建立了一条"参天可汗道",用于参拜天可汗。御道之上,设置"六十八驿,各有马及酒肉,以供过使"。于是,正式形成了大唐册封各少数民族首领之例,并形成制度。

历史评价

司马光称:"太宗文武之才,高出前古。盖三代以还,中国之盛,未之有也。"

朱元璋称:"惟唐太宗皇帝英姿盖世,武定四方,贞观之治,式昭文德。有君天下之德而安万世之功者也。"

康熙皇帝称:"朕观古来帝王,如唐虞之都俞吁咈、唐太宗之听言纳谏,君臣上下,如家人父子,情谊浃洽,故能陈善闭邪,各尽所怀,登于至治。"

曾国藩称:"自古英哲非常之君,往往得人鼎盛。若汉之武帝,唐之文皇,宋之仁宗,元之世祖,明之孝宗。其时皆异材勃起,俊彦云屯,焜耀简编。"

毛泽东称:"自古能军,无出李世民之右者,其次,则朱元璋耳。"

典故逸闻

1. 改名世民

据《旧唐书·太宗本纪》记载,李世民四岁时,和父亲李渊一起郊游。他们见到一位相面术士,相士大惊,先称赞李渊为贵人。接着,看见李世民,惊叹说:"凡二十岁,必能济世安民!"李渊大喜,将儿子改名为李世民。后来,李渊遍寻相士,不获。

2. 箭术超群

《旧唐书》记载,李世民年轻时,擅长骑射,力大无比。在他随身的兵器之中,最喜欢的兵器,就是一张两米长的大型天弓。有一次,李世民率领一名骑兵,前往敌军侦察。他们途经一处草原高地,因为太累了,就和士兵一起躺倒休息,一会儿就睡着了。这时,他们被敌人发现了。敌人人多,本来想包围李世民,杀之。这时,他们自恃人多,想戏弄一下李世民二人。于是,他们狂奔而来,围绕着李世民旋转。二人惊醒,发现身边全是敌人。这时,李世民十分冷静,他和骑兵纵身上马,一路狂奔逃亡。骑马过程中,李世民手握大弓,左右开弓连射,百发百中,射杀众多敌人,终于逃出。

虎牢关之战前夕,李世民充满豪气,对尉迟恭说:"我拿着弓箭,你手持马槊,紧紧相随,即使有百万大军,又奈我如何!"

李世民登基前,任天策上将,设立天策府,统领兵马。登基以后,李世民不忘骑射,经常在皇家苑囿中狩猎。一天,一群野猪狂奔而出。李世民沉着应对,四箭齐射,射杀了四只野猪。但是,一头最健壮的雄性野猪狂奔而来,冲到了近前。吏部尚书唐俭慌忙下马,挺身而出,与之搏斗。李世民跃马向前,拔剑砍死了野猪,笑着对唐俭说:"天策长史,不见上将击贼耶?何惧之甚!"原来,唐俭曾任天策府长史。唐俭微笑,当即回答:"汉祖以马上得之,不以马上理之。陛下以神武定四方,岂复逞雄心于一兽!"李世民沉吟片刻,觉得唐俭言之有理,吩咐从此以后,停止狩猎。

3. 小鸟依人

小鸟依人,语出唐太宗之口。褚遂良是唐朝著名书法家。他的书法博采众长,别具一格,变化多姿,自成一家。唐太宗李世民喜爱书法,由于褚遂良精通书法得到魏徵推荐,唐太宗召见,十分赏识。于是,唐太宗任命褚遂良担任起居郎一职,专门负责记载皇帝的言行、起居。

有一次,唐太宗问褚遂良:你每天记载我的言行起居,我可以看看吗?褚遂良回答:设立起居郎,正是古代史官之职,皇帝的善行、恶行都要记录在案,借以督促皇帝,不能犯错。可是,我从未听说皇帝本人要看这些内容的。唐太宗沉吟片刻,问道:如果我有不好的言论、行为,你都要记下来吗?褚遂良回答:职责所在,您的一言一行,我都要如实记录下来。

有一天,唐太宗对宰相长孙无忌等人说:今天,我要当面评论你们的功过得失,引以为鉴,使你们警惕。说者没有过错,听者改过就行。说完,他看着长孙无忌,说:你善于避嫌,会随机应变,但是,领兵打仗不是你的长项。高士廉,博览群书,悟性很高,临危受难之时不变节,做官之时不拉帮结派,但是,他缺少直谏的勇气。唐太宗侃侃而谈,将朝中大臣,逐一评论一番。最后,说到了褚遂良。唐太宗说:褚遂良,在学问方面大有长进。性格刚直,对朝廷忠心耿耿;对我也很有感情;平时,他一副小鸟依人的样子,我很怜爱他啊!褚遂良侍从在侧,如实记录下来。

4. 房谋杜断

《旧唐书·房玄龄杜如晦传》记载:有一天,唐太宗和房玄龄讨论国事。房玄龄面对问题,总是能够条分缕析,提出精辟见解,说出解决的具体办法。但是,他总是不作决定。这时,唐太宗就把杜如晦请来。杜如晦一来,将问题略加分析,立刻肯定房玄龄的见解和解决办法,明确提出可以执行。房、杜二位宰相,侍从在皇帝身边,就是这样,一个善于出谋,一个善于决断。于是,人称"房谋杜断",用以形容他们二人各有特长,各具特色。

5. 一代楷模

一代楷模,出自唐太宗李世民夸赞李靖之话。大臣李靖,在朝廷任官多年,自我感觉功劳不小,受到的封赏较多。所以他决定,急流勇退,早日解甲归田,以免后患。有一天,唐太宗派他去访察民情。经过深思熟虑,他上一道奏书给皇帝,十分恳切地说:岁数大了,腿脚有毛病,奏请皇上,批准退休回家。唐太宗细读奏书,感觉言辞十分恳切,于是,批准了他的请求。唐太宗特派中书侍郎牟岑少传达皇帝之旨:自古以来,身居富贵而能知足者极少。不论愚人,还是智者,概莫能自知。有些人没有什么才能,却要占据要职;即使有病,也强占着位子,不肯辞官。李靖能识大体,实在可喜可嘉。今天,批准你的请求,不仅成全你的愿望,还想把你作为一代楷模!

6. 兼听则明　偏信则暗

唐太宗李世民贞观时期,有一位著名的大臣魏徵,以直言敢谏著称,太宗任他为谏议大夫。魏徵不负李世民的厚望,先后进谏二百余事,大多都被李世民采纳。李世民十分赏识魏徵,迁魏徵为侍中,封郑国公。有一天,太宗李世民问魏徵:身为皇帝,怎样做才能明智?怎样做才会昏暗?魏徵明确地回答:兼听则明,偏信则暗。太宗很同意。后来,用兼听则明、偏信则暗,说明处理问题时,要认真听取各方面意见,全面了解情况,才能分清是非,明白事理;而只听信片面意见,则会作出错误的判断。

7. 回天之力

唐太宗时,有一位宠信的大臣名叫张玄素。张玄素在隋时只是一个地方小官。入唐以后,张玄素颇得太宗的赏识,历侍御史而调给事中。贞观四年,即公元630年,太宗想兴修洛阳宫乾阳殿。张玄素得知以后,极力反对,并严厉批评唐太宗这是学隋朝的不足,比隋炀帝杨广还有过之。太宗听了这些,当然十分生气,但终是接受了批评,停止了兴修宫室。魏徵得知这些,感叹地说:张先生论事,有回天之力,这真是仁人之言啊!回天之力,本比喻语言锋利,产生极大的力量。后来,用回天之力形容有一种巨大的力量改变难以挽回的事态。

8. 剖腹藏珠

唐太宗李世民博闻强识,兴趣十分广泛。有一天,李世民问侍臣:听说西域经商的胡人得到了一颗价值连城的珍珠,为了把这颗珍珠藏好,竟然剖开肚子,把珍珠藏进去,真有这种事吗?侍臣回答说:真有这事。侍臣们都觉得胡人爱财不爱命,真是可笑,也真是愚蠢。太宗听了以后,感叹地说:大家都像胡人那样爱财伤身:官吏贪污枉法,最后弄得身败名裂;做皇帝的也是穷奢极欲,弄得家破人亡,这和那个胡人又有什么不同?后来,用剖腹藏珠比喻重物伤身,轻重倒置。

9. 借一枝栖

唐太宗时,有一位著名的大臣,名叫李义府,以善于对策备受太宗的青睐,到高宗时位至宰相,执掌朝政。李义府没有入仕时,太宗有一次让他以鸟为题,写一首诗。李义府应命赋诗一首:"日里飏朝彩,琴中闻夜啼。上林如许树,不借一枝栖。"太宗领会其意,笑着说:给你一棵大树,何止一枝!于是,太宗破格迁他为监察御史。后来,用借一枝栖比喻谋求职位。

10. 十三棍僧救唐王

唐初夺取天下的统一战争中,少林寺武僧曾协助秦王李世民平定王世充,因而盛传为:十三棍僧救唐王。唐武德三年(620年),唐平定了薛仁杲、刘武周之后,占据洛阳的王世充就成了最大的割据势力。这年七月,秦王李世民统领大军东出潼关,逼近洛阳,准备一举消灭王世充。王世充占据洛州,称霸一方。他命他哥哥的儿子王仁则统领重兵,守卫洛阳。九月,李世民围攻洛阳,唐将王君廓攻克王世充所占的辍辕县,少林寺僧志操、昙宗等人率领众僧兵参与讨伐王世充。众僧武艺高强,出师大捷,一举活捉了王仁则,投奔李世民。王世充见大势已去,就向李世民投降。李世民重奖少林寺僧,赐给玺书,并对其中立功最大的十三位和尚给予封爵。但是,只有昙宗接受了大将军僧的官爵,其他都不愿受封,每人赐给紫罗袈裟一件。李世民还赐少林寺四十顷土地,赐赏水磨一具,允许少林寺有僧兵。从此以后,少林寺威名大振,寺僧练武成风。少林寺寺中白衣殿后壁的北半部,有清末依据昙宗十三和尚援助唐王李世民的故事而绘制的十三和尚救唐王的巨幅彩色壁画。

11. 李世民改过

唐太宗李世民多才多艺,喜爱下围棋。有一天,李世民和吏部尚书唐俭下围棋,唐俭棋高一筹,抢先占了有利位置,太宗李世民大为恼怒,一气之下,就把唐俭贬为潭州(今长沙市)刺史。说到这事时,太宗李世民还是耿耿于怀。李世民对尉迟恭说:唐俭对我很不尊重,我要杀掉他,你前去察看一下,看看他贬官后还有没有怨言。第二天,李世民再三询问,尉迟恭顿首说:微臣抱歉,实在没有听到唐俭有什么怨言。李世民心里很窝火,一下子把玉版扔在地上,摔得粉碎。过了一会儿,李世民命三品以上官员入宫,设宴招待。宴席上,李世民说:尉迟恭今天做了一件好事——唐俭免于枉死,可谓再生之幸;我得免于枉杀,有改过之的功德;尉迟恭没说假话,有忠直的美誉,这对于三人都有好处。随之便赐赏尉迟恭绸缎一千匹。

12. 鹞死怀中

唐太宗李世民喜好武事,对于鹰鹞也十分喜欢。有一天,太宗得到了一只鹞,长得健壮俊伟。太宗正把鹞放在臂上玩时,忽然望见大名鼎鼎的谏臣魏徵正向他走来。李世民心中一惊,知道魏徵要是看到了,肯定又是一番进谏。李世民情急生智,忙将鹞藏入宽袍大袖的怀中。魏徵十分敏锐,这一切当然都看在眼里。魏徵假装奏事,大谈古代皇帝喜好逸乐的故事以为讽谏。魏徵一直言简意赅,可这一次进奏,话说得很长。李世民生怕鹞藏时间久了会闷死,几次都想制止魏徵进奏,可又敬畏魏徵,硬是不敢开口。结果,魏徵的话完了,鹞也就闷死在李世民的怀中。

13. 金子良将

唐太宗李世民时，有名大臣之一是尉迟恭。尉迟恭本来是刘武周的将领。武德三年（620年）九月，李世民讨伐王世充，原刘武周部下的许多士兵临阵逃跑了，其中，包括和尉迟恭一同投降李世民的寻相。这种情况下，唐军对尉迟恭产生了怀疑，没有请示李世民，就把他囚禁起来。有位将领对李世民说：尉迟恭是一员猛将，骁勇善战，既然已经抓起来了，他肯定心怀不满，干脆把他杀了。李世民摇头，认为尉迟恭不是摇摆不定的小人，不应该因为寻相逃跑了，就殃及于他。李世民便对主杀的将领说：我不同意你们的看法，如果他要叛逃，寻相逃的时候他怎么不逃？快把他放了。

李世民吩咐，把尉迟恭带到自己的卧室，赏给他很多金子，并开诚布公地说：随便怀疑你，让你受了冤枉，受了惊吓，请你不要把这种事放在心上。我是不会听信谗言陷害忠良的，请你放心。大丈夫做事光明正大，你要是想走，我不阻拦，这些金子就作为送别的礼物，聊表咱们共事的情谊。尉迟恭并不想走，依然效命于唐室，并更加信赖李世民。武德九年，太子李建成用重金收买秦王李世民手下的将军，礼送给尉迟恭时，尉迟恭断然拒绝。玄武门之变时，尉迟恭亲率七十余骑，射死李元吉，并提着建成、元吉的人头一身豪气地立在东宫和齐王府众将士跟前，众将士见主人头已落地，纷纷投降。

14. 剪须治病

贞观十七年（643年），李世民废太子李承乾为庶人，立李治为太子。李治天性柔弱，又没有治国的经验。李世民命学识渊博、精通治道的大臣李勣兼太子詹事，辅助太子。有一天，李勣染病。太医诊断以后对太宗李世民说：须用龙须灰调和成药，才可以治好他的病。李世民二话不说，毫不犹豫地将自己的须剪下来，烧成灰，亲自调治成药，让李勣喝下。李勣喝下以后，果真病好了。李勣感激涕零，对太宗叩首泣谢。太宗平静地说：我把太子托付给你了，你不要辜负了我的希望。李勣只是点头，感激得热泪盈眶。太宗又把自己的衣服披在李勣身上。

■ 玄武门之变后退位的唐高祖李渊

15. 贞观之治

贞观,为唐太宗李世民年号。《易·系辞下》:"天地之道,贞观者也。"贞,正,常;观,示,意思是,以正道示人。贞观之治,是指唐太宗在位期间,政治清明,经济繁荣,创造了王朝盛世。唐太宗登基,知人善任,任用贤能;广开言路,发展经济;自我克制,虚心纳谏;以农为本,厉行节约,休养生息;复兴文教,完善科举,使得社会安定,生产发展,繁荣富强,边疆稳固。当时,年号贞观(627—649年),称为贞观之治。

唐太宗是一代英主,常以隋炀帝为反面教材,警诫自己。如荀子所言,他认为"水能载舟,亦能覆舟"。因此,他留心吏治,选贤任能,从谏如流;唯才是举,不计出身,不问恩怨。在文臣武将中,魏徵当过道士,原系太子李建成旧臣,曾建议谋杀李世民;尉迟恭做过铁匠,又是降将。但是,他们都得到重用。李世民从谏如流,鼓励臣下直谏。魏徵前后谏事二百余件,直陈其过。魏徵死后,李世民说:"夫以铜为镜,可以正衣冠;以古为镜,可以知兴替;以人为镜,可以明得失。魏徵逝,朕亡一镜矣。"

■ 玄武门之变后即位的唐太宗李世民

贞观之治,主要内容有四个方面:

第一,君臣勤奋,共创盛世。唐太宗经常召集大臣,议论历代王朝兴衰成败,以亡隋为戒。

第二,选贤任能,兼听纳谏。唐太宗坚持任人唯贤,不因血缘、地域甚至是政敌而舍贤才。

第三,轻徭薄赋,发展生产,商业发达,文化繁荣。唐初,赋税徭役比隋朝有所减轻,大力发展生产,不夺农时。实行均田制、租庸调制,去奢省费,轻徭薄赋。人民丰衣足食,安居乐业。

第四,布德怀柔,民族融洽。

家族成员

父族

高祖父：李天赐。

曾祖父：李虎，西魏陇西郡公（襄公），追尊唐太祖。

曾祖母：梁氏，追尊景烈皇后。

祖父：李昞，北周唐国公（仁公），追尊唐世祖。

祖母：独孤氏（北周大司马独孤信第四女），追尊元贞皇后。

父亲：李渊，唐高祖。

母族

母亲：窦氏，追尊太穆皇后。

外祖父：窦毅，北周神武郡公（肃公）。

外祖母：宇文氏，北周襄阳长公主（其父宇文泰，西魏安定郡公（文公），追尊北周文帝）。

外曾祖父：窦岳。

兄弟姐妹

兄弟：李建成、李玄霸、李元吉、李智云、李元景、李元昌、李元亨、李元方、李元礼、李元嘉、李元则、李元懿、李元轨、李凤、李元庆、李元裕、李元名、李灵夔、李元祥、李元晓、李元婴。

姐妹：长沙公主、襄阳公主、平阳公主、高密公主、长广公主、房陵公主、九江公主、庐陵公主、南昌公主、安平公主、淮南公主李澄霞、真定公主、衡阳公主、丹阳公主、临海公主、馆陶公主、安定公主、常乐公主。

后妃

长孙皇后，隋右骁卫将军长孙晟之女。八岁丧父，由舅父高士廉抚养。13岁时，嫁李世民。武德元年，册封秦王妃。玄武门之变当日，她亲临现场，亲自勉慰诸位将士。武德九年（626年）六月，册封为皇太子妃。李世民即位第13天，册封她为皇后。为人贤惠，为后宫模范。

妃嫔：

姓名		子女	备注
韦贵妃	韦珪	纪王李慎、定襄县主、临川公主	无
杨贵妃	不详	赵王李福	贵妃之位是否为追封待考
燕德妃	不详	越王李贞、江王李嚣	贞观元年封贤妃，十八年封德妃

续表

姓名		子女	备注
郑贤妃	不详	无子	无
徐贤妃	徐惠	不详	才人,再迁充容;追封为贤妃
杨妃	不详	吴王李恪、蜀王李愔	隋炀帝女
阴妃	不详	齐王李佑	后被贬为嫔
杨婕妤	不详	不详	无
韦昭容	韦尼子	不详	初嫁王世充长子王玄应
萧美人	不详	不详	无
武才人	武则天	无	贞观十一年,封为五品才人
崔才人	不详	不详	无
萧才人	不详	不详	无
王氏	不详	蒋王李恽	无

子女

太子李承乾:母长孙皇后,贞观十七年,谋反,按律应赐死,因太宗不舍,最后废为庶人。后卒于黔州。

楚王李宽:母不详,出继给叔父楚哀王李智云,早薨,无后。

吴王李恪:母隋炀帝女杨妃。

魏王李泰:母长孙皇后,争夺皇位被贬后,又重新晋封为濮王。永徽三年,逝于郧乡县。

齐王李佑:妃韦氏,母阴妃。贞观十七年,发动叛乱。事败,赐死于内省,贬为庶人,国除。

蜀王李愔:母隋炀帝女杨妃。后被废为庶人,死于流配地巴州。

蒋王李恽:母王氏,妃元氏。被诬告谋反,惶惧自杀。

越王李贞:母燕德妃。后来,与韩王李元嘉、鲁王李灵夔、霍王李元轨反武则天,失败,服毒自尽。

唐高宗李治:母长孙皇后。

纪王李慎:母韦贵妃,妃陆氏。

江殇王李嚣:母燕德妃,贞观六年薨。

代王李简:母不详,贞观五年薨,无后,国除。

赵王李福:母杨贵妃,贵妃之位是否为追封,待考,妃宇文氏。

曹王李明:母巢刺王妃,妃元氏。永淳年间,因为和废太子李贤通谋,降封零

215

陵王,贬至黔州。都督谢佑,逼李明自杀。玄武门之变后,巢刺王妃居于宫内,抚养李元吉庶女归仁县主。归仁县主生母去世,太宗亲写诏令,安慰县主。

襄城公主:母不明,下嫁萧锐。永徽二年薨,陪葬昭陵。

汝南公主:第三女,母不明,早亡。

南平公主:母不明,先嫁王敬直,王敬直获罪流放岭南。改嫁刘玄意,陪葬昭陵。

遂安公主:母不明,下嫁窦逵。逵死,又嫁王大礼,陪葬昭陵。

长乐公主:名丽质,母长孙皇后,下嫁长孙冲。贞观十七年薨,陪葬昭陵。

豫章公主:母下嫔,长孙皇后养,下嫁唐义识,陪葬昭陵。

巴陵公主:母不明,下嫁柴令武,因房遗爱谋反案,永徽四年赐死。显庆中,追赠比景(北景)公主,立庙于墓。

昭陵

昭陵,是唐太宗李世民的陵墓,位于今陕西省礼泉县东北九嵕山上,距西安市约60公里,在西安市西北方,离礼泉县22.5公里。贞观二十一年三月,李世民得风疾。第二年,右卫率长史王玄策大破天竺,得一方士,自称能制长生药。李世民喝下长生药,依旧无效。贞观二十三年五月,李世民病逝,终年51岁,在位23年。11月,李世民入葬昭陵。

昭陵,依九嵕山峻峰,依山建陵。唐代皇帝依山建陵的制度就是自此而始,这较之古代皇帝堆土为陵更有气势,也更壮观。据史书称,这一做法,最初始于长孙皇后。长孙皇后在临终时,对李世民说:为节俭,死后请薄葬,要依山而葬,不要起坟。

长孙皇后去世,李世民很悲痛。李世民在长孙皇后的墓碑上写道:皇帝是以天下为家,何必将珍物放入陵中,据为己有?如今因九嵕山为陵墓,不入葬金玉人马、日用器皿等,都用土木形具代替,以息盗贼奸心,无所顾累。这段文字说明,唐代皇帝、皇后依山建陵,不仅仅是出于薄俭,还为了利用山岳雄伟,岩石坚固,既有帝王气派,又防止盗掘。

九嵕山山峰挺拔,气势雄伟。山峰海拔一千余米,南俯关中平原,和太白山、终南山相对峙。东、西两侧则是层峦叠嶂,沟壑纵横。泾水环绕山后,渭水萦绕山前。藏风蓄水,这可是宝地。贞观十年,埋葬长孙皇后以后,便开始大规模营建昭陵,到贞观二十三年建成,历时凡十三年。昭陵工程浩大,建筑恢宏,负责总体设计的是唐著名学者、画家阎立德、阎立丰兄弟。

昭陵,是因山凿石为玄宫的,从埏道到墓室,深凡七十五丈,约合230米,前后安有五道石门。墓室内珍宝满目,各种用具十分丰富,就像人世间一样。墓中设有东、西两厢,放有许多石函,内装各种殉葬品。

五代时,大将温韬曾盗掘昭陵。他挖开坚固的陵墓,从埏道下去,发现山下的这座墓室宫殿富丽堂皇,无异于人间。墓中部为中寝,东西厢列石床,床上有石函,石函中有铁匣,内装前代的图书、钟王墨迹等,纸墨如新。墓中金银玉器不计其数。陵墓地面上,造了许多房舍、游殿,以使宫人供养地下的皇帝。山势陡峭,怕往来不方便,缘山傍岩,架梁为栈道,悬绝百仞高山,绕山二百三十步,才到玄宫门。

昭陵正南,有朱雀门、献殿。西南面是下宫,俗称为皇城。下宫东西237米,南北334米,周围墙基厚3.5米,是一个很正规的矩形。大量的房屋就建造在这里。昭陵的地面建筑如今已不复存在,但献殿遗址出土了屋脊上的一个鸱尾,高凡1.5米,底长7米,重约150公斤,由此可以推断这座殿堂该是何等高大。

昭陵陵园,周长凡60公里,面积达30万亩,园内还有167座功臣贵戚的陪葬墓。昭陵居高临下,陪葬墓列侍两侧,衬托出皇帝至高无上。这其中,公主嫔妃的坟墓都在山上,其他人的坟墓则在山下。陪葬墓都立有穹碑,大臣贵戚都以陪葬为荣。陵园内广植苍松翠柏,槐杨成荫,一直有柏城之称。

昭陵陪葬墓,按照亲疏远近布局,墓葬的形制规格也各不相同。众妃嫔墓和长孙皇后嫡出的长乐公主、新城公主、城阳公主各墓都在元宫附近山上,墓制也较特殊,或作覆斗形,或前设双峰,前后各有四个土阙。庶出的王子、公主各墓则都在山下,形制都较简单。

四、唐高宗李治

生平

唐高宗李治(628—683年),字为善,唐朝第三位皇帝(649—683年在位)。父亲是唐太宗李世民,是唐太宗第九子,其母为文德顺圣皇后长孙氏,是嫡三子。贞观五年(631年),封为晋王。后来,因为唐太宗嫡长子、皇太子李承乾和嫡次子、魏王李泰相继被废,贞观十七年(643年),他被册立为皇太子。贞观二十三年(649年),在长安太极殿登基,为唐高宗。执政期间,有贞观遗风,创造了繁荣局面,史称永徽之治。唐代版图,以高宗时期最为辽阔:东起朝鲜半岛,西临咸海(一说里海),北过贝加尔湖,南至越南横山。李治在位34年,于弘道元年(683年)驾崩,终年55岁,葬于乾陵,庙号高宗,谥号天皇大帝。

事迹

贞观二十三年(649年)五月二十六日,唐太宗驾崩。皇太子李治主持政务,任命重臣要职。六月一日,李治即皇帝位,为唐高宗,时年22岁。八日,改民部尚书为户部尚书。十日,诏令司徒、扬州都督、赵国公长孙无忌为太尉兼检校中书令,主持尚书省、门下省政事,赐物三千缎。二十日,特进英国公李勣为开府仪同三司、同中书门下三品。

永徽元年(650年)正月六日,李治立妃子王氏为皇后。七日,封陈王李忠为雍州牧。五月九日,李治对群臣道:朕继承皇帝大位,刑罚教化不明,致使晋州多次地震。由于赏罚不公,政理荒谬所致。诸位大臣应该封章奏事,指明政教得失,以挽救朕之不足。

当时唐太宗病危,太子李治前来探视,与照料皇帝的才人武媚娘私通。武氏大太子李治4岁,太子对她着迷。唐太宗驾崩,依照唐宫惯例,武氏进入皇家寺院感业寺,削发为尼。太子李治登基,为唐高宗。永徽元年(650年)五月,唐高宗在太宗周年忌日,进入感业寺烧香,再次与武氏相会。两人互诉离情,高宗承诺,一定会让武氏回宫。永徽二年(651年)五月,唐高宗孝服已满,武氏再度入宫。第二年五月,武氏拜为二品昭仪。

不久,唐高宗李治打算废掉王皇后,改立武氏为皇后。废后之举,引起了轩然大波。长孙无忌、褚遂良等人是先皇的托孤元老重臣,坚决反对废后。李义府、许敬宗等寒门之士追随武则天,迎合帝意,坚决赞成废除王皇后。双方各不相让,争持不下。关键时刻,宿将李勣进言皇帝:"此陛下家事,何必更问外人?"高宗李治恍然大悟,在李义府等人的支持下,于永徽六年(655年),降旨:废王皇后,立武氏为皇后。长孙无忌、褚遂良等重臣表示反对,但均遭贬逐。不久,长孙无忌被迫自缢,褚遂良等人被流放至遥远的爱州(今越南清化),最后客死他乡。

永淳二年(683年),李治移驾奉天宫。当时,武后封禅泰山以后,劝李治封禅中岳。李治病情加重,不能理政,更不能封禅。不久,李治降旨,命皇太子李显代理国政;大臣裴炎、刘齐贤、郭正一等人,在东宫府,任同平章事。从奉天宫回到东都洛阳,李治病情加剧。十二月,李治宣布,大赦天下。李治想要亲登则天门宣旨,然而,中气不顺,不能上马。于是,召百官、百姓,殿前宣旨。

礼毕,李治问侍臣:百姓喜欢吗?侍臣回答:承蒙皇上赦免,无人不深为感动。李治说:百姓虽喜,但是,我的性命危险了。天地神灵,如果能延长我一两个月性命,回到长安,死而无憾!当晚,李治在贞观殿去世,终年56岁。

李治临终,留下遗诏:七天入殓,皇太子在灵前即位。陵寝之制,务以节俭。军国大事,有不能决断者,请天后处理决断。群臣大悲,上李治谥号曰天皇大帝,庙号高宗。文明元年(684年)八月十一日,葬于乾陵。天宝十三年(754年),改谥为天皇大弘孝皇帝。

典故逸闻

1. 北门学士

唐高宗乾封年间以后,武则天开始为自己物色一批文学才士,先后网罗的人士众多,著名的有刘祎之、元万顷、范履冰、苗神客、周思茂、胡楚宾等。武则天将这些投奔门下的文士召入宫中,让他们撰写《列女传》《古今内范》《百僚新诫》《臣轨》等书,还让他们参决朝政,共议军政大事,掌百官奏议和表疏,以此分宰相之权,成为朝廷又一个政务中心。

武则天网罗的这些文士相当于她的智囊团。这批文士均被特许从皇宫北门出入禁中,不经南衙,所以当时人称为北门学士。皇宫北门历来是皇家禁地,是皇宫后门,只有皇帝、后妃、太子、诸王才能由此出入,禁卫军守卫极严,任何臣僚都不得闯进。这批文士由北门出入,实际上是武则天的一种特殊恩遇,愿为知己者死的文士们自然十分感激,一心效命。

北门学士们确实为武则天把持天下立下了汗马功劳。他们学识渊博,天资聪颖,日常为武则天出主意、献建议、造舆论,武则天十分满意,也十分赏识。武则天对北门学士们更是关怀备至,几乎每天都去看望他们,听他们禀报,面示旨意。他们中的许多人也纷纷担任要职,成为武则天理政的心腹,往往位居高品。尤其是刘祎之,嗣圣元年武则天临朝时,在废立中宗、睿宗的事件中十分出力,得心应手,从而被提拔为宰相。

2. 建言十二事

上元元年(674年),武则天以天后的身份,向高宗李治上了一道奏章,提出了治理国家的十二条建议,称为建言十二事:

一、劝农桑,轻徭薄赋。

二、免京师附近百姓租税徭役。

三、停止用兵,德化天下。

四、一律禁绝浮华淫巧。

五、停止大兴土木,节省开支。

六、广开言路。

七、杜绝谗言。

八、王公以下学习老子《道德经》。

九、父在母亡,为母守孝三年。

十、奖励有功。

十一、京官八品以上增加俸禄。

十二、任官长久,才高职低者超级晋升。

武则天的建言十二事,充分展示了她的治国才能,可以说,她从这时便已开始了参与政事。

3. 桃李满天下

武则天时著名的宰相狄仁杰,政绩卓著。久视元年,即公元700年,有一天武则天女皇问狄仁杰,谁可以用为将相？狄仁杰脱口而出,推荐张柬之,武则天当即迁张柬之为洛州司马。几天以后,武则天问狄仁杰,谁可以出任将相？狄仁杰说:前几天推荐的张柬之还没有重用,怎么又问这事？武则天说:已经提拔他了。狄仁杰说:我推荐张柬之是宰相之才,不是司马之才。

后来,张柬之真的当上了宰相。后来,狄仁杰又向武则天推荐姚崇、桓彦范、敬晖等数十人,后来都成了一代名臣。有人便对狄仁杰说:天下桃李,都在你的门下。狄仁杰回答:推荐贤才是为了国家,不是为了自己。后用桃李满天下比喻一个人培养的人才众多。

4. 请君入瓮

武则天执政时,重用了两位酷吏:周兴、来俊臣。他们尽心尽力地为武则天办理各种谋反案件,施用种种酷刑直到罪犯认罪,搞得人人自危,谈之色变。天授二年(691年),武则天发现丘神勣想谋反,下令将他处死。有人密告说,周兴和丘神勣关系密切,勾结通谋,参与了反叛。武则天命来俊臣审问周兴。

来俊臣奉旨,请周兴到自己的家中。宴席间,来俊臣问周兴:近来审讯犯人,用尽了各种酷刑,犯人就是不招,不知周兄有什么妙法？周兴回答:那很容易,取一只大瓮,四面烧取炭火,让犯人入瓮,还能不招？

来俊臣如法炮制,立即命人抬来一只大瓮,按周兴的说法,四周烧上火炭,然后对周兴说:皇上叫我审讯周兄谋反一事,就请周兄入瓮吧。周兴大吃一惊,连忙叩头认罪。武则天饶周兴一死,将他流放岭南。

5. 夺锦袍

唐代著名诗人宋之问仪表堂堂,十分英俊,尤其是文才出众。高宗时,宋之问考中进士。武则天时,宋之问和杨炯分直习艺馆,后转尚方监丞,迁奉宸内供奉。天授二年春天,是武则天登基后的第一个春天。武则天率文武百官巡幸龙门,参拜龙门奉先寺大佛,并命随从官员作诗歌颂。百官文士纷纷献诗。

左史东方虬诗作先成,武则天看后,很是满意,赐给他一件锦袍,以示奖励。不一会儿,宋之问的诗也写好了,武则天看后,更是十分赏识,连连称好,当即把锦袍从东方虬的手中夺过来,披在宋之问身上。后来,把考试、竞赛中夺得第一者,称为夺锦袍,简称夺锦。

6. 禁止养猫

永徽六年(655年)十月,高宗下诏,废王皇后、萧淑妃为庶人,囚于宫中别院,册武则天为皇后。有一天,高宗念及旧情,突然到王皇后幽禁的宫院看望她们。高宗发现,这里门、窗紧闭,仅在墙上有一个小口,可以送进食物。高宗心中不忍,便喊:皇后、淑妃,你们在哪里?

王氏、萧氏听到皇上的声音,不禁泣不成声。王氏说:我已经被废了,哪里敢称什么皇后!陛下如果念及旧情使我重见天日,就请将此院改为回心院。高宗便说一定要让她俩恢复自由。心腹将此事飞报武则天,武则天大为震怒,派人将王氏、萧氏各打一百棍,并砍去手脚,塞入酒缸中。武则天说:让这两妪的骨头都发醉!几天后,武则天下令将她俩处死。萧氏临死前破口大骂,说武则天这样残酷,她死后愿变成猫,武氏变成鼠,天天咬她的咽喉!从此以后,武则天令宫中禁止养猫。

7. 鹦鹉折翅

载初二年(690年),武则天废唐建周,正式成为大周女皇帝。武则天做了女皇,继承人方面便面临选择:传位儿子意味着李唐的恢复;传位给武姓子侄,可保持武周王朝。中宗李显已经被废为庐陵王,睿宗李旦降为皇嗣,但地位不保。武则天的侄子魏王武承嗣跃跃欲试,想问鼎太子的宝座,并联络酷吏大肆清除、迫害李氏宗室。长寿二年(693年),武则天在万象神宫举行享礼,让武承嗣参与这场隆重的大典,并主持亚献,武三思主持终献,而皇嗣李旦却只是极尴尬地待在一边。这显然已经是武氏的天下。

有一天夜晚,武则天做了一个极奇怪的梦,梦中看到了一只鹦鹉,羽毛极为艳丽,一会儿鹦鹉展翅飞翔时,忽然折断了双翅,从空中掉落下来。武则天惊醒,大惑不解。第二天上朝时,武则天让宰相、大臣为她圆梦,大家都默不作声。内史狄仁杰一直主张保留李唐江山,是保皇派首领,这时,便借机巧妙地说:鹉就是武,是陛下的姓氏;折断双翅,是陛下所废两个儿子——庐陵王李显和相王李旦;如果陛下再起用二王,双翅不就完好如初了吗?

武则天历来信梦,听了这一说法,有些相信,便点点头。当时,武承嗣、武三思也都在场,听了狄仁杰的说法,感到很不是滋味。万岁通天元年,即公元696年,契丹人李尽忠、孙万荣以"还我庐陵、相王"为号召起兵造反,围困幽州,连下营州、幽州、赵州等州县。两年后,突厥默啜可汗再举反旗,公开拥护李唐宗室。

武则天怕内外交困,里应外合,便想起了狄仁杰的圆梦,便再召狄仁杰,问:谁当立为太子?狄仁杰回答:陛下内有贤子,外有贤侄,如何选择。陛下自己拿主意。武则天便淡然地说:我自己有儿子,武承嗣、武三思算个什么!于是,吩咐将庐陵王李显秘密接回神都,进入深宫。

李显回来以后,武则天带李显去见狄仁杰,对狄仁杰说:还给你储君。狄仁杰大喜。庐陵王李显复为太子。武则天没立李显为太子时,曾吩咐募兵,镇压反叛,但却少有人前来应征。李显复为太子,任兵马元帅,一时间应征的人络绎不绝,数不胜数。反兵听到这个消息,便不战自退。

8. 每见公拜　朕亦腰痛

武则天在位时,大臣狄仁杰备受重视,两次出任宰相,政绩卓著,武则天尊称他为国老。武则天郊外巡游时,常要狄仁杰侍驾。有一天,武则天带狄仁杰郊游。突然,一阵大风把狄仁杰的头巾吹落在地上,坐骑也受了惊吓,狂奔不止。武则天立即命太子捡起头巾,赶快去勒住惊马。狄仁杰脱险。

狄仁杰大武则天17岁,年迈体弱,多次请求致仕,要告老还乡,武则天都不同意。狄仁杰每次上朝,武则天都不让他下拜,并且和蔼地说:每次你下拜,我都腰痛。

久视元年(700年),狄仁杰去世。武则天痛哭流涕,对侍臣说:国老一去世,我觉得朝堂好像空了一样。朝廷遇有大事不能决断时,武则天总是叹息:老天爷啊,怎么这样早地夺去我的国老!

家族成员

世系：李弇→李昶→西凉武昭王李暠（也作李皓）→西凉后主李歆→李重耳→李熙→李天锡（也作李天赐）→李虎→李昞→唐高祖李渊→唐太宗李世民→唐高宗李治。

父母

父亲：唐太宗李世民。

母亲：文德顺圣皇后长孙氏（长孙皇后）。

后妃

皇后：王皇后。

武皇后（武则天）。

妃嫔

萧淑妃。

徐婕妤：唐太宗贤妃徐惠之妹。

刘宫人。

郑宫人。

杨宫人。

韩国夫人武顺：武则天之姐。

魏国夫人贺兰氏：韩国夫人武顺之女，武则天的外甥女，因与武后争宠被毒杀。

子女

长子，燕王李忠，宫人刘氏所生。

次子，原悼王李孝，宫人郑氏所生。

三子，泽王李上金，宫人杨氏所生。

四子，许王李素节，萧淑妃所生。

五子，孝敬皇帝李弘，武后所生。

六子，章怀太子李贤，武后所生。

七子，唐中宗李显，武后所生。

八子，唐睿宗李旦，武后所生。

义阳公主李下玉，萧淑妃所生，下嫁权毅。

高安公主，萧淑妃所生，先封为宣城公主，下嫁王勖。

安定思公主，武后所生，早夭。

太平公主，依《全唐文·代皇太子上食表》，本名李令月，武后所生，下嫁薛绍，又嫁武攸暨。

乾陵

乾陵，是唐代第三任皇帝高宗李治与女皇武则天的合葬墓，位于今陕西省乾县城北六公里的梁山上，距离西安80公里。梁山有三座高峰，以北峰最高。乾陵便建造在海拔1047米的北峰上，峰两边为深谷，更加烘托出主峰高耸入云，气势雄伟。主峰正南有两峰对峙，上立土阙，便是乾陵的天然门户。

乾陵，是唐代十八座帝王陵中规模较大也最有代表性的一座陵墓，而且迄今是保存最好的一座。耸立在梁山之巅的乾陵背负苍天白云，俯望八百里秦川，十分巍峨。

贞观二十三年，唐高宗李治即皇帝位，到弘道元年十二月死于洛阳贞观殿，李治在位34年。文明元年（684年）八月，李治入葬乾陵。光宅元年（684年），武则天即皇帝位，神龙元年（705年）死于洛阳上阳宫，次年和高宗李治合葬于乾陵。乾陵的营造至少用了二十余年的时间。

乾陵坐落的梁山海拔一千余米，东边是豹谷，西边是漠谷，位置十分险要。梁山是石灰岩质，呈圆锥形。山巅有三峰，北峰最高；南峰较低，呈东西对峙，上面各有土阙，放眼望去，有如乳头，俗称奶头山。

《长安图志》记载说，奶头山旁边原有一座画像祠堂，内中画有狄仁杰等六十名大臣画像。奶头山是最南的一对土阙，是巍峨雄伟的乾陵的天然门户。这种依山建陵、依山为阙的雄伟气势，在渭北唐十八皇陵中也是少见。

乾陵庄严肃穆，规模宏大。《长安图志》记载说，乾陵周围原有内外两重城墙，于今已发现了内城城墙、四门、献殿、城墙角遗址。陵园内城南北各长1450米，东城墙长1582米，西城墙长1438米，墙厚2.4米。城墙的四周设有城门：南朱雀门，北玄武门，东青龙门，西白虎门。

无字碑，是按照武则天临死的遗言而立的。遗言称，自己的功过，由后人评说，不刻文字。无字碑高达6.3米，厚1.49米，宽2.1米。宋、金以后，有人在碑上题字，无字碑变成了有字碑。圣记碑共分七节，又称七节碑。碑高6.3米，宽1.86米，碑文系武则天所撰，唐中宗李显亲书，内容无外乎歌功颂德，洋洋八千余字，字上还填以金屑，光耀园陵。

石碑后司马道右侧，有和唐友好往来的石人像61尊。武则天是为了纪念参加高宗葬礼的各族首领、外国使节而吩咐塑成这61尊石人像，列在陵前。石人穿着紧身袖衣，腰束宽带，足蹬皮靴，两手前拱以示祈祷，也表示恭敬。

内城四门前，各有石狮子一对，尤其是朱雀门前的石狮，更是乾陵中所有石刻中的精品，威严雄俊，栩栩如生。朱雀门前的石狮体形高大，突出双目，大口利齿，一身卷毛，令人望而生畏。

乾陵陵园,方圆约40公里,分布有许多的陪葬坟墓,这些陪葬墓中,集中在陵园东南的有17座,包括永泰公主墓、薛元超墓、李瑾行墓、章怀太子墓、懿德太子墓等。陪葬墓建制和结构大致相同,墓四周有围墙,墙南面有华表、石人、石羊;墓由墓道、过洞、天井、前后通道构成,天井两侧有小龛,龛内放着各种三彩俑群和瓷器等;墓道、过洞、通道、墓室壁上和顶部,都有精美的壁画,包括侍女图、马球图、建筑图、客使图等。

五、唐玄宗李隆基

生平

唐玄宗李隆基(685—762年),712年至756年,在位44年,是唐朝在位最久的皇帝,唐睿宗第三子,母窦德妃。庙号玄宗,谥号至道大圣大明孝皇帝,故称唐明皇。清朝为避康熙皇帝玄烨之讳,称其为唐明皇。上尊号为开元圣文神武皇帝。生于神都洛阳,仪表堂堂,雄伟俊丽;英明果断,多才多艺;通晓音律,擅长书法。

唐隆元年(710年)六月庚子日申时,李隆基和太平公主联手,发动唐隆政变,诛杀韦皇后。两年后(712年),皇帝李旦禅位于李隆基。随后,赐死太平公主,获得最高统治权。临政前期,注意拨乱反正,任用姚崇、宋璟等贤相,励精图治,开创了开元盛世,使大唐处于鼎盛时期。执政后期,讲究享乐,宠爱杨贵妃,懈怠朝政,宠信奸臣李林甫、杨国忠等人。用人失当,政策失误,边疆危机。重用安禄山等塞外民族镇守边疆,试图借以稳定大唐江山。结果,导致长达八年的安史之乱,拉开了唐朝中衰的序幕。756年,李亨即位,尊其为太上皇。762年,病逝,葬于泰陵。

垂拱元年(685年)秋八月戊寅,李隆基生于东都洛阳。出生之时,其父李旦为皇帝,母亲窦氏为德妃。永昌元年(689年),武则天命将李隆基过继给李弘为子,继其香火。载初二年(690年),李隆基五岁,父亲李旦被祖母武则天废除帝位,迁居东宫。

李隆基英俊多才,仪表堂堂。从小他就很有志向。在宫里,自称阿瞒。当时宫中武氏掌权,武氏族人蔑视他。但是,他遇事很有主见,言行举止,沉着稳重。七岁时,有一次,参加朝廷祭祀活动。当时,负责京城禁卫的金吾大将军武懿宗非常自负,大声训斥随侍护卫。李隆基怒目而视,大声喝道:这是我李家朝堂,干你何事?竟敢在朝堂之上,如此训斥我家护卫!说罢扬长而去。武则天知道后,非常惊讶,没有责怪他,反而更加信任和宠爱他。

唐隆元年(710年)六月庚子日申时,李隆基等人身穿便服,悄悄地进入皇宫禁苑,来到御苑总监钟绍京住处。这时,钟绍京因为害怕,有些反悔,拒绝参加这次政变。但是,他的妻子许氏十分坚定地说:忘身殉国,神必助之。既然参与同谋,即使不参加具体兵变,难免一死。钟绍京看着妻子,恍然大悟。于是,他毅然前往,拜谒李隆基。入夜以后,万骑军果毅李仙凫、葛福顺、陈玄礼等军官英气勃勃,准备妥当,先后来到集合点,恭请李隆基发布政变命令。

李隆基确定,七月廿一日夜,发动政变。当夜,葛福顺等突袭禁军羽林营,杀死韦睿、韦播、高嵩等指挥官,策反羽林军,率领他们攻入玄德门。李仙凫统领万骑兵,攻入白兽门。三更时分,两军会师于凌烟阁。李隆基一身戎装,引兵而入,大声说:"韦氏妖妇,毒死先帝,阴谋危害社稷。今晚,诸位一起诛杀诸韦!"守卫皇宫内廷之武士听后,纷纷倒戈,响应李隆基。

■ 李隆基题跋像

宫廷大乱,韦后闻讯出逃,狂奔进入飞骑营,反被飞骑将士捉拿斩首。韦后私党宗楚客、安乐公主、武延秀、上官婉儿等人纷纷奔逃,陆续被杀。政变之军分路搜捕韦氏余党,包围皇宫、皇城,在全城范围内搜捕韦氏集团人员,凡是韦氏党羽,以及其家中身高高于马鞭之男性,全部处死。这场政变消灭了韦氏集团,李隆基完全掌握了政权,史称唐隆政变。

成功之后,李隆基飞奔相王府,将唐隆之变的详细经过如实报告相王。相王悲喜交集,抱着李隆基,哽咽地说:宗庙社稷之祸,是你平定的。神明、百姓,全都仰赖你的神力!当日,李隆基改封为平王,兼任殿中监,同中书门下三品,兼押左右万骑。李隆基当仁不让,全面执掌军政大权。随后,他与太平公主一起,迫使李重茂禅让,拥立李旦重新即皇帝位,为唐睿宗。

唐睿宗临政,第一件大事,就是与大臣议立太子。按照立嫡立长原则,嫡长子继承皇位。长子宋王李成器,应当立为太子。但是,李成器自惭形秽,坚决辞让,诚恳地说:国家安则先嫡长,国家危则先有功。平王有功于国,决不居平王之上！这时,参与政变、一起消灭韦党的众多功臣出面说话,主张立李隆基为太子。睿宗顺水推舟,降旨天下,册立李隆基为太子。

景云二年(711年)二月,睿宗降旨,命太子监国,六品以下除官,以及徒罪以下,由太子全权处分。先天元年(712年)七月,睿宗禅让于太子。太平公主多次进宫,一再劝阻睿宗,不要放弃理政大权。但是,无奈皇帝去意已决,一切无济于事。太平公主决意制造舆论,动摇太子李隆基。舆论鹊起,称李隆基不是长子,没有资格做太子,更不能继承皇位。太平公主目的明确,就是要废除李隆基的太子之位。

先天元年(712年),大唐政坛暗潮涌动。睿宗害怕,长此下去,一定会天下大乱。于是,他毅然决然宣布将皇帝之位让给儿子李隆基,改元先天,自称太上皇。不过,睿宗宣布,仍然掌握朝政大权:朝廷三品以上官员之任免权,以及军政大事由他决定。这样,激化了李隆基和太平公主之间的矛盾,他们之间的争斗进入白热化:双方全力积蓄力量,准备一举吃掉对方。

据史书记载,太平公主私党,包括:窦怀贞、岑羲、萧至忠、崔湜、太子少保薛稷、雍州长史新兴王李晋(唐高祖堂弟李德良之孙)、中书舍人李猷、右散骑常侍贾膺福、鸿胪寺卿唐晙、左羽林大将军常元楷、知右羽林将军事李慈、左金吾将军李钦、胡僧惠范。他们一起合谋,准备推翻李隆基,拥护太平公主执政。

危急时刻,魏知古得知太平公主政变之详细情况,立即报告李隆基。李隆基星夜召集王琚、张说、崔日用等人,经过细致策划、讨论,决定先发制人,立即行动。于是,李隆基下令,召集弟弟岐王李范、薛王李业,以及郭元振、龙武将军王毛仲、殿中少监姜皎、太仆少卿李令问、尚乘奉御王守一(李隆基内兄)、内给事高力士、果毅李守德等人,各率手下将士、侍从,立即展开行动。

先天二年(713年),李隆基命令王毛仲率领家兵三百余人,各骑骏马,按计行事。李隆基亲率太仆少卿李令问、王守一等亲信十余人,率领将士突然行动,杀死左、右羽林大将军常元楷、李慈,擒获太平公主亲信、散骑常侍贾膺福,以及中书舍人李猷。接着,他们一鼓作气,杀了宰相岑羲、萧至忠;尚书右仆射窦怀贞惊恐万状,在慌乱之中自裁身亡。

宫廷大乱,杀声震天。太平公主眼见党羽被诛杀殆尽,走投无路,被迫逃入佛寺。但是,三日以后她无路可逃,只好返回。这时,太上皇出面,请李隆基宽恕太平公主,赦其死罪。李隆基拒绝太上皇的建议,太平公主无可奈何,只好在家中自尽。这场政变李隆基大权在握,称为先天政变。从此以后,李隆基正式登基,全面执掌皇帝权力。李隆基宣布,年号改为开元,意思是,励精图治,开创大唐盛世。

事迹

1. 开元盛世

唐玄宗李隆基登基以后,清除了政敌太平公主,稳固了政权。但是,当时形势严峻,局势不容乐观:一场兵变,极大地伤了朝廷元气;先朝吏治败坏,管理混乱,朝野腐败盛行,政务、军事各个方面,亟待治理。李隆基不拘一格,选拔人才,量才任官;提拔贤能之士担任要职;选拔最优之士出任宰相。识人用人方面,唐玄宗李基具有独特的眼光,识人精准,而且,随着时代的变迁和需要,选拔不同的贤才担任宰相,包括:姚崇、宋璟、张说、张九龄等。

开元初年,大唐急待拨乱反正,重振朝纲,使王朝各个方面走上正轨。在这方面,李隆基认为,多谋善断、雷厉风行的姚崇适合总揽朝纲。在渭川,李隆基召见姚崇,明确提出要他做宰相。姚崇并不意外,从容不迫地提出十事:勿贪边功、广开言路、奖励正直大臣、勿使皇族专权、勿使宦官专权等等。如此十事,正是大唐王朝的急务。李隆基全部答应,让他放手执行。姚崇上任之后,立即拨乱反正,召回贬逐的功臣,杜绝斜封官,整顿宦官,整治外戚,削弱皇族专权等。

国家开始步入正轨,政权稳定,经济繁荣。唐玄宗李隆基看出,以人治国,开始出现严重问题,必须要以法治国。这时,宰相姚崇大权独揽,打击政敌,招权纳贿,形成以宰相为首的政治集团。于是,一道圣旨,姚崇免职下台。唐玄宗提拔宋璟为宰相。因为宋璟为人耿直,办事果断,原则性强。执政期间,他直言敢谏,不私亲,不纳贿,不徇私,不枉法,严于律己,大力推行姚崇时期的良好制度,重视人才,选拔人才,因才任用。后来,随着王朝经济发展,宋璟因为过于守旧,被罢免宰相。

宋璟罢相后,张嘉贞接替了宰相之位。不久,唐玄宗发现了文武双全的张说,立即任命他为宰相。张说上任,注重强化军事,精兵简政,裁减边军20万人;改府兵制为募兵制,改革宰相机构,将政事堂改为中书门下,扩大中书省的权力。张说聚集了一批贤能之士,兢兢业业,奋发图强,将开元盛世推向了顶点。经济繁荣,人口猛增,军事强盛,史称开元盛世。开元十三年,由张说主持,唐玄宗前往泰山举行封禅大典。

开元年间,大唐最后一位贤相,就是张九龄。他是广东人,当时,广东称为岭南,是边远烟瘴之地,重犯罪人经常被流放那里以示惩罚。所以,朝臣们不敢相信,皇上会选择岭南人张九龄。然而,唐玄宗慧眼识人,让他担任宰相。张九龄执政时,如同唐玄宗用人,注重人品和才干,不看重背景。在选拔官吏时,他一直强调公正选才,量才使用。对于皇帝的过失,他身为宰相,毫不隐讳及时指出,加以规谏。可是,晚年的唐玄宗耽于享乐,不思进取,王朝危机四伏。

2. 安史之乱

安史之乱,是唐代所发生的一场政治叛乱。安禄山、史思明发动叛乱,历时长达八年,展开与中央政权争夺统治权。唐玄宗晚年,政治昏暗,引起内乱。发起叛乱者是安禄山、史思明,故称安史之乱。这场叛乱,是唐朝由盛而衰的转折点。

唐朝天宝十四年十一月初九(755年12月16日),安禄山身兼范阳、平卢、河东三镇节度使,他趁唐朝内部空虚腐败,联合同罗、奚、契丹、室韦、突厥等民族,组成联军,共15万士兵,号称20万,以忧国之危、奉密诏讨伐杨国忠为借口,在范阳起兵。安禄山从范阳起兵,长驱直入。仅用了35天时间,攻占东都洛阳,控制了河北大部和河南部分郡县。

同年十一月十四日,唐玄宗得知安禄山反叛,非常愤怒。他立即任命安西节度使封常清兼任范阳、平卢节度使,着手全面防守。接着,任命第六皇子、荣王李琬为元帅,右金吾大将军高仙芝为副元帅,率领大唐军队出征。安禄山大军南下,偶然遇到阻碍,但是势如破竹。

■安禄山

12月12日,安禄山攻入洛阳。东京留守李憕、御史中丞卢奕不肯投降,被俘后被杀。河南尹达奚珣等人,投降安禄山。安西节度使封常清、高仙芝负责守卫洛阳,他们采取守势,坚守潼关,按兵不出。可是,唐玄宗听信监军宦官谗言,以失律丧师之罪斩首封常清、高仙芝。天宝十五年,安禄山在洛阳登基,自称大燕皇帝,改元圣武。

处死封常清、高仙芝后,唐玄宗任命哥舒翰为统帅,镇守潼关。潼关得地势之险,大唐军队可以利用天险,以逸待劳,死守关口,保卫京师。可是,唐玄宗求胜心切,想尽快平定叛乱,恢复稳定,指示哥舒翰出战。杨国忠痛恨哥舒翰,此时此刻,借刀杀人,一再挑唆皇上,迫使哥舒翰统领20万大军,出关迎战。结果,全军覆没,尸横遍野。潼关惨败,关口攻破,都城长安危在旦夕,全城震惊。

六月十三日凌晨,唐玄宗逃离长安,来到马嵬坡(陕西兴平市西北23里)。这时,将士饥疲,军心涣散,军队内讧,发生哗变。龙武大将军陈玄礼出面,请求皇帝诛杀杨国忠父子以及杨贵妃。随后，杨国忠被乱刀砍死；唐玄宗无奈，命令高力士缢死杨贵妃。随后，大队人马兵分二路，拥护皇帝入蜀。天宝十五年，安禄山占领长安、洛阳。太子李亨年在灵州（今宁夏灵武市区）宣布登基，为唐肃宗。马嵬之变，是一场有计划的兵变。皇帝下旨，任命郭子仪为朔方节度使，带兵讨伐。第二年，郭子仪上表，推荐李光弼担任河东节度使。他们联合征讨，会师常山（今河北正定），击败安禄山部将史思明，收复河北。

上元二年（761年）三月，叛军内讧。史思明为其子史朝义所杀，内部动乱，离心离德。接着，屡为唐军所败。宝应元年（762年）十月，唐代宗继位，借助回纥兵，收复洛阳。史朝义走投无路，逃奔莫州（今河北任丘北）。仆固怀恩率领朔方军，追击史朝义。宝应二年（763年）春天，田承嗣献莫州投降，送史朝义母亲及其妻子于唐军。史朝义率领五千骑兵，逃往范阳。史朝义部下李怀仙献出范阳，宣布投降。史朝义无路可走，最后，在林中自缢而死。安史之乱，历时七年两个月，正式结束。

■ 平定安史之乱的郭子仪

3. 个人作品

唐明皇李隆基，在位44年，谥明，有诗一卷。
《春日出苑游瞩》：

三阳丽景早芳辰，四序佳园物候新。
梅花百树障去路，垂柳千条暗回津。
鸟飞直为惊风叶，鱼没都由怯岸人。
惟愿圣主南山寿，何愁不赏万年春。

唐玄宗工于书法，尤其擅长八分书和章草，他是中国书法史上最为著名的帝王书法家之一。

《鹡鸰颂》，是唐玄宗的书法代表作，运笔挺拔苍劲，尤其是起笔、收笔少藏锋,非常别致。整幅作品书风雄秀,结构丰丽,遒劲雄健,丰润浑茂,是典型的大唐书风。从传承上看,书出二王之间,更渐趋肥腴,法袭传统家学,有所创新。据研究,此帖为唐玄宗传世书法墨迹之唯一孤本,也是大唐传世书法墨迹之稀世奇珍,堪称人间瑰宝。

唐玄宗很有音乐天赋,才华横溢,对于丰富和发展大唐音乐,功不可没。他一生爱好音乐,喜爱亲自演奏琵琶,击打羯鼓。他擅长作曲,著名作品,包括:《霓裳羽衣曲》《小破阵乐》《春光好》等,多达一百余首乐曲。登基以后,唐玄宗特设教坊,创立梨园,专门培养戏曲演员。后来,戏班称为梨园,就是来源于此。《霓裳羽衣舞》曲,曲调优美,乐曲流畅,是不可多得的传世佳作。

典故逸闻

1. 岁寒知松柏

唐隆元年(710年),临淄王李隆基和太平公主合谋起兵,诛杀韦后,拥父亲李旦为皇帝。李旦即皇帝位后,没有立长子李宪为太子,而是以功高位重,立三子李隆基为太子。太平公主野心勃勃,把持朝政。七个宰相中,有五个是太平公主的亲信,尤其是宰相窦怀贞、萧至忠、岑羲、崔湜更是她的死党,其他朝野依附的官员则不计其数。太平公主想废了太子李隆基,自己执政。大臣中,只有陆象先一人不同意废除太子。有一次,太平公主对陆象先说:睿宗废长立幼,这已是不合适,况且太子多有失德,为什么不能废掉太子?

陆象先回答:临淄王李隆基是以功立为太子的,只有有罪时才能废他,如今太子没有罪,自然就不能废了太子,我不同意你的意见。公主大怒,拂袖而去。延和元年,即公元712年,睿宗让位于李隆基。第二年七月,李隆基一举铲除太平公主及其死党。有一天,李隆基特地召见陆象先,对他说:天寒以后才知道松柏是常青的,这是我坚信不疑的!

2. 截镫留鞭

唐玄宗李隆基时,有位著名的大臣叫姚崇。姚崇在荆州做官时,廉明清正,治理有方,深得吏民的敬爱。三年后,姚崇任职期满,新任的州官来接替他。这时,全境的吏民纷纷涌到衙门,哭着来到姚崇的马前,不让他走,并把他的马鞭马镫截留下来,以此表示由衷瞻恋。新任的州官将这事写成奏章,呈送玄宗,请求给予奖赏。玄宗赐姚崇黄金一千两。姚崇成了开元时期的著名宰相。后来,人们用截镫留鞭比喻眷恋、挽留。

3. 终南捷径

终南山位于今西安市南部,是秦岭的一大主峰。终南山有许多名胜古迹,主要包括:南山湫、玉泉洞、日月岩。古代的名士高人有许多在终南山中隐居修行。终南山地近京师,唐时的文人才士沽名钓誉时,常以隐居终南山来达到邀功取禄的目的。

唐玄宗时,有一个士人名叫卢藏用,极想入朝做官。卢藏用便先隐居终南山,以引起朝廷的注意。后来,卢藏用真的以名士身份被召入京师,授以高官,位居要职。道士司马承祯当时也被玄宗看重,经常召见。司马承祯有一次见到玄宗提出想归隐终南山。卢藏用指着终南山说:这山大有佳处。司马承祯鄙夷地说:依我看来,是士人做官的捷径!后来,用终南捷径比喻以退为进,赢得名利的最捷途径。

4. 步辇召学士

开元时期,唐玄宗在有一年的7月15日,坐在便殿,突然很想和大臣姚崇讨论政务。当时的姚崇还没有出任宰相,只是一个翰林学士,但却才华出众,博闻多识,极得玄宗的喜爱。

恰巧这一天,凉风吹拂,大雨倾盆,道路一片泥泞。玄宗就命侍从抬着步辇召学士姚崇。玄宗用皇帝坐的步辇急召姚崇,这种急贤礼士的行为一时传为美谈。后来,用步辇召学士比喻急贤礼士。

5. 精神顿生

唐玄宗在统治前期的开元年间,是位虚心纳谏、广开言路、励精图治的皇帝。玄宗每次早朝时,文武百官朝服趋班,侍立大殿。看到张九龄仪表堂堂,风神秀伟,站在那里如鹤立鸡群,玄宗便对左右说:我每次看到九龄,便使我的精神大振!后来,用精神顿生比喻对于人、事产生兴趣,精神大振。

6. 绿衣使者

唐玄宗开元时期,长安城中有一个很富裕的大户人家杨崇义,家里服饰器玩、金银珠宝,都超过了王公。杨崇义不仅十分富有,他的妻子刘氏也是倾国倾城,非常美丽。杨崇义应该是心满意足的。然而,刘氏情欲旺盛,不满足于杨崇义,却和街坊李弇私通,并合谋要害死杨崇义。

有一天,杨崇义喝醉了酒,躺在床上,很快睡着了,而且睡得很死。刘氏便和奸夫李弇一齐扑上,将杨崇义杀死了,并偷偷地埋入枯井。这场变故谁也不知道,只有一只鹦鹉在堂前架上,看到了这一切。刘氏觉得这场谋杀无人知晓,便假惺惺地让仆从到处寻找她的丈夫,并郑重其事地上告官府,说她丈夫外出未归,恐怕是被人杀害了。

府县官吏觉得这是个大案,便日夜派人四出寻找,捉拿凶犯,奔忙了一些时日,一无所获,县官觉得蹊跷,就亲自到杨家,实地查勘。这时,怪事出现了:架上的鹦鹉突然喊冤!县官当即把架子连同鹦鹉取下来,放在手臂上,再三询问鹦鹉。鹦鹉声音悦耳地说:刘氏,李弇,杀害家主!县官立即命人捆了刘氏,又将李弇捉拿归案。经过严审,刘、李终于供出了所有谋杀经过。

府尹将这一案件上奏皇上,玄宗觉得十分惊讶,嗟叹了良久,下旨将刘氏、李弇按罪处死,并颁旨封这只鹦鹉为绿衣使者,交由后宫喂养。

7. 火燎胡须

唐玄宗有兄弟六人:大哥宋王李宪;二哥惠庄太子李㧑;玄宗排行第三,人称三郎;弟惠文太子李范;弟惠宣太子李业;弟李隆悌早逝。玄宗即大位后,对几位兄弟十分友爱,感情很好。几位兄弟如果有谁患病,玄宗便茶饭不思,睡不好觉。

有一次,五弟李业得了病。玄宗知道后,马上去看望,并亲自为他煮药。玄宗在煮药吹火的时候,不小心胡须被火烧着了,左右侍从诚惶诚恐,赶忙将火扑灭,可胡须已经烧焦了。玄宗对此不以为意,只是用友爱愉悦的心情从容地对左右侍从说:只要薛王(李业)能够喝了这药病就好了,我的胡须有什么可惜的呢?

8. 羯鼓催花

唐玄宗喜好羯鼓,而且技艺很高。唐南卓在《羯鼓录》中记载说:唐玄宗喜好音乐,酷爱羯鼓。有一年,二月初的一天,早晨雨过天晴,空气清新,宫院桃杏,含苞欲开。玄宗这时游赏宫院情绪不高,便命侍臣高力士拿来羯鼓,玄宗临轩一阵痛击,击得淋漓尽致,并亲自写了一曲《春光好》,让梨园弟子演奏。玄宗击鼓击得十分舒畅,顿时心情极好,一曲刚终,玄宗欣然四顾,突然发现刚刚含苞待放的桃杏此时都已盛开。

9. 瘸腿宰相

开元元年十二月,玄宗委姚崇为宰相,紫微令(中书令)张说和姚崇政见不合,对此极为不满。张说便暗中到岐王府,找到玄宗的四弟岐王李范,申诉怨怒。有一天,玄宗在便殿召见姚崇。姚崇一瘸一拐地步上便殿。玄宗看他这样,便问道:有脚疾吗?姚崇回答:微臣心中有疾,不是脚疾。玄宗大惑不解,便问是什么意思?

姚崇就说:岐王是陛下的爱弟,张说是朝廷的辅臣,而张说秘密地到岐王府中,不知道商议什么事情,微臣深恐岐王误入歧途,所以忧心忡忡。玄宗明白了姚崇的意思,又视岐王亲同手足,为了避免不测,就将张说调往外地,降职使用。

10. 张说赠刀

张说是位了不起的大臣,能书善写,长于智谋。睿宗李旦即位,立三子李隆基为太子,张说和褚无量为太子侍读,深得太子的敬重。景元二年,睿宗任张说为中书门下平章事,监修国史。有一天,睿宗问侍从:有术士预言说,日内将有人要发动兵变,进入皇宫,你们为我早做防备。

侍臣们大惊失色,一时面面相觑,不知道该说什么。张说这时说:陛下,这是奸人设的圈套,想谋害太子,篡夺皇位,这不可信;如果陛下让太子代理国事,再准备让位给太子,那奸人的阴谋就不会得逞了。睿宗大喜,就接纳了这一建议,下诏让太子监国,第二年又让位给太子。

这时,主掌政务的宰相萧至忠、崔湜等都是太平公主的心腹,他们认为张说故意和他们作对,就秉承太平公主的旨意,罢了张说的中书门下平章事,不许他参政,并令他前往东都守候,离开京师。张说知道太平公主及其党徒的阴谋,临走时,张说赠给玄宗一把佩刀,意思是请皇上快刀斩乱麻,先发制人。玄宗领会其意,于开元元年七月,一举收拾了太平公主及其私党。

11. 金匣藏书

唐玄宗在统治前期是位开明的不可多得的皇帝。开元四年,即公元716年,玄宗为了鼓励大臣们多提宝贵意见,大胆批评建议,便吩咐用黄金打制一个特别的金匣。玄宗广开言路,把一些好的奏章挑拣出来,放入金匣中,留着自己反复翻阅,以免自己办错了政事。

12. 赐箸表直

开元四年(716年),继姚崇为宰相主持朝政的是大学者宋璟。宋璟学识渊博,为政果断,主张轻徭薄赋,宽刑省罚,选拔人才,一时间,朝廷人才济济,万民归心。宋璟是一代名相,最可贵的是为人正直,不求虚荣,敢于直言进谏,赏罚无私,严禁谄媚奉承,连玄宗对他尊重之外也是敬畏几分。

有一天,玄宗在宫中举行宴会,让侍臣将自己所用的金箸赏给宋璟。宋璟谢恩,接受了玄宗赐赏,但一时不知玄宗何意,因此,就不敢陈谢。玄宗看出了宋璟的疑惑,就对宋璟说:赐这金箸给你,不是赐给你金子,是为了表彰你正直为人的美德。宋璟听后,慌忙下殿拜谢。

13. 吾貌虽瘦,天下必肥

裴光庭、萧嵩二人是唐玄宗时的宰相。开元二十一年(733年)三月,裴光庭离开相位。玄宗问萧嵩:谁可以代裴光庭为宰相?萧嵩就推荐韩休,说韩休为人恬静和蔼,不好名利。韩休便当上了宰相,韩休拜相以后,和萧嵩共事,萧嵩发现韩休还为人正直,刚直不阿,对于朝廷不正风气,敢谏敢管。这样,萧嵩就对韩休日益疏远,渐渐有些厌恶。

宋璟见韩休不讲情面,办事光明磊落,感叹地说:真想不到,韩休这样的有所作为。连玄宗也对韩休的刚直不阿深怀敬佩,甚至有几分畏惧。玄宗每次举行宫中宴会,寻欢作乐,或是游猎后苑,小有过失时,都要询问侍从:韩休知道吗?刚问完话,韩休的谏章就到了!

有一次,玄宗照镜子,半天对着镜子闷闷不乐。左右侍从们在一边说:自从韩休当宰相以来,陛下比以前瘦多了,为什么不把韩休贬去外地?玄宗感叹地说:我虽然瘦了,但天下一定是肥了!萧嵩每次奏事都顺从我的旨意,但退朝之后,我总觉得寝食不安。韩休奏事都是据理力争,退朝以后,我寝食都很安心。我用韩休,是为了国家,而不为了自己。

14. 开元制衣女

开元年间,守边将士的棉衣大多是宫内制作的。有一个士兵从发下的短袍中得到了一首诗:

> 沙场征戍客,寒苦若为眠。
> 战袍经手作,知落阿谁边?
> 蓄意多添线,含情更著绵。
> 今生已过也,结取身后缘。

这位士兵觉得不妥,便把此诗交给了边关统帅,统帅再把此诗奏明朝廷。朝廷不敢耽搁,上奏玄宗。玄宗接着奏报,看到诗文后,就传示后宫:写这首诗的女子不要隐瞒,说出来,决不怪罪。有一位宫女便站出来,自称万死。这诗当然是她写的。玄宗对她深为怜悯,亲自做主,将她嫁给那位得诗的士兵,对她说:我给你结今世身缘。宫女和将士都感动得流泪。

15. 玄宗赐扇

　　唐玄宗后期,终日沉湎于声色淫乐,不理政务,也不虚心纳谏,拒听忠言。当时,宰相张九龄是一位明智的大臣,直言敢谏,又遇事力争。开元二十四年(736年)秋天,正是秋收时节,玄宗想从洛阳回返长安。张九龄怕御驾回宫,会影响农事,建议改期再回长安。

　　李林甫善于巴结逢迎,看玄宗眼色行事,这时便逢迎说:长安、洛阳不过是陛下的两处宫室,随时都可以往来行幸,何必要另选日期? 即便妨了农时,免了他们的租税不就可以了。

　　玄宗听了这番话,当然十分高兴,即日便动身西行。有一天,玄宗想封赏朔方节度使牛仙客,张九龄执意不同意,再次和玄宗发生争执。玄宗讨厌他,嫌他啰唆,李林甫再在一旁诽谤张九龄,煽风点火,玄宗便想罢了张九龄的宰相。

　　这是一个秋高气爽,天高云淡的日子,玄宗命高力士把一把白扇赠给张九龄。这意思很明显:秋天来了,扇子也没用了。显然是说张九龄你年事已高,应当退位。张九龄当然明白玄宗的意思,诚惶诚恐地接过赐扇,郑重其事地为玄宗作了一首《白羽扇赋》。赋中这样说:只要能够使用,即便有杀身之祸又有什么关系? 纵然秋高气爽,夺了节气,最终归回箧中,也要感激厚恩。这是表达他忠于职守,不计个人得失。

家族成员

　　后妃

　　王皇后,结发妻子。

　　武惠妃,追赠贞顺皇后。

　　杨贵嫔,追赠元献皇后,肃宗李亨生母。

　　董贵妃,原为良娣。

　　杨淑妃,原为良娣。

　　武贤妃,原为良媛。

　　杨贵妃,杨玉环,原为儿媳妇。

　　赵丽妃。

　　刘华妃。

　　钱德妃。

　　林昭仪。

　　皇甫德仪,追封淑妃。

　　武贤仪。

郭顺仪。

董芳仪。

柳婕妤。

高婕妤。

刘才人。

阎才人。

陈才人。

郑才人。

高才人。

常才人。

钟美人。

卢美人。

王美人。

杜美人。

曹野那姬，中亚粟特人。

子女

唐玄宗共有皇子37人：

奉天皇帝李琮，曾为靖德太子、郯王，第一子，母刘华妃。

废太子郢王李瑛，第二子，母赵丽妃。

唐肃宗李亨，第三子，母杨贵嫔。

棣王李琰，第四子，母钱妃。

鄂王李瑶，第五子，母皇甫德仪。

靖恭太子、甄王李琬，第六子，母刘华妃。

光王李琚，第八子，母刘才人。

夏悼王李一，第九子，母武惠妃。

仪王李璲，第十二子，母刘华妃。

颍王李璬，第十三子，母高婕妤。

怀哀王李敏，第十五子，母武惠妃。

永王李璘，第十六子，母郭顺仪。

寿王李瑁，第十八子，母武惠妃。

延王李玢，第二十子，母柳婕妤。

盛王李琦，第二十一子，母武惠妃。

济王李环，第二十二子，母钟美人。

信王李瑝,第二十三子,母卢美人。
义王李玼,第二十四子,母阎才人。
陈王李圭,第二十五子,母王美人。
丰王李珙,第二十六子,母陈才人。
恒王李瑱,第二十七子,母郑才人。
凉王李璇,第二十九子,母武贤仪。
汴哀王李璥,第三十子,母武贤仪。
唐玄宗共有公主29人:
临晋公主,第二女,母皇甫德仪,下嫁郑潜曜。
唐昌公主,第四女,下嫁薛锈。
常山公主,第六女,下嫁薛谭,又嫁窦泽。
永穆公主,母柳婕妤,下嫁王繇。
常芬公主,下嫁张去奢。
万安公主,天宝年间,出家做道士。
上仙公主,母武惠妃,夭折。
怀思公主,号登真,夭折。
晋国公主,先封为高都公主,下嫁崔惠童。
新昌公主,下嫁萧衡。
卫国公主,先封为建平公主,下嫁豆卢建,又嫁杨说。
真阳公主,下嫁源清,又嫁苏震。
信成公主,下嫁独孤明。
楚国公主,先封为寿春公主,下嫁吴澄江。
昌乐公主,母高才人,下嫁窦锷。
永宁公主,下嫁裴齐丘。
宋国公主,先封为平昌公主,下嫁温西华,又嫁杨徽。
齐国公主,第八女,母杨贵嫔,先封为兴信公主,又封为宁亲公主,下嫁张垍,又嫁裴颎,末嫁杨敷。
咸宜公主,母贞顺皇后,下嫁杨洄,又嫁崔嵩。
宜春公主,夭折。
广宁公主,母董芳仪,下嫁程昌胤,又嫁苏克贞。
万春公主,母杜美人,下嫁杨朏,又嫁杨锜。
太华公主,第二十一女,母贞顺皇后,下嫁杨锜。
寿光公主,第二十二女,下嫁郭液。

乐城公主,第二十三女,下嫁薛履谦。

新平公主,母常才人,下嫁裴玲,又嫁姜庆初。

寿安公主,李虫娘,母曹野那姬,下嫁苏发。

记载有误之公主:

普康公主,夭折,疑为唐懿宗女普康公主。

乐成公主,第二十三女,与寿光公主同时册封,可能为乐城公主之笔误。

高阳公主。《全唐文》卷二十四记载:唐玄宗第二十女,被封为高阳公主。《新唐书·诸帝公主传》中,没有唐玄宗之女曾被封为高阳公主之记载。有人认为,可能是太宗女高阳公主册文,被误放至玄宗之列。但是,据《新唐书》记载,唐高宗永淳之前公主的食邑为三百户。唐玄宗时,公主所获食邑从五百户增加到一千户。因此,从食邑一千户判断,这位高阳公主应是唐玄宗的女儿。

泰陵

泰陵,是唐玄宗李隆基的陵墓,位于今陕西省蒲城东北的金栗山上。有一次,玄宗李隆基进谒父亲李旦的桥陵时,路过金栗山,看见金栗山层峦起伏,气势雄伟,呈龙盘凤翔之势,便欣然地对侍从们说:我死以后,就葬在这里。

安史之乱后,玄宗回到长安,为太上皇,住在兴庆宫。但兴庆宫原有的300匹好马,尽被李辅国取走,只留下10匹。玄宗又被迁往西内,只留疲弱老残数十人作为卫兵侍候。玄宗忧郁成疾,于宝应元年(762年)四月去世,终年78岁,在位44年。随后,入葬泰陵。

泰陵陵园,今尚存大型石刻三十余件,大多数保存完好。陵内陪葬墓包括:元献杨皇后墓、内侍高力士墓等。

第六章
五代十国帝王生活

　　五代十国(907—960年)，这一时代称谓出自《新五代史》，是对五代(907—960年)、十国(891—979年)的合称，也是概指唐朝灭亡之后到宋朝建立之间的历史时期。

　　五代，是指公元907年唐朝灭亡之后，在中原地区依次更替的五个政权：后梁、后唐、后晋、后汉、后周。公元960年，赵匡胤篡夺后周，建立北宋，五代结束。唐末、五代、宋初，中原政权之外，还存在过许多地方割据政权，包括：前蜀、后蜀、吴、南唐、吴越、闽、楚、南汉、南平(荆南)、北汉等十个割据政权。《新五代史》以及后世史学家，将这些割据政权，统称为十国。

　　北宋建立后，先后统一了尚存的荆南、后蜀、南汉、南唐、吴越、北汉等政权，基本实现了全国的统一。

一、五代帝王生活

帝王宫室

五代时期,战乱频繁,朝代更迭,各王朝统治的时间都很短促,最长的只有十七年,最短的仅仅四年,前后五十三年间,凡八易其姓,共有十三位皇帝。这些王朝,都以古城建都。

五代是指后梁、后唐、后晋、后汉、后周。

后梁是由唐宣武节度使朱温建立的,定都汴,即今河南开封。

后唐是由李存勖建立的,定都洛阳。

后晋是由石敬瑭建立的,定都汴。

后汉是由刘知远建立的,定都汴。

后周是由郭威建立的,定都汴。

帝王生平

1. 后梁太祖朱温

朱温生于唐大中六年(852年),是砀山(今安徽砀山)午沟里人。父亲是朱诚,在乡里教授五经,有三个儿子,朱温最小。朱诚去世后,家里无以为生。朱温和他的母亲王氏及两个哥哥受雇于萧县财主刘崇家。朱温天性凶悍,极有勇力,不爱生产,乡人都很厌恶他,刘崇为此也是经常笞辱他,朱温一直忍着。

乾符四年(877年),朱温和他的二哥朱存加入黄巢起义军。四年后,朱温为起义军东南面行营先锋使。第二年正月,朱温迁同州刺史。朱温屡屡战败,请求黄巢增兵,黄巢不理。这年九月,朱温怒杀监军严实,举州投降唐河中节度使王重荣。都统王铎承制拜朱温为左金吾大将军、河中行营招讨副使,天子赐名朱温为朱全忠。中和三年(883年)三月,朱温为宣武节度使,治理汴州。第二年九月,加同平章事。

朱温不喜生产,也不爱读书,只喜欢舞枪弄棒。他精明能干,工于心计,善于谋略,作战勇敢,因此,而唐末乱世中,能各个击败对手,建立后梁。天复元年(901年)时,朱温已夺得了大片领土:西起蒲、陕,东到大海,北至黄河,南临淮河。朱温拥有这广大的土地,便自任宣武、宣义、天平、护国四镇节度使。到这时,朱温已可以控制朝廷。

天复元年闰六月,宰相崔胤秘谋杀尽宦官。事泄以后,宦官求救于朱温。

朱温一直想入主皇宫,挟天子以令诸侯。这年十月,朱温发兵大梁。京师大乱。凤翔节度使李茂贞也野心勃勃,也想挟天子以令诸侯。李茂贞的心腹宦官韩全海听说朱温要来,便抢先劫持唐昭宗李晔逃奔凤翔。天复二年六月,朱温领精兵五万,进攻凤翔。第二年正月,凤翔城中粮尽,李茂贞杀韩全海等宦官七十二人,献出昭宗,同朱温和解。昭宗返回长安,封朱温为梁王,朱温控制朝政。

天祐元年(904年)闰四月,朱温劫持昭宗到洛阳,杀尽昭宗的亲信。后来,朱温准备引兵西讨,但发现昭宗英气勃勃,深恐有变,就派人杀了昭宗,立昭宗第九个儿子李柷为皇帝,时年13岁。

唐昭宗被杀,朱温假装不知情,痛心疾首,涕泪纵横,甚至于扑倒地上,痛不欲生。朱温痛楚地大声说:奴才们杀了昭宗,实在辜负了我,让我担杀君的恶名,传于万世!朱温到达洛阳根堂,伏棺悲声痛哭,见到新皇帝李柷,陈述杀死昭宗绝非是他的本意。

但是,几个月后,朱温就杀尽了唐昭宗的所有儿子。从此以后,朝政尽归朱温。天祐四年(907年)三月,昭宣帝李柷被迫禅位。四月,朱温即皇帝位,改名朱晃,国号大梁,史称后梁。以汴州为开封府,称东都;以洛阳为西都,废西京。

2. 后唐庄宗李存勖

李存勖生于唐光启元年,即公元885年,是唐河东节度使李克用的长子,母亲是曹氏。李存勖的先祖是西突厥朱邪族,祖父朱邪赤心对唐有功,唐赐他李姓,名国昌。

李存勖从小就拼杀于战场。幼年时,他随父亲冲锋陷阵,破敌立功。长大后,以善于骑射,通晓史书,胆略过人,勇武能战而闻名军中。李存勖长相奇伟,极喜欢音乐歌舞和俳优之戏。11岁时,唐昭宗见他相貌奇伟,极为喜欢,便赐给他一个翡翠盘。后梁开平二年(908年)正月,李克用去世,李存勖继为晋王,坐镇太原,这年他23岁。

梁军认为李存勖是文弱青年,不习军旅,便放松警惕,根本不把李存勖放在眼里。李存勖便统率晋军,在潞州夹寨,大败梁军。李存勖取得了大胜,犒赏将士并加强训练,让各州县荐举贤才,检举贪残,宽徭薄赋。境内一时大治。

李存勖在柏乡再次大败梁军,又以声南击北之计奇袭幽州,连连大捷。龙德三年(923年)四月,李存勖在魏州即皇帝位,国号大唐,史称后唐,旋灭亡大梁,梁帝自杀,正式迁都洛阳。

3. 后晋高祖石敬瑭

石敬瑭生于唐景福元年(892年),出生在太原。也是沙陀族人。石敬瑭长于骑射,英勇善战,常随从晋王李克用出征,屡立战功,官至沼州刺史。石敬瑭外表稳重朴实,少言寡语。他博览群书,喜好李牧、周亚夫。后唐明宗李嗣源很看重石敬瑭,将爱女嫁给他,倚为心腹,并置于帐下,号为左射军。

石敬瑭很骁勇,多次救明宗于危难之中,他又从不居功自傲,并为政廉洁,因而政声极好,明宗由衷喜爱,多次嘉奖。石敬瑭历迁宣武军节度使、同中书门下平章事、驸马都尉、北京留守、河东节度使。

明宗死后,闵帝即位。潞王李从珂造反,闵帝出逃,潞王即皇帝位,为后唐末帝。末帝怀疑石敬瑭要造反,常想置他于死地。清泰三年(936年)四月,石敬瑭以体弱请求解去兵权,以此试试末帝。末帝真的接受其奏请,迁他为天平节度使。石敬瑭决定造反。末帝削石敬瑭一应官爵,并派建雄节度使张敬达为太原四面招讨使,领兵三万,筑长围围攻晋阳。

石敬瑭遣使向契丹求救,表示愿意称臣,以父礼敬事契丹,约定大捷以后,割让卢龙到雁门关以北诸州。这种认贼作父的行为,连他的亲信都押牙刘知远也觉得有些过,进言反对:称臣是可以的,以父事奉则有些过,用金帛珍物求兵就够了,何必要割让田土?石敬瑭不听。契丹主高兴,接表以后马上发兵,后唐军大败。

清泰三年,契丹主册石敬瑭为大晋皇帝,史称儿皇帝。石敬瑭在柳林(今山西太原市东南)即位,同时割燕云十六州给契丹,约定每年进贡帛三十万匹。

4. 后汉高祖刘知远

刘知远生于唐乾宁二年(895年),也是沙陀族人,世居太原。父亲是刘琠,曾经官至后唐列校,母亲是安氏。刘知远天生异相,面部呈紫色,一双眼睛眼白居多,为人态度严谨,少言寡语,神情庄重,不喜游玩。

刘知远最初和石敬瑭一同事奉后唐明宗,是一员偏将。德胜战斗中,刘知远救助遇险的石敬瑭,石敬瑭幸免于难,由衷感激他,两人关系极好。

后唐清泰元年(934年)四月,石敬瑭在卫州遇后唐闵帝,闵帝的侍从想杀了石敬瑭,刘知远再一次引兵相救,杀尽闵帝随从,只留闵帝。石敬瑭起兵太原,刘知远参与谋划,有佐命大功。

石敬瑭即皇帝位,任刘知远为保义节度使,后历迁忠武军节度使、归德节度使、邺都留守、北京(今太原)留守、河东节度使。后晋天福七年(942年),石敬瑭去世,遗诏刘知远辅政,立幼子李重睿为皇帝。李重睿是石敬瑭的第六个儿

梁武帝萧衍像

唐高宗李治像

明宣宗朱瞻基像

乾清宫宝座

养心殿垂帘听政处

《光绪大婚图》局部

坤宁宫洞房

乾清宫侧影

宫中金印·皇后之宝

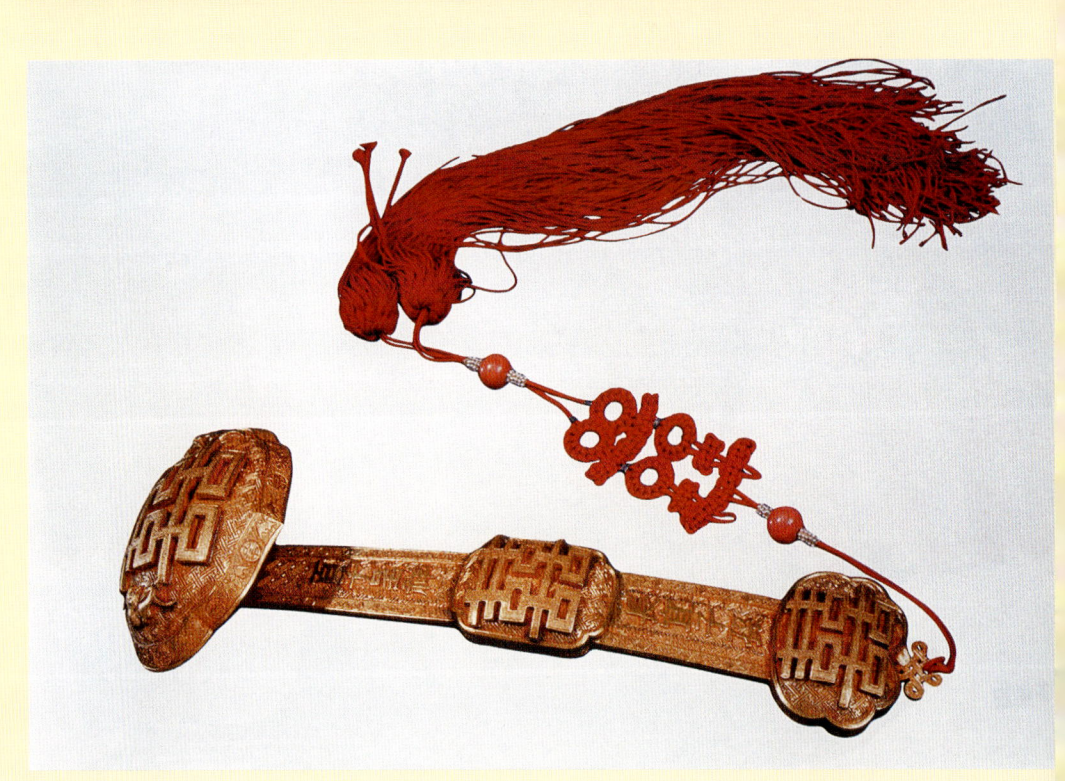

宫中喜字金如意

清宫玛瑙光素杯

慈禧御用品:大雅斋瓷器

清咸丰画作《马图》

大禹治水玉山

子,年纪很小,群臣以国家多难,宜立长者为君,便奉石敬瑭哥哥的儿子石重贵即帝位,为出帝。

刘知远功高位重,出帝疑忌,但因为绝盟辽国,正对北方用兵,出帝不得不重用刘知远,先后授他太原王、中书令、幽州道行营招讨使、北面行营都统、北平王。

晋辽大战,始于天福八年(943年),止于开运三年(946年),历时三年,结果,汴京失守,后晋大败。刘知远则一直养精蓄锐,静观形势,静待时机。

辽兵入主汴京,刘知远派人奉表前去祝贺,进献许多礼物。使者回来说,辽兵贪毒残忍,无恶不作,大失人心,肯定不会久居中国。当时,后晋已分崩离析,边镇各归南唐、后蜀,纷纷离异。晋阳将佐劝刘知远称帝即位,号令四方。

开运四年(947年)二月,刘知远在晋阳即位,自称不忍心改晋名号,因而未定国号。刘知远即大位后,广召晋室旧臣,东迎被辽劫持北上的出帝,迎接未果,就发布诏书,鼓励杀辽归附,一时间势力大振。辽兵残酷屠杀,大肆抢掠,结果白骨盈野,赤地千里。辽主引兵北还,不久去世。刘知远乘机从太原南下,所向无敌,仅用21天便入主洛阳,再用8天又收复大梁。

刘知远占有大片领土,自称是东汉明帝第八个儿子刘昞的后代,是皇室后裔,因而即皇帝位,国号汉,史称后汉,以汴州为东京。

5. 后周太祖郭威

郭威,字文仲,生于唐天祐元年(904年),是邢州尧山(今河北隆尧县)人。父亲是郭简,曾任晋顺州刺史,战死沙场,母亲是王氏。郭威18岁时,应募参加潞州留后李继韬的军队。郭威健壮奇伟,勇武过人,有好酒量,不拘小节,极得士兵的拥戴。

后梁龙德三年,后梁灭亡,李继韬去世。郭威精通书算,略知兵法,历任后唐军吏、侍卫军吏。后汉高祖刘知远爱重郭威,委他为随从。刘知远即皇帝位,拜郭威为枢密副使。

后汉乾祐元年(948年)正月二十七日,刘知远死于大梁万岁殿。刘知远第二个儿子刘承祐即皇帝位,为隐帝。隐帝拜郭威为枢密使。这年三月,河中李守贞、永兴赵思绾、凤翔王景崇相继反叛,隐帝发兵征讨,长久无功,就任郭威为西面军前招慰安抚使,统兵征讨。

隐帝迁郭威为侍中。辽兵入寇河北。隐帝遣郭威督诸将抗战,旋任郭威为邺都留守和天雄节度使。不久,隐帝听信谗言,杀同平章事杨邠、侍卫亲军都指挥使史弘肇、三司使王章,并杀尽郭威全家,连婴幼也不能幸免。郭威领兵在外,隐帝密诏杀死郭威。

郭威别无选择,被迫举兵。很快,郭威军大胜,进入汴京,隐帝被乱兵杀死。郭威议立武宁节度使刘赟,系刘知远侄。辽兵数万人进攻内上(今河北省)。郭威从汴京发兵。兵至澶州,将士数千人忽然大叫:将士已和刘氏结仇,不能立刘氏!众人拥立郭威,撕裂黄旗披在郭威身上,相拥欢呼,万岁之声惊天动地。

广顺元年(951年)正月,郭威在崇元殿即皇帝位,称自己是周王室后裔,国号为周,史称后周,定都汴京。

帝王事迹

1. 后梁太祖朱温

后梁太祖朱温,一生的大部分时间,是在战场上度过的。临终时,朱温曾对侍臣们说:我经营天下三十年,想不到,晋王李存勖父子这样猖獗。我看他们志向远大,上天又夺我年寿,我死以后,几个儿子都不是他们的对手,我是死无葬身之地啊!说罢,泣不成声,不久就去世了。

朱温在治政上没有什么建树,但纵情淫乐,凡是有几分姿色的女人,不论是谁,包括儿媳妇,只要朱温看上的,都无一能幸免。朱温义子博王朱友文的妻子王氏很美,朱温占有王氏,对朱友文异常宠爱,并有意立朱友文为太子。朱温病危时,密召朱友文来到东都,想付托后事。二儿子朱友珪得讯,对此十分不满。朱友珪的妻子朝夕侍候朱温,得知朱友文被召到东都,马上告之朱友珪,夫妇相对,不禁大哭。

朱友珪夫妇悲伤流泪,左右侍从赶忙上前劝阻:事情很紧急,为何不想想办法,改变这种局势?机不可失啊!于是,朱友珪振作起来,立即在宫禁之中,埋伏卫兵。半夜时分,他们闯入宫中,直奔朱温寝室。宫中侍从人员发现以后,惊慌奔逃。宫中大乱,朱温被惊醒,立即从病床上爬起。朱友珪仆夫冯廷谔率先进入寝宫,一剑刺穿了朱温腹部,杀死了朱温。随后,他用破毡包裹朱温的尸体,挖个小坑,埋入寝殿了事。朱温在位六年,终年61岁。

2. 后唐庄宗李存勖

后唐庄宗李存勖是一位骄傲不驯的皇帝,一生富于传奇色彩。他刚夺取中原,不念将士们血雨腥风拼死厮杀,完全归功于自己,并且得意地说:我是用我的十指夺得天下。

李存勖作战勇敢,但在行赏上却不以军功,全凭兴致。贞明二年(916年),代北故将安金全等见晋阳危急,主动救援,击败了梁军,李存勖以妄自救援,不予奖励。而伶人周匝得宠于李存勖,周匝为救过命的梁教坊使陈俊求官,李存勖毫不吝啬,竟赏以刺史。

3. 后唐明宗李嗣源

李嗣源即位后,为后唐明宗。明宗尽改庄宗时的一切弊政。后宫只留一百余人,宦官只留三十人,教坊一百人,鹰坊二十人,御厨五十人,其余的都送出皇宫。明宗裁汰冗官,除夏、秋税收,严禁进献鹰犬奇玩。任任圜、安重海为宰相,广选人才,几年间便府库充实,天下富足。

4. 后周太祖郭威

后周太祖郭威即位后,励精图治,革除前朝积弊。隐帝枉杀了同平章事杨邠,郭威为他平反,赠官厚葬,并录用他的子弟。郭威倡导节俭。他让侍从找出汉宫留传下来的数十件宝器,全部在庭前击碎,以戒奢侈。郭威对近臣们说:听说汉隐帝每天和嬖宠在宫中嬉玩,珍玩器物不离身侧,前事不远,应以为戒。

郭威废除后汉的严刑苛法,选贤任能,安抚藩镇。郭威又注重周边关系,对外友好相处,派遣使臣和辽修好,严禁军民人等越境骚扰,并允许商旅自由往来。

5. 后周世宗柴荣

郭威以后,柴荣继位,为后周世宗。柴荣生于后梁龙德元年(921年),是邢州龙冈(今河北邢台)人,父亲是柴守礼,官至太傅。柴荣的姑姑柴氏,就是太祖郭威的皇后。柴荣从小就生活在太祖郭威家,谨慎宽厚,郭威非常喜爱,视同自己的儿子。

广顺三年(953年),郭威封柴荣为晋王。这年十二月,郭威病危,澶州牙将曹翰进见柴荣,对他说:你是国家的储君,如今主上病危,你应入侍汤药,怎么能在外边呢!柴荣感悟,进入皇宫。郭威去世,柴荣即皇帝位。

柴荣即位后,高平一战,大败北汉主刘崇。后来,又有几次大战。柴荣返回汴京,亲决政务,励精图治,推行全面的改革。柴荣首先整编军队,淘汰老弱病残,招募天下勇士。接着,柴荣严惩贪官,肃清盗贼,限制佛教,治理水患,广开言路,扩大都城,国内建设一片生机勃勃。

典故逸闻

1. 朱大骂驾

朱温,在朱家兄弟中排行老三,从小就是无赖,乡人都很厌恶他。朱温做了皇帝后,有一次在庆贺的家宴上,他的大哥朱大酒喝多了,突然,把一枚玉器摔得粉碎,睥睨不屑地看着朱温,骂道:朱三,你本来是砀山的一个平民百姓,跟着黄巢当了强盗,唐朝天子让你做四个镇的节度使,你富贵已极了,干吗还要灭了唐朝三百年的江山,自己称王!将要祸灭九族了,还喝什么酒,行什么令!朱温觉得十分扫兴,只好罢宴,不欢而散。

2. 柳宜为毂

朱温很厌恶文官和儒生,经常寻衅滥杀。有一天,朱温和僚佐、游客同坐在一棵柳树下面,朱温自言自语说:这棵树,做车毂才最合适!众僚惊讶,没有人应和。一边,有几位儒生应和说:是啊,适合做车毂。朱温听后大怒,厉声呵斥,说:儒生就好顺着别人的口气耍弄人,都是这样!车毂,必须用夹榆木做,用柳树怎么能做呢!朱温说完后,回过头看着侍从,怒斥说:你们还等什么?于是几十名侍从一拥而上,揪住那些附和的儒生,全都活活打死。

3. 使为浊流

朱温厌恶文官和儒生,动不动就杀死他们。朱温手下有一个判官,名叫李振。李振屡试不第,对于从科举入仕做官的人深恶痛绝。唐天祐二年(905年),朱温加快了灭唐的步伐,将宰相裴枢等三十多人一同杀死。李振对朱温说:这伙人常把自己比成清流,该把他们投入黄河,让他们变成浊流!朱温听后大喜,吩咐将裴枢等三十多个文官的尸体,全部投入黄河。

4. 豹死留皮

寿张人王彦章随后梁太祖朱温转战南北,王彦章以骁勇善战闻名。每次作战时,他使用两根铁枪,军中称为王铁枪。王铁枪屡建战功,官至郑州防御史,后封开国侯。后来,在和后唐军作战时,王铁枪被俘。后唐庄宗李存勖爱他勇武,劝他投降。王铁枪回答:豹死留皮,人死留名,我叛梁事奉新主,有什么脸面见天下?于是被杀。后来,用豹死留皮,比喻留美名于后世。

5. 十指上得天下

后唐庄宗十分骄傲,有功不赏还疑忌功臣。大将李嗣源率养子李从珂首先攻入汴梁,迎庄宗进城,庄宗十分欢喜,拉着李嗣源的衣服说:我得天下是你们父子的功劳,我要和你共有天下。灭梁以后,庄宗不承认这些,却举着手对功臣们说:我是用这十个指头得天下的!意思是:功劳是我的,你们无功。

6. 三垂冈

> 英雄立马起沙陀，奈此朱梁跋扈何。
> 只手难扶唐社稷，连城犹拥晋山河。
> 风云帐下奇儿在，鼓角灯前老泪多。
> 萧瑟三垂冈下路，至今人唱《百年歌》。
>
> ——《三垂冈》

清代诗人严遂成写了一首七言律诗，《三垂冈》。全诗仅有五十六字，然而诗篇意境开阔，气势恢宏，生动地描写了李克用父子气壮山河的英雄风貌，展示了五代时期发生在三垂冈的波澜壮阔的战争场面。《三垂冈》诗简洁明快，对仗工整，用笔十分老辣。它以精练的语句囊括史事，融汇古今，特别是诗句之起首和结尾非同凡响。严遂成喜爱历史，这首七律，记述的正是中国历史上战乱频仍的五代时期一次最为典型的战役。

李存勖是李克用的儿子，自幼随父征战，擅长骑射，胆识、勇猛过人。后梁开平二年（908年），李克用死，临终之前，嘱托三事：解潞州（上党）之围；灭梁（朱温）报仇；恢复唐室宗社。这一年，李存勖23岁。安顿好老父之后，他戴孝出征，正是在三垂冈突出奇兵，大战获胜，从而为他称霸中原奠定了基础。上党，古代史记称之为天下之脊，其战略位置十分重要，自古以来为兵家必争之地。拥有上党、太行之地，就可俯瞰三晋，直指幽冀，跃马齐鲁，问鼎中原。为此，二十余年来，黄巢部下大将朱温和李克用拼死争夺上党，其重要城池、山口、关隘，反反复复，先后五度易手，战事十分惨烈。

李克用（856—908年），唐末大将，沙陀部人，因为他一目失明，又号"独眼龙"。其父朱邪赤心，唐懿宗赐姓名李国昌。早年，李克用随父出征，勇猛果敢，冲锋陷阵，军中称之为"飞虎子"。他生于神武川之新城（今山西雁门北部），生前被封晋王；其子李存勖建立后唐时，追尊他为后唐太祖。他善于用兵，先后镇压庞勋起义军、黄巢起义军。大顺二年（891年），唐廷恢复李克用官爵，封为晋王。从此，李克用长期割据河东，与占据汴州的朱温对峙。

天祐四年（907年），朱温代唐称帝，国号梁，改元开平，史称后梁，他就是后梁太祖。朱温定都开封，做了皇帝，第一道谕旨就是派兵10万，围攻上党。上党守将是李克用义子李嗣昭他闭关坚守。梁军久攻不克，于是，他们在上党（时称潞州）城郊之地，筑起了一道小长城，围困上党。这样，两军对峙、相持一年有余，战事进入胶着状态。

天祐五年（908年）正月辛卯日，李克用去世，享年53岁。其子李存勖继位，将李克用安葬在雁门。于是，他亲率大军，疾驰六昼夜，进抵三垂冈。故地重游，他不禁感叹："此先王置酒处也！"

随后，他将全军隐蔽集结，准备发动突袭。对此，梁军毫无察觉。第二天凌晨，大雾弥漫，李存勖发布突袭命令。大军借助大雾的掩护，悄悄前进，直捣梁军夹寨。突然之间，火光冲天，浓烟滚滚。正在梦中的梁军晕头转向，仓促应战，被晋军斩首一万余人，余部溃不成军，向南奔窜，填塞道路。朱温在开封闻讯，大惊，感叹："生子当如是，李氏不亡矣！吾家诸子，乃豚犬（猪狗）尔！"

毛泽东喜爱读史，身边摆放着一部线装《二十四史》，随时阅读。1964年12月，毛泽东翻阅《五代史》时，想起自己早年读过一首诗《三垂冈》，但是，时间太久，他一时记忘记了作者名字。于是，29日，毛泽东写信给秘书田家英，请帮忙查出。毛泽东随笔手书："近读五代史后唐庄宗传三垂冈战役，记起了年轻时，曾读过一首咏史诗，忘记了是何代何人所作。请你一查，告我为盼！"田家英花了很长时间，才查出此诗出处。

7. 为民夜祷

后唐明宗为人厚道，少言寡语，宽仁待人。明宗在宫中，每天夜里都要焚香祷告：我是胡人，天下大乱时，众人拥我为皇帝，愿上天早生圣人，为天下百姓做主。明宗在位时战事很少，年年丰收，人民安定，算得上是一个明智的皇帝。

8. 刻木为像

后周世宗柴荣即皇帝位后，非常重视农业，大力招募流亡，奖励耕殖，发展生产。柴荣制定了一套鼓励农业的政策：允许农民耕种无主土地；统一税制，六月夏税，十一月秋税，以利于农时；农闲时修河筑坝，兴修水利；农闲时再审理案件；保护耕畜；商人贩卖耕畜，不收过境税。柴荣为了警诫自己，也警诫百官：不忘农事，不误农时，特意让人把农夫、桑妇形象刻为木雕像立在朝廷上，时刻提醒要以农为本。

帝王陵墓

1. 睿陵

睿陵，是后汉高祖刘知远的陵墓，位于今河南省禹县西北柏嘴山之阳。睿陵坐北朝南，陵墓中有一座高大的陵冢。睿陵陵冢高8米，周长60米。陵冢东、南、西、北四面各100米处，都有一对石狮，残缺不全，想是守卫陵园四门的。陵前有石刻俑、石刻兽,仪仗排列长达 300 米。

2. 嵩陵

嵩陵是后周太祖郭威的陵墓,位于今河南省新郑北郭店村南。嵩陵陵墓是北高南低的一个台地,陵冢高 9 米,周长 103 米。太祖郭威临终时对养子柴荣说:我这病不治,你着手山陵,陵墓务必俭素,陵寝不用石柱,不要费人力,只砖就可以,用瓦棺纸衣,也不要修下宫,不要守宫人,也不许用石人、石兽,只立一个石碑,碑上刻文——大周天子临晏驾,与嗣帝约,缘平生好俭素,只令处着瓦棺纸衣葬。这段墓碑的文字意思是说:大周天子临终前,和继嗣的皇帝约定,遵照平素好生节俭,只用瓦棺纸衣入葬。

3. 庆陵

庆陵,是后周世宗柴荣的陵墓,位于今河南新郑北部郭店村北。庆陵陵地有一座大陵冢。冢高 15 米,周长 105 米。陵前有御制祭文碑 44 通,大多埋入土中,有九通散存在陵上村。这些祭文碑是明清两代立的,最早的是明宣宗德元年所立,最晚的是清宣统元年立。庆陵陵园由明太祖洪武三年修建,长宽各 200 米,四周砖墙高约 2 米。祭文碑都是歌颂世宗柴荣的功绩的。

二、十国帝王生活

帝王宫室

十国的帝王也同五代的帝王一样,寿命很短,因而宫室上基本上沿袭前朝,以古城为都。十国,是中原以外地区所建立的国家的统称,实际上不止十国。

十国,是指十个主要的国家,它们分别是:

前蜀,定都成都。公元 907—925 年。

后蜀,定都成都。公元 934—965 年。

吴,定都扬州。公元 910—937 年。

南唐,定都金陵。公元 937—975 年。

闽,定都福州。公元 933—945 年。

楚,定都潭州。公元 907—951 年。

南汉,定都番禺。公元 917—971 年。

荆南,定都江陵。公元 924—963 年。

吴越,定都钱塘。公元907—978年。

北汉,定都晋阳。公元951—979年。

帝王生平

1. 吴越主钱镠

钱镠,字具美,杭州临安人。唐朝末年,钱镠追随石镜镇将董昌,击破黄巢起义军,任镇海节度使。乾宁三年(896年),钱镠击杀董昌,尽占两浙和苏南十三州,坐地称王。

唐昭宗天复二年(902年),昭宗任钱镠为镇海、镇东两镇节度使,封越王。两年后又封为吴王。后梁开平元年(907年),梁太祖朱温封钱镠为吴越王兼淮南节度使,建都钱塘(今杭州市)。公元907—932年在位,执政25年。

2. 前蜀主王建

王建,字光图,许州舞阳(又说今河南沈口)人。王建出身寒微,小的时候以屠牛、盗驴、贩盐为生,被人称为贼王八。唐末年,王建追随杜审权,镇压黄巢起义军,后以护从唐僖宗有功,出任壁州刺史,旋逐西川节度使韦昭度,擢永平军节度使。

唐大顺二年(891年),王建统兵攻取成都,杀死陈敬瑄、田令孜。接着,王建击败东川节度使顾彦晖,占有全部蜀地。王建扩大战果,又出兵攻占汉中、三峡等地。天复三年(903年),王建被封为蜀王。后梁开平元年,即907年,王建在成都自立为皇帝。公元907—918年,在位11年。

3. 楚主马殷

马殷,字霸图,许州鄢陵(在今河南)人。小的时候,马殷是木匠,在乡间从事木工活计为生。唐朝末年,马殷应募从军,随从秦宗权部将孙儒进驻扬州。孙儒战败被杀,马殷又随别将刘建峰攻取潭州(今湖南长沙)。

唐乾宁三年(896年),刘建峰被部将杀死,马殷代刘为主帅,被唐任命为潭州刺史。唐光化元年(898年),马殷迁武安军节度使。后梁开平元年(907年),朱温封马殷为楚王。后唐天成二年(927年),后唐明宗封马殷为楚国王,建都潭州。公元927—930年,在位3年。

4. 南唐李昪

李昪,原名李知诰,字正伦,小字彭奴。李昪是徐州人,从小孤贫穷困,战乱中在濠、泗间流浪,后来,为杨行密收养。杨氏诸子不容纳他,后为徐温所收养,改姓徐,名知诰。徐温执政时,李昪累官至参知政事。徐温去世,李昪专擅政事,受封为齐王。吴杨溥天祚三年(937年),废吴帝杨溥,自立为皇帝,建都金陵,国号大齐。升元三年(939年),复李姓,改名昪,以为自己是唐皇室子孙,改国号为唐,史称南唐。

帝王事迹

1. 吴越主钱镠

钱镠,在位期间以国小力弱,只图自保,加强生产,不轻易用兵。钱镠注意广选人才,设择能院。治政上执法严明,信赏必罚。政事上注重农业生产,曾征发民夫,修筑钱塘江海塘。在太湖流域建造堰闸,蓄泄洪水。钱镠还招徕商人,劝课农桑,使治下的吴越地区政治稳定,经济繁荣,人民安居乐业。钱镠在吴越统治了三十余年,是五代十国中统治最长的君主,死时年81岁。

2. 吴主杨行密

杨行密,初名杨行愍,字化源,庐州合肥(今安徽省合肥市)人。杨行密小时很贫寒。唐末时参加农起义军,被俘后充唐朝州兵,逐步升迁。唐中和三年(883年),杨行密为庐州刺史。十年后,杀死孙儒,占据广陵。唐任他为淮南节度使,占有淮南、江东。

天复二年(902年),杨行密被封为吴王,建都广陵。公元902—905年,在位3年。杨行密在位期间,注意节省用度,广招人才,选拔贤人出任地方官员。杨行密招徕流亡人员,轻徭薄赋,奖励农桑,鼓励和邻境通商。几年间国富民强,广陵经济繁荣,军事力量加强,并多次击败后梁朱温强大力量的进攻。

3. 南汉主刘䶮

刘䶮,是南海王刘隐的庶弟。最初叫刘岩、刘陟,后改名刘䶮,取龙飞在天之意。刘䶮祖籍上蔡,即今河南上蔡,后迁闽中,又迁广州。刘隐为南海王时,刘䶮主掌军事,刘隐去世,刘䶮由节度使而进封南海王。

后梁贞明三年(917年),刘䶮称帝,公元917—942年,在位25年。刘䶮在位期间,主要精力是保境安民,不轻易兴兵。他广召中原人士,网罗贤才,任用才俊担任各州刺史。设立学校,开科取士。刘䶮为人残暴,好施刑罚,又大造宫室,极尽奢丽。晚年时,刘䶮性多猜忌,一意信用宦官。

4. 南汉主刘𬘩

刘龑之后,第四个儿子刘晟继位。十五年后,刘晟去世,长子刘𬘩即位,为南汉后主。公元958—971年,在位13年。刘𬘩性情庸碌懦弱。即皇帝位后,刘𬘩不能治国,政务全部委于宦官龚澄枢、陈延寿和才人卢琼仙等。

刘𬘩昏庸,天性残暴。他大兴土木,营造大量宫室,极尽奢侈,仅装饰一根柱子,就用白金三千铤。搜罗天下珍宝,宫中珍宝玉玩堆积如山。刘𬘩长整日在后宫美人堆中消磨时光。宫中仅宦官就达二万人。用刑残酷,大刑包括烧、煮、剥、剔、刀山、剑树等,还让犯人斗虎抵象。

刘𬘩统治时赋税极重,连入城时也要交一钱税。征粮用大斗,交一石相当于一石八斗。大宝十四年(971年),宋大将潘美来攻。刘𬘩求和,不许。刘𬘩用十余艘海船装满珠宝和嫔妃,准备逃跑。宋军至,刘𬘩被俘投降,封恩赦侯,后封卫国公。

5. 后蜀主孟昶

孟昶,原名仁赞,字宝元,是后蜀开创君主孟知祥的第三个儿子。公元934—965年,在位31年。孟昶即位时,勤于政事,控制权贵,大力加强中央集权。孟昶在朝堂上设匦,就是设一个铜制的方匣子,鼓励臣下陈说国事。并晓谕地方官员,要吸取前蜀王衍亡国的教训,不要过分盘剥人民。

契丹灭亡后晋,孟昶乘机占据后晋秦、阶、成三州,占领凤州,尽得前蜀之地。他还窥视关中,组织一支攻打后周的特种部队,称破柴都,约会南唐、北汉共同出兵。孟昶生活荒淫奢侈,广建宫室,网罗美女,穷奢极欲,以至于用于小便的溺器也要用珍宝装饰。

北宋乾德三年(965年),宋军攻入成都,孟昶投降,俘至开封后,封为秦国公,七天后死去,追封楚王。

6. 南唐中主李璟

李璟,初名李景通,后改名李景、李瑶,最后改为李璟,字伯玉。李璟是李昇的长子。李昇去世,李璟即位,为南唐中主。公元943—961年,在位18年。在位期间,正是国家多事之秋。他西灭强楚,东灭闽,统辖三十余州,地域数千里。李璟天性懦弱,宠信佞臣陈觉、冯延巳等五人,时称五鬼,赏罚失当,天下汹汹。中兴元年(958年),后周世宗柴荣大败李璟,李璟献江北淮南十四州,并奉表称臣。李璟爱好文学和文士,是个词人皇帝,文学上造诣很深。

7. 南唐后主李煜

李煜,初名李从嘉,字重光,号钟隐。公元961—975年,在位14年,史称南唐李后主。李后主即位时,赵匡胤已代周建宋。李后主对宋退让,委曲求全。李后主不思进取,不整饬朝纲、广招人才,反而一味沉溺于佛教,昏聩荒淫,生活奢侈,国势江河日下。

开宝七年(974年),宋召李煜入朝。李煜称疾辞谢。宋太祖派曹彬、潘美统率十万大军进取江南。第二年,宋军攻下金陵,李煜投降。李煜酷爱读书,长于诗文词赋,是中国历史上一位有名的词人皇帝。他善诗词,工书法,知音律,多才多艺。李后主以宴乐和感伤的词作见长,词句极富于感染力,艺术成就极高。

典故逸闻

1. 善事中国

吴越,拥有十三州广大的土地,但相比之下却只是一个小国,经常受到杨行密吴国的威胁。吴越主钱镠保国安民,经常向中原各国纳贡称臣,以牵制吴国,确保安全。钱镠在老家临安建造第舍,经常回乡探看父亲钱宽。每次钱镠回家,父亲钱宽总是躲避不见。钱镠找到父亲,问其缘故,钱宽才说:你现在做了吴越国的国君,三面受敌,和人争利,我怕祸及家门,所以不想见你。钱镠拜泣受教。钱镠深知自己国小势危,一直力求自保。临终时,钱镠告诫继位人钱元瓘:你们要善事中国,切不要因中国改朝换代就放弃这个原则!中国,是指中原各国。

2. 警枕粉盘

钱镠治军一向非常严谨。小时在军中,钱镠夜里从未熟睡过,倦极了就枕在木头做的小圆枕头上或者大铃铛上,一睡熟头就要歪,马上就醒。他将这种枕头叫作警枕。钱镠还在他的住室里放一个大粉盘,夜里有事就写在盘上。这习惯一直到老。钱镠夜里常把小铜丸之类弹到楼墙外面,试探值更的人是不是发觉,以使他们警惕。

有一天,钱镠改装出行,夜里敲北城门,守门官吏不想开门,在里面说:即使国王来了,也不会在这时开门。钱镠只好从别的城门进城。第二天,钱镠召见守卫北门的官吏,厚厚赐赏。他还令侍女们通夜守候,一有动静,立即叫醒。人们称誉他为南方不夜龙。

3. 结缯为山

前蜀主王衍骄多淫逸,纵乐无度。王衍曾经盼咐侍从,缘山和所建宫殿楼观上全部结扎绸缎，称为缯山。如果风雨所侵，绸缎稍被损坏，即令用新绸缎全部重换。王衍常和太后、太妃在缯山上欢宴嬉乐，有的时候竟数十天不回宫中。王衍还在山前开渠，渠水通往宫中，有时还在夜间乘船回宫，一路上，让宫女们手持蜡烛，立在船上缓缓前行，烛光辉煌灿烂，水面波光如画。

　　王衍喜欢和太后、太妃同游青城山（在今四川灌县）。每次游玩时，王衍常命宫女身穿艳服，服饰上绘绣云霞。风吹美服，飘飘若仙，望若仙女。王衍纵情享乐，还会自制乐曲。他创作《甘州曲》，描述了他游乐时的情状。上下山谷时，王衍常常独自领唱，让美人宫女随声应和。王衍在宫中宴饮时，总是鼓乐喧天，脱冠露髻，傲慢放荡，通宵达旦。

4. 钱王射潮

　　钱塘江潮汐水患严重，钱镠下令在府城东南建造一条长堤。钱塘江经杭州东南，形成天下奇观的钱塘大潮，潮水经常冲垮东边城墙，影响全城安全。长堤从天宝三年（910年）八月动工，设三个铁幢作为标志。修筑石塘，哪里容易？怒潮汹涌，十分艰难。相传，钱镠曾命强弩手五百人，用箭猛射潮头，顷刻间大潮退去。石塘建成。

5. 居丧食鸡

　　楚主马希声，天性放荡，日常生活极为荒纵淫逸。马希声听说后梁太祖朱温喜欢吃鸡，不由得十分羡慕。马希声即皇帝位后，就吩咐每天杀五十只鸡做菜进食。他的父皇马殷去世，虽居大丧，他却没有一丝悲哀的表情。

　　马殷入葬的那天，殡车要出发了，马希声一顿饭还要吃几盆鸡肉。原礼部侍郎潘起讥笑说：三国魏时，有个叫阮籍的，居丧时吃蒸小猪，当今有人居丧时吃鸡，真是哪个朝代没有贤人！

6. 终生不见拓跋恒

　　天福八年（943年），楚主马希范采纳大臣周陟的意见，下令在常税之外，大县再贡米二千斛，中县贡米一千斛，小县贡米七百斛，没有米的改贡布帛。天策学士拓跋恒上书说：殿下是从深宫中长大的，托福先王已建的功业，身不知农事的辛劳，耳不闻战鼓的轰鸣，住的是豪华宫殿，吃的是美味佳肴，随意驰逐玩乐；府库用尽了，浪费更甚，百姓困苦不堪，厚敛依旧不息；四周敌国窥伺，国家危在旦夕，谚语说，足寒伤心，民怨伤国，希望你能罢贡米之令，杀了周陟，以谢天下！废除不急工务，裁减土木之役，免得一旦遭祸，让外人耻笑。

马希范看到这道奏章,不禁大怒,恨恨不已。有一天,拓跋恒求见,马希范推辞说白天睡觉,不予接见。拓跋恒对诸将说:皇上一意孤行,不听劝告,我看国破家亡没有多少日子了。马希范听说后,更加恼怒,决定终生不再见拓跋恒。

7. 众驹争槽

马殷有十多个儿子,一个个骄横淫逸。马殷晚年时控制不了这些儿子,终日只有哀叹。天成四年(929年),次子马希声违命杀了勋臣高郁,马殷气得顿足长叹。丞相许德勋看出楚国已经走上了穷途末路,有一次对被俘的吴国将领说:楚国现在虽然很小,但旧臣宿将还在,等到众驹争槽时才是你们动手攻打的时候。众驹争槽,自然是指马氏诸子争位。

马殷临死时,遗命诸子依次继位,并且置剑于宗庙说:谁违抗我的命令,就杀死谁!遗嘱哪能制止争端?马希声、马希范同一天出生,马希声先即位,马希范大为不满。两年后,马希声死。

马希范即位,大肆报复,虐待马希声生母袁德妃和其胞弟马希旺,二人忧愤而死;又谋杀异母亲马希果。马希范死后,"众驹"开始公开争槽,楚国不久便灭亡。

8. 阉割士人

南汉主刘鋹是个有名的昏君,专爱用宦者做朝官。刘鋹认为,百官们有家有室,有妻儿老小,肯定不能对皇上尽忠,因此,他规定:一应任用的官吏,包括新科进士,点中的状元,都必须先行阉割,然后才加录用。没有阉割的士人,都被称为门外人,不许参与国政。

9. 一叶随风落御沟

闽国中有位大臣名叫叶翘,博学多才,为人耿直,闽宫中称他为国翁。闽主王昶以师傅礼待叶翘。王昶杀父亲自立为皇帝,任叶翘为宰相,但即位以后的王昶不思政务,终日只是寻欢作乐,奢靡骄纵。

有一天,叶翘脱去朝服,改穿道袍,从朝堂走过,向宫外走去。王昶见叶翘要出走,赶忙把他召回。叶翘回来后,对王昶说:老臣辅佐陛下,没有一丝一毫的成绩,却使陛下即位以来,没做一件好事,老臣甘愿弃官归道。

王昶忙慰意挽留:先帝把我交给您,政令有不妥的地方,您应当直言进谏,怎么能抛下我不管呢!叶翘当即进谏:陛下薄待元妃李夫人,李夫人是先帝的外甥女,用大礼聘娶的,怎么可以有了新欢就忘了她呢!

王昶听了这个,很不高兴,当然不会听从叶翘的意见,依旧我行我素,并从此以后疏远叶翘。过不多久,叶翘又上书言事。王昶在奏章旁边批道:一叶随风落御沟。意思是让叶翘像一片树叶一样,随风飘去吧。就是将叶翘放归故里。

10. 首倡春联

后蜀主孟昶16岁即位,诛杀了骄横不法的故臣旧将,亲理朝政,四海升平。有一年春节,孟昶命学士辛寅逊在宫室门两边桃符上题写联语。辛寅逊题写的文句欠佳,孟昶不大满意,便拿起笔来,写下一一联:新年纳余庆,佳节号长春。

这副对联,人们普遍认为是中国历史上最早的春联。

11. 干卿何事

南唐中主李璟工于诗词,尤其在词方面造诣很深。中书侍郎冯延巳也是一位诗词方面的高手,经常有绝好的句子问世。中主李璟写有一首《浣溪沙》,其中佳句是:细雨梦回鸡塞远,小楼吹彻玉笙寒。冯延巳写有一首《谒金门》,内中的佳句:风乍起,吹皱一池春水。

有一天,李璟戏问冯延巳:吹皱一池春水,干卿何事?冯延巳应声回答:比不上陛下的小楼吹彻玉笙寒。这段对话,历来传为美谈。后来人用吹皱一池春水或干卿何事,责人多管闲事。

帝王陵墓

1. 前蜀永陵

永陵,是前蜀主王建的陵墓,位于今成都市西郊三调桥。永陵陵墓封土很高,达15米,直径80余米。永陵墓室由十四道石券构成,全长23.4米。永陵墓室分为前、中、后三室,各室有木门间隔,朱漆门上装饰着鎏金铺首,券额上是彩画。永陵墓室中室设置棺床。棺床呈须弥座式,两侧列有透雕十二力士像,做扶棺状。棺床东、西、南三面,刻伎乐二十四人,演奏琵琶、筝、鼓、笙、笛、钹等乐器,是一个较为完整的宫廷乐队。伎乐四周和棺床以南都装饰着龙凤、云纹、花卉图案。永陵墓室后室为御床,床上设有王建石刻坐像。永陵墓出土有玉带、哀册、谥册、谥宝、银器、铁猪、铁牛等。

2. 后蜀和陵

和陵,是后蜀主孟知祥和其妻福庆长公主的陵墓,位于今成都北郊磨盘山南麓。和陵分为墓道、墓室两大部分,全部用青砖砌成,以石粉作黏合剂。和陵墓冢封土下部为青石砌成的石墙——宝城。宝城周长77.4米。

和陵墓室距地表大约五米。墓室门右壁下有一条覆马槽式排水沟,沿墓道底右拐左折,引导地下水流向低处。和陵墓道长12.5米,22级青砖阶梯通向墓门。墓门是牌楼式建筑,彩枋四柱,左右是浮雕青龙、白虎。门前石刻是手持剑斧的武士。两侧内壁彩绘男女宫人像。

和陵墓室构造奇特。左、中、右三室并列,都是圆锥形穹隆顶结构。主室位于正中,以浮雕幡龙封顶,高8.16米,直径6.5米。青石棺台横置中央,长达5.1米,宽2.7米,高2.1米。棺下是须弥座,底部绕以莲瓣。前后各有裸身浮雕力士五人,都是卷发。四角各有身披胄的力士一人,做跪地负棺状。造型都十分生动。左右两边是耳室,和主室相通,高6米,直径4米,是放随葬品的所在。

3. 南唐钦陵

钦陵,是南唐主李昇的陵墓,位于今南京江宁东善镇西北、牛首北南祖堂山南麓王家坟太子墩,距今南京中华门约23公里。钦陵墓高约5米,直径约30米,是一个隆起的圆形土墩。钦陵地宫的规模很大,全长21.8米,宽10.45米,从南到北分前、中、后三个主室。前室、中室东西两侧各附一个侧室。后室东西两侧各附三个侧室。共计十三室。

墓门南向,偏西约9°,正中辟圆形拱门,门上隐有四条混线门檐,是仿木建筑做出的柱坊、斗拱,用石灰粉刷,上绘彩画。前室呈长方形,东西3.85米,南北4.5米,顶高4.3米,四壁正中各辟一道拱门。室内四角各有八角形转角倚柱一根。南北两壁门两旁各有短形倚柱一根。东西两壁两旁各有立枋一根。立枋之外,又有人角形倚柱一根。这就构成三间进深前室。所有立枋、倚柱、斗拱、柱头枋等都是用石灰粉刷,上绘彩画。

中室形状和前室大致相同,略呈方形,东西4.45米,南北4.36米。室内东西南三壁正中各辟一圆拱状洞门。东南角、西南角各有八角形转角倚柱一根,其余和前室相同。室北面两侧是大块青石立壁,壁上各刻一位武士像。立壁之间是用方形青石板平叠封砌,上涂红色。立壁和砌墙上,有一块硕大的青石横额,横额上是二龙戏珠的浮雕图。中室高5.3米。中室和后室之间有一个东西3米,南北1.9米的过道。

后室是陵墓地宫的中心和主体,规模很大,东西5.9米,南北6.03米。南壁正中辟方门,用巨大青石做成门扇。东西两壁各有三门,通往东西三处侧室。室正中是石砌棺床,棺床后部伸入北壁大型龛门门内。室四角各有八角形转角倚柱一根,东西两壁通向中间侧室两边也有八角形倚柱一根。这就构成了后室宽一间、进深三间的布局。东、西、南、北四壁还有小龛十二个。室东西两壁顶上是用青石块层层叠砌而成，上面再加大石条封顶，呈覆斗之形。后室四壁涂上深红色。柱、枋、斗拱上施以彩画。室顶用石灰粉刷，绘成天象图，地面凿成江河之形。

钦陵各室的柱子、梁枋、斗拱彩画所用的颜色是石青、石绿、赭石、丹粉等，色彩鲜艳，十分逼真，所绘图画主要是牡丹花、宝相花、莲荷花、海石榴花、云纹等图案。

4. 南唐顺陵

顺陵，是南唐中主李璟的陵墓，位于李昪钦陵西北约50米处。两座陵墓地表建筑都已不复存在，只剩下土冢两丘。钦陵残冢高约5米，直径约30米。顺陵依山建筑，土冢比钦陵稍矮。从基址看，顺陵的地表建筑应是十分雄伟。

顺陵是中主李璟和钟皇后的合葬墓。全长21.9米，宽10.12米，从南到北分为前、中、后三个主室。前室、中室东西两侧各有一个侧室，后室东西两侧各有两个侧室，共大小墓室十一间。

第七章
宋帝王生活

　　宋朝(960—1279年),是中国历史上上承五代十国、下启元朝的朝代,分为北宋、南宋,共18帝,享国319年。公元960年,后周诸将发动陈桥兵变,拥立赵匡胤为帝,建立宋朝。宋太祖为了避免中晚唐藩镇割据和宦官专权之乱象,采取重文抑武之施政方针:一方面,加强中央集权;另一方面,剥夺武将兵权。1125年,金国大举南侵,导致靖康之耻,北宋覆灭。赵构在南京应天府(今河南商丘)继位,建立了南宋。绍兴和议后,南宋与金国以秦岭淮河为界。后期,爆发宋元战争。1276年,元军攻占临安,崖山海战之后,南宋灭亡。

　　宋朝是中国古代历史上商品经济、文化教育、科学创新高度繁荣的时代。北宋咸平三年(1000年),中国GDP总量为265.5亿美元,占世界经济总量的22.7%;人均GDP为450美元,顶峰时为600美元,均超过当时西欧人均的400美元;1820年,经过第一次工业革命,英国人均GDP为1707美元。

一、宋帝王宫廷生活

宋帝王宫室

　　宋帝王宫室包括北宋汴京和南宋临安宫室。汴京即开封,当时称为东京。汴京作为帝王皇宫的所在地,是从五代时的朱梁开始的。梁称其为东都开封府,洛阳则为西都。后晋也建都开封,称为东京。后周扩建改造开封城。北宋建国,定都开封,在旧城的基础上进行合理的扩建,改变了隋唐长安等城市将宫城置于城市北垣正中的布局,而将宫城置于城市的中心。北宋自建国至灭亡,都是建都开封,称为东京开封府,以洛阳为西京。东京开封府在唐代属于汴州,所以又称为汴梁、汴京。北宋建国时,曾一度想迁都周汉故地,将皇陵建于河南巩县,最后还是没能成行,因此,开封作为京师则达166年之久。

　　开封城包括外城、里城、宫城三重城垣和护城河。外城,又叫新城、国城、罗城,有门12个。里城,又叫旧城、阙城,是唐代的汴州城。宫城位于内城中央,又叫皇城、大内、紫禁城,城垣周回五里。宫城外也有护城河,开封三套城墙有三层护城河,城外则四河流注,称为四水贯都。

　　宋宫城原是唐宣城节度使的治所。所梁时称为建昌宫。后晋叫大宁宫。后周扩建修缮。宋太祖于建隆三年颁诏,在皇城东北隅,命有司广修宫室,仿自洛阳皇宫。皇居于是壮丽,也初具规模。宫城有城门六座。南边有三门:中为乾元,东为左掖,西为右掖。东边一门:东华门。西边一门:西华门。北边一门:拱宸门。东华门北边还有一处便门,叫作湫门。宫城四角均建角楼,楼高数十丈。中国历史上宫城建有角楼就是从这时开始。

　　宫城的正门为乾元门。乾元门巍峨壮丽,帝王一应重大的活动都主要安排在这里。乾元门有门五座,门皆金钉朱漆,门壁都是上乘砖石。雕甍画栋、峻角层榱、曲尺朵楼、朱栏彩槛,上面是闪光的琉璃瓦,下面有两阙亭相对。乾元门后为宫城正殿的大庆殿。殿进深九间,挟各五间、东西廊各六十间,还有龙墀沙墀。凡是正式朝会、册立尊号等一应大典都在这里举行。

　　大庆殿的南面是中央政府的办公机关,其间有门楼相隔。大应殿北边的紫宸殿,是皇帝视朝的前殿。每月朔望(初一、十五)的朝会、郊庙典礼完成后的受贺和接见外国使臣等,都是在紫宸殿举行。紫宸殿西南为文德殿,即所谓正衙殿,是皇帝上朝前和退朝后稍作停留和休息的地方。紫宸殿正西边垂拱殿,皇帝平常就在这里听政。宫中春秋诞圣节赐宴和策试进士的地方是集英殿和昇

第七章 宋帝王生活

平楼。

北宋皇宫之中,殿宇并不很多,后宫的规制也不是很大。外朝北部的几座宫室就是后宫,称为内廷,是皇帝、后妃生活的处所。后宫的正殿是福宁殿,皇帝生活在这里。皇后所居的宫殿叫坤宁殿。还有太子、妃嫔居住的规模更小的宫室以及后苑、内廷学士院、皇城司、四方馆等诸司。

宋初,皇帝为了表明勤俭爱民和对于农事的重视,在皇宫中设观稼殿和亲蚕宫。观稼殿位于后苑,皇帝每年在殿前种稻,秋后由内侍收割。皇后是一国之母,既然母仪天下,便当为天下妇女的表率,所以每年春天,皇后在亲蚕宫举行亲蚕仪式,并负责整个养蚕过程。宫城内还有供皇帝阅事、讲筵、藏书的殿阁。宫内的主要殿阁呈工字形结构。中国的工字形楼阁是从北宋开始的,这种结构对元、明、清各朝的宫殿建筑都影响极大,尤其是元大都。

宫城之外的延福宫是相对独立的一处宫区。帝王们从容不迫的游幸玩乐一般都是在这里。最初,这里的规模并不大。徽宗政和三年(1113年)春天,下令修缮扩建延福宫,号称延福五区。新建的延福宫东西长度与大内相同,但南北规模小些。东到景龙门,西达天波门,其殿阁辉煌,景致秀丽。

延福宫内有亭台楼阁数十座。堆石为山,凿池为海,蓄泉为湖,其间点缀着千奇百怪、赏心悦目的珍禽异兽、嘉花名木。其幽境浪漫天成,巧夺天工,不像人间尘境。后来,又在五区的基础上修建了第六区,景色迷人。北宋亡国皇帝徽宗赵佶大部分时间就是在仙境中度过。

延福宫东门为晨晖门,西门为丽泽门。宫内的大殿为延福殿、蕊珠殿。大殿两边为东殿西阁。东边的殿包括:移清、会宁、成平、睿谟、凝和、昆玉、群玉等。阁包括:蕙馥、报琼、蟠桃、春锦、叠琼、芬芳、寒香、丽平、拂云、偃盖、铅英、翠保、兰熏、云锦、摘玉等。宫内的殿阁可谓鳞次栉比。

徽宗即位不久,有位方士郑重地进奏说:京城东北隅地协堪舆,但形势稍下,倘稍加增高,则皇嗣繁衍。于是,徽宗在政和七年(1117年),下令于里城东北部上清宝箓宫东部,仿照杭州凤凰山的形势,建筑万寿山,命名艮岳。

艮岳,是徽宗赵佶一手建造的一处奇艳秀雅的宫苑。苑中景致迷人,奇花叠翠,巧夺天工,如同人间仙境。艮岳周围十余里,其最高峰达九十步,峰上有一座介亭,分东西二山岭,直接南山。山上有数十个大洞,洞中藏有雄黄和卢甘石。据说,雄黄可以驱蛇避虫,卢甘石则能够发散阴气,聚集云雾,使空气朦胧沉郁,如同深山幽谷。

南宋建都临安,即杭州。临安的宫城早在北宋时即已开始经营,当时称为南京。南京的宫室最初较为简省,是由于北宋倾覆,以北宋宫室太过侈华作为教

263

训。偏安日久以后,南宋的帝王们渐渐将国耻家仇抛诸云外,终日沉溺于歌舞升平,挥霍和游乐,纵欲和尽兴,便不断地要求着修葺馆舍,更新宫室。于是,临安的宫室在侈奢和淫逸的享乐气氛中一天天华丽和兴旺起来。

南宋自高宗建炎三年(1129年)驻跸临安,到德祐二年(1276年)临安被元军攻破,临安作为南宋的首都凡147年。临安在南宋虽然始终称为行在所,表明不忘中原,光复汴京,但是,南宋的帝王们偏安一隅,所谓暖风熏得游人醉,直把杭州作汴州,根本就没有北归之念。临安实际上就是一代帝都。

南宋的临安城,原先是吴越的西府城。按照《宋史》的说法,临安宫室从简,不尚奢华。垂拱殿、大庆殿、文德殿、紫宸殿、祥曦殿、集英殿不过是随事易名,实际上是一座宫殿。同样,垂华宫、慈福宫、寿慈宫、寿康宫和重寿殿、宁福殿也是随时易额,实际上是德寿宫一宫。而延和殿、崇政殿、复古殿、选德殿也只是射殿;天章阁、龙图阁、宝文阁、显猷阁、徽猷阁、敷文阁、焕章阁、华文阁、宝谟阁九阁也不过是天章阁一阁。

从这些记述看来,南宋的宫室确实是宫殿简略而苑囿奢华。宫殿简略是为了蒙蔽臣民,苑囿奢华则不误游乐。帝王后妃们一举两得,何乐而不为?

南宋时期,还有许多独立于宫室的皇家苑囿。如聚景园、玉津园、富景园、玉壶园、琼华园、小隐园等。南宋的御园比北宋晚期的数量还多,而且更为华丽、更为繁荣。南宋偏安近150年,各朝帝、后、美人游玩、享乐,极尽荣华,过着人间仙境的生活,他们何曾还记着失落的半壁江山?何曾还记着国耻家仇?于是有诗这样描述:

山外青山楼外楼,西湖歌舞几时休?
暖风熏得游人醉,直把杭州作汴州。

宋宫中服饰

宋代在继承前代服制的基础上,制订了一套等级分明、作用各异的严格的服制,并规定了不同的身份在不同场合须穿不同的服饰。大致地说,帝王的服饰主要有三种,即祭服、戎服、丧服。祭服,是祭祀等重大活动时穿着的,包括大裘冕、衮冕、鷩冕、毳冕、缔冕、玄冕。衮冕,用于祭祀天地、享祭宗庙,以及用于上尊号、元日受朝贺、册封、朝会等重大礼仪活动。仅次于衮冕者,是通天冠服。

通天冕,又叫卷云冠,用北珠卷结在冠上,凡二十四梁,冠前加金博山,另有金载玳瑁制的蝉形附加在冠上。戴通天冠,则穿云龙纹绛色纱袍,领、袖、衣裙均缘以黑色,系以绛纱裙,内衬白纱中单,领间系垂日罗方心曲领,腰束金玉带。这种服饰也是用于较大的典礼活动,等级仅次于衮冕服,是只有帝王们才能享用。

幞头,在宋代也很发达。幞头又叫折上巾,是一种折而向上的巾式。后周时,武帝将前幅巾裁为四脚,加上四带,称为四脚幞头。幞头发展到宋代,成了首要一种服饰,上至天子,下至臣民,在朝会、公座时,常常身着公服,头戴幞头,甚至于平常也戴在头上。宋代的幞头一般以直脚为多,初期是两脚左右稍稍平直伸展,中期以后两脚伸展加长。宗室南渡,南宋的幞头加了花样,即簪戴幞头,就是在幞头上簪以金银、罗绢花。

宋代时期,后、妃主要有四种服饰:祎衣、朱衣、礼衣、鞠衣。皇太子妃则是两种:榆翟、鞠衣。南宋孝宗乾道年间,确定皇后服祎衣、礼衣;妃服榆翟;皇后、妃均大袖生色领,长裙,霞帔玉坠子。宋徽宗政和年间,确定皇后的首饰:花冠用大花十二枝,小花十二枝,上有两博鬓,冠饰九龙四凤,身穿榆翟、鞠衣。妃子冠饰大、小花九枝,冠有两博鬓,饰九晕四凤,身穿秤翟、鞠衣。

祎衣,用深青质,织成五彩翟文,就是雉,计翟十二等,即十二重行。内中衬素纱中单,中单领绣黑白黼文,用朱色罗縠缘袖、缘边。冠用九龙四凤冠。这套衣饰是在受册和朝谒、朝会时使用的。

朱衣,是用绯罗做成的,加蔽膝,大带佩绶,金饰履。钗钿礼衣用十二钿,通用杂色。鞠衣由黄罗做成,蔽膝,大带,没有翟文。朝谒圣容和乘辇服朱衣。宴见宾客时服礼衣。亲蚕时服鞠衣。

宋代后宫的服饰以窄袖为主,但宽衣大袖仍然被认为是豪华的标志。后妃的礼服都是宽衣大袖。礼服是在隆重的礼仪活动中郑重穿戴的,日常则是便装窄袖。宋代后宫的女子时装一般为两套式样:一套是上身窄袖短衫襦,下身拖地长裙。上衣领在襟以前为交领,右衽,入宋以对襟式普及,对襟领内可看到里面的中单,即内衣。这套式样深得宫眷们的喜爱。裙装是以多褶为美。唐宫中曾盛行多褶裙,宋宫的裙褶则更多、更细密,称为千褶裙。裙子拖地数寸,这也是盛唐遗风。

宋理宗时,宫中又兴起了一种新拖地裙,前后不缝合,叫作赶上裙。另一套时装是窄袖长衫,外套外襟背子。背子由中单加长衍化而来。中单在腋下缝合,下有交带;背子则在掖下不缝合,没有带,拖至脚面。

宫中常服的衫是用黄色和粉红色的纱制成,袖子较短,是单的,一般以轻薄质料和浅淡颜色为主。所谓"轻衫罩体香罗碧""薄罗衫子薄罗裙",正是这种纱衫的生动描写。宋代的后妃宫女还用一种裹肚和抹胸,是一种贴身穿的女子的内衣。史载:建炎以来,临安府浙漕司所进成恭后御衣,有粉红抹胸,真红罗裹肚。可见抹胸和裹肚是两种衣物,抹胸较短小,裹肚稍长。

宋代的宫人穿鞋、穿履,也穿靴。靴头呈凤嘴的式样,靴勒用的是织锦。宋宫中曾流行过翘头履和红靴。弓鞋也曾在宫中出现。北宋末年,宫中盛行两色布拼鞋的两帮,称为错到底。宋理宗时,宫中盛行缠足,束绑纤直,叫作快上马。弓鞋一般为木底、缎面,面上绣花。女子缠足后常常伴有脚臭,因而鞋中往往塞以香料。自从穿上弓鞋以后,宋代女子的鞋头不再露出裙外,让人越发觉得神秘。

宋官廷饮食

五代十国,群雄并立,制度基本沿袭唐制。宫廷饮食方面花样繁多,丰富多彩,争奇斗胜。后蜀前后才存在31年,可宫廷饮食方面却令人惊奇,仅载诸史籍的所谓《食典》就达一百卷,其精美绝伦令人叹为观止,也可见其君主对于玉食美味的追求,到了登峰造极的程度。

宋代的宫廷饮食也很发达,管理宫廷饮食的膳食机构很庞大,这就是宋代的光禄寺。光禄寺设光禄卿一人,主管寺中的一切;光禄少卿一人,是光禄卿的副手;光禄丞一人;主簿一人。光禄卿的职责是掌管祭祀、朝会、宴享等重大活动中的酒醴膳馐诸事,保证充足和高质量的供应,负责其寺内外的一应事务。

太官令是宋代宫廷中掌管膳馐割烹事务的官员。供应膳馐时,太官令负责辨明检视,确保其膳食精美,水火无虞。祭祀时太官令负责明水、明火;朝会宴享时负责供应酒膳。元祐初年,罢废太官令,一年以后又恢复。崇宁三年,设尚食局,太官令地位下降,仅负责祠事。

光禄寺中设有法酒库和内酒坊。法酒库负责酒的供应,凡进御、祭祀、赏赐美酒,均由法酒库负责。内酒坊则专司造酒,以备宫中的无尽的需要。宫中还有太官物料库、翰林司、牛羊司、牛羊供应所、乳酪院、油醋库、外物料库。太官物料库负责备办膳食荐馐等物料,供给太官使用,并辨其名数,会其出入。翰林司负责果品、茶茗、汤药。牛羊司和牛羊供应所负责大中小祀和牲牢及太官宴享膳馐的牛羊供应。乳酪院专造酥酪,供应后宫。油醋库供应油、醋、盐杂物以供膳食时用。

五代两宋时期,宫廷饮食方面不逊于盛唐,也是美味无穷。五代时,后唐明宗李嗣源爱琢磨饮食,尤其对于饼有浓厚的兴致,他吩咐膳食局,用碎肉和面揉在一起做成臂状,然后用刀切成段,每段的两寸厚,蒸熟食用,叫同阿饼。和同阿饼可媲美的,是北周宫中的莲花饼,内有十五层,每层夹一朵莲花,共十五色,宫中称之为蕊押班。

北宋宫中,御用饼种类繁多,奇味纷呈。其中,主要有天喜饼、密云饼,以及进贡的龙团凤饼。谈,也是宋代后宫中的一种美味饼,宫廷御食谱中即有驰蹄谈、春分谈、珑璁谈等。馄饨,是由汤饼发展而来的。宋代的御食中,就有五色馄饨,不仅滋味美,也十分好看。饼子和馄饨的做法相似,唐代已经有水饺饵,又叫汤中牢丸或称粉角。宋代想必也有水饺行于宫中,但留存史料中没有见到唐、宋的帝王如何赞美水饺的美味。

北宋宫中的美酒有很多,其中有名的珍奇异酒是鹿胎酒。鹿胎酒是美酒中的上品,皇帝在宫中宴饮时常常饮鹿胎酒。有一次,宰相韩琦承恩御榻前,仁宗为他斟了一大杯鹿胎酒,赐给他,他感恩不已,喝后也是滋味无穷,长久念颂着仁宗的恩德。南宋宫中有名的美酒是流香酒,皇帝常常将流香酒赐给大臣。另有一种名酒叫蔷薇露,皇帝自己常爱饮蔷薇露。

宋宫廷乐舞

宋代的皇帝和中国正宗的宫廷乐舞结下了不解之缘。他们和大唐的皇帝一样,也喜欢在燕乐方面一试身手。宋太宗通晓音律,自己能创制乐曲。太宗自己创制的大小曲和改编旧曲,先后共计390支,其中最有名的是18支大曲:《平戎破陈乐》《平晋普天乐》《大宋朝欢乐》《宇宙荷皇恩》《垂衣定八方》《甘露降龙庭》《金枝玉叶春》《大惠帝恩宽》《大定寰中乐》《惠化乐尧风》《万国朝天乐》《嘉禾生九穗》《文兴礼乐欢》《齐天长寿乐》《君臣宴会乐》《一解夜明珠》《降圣万年春》《金觞祝寿春》。这些大曲从曲名就可以知道,都是些歌功颂德、庆贺太平、祝祷吉祥的作品。

宋太宗制作的小曲,都是些小有情趣、别开生面的作品。小曲凡270支,基本从一个侧面记述和反映着太宗的个人生活和内心情趣。如有名的小曲《玉窗寒》《玉如意》《玉树枝》《鹧鸪裘》等。

大臣苏易简的《越江吟》,就极为有名,广为传唱:

> 非云非烟瑶池宴,片片碧桃冷落黄金殿。
> 虾须半卷天香散,春云和孤竹,清婉入示霄汉。
> 红颜醉态烂漫,金舆转,霓旌影烂,箫声远。

大唐武德年间,宫中设立教坊。唐开元时期,教坊规模扩大,人员众多。举凡祭祀、大朝会用太常雅乐,而岁时宴享均用教坊诸部乐。前代分宴乐、清乐、散乐,三乐均归太常,后全部归并教坊,分立、坐二部。

大宋时期,承袭旧制,设置教坊,分为四部。后来平定荆南,得乐工32人;

平定西川，又得乐工139人；平定江南，再得乐工16人；平复太原，复得乐工19人；其余，有藩臣进贡乐工83人；此外，加上太宗藩邸的乐工71人，共同构成一支规模庞大的宫廷教坊队伍。于是，史书记载：四方执艺精湛者，都在籍中。

每年春秋圣节三大宴，宫中都要举行大规模的乐舞表演。每次重大的宴节，宴乐内容，主要有十九项，包括：第一项，皇帝升坐后，宰相进酒，庭中吹响觱篥，众乐齐和；赐君臣美酒，赐坐，宰相饮酒，乐工奏《倾杯乐》；百官饮酒，乐工奏《三台》。第二项，皇帝再举酒，群臣立在席后，乐起歌起。第三项，皇帝又举酒，乐起歌起，君臣进食。第四项，百戏呈献。第五项，皇帝再次举酒。第六项，乐工致辞，接着诗一章，叫作口号，赞述德美和表达中外欢悦之情。第七项，合奏大曲。第八项，皇帝举酒，殿上独奏琵琶。第九项，小儿队起舞，也致辞称述德美。第十项，杂剧罢后，皇帝更衣。第十一项，皇帝再坐举酒，殿上独吹笙。第十二项，蹴鞠。第十三项，皇帝举酒，殿上独弹筝等。第十四项，女弟子队舞，也致辞。第十五项，杂剧。第十六项，如第二项。第十七项，奏鼓吹曲，或法曲，或龟兹。第十八项，食罢。第十九项，角抵，宴会结束。

宋太宗通晓音律，他命工匠将琴由七弦增为九弦。南宋高宗喜欢古琴，他曾盼咐，把琴制成盾样，娱乐之余，表示还不忘武备，以期早日收复中原。显然，这是欺骗百姓，也自欺欺人。宋真宗不喜郑声，和太宗一样也是洞晓音律，能自己制曲。

太平兴国年间，由于宋太宗好音律，伶官蔚茂多，通晓音律，非常得宠，经常侍奉宫廷御宴。有一次，在宫廷宴会上，大家听见鸡叫声。殿前都虞候崔翰感觉奇怪，不禁问道：这声音，可以模仿吗？蔚茂多侍从在一边，当即模仿得惟妙惟肖，制成一曲：《鸡叫子》。宋太宗听罢，非常高兴。宋太宗时期的乐曲，走到真宗之时，一律通用，并新奏十七调，总四十八曲，又有法曲、龟兹、鼓笛三部，凡二十四曲。

宋仁宗通晓音律，常在禁中自度乐曲，赐赏教坊，或者命教坊使撰进钦定，先后有五十四曲，都在宫中奏用。天圣年间，仁宗问辅臣，古往今来雅乐有何异同？大臣王曾回答：古时，祭礼天地、宗庙、社稷、山川、鬼神，听的人都很和悦。如今，祭乐则不然，只是娱人耳目而荡人心志。古来人君亡国者，莫不由此。宋仁宗沉吟片刻，回答：我对于声技，没有太留意，只是宴游时偶尔听听。大臣张知白赶忙补充：陛下仁德盛政，外人哪里知晓，请书在史册吧！

宋仁宗很有热情，经常自己制曲。如《景安》四曲祭祀天地，《兴安》四曲祭祀宗庙，《祐安》五曲祭礼五帝。据说，宋仁宗日常偶有灵感，便立即记下，所以，宋仁宗的音乐作品非常丰富。

宋宫廷游乐

1. 深宫棋类　百戏

　　围棋,在风雅相尚的南朝风靡一时以后,到了宋代又被发扬光大。帝王中,棋迷和爱好棋类者不少。宋孝宗赵昚就是一位棋迷,对于棋类的高手异常宠爱,赏赐毫不吝惜。当时,供职内廷的国手赵鄂,并不满足于在内廷供奉,终日吃喝玩乐。赵鄂棋艺精湛,有一次,他教过一手绝好的棋之后,请求孝宗赐给他官职。孝宗欣然同意,授赵鄂官武功大夫、浙西路钤。

　　在中国历史的官制之中,宋代官制较为独特,有虚衔和实职两大类。授给官职,并不能领实事,只有补了实缺,才能名实相符。宋孝宗和赵鄂,作为热心棋迷和一代国手,君臣二人关系极好。赵鄂得到了孝宗的授官。后来,时机成熟,就请求孝宗补他实缺。据说,当时皇帝这一关没有问题。但是,朝臣廷议时,一定不会通过。所以,孝宗只好如实告诉他:降旨容易,只怕外臣不执行。

　　宋代棋类,由于皇帝的喜爱,在民间获得了长足的发展。据研究,现存最早、最完整的刻印本围棋专著《忘忧清乐集》就是诞生于宋代,是南宋御书院棋待诏李逸民辑录而成。他依据宋徽宗的诗句"忘忧清乐在枰棋"命名此书。书中所辑,包括:北宋仁宗皇祐年间,翰林学士张拟撰《棋经》十三篇;北宋时期,徽宗赵佶御制诗一首;南宋初年,刘仲甫撰《棋诀》四篇。宋代,尤其是北宋初期和南宋时期,围棋之盛与皇帝的喜爱有关,与北宋开国皇帝宋太祖和宋太宗对围棋的倡导有关。太祖赵匡胤喜好围棋,太宗赵炅更是一位围棋棋迷。

　　叶子戏,通常的说法是创始于宋太祖赵匡胤。后来,叶子戏发展,衍而为纸牌。另有一种说法是,唐代的中晚期已经有叶子戏流行,可见叶子戏始于中唐。南唐后主的宠妃周氏就曾编过金叶子格。但可以肯定的是,叶子戏在宋太祖的爱好和鼓动下,(后来)盛行于宋代后宫。

　　百戏在两宋时期,是重要场合(如祭祀、宴会使臣、节令寿日等)的表演节目。百戏的节目种类繁多、五花八门,技艺令人叫绝。百戏,在两宋以前,主要用于深宫中表演,以娱悦皇帝和后宫。两宋时,百戏渐渐走向民间。当时各大都市都有百戏艺人。由于百戏的普及和竞争,进入宫廷表演的百戏队伍自然各怀绝技,在百戏队伍中首屈一指。宋人刘筠写有《大西甫赋》,描绘了当时百戏绝技的惊人情景,赋中记述了很多百戏节目,有绳索上二人对舞,有缘竿、拔距、投石、戏车、冲狭,还有角抵、武技、蹴鞠等等。

　　大脯,是大宴饮的盛大日子。特大规模的百戏表演一般是在大脯日进行。

这一天,京师繁华,到处张灯结彩,打扮得花团锦簇,繁花似锦。从大楼到朱雀门,张乐作山车、旱船,来往于宽绰的御道。又集中开封府各县和军队里的乐人,排列在御前。音乐杂发,百技纷呈,观者充塞巷道。

宋真宗注重节日,喜欢热闹喜庆。大中祥符元年正月,大脯日,节目精彩纷呈,将繁华推向了极盛。百戏表演的节目精彩绝伦,技艺惊人。当时,百戏的艺人在九十辆豪华的大车连接起来的大舞台上,从京城东门到西门的宽阔大街,表演各种技艺精湛的节目,包括蹴鞠、踏桥、透门、杂旋、狮子、弄枪、玲瓶、茶碗、毡觝、碎剑、踏绳、上竿、筋斗、擎戴、拗腰,打弹丸等。史书记载:一时百戏竞作,歌吹沸腾,士庶纵观,车骑填溢,欢呼震动。

2. 宫廷健身活动

球戏,在两宋时继唐代盛行以后,继续繁荣。球戏包括蹴鞠、击球、跳球、抛球等以球为主的各种项目,还有由球类引申而出现的捶丸等。

蹴鞠,在唐代形成了球场两边各设球门的打法和由此而制订的一系列规则。宋时,鉴于蹴鞠的直接对抗过于激烈,便更新打法,在球场中央设立球门,以左右军即对垒两队在球门的两侧进行间接性对抗。《东京梦华录》和《武林旧事》都记述了当时的球场情况,两宋的打法确实是别具一格。

中央竖立的球门高约三丈,上面扎彩结络,留门约略一尺。参赛的左右军各有十八人,南宋时各为十二到十六人。其中,一人为球头,二人为次球头,其余为球员,包括跷头、正挟、头挟、右竿网、左竿网各一人,散立六至十人,显然各有明确的分工。双方的服色统一,以便识别。比赛时,球头头戴长脚幞头,其余队员戴卷脚幞头。一般地说,左军身穿红锦袄,右军身穿青锦袄,在场上比赛,一目了然。

宋太祖赵匡胤、太宗赵炅、宰相赵普都酷爱蹴鞠,而且都是一代高手。元代名画家钱选作《蹴鞠图》图卷,生动地描述了太祖、太宗和宰相赵普踢球的情景。北宋有两位大臣,踢球很著名。第一位是李邦彦,自称踢尽天下球;第二位,便是高俅,以球艺高超而受宠和发迹。

摔跤,在宋代盛极一时,当时普遍称为相扑,又叫角力、争交、角抵、手搏。北宋京都汴梁和其他都市中的瓦子里,常有相扑、乔相扑和小儿相扑。每年六月六日是崔府君的生日,二十四日是神保观神的生日,这两天,汴梁万胜门外杂剧、百戏纷呈,其中,包括相扑。每年十月十日天宁节、节后的两天,皇帝在宫中大摆筵席,御酒九巡,左右军即进行相扑表演。

北宋时,每月每旬都有检阅内等子相扑手、剑棒手的格斗。南宋时,每三年对内等子进行一次总考核,并且当殿呈试相扑,接受皇上的检验和赐赏。

宋代后宫之中,水嬉活动繁荣,十分引人注目。北宋初年,南方还没纳入版图,为了统一南方,皇帝大力提倡水上练兵,宫中便也开展了热闹非凡的水嬉活动。当时,京城御池之金明池,就是训练水军和水上活动的主要场所。

淳化三年三月,宋太宗临御金明池,观赏游泳,特地投掷银瓯于水中,令人泅渡取赏,以资鼓励。宋代皇帝,在金明池观赏时,一般都由文武大臣陪同。水嬉活动,主要项目是赛船和水上杂戏。据史料记载,宋成平三年,真宗赵恒曾到金明池观赏水嬉。当时,彩旗猎猎,鼓乐齐鸣。赛船分成两队,每队出一艘船。在鼓声中角逐比赛,看谁最先到达系着彩色丝绸的终点。先到者获奖。

《东京梦华录》中,详细记载了用竞赛划船来训练水军,效果极好。宋代宫中,禁卫武士,都要经过严格训练。禁军之中,就有水军。《梦粱录》记载:御马苑诸营教阅,传旨比试。禁中教场,呈试武艺。飞枪斫柳,走马舞刀,百艺俱呈。

水嬉之外,宋代后宫中,还有钓鱼活动。《乾淳起居注》记载说,淳熙九年八月十五日,孝宗过宫起居。上皇钓鱼为乐,留孝宗赏月,宴饮香远堂。明月初上,乐声止,召小刘贵妃独吹白玉笙,孝宗执玉杯进酒,上皇大喜,赐赏金束带紫番罗等。

3. 优伶凑趣

帝王们在后宫中生活,从事调笑取乐的优伶是必不可少的。五代时期,后唐庄宗因这宠爱伶官而英雄气短,以至亡国亡身。宋代帝王,也离不开优伶。宋代宫中之优伶,大多在宫廷饮宴活动中,做凑趣助兴表演。在御前即兴表演,称为御作俳。宋代后宫中,御作俳的节目,往往短小精悍,暗藏机锋,看过之后,常常令人开怀大笑,感觉十分痛快。

宋徽宗宣和年间,在燕蓟一役中,童贯大败,狼狈地逃回京城。不久,后宫内宴时,出现了一个节目:三个教坊女伎,翩翩登场。细看,她们每人的发型都不一样,一个发髻在额上遍耸,一个发髻偏坠一旁,一个满头发髻。这时,一个优伶出场,一一介绍说,这是蔡太师家人,这是郑大宰家人,这是童大王家人。

宴席上,人人觉着奇怪,忙问:发髻为何各不相同?有何讲究?蔡太师家人回答:"太师觐清光,这叫朝天髻。"郑太宰家人道:"我家太宰,奉祠就第,这叫懒梳髻。"轮到童大王侍女,侍女款款地说:"大王刚用兵,这叫三十六髻!"最后,这位女子的说白,才是这段俳戏的所谓戏眼。三十六髻,即三十六计。有句俗语,叫三十六计,走为上计。此语,正是讥讽童贯逃回京师。

帝王文化生活

1. 诗文雅好

宋代皇帝好文,大多喜欢诗,也爱作诗。宋太祖赵匡胤在征战之余,曾作《咏日》诗,诗句虽然粗陋,但是,豪情满怀,把一代天子临御天下的壮志抒发得淋漓尽致。即位以后,宋太祖忙于政务和享乐,没有创作什么诗文。

宋第二代皇帝是宋太宗,他是一位以文事名世的皇帝。他开三馆,广罗天下文士。又集文臣士子编纂了享誉天下的三大类书。太宗对于诗文极为爱好,懂得以诗文联络君臣的感情,从而极得文士的称赏。

也许,这是宋太祖留下的好传统。当年,太祖收复河东时,范杲叩马进诗:千里版图来渐右,一声金鼓下河东。太祖听罢连声叫好,当即增其官秩,赐赏章服。宋太宗即位以后,很礼重侍读杨徽之。他是太祖时期的一位著名文臣,以诗赋驰名天下。

宋太宗登基后,慕其大名,索要他的诗作。杨徽之喜出望外,完成百篇诗作进呈。诗篇末章,有名句:十年牢落今何幸,叼遇君王问姓名。太宗很高兴,吟诗感慨,作诗唱和。后来,太宗对大臣说:杨徽之文雅可尚,操守端正,实是难得之士。于是,他任命杨徽之为礼部侍郎。后来,宋太宗选取杨徽之诗中十联,写在御屏之上:《江行》《寒食》《塞上》《嘉阳川二》《哭江为》《元夜》《僧舍》《宿东林》等,朝夕观赏。如《江行》:犬吠竹篱沽酒客,鹤随苔岸洗衣僧。《嘉阳川》:青帝卫教春不老,素娥何借月长圆。

宋真宗雅好文事,他常常亲临崇文院,翻检图籍。他任杨徽之、夏侯峤、吕文仲为侍读学士,任邢昺为侍讲学士,在秘阁设值庐,随时召对。他自己也勤于笔耕,写了大量的诗文,如:《圣教序》《圣惠方》《文武七条》《祭器图》《宗室座右铭》等。

景德元年,宋真宗下御旨,设置龙图阁。不久,龙图阁建成。阁中供奉太宗《御制诗文集》和宫中的珍籍、图画等等。真宗还下旨:此后每一帝,设一阁,专用于贮藏皇上的史料、文集等。天禧四年,真宗还召集近臣,一同到龙图阁敬阅御制诗文作品。真宗对近臣说:朕听政余暇,别无它好,只以翰墨文章陶冶性情,虽然作品不足以传世,但是,生平对此,游乐尽兴。皇上喜好文事,历来是文臣们津津乐道的。听真宗如此说,近臣们赶忙伏地,山呼万岁不绝,称颂皇上圣明。宰相丁谓见机,献媚进奏,说:皇上圣迹中外难得,请求将圣迹镂刻为板,刊印成集流行。真宗心里当然高兴,答应了丁谓的奏请,并从心里很喜欢丁谓。一个月后,内廷就印出了《御制诗文集》数百卷,真宗便把这些他认为不足以传世的作品,满意而大方地赐赏给了近臣。

丁谓身为副宰相,很得真宗恩宠,最突出的优点就是善察圣意,应对又机智,并且文辞敏捷。每年,真宗都要钓鱼赏花,而且,每次必定命随侍的文臣即兴作诗。有一次,真宗到池边钓鱼,鱼不念天子驾到,以身殉恩,反而很不合作,大半天了,就是都不来吃真宗的鱼饵。真宗苦等,等得太久了,不免烦躁起来。丁谓随侍在侧,看出了皇帝的烦躁,及时奉出了一首妙诗,既解去了真宗烦躁,又让真宗龙颜大悦。真宗细读全诗,秀美工整,尤其喜欢这一对句:"莺惊凤辇穿花去,鱼畏龙颜上钩迟。"这句话写得活灵活现,趣味横生。

常言道,伴君如伴虎。在皇帝身边应制诗文,那可不是一件容易事。即兴作诗,既要切中君怀,又要别出心裁,独树一帜。能够做到这样,皇帝心里很痛快,做诗人的也会很惬意,并且能够升官晋爵,获得厚赏。如此机遇,正是皇帝身边的文臣们孜孜以求的。

有一天,真宗闲步御苑,在小河边徘徊,对沟旁的柳树来了兴致,当即赋诗一首,命宰相和两省大臣唱和。门下省的右正言陈执中,才情最高,最得要领,诗句生动,最打动真宗的心:

一度春来一度新,翠光长得照龙津。
君王自爱天然态,恨杀昭阳学舞人。

宋仁宗好诗,是一位喜诗、爱才的好皇帝。他喜欢才子,和享誉天下的文坛才子晏殊结下诗缘,情谊深厚。晏殊才高八斗,为人刚正耿直。仁宗很喜爱他,把他留在身边,随侍左右。

宋仁宗好才,与大诗人梅尧臣有一段趣闻。梅尧臣久负诗名,被大臣们屡次荐举,进入国子监应试。最后,见到了最高的主考官宋仁宗。仁宗读过不少梅尧臣的诗作,非常喜欢。仁宗坐在龙椅上,见到眼前跪伏的梅尧臣,便问:能赋"一见天颜万人喜,却回宫路乐声长"者也?梅尧臣激动不已,叩首称是。随后,仁宗特赐他进士出身,任国子监直讲。

宋神宗好诗,与大诗人苏轼有一段文坛趣闻。史书记载:神宗非常喜爱苏轼的文章,他在宫中,经常阅读,常常废寝忘食。读到高兴时,神宗有时击案惊呼:天下奇才。

南宋时,喜好诗文的皇帝是宋孝宗赵昚。孝宗为政宽厚,政务的余暇,喜欢编辑唐人绝句。洪迈是孝宗朝的一位文臣,被孝宗留在内廷,随侍左右。有一天,孝宗对他说:我在宫中,无事之时喜欢编辑唐人绝句以自娱,如今,已得六百余首。洪迈默想一下,回答说:陛下,就微臣记忆,恐怕不止此数。孝宗问:共有多少？洪迈约略估计,有五千首。孝宗大惊说:有这么多？那就麻烦你,给朕编集一下。洪迈回家潜心搜罗,忙了整整一年。结果,他发现自己夸大其词,夸下了海口。搜肠刮肚,哪里有五千首唐人绝句,总共凑不足一千首！而且,这不足千首的绝句中,还包括稗官小说、神仙鬼怪和妇女诗作。宋孝宗博览群书,他本来就知道,洪迈的五千首之说,有点夸夸其谈。但是,这位温情宽厚的皇帝,没有责怪他,仍然称赞和嘉奖他,称其文才敏赡,给他升官,赐赏金帛。

南宋孝宗之后,宋光宗也雅好文事。光宗继位,要得力于吴太后的一意坚持。光宗即位后,一直和吴太后家族关系融洽,太后的同母弟吴琚,尤其得到光宗的恩宠。光宗好诗,曾和这位国舅作诗唱和。有一次,光宗在御苑赏花,兴之所至,在团扇上挥笔题诗:"细叠轻绡色倍酿,晚霞犹在绿荫中。"诗意很美,如同一幅清新柔美、春意缱绻的国画。写完以后,光宗命国舅吴琚续成一首七绝。吴琚拜谢的工夫,便有了佳句,起身之后,提笔成诗:"春归百卉今无几,独立清微殿阁风。"光宗看后,心领神会,赞叹:续得好。光宗赏玩良久,尤其喜欢"独立"一词。

2. 皇帝与书画

宋代是一个艺术繁荣昌盛的时代,有不少皇帝,和书画艺术有缘,而且,他们投身其中,在历史上产生了深远的影响。他们的作品风格独特,别具一格,丰富和推动着中国的书画艺术,成为一代佳作和稀世国宝。

宋太宗赵光义酷爱书法,其酷爱的程度,不在唐太宗之下。最值得称道的是,在淳化年间,太宗编纂《淳化阁帖》。《淳化阁帖》十卷,淳化三年,太宗命侍书学士王著将秘阁所藏之历代法书,编次成集,标以法帖,摹刻在枣木板上,拓印出版,用以赐赏大臣。从此以后,此帖称为《阁帖》。《淳化阁帖》问世,虽然王著采择未精,帖中夹杂了部分伪迹,个别地方出现失误,还将作者搞错。但是,如此系统的汇刻宫中丛帖,将古人法书进行系统的整理编次,毫无疑问,是功德无量、功不可没。而且,中国古代许多真迹,借此得以辗转保存。

侍书学士王著,长于书法,在书法艺术方面很有造诣,因此,极得宋太宗的喜爱,留在身边。王著习王羲之书法,深得王氏的书迹三昧。太宗从小练习书法,在裁政之余,经常练习王氏书法,并且,随时命宦官将他的习书作品送给王著评议。自始至终,王著的评议是两个字:未善。宋太宗不服,心中非常气恼,但是,气过之后,更加苦练,潜心临学。过了很长时间,太宗自我感觉良好,吩咐宦官将墨迹淋漓的习书送给王著评议。王著还是二字:未善。反复多次,太宗斗志更甚,更加刻意求进,再接再厉。皇帝侍臣们看在眼里,疑惑不解,问王著:何以如此?王著回答:皇上书法固然不错,但是,如果轻易夸奖,恐怕皇上不再用心了。天长日久,太宗苦练,果然练得笔法惊人。可以说,太宗超越前古的书法功夫,王著当得首功。

宋太宗苦练书法,成为一代书法大师。据记载,宋太宗经常泼洒翰墨,召来书吏之中可堪造就者,在便殿传授笔法,督促课业。善书者日有长进,学有所成。皇帝十分高兴,赐赏银章象笏,超擢翰林院待诏。

宋仁宗醉心飞白书,喜欢用飞白书为宫殿门额题匾。许多大臣的墓志碑文,多有宋仁宗的墨迹。如王曾之碑篆文"旌贤",寇准之碑篆文"旌忠",范仲淹之碑篆文"褒贤",吕夷简之碑篆文"怀忠"。

宋仁宗收到辽兴宗的御笔画幅后,非常喜欢。随后,他御笔写了一幅飞白书,特派使者,送赠辽兴宗,作为答谢。辽兴宗收到仁宗的飞白书,非常高兴。不久,辽兴宗派遣使臣,送赠缣画《千角鹿图》,一套五幅。宋仁宗观画,很钦佩辽兴宗的绘画功夫。于是,仁宗吩咐,将此画张挂在太清楼下,让近臣、后妃、命妇观赏。后来,此画珍藏于天章阁。书画墨迹,传达友谊,注重翰墨礼尚往来者,不仅仅是宋仁宗和辽兴宗。据史书记载,宋末代皇帝的宋徽宗和金章宗,也有一段翰墨之缘。金章宗完颜璟嗜好书画,对于徽宗的书迹、画迹,十分喜欢,十分着迷,几乎每幅真迹必临。书法方面,专摹徽宗的瘦金体。徽宗书写时爱用磁蓝纸、泥金字。金章宗到处搜罗,刻意仿效。徽宗喜用苏合油搜烟成墨,绘画、书法,效果极好,金章宗也如法炮制,一意仿效,求购此墨,仅得一两,价却十分惊人:黄金一斤。

宋徽宗赵佶是中国绘画史上在书画艺术造诣方面首屈一指的皇帝。如果说陈后主、李后主是皇帝中的音乐家、诗人,那么徽宗当之无愧地可以称为书画家——他们同样是亡国之君,同样在音、诗、书、画之外,一无所长,别无所能。他们弄得国破家亡,命运极惨,但他们却拥有一个丰富多彩的艺术世界,他们在凡人不可企及的艺术殿堂中睥睨众生,不可一世。他们的艺术生命在亡国的废墟上永生。徽宗赵佶的书法独树一帜,别开生面,其墨迹清瘦、峻刻、遒劲有力,坚挺多姿,令人叹为观止,称为瘦金体。徽宗的瘦金体可以和诗人皇帝李后主的金错刀比美。李后主不仅长于诗词。在书法上也造诣极深。李后主富于创造,爱用颤笔,字形歪拧扭曲,遒劲如雪竹寒松,称为金错刀。李后主还爱写大字,不用墨笔,而是用卷起来的帛,饱蘸浓墨挥写,激情饱满,称为撮襟书。瘦金体、金错刀、撮襟书都是中国书法史上的一代丰碑,它们共同体现了一个"劲"字、一个"冷"字。也许字如其人,人有其命,他们冷劲苍凉的字迹预示着他们垂泪对宫娥的命运。

徽宗在绘画上倾注了无尽的心血。他讲求神似、形似,追求细节的惟妙惟肖。徽宗是一位醉心于艺术的画家,一旦作画便全身心地投入,对于绘画的对象观察得细致入微,并极有耐心。有一位少年进呈画作月季花,徽宗细细观赏,大为兴奋,说此幅春时日中的月季花,毫发无差,当即赏赐绯袍,大降恩宠。有一次画院画师们画孔雀,徽宗观览之下极不满意。徽宗开导说,孔雀飞升,总是先举左脚。而画师们画孔雀升藤墩,却都画成先举右脚。画师们心服口服,钦佩得五体投地。徽宗醉心于绘画,不仅仅停留在潜心观察,还敢于创新。他为了画好鸟的眼睛,独出心裁,用墨漆点睛,隐然如豆,果真高出画面,富于立体感,栩栩如生。

宋徽宗赵佶喜爱书画,大力经营翰林图画院。当时,图画院建制基本完善,赵佶所做的工作,就是搜罗书画人才,提高他们的地位,建立系统的书画教育体制。赵佶是书画方面的天才,他对于书画院的宫廷画家,一边培养,一边训导。比如,他规定:所有画院画家,必须先交画稿,皇帝恩准以后,才可以正式动笔创作画作,皇帝则随时亲临指导。赵佶长于笔砚丹青、图史射御,尤擅诗词、书画。他即位以后,在崇宁到宣和的二十年间,大兴画院。他委米芾为书画学博士,整顿画院组织,健全画院制度。宣和年间,徽宗还筑五岳观、宝真宫,征集当世名师,使画障壁。建德宫建成,徽宗命待诏在屏壁间绘画,都是一时的精品,他还亲自临场指点。当时画院的兴盛,宋代画院在中国绘画史上占有一席之地,徽宗功不可没。

赵佶醉心于书画艺术,也十分注重培养后学。有时,发现优良之才,就直接提拔、培养。如宫廷画师王希孟,18岁时,被赵佶发现,就直接选入宫廷画院,由赵佶直接栽培、训导。王希孟天赋很高,画艺精湛,《千里江山图》就是他的传世杰作。据史料记载,这幅《千里江山图》是在赵佶的指导下、在赵佶写实风格影响下完成的。此画现藏于北京故宫博物院,卷尾有宰相蔡京的跋文,由此可知,皇帝赵佶是何等青睐这位年轻画师。遗憾的是,这位天才宫廷画师英年早逝,去世时年仅20岁。

宋代的画院设有的职位包括画学正、艺学、祗候、待诏几个等级;没得职位的称为画学生。宋代制度规定:凡以技艺进的,虽然服绯紫服,但不得佩鱼。可到了徽宗政和、宣和年间,情况却又不同,翰林院和图画院的任职人员可以佩鱼。佩鱼,就是佩鱼袋,是在腰间配挂的鱼形饰件,金质或者银质。佩鱼始于唐代,是官员身份、地位的标志。画院的画师也以出身不同,各有称谓:士大夫出身的称士流;来自民间的称为杂流。学习和活动时,士流、杂流别其斋以居。在皇帝召见时,诸位待诏立班,画院为首、书院次之,琴院、棋工、玉工、百工更在其次。

宋宫年节和风俗

宫中的年节和风俗,反映和展示的是后宫中的一部分生活。皇帝的后宫作为一个特殊的家庭,处于社会的顶端,社会和各种风俗和习尚也不同程度地保留在宫中,成为宫中年节和风俗的主要内容。宫中的年节很多,风俗也是丰富多彩。宫里一年四季都有名目各异的节令和风俗,也有与之相应的一系列活动。

皇帝君临天下,是国家之主,是后宫之长。每逢重大的时令年节,皇帝总要以国主家长的身份,代表人间天下,以一个当政者和人世权威,祭祀天地诸神,祭祀祖先,祈求风调雨顺,五谷丰登。皇帝的这些活动被历代编入了典章制度,成为王朝政事的重要部分。这一部分内容不包括在后宫生活之列。但后宫中的年节、风俗却离不了皇帝的参与,其内容又与作为外朝祀典一部分的祭祀又有所不同。

1. 立春、元宵

正月初一称为年节,这一天是一年中最为重要的日子,称为岁首、月首、时首。无论深宫陋巷、贵贱贫富,都极为看重这一日,都要以最隆重的方式贺岁。

从汉高祖起,宫中开始了岁首朝贺,就是在岁首这一天,在宫中举行隆重的大朝会。大朝会是在王朝的正殿举行。皇帝一身衮冕,庄严肃穆地出席庆典。百官身穿朝服,列队排列御前,宋时称为排正仗。朝会时,置旌旗,设仪仗,备太常雅乐,还请外藩使节。太子、王公、宰相率先领百官向皇帝贺岁,执酒上寿。皇帝接受拜贺,然后赐赏群臣,大摆宴席,上演乐舞和百戏。

宋代的元日大朝会是在大应殿举行。朝会时,殿门洞开,庭院旗帜招展,兵部陈列黄麾杖五千人。太仆布置五辂。光禄卿奏请群臣拜贺上寿。皇帝接受朝拜,然后举行大宴。

立春,在元旦的前后,是古人的春节。人们喜庆春天。春天万物复苏,一片新绿,所以立春历来是一个重要的节日,京师和宫中有各种迎春、迎气活动。

东汉时,迎春使者打着青幡,头裹青帻,到东郊隆重地迎春。迎春使者到达之前,先有一个清纯美目的童男,一身青色衣,头罩青巾,装扮成春天的象征,站立在东郊的田野。迎春使者到达以后,童男出现在田野中,表明春天的降临,使者见而跪拜,然后把春天带回。于是满城春色,宫禁碧绿,一片生机盎然。

立春到了,作为农业国的中国就要忙于春耕。北宋、南宋时极为重视立春这个节日。立春时,京城的地方官要向朝廷宫禁进献春牛,用以鞭春,表示劝农。

北宋时是开封府造送大春牛。南宋则由临安府造送。春牛是由木头做成的,又叫土牛。《醉翁谈录》说,宋时造作的春牛,以真定府的最大。

不过,造进禁中的春牛是由开封府来完成。史书记载说,立春前一天,开封府进春牛入禁中鞭春。开封、祥符两县进春牛到府前。这天大早,府僚打春,仪式同方州。府前左右百姓卖小春牛。这天花装栏坐,上列百戏人物,春幡雪柳,各相献送。春日这天,宰执亲王百官都赐金银幡胜。内廷中,宦官还用五色丝彩杖鞭牛,这就是所谓的打春。

宋代时,立春日,皇帝要赐给京官近臣仆从各色幡胜。幡胜是用金银箔罗等做成的彩色装饰物,在唐宋尤其是宋时极为盛行。《醉翁谈录》说:这天,自郎官御史寺监长贰以上,都赐春幡胜,用罗做成。近臣都加赐银胜。开封府鞭牛以后,官属大合乐宴饮,辨色则入朝门谢春幡胜。

春日,宫中的食品极其丰富。《唐岁时节物》说,元日有屠苏酒、五辛盘、咬牙饧。人日有丝笼。二月二日有迎富贵果子。三月三日有镂人。寒食有假花鸡毯、镂鸡子、子推蒸饼、饧粥。宋承唐时风俗,又略有变更。《膳夫录》汴中节食条:上元油䭔,人日六上菜,寒食食冬凌。宋时的风俗食品是所谓春盘。立春前一日,宫内出春盘、美酒,赐赏近臣。盘中以生菜萝卜为装饰,又烹豚、白熟饼、大环饼等糖果。

元宵,是正月十五日,又叫上元节。因张灯为乐,又称灯节。元宵始于汉代祭祠太乙神。汉代有正月望日即正月十五日祭祀太乙神的风俗,祭祀从当日天黑一直到次日天明,灯火点燃整夜。自此以后,代代相传,形成正月望日彻夜观灯的习俗。但是,上元节以灯庆元宵的风俗盛行于唐宋,唐宋以前并不十分多见。

唐时,京城在正月十五日元宵前后三夜,解除夜行的禁令,京城皇亲贵戚、士庶百姓均可以彻夜长游。其时长街陋巷、寺观楼阁,都巧为装饰,张灯明烛,灿烂如画,处处火树银花。唐代宫室中的上元灯火是天下一绝。

唐玄宗时,曾在东都洛阳上阳宫,于元宵日大设灯火,彩灯盈庭,从禁中到庭院,烛光如昼,连绵不绝,异常壮观。玄宗时京城安福门的高高灯轮便是一绝。灯轮高二十丈,绵绮周身披挂,四处镶嵌金银,其间错杂五万盏彩灯,远远望去,真是万花齐放,如同一株大树。灯轮下又有宫女千人,身穿罗绮,曳着锦绣,珠罩闪耀,馨香盈野;又有长安、万年两地选出的少女、少妇千人,一同在灯轮下踏歌,三日三夜纵乐狂欢。

宋代,上元观灯成了约定俗成的一大习俗。元宵前后五日,京城张灯结彩,装扮得花团锦簇。皇宫的正门结彩成山楼影灯,楼前设置路台,台上表演着百戏节目。《东京梦华录》记述说,正月十五日元宵,开封府结缚山棚立木,正对宣德楼,游人集聚御街,两廊下奇术异能,歌舞百戏。鳞鳞相切,乐声嘈杂十余里。击丸蹴鞠,踏索上竿,赵野人倒吃冷淘,张九哥吞铁剑,李外宁药法傀儡,小健儿吐五色水,旋烧泥丸子,大特落灰药榾柮儿杂剧。更有猴呈百戏,鱼跳刀门,使唤蜂蝶,追呼蝼蚁。其余卖药卖卦,沙书地谜,奇巧百端,日新耳目。

灯节上,中心部位竖着三座大门。中门名都门道,左右各为左禁门、右禁门。门上结着彩结,金书门牌。牌字为:宣和与民同乐。彩山左右缫结文殊、普贤像,跨着狮子、白象,两人伸出手,手指间出水五道。宣德楼上垂挂黄缘帘,当中一位是御座,用黄罗设一彩棚。露台下面是争睹盛会的庶民百姓。乐人时不时以精彩的表演赢得欢呼,台上台下时时山呼万岁,欢声雷动。坐在宣德楼上的天子该是何种心满意足的滋味?这一节日场景,是《东京梦华录》中记述的宋徽宗统治时期的元宵盛会。宋时的元宵设灯,由唐代的三日扩为五日,到十八日方才收灯。

南宋时,定都临安。进入新年以后,都城临安灯火辉煌,日盛一日。后宫中由宦官置办的各式灯盏,式样翻新,品种各异,年年都有所不同。闻名历史的鳌山,专为陈列灯具而立起的,灯的品种数不胜数,其中最驰名也最具特色的便是苏灯。苏灯在闪烁的灯海中别具风采,灯中的圈片大的直径达三四尺,框架用五色琉璃,上面绘具人物山水、鸟兽虫鱼,草木花卉,可谓栩栩如生,奇巧动人。据说,福州有一年进献的一种白玉灯更为精奇。灯围全部用白玉,烛光映照,光耀夺目,如同一具洁白晶莹的玉壶,令人叹为观止。后来,新安又进献了一种无骨灯,灯的形状如同一个玻璃球,而实际上,它不过是用栗为原料烧制而成的。

上元之夜,是个亮如白昼的欢乐之夜。上元的宫城更是一座五光十色的不夜城。五彩灯光辉四射,耀人眼目,天空澄澈中映得一片红。鳌山上万灯争艳,千姿百态,巧妙奇特,无所不有。闪烁变幻的灯海中心,由五色玉栅簇成的四个大字:皇帝万岁,更是奇光竞射,夺人眼目。玉栅上眉清目秀的伶官们奏着喜乐,念着祝语,山呼万岁。玉栅下是广阔的露台,台上百戏杂陈,艺人毕集,绝技纷呈。宫中的教坊女艺人和宦官百余人,都巾裹翠蛾,仿着街坊的清乐和傀儡戏,轻奏曼舞。皇帝来了兴致,还可以随时宣唤临安府尹早已准备好的市井歌舞队。

灯节中,欢乐祥和的热闹气氛直至深夜,施放烟火最后将欢乐之夜的欢乐推向高峰。一百多架烟火冲天而起,隆隆升空。欢声笑语如海,山呼万岁声此起彼伏,乐声如漫漫江河。皇帝在灯火煌煌中矜持起驾,坐上小辇,回到寝宫。灯节依旧彩灯闪烁,长夜不息。这哪里有国破家亡的哀思和沉痛?分明是国富民安,一派欣欣向荣,繁华昌盛——这种粉饰之下,该有多少臣民的血和泪?难怪诗人感叹说:暖风熏得游人醉,直把杭州作汴州。

宋室上元灯火之盛,有《鹧鸪天》二首为证:

日暮迎祥对御回,宫花载路锦成堆。天津桥畔鞭声过,宣德楼前扇影开。奏舜乐,进尧杯,传宣车马上天街。君王喜与民同乐,八面山呼震地来。

紫禁烟光一万重,五门金碧射晴空。梨园羯鼓三千面,陆海鳌山十二峰。香雾重,月华浓,露台仙杖缥云中,朱栏画栋金泥幕,摧尽红莲十里风。

2. 花朝节、金明池竞标节

二月一日,是中和节。中和节始于唐代。唐大臣李泌清以二月朔为中和节,赐给民间以囊盛装的百果、瓜、谷种子,得到允准,此后代代相沿。人们在这一天互相馈送,叫作献生子。皇帝在这一天于宫中接受百官进献的农书,以示重农务农。中和节便相沿于历代宫中。

二月十五日,是花朝节。相传这一天是花神的诞生日。这时百花盛开,花朝正盛,争奇斗艳,历代便定为花朝节。冬至以后的第一百零五天是寒食节。寒食节后的两天为清明节。寒食节是为纪念春秋时的介子推而渐渐相沿成俗的:人们相约在介子推被烧死的这一天,家家不动炊火,只是吃寒食。这一风俗在民间广为流行,并执行严格,尤其是介子推的家乡太原,形成了连续一个月的寒食风俗。

唐玄宗时,敕令寒食日扫墓。这道敕令无礼可据,也没有著于礼制,但此后却沿袭了下来,渐成风俗。寒食前后三天家家都扫墓上坟。宫中冷淡寒食节,却对清明节有所重视,在清明节有取火的举动。唐、宋的皇帝常在清明节这一天赐赏新火:唐代将尚食内园官小儿集中在殿前,用钻分别钻榆木,先钻出火的,进献给皇帝,得到三匹绢、一口金碗的赏赐;宋代皇帝则在清明节时赐给臣僚巨大的蜡烛,并命小宦官用榆木钻火,先钻出火的,得到和唐代同样的赏赐。

三月三日,是水的节日,唐宋对这一天很看重,所谓"三月三日天气新,长安水边多丽人",描绘的正是三月三日的盛景。这一天,男女老弱都要到水边洗濯,象征着洗去一年的尘垢和积病。三月三日的水节,据说,起自于晋武帝。

有一天,晋武帝司马炎问尚书郎挚虞:三日曲水,有什么说法?挚虞回答说:汉章帝时,平原人徐肇,在三月初三日,生下三女,到第三天,都死了。一村之人,都以为怪,于是,他们相携到水滨盥洗,因水泛觞。曲水之义,起源于此。晋武帝点点头,想一想就说:如你所言,看来这不是好事。

尚书郎束皙侍立一旁,提出不同看法,独抒己见:你小小书生,知道什么?请陛下听我说。当年,周公以洛邑为都城,流水泛酒,所以,逸诗说:羽觞随波。秦昭王时,三天三夜,在河置酒,看见一个金人,从水中浮出,捧一把水心剑说:你将有西夏。后来,称霸诸侯,在此处立曲水祠。晋武帝听后,非常高兴,连声称善!吩咐:赐束皙五十金,降挚虞为阳城令。

王羲之《兰亭序》,记述的是三月三的活动,序中所称"修禊",是指水边除凶去垢。所以,《兰亭序》又叫《禊帖》。

唐宋以后,赐宴曲江,三月三日,成了曲水流觞的君臣佳会。

宋代时,每年在这一日开金明池、琼林苑、金水河。

《东京梦华录》记载:金明池,在顺天门外街北,周围约九里,入池门内南岸西一百余步,池西直径达七里。池边面北处有一座临水殿。皇上车驾驾到,看池中争标,在殿中赐宴。往西再走数百步是一座仙桥,桥南北向,约长数百步,桥面三虹飞架,朱漆板楯,下面一排雁柱,中间隆起,称为骆马驼虹。仙桥尽头,五座大殿,位于池水中央。四岸石甃向背,大殿中坐,各设御幄,朱漆明金龙床,河间云水戏龙屏风。这里不禁游人。殿廷上下回廊,都有钱物、饮食。伎艺人作场勾肆,罗列左右。桥南是棂星门,门里对立着缲楼。每次争标作乐,总要立伎女于缲楼上。门对街的南面有砖石砌成的高台,台上有楼观,名宝津楼。楼前接池门,下瞰仙桥水殿,皇上驾临时在这里观看骑射、百戏。池岸正北对应五座大殿起造大屋,用以贮藏大龙船,叫作奥屋。皇上临幸金明池,往往前后二十日,热闹非凡,盛况空前。

3. 浴佛节、盂兰盆节

春暖时节,宫中百花盛开,皇上和后妃美人在后苑中赏花游玩。花开无期,赏花随着花开,因此宫中赏花没有定节。唐宋后宫中对于赏花从不苟且,唐穆宗甚至于明令侍从,在花园设重顶帐,替花朵遮蔽风雨,并特置惜春御史,专职守护百花。宋时宫中的花术品种繁多,花期极长。皇帝赏花前,宫廷花匠要好一番忙碌,装点修饰苑中花木。

四月八日是释迦佛的生日,十大禅院都要举行隆重的浴佛斋会。人们煎煮香药糖水,相互馈送,叫作浴佛水。佛教传入中国以后,历代宫中都与佛教有千丝万缕的联系,众多的后妃美人虔诚信佛,因此浴佛在宫中庄严、郑重,代代不衰。五月五是端午节,又叫天中节。《大戴礼记》上说,五月五日,蓄兰为沐浴,是指人们在这一天以兰汤淋浴。《楚辞》的所谓"浴兰汤兮沐芳华",是指这一节日,因此端午节又叫浴兰令节。

浴兰令节接近夏至,这时阴气上升,病毒渐虐,这一天人们得蓄采众药以蠲除毒气。汉时有门户桃符,后来渐渐衍而为用艾草扎成人形、虎形,悬挂户上,除禳毒气;有的还用蟾蜍祛疾,将赤灵符放在心前,以避五兵之灾。天中节这一避毒风俗,便代代相沿,直至清代。

两宋时,宫中过端午节很郑重。宫中专门的造办机构精心制作红纱彩金匣子,即小匣子,里面装有人工捏做的各种毒虫:蜈蚣、蜥蜴、蝎、蛇等等。每个毒虫都被降伏毒虫的葵、榴、艾叶、花朵围绕,用示祛灾消祸。匣子的正中还摆着用菖蒲或通草扎成的天师驭虎像,四周是五色染成的菖蒲叶。皇帝在端午节,赐赏大臣经筒、符袋,内装各式糖果、巧粽、金花等物,取禳毒消灾之意。

端午节,还有艾人的说法。说是端午这一日,将蚌粉放在帛中,缀上几朵棉珠,让小儿佩戴,用以消灾去汗。古端午词说:门儿高挂艾人儿,鹅儿粉扑儿,结儿缀着小符儿,蛇儿百索儿,纱帕子玉环儿,孩儿画扇儿,奴儿自是豆娘儿。这是有关艾人的风俗。

七月七日,是乞巧节。中国广为流传着牛郎织女鹊桥相会这个浪漫故事。鹊桥相会感染着中国后宫的一代代宫女,她们把这一日看得异常神圣。七月七日,鹊桥相会,苦恋的牛郎织女毕竟每年都有这么一日。后宫美人们呢?漫漫长夜,年复一年,了无终期,直到老死。七夕残星点点,肃立在夜色沉沉下的后宫美人们,仰望天空,并不认为织女哀哀可怜。织女都是她们心中的女神,掌握了巧艺、幸福和寿命,织女心地善良,美丽动人,能感召圣上,也能衷心地接受美人们的由衷祈福。七夕之夜的翘望和祈求布满深宫,代代相传,绵延不绝。

中国历来有三元节的说法:正月十五,是上元节;七月十五,是中元节;十月十五,为下元节,合称三元。中元节,出自佛教的目连救母。《盂兰盆经》记载说,目连比丘母亲亡故,杂处在饿鬼之中,目连用钵盛饭,送给他的母亲。饭没有入口便化成了火炭,无法入食。目连大叫,奔向佛祖。佛祖说:你的母亲罪重,不是一人之力所能挽救,当须十方众僧神力。到七月十五日这天,你在盒中备上百味五果,供养十方大德吧。目连回答说:未来世佛弟子行孝顺的都应奉盂兰盆供养,是吗?佛说:是!从此以后,后人便承袭此俗,并广为华饰,以至刻木割竹,饴蜡剪彩,巧极其工,形成中元节盂兰盆会。

后来,中元节发展为祭悼先人、超度亡灵的日子。宋时市井上卖冥器:靴鞋、幞头、帽子、金犀假带、五彩衣服,用纸糊架子盘游出卖。闹市还卖瓜果、种生,并印卖尊胜目连经。又以竹竿斫成三脚,高三五尺,上织灯窝状,叫作盂兰盆。宫中也十分重视中元盂兰盆节,车马出门朝陵,官方还祭阵亡将士,设孤坟道场。

4. 天宁节、绥御酒、照虚耗、大傩仪

十月初十日,为天宁节。天宁节,是宋室的一个重要节日。天宁节,是宋徽宗赵佶的生日。在天宁节前的一个月,宋后宫便开始做各种准备工作,以为赵佶这位风流天子过节祝寿。先是,教坊选出优秀的艺伎演奏喜乐。到天宁节的前两天,即十月初八日,枢密院率修武郎以上诣相国寺摆筵,预祝圣寿。天宁节这一天,宫中装饰一新,喜气洋洋,后妃美人设宴庆贺。尚书省宰执也领宣教郎以上到相国寺设宴祝寿。皇上使在宫中宴请众后妃,并在尚书省都厅赐宴答谢朝野百官。

绥御酒,有种说法如《演繁露》说是内燕,祝寿酢酒。乐师从殿上折槛间抗声索乐,不说是何曲,只云赙酒。赙就是啐,啐是驰送酒的声音,渐渐念白,作成赙字,贵贱易识。到了宋代,又讹传为绥。所谓三台,是指众乐未作时,乐部首领一人,举板连拍三声,而后管色齐作,称为三台度曲。所以,古有所谓三台赙酒。

十一月中旬以后,阳气渐升,阴气日降,节气为之一变。在一年所有的节令中,冬天的冬至日非常重要,其地位并不次于元旦。从冬至日起,白昼逐日加长,黑夜一天天缩短。昼阳夜阴,天阳地阴,中国历代礼天崇阳,因此,冬至日作为皇帝一年中祭天的日子,自然在王朝中地位举足轻重。

祭天前,皇帝要先行斋戒。冬至时,到皇城南郊圜丘祭天。祭天的仪式很隆重,也很烦琐。皇帝只是按照礼仪官的引导完成早已熟悉的规定动作。冬至日的朝会极为热闹,百官和外藩使者都参加这隆重的朝会。文武官整齐地排列在殿中,宋时俗称排冬仗。

皇帝驾临前殿,接受朝贺,仪式和元旦时一样。《汉书》说:冬至阳气起,君道长,故贺。冬至,也是后宫美人们隆重热闹的一天。她们身穿华贵美艳的冬服,手拿红线,在宫院中用红线量日影:冬至以后,每天添长一线。这是魏晋时后宫兴起的风俗,后世相沿承袭。并增添了一些内容。唐代的宫女是以女红揆日长短,冬至日以后,每天增长一线。

十二月八日,是一项古礼,称为腊祭。夏时称为嘉平,商叫清祀,周为大腊,汉代简称腊。腊祭祭祀的是天地百神。腊祭最初并不是定在十二月初八。汉代是以冬至后的第三个戌日为腊日。汉是火德,火衰于戌,所以定为腊日。曹魏为土德,土衰于辰,所以辰日定为腊日。晋为金德,金衰于丑,所以,定丑日为腊日。所谓:盛日为祖,衰日为腊。祖,是祭祀路神,在中国古代和祭祀腊神一样古老。魏晋以后,五德相生说不再风行,腊日便定在十二月八日。

唐代,腊日皇帝常常赐赏腊肉,有时在苑中畋猎。腊的古义是以畋猎所获的野兽作为祭品。宋代以后,腊日衍为吃粥,这是佛教流行的结果。腊日吃粥是佛

徒礼佛的一项重要理由,这一习俗由寺院传到民间而后进入宫廷。

除夕,是一年中最后的日子。除夕之夜华灯灿烂,亮若白昼。隋炀帝吩咐,除夕夜晚殿前诸院设数十座灯山,灯光辉映,光耀天地。沉香木在灯山中熊熊燃烧,每一灯山烧沉香数车,清香四溢,飘向数十里。火光渐渐熄灭时,宫中还常常浇上甲煎,以助火焰。甲煎是从蠹类动物中提取脂液加工而成的一种香料,非常名贵。沉香、甲煎燃成的火山,火焰高达数丈,香气远游宫外。

据史书记载,隋宫这一夜,往往要烧沉香二百余车,甲煎二百石。宫殿中取光则不用烛光,而是悬一百二十颗大珠。还有明月宝夜光珠,大的直径六七寸,小的也有三寸,光华夺目。

中国,除夕之夜,还有所谓的照虚耗。这一风俗由来已久。陈元靓《岁时广记》说:交年之夜,门及床下以至圊囷,都燃灯,除夜也一样,称为照虚耗。《阙名异闻总录》说,京师风俗,每年除夜必定在厨房、厕所、房室燃灯,称为照虚耗。宫中自然是照虚耗盛行,一座皇宫如同一座不夜宫。

大傩仪,是年终驱鬼的仪式,在中国历代的宫中看得极重。傩,是却的意思,就是驱鬼。《汉旧仪》说,颛顼有三个儿子,生下以后死去,成为疫鬼,其中一个专在人间宫室区隅,惊吓小儿。大傩就是驱除疫鬼。《月令章句》则是又存一说:日行北方之宿,北方大阴,恐为所抑,故命有司大傩,所以抶阳抑阴。冬至以后,虽然阳气上升,但阴气依然主宰冬日,所以大傩是驱寒逐鬼,因为,阴寒和鬼魅总是连在一起的。

史书之中,最见详细记载宫中大傩仪的是东汉。东汉是在腊祭前一日,举行大傩,叫作逐疫:选中黄门子弟十到十二岁 120 人为侲子(侲意善良,侲子即善童子)。侲子们头戴赤色帻巾,一身黑衣,手执大鼗,由方相氏统领。

方相氏头戴面具,脸上泛着金光,四目闪烁,身上蒙着熊皮,内穿玄衣朱裳,执戈扬盾,人扮的十二兽一身皮毛,头上长角,中黄门、冗从仆射指挥侲子队大规模驱鬼。夜露时分,朝臣毕集。

尚书、御史、侍中、谒者、虎贲、羽林郎各就其位。皇帝驾临前殿。黄门令奏:侲子备,请逐疫。中黄门大声唱念,侲子们和。方相旋与十二兽舞蹈、呼叫,手持炬火,前后周省三遍,把疫鬼驱出端门。门外骓骑传炬出宫,到司马关门。门外,五营骑士传过火炬,直奔洛水,将火投入洛水中,象征驱逐疫鬼入于洛水。

北宋时,大傩仪也极隆重热闹。《东京梦华录》说:到除日,禁中呈大傩仪,并让皇城亲事官诸班直戴假面,绣画色衣,执金枪龙旗。宋大傩仪所用的面具,都是由桂林制作进献,800 具为一副,脸谱老小妍丑没有一个重复。宋代的大傩仪减少了庄严凶煞的色彩,杂进了很多神仙勇士,显得丰富多彩,极有趣味。傩者手执金枪、银戟、画木刀剑、五色龙凤和五色旗帜。教乐的伶人扮演将军、符使、判官、钟馗、六丁、六甲、神兵、鬼使、灶君、土地、门户、神尉。鼓吹齐奏,傩者呼呼逐鬼,最后将鬼怪逐出东华门,在龙池湾以埋祟而大获全胜。

二、宋太祖赵匡胤

生平

宋太祖赵匡胤(927—976年),字元朗,宋朝开国皇帝。后唐明宗天成年间生于洛阳夹马营(今河南省洛阳市瀍河回族区东关),祖籍涿郡(今河北省涿州市)。父亲赵弘殷,母亲杜氏。后汉隐帝时,赵匡胤投奔郭威。后来,郭威废汉建周,任命他为东西班行首。从此以后,步入仕途。

后周显德六年(959年),后周世宗柴荣在北征回京以后不久,突然驾崩。逝世之前,柴荣任命赵匡胤为殿前都点检,掌管殿前禁军。第二年(960年)元月初一,北汉以及契丹联兵犯边,赵匡胤受命,领兵抵御。初三夜晚,大军行至京城汴梁(今河南省开封市)东北20公里之陈桥驿(今河南省封丘县陈桥镇),突然,军队发生哗变:第二天清晨,将士们簇拥赵匡胤,以黄袍加身,拥立为帝,山呼万岁,史称"陈桥兵变"。随后,大军返回京城,控制整个皇宫和京城。后周恭帝柴宗训被迫禅位,赵匡胤登基,为宋太祖,改元建隆,国号宋,史称宋朝、北宋。

赵匡胤在位期间,全心致力于全国统一。他接受宰相赵普提出的"先南后北"之统一策略,分步派遣大军,先后灭亡了荆南、湖南、后蜀、南汉,以及南唐等南方割据政权;其胞弟宋太宗赵光义在位时,接着完成统一大业,先后灭亡了吴越、闽南以及北汉政权。至此,宋朝才真正完成了统一全国之大业。赵匡胤加强中央集权,先后于961年、969年,两次"杯酒释兵权",解除禁军将领以及地方藩镇的统兵权,从而彻底地解决自唐朝中叶以来日益严重的藩镇割据局面。他设立封桩库,贮藏钱帛布匹,期望能够赎回被后晋高祖石敬瑭献给契丹的燕云十六州。然而,事未竟而不幸英年早逝。976年11月14日,赵匡胤逝世,享年49岁,在位16年。

为政举措

1. 陈桥兵变

赵匡胤威名远播,南唐主李璟畏惧赵匡胤。于是,李璟使用离间计,想借柴荣之手杀之。李璟派遣使臣,送给赵匡胤一封信,馈赠白金三千两。赵匡胤识破离间计,把白金全部封存,送到内府献给柴荣。南唐离间计彻底失败。显德五年(958年),赵匡胤任忠武军节度使。显德六年(959年),柴荣北伐,赵匡胤担任水陆都部署。大军到达莫州,先攻瓦桥关,守将姚内斌投降。接着,打退了数千契丹骑兵的进攻,关南平定。

柴荣踌躇满志,在行军路上审阅各地所上文书,无意之中,得到一只皮口袋,口袋中有一块三尺多长的木板,上面写着:"点检作天子。"柴荣感到十分奇怪,疑惑不解。当时,张永德任点检,柴荣卧病,回到京城,猜忌张永德,任命赵匡胤为检校太傅、殿前都点检,代替张永德之位。同年,柴荣驾崩,柴宗训继位,年仅7岁。赵匡胤为殿前都点检,掌管宫廷禁军,改任归德军节度使、检校太尉,执掌政权。

■ 赵匡胤

显德七年(960年)正月初一,京城风传:契丹和北汉发兵,大举南下。后周执政大臣范质等人不辨真假,匆忙之中,派遣赵匡胤统率诸军,北上抵御。正月初二,赵匡胤统率大军,离开都城。当夜,大军宿于距离开封东北20公里的陈桥驿(今河南封丘东南陈桥镇)。突然,发生兵变。这天晚上,追随赵匡胤的一些亲信四处活动,在将士中散布议论,称:"今皇帝幼弱,不能亲政。我们为国效力破敌,有谁知晓?不若先拥立赵匡胤为皇帝,然后再出发北征。"

很快,将士的兵变情绪被激发和煽动起来。正月初三日,赵匡胤弟弟赵匡义(后来改名赵光义,即宋太宗赵炅)和亲信谋士赵普感觉时机成熟。于是,他们授意将士进入卧室,将一件事先准备好的皇帝登基之黄袍,簇拥着披在假装醉酒刚刚醒来的赵匡胤身上,将士们跪拜于庭下,山呼"万岁"。据说,呼喊"万岁"之声,数里之外都能听到。于是,将士们拥立他为皇帝。

赵匡胤心里高兴,外表假装一副被迫的样子,说:"你们自贪富贵,立我为天子。能从我命,则可。不然,我不能为若主矣。"将士们一齐欢呼,大声表示:"惟命是从!"赵匡胤沉吟片刻,当众大声宣布:"回开封后,对后周太后和小皇帝不得惊扰,对后周公卿不得侵凌,对朝市府库不得侵掠。服从命令者,有赏。违反命令者,族诛。"诸将士非常激动,齐声应答"诺",于是,赵匡胤率领兵变大军,回师京城开封。

负责守备都城的主要禁军将领是石守信、王审琦等人,他们都是赵匡胤过去的"结社兄弟",是忠心耿耿的追随者。他们得悉兵变成功,欢呼雀跃,立即打开城门,接应新皇帝。当时,守卫开封的后周禁军将领,只有侍卫亲军马步军副都指挥使韩通不知内情,听说兵变,仓促之间,想率兵抵抗。但是,他刚刚想召集军队,就被军校王彦升当场杀死。这样,陈桥兵变之将士十分顺利,兵不血刃,就堂而皇之地进入和控制了后周之都城开封。

这时,后周宰相范质等人才恍然大悟:因为不辨军情,不知真假,仓促之中,派遣大军出征,显然是上了大当。然而,一切无可挽回。范质无可奈何,只得率领百官,听天由命。翰林学士陶谷拿出一篇事先拟好的禅位诏书,当众宣布:柴宗训逊位。赵匡胤正式登基,即皇帝位,为大宋开国皇帝宋太祖。宋太祖轻易地夺取了后周政权,改封后周恭帝柴宗训为郑王。因为赵匡胤在后周时,任归德军节度使之藩镇所在地是宋州(今河南商丘),所以,以宋为国号,定都开封,改元建隆。

2. 袭占荆湖

赵匡胤不费吹灰之力,就顺利地建立了北宋。可是,放眼见天下,割据势力林立。一天,他忧心忡忡,对赵普说:"我睡不着觉啊,因为,卧床以外都是人家的地盘!"谋士赵普心领神会,立即着手谋划。随后,赵匡胤平定李筠、李重进叛乱,进一步加强中央集权;改革军制,发展生产,巩固统治。

历时两年,宋太祖在政治、经济、军事诸方面进行了一系列的改革,确定了先易后难、先南后北的全国统一战略决策,决定通过战争,完成全国的统一。建隆三年九月,宋太祖感觉条件成熟、准备妥当,决定着手全面的军事部署:派遣精锐边防军,守卫西、北边境,防止辽、北汉南掠;集中精锐陆军,选择荆、湖为突破口,大举挥师南下,拉开了最后统一全国战争的序幕。

荆、湖之地,就是荆南、湖南地方,这里地处长江中游要冲地带,南北相邻;地理位置十分重要,东临南唐,西接后蜀,南靠南汉。宋朝军队一旦占领荆、湖,意味着从中心地带割裂了江南诸国,让他们各自为政,自顾不暇,从而为各个击破创造有利条件。经过精心策划,宋太祖决定,寻找战机,出兵荆、湖。

建隆三年(962年)十月,武平节度使周行逢病死,十一岁的周保权继位。衡州刺史张文表认为时机成熟,乘机发动兵变,占领潭州(今湖南长沙),挥师威逼朗州(治武陵,今湖南常德)。周保权自知不敌叛军,为了讨伐张文表,派遣特使向大宋求援。赵匡胤喜出望外,决定采用古代假途灭虢之方略,宣布出师湖南,假道荆南。这次行动计划,一箭双雕:既可灭亡荆南,又可占领湖南。

乾德元年正月,宋太祖下令:山南东道节度使慕容延钊为湖南道行营前军都部署,枢密副使李处耘为都监,率领大宋十州兵马,以协助湖南讨伐张文表为名,浩浩荡荡南下,借道荆南。二月初九日,都部署慕容延钊秘密派遣都监李处耘率领数千精锐轻骑,以迅雷不及掩耳之势,攻占江陵(今湖北)城,迫使节度使高继冲投降。于是,荆南灭亡。

当时,周保权及其政权中枢班子,调兵遣将,已经顺利地平息了内乱。他们得知大宋灭亡荆南,欲图湖南,知道自己引狼入室,政权危如累卵。为了阻宋军南下,决定任命指挥使张从富统领军队,迎击阻截。二月底,宋军水陆并进,突破三江口(今南岳阳北),获得大捷,缴获战船七百余艘,顺利地占领岳州(治巴陵,今湖南岳阳)。三月初十日,大宋军队占领朗州,周保权被俘,湖南平定。

3. 攻灭后蜀

宋军平定荆南、湖南之后,宋太祖开始部署进攻后蜀。后蜀主孟昶闻讯,惊慌失措。后蜀试图依据蜀地的川深山险、地势险要,布置重兵,据险拒守;同时,他们派遣特使前往北汉,约定共同抗宋。关键时刻,后蜀将领赵彦韬投降大宋,赵匡胤详细获知了蜀主策略和蜀军兵力部署。于是,经过精心策划和准备,调集大军,出兵南征。

乾德二年(964年)十一月,宋太祖下令,分兵两路,南下灭蜀:北路,是主力大军,以忠武节度使王全斌为西川行营前军兵马都部署,侍卫步军都指挥使崔彦进为副都部署,率领宋军步骑三万人马,出凤州(治梁泉,今陕西凤县东北凤州镇),沿着嘉陵江南下;东路,以侍卫马军都指挥使刘廷让为副都部署,率领步骑两万人马,出归州(今湖北秭归),溯长江西进。两路大军分进合击,约定日期,会攻成都。后蜀主孟昶得知,急命王昭远为北面行营都统,率领兵马数万人北上,扼守利州(治绵谷,今四川广元)、剑门(今四川剑阁东北)等重要关隘。

十二月,大宋北路军势如破竹,占领利州。乾德三年(965年)正月初,宋军突破剑门险要,大败后蜀军,生俘后蜀都统王昭远,继而进军占领剑州(治普安,今四川剑阁)。东路大军,进展顺利。刘廷让率领宋军突破巴东咽喉之地夔州(今四川奉节东白帝),连克万(治南浦,今四川万县)、开(治开江,今四川开县)、忠(治临江,今四川忠县)、遂(治方义,今四川遂宁)等州县。两路宋军如期会攻成都。后蜀主孟昶走投无路,举城投降,后蜀灭亡。

4. 平定江南

荆湖、湖南、后蜀相继灭亡,南唐、吴越自知难以抗衡,自动表示臣服。但是,唯独南汉主刘鋹自我感觉良好,拒绝附宋。开宝二年(969年)六月,宋太祖赵匡胤以右补阙王明为荆湖转运使,指示他提前做好出战的有关物资准备。开宝三年(970年)九月初一日,宋太祖命潭州防御使潘美为贺州道行营兵马都部署,率领十州兵马,长驱南下。宋军长驱直入,中间突破,直趋贺州(治临贺,今广西贺县东南贺街)。

潘美大张声势,声称,将沿贺水东取兴王府(今广州),借以诱歼南汉军主力。刘鋹不懂军事,立即派遣大将伍彦柔率领南汉舟师主力溯郁江、贺水西上增援。宋军以逸待劳,成功伏击,大获全胜,杀死伍彦柔,顺利占领贺州。十二月,宋军进抵韶州(治曲江,今广东韶关)。南汉都统李承渥率兵十万,守护在莲花峰(在韶关东南)下,他们列开象阵,气势汹汹,迎击宋军。宋军早有准备,以强弓劲弩对付,乱箭如雨,射向象阵,象阵大乱。宋军发动攻击,大破南汉军,轻而易举地占领韶州。

开宝四年(971年)正月,宋军乘胜追击,一鼓作气,攻克英(今广东英德)、雄(治浈昌,今广东南雄)州。二月,宋军进抵马径(今广州北),以火攻之法,大破南汉招讨使郭崇岳六万兵马,大败南汉军。南汉主力军几乎被全歼,没有什么抵抗力。宋军挺进南汉都城,攻陷兴王府。南汉主刘鋹走投无路,宣布投降,南汉灭亡。

南汉灭亡后,南唐后主李煜偏安一隅,派遣使臣表示臣服,以求自保;同时,他们暗中积极备战,以防宋军进攻。宋太祖赵匡胤胸有成竹,志在统一江南,全国归于一统。经过两年精心准备,进攻南唐基本成熟。

开宝七年十月十八日,大将曹彬率领宋军顺长江东下,水陆并进。一路势如破竹,攻破池州(治秋浦,今安徽贵池),占领采石(今安徽当涂北)。十一月中旬,在采石架通一座长江浮桥,保障大军顺利渡江,继续东进。开宝八年正月初三日,宋军攻破溧水(在今江苏),抵达秦淮河(今江苏南京西),与十万南唐军展开激战。宋军气势如虹,大败南唐军。接着,直逼江宁(今江苏南京)城。西路王明军和东路吴越军密切配合,曹彬指挥宋军,全歼南唐神卫军都虞候朱令赟率领的十万救援军。十一月二十七日,宋军攻破江宁,南唐主李煜降,南唐灭亡。

5. 加强集权

宋初之时,国家处于四分五裂的局面,北有契丹和北汉,南有南唐等小国。宋太祖采取"先南后北"的战略方针,南征北战,统一全国。接着,宋太祖确定三条原则,收夺兵权,加强集权:收其精兵,削夺其权,制其钱谷。然后通过温和的方式,循序渐进地采取措施,加强中央集权。宋太祖设宴敬酒,慰劳功臣,"杯酒释兵权",十分巧妙地剥夺了武将的权力。通过削弱相权、罢黜支郡、强干弱枝、内外相维、设置通判、差遣制度等等,进行一系列的政治、经济、军事改革,革除旧弊,推行新政,建立全新的国家制度,使大宋呈现一派和平、安定的局面。

政治方面,加强中央集权。宋朝政府机构,包括行政、军务和财政三大系统,他们相互平行,由皇帝直接统属;政府机构之外,设立御史台等衙门,监督、辅助各大机构;地方权力逐渐集中中央,全国大权集中于皇帝一人。行政权方面,中央机构设立参知政事、枢密使、三司使,进一步削弱和分割宰相的权力,实行军政、民政和财政自成一体的三权分立;地方政权,派文臣担任知州,为地方最高行政长官;设立通判,辅助知州,相互牵制。财政权和司法权方面,设立转运使,把地方财政收入中的绝大部分直接运送中央;地方司法人员,由中央直接委派文官担任,所有死刑,必须报请中央复审和核准。

6. 改革科举

宋太祖建国之后,充分吸取唐、五代之时科场积弊的教训,改革科举制度,特别注重科举考试,采取了一系列措施,防止作弊,防微杜渐。其中,最重要的内容包括四项:

(1)锁院制度:皇帝选定了知贡举(主考官)、权知贡举(副考官)等考官人员之后,立即将他们锁于贡院之中,断绝他们与外界的一切联系,起到考试结束。借此避免考官向亲朋好友泄露试题。

(2)弥封制度:考生考试结束之后,由专人将考生试卷上的姓名、籍贯等重要部分用纸糊起来,然后,再交给考官,由阅卷官评判;直到最后,统计成绩确定后,才能拆封,正式公布姓名;否则,视为作弊。这一优良传统,就是后世考试时密封试卷制之起源。

■ 宋太祖画像

(3)誊录制度:根据宋人笔记记载,宋初时,科举考试实行弥封制后,科场上发生了考生在试卷上书写标记、暗语从而作弊的问题。于是,誊录之制应运而生:考生交完试卷之后,朝廷雇请一批抄写书手,将考卷重新誊录一遍,再交给考官,借此,进一步杜绝作弊,以补弥封制之纰漏。

(4)别试:针对考官子弟特别设立考场考试的制度。在这特别的考试过程中,另派考官,监考、阅卷,以防止考官徇私舞弊。同时,当朝重要大臣、权贵子弟,往往要多复试一次,以防有人利用权势作弊,提高无能子弟的成绩。

开宝九年(976年),赵匡胤北征契丹,行军途中十月十九日夜间,他与其弟赵光义饮酒,共宿宫中。第二天清晨,赵匡胤暴死,享年49岁。谥号英武圣文神德皇帝,庙号太祖。太平兴国二年(977年)四月二十五,葬于永昌陵(位于郑州巩义)。大中祥符元年(1008年),加尊谥为启运立极英武睿文神德圣功至明大孝皇帝。

关于赵匡胤之死,疑点重重,成为一大历史疑案。《湘山野录》记载,"烛影斧声",此说流行于世,认为:赵匡胤是被意图篡位的弟弟赵光义谋杀。

赵光义登基,为了证明自己即位的合法性,提出了世所未见的"金匮之盟"一说,称:赵匡胤生前,承诺母亲杜太后,日后一定将帝位传给弟光义。

宋太祖赵匡胤是一代英主,他的最大成就就是统一中国,恢复了汉人对华夏地区的统治,结束了安史之乱以来长达200余年的战乱局面。社会安定,百姓平安,生产恢复,社会进步,经济发展,文化繁荣。他是五代十国乱世的终结者,也是繁荣昌盛的大宋王朝的奠基者和开拓者。赵匡胤是一位承前启后的重要历史人物,也是一位具有完美人格魅力的君主:心地清正,嫉恶如仇。宽仁大度,虚怀若谷。好学不倦,勤政爱民。严于律己,不近声色。崇尚节俭,以身作则,等等。他改变了五代以来的奢靡、浪费风气,勤俭节约,是大宋王朝的楷模。

典故逸闻

1. 之乎者也

宋太祖赵匡胤即皇帝位后,想扩展开封外城。有一天,赵匡胤在韩王赵普的陪同下,前去朱雀门视察。赵匡胤来到朱雀门,凝神看了半天四个门额大字:朱雀之门。赵匡胤不解地问:为什么不直接写朱雀门,加一个之字有什么用?韩王赵普笑一笑回答,之字是语助词。赵匡胤听后大笑,说:之乎者也,助得什么事!后来,人们用之乎者也讥笑文人咬文嚼字。

■ 赵匡胤题跋像

2. 卧榻之侧,岂容他人鼾睡

宋太祖开宝八年(975年)十月,南唐后主李煜第二次遣使徐铉到宋东京开封,请求太祖不要兴兵。徐铉很会说话,据理力争,搞得太祖差点没话。太祖赵匡胤大怒,按着剑跳起来吼道:不要说了,江南是没有罪,但天下是一家,卧榻之侧,岂能让他人鼾睡!徐铉知道大势已定,便惶然告退,回到江南。榻,就是床。

3. 三条带

吴越王钱俶为了讨赵匡胤高兴,献给他一条宝犀带。赵匡胤笑一笑说:我有三条带,和这不同。钱俶诚惶诚恐,请赵匡胤拿来观赏,以开眼界。赵匡胤笑着说:汴河是一条,惠民河是一条,五丈河是一条。钱俶十分惭愧,深深为赵匡胤的气度折服。

4. 用长护短

赵匡胤和宰相赵普讨论国事时,经常意见不合。赵匡胤很不高兴,有一次问赵普:你怎么像跟桑维翰商量过一样?桑维翰是五代时期洛阳人,最初任石敬瑭书记官,帮助石敬瑭称帝。后晋开运三年(946年)冬天,桑维翰被叛降契丹的张彦泽杀死。桑维翰很有才干,却爱财如命。他在后晋任枢密使时,广受贿赂,积财巨万。听赵匡胤这么说,赵普回答:假如桑维翰今天还活着,陛下恐怕不会用吧!赵匡胤说:用他的长处护他的短处;他爱钱财,我给他十万贯,还不把他的屋子塞破吗?

5. 杀马悔过

赵匡胤做了皇帝后,一心玩乐,尤其迷恋狩猎。有一天,赵匡胤出猎,猛然从马上坠落下来。赵匡胤大怒,爬起来一剑将马刺死。过了一会儿,赵匡胤望着死去的好马,后悔不已。赵匡胤便感叹地说:我醉心于玩乐,专走险道,颠下马来,马有什么罪?从此以后,赵匡胤专心政务,不再游猎。

6. 宰相当用读书人

赵匡胤临政一段日子后,想改年号,便让宰臣们讨论,吩咐说:所用年号,要以前没有人用过的。讨论以后,确定用乾德。乾德元年(965年)正月,后蜀平定了,选后蜀宫女人汴充掖庭。赵匡胤有一天观赏着宫中的妆奁用具,忽然看到一面铜镜,背面刻有五个字:乾德四年铸。赵匡胤大惊,说道:今年是三年,怎么四年铸有这种镜子？吩咐将此镜拿给宰相赵普看,宰臣们都不能作出解释。赵匡胤马上召翰林学士陶穀、窦仪,问这是怎么回事。窦仪回答说:后蜀用过乾德这年号,这面铜镜肯定是后蜀宫中的遗物。赵匡胤疑团顿开,感叹地说:宰相应当用读书人！从此以后,重用儒生。

7. 为天下守财

赵匡胤刚即皇帝位时,服用异常俭朴。赵匡胤的女儿魏国公主却很爱打扮,经常花枝招展,穿着贴绣铺翠的衣服出入宫禁。赵匡胤看不顺眼,便召来女儿,训斥她:你把这衣服给我,从今以后,不许再穿这种衣服！魏国公主很不服气,辩解地说:这件衣服才用多少翠羽？赵匡胤反驳:这话不对！皇家服用这种衣服,宫闱京师都会仿效,京城中翠羽价高,商人辗转贩卖,伤生害民,都是由你引起的！你生长在皇室,应自珍惜,怎么能开此恶业？公主大受教育。有一天,赵匡胤和皇后、公主一道闲谈。皇后劝他说:你做天子很久了,怎么不能用用黄金装饰轿子？赵匡胤笑着回答:我富有四海,不要说轿子,即便宫殿也能够用金银装饰。但我要为天下守财,不能滥用。

8. 怀装牙齿

赵匡胤在裁政余暇,爱在后苑中用弹弓打麻雀。有一天,赵匡胤正在尽兴逐打,忽然侍臣报告,说有位大臣有急事求见。赵匡胤连忙穿戴好衣冠,接见这位大臣。大臣所奏,尽是些日常小事。赵匡胤发怒,问他这是什么急事。大臣回答:即便是常事,也比打麻雀要紧！赵匡胤怒不可遏,随手抓起一把斧子,用斧柄撞向大臣,击中大臣的嘴,顿时鲜血直流,两颗牙齿滚落在地上。大臣不慌不忙,小心地将两颗牙捡起来,装入怀里,什么都不说。赵匡胤不解,忙问他:你怀装牙齿,难道想和我打官司？大臣从容不迫地回答:我不能起诉陛下,但是非曲直自有史官记载。赵匡胤自觉理亏,便转怒为喜,赐给他金帛。

9. 活佛不拜死佛

有一天,赵匡胤到相国寺观光。走进相国寺正殿,赵匡胤在佛像前恭恭敬敬地插上供香,站在那里,好半天一动不动,也不吭声。原来,按照习惯,从天子到庶民,到寺院求佛要跪拜。赵匡胤站在那里,不想跪拜,还故意问一句:拜不拜？陪在一旁的僧徒中,有一个叫赞宁的十分机灵,早看出了皇上的意图,应声回答:不拜。赵匡胤笑着问他:为什么？赞宁回答:殿上尊像是过去佛,陛下是今世活佛,所以,活佛不拜死佛。赵匡胤大笑,乐不可支。从此以后,皇帝到寺院焚香,不再跪拜。

10. 富贵毋相忘

　　五代时期,有一个和尚是以种菜为生。有一天,这位和尚梦见了一条金色黄龙,吃了他种的许多菜。和尚惊醒。这时,赵匡胤到了这里,饥渴难忍,便偷取这位和尚的莴苣吃,正好被和尚看见。和尚见赵匡胤气度不凡,便以礼相待。赵匡胤吃饱喝足以后,和尚对他说:富贵了,不要忘了我,并告知他刚做的梦。赵匡胤大喜,当即表示一旦得志,一定酬报。和尚对赵匡胤说:贫僧我没有什么奢求,只希望你日后得志,为我建一座大寺。赵匡胤答应着离去。赵匡胤即皇帝位后,访求那位和尚,并下令建造大寺,赐名普安寺,京师人称之为道者院。

11. 面杖逐太祖

　　赵匡胤领兵出师北征以前,他想篡位的动机已被人察觉,京师开封城中谣言四起:出军之日,当立点检(赵匡胤)为天子。富商大贾知道大事不好,便纷纷外逃。宫里一无所知。赵匡胤怀疑有人泄密,心中十分惊慌,急忙回家商讨计策。赵匡胤忧虑地说:外面人言汹汹,怎么办好?赵匡胤的姐姐正在厨房做饭,听这一说,面如铁色,举着面杖逐打赵匡胤,厉声说:大丈夫临事自己拿主意,干吗到家里吓我们妇女?赵匡胤挨了面杖,受了训斥,突然醒悟,默默出门决意依计行事。

12. 千里送京娘

　　宋太祖赵匡胤年少时,正是五代时期。当时,正是乱世,天下大乱。他胸怀大志,怀着一颗拯救乱世之心。赵匡胤年少轻狂,因为冒犯朝廷,不得不闯荡江湖。他雄心勃勃,走遍了天下各地。有一天,他路过华山,正遇到一群强盗欺负一个苦命女子赵京娘,赵匡胤路见不平,拔刀相助,救出了赵京娘。他们结为兄妹,随后,服独行千里,护送赵京娘回家。

　　京娘姓赵,山西永济人,当时,年方十七岁,随父亲去曲阳烧香还愿,不幸遭劫。幸遇赵匡胤拔刀相救,千里送其回家。一路上,赵匡胤对京娘体贴关怀,无微不至。途经武安门道川,京娘晨起临渊梳妆,不禁向赵匡胤诉说爱慕之情。赵匡胤踌躇满志,婉言回绝。是时,一轮朝阳喷薄欲出,赵匡胤满怀豪情,作《咏日》诗,题于墙壁:"欲出未出光辣挞,千山万山如火发。须臾走向天上来,赶却残星赶却月。"据冯梦龙《警世通言》记载,赵匡胤千里送京娘,京娘愿意以终身相托。然而,赵婉言谢绝,说:"贤妹,非是俺胶柱鼓瑟,本为义气,千里相送。今若就私情,与那个响马何异?何况,施恩图报,非君子所为。"京娘道:"恩兄高见,妾今生不能补报大德,死当衔环结草。"说罢,京娘投湖自尽。匡胤悔恨交加,毅然投军。后来,登基之后,追封京娘为贞义夫人。

13. 喜爱读书

赵匡胤虽然是武将出身,精通兵法。但是,他却很喜爱读书,经常手不释卷。他跟随柴荣,平定江淮(淮河流域)时,有人向世宗柴荣告密,说他用几辆大车,运载自己私物,有许多金银财宝。世宗疑惑,立即派人前去检查。结果,确实有几辆车,但是,车中别无他物,只有几千卷书籍。柴荣不解,问他:"你是武将,要这么多书,有什么用?"赵匡胤回答:"我没有什么好的计谋贡献给陛下,只能多读些书,以增加自己的见识。"

赵匡胤称帝后,十分尊敬和重用读书人。有一次,他遇到一个疑难问题,问宰相赵普,赵普回答不出。再问其他读书人,学士陶穀、窦仪准确地给出了答案。赵匡胤感慨地说:"宰相须用读书人!"对于读书不多的文臣武将,赵匡胤总是鼓励他们,时刻多读书,增长见识,以弥补自己的不足。宰相赵普正是在他的鼓励下,变得手不释卷、酷爱读书。

赵匡胤用人,从来不问资历。他十分注重选拔有才能、缺少资历的人担当重任,让他们充分锻炼,百炼成钢。在朝廷,他随时留意宫廷内、外文武百官,发现他们有什么长处、才能,随时记在本子上,一旦有合适的官位出缺,他就翻阅本子,选用适当的人去担任。许多大臣获得重用,得知皇帝如此细心,更加勤奋努力工作。朝野大臣知道皇帝重视才能,无不努力提高自己。

赵匡胤有远见,有胆略。称帝之初,地方节度使势力很盛,骄横难制。有一天,赵匡胤将他们召来,授给他们每人一把佩剑,一副强弓,一匹骏马。然后,他自己单身上马,不带卫士,和节度使一起骑马狂奔,驰出皇宫。到了固子门外树林之中,他翻身下马,和他们一起饮酒。

酒过几巡,赵匡胤突然对他们说:"这里僻静无人,你们之中谁想当皇帝,可以杀了我,然后前去登基。"节度使们目瞪口呆,被他的这种英雄气概镇住了。他们面面相觑,一个个立即拜伏在地,战栗不止,连忙说:"不敢。"赵匡胤站在那里,威风凛凛,再三询问:谁想当皇帝?他们吓得跪在那里,浑身是汗,埋头不语。赵匡胤扫视众人,严肃地训斥他们:"你们既然要我做天子,就应当各尽臣下的职责。今后,不准再骄横不法,目无天子!"节度使们长吁一口气,山呼万岁,表示真心顺从。

14. 杯酒释兵权

杯酒释兵权,是指宋朝初年通过一场酒宴温和地剥夺将领军权的故事。赵匡胤为了加强中央集权,避免禁军将领重演黄袍加身,篡夺自己夺取的政权,通过一次宫廷酒宴,在酒宴上威胁、利诱,双管齐下,暗示军官们交出兵权。比起汉高祖、明太祖大杀功臣之举,赵匡胤的杯酒释兵权充满温情,历代被视为宽和的典范。

有一天,赵匡胤召来宰相赵普,问道:从唐朝末世以来,数十年了,皇帝已经更换了八个家族。可是,战争频繁,不休不止,人民生活在水深火热之中,这是什么原因?朕想停止天下兵戈,使国家长治久安,如何才能做到?赵普沉吟片刻,回答:陛下这样讲,真是天地人神之福啊。造成天下混乱,不是别的原因,就是藩镇权力太大,君弱臣强罢了。今天,如果想要解决这个问题,唯有削弱藩镇权力,限制他们的财政,将他们的精锐军队收回,这样,天下就太平了。

建隆二年(961年)七月,在退朝之时,赵匡胤留下石守信、高怀德、王审琦、张令铎等高级将领,一起在宫中设宴饮酒。酒至半酣,赵匡胤对军将们说:如果没有诸位,我当不了皇帝。虽然我贵为天子,可是还不如做节度使快乐。当了皇帝之后,我终日没有好好睡过。听罢此话,石守信等人大惊失色,赶忙问:陛下,何出此言?如今,天命已定,谁敢再有异心?赵匡胤说:试问,谁不想要富贵?有朝一日,有人以黄袍披在你们的身上,拥戴你们当皇帝,纵使你们不想造反,还由得了你们吗?

■ 杯酒释兵权

石守信等将领一听,明白了皇帝的意思,立即跪下磕头,哭着说:陛下,臣等愚昧,不知道此事该怎么处理,伏请陛下可怜我们,指示一条生路。赵匡胤举着酒杯,从容不迫地说:很好办,放弃兵权。各位,人生苦短,犹如白驹过隙,不如回家多积些金钱,买些房产,传给后代子孙。家中多置歌妓舞伶,日夜饮酒相欢,以终天年。这样,君臣之间没有猜疑,上下相安,不是很好?将领们感激涕零,说:陛下能想得这样周全,这是给予我们起死回生的恩惠啊!第二天,各位将领称病,上书皇帝请求辞职。赵匡胤一一批准,给予他们优厚的退休金。

15. 雪夜访赵普

冬天,一个大雪天深夜,宰相赵普正在家中读书。忽然,门房来报,有客人来访。赵普十分吃惊,疑惑不解:如此深夜,谁会来访?他匆匆出门,迎接客人。来到门口,只见三个人,风尘仆仆,站立于风雪之中。为首一人,除下头上斗笠,竟然是皇帝赵匡胤。

赵普喜出望外,立即恭迎皇帝入内。赵普家中,立即忙碌起来。赵普妻子亲自下厨,供上新鲜的炭烧肉,烫酒以进。赵匡胤呼赵普妻子为嫂子,君臣饮酒,相处甚欢。他们边饮边谈,谈话的中心内容就是商量用兵北汉的问题。赵普认为:太原重地,当西北二面。太原既下,则我独当之。不如等待削平诸国,再取北汉。北汉,弹丸黑子之地,将安逃乎!赵匡胤微笑,表示正合心意。

16. 宽厚待人

赵匡胤器量宏大,为人宽厚,从来不以杀戮服人。有一次,他在宫中设宴,招待群臣。大臣之中,有一位翰林学士王著,原是后周世宗柴荣非常信任的臣子。由于喝醉了酒,王著思念故主,当众喧哗起来。群臣大惊,都为他捏一把汗。宋太祖非常宽厚,没有怪罪,命人将他扶出去休息。王著不肯出去,就在屏风后面,大声痛哭。最后,好不容易才被左右侍从搀扶出去。第二天,有人上奏,说王著当众大哭,思念后周世宗,应当严惩。宋太祖宽厚地说:"不怪他,他喝醉了。世宗在时,我和他同朝为臣,熟悉他的脾气。他是一个书生,哭哭故主,也不是什么大问题,由他去吧。"

陈桥兵变之后,众将领簇拥着赵匡胤,回师开封。当他们进入皇宫时,看见一个妃子,抱着一个婴儿,就问:这是谁的儿子?回答:是周世宗之子。当时,范质、赵普、潘美都在一旁,赵匡胤问:怎么处理?赵普回答:应该除掉以免后患。赵匡胤说:我接人之位,再杀人之子,不忍心。于是,他吩咐把这个婴儿送给潘美,由他抚养。从此以后,再没有问起此事,潘美也没有向赵匡胤提起这婴儿。这个婴儿长大成人,取名惟吉,官至刺史。

有一天,赵匡胤御驾出宫。经过大溪桥时,突然,飞来一支冷箭,射中了黄龙旗,皇帝差点毙命。禁卫军大惊失色,立即包围射箭之地。赵匡胤大笑,拍着胸膛说:谢谢他,教我箭法。不许前去搜捕。皇帝不准禁卫前去搜捕射箭者,禁卫立即撤围,后来,真的再也没事了。

17. 武学宗师

太祖长拳,应该源于赵匡胤训练士卒的武学真传。赵匡胤擅长武术,结合在战场上真实拼杀的实际经验和格斗套路,编制成三十二式长拳。赵匡胤登基之后,感觉昔日训练士卒之拳法十分珍贵,于是,编练成套,命名为"宋太祖三十二式长拳",用于军中,训练士卒。太祖长拳,以长于实战著称。

少林寺有长拳,对太祖长拳,刮目相看,承认太祖长拳为少林武功最大之别支。中国武术源远流长,流传至今的武术之中,以太祖长拳命名的拳系流派众多,包括:山东、河北沧州、河南嵩山、云南、福建、台湾等地,从北到南,枝繁叶茂,目不暇接。《四川武术大全》记载,赵门武术,正是假托赵匡胤而得名,故称赵门。赵匡胤在武术方面成就卓著的,就是以他命名和首创的棍法打遍天下,称为"太祖盘龙棍"。太祖盘龙棍,又称哨子棍,棍法独特,简练实用,威猛难防。因此,人称宋太祖是武学宗师。

18. 誓碑遗训

赵匡胤登基后,曾在石碑之上(一说为铁块上),刻下遗训,作为留给子孙永远遵守的遗言。此后,宋朝历任皇帝,在即位之时,都必须拜读这份遗训。据说:这份遗训是宋朝的最高机密,除了皇帝、皇位继承人和特定宫中人士之外,包括宰相在内,都不知道内容。后来金朝打败宋朝,占领皇宫。这时,金人发现了这份宋太祖遗训。遗训内容,主要有三点:

(1)柴氏子孙有罪,不得加刑;纵犯谋逆,止于狱中赐尽;不得市曹刑戮,不得连坐支属。

(2)不得杀士大夫,及上书言事人。

(3)子孙有渝此誓者,天必殛之。

宋朝皇帝基本上都遵守了这份誓碑遗训。纵观大宋王朝,柴氏皇室子孙一直受到优厚待遇,几乎与南宋共存亡。即使在新旧党争之中,失势的士大夫官员,没有因政见不同而被杀。上书言事者,没有被收监、被杀。

家族成员
世系

高祖:宋僖祖文献皇帝赵朓。

曾祖:宋顺祖惠元皇帝赵珽。

祖父:宋翼祖简恭皇帝赵敬。

父母

父亲:宋宣祖赵弘殷。

生母:昭宪太后杜氏(即杜太后)。

庶母:陈国夫人耿氏。

兄弟姐妹

大哥：曹王赵匡济。

三弟：宋太宗赵匡义（赵光义、赵炅）。

四弟：魏王赵廷美。

五弟：岐王赵光赞。

姐姐：名失考，追封陈国长公主，后改封荆国大长公主、恭献大长帝姬。

妹妹：名失考，封号燕国长公主，追封大长公主，后改封秦国大长公主、恭懿大长帝姬。

后妃

孝惠皇后贺氏，生魏国大长公主、鲁国大长公主、燕懿王赵德昭。

孝明皇后王氏。

孝章皇后宋氏。

子女

长子，滕王赵德秀，早亡。

次子，燕懿王赵德昭，其九世孙为宋理宗赵昀。

三子，舒王赵德林，早亡。

四子，秦康惠王赵德芳，早亡（他就是大名鼎鼎的八贤王原型），其六世孙为宋孝宗赵昚。

魏国大长公主，初封昭庆公主，进封郑国公主，改封秦国公主，进封秦国长公主。后来，改封魏国大长公主。政和年间，改封贤肃大长帝姬。

鲁国大长公主，初封延庆公主，进封许国公主，改封晋国公主，进封晋国长公主，进封晋国大长公主，改封鲁国大长公主。政和年间，改为贤肃大长帝姬。

陈国大长公主，初封永庆公主，进封虢国公主，改封齐国公主，进封许国长公主，追封许国大长公主，改封陈国大长公主。政和年间，改贤惠大长帝姬。

宋陵永昌陵

1. 巩县宋陵

巩县宋陵，是北宋时的皇家陵墓，位于今河南省巩县西村、芝田、孝义、回郭镇附近。北宋有九位皇帝，除了宋徽宗、宋钦宗二帝被俘虏北去，死于漠北，其余七个皇帝都葬在这里。

乾德元年（963年），宋太祖赵匡胤将其父亲赵弘殷的尸骨从开封迁葬在这里。宋钦宗最初葬在五国城，宋室遥上陵名为永献陵。乾道六年（1170年），金将永献陵迁往这里。这就是巩县宋陵，八帝九陵之来由。

九陵包括：宋宣祖赵弘殷永安陵、宋太祖赵匡胤永昌陵、宋太宗赵光义永熙陵、宋真宗赵恒永定陵、宋仁宗赵祯永昭陵、宋英宗赵曙永厚陵、宋神宗赵顼永裕陵、宋哲宗赵煦永泰陵、宋钦宗赵桓永献陵。

宋陵，一同祔葬的皇后有二十多人；陪葬的王公大臣，有一百多人。宋陵绵延五公里，当地人俗称为龙堌堆。宋陵陵园，占地面积约一百二十亩。陵园四周筑有神墙，四隅建有角楼。四面神墙的中间都开有神门，门前各立着一对石狮。南神门内设有献殿，是在祭祀时用的，于今已不复存在。

宋陵各陵神道前，排列着大量的石刻，分布和数目大致相同，包括：两根望柱、四头象和驯象人，两个瑞禽、两个角瑞、十二匹马和控马官、四只虎、四只羊、四个客使、八个文武臣、两个武士、两个宫人。现在仅存十五根望柱、十四头象、十个象奴、十四个瑞禽、十四个角瑞、七十六匹马和控马官、二十九只虎、二十九只羊、三十个宫使、二十四个武臣、二十二个文臣、十四个武士、六十三个门狮。

宋陵南神门外，中轴线两旁，依次排列的石刻群包括：传胪、镇殿将军、跑狮、朝臣、羊、虎、马和马童、麒麟、石屏凤凰、象和象奴、石柱。这些石像和镇门石狮，都雕刻精美，纹饰讲究，栩栩如生。

2. 永昌陵

永昌陵，是北宋太祖赵匡胤的陵墓，东距永安陵约 2 公里，太平兴国二年（971 年）入葬于此。永昌陵略呈方形，陵墓底长东西 60 米，南北 62 米，高 21 米。现存有镇门石狮七个、石人七个、石羊四个、石虎四个、石马四个、石麒麟两个、石凤凰两个、石象两个、石望柱两个。

三、宋太宗赵光义

生平

宋太宗赵光义（939—997 年），字廷宜，宋朝的第二位皇帝。本名赵匡义，后来，因为避其兄宋太祖名讳改名赵光义；即皇帝位后，又改名赵炅。开宝九年（976 年），宋太祖驾崩，赵光义登基，即宋太宗。即位之后，充分运用政治手段和军事压力，迫使吴越王钱俶和割据漳、泉二州的陈洪进屈服，先后于太平兴国三年（978 年）投降，献土归附。第二年，宋太宗亲征太原，灭亡北汉，结束了五代十国以来 200 余年的分裂割据局面；两次挥师攻辽，企图收复燕云十六州，但是，都遭到失败，从此以后，对辽采取守势。在位期间，进一步加强中央集权，改变唐末以来，重武轻文之陋习，大量起用和器重文臣。赵光义在位 21 年，至道三年（997

年)去世,庙号太宗,谥号至仁应道神功圣德文武睿烈大明广孝皇帝,葬永熙陵。

赵光义,是宋宣祖赵弘殷和杜太后所生的第三个儿子,宋太祖赵匡胤之弟。后晋天福四年十月七日(939年11月20日),生于开封府浚仪县崇德北坊护圣营官舍。据史书记载,起初,赵光义之母梦见神仙捧着太阳授予她,从而怀孕;赵光义出生之夜,红光升腾似火,街巷充满异香。赵光义从小聪颖,卓尔不群。每当与别的孩子游戏时,所有孩子都畏服于他。960年,赵光义参加陈桥驿兵变,拥立其兄赵匡胤为帝。

赵匡胤即位之后,封赵光义为殿前都虞候,领睦州防御使;不久,领泰宁军节度使。征讨李重进之后,赵光义被封为大内都部署,加同平章事、行开封府尹,兼中书令。进占太原之后,赵光义被改封为东都留守,别赐门戟,封晋王,位列宰相之上。

开宝九年(976年)农历十月十九日夜,赵匡胤在北征契丹途中,和赵光义饮酒,共宿宫中。第二天(十月二十日)清晨,赵匡胤忽然驾崩。二十一日,晋王赵光义即位,为宋太宗。

▌赵光义

▌赵光义画像

事迹

赵光义继位后,改年号为"太平兴国",意思是,共创太平盛世,兴旺大宋王朝。登基之后,他倚重弟弟,推恩宗室,重用辅臣,共理国政:任命其弟赵廷美为开封府尹,兼中书令,封齐王;封赵德昭为节度使,封郡王;赵德芳封为节度使;宋太祖、赵廷美等人子女,均称为皇子皇女;宋太祖之三个女儿,封为国公主;宋太祖之旧部薛居正、沈伦、卢多逊、曹彬、楚昭辅等人,都加官晋爵,他们的儿孙也获得重要官位;当年,一些宋太祖在世时给予处罚或想要处罚之人,他都降旨予以赦免。

赵光义非常注重培养、提拔自己信任的各方面人才,不拘一格,加以重用。其幕府成员,人才济济,如程羽、贾琰、陈从信、张平等人,陆续进入朝廷,担任要职,慢慢替换宋太祖时期重用的旧臣。赵光义执政之后,为了巩固皇位,加强集权,罢黜了一批元老宿将,包括:赵普、向拱、高怀德、冯继业等人,分别将他们调离京师,在京城附近做官,以便控制。他扩大科举,注重选拔优秀人才,大量录取士人,为国所用。据史料记载,宋太宗在位时期,第一次科举,录取士人的数量,比宋太祖时代最多人数猛增两倍有余。

至道三年(997年)三月,赵光义驾崩,年仅59岁,在位22年。群臣上尊谥:神功圣德文武皇帝,庙号太宗。同年十月,葬于永熙陵。赵光义死后,赵恒登基为帝,是为宋真宗。

典故逸闻

1. 开卷有益

宋太宗好读书,"开卷有益"之典故,就是出自他。宋朝初年,宋太宗赵光义命文臣李昉等人编纂类书《太平总类》一千卷。这部大型类书,收集、摘录了一千六百余种古籍之重要内容,分门别类,归成五十五门。宋太宗亲自审定,规定自己每天看三卷,一年之内全部看完。最后,宋太宗赐名,更名为《太平御览》。

宋太宗政务繁忙,每天抽出时间,翻阅这部巨著。随侍大臣感觉皇帝太辛苦,劝告他以身体为重,少看些书,不一定每天都看,以免过劳。可是,宋太宗笑着回答:我喜欢读书,开卷有益,从书中能得到许多乐趣。于是,他坚持每天阅读三卷。有时,国事太忙,耽误了读书,他随后一定抽空补上。他经常对左右随侍说:只要打开书本,总会有益的。

后来,开卷有益,成为成语典故,形容只要打开书本读书,总会有益处;常用来勉励人们,勤奋好学,多多读书,就会有益。

2. 烛影斧声

宋太祖之死、宋太宗即位,前后相继,为后世留下了"烛影斧声"的历史谜团。对于这一千古谜案,学术界主要有三种不同的看法:

第一,宋太祖或被暗杀,或因急病猝死,所以,没有留下传位于宋太宗的遗诏;

第二,宋太宗即位时,没有任何遗诏可以宣布,连当时编造,或者事后编造的太祖遗诏都没有；

第三，因为宋太祖没有留下传位遗诏，宋太宗未来得及，或者不便编造太祖遗诏，所以，宋代官修《实录》《国史》《长编》《宋史》等书，看不到宋太祖的传位遗诏。

关于赵匡胤之死，《湘山野录》之中，有"烛影斧声"之说，从此，这一说法大行于世：宋太祖赵匡胤暴死，死于宋太宗赵光义之手，当夜，烛影之中隐约听见斧头之声；赵匡胤没有按照传统习惯，将皇位传给自己的儿子，而是传给了弟弟赵光义，后世因此怀疑，赵光义谋杀兄长篡位。

反对这一说法者认为：司马光《涑水纪闻》之中记载：宋太祖驾崩，已是四鼓时分；皇后派宦官王继恩急召秦王赵德芳入宫，但是，王继恩却前往开封府，急召赵光义；晋王亲信左押衙程德玄得知此信，已在门口等候。赵光义闻讯后，大惊，着急地说：我要跟家人商议一下。王继恩劝他，赶快行动，以防他人捷足先登。于是，赵光义立即与王继恩、程德玄一行三人，在雪地之中疾步入宫。据此，宋太祖死时，宋太宗不在寝殿，不可能弑兄。

家族成员

父母

父亲	宋宣祖	赵弘殷
母亲	昭宪太后	杜氏（即杜太后）

兄弟

大哥	曹王	赵匡济
二哥	宋太祖	赵匡胤
四弟	魏悼王	赵廷美
五弟	岐王	赵光赞

后妃

	备注
尹皇后	追谥淑德皇后
符皇后	追谥懿德皇后
李皇后	原为李德妃，后来成为皇后、皇太后（万安太后），追谥明德皇后

续表

	备注
李贤妃	最初追封为贤妃、皇太后，后来追谥为元德皇后。生楚王赵元佐和宋真宗赵恒
王德妃	生赵元俨
德妃朱氏	
贵妃孙氏	
贵妃臧氏	
贵妃方氏	
贤妃高氏	
贤妃邵氏	
淑仪李氏	
淑仪吴氏	

儿子

	姓名	职位
长子	赵元佐	楚王
次子	赵元僖	昭成太子
三子	赵恒	宋真宗
四子	赵元份	商恭靖王
五子	赵元杰	越文惠王
六子	赵元偓	镇恭懿王
七子	赵元偁	楚恭惠王
八子	赵元俨	周恭肃王
九子	赵元亿	崇王

女儿

	生平
长女	滕国公主,早亡
次女	徐国大长公主,太平兴国九年,封蔡国公主,下嫁左卫将军吴元扆;淳化元年,改魏国公主;逝世,谥英惠。至道三年,追封燕国长公主;景祐三年,进燕国大长公主;元符改徐国大长公主;政和改英惠大长帝姬

续表

	生平
第三女	邠国大长公主,太平兴国七年为尼,号员明大师;八年卒;至道三年,追封曹国长公主;景祐三年,进曹国大长公主;元符改邠国大长公主
第四女	扬国大长公主,至道三年,封宣慈长公主;咸平五年,进鲁国长公主,下嫁左卫将军柴宗庆,赐第普宁坊;柴宗庆为柴禹锡之孙,帝命主以妇礼谒禹锡第;历徙韩国公主、魏国长公主、徐国长公主、福国长公主;仁宗立,进邓国大长公主;明道二年薨,追封晋曙,谥力靖;元符封扬国大长公主;政和改和靖大长帝姬;公主性妒,柴宗庆无子,以兄子为后
第五女	雍国大长公主,至道三年,封贤懿长公主;咸平六年,下嫁右卫将军王贻永,进封郑国长公主,赐第;景德元年薨,谥懿顺;景祐三年,追封郑国大长公主;皇祐三年,改韩国大长公主;徽宗改封雍国大长公主;政和改懿顺大长帝姬
第六女	卫国大长公主,至道三年,封寿昌长公主;大中祥符二年,进封陈国长公主,改吴国长公主,号报慈正觉大师;改楚国长公主,又改邠国长公主;天禧二年,改建国长公主;乾兴元年,封申国大长公主;天圣二年薨,赐谥慈明;徽宗改卫国大长公主;政和改慈明大长帝姬
第七女	荆国大长公主,幼不好弄,未尝出房闼;太宗尝发宝藏,令诸女择取之,欲以观其志,主独无所取;真宗即位,封万寿长公主,改随国大长公主,下嫁驸马都尉郴遵勖;历封越国大长公主、宿国大长公主、鄂国大长公主、冀国大长公主;明道元年,进魏国大长公主;皇祐三年薨,年六十四;帝临奠,辍视朝五日;追封齐国大长公主,谥献穆;徽宗改封荆国大长公主;政和改献穆大长帝姬

四、宋徽宗赵佶

生平

赵佶(1082—1135年),宋神宗第十一子,宋哲宗之弟,宋朝第八位皇帝。先后封为遂宁王、端王。公元1100年正月,哲宗病逝,无子。同月,向太后立他为帝。第二年,改年号为"建中靖国"。在位26年,国亡,被俘,受尽折磨而死,终年54岁,葬于都城绍兴永佑陵(今浙江省绍兴市柯桥区东南35里处)。

宋徽宗在位期间,重用蔡京、高俅、王黼、童贯、梁师成、汪伯彦、李邦彦等奸臣,大肆搜刮民财,穷奢极欲,荒淫无度。为了享受,建立专供皇室享用的造作局,造作御用珍品;四处搜刮奇花异石,用船运至开封,称为花石纲,建造延福宫、艮岳。社会矛盾激化,爆发了方腊、宋江等农民起义。他是一位平庸皇帝,却是艺术天才,擅长书法、绘画,均为艺术珍品。他自创一种书法字体,被后人称为

"瘦金体"。后世史家评论他:"宋徽宗诸事皆能,独不能为君耳!"

按照皇位继承法,赵佶本无机会继承大统。宋哲宗23岁时,英年早逝,无子。按照宋朝皇室规定,从皇帝的弟弟中寻找继承人。本来,哲宗弟弟之中,以大宁郡王赵佖最长。可惜,他患有眼疾,不能继位。按照顺序,则是端王赵佶继承大统。宰相章惇反对赵佶继位,认为端王太轻佻,建议立哲宗同母弟蔡王赵似。

但是,向太后支持赵佶继位,以宋神宗之语驳斥反对派:"先帝尝言:端王有福寿,且仁孝,当立。"因此,端王赵佶顺利登基,成为大宋皇帝。《宋史》作者感慨当初章惇反对意见如被采纳,北宋可能是另一种结局:"宋不立徽宗,金虽强,何衅以伐宋哉?"赵佶即位第二年,向太后去世,改年号为建中靖国,在位25年。

事迹

1. 为政乏善可陈

宋徽宗在位25年,乏善可陈。

2. 酷爱绘画

宋徽宗酷爱绘画,在位之时,搜罗一流画家进入宫廷,成立翰林书画院。这是宫廷画院,宋徽宗相当于画院院长。他常常出题作画,以画作优劣作为科举和选拔升官的主要考试方法。每年科举取士,以诗词为题,演绎许多佳话。如题目"山中藏古寺",许多画师画一座深山之中,寺院飞檐。但是,第一名没有画任何建筑,只画了一个和尚,在山溪挑水。题为"踏花归去马蹄香",第一名没有画任何花卉,只画一人骑马,有蝴蝶在马蹄间飞绕。

宋徽宗在位时,搜罗天下古物和字画,扩充翰林书画院,组织文臣编纂《宣和书谱》《宣和画谱》《宣和博古图》等书,大力倡导书法、绘画。他多才多艺,在吹弹、书法、绘画、诗歌、词赋方面,无不精通。他的著作甚丰,可惜,大都散佚无存。有词集《宋徽宗词》传世。

未登基前,他常与驸马都尉王诜、宗室赵令穰等人往来,一起作画。宋徽宗本人酷爱绘画,留下许多珍迹。不过,许多画上并没有留下作者署名。这些画品

宋徽宗像

是否是赵佶作品,一直有争议。可以确定是徽宗真迹作品,包括:《诗帖》《柳鸭图》《池塘晚秋图》《竹禽图》《四禽图》《雪江归棹》等;《芙蓉锦鸡图》《腊梅山禽图》等作品,是徽宗御题画。

宋徽宗本人的绘画作品极具特色,他要求画院画家严谨工致,可是,他自己的作品偏于粗犷,以水墨画居多。传世作品之中,有其签押的作品较多,较为工细者,包括《祥龙石图》《芙蓉锦鸡图》《听琴图》《雪江归棹图》,由北京故宫博物院收藏;《瑞鹤图》,由辽宁省博物馆收藏;《翠竹双雀图》,由美国大都会博物馆收藏。这些作品是绘画精品,有人认为是画院中高手代笔之作。据说,只有藏于美国纳尔逊艺术博物馆之《四禽图》卷,以及上海博物馆收藏的《柳鸦图》卷,被认定是徽宗亲笔,两幅画品,都是水墨画,纸本,笔法简朴,不尚铅华。台北"故宫博物院"收藏之《池塘秋晚图》,也是宋徽宗的真迹。

■ 芙蓉锦鸡图

张择端完成《清明上河图》,进呈给宋徽宗。宋徽宗非常喜欢,成为此画的第一位收藏者。宋徽宗喜爱此画,用瘦金体亲笔题写"清明上河图"五字,钤上双龙小印。北宋灭亡,宋徽宗宣和画院解散。画院画师辗转逃亡,逐渐集结于南宋都城临安,恢复画院,成为南宋画院的骨干,他们包括:李唐、刘宗古、杨士贤、李迪、李安忠、苏汉臣、朱锐、李从训等人。宋高宗赵构苟且偷安,但是十分重视书画,积极重建画院。

3. 书法天才

宋徽宗独创瘦金体书法,别具一格,独步天下。瘦金体书法,挺拔俊秀、飘逸潇洒。传世宋徽宗瘦金体书法作品,包括《瘦金体千字文》《欲借风霜二诗帖》《夏日诗帖》《欧阳询张翰帖跋》等。

2012年1月2日,在广东中翰清花拍卖有限公司主办的"清花岁月"跨年拍卖会上,宋徽宗瘦金体《千字文》拍出了1.4亿元天价。这件拍品,从预展时起就备受到藏家关注。拍卖会上,这件拍品起拍价从6000万元起,一路狂升,最后以1.4亿元拍下。上海博物馆书画部主任单国霖表示,现存于世之宋徽宗瘦金体《千字文》,是赵佶赐予童贯的书法作品。但是,只有一件,收藏于上海博物

瘦金体千字文帖

馆。宋徽宗瘦金体《千字文》，现藏于上海博物馆，纵 30.9 厘米，横 322.1 厘米，朱丝界栏，素笺，书法落款"崇宁甲申岁宣和殿书赐童贯"，画上，有大量鉴藏印，包括：乾隆御览之宝、嘉庆御览之宝、宣统御览之宝、安仪周家珍藏等印。据说，宋徽宗签名极有特点：如一个"天"字，但是，这"天"字第一笔，和下面有一段距离，意为天下一人。

4. 非常诗人

宋徽宗是一位天才的诗人、词人，留下了大量精致的诗词佳作如《念奴娇》：

> 雅怀素态，向闲中、天与风流标格。
> 绿锁窗前湘簟展，终日风清人寂。
> 玉子声乾，纹楸色净，星点连还直。
> 跳九日月，算应局上销得。
> 全似落浦斜晖，寒鸦游鹭，乱点沙汀碛。
> 妙算神机，须信道，国手都无勍敌。

玳席欢余,芸堂香暖,赢取专良夕。

桃源归路,烂柯应笑凡客。

5. 靖康之变

靖康元年(1126年)八月,金太宗再次南下,命东、西两路大军直取北宋都城。金兵大举南下,宋兵部尚书孙傅不思迎战,把全部希望放在士兵郭京身上。郭京谎称身怀绝技,有佛道二教之法术,以道门六甲法和佛教毗沙门天王法,就可破敌。但是,神兵溃不成军。金兵分成四路,乘机攻入城内,攻占都城汴京。宋钦宗遣使到金营请和,宗翰、宗望二帅不允。

1126年12月15日,金兵攻破汴京,金帝废宋徽宗赵佶、宋钦宗赵桓为庶人。公元1127年3月底,金帝将徽、钦二帝,连同后妃、宗室、百官、宫女数千人,以及教坊乐工、技艺工匠、法驾、仪仗、冠服、礼器、天文仪器、珍宝玩物、皇家藏书、天下州府地图等,押往北方。都城汴京,公私积蓄,被掳掠一空,北宋灭亡。这一事件,发生在靖康年间,史称靖康之变。

▣ 宋徽宗画像

宋徽宗受尽折磨,写下了大量诗词佳作。如:"彻夜西风撼破扉,萧条孤馆一灯微。家山回首三千里,目断山南无雁飞。"1127年7月,宋徽宗派大臣曹勋从金营偷偷逃到南宋。临行前,徽宗交给他一件自己穿的背心,背心上手书:"你快来援救父母。"宋徽宗将这几个字,展示给周围的人看,众人悲泣不已。宋徽宗哭着叮咛曹勋,一定要转告南宋皇帝赵构,"不要忘了我北行的痛苦"。说着,他取出白纱手帕拭泪,然后,将手帕交给曹勋,说:"让皇上(高宗)深知我思念故国而哀痛泪下的情景。"天会八年(1130年)七月,金帝将徽宗、钦宗二帝迁到五国城(今黑龙江省依兰县城北旧古城)软禁。到达五国城时,随行男女仅有140余人。

6. 魂归故土

宋徽宗被俘,囚禁了9年。公元1135年四月甲子日,终因不堪折磨,死于五国城,享年54岁。金熙宗下令,将他葬于河南广宁(今河南洛阳附近)。绍兴十二年(1142年)三月,宋、金签订《绍兴和议》。四月丁卯(1142年5月1日),高宗生母韦贤妃随同宋徽宗棺椁,一起归宋。同年八月,十余辆牛车进入浙江,来到绍兴。十月,南宋将徽宗暂葬于绍兴府会稽县(今浙江省绍兴市),名曰永固陵。后来,改名永佑陵。庙号为徽宗。

1964年3月24日,毛泽东在一次谈话中,评点知识分子,说:"可不要看不起老粗,知识分子是比较没有出息的。历史上当皇帝,有许多是知识分子,是没有出息的。隋炀帝,就是一个会做文章、诗词的人。陈后主、李后主,都是能诗能赋的人。宋徽宗,既能写诗又能绘画。一些老粗能办大事情,如成吉思汗、刘邦、朱元璋。"

典故逸闻

1. 续诗得第

有一天,徽宗赵佶临御来夫人阁,兴之所至,在一柄小白团扇上写下了两句诗:选饭明来不喜外,御厨空费八珍盘。赵佶诗还没有写完,便困倦不堪,昏昏欲睡。临睡前,赵佶吩咐,有能诵诗的,把这诗续完。赵佶的侍臣推荐一个邻居的太学生。太学生默读赵佶已写好的两句诗后,不知道皇上是何寓意,便请皇上略作说明,是让续在扇上,还是写在纸上呈进。

徽宗赵佶说:朝来不喜餐,应好生阻止,就按此意续写,写在扇子上。太学生略一沉吟,便写上了两句:人间有味都尝遍,只许江海一点酸。赵佶看诗,觉得十分满意。临殿亲试进士时,却没有那位太学生。赵佶传旨让他参加殿试,并特赐及第。

2. 青楼天子

赵佶生于元丰五年(1082年)十月十日,自幼养尊处优,长大以后,轻佻浪荡。据说,在他降生之前,其父宋神宗前往秘书省,观看收藏的南唐后主李煜画像,"见其人物俨雅,再三叹讶"。这时,随侍来报,生下一皇子,就是宋徽宗赵佶。据说,"生时,梦李主来谒,所以,文采风流,过李主百倍"。

长大以后,赵佶迷恋声色犬马,喜爱游戏踢球。赵佶身边,有一个侍女名叫春兰,花容月貌,精通文墨,是向太后特意送给他的。但是,赵佶并不满足,他以亲王之尊,经常微服私访,游幸青楼歌馆,寻花问柳。京城名妓他都染指。有时,他将喜欢的妓女乔装打扮,带入王府,长期据为己有。

徽宗17岁时,结婚,娶德州刺史王藻之女。即位以后,册立王氏为皇后。王皇后相貌平平,生性俭约,不会取悦徽宗,虽为皇后并不得宠。徽宗好色,宠幸郑贵妃、王贵妃。她们二人本是向太后宫中的押班,眉清目秀,极善言辞。徽宗为藩王时,每到慈德宫请安,向太后总是命郑、王二人陪侍。二人小心谨慎,善于奉承,颇得徽宗好感。时间一长,向太后有所觉察。

徽宗即位,向太后就把二人赏赐给他。徽宗如愿以偿,甚为欢喜。据史书记载,郑氏"自入宫,好观书。章奏能自制,帝爱其才"。据说,徽宗多次赐给郑氏情词艳曲,后来,艳曲传出宫禁,广为流传。王皇后去世,政和元年(1111),徽宗册封郑氏为皇后。除了郑、王二女之外,徽宗还宠爱刘贵妃、乔贵妃、韦贵妃等人。这些后妃,徽宗还觉不够,私访京城名妓李师师,成就一段佳话。所以,人称他为青楼天子。

家族成员

父母

父亲:宋神宗赵顼

母亲:钦慈皇后陈氏

后妃

皇后5人:

惠恭皇后王氏:王氏,元丰七年(1084年)生于东京汴梁。父为德州刺史王藻,元符二年(1099年),嫁给端王赵佶,封顺国夫人。元符三年(1100年),立为皇后。同年四月十三日(5月23日),生皇长子、太子赵桓。崇宁二年(1103年),生皇二女荣德帝姬赵金奴,即崇国公主、永庆公主、荣福公主。

显肃皇后郑氏:郑氏,元丰三年(1080年)生于开封。父为郑绅,后封太师、乐平郡王。初,她与懿肃贵妃王氏,同为钦圣献肃皇后向氏侍女。徽宗即位后,封为贤妃,后晋贵妃。大观四年(1110年)十月,封为皇后。宋钦宗靖康元年,尊为太上道君皇后,居宁德宫,称为宁德太后。宋高宗绍兴元年(1131年),薨于五国城,享年52岁。

明达皇后大刘氏(追封):刘氏,初为才人。后来,封明达懿文贵妃。生皇八子益王赵棫。大观二年(1108年),生皇十一子祁王赵模。政和元年(1111年),生皇十八子信王赵榛。

明节皇后小刘氏(追封):生皇二十五子建安郡王赵模。政和六年(1116年),生和福帝姬赵金珠。政和八年(1118年),生皇二十六子嘉国公赵㮙。宣和二年(1120年),生皇二十八子英国公赵橞。享年34岁。

显仁皇后韦氏(追封):生皇九子康王赵构。进封为婕妤。后来,升为婉容。宋钦宗靖康元年(1126年),封龙德宫贤妃。靖康之变,被俘。靖康二年五月一日(1127年),皇九子康王赵构于宋南京(今河南商丘)即皇帝位,史称南宋高宗,韦贤妃被遥尊为宣和皇后。绍兴二十九年(1159年)薨,享年80

岁,谥显仁。

贵妃4人:

懿肃贵妃王氏。

贵妃乔氏。

贵妃崔氏。

德妃王氏。

其他有封号嫔妃:

淑仪金弄玉。

淑容裴月里嫦娥。

淑容陈娇子。

充仪申观音。

充仪左宝琴。

充容刘新刘娘。

充容秦怀珊。

充媛席珠珠,初封美人。

充媛奚巧芳。

贵仪金秋月。

贵仪朱桂林。

昭仪朱素辉。

昭容李珠媛。

据《开封府状》统计,靖康之难时,徽宗有封号的妃嫔以及女官,共143人;无封号宫女,504人。

子女

儿子32人,其中25人活到了成年。

长子赵桓:即宋钦宗,北宋末代皇帝,母显恭皇后王氏。

次子赵柽:早殇,封衮王,母显肃皇后郑氏。

第三子赵楷:封郓王,母懿肃贵妃王氏。

第四子赵楫:早殇,封荆王。

第五子赵枢:封肃王。

第六子赵杞:封景王。

第七子赵栩:封济王。

第八子赵棫:封益王,母贵妃刘氏。

第九子赵构:封康王,即宋高宗,南宋创建者,母韦贤妃。

第十子赵材:早殇,封邠王。

第十一子赵模:封祁王,母贵妃刘氏。

第十二子赵植:封莘王,母懿肃贵妃王氏。

第十三子赵朴:封仪王。

第十四子赵棣:封徐王。

第十五子赵樗:封沂王。

第十六子赵栱:早殇,封郓王。

第十七子赵栻:封和王。

第十八子赵榛:封信王,母贵妃刘氏。

第十九子赵椿:早殇,封汉王。

第二十子赵梧:也作"赵屋",封安康郡王。

第二十一子赵楗:封广平郡王。

第二十二子赵机:早殇,封陈国公,母懿肃贵妃王氏。

第二十三子赵梃:封相国公。

第二十四子赵樾:封瀛国公。

第二十五子赵柍:封建安郡王,母贵妃刘氏。

第二十六子赵椅:封嘉国公,母贵妃刘氏。

第二十七子赵栋:封温国公。

第二十八子赵榿:封英国公,母贵妃刘氏。

第二十九子赵桐:封仪国公。

第三十子赵柄:封昌国公。

第三十一子赵枞:封润国公。

第三十二子赵相:封韩国公。

第三十三子赵极。

第三十四子赵柱。

第三十五子赵檀。

据《宋史》、《靖康稗史笺证》中之《开封府状》《宋俘记》《呻吟语》《青宫译语》等记载:政和三年,公主改称为帝姬。宋徽宗,共有34女。

永佑陵

永佑陵,是宋徽宗陵墓,位于浙江省绍兴市东南17公里之皋埠镇牌口村攒宫茶场内。元朝时陵墓被盗,封土已不存。

五、宋高宗赵构

生平

赵构（1107—1187年），字德基，南宋开国皇帝，在位35年。他是宋徽宗第九子，宋钦宗之弟，北宋时期，被封为康王。北宋靖康二年（1127年），金兵掳掠宋徽宗、宋钦宗二帝北去。宋钦宗被俘前，封赵构为天下兵马大元帅。靖康之难，赵构南行，在南京应天府（今河南商丘）即皇帝位，是为南宋高宗；改元建炎，重建宋朝，史称南宋。

赵构建立南宋，偏安江南，拒绝主战派抗金主张。随后，继续南逃，定都临安府（今浙江杭州）。他在位期间，一直消极应战，重用主和派。后来，迫于形势严峻，不得不起用主战派岳飞、韩世忠等大将，抗击金兵。但是，执政的绝大部分时间，依旧重用主和派，代表人物就是黄潜善、汪伯彦、王伦、秦桧等人。后来，为了苟且偷生，偏安一隅，下令处死主战代表人物岳飞，罢免李纲、张浚、韩世忠等主战派大臣。

建炎三年（1129年），苗傅、刘正彦发动兵变，史称"苗刘兵变"，被逼退位，让位于三岁的皇太子赵旉，改年号为明受（明授）。不久，宰相张浚平叛，赵构复位。绍兴三十二年（1162年），赵构禅位于皇太子赵昚，被尊为：光尧寿圣宪天体道性仁诚德经武纬文绍业兴统明谟盛烈太上皇帝。淳熙十四年，卒，享年81岁。虽然屡经磨难，但是他是中国历史上少有的长寿帝王之一。葬于会稽永思陵，谥号：圣神武文宪孝皇帝，庙号高宗。光宗绍熙二年（1191年），加谥：受命中兴全功至德圣神武文昭仁宪孝皇帝。赵构酷爱艺术，精于书法，善真、行、草书，笔法遒劲，洒脱婉丽，自然流畅，颇得晋人神韵，著有《翰墨志》，传世墨迹有《草书洛神赋》等。

事迹

1. 建炎南渡

赵构是宋徽宗赵佶的第九子，赵构天资聪颖，知识渊博，记忆力很强。据说，他每日能读诵书籍千余言，博闻强记，超乎常人。赵构文武兼备，武艺过人。据史书记载，他的臂力极强，能拉动一石五斗大约二百斤力之弓。抗金名将岳飞，能拉动三百斤力之弓。

北宋靖康元年（1126年）春，金兵第一次包围开封府时，他曾以亲王身份前往金营,被短期扣为人质。当年冬天,金兵再次南侵。他奉命出使金营,谋求和谈。到达河北磁州,被守臣宗泽劝阻留下。因此,幸免于被金兵俘虏。随后,金兵再次包围开封。危难之际,他受命为河北兵马大元帅。但是,他没有救援京师,而是指挥河北兵马,移屯北京大名府(今河北大名)。接着,转移至东平府(今山东),以避敌锋。宋徽宗和钦宗二帝被金兵俘虏,押送北去。第二年五月初一日,赵构在南京应天府(今河南商丘)即位,改元建炎,成为南宋第一位皇帝。

宋高宗

南宋高宗赵构,不思进取,贪图享乐,是南宋初年投降派的首脑。南宋政权初建之时,他迫于天下形势,被迫起用抗战派李纲为宰相。但是,不久,他赶走李纲,带着宠臣汪伯彦、黄潜善等奸佞小人,放弃中原,从南京应天府逃往扬州,不图恢复中原,而是偏安一隅,一意享乐。建炎三年(1129年)旧历二月,金兵奔袭扬州。他大惊失色,狼狈渡江,经过镇江府,来到杭州。迫于天下舆论压力,他不得不罢免汪伯彦、黄潜善等人要职。

九月,金兵继续南下,渡过长江,大举南侵。赵构率领眷属、宠臣,仓皇南逃。十月,逃到越州(今浙江绍兴)。随后,逃到明州(今浙江宁波)。赵构一行,从明州逃往定海(今浙江舟山),漂泊海上。最后,逃到温州(今属浙江)。建炎四年夏,金兵撤离江南。赵构获得喘息之机,这才回到绍兴府(今浙江绍兴)、临安府(今浙江杭州)等地。随后,将临安府定为南宋行在。

金兵调整内部,暂停南侵。赵构喘息初定,就抽调南宋精兵,镇压荆湖、江西、福建等地农民起义军以及盗匪,巩固政权,维护自己的统治。防御金兵方面,他作了简单的部署:任命岳飞、韩世忠、吴玠、刘光世、张俊等著名将领分区负责江、淮防务,但是,他不想抗战,只把军事部署作为乞降的筹码,始终没有想到组织兵力,收复失地。最为遗憾的,金朝派到南宋进行诱降的秦桧,他视为忠臣,予以重用,任命为宰相。秦桧内外勾结,加紧活动,极力促成投降,竭尽全力压制抗战将领岳飞等人的抗金要求,千方百计说服赵构除掉岳飞等人。

2. 屈辱求和

绍兴十年(1140年),各路宋军同仇敌忾,在对金战争中节节取胜。这时,宋高宗赵构鬼迷心窍,竟然担心抗金将领功高势重,尾大不掉,更担心迎回宋钦宗以后,自己必须退位。于是,赵构毅然决然地下令:各路宋军班师回朝。这样,赵构的一己私心,断送了抗金的大好形势。金人经过调整,伺机反扑。南宋内外交困,处于极度危险之中。

绍兴十一年(1141年),赵构为了讨好金人,竟然解除了抗战名将岳飞、韩世忠等人的兵权,南宋抗金势力受到沉重的打击,朝野笼罩在一片悲哀的气氛之中。赵构解除岳飞等人兵权,目的是向金朝表示坚决议和的决心。为了进一步表示自己议和的诚心,赵构丧尽天良,竟然和秦桧狼狈为奸,制造岳飞父子谋反的天大冤案,以"莫须有"之罪名,杀害忠心耿耿、一心报国的岳飞。于是,赵构和金朝签订了屈辱投降的绍兴和议:大宋向金称臣,每年纳贡;金承认宋朝在淮河、大散关以南地区的统治权。

十一月,宋金签订和议。按照的金朝的要求,秦桧成为南宋的终身宰相。赵构开始怀疑和猜忌他,可是,有金人作后盾,赵构无可奈何。赵构仍然纵容秦桧,让他专权跋扈;对于主张抗战大臣,赵构依旧进行排斥和打击。秦桧死后,赵构依然重用投降派,委任投降派代表万俟卨、汤思退等奸佞小人以朝廷要职,掌握大政,坚守对金和议条款:每年纳贡银25万两,绢25万匹;每年,定时送给金统治者正旦、生辰等贺礼,"以巨万计"。金朝统治者只要提出要求,赵构无不满足,下令搜访,恭敬送去。

绍兴三十一年(1161年)秋,金主海陵王完颜亮贪恋江南大好河山,亲率金军,大举南侵。宋高宗赵构故伎重演,想再次逃离临安府,逃向南方。采石之战,金主海陵王渡江失败,被部下所杀。宋高宗暗中大喜,立即派遣特使,恭贺金世宗完颜雍即位,准备再次对金议和。宋高宗赵构在位36年,似乎对于政治厌倦了。绍兴三十二年(1162年)六月,他以"倦勤"为由,宣布传位给养子赵昚,是为宋孝宗,他自称太上皇帝。

3. 太上皇生活

赵构退位后,宣称不再过问朝政。其实,他还是会干预一些政事。据说,有一天,他去灵隐寺冷泉亭喝茶。有个行者,对他照料得十分殷勤。他打量一番行者,看着他,说:我看,你的样子不像个行者。行者当即哭了,哽咽地说:陛下,我是一个郡守,因为得罪了监司,被诬陷降罪,废为庶人。为了糊口,得来此处投亲,干此贱活。赵构不平,当即说:明天,我替你去向皇帝说明。回宫后,赵构果然对皇帝讲了此事,要求恢复行者之职。

几天后,赵构再去冷泉亭,发现行者还在。他回宫后,在宴饮之时,怒容满面。孝宗小心翼翼地侍候,小声问赵构,为何生气?赵构气愤地说:我老了,没人听话了。那行者的事,我几天前同你讲了,为何不办理?孝宗回答:昨天,已经向宰相讲起。宰相一查,说此人贪赃枉法,免他一死,已经很宽大了,再要复职,实在不行。赵构不管这些,气愤地说:我以后怎么见人,我已经答应他,向你求情。孝宗无奈,只得对宰相说:太上皇大发脾气了,那人即使犯了谋杀罪,你也得给他复职。宰相无奈,只得照办。

淳熙十四年十月乙亥日(1187年11月9日),赵构病死于临安行在之德寿宫,时年81岁,谥号:圣神武文宪孝皇帝,庙号高宗。赵构死后,棺木一直未下葬。淳熙十六年(1189年)三月丙寅日,才下葬于都城绍兴府会稽县之永思陵。宋光宗绍熙二年(1191年),加谥号为:受命中兴全功至德圣神武文昭仁宪孝皇帝。

典故逸闻

1. 十二道金牌

南宋绍兴十年(1140年),宋著名统帅岳飞大败金将兀术,兵势锐不可当,所向无敌。岳飞准备乘胜收复中原,直捣黄龙府(今吉林农安县)。然而,不幸的是,高宗赵构和宰相秦桧一心求和,不惜卖国,狠狠打击抗战将领。高宗先令张俊、杨沂中班师回朝,岳飞失去了左右臂膀。接着,秦桧请求高宗下令岳飞班师。高宗便下班师诏,一天传十二道金字牌,让岳飞迅速班师南下。岳飞气恨地说:十年苦战,废于一旦!岳飞班师时,百姓拦马恸哭,岳飞也悲泣不已。后来,用十二道金牌,代称紧急命令。

2. 莫须有

宋高宗赵构和宰相秦桧一心议和,为讨好金人,竟将著名的抗金将领岳飞下狱问罪。抗金名将韩世忠对此愤愤不平,质问秦桧:岳飞犯什么罪下狱?秦桧说:莫须有的罪名。韩世忠大怒,再度质问:"莫须有"三字能让天下信服吗?"莫须有"意即大概有,后以此指凭空捏造罪名。

3. 康王请做人质

靖康元年正月,宋金初次议和,条件规定宋须送亲王为人质,送金军渡河。宋钦宗约诸王商量,问他们:谁能为我前行?康王赵构在兄弟中排行第九,见各位兄长都不吭声,便慷慨陈词,愿作为人质出行。康王赵构还密奏钦宗:朝廷便宜行事,不要以亲王为念。临行时,同去作为人质的宰臣张邦昌深恐不能生还,泪流满面。康王见状,慨然相劝说:堂堂男子汉,何必如此?张邦昌这才止住哭,同赴金营。康王在金营中从容不迫,若无其事,和金太子比赛射箭,还三发三中。金人怀疑赵构是宋选取宗室中长于武艺的人冒充亲王,提出遣回赵构,换取真人质。

4. 鹦鹉思上皇

高宗赵构在宫中养了鹦鹉好几百只。有一天,酷爱鹦鹉的高宗逗问鹦鹉:你很思念家乡吗?鹦鹉回答:思乡!高宗听后,一时动了恻隐之心,命令内侍,将这只鹦鹉送回原籍陇山。几年以后,内侍奉命出使,路过陇山。鹦鹉认识内侍,见内侍后问道:上皇好吗?内侍回答:上皇驾崩了。鹦鹉闻言,悲鸣不已。内侍悲痛难抑,便即兴赋诗:

陇口山头草木黄,行人到此断肝肠。
耳边不忍听鹦鹉,犹在枝头说上皇。

家族成员

父母

父亲:宋徽宗赵佶。

母亲:显仁皇后韦氏。

后妃

宪节皇后邢秉懿,康王妃,封嘉国夫人。

宪圣慈烈皇后吴氏,历和义郡夫人、才人、婉仪,进贵妃。绍兴十三年,立为皇后。

张贵妃,开封祥符人。初入宫,封永嘉郡夫人。乾道六年,进婉容。淳熙七年,封太上皇淑妃。十六年,进贵妃。绍熙元年薨。

潘贤妃,侍奉高宗于康王府,生元懿太子赵旉。绍兴十八年薨。

张贤妃,初为才人,后晋婕妤、婉仪。死后,追封贤妃,孝宗养母。

刘贤妃,倾国倾城,艳名盛于天下。绍兴二十四年,进贤妃。淳熙十四年(1187年),去世。

刘婉仪,初入宫,封宜春郡夫人。不久,进才人,与刘贤妃俱得宠,进婉仪。

吴才人,吴皇后族人。

李才人,高宗晚年爱妃,姿色美丽,明艳动人。高宗死后,吴皇后一见她,就十分愤怒,因此,宋孝宗将她赐死。

王才人,高宗晚年爱妃,姿色美丽。高宗死后,吴皇后一见她就动怒,因此被宋孝宗赐死。

田郡君,名春罗,高宗为康王时侧室。靖康之难时,死于北迁途中。

姜郡君,名醉媚,高宗为康王时侧室,靖康之难时,北迁。

子女

宋高宗仅有一个亲生儿子赵旉,即宋简宗(元懿太子)、正安帝。早夭,卒年3岁。

养子赵伯琮,即宋孝宗,养母张贤妃。

养子赵伯玖,更名赵璩,养母吴皇后。

高宗为康王时,曾育有五女,后皆被掳。

《新安县志》记载:宋高宗其中一女,于建炎三年,被江西县令邓元亮在起兵勤王时,于道上收养。长大后,嫁给邓元亮之子邓自明。宋光宗即位,赵氏带长子面见光宗。光宗称赵氏为皇姑,封为郡主。

康大宗姬赵佛佑,北迁时四岁,后入浣衣院。

康二宗姬赵神祐,北迁时四岁,后入浣衣院。

康三宗姬,北迁时三岁,死于途中。

永思陵

绍兴宋陵

绍兴宋陵,位于浙江绍兴东宝山。宝山埋葬了南宋高宗、孝宗、光宗、宁宗、理宗、度宗几位皇帝的尸骨。1278年,绍兴宋陵曾被江南释教总统杨琏真伽发掘。明洪武年间有所恢复。但又废毁。

第八章
辽金元帝王生活

辽朝（907—1125 年），是中国历史上由契丹族在中国北方地区建立的封建王朝。公元 916 年，辽太祖耶律阿保机统一契丹各部，称天皇帝，国号契丹，定都临潢府（今内蒙古赤峰市巴林左旗南波罗城）。公元 947 年，辽太宗率军南下中原，攻灭五代后晋，改国号为辽。983 年，曾复更名大契丹。1066 年，辽道宗耶律洪基恢复国号辽。1125 年，为金国所灭。

辽朝全盛时期，疆域辽阔：东到日本海，西至阿尔泰山，北到额尔古纳河、大兴安岭一带，南到河北省南部的白沟河。

元朝（1271—1368 年），是中国历史上由蒙古族建立的大一统王朝，定都大都（今北京）。1260 年，忽必烈即汗位，建元中统。1271 年，忽必烈取《易经》"大哉乾元"之意，改国号为大元。

元朝疆域空前广阔：东起日本海，西抵天山，北包贝加尔湖，南至暹罗，国土面积达 1400 万平方公里，是中国疆域最辽阔的王朝。

一、帝王宫中生活

三朝宫室

辽自建国到灭亡，前后有二百多年的历史。辽有五座都城：上京临潢府、中京大定府、西京大同府、东京辽阳府、南京析津府。上京临潢府是辽首都。南京析津府即今北京，是辽陪都。中京大定府在今内蒙古赤峰市。西京大同府在今山西大同。东京辽阳府在今辽宁辽阳。

神册三年（918年），阿保机在距祖州四十里的苇甸城建造皇宫，定为皇都。二十年后升皇都为上京，设临潢府。临潢府，在今内蒙古赤峰市巴林左旗林东镇，时称南波罗城。全城分南北两个部分，北部属皇城、宫城，城池呈方形。北城正中偏北的台地，是一片宫殿区，称为天赞宫。

宫中主殿主要有三座：开皇殿、安德殿、五銮殿，殿上盖的是琉璃瓦。宫殿正门为承天门，门两旁有一对石狮。史称辽太宗诏藩部依照汉制，御开皇殿，辟承天门受礼。宫内东西各有一门，为东华门、西华门。承天门大街两边为临潢县和长泰县，仿自唐长安御街两边的长安县、万年县之制。

析津府为辽南京，是辽的陪都，故址即今北京。金迁都这里，定为中都。中都从此正式成为北部中国的首都，后来的元、明、清也是定都在这里。辽曾称这里为燕京。金初占燕京时，称这里为燕京析津府。金贞元元年（1153年）正式定都燕京，改称圣都。后来改称中都永安府，次年改中都大兴府。

金中都是在辽旧城的基础上扩建而成的，东、西、南三面有所扩大，城市呈方形。中都的设计和主造人员是左相张浩、修造燕京大内正使梁汉臣、副使孔彦舟，征调民工八十万，兵卒四十万，历时三年最后建成。金中都的改建仿自北宋汴京，由金主完颜亮遣画工先画出汴京宫室规制，然后交左相张浩照图修造。

金中都，也是三层的都城格式：外城、皇城、宫城。外城有门十二座，分布四个方位。东边为宣曜门、阳春门、施仁门；西边为灏华门、丽泽门、彰义门；南边为丰宜门、景风门、端礼门；北边为通玄门、会城门、崇智门。

皇城，在外城中部偏西，是辽皇城大内。皇城有城门四座：东为宣华门、西为玉华门、南为宣阳门，北为拱宸门。宣阳门为皇城正门，门分为三，中绘一龙，西偏绘一凤，用金镀铜将其钉实。中门不常开，只有皇上车驾出入时才能使用。两边的偏门分单日、双日各开一门。宫城的正门叫应天门，往北为仁寿门，左为日华门，右为月华门。仁寿门北为大安殿，是宫城的正殿。

第八章　辽金元帝王生活

金大安三年(1211年),中都宫中发生大火,大火熊熊燃烧,五天五夜不绝。蒙古军围困中都,宫中一部分宫室拆毁,将木料当柴烧。金宣宗贞祐三年(1215年),蒙古军占领中都,次年宫中大火,宫殿和整个中都在硝烟和火光中面目全非。

元世祖忽必烈率领强大的蒙古铁骑,纵横驰奔,以摧枯拉朽之势横扫欧亚大陆,最后来到燕京。忽必烈感慨地说,今天下已定,我要进奏主上,驻跸回鹘,仗兵息民。随侍的蒙古贵族巴图鲁劝阻说:幽燕是龙盘虎踞之地,形势雄伟,地理显要,其南控江淮,北连朔漠,正是天子居中接受四方朝觐的理想帝都。大王如果经营天下,非此不可。忽必烈恍然大悟,即帝位后,定都燕京,称为大都。

燕京,作为元帝国的都城,自公元1264年定都,到公元1368年覆亡,前后经历了104年时间,共有十个皇帝生活在这里。元帝国刚刚定都燕京时,京城还是辽的旧城,残破不堪。元名其为中都大兴府,开始大规模兴建。四年后,动工建造新城。再过四年,燕京初具规模,忽必烈正式定国名为元,次年名燕京为大都。上都开平府从此成为元帝国的陪都。

元大都新城的营建,前后经过了整整十年。然后,又用八年的时间用于内城的完善和装修。大都在今北京城偏北,呈长方形,东西与今北京的内城一致,南到今东西长安街,北到德胜门,安定门外五里,俗称土城。

大都城垣,是夯土筑成的,四周有十一个门。东为齐化门、崇仁门、光熙门;西为平则门、和义门、肃清门;北为安贞门、健德门;南为顺承门、丽正门、文明门。哪吒震四海,据说是有三头、六臂、两脚,因此大都的主要设计诸将十一个吉利的数字用于安排大都城门,同样表示着威震天下。

大都,包括外城、皇城、宫城三个部分。皇城、宫城是在金中都原万宁宫的基础上建筑而成。负责宫城修建的是提点宫城所,先建正殿大明殿。再建寝殿、香阁以及周庑两室。最后建东宫。东宫临近太液池,称为隆福宫。元中叶时,又兴建兴圣宫。

元代大都的皇宫是以太液池为中心,太液池同时又将宫室分成三个自成体系的部分,即大内、隆福宫、兴圣宫。皇城城墙,称为萧墙、阑马墙。墙外古木参天。皇城的正门是南门灵星门,正对都城正门丽正门。灵星门又叫红门,门前有宽阔的广场,西侧是千步廊,门内是一条内河。内河河上建有三座白石桥,叫作周桥。桥上雕琢龙凤祥云,石质晶宝如玉。桥下有四条白色石龙。

宫城西部是太液池,池中有两个小岛,南边小岛叫瀛洲,北边小岛即琼华岛,后改称万寿山、万岁山。假山玲珑秀雅,全用太湖石堆成,据说这也是宋宫旧物,是从汴京艮岳中掠夺而来。山上有广寒殿,初建于金代。汉白玉石桥连接着瀛

323

洲和万岁山,瀛洲东西还有木长桥和木吊桥。太液池东的灵圃,是宫中动物园,其间养有许多珍奇珍稀动物。池中养有天鹅和水鸟。池里的丰富鱼类,供宫中食用。

太液池西,有两组大型宫殿群:南边为隆福宫,北边为兴圣宫。隆福宫主要供太后居住,兴圣宫则是供皇后、嫔妃居住,婉妃能移住这里,算是宠遇。蒙古的女子在社会地位方面,较汉族女子要高,其皇后可以和皇帝并坐临朝,后妃也可以单独占一两个富丽的宫区,而不像汉宫那样后妃的居室位于遮拦严密、渺无人迹的后宫深处,像关在笼子中一样,不能与外人相通。

隆福宫的主殿是兴天殿,结构规模几乎和大明殿一致,围墙是砖石砌就。隆福宫先是供皇太子真金居住,真金没即位便不幸死去,真金的弟弟之子即位,为元成宗,成宗尊真金妻为皇太后,改皇太子东宫为隆福宫。从此,隆福宫成了太后的专宫。隆福宫西还有西御苑。

兴圣宫,建于元武宗海山统治时期,主殿是兴圣殿,殿阁由柱廊相连。宫区有砖垣两重。元代著名的奎章和后来改名的宣文阁就设在兴圣宫内。文士往来于兴圣宫中,元帝选文学才士在奎章阁中任学士和经筵讲官。兴圣宫真可谓才子、佳人的聚集地,但是,才子、佳人不能偷情,也不可能偷情,他们同属于皇帝所有,同是皇帝喜爱的宠物。元代末年,顺帝改宣文阁为端本堂,皇太子在端本堂就学读书。

太液池,池水源自京西玉泉山。太液池俗称海子。池中北部的琼华岛,据说有辽代萧皇后建的梳妆楼。琼华岛四面临水,假山秀石耸立其间,岛上岩洞窈窕,林木葱茏。岛上的主殿是广寒殿和玉虹殿。广寒殿是元帝观景、饮宴的处所。殿中装饰华丽,景致秀美。窗棂为朱红色,中镶金线,刻镂着卷云游龙,上铺一层黄金,殿内有镶玉金花玲珑屏台床,四周是金红连椅。

广寒殿中,有一个硕大韵黑玉酒瓮,瓮内可贮酒二十余石。殿后有两个石笋,呈龙首形,太液池中的水抽上来从龙嘴中源源不断地喷出。大殿窗外有伸出的露台,台旁竖一个数丈长的铁杆,杆上置三个金葫芦,用以镇岛下的龙潭。皇帝流连在这里,凭栏远眺,视野开阔,俯瞰瀛洲桥和盈盈的池水,心旷神怡,去烦忘忧。

太液池,波光粼粼,东西两边的宫室金碧流辉,岛上云气缭绕,高大的宫阙与天相接,天宇低沉可得,人仿佛置身在一片清虚之中。皇帝携美丽动人的嫔妃泛舟池中,当然是一件赏心悦目的美事。尤其中秋月圆的清宁之夜,皇帝和美人们泛舟池上,在舟中饮酒寻乐,更是美妙无比。元武宗曾在中秋月夜和嫔妃们乘船赏月,摆开庞大的游乐船队,乐声悠扬,歌声四溢,最后在龙归洞的美妙歌声中恋恋不舍地离去。

宫廷服饰

建立大辽的契丹族游牧北漠,因长期与汉族来往,因而在服饰、风俗上受到汉族很大的影响。其宫中服饰既有本民族的服饰,也有汉族的服饰。到后来,形成了约定俗成的制度:辽皇帝和南班汉宫服用汉服;太后、皇后和北班契丹臣僚服本族服饰。这就是辽所谓的国母与蕃官胡服,国主与汉官汉服。汉服是指五代后晋遗留的服制。

辽兴宗耶律宗真重熙年间以后,辽宫一应大礼,都使用汉服。辽祭山礼是朝中重大的礼仪之一,皇帝服金文金冠,白绫袍,绛带悬鱼,三山绛垂,饰犀玉刀错,脚蹬络缝乌靴。辽太祖曾幸幽州大悲阁,迁白衣观音像,建庙木叶山,尊为家神。

辽大祀的礼仪庄严隆重,小祀则主旨在礼神虔诚。小祀时,皇帝头戴硬帽,身穿红刻丝龟文袍。祭祀时则戴祭服冠。辽有所谓国服,是指身穿络缝红袍,佩犀玉带,脚着错络缝乌靴。辽太宗以后则改用锦袍金带,尤其以红虎皮作靴即回纥獐皮靴为最昂贵。辽常服,一般为绿衣窄袍,中单则多用红绿色。

辽代服饰中,看重貂裘。貂裘之中,尤其以紫黑色最贵,青色次之,再次为貂毛、羊、鼠、狐裘。辽皇帝田猎时,幅巾披甲,侍御者都是墨绿色衣服,一律左衽。

辽皇后常服是紫金百凤衫和杏黄金缕裙,头上戴百宝花髻,脚上穿红凤花靴。祭祀时,皇后头戴红帕,身穿络缝红袍,腰悬玉佩和双同心帕,脚蹬络缝乌靴。辽女子的衣服普遍的是直领和左衽团衫,衫有黑、紫、绀诸色,前面长可拂地,后面曳地尺余,双垂红黄带。辽代女子有一种特殊的风俗,就是爱用金色黄物涂在面上,叫作佛妆。这大约是佛教带来的影响。

女真族突然崛起,建立金国。金代的服饰一个最大的特色是尚白。金地处北地,天寒地冻,因而在服饰上不论贵贱,都是以毛皮为主。宫室和贵族服饰四季分明。春天夏天服纻丝,时或服白细布。冬天寒冷,服用貂皮、青鼠皮、狐貉皮、羔皮。贫贱的用牛马猫狗獐麑皮做成衫裤,仅仅用以抵御寒冷。

金代服饰一般都很窄小,紧身保暖,也便于驰马行动。金代的皇帝平时服皂巾杂服,和贵族士庶相同。金代的官员们着上领褐衫,冠则有羊裘冠、狼皮冠、靰帽、貂帽。金代的衣饰都是左衽,发式是剃头顶发,留颅后一撮,系上有色丝带,像辫发般的垂肩。金入侵中原以后,皇帝下削发令,不从者斩首。到金海陵王时,才放松削发之禁。

金人进入黄河流域,掠获了大量的宋宫器物、仪仗服饰。从此以后,金人开始锦衣绣服,渐渐元旦、视朝等也一准汉朝礼制,使用汉服。金熙宗完颜亶天眷、皇统年间，朝中制定了百官朝参仪，并规定了服饰的不同标准。宫中、朝中开始依照汉式及冠制造袍裳服饰，皇帝也分别服用衮冕、通天冠、绛纱袍等朝服、祭服。

辽的衮冕依唐、宋制度，但较为简略。衮冕垂白珠十二旒，玄衣缠裳十二章。八章在衣：日、月、星、龙、华虫、火、山、宗彝，四章在裳：藻、粉米、黼、黻。白纱中单，革带大带，舄加会饰。金代的衮冕制度大抵依照宋初的形制，冕板一准宋代，天板下有四柱，四面珍珠网结子、花素坠子。

金代衮冕比辽完整、系统，规定得也更细。前后珠旒达二十四，旒长一尺二寸。金代的冕服在宋制基础上大加繁饰，这也算是一种进步。到皇统七年，金代的朝服尚书省奏请只用于祭祀。

金代皇帝视朝，一般的服饰是头戴纯纱幞头，身穿窄袍或紫袍，腰系玉带。遇到重大的典礼时，如册封等，则服衮冕法服。金太宗和章宗不用窄袍、玉带，而是服用黄袍和乌犀带，黄袍包括赭黄袍、淡黄袍两种。

金代女子一般是穿团衫，真领左衽式，掖缝旁作双折裥，色尚黑和黑紫，前长拂地，后裾拖地尺用红带、绿带紧束。金代的女子的衣服较为宽大，下身常穿束襜裙，此裙是辽人的服饰，金人沿袭。金人尚黑色和黑紫色的裙式上，通常绣金枝花，全裙用个个折裥。金代女子的服饰上还饰些金银珠玉，头上常戴的是羔皮帽。

金代女子大多辫发盘髻。金自灭辽和南侵大宋，衣饰多有影响，逍遥巾和裹头巾渐渐盛行，但皮衣皮裳皮袜等女真风俗还是没变。辽代老年妇人的玉逍遥金代也流行，但不是以皂纱笼髻，而是黑纱笼髻，上面缀以玉钿。

金代皇后、妃子的服饰，大致仿自宋代，等级与宋相同，也是九龙四凤冠，袆衣，腰带，蔽膝，玉佩，青罗舄；再次一级的便是榆翟服。

宫中有身份的女子和五品以上官员的妻、母，可以用云肩、霞帔；但是，云肩上，不得绣制日、月、龙、凤纹。一般女子，一律禁用珠翠钿子等。宫中奴婢，只许服绝绸、绢布、毛褐。嫔妃的导从侍女，服云纱、帽、紫禊衫，并束带、绿靴。

元代既袭汉制，又有本民族的服饰习惯。到元英宗硕德八剌以后，元代关于天子冕服、太子冠服、后妃服制和祭服、朝服等，方初具规模，形成制度。元代的冕服采用宋初和金代的服制参酌损益。

辽代冕服用于祭祀宗庙、遣将出征和大会朝日。金代冕服，用于祭祀、尊号、受册宝。元代冕服也是用于祭天地、宗庙、受册、尊号和元日受朝。元宪宗时，曾于1252年秋天，用冕服郑重其事地在日月山祭天。元代的冕服时废时用，不大被看重。所以，《春明梦余录》称，元皇帝正旦、圣节时服用常衣，不被衮冕。

建立元朝的蒙古人,一贯是被发、椎髻、冬帽、夏笠。皮袄、皮帽、皮靴是他们的常用品,一般是用貂鼠皮做成,有时用羊皮。尚右衽、方领,毡毛皮革。元自皇帝到臣民,都剃发为婆焦。婆焦又称跋焦,是指头顶留三搭头,像汉族的儿童。方法是将头顶四周一弯头发剃去,留当前发,剪短散垂,将两边的头发绾成两髻,垂悬于左右肩上,或将发合成一辫,直垂背后。

元代的皇帝离不开帽,帽上装饰着珠宝。元皇帝的帽上有九条龙,正面的一条最大也最威武。元代的王公大臣都戴大帽,帽顶上有不同的花样,花样标识着不同的等级。元代的帽檐有圆、有方,有的前圆后方,还有的呈楼子式。元代的皇帝常赐赏大臣帽子,主要赐赏的有珠帽、七宝笠、八宝顶帽。

元代皇帝常爱穿的是虬龙袍、天鹅织锦袍、布袍。布袍领间、袖间一般镶有皮。袍的腰部多有一种细折,是用红紫线横织织出的,用于束紧腰围,增添神采。元代的靴主要有鹅顶靴、云头靴、鹄嘴靴、皮靴、毡靴、高丽靴。元代基本上保持保留着本民族的服饰习俗,同时又吸收着汉代、辽、金的服饰形制。到元成宗铁穆耳大德年间以后,元代服制宽松,蒙汉人士可以各从其便,服用自己喜欢的服饰。

元代皇帝朝服一般是采用汉式。头戴通天冠,身穿绛纱袍。百官戴梁冠,也是自七梁到二梁不等,穿青罗衣,环绶,执笏。公服是展角幞头和大袖盘领罗衣。元代的衣冠到后来各式混杂,汉、辽、金、元衣帽兼存。如交角幞头、凤翅幞头、花角幞头、控鹤幞头、学士帽、锦帽、珠帽、宝顶帽、抹额、衬袍、士卒袍、窄袖袍等。

元代女子服装,一般是皮衣、皮帽,上层女子大多是貂鼠衣,一般女子则是羊皮衣、毛毡衣。袍是元代女子衣服中的主类,袍式大多又宽又大又长,长可及地,宽衣长袖,袖上束窄。元代女子的袍主要有大红织金,吉贝锦,蒙茸,琐里,这些都是贵重的袍式,宫中为多,色泽上以红、黄、茶色、胭脂红、鸡冠紫为主。

元代后妃保持着本民族的服饰,也看重汉代后妃的式样。元代后妃侍从,大多穿翻满鸿兽锦袍、青丝缕金袍,琐里绿蒙衫,戴与袍、衫相应的皮帽。元世祖皇后改造帽式,在帽上增加前檐,用于遮挡日光的照射,耀人眼目,以便于骑射。从此以后,这种有前檐的帽式形成定制。

元代女子多有云肩。云肩披在胸、背、肩之间,是一种很美观的装饰。云肩金代即有,元代承袭下来,广为使用。元顺帝沉迷于十六天魔舞,美丽的舞女都是身着金杂袄,披着云肩。可见,宫中很盛行云肩,正是所谓:金绣云肩翠玉缨。元代宫中的女子都爱穿红靴。红靴制作精巧,也很美丽,所以《宫词》云:衣裳光彩照暮春,红靴着地轻无尘。

元代后妃最爱戴的冠式是姑姑冠,又叫鹧鸪冠,罟罛冠。该冠画木为骨,外包红绢金帛。冠顶有四五尺长的柳枝或银枝,包饰青毡。元代妇女也喜欢佛妆。

宫廷饮食

辽代皇帝很喜欢吃毗狸,王公大臣很少有此口福,偶尔皇帝高兴,赏赐给大臣,大臣欣喜若狂,可谓三生有幸。毗狸可见出十分珍贵,极其难得。北地于是有这样的诗:押宴移离毕,看房贺跋支;饯行三匹裂,密赐十毗狸。

辽地处漠北,牛、羊自然也是辽宫中的美味。辽代皇帝的日常膳食,每天按规定,要有五只羊投入御厨,供皇帝享用。御厨当然不能将五只羊只是一种口味献给皇帝,而是花样翻新,奇味别出,使皇帝乐食不疲。

辽代宫中有一种用玉板笋和白兔胎做成的羹,味道极为鲜美,时称为挽舌羹。辽代的帝王和皇后都喜欢喝酒。葡萄酒是辽宫中的主要酒类,正所谓葡萄酒熟天颜喜。

建立金国的女真人有个习惯,就是不论贵贱长幼,都是围坐饮酒,酒酣耳热时,兴之所至,就起而歌舞。金人的饮食以肉食为主,其中主要的是牛、羊、马、鼠和山珍野味。金人在酒宴中有一个习俗,就是彼此交换衣帛。金人地处荒漠,漠地气候寒冷,因此金人穿土为坑,坑下烧火用以取暖。金人寝榻一般都铺厚毡褥和皮毛暖身,饮食起居都在寝榻上面。金代宫中最热闹繁盛的是宫中花宴。

喝过茶酒以后,到巳初时分,宋正使、副使被引由月华门随百官品班入宫庆贺。庆贺时达五十七拜。五次舞蹈,二十五拜。初入班时,三次上御酒,三次拜谢。上寿过后,宋使又与大臣同庆四拜,劝寿酒又是两次四拜。皇帝登殿就座,发表讲话,众人又各两拜。酒过七行,第一行宣劝在坐两拜,第二、四、六行独劝正使、副使各两拜。宣劝时,必须离位站立,揖笏受盏。酒宴完毕后,谢恩拜于殿上。退出时又再次在丹墀拜谢圣恩。三日甲寅,宋正、副使赴花宴于大安殿,礼仪和元日相同,加酒二行,五行后四趋。

世宗喝醉了,门姨无法将急事入奏。金代规定,监察一旦有急事,到撒合门纳帖子,不论早晚,自宫中将急件传入奉御,奉御传给门姨,门姨传承御,承御再奏呈皇上。

金代主上、后妃好酒,金宫中设有酒坊使。酒坊使掌酝造御酒和支用各色酒醴。

建元的蒙古人逐水草而居,得水即上,称为定营。起行时用骆驼牛马鞯车,车上置室,可坐可卧,叫作帐舆。牛、羊、骆驼和飞禽走兽等都是蒙古人的美食。蒙古人主要吃的是马乳和牛羊酪。

蒙古人有个习俗,就是轮流痛饮,就是所谓的递饮。蒙古人的递饮最初是防止中毒,后来便相沿成俗。

北方有一种黄羊极为珍贵,专供御膳使用,成为元宫中膳食的一种佳品。白珽《续演雅注》说,元宫中有美味八珍:醍醐、麈沆、野驼蹄、鹿唇、驼乳糜、天鹅炙、紫玉浆、元玉浆。元玉浆就是马奶子。麈沆是马奶酒。醍醐是乳酪酥油。御前厨常膳有小厨房和大厨房。小厨房供内人八珍,大厨房掌汤洋。每汤洋一膳,十六样,皇帝吃不了的赐赏大臣。

每次皇帝吃完美膳以后,方才奏事。所以有《宫词》这样描述:

御庖异品进黄羊,侍膳新叨禁脔尝。
却喜今朝分玉馔,八珍都出小厨房。

元代八珍中的醍醐、元宝浆和乳酪羊酥都是不可多得的奇味,连王公大臣、帝后近侍也很难得赏。于是有诗这样说:乳酪羊酥塞北奇。又说:内宴重开马潼浇。马潼就是马奶子,马奶子即元宝浆。元宫中还有专制沙糖的沙糖局,掌管沙糖蜂蜜的煎造和方贡果木,用于御膳中调味。

元代皇帝在宴席上常爱饮的酒是琼华汁、玉团春。流霞也是元宫中的名饮,所谓沉沉宫宴醉流霞,正是描述流霞这等宫中美酒。元宫中,还有一种名酒叫枸杞酒,是用名贵中药枸杞子泡在酒中,元仁宗爱育黎拔力八达就曾将枸杞酒赐赏大臣察罕,说:增益你的寿命。

宫中游乐

1. 年节、藏阄、球艺

辽代宫中,娱乐节目很丰富,不是人们想象中的单调、划一,没有色彩。宫中不受荒漠的限制,尘沙滚滚、漫天飞雪并不妨碍帝王后妃们的寻乐、反而会更加助兴。辽代宫中既有各种娱乐活动,如藏阄、博戏、角力、球类,也有四时的节令活动。

立春的时候,辽代的皇帝一般都要参与立春活动。皇帝头戴幡胜,并按品级赐赏大臣幡胜。立春那一天,主管司辰的官员报告春令来到,君臣便郑重其事地鞭土牛翻耕,耕三遍为止。然后,节度使以上被引进大殿,撒谷豆,击土牛。这一天,允许妇人进献春书、刻青缯为标志,像龙御之,或者画蟾蜍,书帜为宜春。

五月五日,端午节。这一天午时,辽宫中采艾叶和帛相和,絮成御衣,供皇帝穿用,意在驱灾避邪。番汉臣僚也在这一天进献艾衣。皇帝接受进献,还赐赏大臣,并在宫中设宴,大会群臣,渤海厨子在这一天特地进艾糕。辽人称此节为讨赛离。五月五日,辽宫还有一个习俗,就是用杂丝系结合欢索,缠在臂膊,表示吉祥,希望皇帝能够隆恩垂顾。宫人还制作长命缕,宛转如人形,带在身上,以示长寿。

叶子戏自宋代产生以后广为发展,传到了北地。宋代的宫中盛行叶子戏,宫女们常以此打发漫漫长夜。金代宫中也出现有叶子戏。叶子戏在辽宫中大受欢迎,不仅宫女们喜欢,后妃、皇帝也极喜欢,甚至于皇帝和大臣也常常以此为戏。

辽代宫中宫女喜欢玩叶子戏,乐此不疲。请看这首生动的诗:脱却鸾靴挽凤鞍,深宫女伴笑相偕;闲铺叶格花间戏,输去同心七宝钗。原来这种游戏还有赌的性质,它可以消磨长夜,难怪深受欢迎。

辽代宫中最为盛行的大概要算藏阄戏。藏阄戏是从汉代的射覆发展而来的,直接承自汉武帝时的藏钩戏。辽代的这种游戏之所以盛行,是由于它刺激人的兴致,极其有趣又不用太费心思,时不时会引得哄然大笑。辽代的皇帝和大臣常在宴席上玩藏阄戏。藏阄戏,自然在辽后妃宫女中十分盛行。辽代还将这种游戏编入了庄严的辽礼仪典制。

辽代叶子戏有一套玩法:至日,北南臣僚常服入朝,皇帝御天祥殿,臣僚依位赐坐。契丹人面向南,汉人面向北,分两队行阄。或五或七筹。赐膳。食毕,皆起立。稍后又坐下行阄如初。晚上,赐茶。辽代君臣玩个叶子戏竟常服入殿,如此规规矩矩,实在令人惊讶。这哪里有游牧民族的豪雄之气?不过,这只是记在典制上的说法而已,实际上君臣们未必就如此把玩乐当作令人生厌的大朝仪、大礼仪,宫中的玩乐大概会更加自由一些。

球类是健身强体的一项活动。北方辽、金、元宫中,也盛行玩球。辽代的南京(今北京)、中京(今辽京)、西京(今大同)都有击球的场所。金上京(在今吉林)曾扩建增修了原辽代所建的击球场地。元继承辽金的天下,使用辽金原有击球场地,并在宫中常武殿等地建造球场,甚至于有些达官贵族也拥有自己的私人击球场地。

当时,球场主要是用于击球。击球有一些简单的规则。击球,有单球门和双球门两种。场地上一般是竖木为对应球门,门高丈余,门上刻镂金龙。《金史》记述说,先在球场南端立双桓,置板,下面开一个孔,为球门,门上加网为囊;或者在两端对立设门。击球球子的大小、形状,《金史》上也有记载:球状如拳头,用轻韧木楎其中,外饰朱色。击球的木棍叫作球棍、球杖、鞠杖。球杖,长数尺,杖端为偃月形。球杖一般用白牦取皮做成,就是用白公牛皮包裹木棍。

辽、金、元崇尚骑射,以马术较高低,因而击鞠也深受欢迎。辽统治者一度怕击鞠松懈斗志,下令禁止渤海人击球。肖孝忠出任辽东京(今辽阳)留守,进奏说:东京最为重镇,无纵禽之地,若非球马,何以习武?且天子四海为家,何分彼此?应当弛禁。辽皇帝允准。

金兴宗鞍马之余是个球迷。兴宗常爱在常武殿击球玩乐,以致忘了政事。所以金司天监官员马贵中忧心忡忡地进奏:围猎、击球都是危险之事,伏望皇上立罢。兴宗见奏后,理直气壮地说:祖宗以武定天下,承平时月,哪能忘武?皇统曾罢此事,当时人都认为不可,这是我所亲见,所以晓示天下应当习武!金代进士考试中就包括击球、弓马,一直到金章宗为止。

元宫中也爱好击球。不过,元时的捶丸较之击球更为昌盛。元世祖忽必烈时,有一个宁志斋书室老人,据当时盛行京师的捶丸活动,写成了一本《丸经》,对当时的捶丸场地、用具、方法、技巧、战术、比赛规则、捶丸作用等作了详细的记述。全书长达三十二章,是迄今介绍中国古代球戏不可多得的专著之一。

捶丸场地没有严格的限制,平地、山地、凹地、凸地、斜坡等可以。捶丸正是由于不受场地的限制,因而容易游玩,也容易流行。比赛时,分两组对抗、多人对抗或二人对抗。捶丸比赛有大会、中会、小会之称,指的是比赛的规模。

赛前先挖好球窝,在离球窝一百步左右的地方,选定球基。球基约一平方尺。比赛就是把球从球基击进球窝,击进率高者为胜。

2. 射猎、武事

北方游牧民族以射猎为能事,马术和射艺的高低能决定其在群体中的高下地位。辽、金、元三代皇帝都好骑射,后妃和宫女也精于此道。因此,骑射、射猎可以说是北方帝国用以保家护国的看家本事,是他们一代又一代不可缺少的传世宝。

辽、金、元时期,既然骑马射箭是他们的传世法宝,他们自然在每年都有专门的竞技节日。每年的重三、重五、重九、腊尾,都是法定的骑射竞技日。这一天,不论男女,都参与竞赛。

辽代,每年三月三日,就是他们隆重的陶拉葛尔布节。这个节日是辽盛大的竞技日,尤其精彩绝伦的是射兔比赛,真是撩人眼目。比赛时,先在一个地方设置木兔。参加比赛的人分成两组,骑马竞射,先射中木兔的为胜。胜者威风凛凛,败者要俯首帖耳,恭恭敬敬地跪着给胜者进酒,以示敬仰和祝贺,胜者是在马上居高临下接酒而饮。

九月九日,也是辽代的特殊节日。辽代皇帝在这一天率领群臣部族,骑猎射虎。射少者为输,罚重九宴。《辽史》记载说,射猎完毕以后,选择高地设立帐幕,赐赏蕃汉臣僚饮菊花酒,以兔肝为胥,以鹿舌为酱。

辽圣宗统和三年,重九日,圣宗在骆驼山登高,赐赏群臣饮菊花酒。第二年再次登高,圣宗很高兴,在高水南阜祭天,择一处高地立帐,赐赏从臣和命妇饮菊花酒。

辽代有四时捺钵制度。皇帝在每年春夏秋冬,率领大队人马,到不同的地点围猎,以示讲武、巡游,称为捺钵。辽捺钵制度是辽太祖的四楼制发展而来的。《虏廷杂记》中赵志忠记载说,辽太祖所居的地方设楼。太祖常居上京,设楼称为西楼。太祖又在南部木叶山设楼,称为南楼。然后,在西楼以东千里的地方设楼,称为东楼。再在北部三百里的地方设楼,谓之北楼。

辽太祖时,一年四季游猎在四楼之间,即四季到四楼游猎。

辽代春捺钵地点,在鸭子河。河中鹅鸭成群,大雁翻飞,鹅群、雁群便是主要的猎物。辽代皇帝一般是正月出发,两个月左右到达鸭子河。这时天气还冷,他们立下营帐,先凿冰捕鱼,练习骑射。冰消雪融以后,雁群不断地飞来,春猎便从纵鹰放射开始,首获者献给皇帝,皇帝赐赏,首获者喝着美酒,得意洋洋地戴上象征着荣誉的鹅毛。

夏捺钵,主要在黑山。皇帝在黑山拜陵,游猎,然后,到鸭子河避暑。六月时选一处佳地,边射猎边理国事。

秋捺钵,大多选在伏虎林。十月中旬出发,猎物是鹿群和肥兔。秋猎时侍从们埋伏在湖泺旁,午夜时鹿寻盐水,猎人吹角,作鹿鸣声,吸引鹿群。鹿群来到以后,乱箭齐射,时称舐碱鹿、呼鹿。

冬捺钵,选在广平淀。此地地势平坦,方圆约二十里,榆柳成林。这里四面是沙地,冬天较为暖和,有很多动物便来到这里。辽皇帝到这里过冬,既射猎禽兽,又处理政务。

弓开满月箭流星,鸳泊迷漫水气腥。
毛血乱飞鹅鸭落,脱靴新放海东青。

诗意极美,这是描写辽射猎的一首宫词。《宣府镇志》说,鸳鸯泊在云堡西北,约一百多里,周围约80里,水停积不流。《辽史》记载说,延芳淀方圆数百里,春时鹅鸯毕集,夏秋时多菱芡。辽皇帝春天在此射猎,随从侍卫都身穿墨绿衣,手持连锚、鹰食、刺鹅锥,陈列水次,相距五步远,上风处击鼓,惊动鹅群。鹅群飞动,刚刚离开水面。皇帝便放出海东青捕杀飞鹅。鹅被击落,有的没有死,下面阵列的侍卫用锥将鹅刺死,当即取出鹅脑,喂海东青。谁得头鹅,皇帝赏赐银绢。

海东青,是海东的名鹰。海东是指当时女真东北部与五国相邻的地方,五国东接大海。海东青体型较小,但极其矫健,捕捉鹅鹜又狠又准,其中爪白的尤为珍贵。辽皇帝酷爱海东青,每年派使到女真求取海东青。女真兴兵五国,抢夺海东青,然后献给辽主。女真和五国不胜其苦。《三朝北盟会编》中说:海东青出自五国,五国东接大海,从海东而来的称为海东青,小而俊健,爪白的尤以为异,必求于女真。每年遣外鹰坊子弟,迫女真发甲马千余人进入五国界,到海东巢穴捕取,和五国战斗而后获得。其后,女真不胜其扰。此事《辽金纪事》《草木子》《东都事略》《燕山丛录》等都有记载。

金人每年重五,有射柳的风俗。重五节祭拜天地以后,在广场上插柳枝两行,比赛射柳。比赛按照尊卑排列,分别在柳枝上系上自己的手帕,并在柳枝离地几寸的地方,削皮而白之。比赛时,一骑飞驰作为前导,然后参赛者骑马以无羽簇箭发射,既射断了柳,又能手接断柳而驰去为上等,断而不能接柳的为中等,断其青处或者不能射断或没有射中的都是下等,下等为负。比赛时,金鼓齐鸣,气氛极为热烈。

射柳渐渐成为金代众多节日的主要内容,以致相沿成俗。《金史》记载说,五月五日、七月十五日、九月九日,拜天射柳,岁以为常,成为故事。金代承袭辽俗,以重五、中元、重九行拜天礼。重五在鞠场,中元在内殿,重九在城外。拜天时,刳木为盘,像舟状,赤质木盘上画云鹤纹。做木架高六尺,将盘放在架上,盘中放上荐食,全体跪拜。皇帝,一般在常武殿筑台拜天。拜天以后,开始射柳。

泰和三年五月,金章宗在这重五节拜天射柳,章宗三发三中,群臣山呼万岁。章宗万分高兴,设宴鱼藻殿,大会群臣、侍从。大定三年五月,世宗在重五时幸广乐园射柳。皇太子、亲王、百官都参与竞射,获胜者都有厚赐。所以有这样一首诗描写射柳:

拜天射柳著隆仪,弩手成行缴子随。
左右卫军金骨朵,黄麾细仗闪龙旗。

金代皇帝狩猎成癖,以至有关狩猎的诏令花样百出。正隆六年,海陵王下诏,令自中都至河南府所过州县,调猎士两千人,帮助狩猎。大定九年,金世宗制定网捕走兽法,规定了每年必须秋猎、冬猎,成为定制。明昌五年,章宗出猎胡白山,洒酒祭祀山神,王公大臣进酒。然后,章宗开始射猎。章宗在豁赤一箭射中两只鹿,龙颜大喜,这一天共计猎获鹿二百二十二只,章宗便厚赐侍从。三天后,章宗又射猎黄羊四百七十一只。章宗真是一位神射手。

元代有射草狗的习俗。每年年尾,在镇国寺内墙下面,扎制草人、草狗各一个,用杂色彩缎剪制五脏六腑,然后相约发射,直到草人草狗被射烂为止,最后以酒相祭。这是上层贵族和皇家才能举行的活动。

辽人射兔,金人射柳,元人射狗,这些相沿成习的习俗,都反映了北方民族重视骑射。元代宫中还专门设有鹰坊,负捕猎事宜。全国还设打捕鹰房官和猎户四万户。他们豢养猎犬鹰鹘,优秀的献进皇宫。元代的狩猎活动规模盛大,一次围猎,人数往往逾两万,还有成千上万的训练有素的狮、狗、鹰、豹助战。《马可波罗游记》就记述了他亲眼目睹的元帝游猎盛大的场面,其人欢狗叫、禽兽奔窜,描述得栩栩如生。

尚武,是北方民族的传统,注重武事自然是他们生活中的重要内容。其中,以相扑和长跑较为突出。辽代时,相扑十分盛行。辽代制度规定,册立皇后等重大场合,都要呈百戏和角抵戏,以为娱乐。皇帝的寿辰和宴请使节时,辽皇帝也必会安排相扑表演。天显四年,辽太宗大宴群臣和各国使节,宴会上就表演俳优和角抵戏。重熙十年,皇太子库里噶里出生,兴宗到北宰相驸马音巴宁家宴饮庆贺,兴宗命卫士和汉人角抵取乐。

金代更重视相扑,往往从相扑活动中选择优秀的相扑士充当皇帝侍卫。金太祖曾命相扑士角力,宗弟完颜昂年仅十五岁,角力时连扑六人,太祖大喜,命他随侍左右,并赐给金牌,让他佩牌侍从。

元代禁止民间习武,怕武事太盛,危及统治。所以《元史》记载,元法律规定,习练角抵戏,学习攻刺剑术,师和弟子各杖七十七。但元上层和宫禁中却习武成风,尤其是提倡角力。元武宗以拱卫直都指挥使马谋沙角力获胜,于大德十一年竟破例升他为主掌政务的平章政事。至大三年,武宗又赐角力优胜者阿里银千两,钞四百锭。至治元年,英宗赏赐角力优胜者一百二十人每人钞一千贯。元皇帝的大力提倡,使相扑自然极为兴盛。

元代,还盛行女子角力。《马可波罗游记》记载说,海都王的女儿爱扎路克是一位角力高手。海都王希望女儿嫁一个贵族。女儿却另加条件,说既要是贵族,又要是角力高手,起码能在角力中能把她降服,否则不嫁。各地的青年纷纷应征,前来与她角力。她立下规定:如果男子获胜,嫁与为妻;如果男子失败,则输良马一百匹。众多青年一一败北,爱扎路克赢马数以万计。

至元十九年,普马儿国王的英俊王子带着众多侍从和一千匹良马慕名与爱扎路克角力。海都王、王后、大臣都热望促成这桩婚事,希望爱扎路克不要取胜。爱扎路克遵守自己的诺言,不听劝告,结果王子大败,输掉了千匹良马。

长跑是传递信件的需要而产生的。宋代有三种驿传：步递、马递、急脚递。急脚递就是长跑，日行四百里。金章宗在泰和六年设急递铺，以腰铃传递急件，日行三百里。元世祖也设急递站铺，铺兵一昼夜行四百里，都是腰系革带，悬铃持枪，挟雨衣急行。当时的急递铺站以十里、十五里为一部，沿途换人。这种活动，相当于接力长跑。凡是不便于骑马的地方，就设急递铺站。

至元年间，为了训练贵赤卫的长跑技能，让贵赤卫竞赛长跑。大都是以河西务为起点，皇宫为终点，历时三个时辰，奔行180里。上都是以泥河子为起点，宫中为终点。比赛是从黎明开始，要求是三个时辰即六小时跑完。到达终点时优胜者俯伏御前，群臣高呼万岁。比赛取前三名：第一名奖白银一锭，第二名奖绸缎四表里，第三名绸缎二表里。其余各赏绸缎一表里。

3. 月夜谁吹笛？

元顺帝在宫中制五云车，车上设置五箱。五云车用火树做槛式，用乌棱做轮辕，顶部悬着明珠。五箱中中箱是皇帝的宝座，另四箱是嫔妃的座椅。每当晦夜，顺帝便坐上五云车，游幸后宫苑中，一路上不用灯烛。

元顺帝好游乐，风流多情。美人英英得顺帝的爱幸，顺帝为她在琼华岛内起造采芳馆，并专为她设唐人满花席，置重楼金线衾，竖浮香细鳞帐，立六角雕羽屏。英英的这种宠遇，真是三生有幸，古来罕有。

元顺帝才华横溢，生性极为浪漫。他自称为玉宸馆佩琼花第一洞烟霞小仙，在万岁山筑垣起城，名紫霓城，在城中建玉宸馆，叠石为琼花洞，顺帝这位烟霞小仙就在洞中居住。顺帝常和嫔妃美人嬉游后宫，顺帝曾这样说：百年光阴等于驰电，日夜行乐犹不满十万，况其间疾病相侵，年寿难必，如白云有期，富贵皆非我有。何必自苦，以虚度一生！从此顺帝长歌大舞，通宵达旦，号为遗光。

元顺帝纵欲，几乎不间断地宠幸美人，以至佩夫人印者，不下百人。淑妃有龙瑞娇、程一宁、戈小娥，丽嫔，有张阿元、支祇氏；才人有英英、凝香儿，等等。这些人，尤其得宠，宫中称为七贵。七贵之中，有一位便是夜吹笛的主人程一宁。

春夜静寂，溶溶的月色洒满庭院，宫禁越发显得空旷和神秘。清风送凉，一曲清脆的笛声幽怨苍茫。熟悉曲声的人知道这是一首宫怨调：兰径香销玉辇踪，梨花不忍负春风；绿窗深锁无人见，自碾朱砂养守宫。顺帝在月下漫步，听着笛声欣然驻步。笛声幽怨动人，是从翠鸾楼传来。顺帝记不起来有哪位美人住在那里，便问侍从：谁在吹笛？侍从们都知道是才人程一宁，因为程一宁常常登临翠鸾楼，倚栏弄玉龙之笛。传遍宫中，侍从们就告诉了顺帝。程一宁的名字和溶溶月夜的笛声就此刻在了顺帝的记忆里。

几天以后,顺帝又故地重游,再次听到了程一宁的笛声。顺帝伫立良久,凝神细听,为程一宁的笛声深深地感动。顺帝便坐上金根车,前往翠鸾楼。程一宁在楼上吹得如醉如痴,突然发现楼下一群火炬,簇拥着皇帝到来,不知道楼里出了什么事,吓得奔出楼来,迎接圣驾,叩头俯伏。顺帝亲自扶起程一宁,看见她美丽的容颜,心中涌出一丝怜香惜玉的爱意。

顺帝看着程一宁,拉着她的纤纤素手说:不是你的玉笛有其深意,我如何到了这里?顺帝牵着程一宁来到柏香堂,命宝光天禄厨设开颜宴。顺帝笑着对程一宁说:今夕之夕,情圆意聚。可封你为圆聚侯。从此以后,宠爱日隆,恩冠后宫。顺帝改翠鸾楼为奉御楼,改柏香堂为天怡堂。有《宫词》云:

龙炬辉煌簇凤楼,柏香堂里为勾留。
天厨已设开颜宴,玉笛还封圆聚侯。

4. 优伶、戏曲

北方游牧民族崇尚汉文化,宫廷之中,也少不了凑趣的优伶。优伶,旨在插科打诨,调剂帝王的生活,甚至于敢于讥调帝王,真可谓胆大妄为。

辽兴宗被李元昊击败,单骑落荒奔逃,回到京师,真是惊险至极。优伶在这个时候却同兴宗开了一个惊人的玩笑,同样惊险至极,人人都一身冷汗。

李元昊是西夏国的皇帝,又名曩霄。最初臣服宋,宋赐赵姓,所以,又叫赵元昊。元昊善于绘画,精通佛学,尤善骑射,长于打仗。他不甘心为人臣下,自立大夏国,旋击败吐蕃、回鹘,进攻宋和辽帝国,与辽兴宗交战。元昊作战时有个习惯,就是一旦俘获辽人,就要切掉俘虏的鼻子。

兴宗逃回宫中以后,优人罗衣轻不知轻重,仗着兴宗平日的宠爱,竟走近前去,细细打量着兴宗,轻声而关切地说:看看,鼻子还在吗?兴宗正一肚子窝囊气,哪里受得了这等讥讽?怒气冲冲的兴宗拿起毳索,将优伶罗衣轻狠狠地捆在帐后,准备杀死解恨。太子站在一边,这时笑着说:打诨的,不是黄幡绰。罗衣轻应声回答:行兵的,也不是唐太宗。兴宗喜欢太宗和黄幡绰,听这一对话,不禁笑了起来,当即放了他。

无独有偶,元代的一位皇帝也同样遭受了优伶的讥讽,但优伶却没有罗衣轻幸运,而是损失了两颗牙齿。有一天,元宫内演出杂剧,演的是《吕蒙正》一折。戏台上一位长者前来买瓜。卖瓜的人开价说,一两!长者大惊,问道:怎么,十倍其值?卖瓜的人理直气壮地说:税钱重!十里一税,不能这样吗!片刻以后,吕蒙正走过来也要买瓜,卖瓜的人还是这个价。吕蒙正摇头说:我是穷人,买不起。

吕蒙正又指着旁边的南瓜说,买黄的罢。卖黄瓜的人也恶声恶气,说黄的也要钱！这最后一句是全剧的高潮,也是剧本的关键。黄的正是影射穿黄袍的皇帝。皇帝正津津有味地注视着剧情发展,这时发觉伶人们是在讥刺自己,不由得大怒,就顺手操起家伙,击落了卖瓜人的两颗门牙。

5. 宦官、佞幸、方技

辽代宫中也有宦官。辽宦官见于史籍的有两位,一是王继恩,一是赵安仁。王继恩是棣州人氏。景宗睿智皇后萧氏南征时,继恩被俘。当时,皇后公私所获十岁以下容貌漂亮的儿童约近百人,其中包括王继恩。统统载赴京师,阉为太监,充入后宫。王继恩天性聪慧,通晓经书,并很快掌握了辽语。于是,王继恩由下层太监擢内谒者,迁内侍左厢押班,成为宫中太监的头目。

圣宗亲政以后,王继恩再受信任,历迁尚衣库使、左承宣、监门卫大将军、灵州观察使、内库都提点,参与朝政,成了圣宗的左右臂。王继恩喜欢清谈,不喜权力,每次得皇帝的厚赐,总是吩咐手下买书。史称其每得赐赏,买书至万卷,载以自随,诵读不倦。所以,每当宋使使辽时,王继恩多充宣赐使,举止言谈得当,很得皇上的宠爱。

赵安仁,小字小喜,深州乐寿人氏,也是幼时被俘后阉割入宫。辽圣宗统和年间,赵安仁累迁黄门令、秦晋国五府祗候。秦晋国王去世后,赵安仁授内侍省押班、御院通进。圣宗开泰八年,赵安仁和李胜哥密谋南奔宋国,奔出了皇宫,却被游兵擒获。圣宗仁德皇后和生兴宗的钦哀皇后常有摩擦,钦哀皇后密令赵安仁侦伺仁德皇后的动静,随时禀报。

当时,仁德皇后是正宫皇后,主掌六宫,权威正重。赵安仁是由于害怕才决意出宫南奔。仁德皇后决定处死赵安仁,钦哀皇后(当时是生太子的宫人)极言营救。圣宗裁定说:小喜言父母兄弟俱在南朝,每一念,神魂陨越。今为思亲,冒死而亡,也是孝子用心,实可怜悯。赵安仁被赦。

圣宗去世,耶律宗真即位为辽兴宗。钦哀皇后对兴宗不满。重熙初年,钦哀皇后摄政,想废掉兴宗,立少子耶律重元。兴宗和赵安仁密谋迁太后到庆州守陵。赵安仁任左承宣,历监门卫大将军、契丹汉人渤海内侍都知兼都提点。太后远迁庆州,兴宗作为太后的亲儿子,事后心中不忍,有些想念太后。兴宗便请太后回宫,亲自出宫奉迎。回宫以后,太后责骂赵安仁:你将死时,我曾营救。不望你报答,何为离间我母子？赵安仁吓得跪在那里,无言以对。后来,生死不明。

辽代与后宫生活相关联的皇帝佞幸,主要有耶律乙辛、张孝杰、耶律燕哥、萧十三。耶律乙辛,字胡靓袞,是五院部人,出身贫寒,部人称他为穷迭剌。张孝杰是建州永霸县人,出身贫寒,好学上进,重熙二十四年擢进士第一。耶律燕哥字善宁,官至太师。萧十三,是蔑古乃部人,历记节度使。他们四人,都参与了《十香词》淫词冤案,是这场大冤案的策划者和参与者。乙辛是主谋,张孝杰是军师,燕哥、萧十三是打手和耳目。可怜萧皇后和太子,蒙受不白之冤,一一死去。

方伎,是指奇行异术的方士,在一个王朝中是一些特殊的人物,由于他们的存在,帝王的宫中生活越发丰富多彩,有时还影响、改变甚至决定着王朝的命运。辽代传世的方伎人物主要五个:直鲁古、王白、魏磷、耶律敌鲁、耶律乙不奇。直鲁古是吐谷浑人。

辽太祖大破吐谷浑,他父亲将他装入橐中,发箭想将他射死然后离去。由于逃奔匆忙,一箭没有射中,辽兵将他俘获。一问才知他是医道世家,很得祖传,其父不想爱子被辽人所得,想杀死而后自己逃去。直鲁古于是被进给了太祖,太祖将他送给淳钦皇后收养。长大以后,直鲁古精通医术,融会吐谷浑和辽宫医道,驰名宫中,尤其是长于针灸。直鲁古治愈了不少宫中疑难杂症,出任太医。他曾撰《脉诀》《针灸书》流传后世,死时,年九十岁。

金代的方伎奇人有刘完素、张从正、李庆嗣、纪天赐、张元素、马贵中、武祯、李懋、胡德新。河间人刘完素洞达医术,好用凉剂,以降心火、益肾水为主,自号通元处士。张从正精通难经素学,从师于刘完素,用药多寒凉,能救死回生。李庆嗣、纪天赐、张元素也是精于医学,而马贵中则长于象卜。海陵王准备伐宋,问马贵中,天道如何?马贵中说,太白昼见经天,占为兵丧,为不臣,为更主,又主有兵兵罢,无兵兵起。后来镇戎军地震大风,以及异象迭见,海陵王多次问卜马贵中,马贵中所说无不应验,海陵王最终被杀于扬州。

宫廷乐舞

宋代兴盛的戏剧、舞蹈,对辽、金、元宫廷有一定的影响,也繁荣和充实着北方帝国的宫廷生活。这时的教坊主要是训练宫廷乐舞伎的场所,让他们技艺出众,好在宫廷的大小节宴和娱乐场合,献艺助兴。

宋元时期文化领域南北交流,兼容并蓄,戏剧也开始了气势很盛的造山运动。戏剧来自民间,包容了说、做、歌、舞,称之为杂剧。杂剧内容新颖,剧情曲折,表演逼真,深受皇帝和后妃们的欢迎,杂剧便在宫中盛行起来。

辽代戏剧活动,很少见于史料记载。但是,金代宫中却是风行了起来。杂剧在金宫中深受后妃的欢迎,以至长盛不衰,并且花样翻新,大放异彩。史书和文学作品多有描写金代宫廷的戏剧活动,正如诗中所云:传奇杂剧竞排场,末旦装成出教坊。

元代戏剧高度发展,可称之为中国戏剧史上的一个重要里程碑。元代宫中的演艺机构是宫廷教坊,教坊有表演艺人数千人。元时的杂剧已初具规模,杂剧角色分明,包括末、旦、净、外、杂、丑。元代的杂剧叫作传奇剧,关汉卿等剧作大家创作了许多前无古人的杰作,作品人物生动,情节曲折,结构传神,演来感人至深,催人泪下。

元时宫廷乐舞很繁荣。元世祖忽必烈早在至元三年,就规定了乐舞曲目:文舞为武定文绥舞,武舞为内平外成舞。舞凡六成。

元成宗铁穆耳时期,宫廷乐舞再次推向高潮。成宗在大德九年又制定了乐舞曲目,并设置了专门的乐队演奏。成宗确定了郊祀文舞为崇德舞,武舞为定功舞,专设了三个乐队:乐音王队、寿星队、礼乐队。

乐音王队,是专门在元旦时出来演奏的。乐音王队表演时,先是三个男子头戴青色面具,在台上跳舞。接着,飞天、夜叉舞蹈登台,作各种表演。再后是二十个女子登场,手持牡丹花,载歌载舞。再往后便是女子摇着日月金鞋梢子鼓歌唱相和。最后是五位男子,作五方菩萨庄严相,一人作乐音王相歌舞。

寿星队是在天寿时庆贺寿辰演出的。男子们手执金字牌和梅、竹、松、石,或飞鸦像;有的手执宝盖日月、棕毛扇、鱼鼓筒子、龙竹藜杖,载歌载舞。所歌都是福如东海、健康长寿之类,表现吉祥。

礼乐队是在朝会时用于正式的礼仪。男子五人手持香花,女子20人分成四行,鞠躬拜天,歌唱舞蹈。有的手执孔雀幢,边舞边唱。

元代宫廷乐舞既用于正规的祭祀场合,如郊祀、祭天、祀孔,又用于宫廷的节宴、游乐,如诞辰、册封、册立太子、宴会大臣和外使。和宫廷乐舞一同助兴的往往有击球、百戏、角抵诸戏。

元顺帝懈于政事,沉溺游宴。他选宫女三圣奴、妙乐奴、文殊奴等16人,特为编舞,为元宫中有名的十六天魔舞。舞女头上垂发数辫,戴着象牙佛冠,身披璎珞,穿着大红销金长短裙和金杂袄,披着云肩和合袖大衣,配上绶带鞋袜,每人手执加巴剌般器物,1人执铃杆奏乐,随声起舞。已有宫女11人,头绾练槌髻,勒帕,常服、唐帽、窄衫,以龙笛、头管、小鼓、筝、纂、琵琶、笙、胡琴、响板、拍板奏乐。

帝王文化生活

1. 帝王和诗文书画

辽代最有才华的皇帝是辽兴宗耶律宗真。宗真与宋仁宗同一时代。兴宗宗真通儒术,好音律,擅长绘画,尤其善于画鹅鸭,所画点缀精妙,栩栩如生。辽兴宗还和宋仁宗书画往返,通文讲和,两国皇帝以文墨会友,边境祥和。兴宗与仁宗的书画答谢，成了后世文坛艺林的一段佳话。

《契丹国志》说，辽兴宗工画，擅长丹青，尝将所画的鹅鸭送赠宋仁宗，其画点缀精妙，宛乎逼真。宋仁宗作飞白书答谢。郭若虚在《图画见闻志》中记载说，辽兴宗后来又作五幅缣画千角鹿图赠宋仁宗，画上题注日月，注明御画。宋仁宗命将千角鹿图悬挂在太清楼下，召近臣观看，次日又召皇后，命妇观看。事后，仁宗郑重地将此图收藏在宫中的珍画库：天章阁。

金章宗完颜璟也是一位了不起的皇帝，雅好文事，而且颇有才华。章宗嗜好书画，尤其醉心于宋徽宗的书画，专师瘦金体，学画也唯徽宗为师。徽宗喜欢用磁蓝纸泥金字帖签，章宗完全仿效。

金章宗时，宫中有两把名琴：春雷、玉振，都放在承华殿。章宗很喜爱这两把名琴。《困学斋杂录》说，京师名琴云耶律丞相春雷，金内府物，名曰承华殿春雷。《清秘藏》说，春雷，宋时藏宣和殿万琴堂，称为第一，后归金章宗，为明昌御府第一。章宗死后，名琴陪葬，凡十八年。后来复出人间，无丝毫伤损，又为诸琴之冠。

元好问《琴辩引》说，到熙宗时，熙宗惟弄琴为乐。琴工卫宗，有一次，鼓琴不成声，熙宗询问何故，说山后苦寒，手中拮据。熙宗当即赐赏貂鼠帐，帐前炽炭，然后再让他鼓琴为乐。

章宗多才，闻名于世者，正是他的诗赋。章宗是金代最文雅也最擅长诗赋的皇帝，也是当时最富于文采的女真诗人。章宗的母亲，是宋徽宗一位公主的女儿，由于血缘关系，他对汉文化有着天生的崇尚和浓厚的兴趣。章宗的父亲，即金显宗完颜允恭，也是一位诗词的爱好者。章宗从小受到良好的教育，又有父母好文的熏陶，加之章宗天赋过人，自然独步当时，文才冠世。

请看章宗《咏风筝》：

心与寥寥太古通，手随轻籁入天风。
山长水阔无寻处，声在乱云空碧中。

章宗过人的天资和颖悟的透视力都渗透在他那精妙的诗文中，诗文中的灵气咄咄逼人，令人为之叹服：

洛阳谷雨红千叶，岭外朱明玉一枝。
地力发生虽有异，天工造物本无私。

第八章　辽金元帝王生活

这是金章宗的一首诗,咏诵牡丹。

海陵王喜欢诗文和唱曲,金代宫中便曲调悠扬,歌声袅袅。想不到的是,由于一支唱曲,海陵王竟被曲中的美景所动,便决意投鞭渡江,挥动铁骑南征。这可也是一件千古罕有之事。金代《宫词》如是描述:临安山水画中传,桂子荷花别样妍;遂欲投鞭向江下,新词谁唱柳屯田。曲中描述的是钱塘美景,词曲正是宋代大才子柳永的《望海潮》。

《大金国志》记述了这一事情的经过。海陵、梁大使和妃嫔数人在宫中漫游,忽然听到了一支优美动人的曲子。海陵帝驻足凝神细听,只听宫女唱道:

东南形胜,三吴都会,钱塘自古繁华。
烟柳画桥,风帘翠幕,参差十万人家。
云树绕堤沙,怒涛卷霜雪,天堑无涯。
市列珠玑,户盈罗绮,竞豪奢。
重湖迭巘清嘉,有三秋桂子,十里荷花。
羌管弄晴,菱歌泛夜,嬉嬉钓叟莲娃。
千骑拥高牙。乘醉听箫鼓,吟赏烟霞。
异日图将好景,归去凤池夸。

海陵王大惊,他从来没有听到过如此扣人心弦的曲子,更想不到竟有这等的人间仙境。海陵王听得如醉如痴。缓过神后,海陵王才得知,这是南宋传入金宫廷的一支优美曲子,是宋大才子柳永的《望海潮》,赞美和描述的是钱塘美景。海陵王龙颜大喜,随声进入宫院,唱曲的宫女李贵儿慌忙跪迎。梁大使听李贵儿告知海陵帝词曲内容,便大叹说:这是神仙词! 接着,皇后、妃嫔也到了,大家便一起饮酒。

于是,海陵王对江南产生了浓厚的兴趣,当即问:朝中,谁人曾前往过江南? 梁大使说,兵部尚书胡邻曾到过。

海陵王立召胡邻,问钱塘盛景。胡邻回答:江南扬州琼花,润州金山,吴江姑苏,钱塘西湖,是天下美观,其他更有很多美景,但臣迹未到。只此数景,天下已罕,况于其他! 海陵王听后心中大喜,一颗勃勃的野心便骤然膨胀,贪恋起了江南胜景。海陵王兴奋,决定发兵南征。

南宋王朝谁也想不到,三秋桂子、十里荷花,竟然招致了烽烟千里,金戈铁马。所以,有诗为证:

谁把杭州曲子讴,荷香十里桂三秋。

哪知卉木无情物,牵动长江万里愁。

2. 元文宗尚风雅

成吉思汗率领的蒙古铁骑,以摧枯拉朽之势扫荡了欧亚大陆,建立了庞大的帝国。帝国东到高丽,西至俄罗斯,北达北极海,南及中南半岛。帝国分为四个部分:钦察、伊儿、窝阔台、察合台,即所谓四大汗国。后经太宗、定宗、宪宗的几代努力,到元世祖,忽必烈时,国势鼎盛,迁都燕京,正式建立了元帝国。

建立元帝国过程中,蒙古贵族随着对汉族地区的步步深入,深深地感受到了博大精深的汉族文化,渐渐懂得了武定江山,文治天下。元世祖雄才大略,早在藩邸时即延揽招聘四方才士,问治国之道,询至治之理,并一同讲经谈史。忽必烈即位称帝以后,用刘秉忠、刘因、许衡、姚枢、王恂、郭守敬、赵孟頫、耶律楚材等天下饱学务实之士,让他们安邦治国,委付重任。

世祖接纳耶律楚材的建议,在山西平阳建经籍所,旋又建都燕京以后迁经籍所入京师,并废经籍所之称,改称宏文院。至元九年,世祖又命太保刘秉忠、大司农勃罗设立秘书监,掌历代经籍和禁书阴阳术算。世祖不习汉文,但他深知汉族文化博大、精深,因而训示太子务必学习汉族文化。他派硕学名儒姚枢、窦默、王恂、许衡教授太子汉学经史,广泛灌输汉族文化。因此,世祖已开文治之端,再历成宗、武宗,到仁宗爱育黎拔力八达时,元代已粗具文治的规模。

仁宗汉学较深。他在太子时期,就一直遣使四出,访求经史。即位以后,仁宗派詹事王约节译《大学衍义》,将《大学衍义》视为治国之本。仁宗喜爱《大学衍义》,将其和《图象孝经》《列女传》一并刊行,颁行天下,希望以此教化臣民。仁宗尊儒重道,注重教化,实行科举取士。他倚重赵孟頫、李孟等一代文士,自己也好文艺、喜丹青,以尚文礼士闻名于世。可以说,仁宗时期的元宫廷充满了浓厚的文治风雅气息。元文宗就是在这样的氛围中一天天长大的。

文宗姓奇渥温,名图帖木儿,是元武宗的第二个儿子,元明宗的亲弟,母亲是文献昭圣皇后唐兀氏。文宗生于大德八年,七岁时元武宗去世,太子年幼,传位于弟,为元仁宗。仁宗在位九年,传位英宗硕德八剌,文宗便被远流琼州。泰定帝即位,召回文宗,回到京师,封怀王,娶鲁国大长公主的女儿为妻,即后来的卜答失里皇后。泰定帝死后,留守大都的签枢密院事燕铁木儿谋立武宗的长子即周王和世㻋为帝,但周王远在漠北,一时无法即位,遂派使迎立图帖木儿。图帖木儿在大都即位,为元文宗,称札牙笃皇帝。周王同时在北地即位,为元明宗。

天历二年二月,文宗设奎章阁学士院,并派人奏明明宗,明宗同意。半年后,明宗南行,到达忽察都,突然死去。文宗正式即位临政。文宗早在怀王时期,即与文士交往密切。他交好文士赵淳、李孝光,赏识才士柯九思。至顺元年,文宗立阿剌忒纳答剌为太子,废明宗长子王爵,将他远迁高丽。权位稳固以后,文宗便开始致力于文化事业,主要集中表现在奎章阁。文宗的尚文礼士,就是以奎章阁闻名于世。

奎章阁创建于文宗天历二年二月,主事的是元文宗,规划人是虞集,阁中代表人物是柯九思。虞集,字伯生,号邵庵,别号道园,晚号翁生。祖籍成都。五岁时即熟读五经,长大后从吴澄学习经史义理。学富五车,才名远播,汉军四大世家之一的董士选将他迁入家馆。大德六年,董士选将虞集推荐给元武宗,授大都路儒学教授,历仕成宗、武宗、仁宗、英宗、泰定帝、文宗和元顺帝。虞集,可以真正称之为目睹元朝兴衰的历史见证人。

奎章阁位于元西宫兴圣宫西廊。最初只是屋宇之间,高敞明爽。南间藏珍迹,中间为诸官值馆,北间南向设御座,左右陈设珍玩。后来升群玉署为群玉司,增艺文监(包括艺林库、广成局)和鉴书博士司,阁中有属官近百人,规模大为扩展。

奎章阁和元文宗一同垂名史册,标志着文宗时期,宫廷文事昌盛。设阁的宗旨,是知经史之书,考帝王之治。这是《元史》作者的看法。《奎章阁记》则说得更明白,是备燕闲之居,将以渊潜遐思,辑熙典学。《皇图大训序》却说是延问道德,以熙圣学,又韧艺文监,表彰儒术,取其书之关系于治教者,以次摹印。所称所云角度不同,但基本主旨是统一的,就是有助于文治。

文宗尚文礼士,与他自身的文化修养分不开。他熟谙诗书,富于文藻,才华横溢,多才多艺。他即帝位时曾吟了这样一首诗:

> 穿了毯衫更着鞭,一钩残月柳梢边。
> 二三点露滴如雨,六七个星犹在天。
> 犬吠竹篱人过语,鸡鸣茅店客惊眠。
> 须臾捧出扶桑日,七十二峰都在前。

文宗还有一笔惊人的写字功夫,时常铺纸挥毫。他亲笔写的《奎章阁记》,令士林为之惊叹。刻石以后,拓摹品身价极高。流传下来的他亲笔御书:妙品,构架疏朗,神韵飘逸,骨肉相彰,极其生动传神。

3. 从奎章阁到宣文阁

元末代皇帝是元顺帝。顺帝14岁即位。顺帝即位以后,宫中的斗争依旧很激烈。顺帝重用伯颜,任他为右丞相。结果,引起了权臣燕铁木儿的儿子、时为丞相的唐其势的极度不满。元统三年,唐其势纠集同党,试图废掉顺帝,转而立燕帖古思。逆谋败露,顺帝将他们一网打尽,唐其势等被处死。不久,左相被废,身为右相的伯颜便大权在握,独理朝政。随即顺帝加伯颜左丞相,全权处理政务。

元统三年十一月,顺帝改年号为至元。至元是世祖忽必烈的开国年号,顺帝启用,无非是想祖述圣德,复兴大元。伯颜受到顺帝的器重,为百官之长。伯颜不思复兴帝业,恢复元帝国的文治武功,却终日结党营私,专横跋扈。他擅自贬逐蒙古诸王,贪婪使性,肆行暴虐,排斥忠臣,大量汉官被贬逐。他还进奏顺帝,请求太子禁绝汉学,不许与儒士往来。

顺帝接受了伯颜的建议,并下诏停止科举。顺帝断送了文宗推向极盛的祖宗以来的文治盛世,毅然决然地抛弃汉文化,这无疑是倒行逆施。百官进谏无效,一个个痛心疾首。文事江河日下,士子奔窜,江山岌岌可危。顺帝沉醉在福海无边的酒色之中,根本不知道大厦将倾,依旧我行我素。至元三年,顺帝令天下省院台部郡府幕府,只以蒙古人、色目人充任要职,汉人一体罢免,并禁止汉人习蒙古文。大量汉臣文士便风流云散。这哪里有世祖之风?

严酷的政治现实和堆积如山的抗议奏疏终于使顺帝醒悟,倒行逆施,只能毁了大元江山,也会毁了自己。顺帝贬逐权臣伯颜,平息众怒,力图挽救将倾的江山。接着,顺帝颁诏,再行科举。至正三年,顺帝设置史局,招集天下人才,纂修宋史、辽史、金史。

继伯颜之后,脱脱出任右相。四年后,脱脱被免,顺帝又宠哈麻、雪雪,但不久又将这两兄弟杖杀廷前。元王朝走上了穷途末路。奎章阁盛极一时。顺帝即位以后,奎章阁一度兴盛,改称宣文阁,并继虞集、柯九思之后,又推出了一个代表人物——原奎章阁监群玉内司、大书法家康里巎巎。

至元元年,奎章阁改名宣文阁后,顺帝又于次年将宣文阁并入翰林国史院。宣文阁下的其他机构,便作鸟兽散,甚至于知经筵事一职也由翰林学士承旨兼管。到最后,宣文阁便只成了管理宫廷、教授后学的教育机关,其大学士、学士已不复存在,阁中只有主管官员和鉴书博士、授经郎。鉴书博士、授经郎只是五六品官,在原奎章阁中只是三等职衔。很显然,此时的宣文阁已经失去了它昔日夺目的光辉。

宣文阁产生不久,宫中又诞生了一个端本堂。端本堂是在太子长大后,宣文阁官员奏请亲师就傅的情况下,顺帝为太子而设的专门教育机构,故称端本堂。堂中设谕德一人、赞善一人、文学二人,以翰林直学士侍制兼职,另设正字、司经各二人。

端本堂地点在兴圣宫西偏宣文阁一阁。堂中的布置和讲习情况,《元史类编》有这样的记载:其堂虚中座,以俟至尊临幸。皇子坐于皇帝位右,左向。左设师傅座。谕德以下,以次列坐,右向。授经史,设置授读位,司经、正字执经导皇子。谕德以下,选为伴读凡十人。

二、帝王荒唐生活

辽、金、元三代,是中国历史的重要组成部分,是中国北部由三个少数民族建立的一度强盛的统一的大帝国。辽、金、元三代都建都北京。契丹人建立的辽国称北京为南京,是辽四京之一。女真人建立金国,称北京为中都。蒙古人建立的元朝定都北京,称为大都。辽、金、元三代的帝王们是在无边的荒漠和纵马驰奔中出生和长大的,他们的喜好和生活习性和汉人的帝王们大不相同。但是,辽、金、元和汉人的帝王们不管在生长环境和文明进化上如何有别,在荒唐淫逸方面,却是大同小异,异曲同工。他们沉溺于酒色,纵情于骑猎和犬马,嬉游无度,杀人如同儿戏。

大辽睡王

辽太宗耶律德光披甲征战,长年不休,结果弄得民力疲惫,人心怨愤,统治岌岌可危。太宗死后,其弟李胡和侄儿兀欲争立,几经明争暗斗,李胡失败,兀欲继承大位。为辽世宗。世宗仪容丰伟,善于骑射,乐于助人,没即位时很得太宗的喜爱,太宗视如己子。即位以后,世宗荒于酒色,轻慢侮辱各位酋长,很快便诸部反叛,怨声载道。世宗领亲兵平复叛乱,残杀无辜,在位五年竟无暇南顾。

天禄五年九月申朔,世宗领兵南伐。到归化州祥古山,世宗在行宫祭祀其已追尊为瀼国皇帝的父亲。祭祀以后,君臣痛饮,结果大醉。燕王和太宁王乘机造反,杀死世宗。叛乱平复以后,群臣奉太宗耶律德光的儿子耶律璟即皇帝位,是为辽穆宗。

辽穆宗耶律璟,小字述律,他是太宗的长子,母亲是靖安皇后萧氏。耶律璟于会同二年九岁时晋封为寿安王,到天禄五年群臣奉他即位,时年20岁,称为天顺皇帝。耶律璟即位以后,虽然尊为天顺,但政局极其不稳,叛乱此起彼伏。先有太尉忽右质谋乱,穆宗一举扑灭,诛杀无数。接着,国舅政事令萧眉古得、宣政殿学士李瀚等谋逆南奔,穆宗将其识破,诏暴其罪。不久,政事令萧眉古得会同

345

林牙敌烈、侍中神都、郎君海里等谋乱,穆宗下令逮捕,杀萧眉古得、娄国等,杖李瀚。

扑灭了几次叛乱,政局稳固,穆宗开始讲求享乐,希望能够长生不死。应历七年四月朔日,穆宗回到上京。女巫肖古曾奏上延年益寿药方,穆宗大为兴奋。药方配制独特,尤其是要用男子的胆和药下服,穆宗觉得惊奇,并深信不疑。于是,接连几年服药,也接连几年杀死了无数的童男子,取其胆用以和药。到这时,穆宗才发觉延年益寿的药方是骗人的,穆宗回到上京以后,便吩咐推出女巫,当场射杀。

穆宗沉溺于美酒,滥杀无辜,日益变得喜怒无常。应历七年十二月,穆宗大猎七鹰山以后,趁着高兴,诏令天下:有罪的依法论刑。我发怒时,难免祸及无辜,你们要据理切谏,不要盲从。

穆宗在最后的几年,除了昏睡、醉酒,便是动不动就杀人。他身边的近侍和仆从被他杀死的即有:近侍小六、近侍东儿、虞人沙刺迭、近侍喜哥妻、近侍随鲁、近侍白海、家仆衫福、押刺葛、枢密使门吏老古、挞马失鲁、狼人马里、豕人阿不札、术里者、涅者括等。穆宗真是杀人如麻,连他身边的近侍也不放过。穆宗如此沉醉、乱杀,结果召来了杀身之祸。

应历十九年正月,大宴宫中,酒醉以后,命殿前都点检夷腊葛代行击土牛礼。酒醒以后,穆宗和群臣玩叶格戏,并诏令太尉化哥:我醉中处事有错,不要执行,酒醒以后复奏。接着,穆宗领群臣、近侍出宫游猎,射大熊,欢饮达旦,君臣大醉。近侍小哥、盥人花哥、庖人辛古等六人平日胆战心惊,不胜其苦,此时即乘机杀死穆宗,时年三十九岁。

穆宗昏庸,在中国历史上他最驰名的不是游乐、杀人,而是终日酣睡。游乐和杀人是中国帝王们的专利,几乎史不绝书,因而没什么新鲜。但睡觉却是不同。除了天阉,享乐不尽的帝王哪里会终日睡觉?他们总觉得时间紧迫,享乐不够。穆宗则不同,美人他享受不了,与其去受罪,吃饱喝足以后倒不如去睡觉。于是,史书记载:穆宗年少,好游猎,不亲国事,每夜酣饮,达旦乃寝,日中方起,国人谓之睡王。有两首宫词对此也有精彩的描述:

沉沉宫禁静无译,五凤楼开理髻鸦。
怪底君王眠不醒,春风闲煞掖庭花。

延昌宫外夜冥冥,侍宴宫娥冷倚屏。
四鼓将残齐聒帐,何曾唤得睡王醒。

这就是中国历史上独具睡名的大辽睡王。

扇岳父耳光

辽兴宗耶律宗真是中国历史上一位较为独特的皇帝,他崇尚文化,对于与他对峙的汉王朝汉族文明和风物制度由衷敬仰。他统治的时代正是北宋宋仁宗赵祯在位时期,他和宋仁宗忘却了边境的金戈铁马,互赠书法、绘画,这段史事在艺林中一直被传为佳话。可是,就是这样一位雅好文事的辽兴宗,竟横不讲理,在一次酒宴上当着汉番百官扇了他岳父一耳光。

辽兴宗耶律宗真,字夷不堇,小字只骨,是辽圣宗耶律隆绪的长子,母亲是钦哀皇后萧氏,养母是圣宗仁德皇后。仁德皇后萧氏小字菩萨哥,是景宗睿智皇后的弟弟隗因的女儿,年十二岁时,美丽多才,被选入掖庭,统和十九年正式册为圣宗齐天皇后,后来谥为仁德皇后。

仁德皇后美丽多情,一直受到圣宗的宠爱。她还别出心裁,以草茎为殿式,密付有司,令造清风、天祥、八方三殿。三殿造成后,圣宗大为奇怪,更是宠爱无比。连她所乘的车,都是龙首鸱尾,装饰黄金,精美绝伦。她还造九龙辂,诸子车,用白金造浮图,无一不是巧夺天工。因此,史书说:夏秋从行山谷间,花木如绣,车服相错,人望去以为神仙。

可是,仁德皇后命好,却子嗣不继。她先后生了两个儿子,但都一一夭折。开泰五年,宫人耨斤生下了一个儿子,仁德皇后抱过来收养,他就是后来的辽兴宗耶律宗真。圣宗临终时,宫人耨斤见圣宗奄奄一息,知道自己的儿子马上要继任为大辽皇帝,耨斤无所顾忌,指着仁德皇后,破口大骂:老家伙没有够吗?左右侍儿低着头,默默地扶出痛不欲生悲苦不堪的仁德皇后。

圣宗死了,耨斤自立为皇太后,即钦哀皇后。耨斤又授意护卫冯家奴、喜孙等诬告北府宰相萧浞卜、国舅萧匹敌谋逆,然后下诏穷治,连及仁德皇后。刚即位的兴宗耶律宗真闻讯以后立即阻止:皇后侍先帝四十年,抚育我长大,当尊为太后,如今没尊为太后,反而治罪,行吗?耨斤见儿子袒护,狠狠地说:此人若在,恐为后患。

兴宗固执己见:皇后年纪大了,又没有儿子,还会怎么样呢?仁德皇后于是免于冤死,被耨斤迁往上京看管。这一年,兴宗刚即位,年仅16岁。兴宗即位之前即已经受了磨砺,深知血腥的权术内幕。即位以后,他又目睹和默许了他的母亲对于仁德皇后的迫害。他在枢前即位以后,即尊其母元妃萧氏为皇太后。

大行皇帝的梓宫刚刚殡葬于永安山太平殿,皇太后萧氏耨斤即将驸马萧钮不里、萧匹敌赐死,将围场都太师女直著骨里、右祗候郎君详稳萧延留等七人弃市,籍没全家。在兴宗的力谏下,又将仁德皇后迁往上京,随后怕兴宗怀鞠育恩,便遣人加害。使者到达后,皇后质问:我实无辜,天下共知。你待我沐浴,而后就死,可以吗?使者退出,回来后,皇后去世。

登基才一个月,先皇尸骨未寒,兴宗即召晋王萧普右等人入宫,陪他宴饮博戏,夜分才散。接着,又与近侍和群臣击鞠。尽兴以后,才禀母后意旨视事,委耶律韩八为左夷离毕,特末里为左祗候郎君详稳,横帐郎君乐右权右祗候郎君详稳,他爱喝酒,喜欢借酒助兴。有一次,酒兴高涨时,他加入到伶人的乐队之中弹奏。他毫不顾及酒宴上有汉番百官在座,竟然吩咐,皇后美妃们换上女道士之服,即席上场表演。皇后美妃们只能从命,入内换上女道士的衣服。皇后的父亲萧磨只实在看不过去,觉得很丢脸面。于是,岳父大人恭恭敬敬,上前进谏:汉番百官都在,后妃入戏,恐怕不合适。

此时此刻,如此进谏,真是大煞风景。兴宗怒视着败兴的岳父,挥手就是一耳光,随着一声脆响,蹦出一句:我尚入戏,何况你的女儿!岳父萧磨悻悻而退,只好默不作声。随同兴宗入伶人乐队玩乐的王纲、刘四端兄弟,以及众多后妃、在座百官,无不目瞪口呆。此事,有宫词为证:

竿木逢场一笑看,内家妆束易黄冠。
君臣宴乐团栾坐,始信天朝礼数宽。

兴宗耶律宗真在位24年,40岁时,死于行宫。史学家尽管对兴宗的奇特行为大感惊奇,迷惑不解:兴宗酒宴行乐之中,当着百官和后妃的面,扇了岳父的嘴巴。但是,史学家还是公正地称:圣宗以下,兴宗可谓贤君。

金熙宗嗜杀

金太宗天会十三年正月,61岁的太宗完颜晟去世,谙班勃极烈完颜亶即位,是为金熙宗。完颜亶本名合剌,是太祖完颜旻之孙,父亲是景宣皇帝,母亲是富察氏。景宣皇帝即丰王宗浚,熙宗即位以后追尊。谙班勃极烈是太宗即位前的官称,太宗即位以后,将此授给其弟完颜果,地位相当于太子。

天会八年,完颜果死,太宗久意不决。两年后,左副元帅宗翰、右副元帅宗辅、左监军完颜希君入朝与宗翰合议:谙班勃极烈虚位已久,今不早定,恐授非其人;合剌,先帝嫡孙,当立。四人进奏太宗,陈述再三,太宗才下诏:你为太祖嫡孙,故命你为谙班勃极烈。你不要自谓年幼,狎于童戏,要好生修德。

金熙宗办事果断,登基之初,雷厉风行,推行改革,大有一代明主气象。他即位以后,推行大规模的改革,实行汉化。他崇尚儒学,对于贞观天子由衷钦佩。他曾召集翰林学士,对他们说:我每阅《贞观政要》,见其君臣议论,大可效法。

汉儒韩昉,博学多才,是金熙宗的启蒙教师。熙宗自幼受学,习汉文,学汉礼仪、制度,由衷地敬慕汉族文化。熙宗是第一个接受汉文化从而鄙薄女真习俗的皇帝,也是大金第一个用汉代的官制和风俗改造女真官制和风俗的皇帝。金熙宗在推行汉化中,受到了来自各个方面的阻力,尤其是皇亲贵戚,达官显贵。熙宗对此泰然自若,针锋相对,对于反对者,杀无赦,毫不客气。

金熙宗加强皇权,以相位易兵权之法,升右勃极烈、都元帅宗翰为太保,封晋国王。实际上,这是剥夺这位专权、滥政者的权力。接着,熙宗以贪赃罪,杀尚书左丞高庆裔和转运使刘思。高庆裔被杀,连及同党宗翰。宗翰走投无路,只好自尽。

除掉了权臣宗翰,金熙宗松了一口气。依旧采取相位易储贰之法,升长子宗磐为尚书省尚书令、太师,地位最高。宗磐和宗翰本来是争夺大位的死敌,宗翰死后,宗磐骄纵跋扈,甚至当着熙宗的面,要杀宗干。不久,宗磐、宗隽谋反,宗干、宗弼和完颜希君联合平叛,杀死宗磐、宗隽,宗干升任太师,晋封梁宋国王。

随后,熙宗大开杀戒,以谋反之罪,杀死行台左丞相挞懒、翼王鹘懒反活离胡士、挞懒子斡带、乌达补等人。最后,熙宗将屠刀指向危害改革和影响皇权的重臣萧庆和完颜希君。

皇统七年四月,熙宗在便殿设宴,喝得大醉,挥刀杀死户部尚书宗礼。两个月后,他随意动刀,杀死横海(今沧州)节度使田毂等八人。两年后,皇统九年四月,有一天,狂风暴雨,电闪雷鸣。大殿鸱尾震坏,大火熊熊,烟火窜入了熙宗寝宫,烧毁帐幔。熙宗大惊,仓皇逃奔别殿躲避。接着,盛传利州榆林河上,有二龙相斗,斗得极为残酷。随后,大风铺天盖地,扫平民居官舍,瓦木人畜等在狂风之中,飘荡十余里,死伤无数。

天怒人怨,天意示警。金熙宗以天变示警为由,大赦天下,命翰林学士张钧立即草诏。参政萧肄说,张钧草诏,语涉诽谤,即有所谓:龙潜我宫。熙宗大怒,说:龙奈我何!吩咐杖张钧数百。张钧皮开肉绽,奄奄一息,但是,还没有死。金熙宗余怒未消,亲手用剑"厘其口而釂之"。张钧惨死殿前,死不瞑目。当日,金熙宗颁诏,大赦上京罪囚。

这年八月,宰臣奏议,迁徙辽阳、渤海居民充实燕南。熙宗同意,宰臣开始行动。当时侍从高寿星家,正在迁徙之列。高寿星不想家人迁移,来到皇后面前哭诉。皇后进言熙宗,激起熙宗愤怒。熙宗吩咐,杖责动议迁徙之大臣平章秉德,杀死郎中萨哈。可怜一代宰臣,受屈丧命。侍从高寿星心满意足,竟然举家没有迁徙。

鲁班天子

至顺四年六月,妥懂帖睦尔在上都即皇帝位,为元顺帝。

元顺帝作为元末代皇帝,政治昏庸,不谙权术。但是,他是一位天才,是一位杰出的建筑师、设计师、发明家。他精通木工设计、制作,通晓机械,富于智慧和创造力,因此,宫廷内外,京城上下,人们称他为鲁班天子。

元顺帝酷爱建筑,很懂得享乐。大内宫室,奢华富丽,他别出心裁,在清宁殿前,建造精巧别致的山子、月宫。新殿之后,他自己设计,建造了两座水晶圆殿。圆殿巍峨,耸立于水中,外用玻璃装饰。阳光照射圆殿,光影波动,回光彩映,大殿如同一座仙子水晶宫。因此,有宫词描述:

水晶殿宇晚风多,窄窄轻衫试越罗。
闲倚银屏望牛女,月宫山子近秋河。

元顺帝喜欢机械,是一位智慧很高的设计师。至正十四年十二月,他在内苑设计了一套龙舟式样,命内官供奉少监塔思不花为监工,照式样督造。龙舟首尾长一百二十尺,广二十尺。舟前,为瓦帘棚、穿廊,内有两座暖阁。舟后,是庑殿楼子。龙舟、龙身和整个暖阁,全部用五彩金妆饰。龙舟前面,有两枚利爪,乘风破浪。

据史书记载说,西出内城,便是一片内海。内海广约五六里。海中架有飞桥,西渡半起瀛州圆殿,绕为石城卷门,散作洲岛拱门,便于龙舟往返。当时,后宫之中,龙舟极多,许多都是元顺帝亲自设计。据说,当时,宫中有大龙舟,有小龙舟,样式各异,精巧别致。大龙舟长达十丈,绕红彩栏,前起大龙头。小龙舟,三丈、五丈,各具风采,奇巧精妙。所以,有辇下曲传唱宫中:

直教海子望蓬莱,青雀传言日几回。
为造龙舟载天姆,院家催造画图来。

宫漏历来是后宫宠物。元著名大臣郭守敬,就曾进献七宝灯漏给元世祖。元宫之中,以大明殿之宫漏最为有名。

《元史》记载:大明殿灯漏,高一丈七尺,架以金制作。

有首宫词,描述了元顺帝所造宫漏,飞仙报钟:

新添比甲晓寒浓,毳幞香温睡起慵。
细贴花钿罢梳洗,飞仙已报午时钟。

元顺帝潜心制作,政务荒疏。至正二十八年,烽火四起,大元王朝摇摇欲坠。元顺帝亲临清宁殿,召集三宫后妃、皇太子、太子妃,商议对策,准备离京北去。左丞相失列门,知枢密院事黑厮,宦官伯颜不花等人,跪伏泣谏,认为不可离京。元顺帝不听,执意北行。伯颜不花悲恸,哭泣进谏:天下是世祖之天下。陛下应当死守,不能抛弃!我等愿率军民和诸怯薛,出城拒战。微臣叩请陛下,固守京城!当天深夜,元顺帝带着后妃,打开健德门,北奔。

明学者叶子奇著《草木子》,记载:当时,顺帝召集文武百官军民人等,共议战守大计,前往端明殿。打开殿门,忽然,从殿中跑出二狐。顺帝落泪,叹息说:宫禁严密,这两只狐狸如何进宫?这是上天暗示,我还留在这里干什么!即命北狩。

元顺帝北奔以后,大明兵进入京师。明司天监长官将元顺帝所遗之水晶宫漏,进献给太祖朱元璋。《明卓异记》记载:水晶宫漏,备极机巧。中间有两个木偶人,木偶人按时自击钲鼓。朱元璋看过水晶宫漏,对侍臣说:不理政务,而用心在这里,这就是所谓:作无益而害有益!如果用此心治天下,还能不灭亡吗?朱元璋便吩咐左右,将水晶宫漏击碎。

三、辽帝王生活

辽帝王生平

1. 辽太祖耶律阿保机

辽太祖汉名亿,契丹名阿保机,小字啜里只。是契丹迭剌部霞濑益石乡耶律弥里人。阿保机是辽德祖皇帝撒剌长子,母亲是宣简皇后萧氏。阿保机多智勇武,身体健壮,富于胆略,喜好骑射。阿保机的马上功夫十分了得,箭术出众,一寸厚的铁,他能够一箭穿透。

公元9世纪末,契丹挈氏部落联盟长痕德堇可汗在位时,任阿保机为挞马狨沙里,统领可汗亲军,征服北边部落。唐天复元年,就是公元901年,痕德堇可汗即位,阿保机为本部军事首领的夷离堇,专事征讨,大破室韦、突厥、奚,南下又攻略河东、代北各郡。

唐天复三年,阿保机继任于越总知军国事。阿保机和唐节度使李克用拜约为兄弟,进兵袭击卢龙节度使刘仁恭,占尽其人民和土地。唐天祐四年(907年)春天,阿保机取代遥辇氏,成为契丹八部联盟长。

阿保机四出征讨,南征北战,先后征服奚、室韦等部落,平息剌葛等叛乱。

阿保机担任契丹八部首领凡九年。盐池宴会,阿保机设伏,杀死了七部首领,统一了契丹各部。后梁贞明二年(916年)阿保机称帝建国,自称大圣大明天皇帝,封长子倍为皇太子,国号契丹。

2. 辽穆宗耶律璟

辽穆宗耶律璟(931—969年),后周时,为避信祖郭璟庙讳,称之为耶律明,小字述律,是辽太宗耶律德光的长子,母为靖安皇后萧氏。即位前,封为寿安王。天禄五年(951年)九月,辽世宗耶律阮被耶律察割等人所杀,当时,耶律璟正随征在军中,诛杀察割,即帝位,成为大辽第四任皇帝,改元应历。由此,帝位再次回归辽太宗一脉。耶律璟是中国历史上有名的昏君和暴君,在位18年,是辽朝政治黑暗时期。应历十九年(969年)二月,为近侍小哥等人所杀。

辽帝王事迹

1. 阿保机

阿保机,公元916—926年在位。阿保机是大辽的开国皇帝,在位期间,建造都城,修筑宫室,创制文字,确定法律,设置宫卫骑军和州县部族军。神册元年(916年),阿保机统领大军,先后征服突厥、吐浑、党项、小藩、沙陀各部。

天赞三年(924年),阿保机再次臣服吐浑、党项、阻卜各部,并派兵穿越流沙,拔除浮图城(今新疆吉木萨尔南古城),统一了西北各部。阿保机统兵征伐,并不断用兵中原。即位当年,他便攻取中原蔚、新、武、妫、儒五州。阿保机又入居居庸关,派次子耶律德光治理蓟北。天赞四年,远征渤海国。

天显元年(926年),阿保机攻占扶余城(今吉林四平市西一面城),围困渤海国都城忽汗城(今黑龙江宁安西南东京城),俘获渤海国国王大湮撰,渤海国灭亡。阿保机在原渤海国旧地建东丹国,封长子耶律倍为东丹王。

2. 述律后

辽太祖阿保机的皇后,契丹族人,姓述律氏,名平,契丹名月理朵。述律皇后的先祖是回鹘人。述律皇后为人果断,胸怀雄略。阿保机即皇帝位,册述律为:应天大明地皇后。行兵御敌时,阿保机常和述律皇后商讨计谋。阿保机征伐党项族时,室韦二部乘虚侵袭。述律皇后组织为数不多的将士,大败室韦二部。述律皇后自此以后名震各部,声威遐迩。

阿保机去世后,述律皇后想以身殉葬。皇亲国戚、文武百官坚决谏止,哭声震天。述律皇后当即砍断右腕,放入阿保机灵柩中陪葬。

3. 辽圣宗耶律隆绪

隆绪是汉名,契丹名为文殊奴。耶律隆绪是辽景宗耶律贤的长子,母亲是睿知皇后萧氏。隆绪天资聪颖,小时极喜欢读书,十岁时便能写诗。长大以后,隆绪长于骑射,通晓音律,喜好书画。

乾亨二年(980年),隆绪被封为梁王。乾亨四年九月,景帝去世,隆绪即皇帝位,公元982—1031年在位。隆绪即位时,年仅11岁,朝政由太后主持。承天太后宠用汉臣韩德让,总揽军政。

统和二十七年(1009年),承天太后病逝,隆绪正式亲政。和西夏结盟、和亲。东征高丽,迫服高丽。西败鞑靼,迫使甘州、西州回鹘进贡。统和四年时,南下攻宋,在岐沟关大败宋军。统和二十二年十二月初,和宋真宗订立澶渊之盟。

辽圣宗是圣明之君,注意和周边民族和睦相处。在位期间修订法律,释放奴婢,减轻赋役,整顿吏治。统和六年,圣宗诏令开科取士。圣宗设置二十四部,招燕蓟汉人良工建造中京城(今内蒙古宁城)。圣宗在位期间国家强盛,经济繁荣,这是大辽的全盛时期,圣宗因而被称为盛主。

典故逸闻

1. 盐池大会

契丹分为八部,八部每三年举行一次大会,选举有才略的人为八部首领。阿保机选为八部首领后,在位九年而一直没有再行选举,各部首领十分不满,要求以次取代其首领地位。阿保机雄才大略,不想被人取代。七部却一同胁迫。阿保机没有办法,便只好自率一部居于汉城,这里有一方盐池。唐天祐四年(907年),八部首领在盐池开会,选举首领。阿保机秘密设下伏兵,攻杀七部首领,自立为皇帝。阿保机紧接着平息了各部叛乱。

2. 辽太祖造字

阿保机即位前,契丹没有文字,国家是以刻木契记载大事。阿保机建国以后,依靠汉人,着手创制文字。神册五年(920年)正月,阿保机从侄鲁不古和突吕不受命仿照汉字偏旁,创制契丹文字,称为契丹大字。九月,大字制成,阿保机下诏颁行全国。此后,阿保机弟弟迭剌习回鹘语文,又制成了契丹小字,数量少,但很连贯。诏令小字也颁行全国。

3. 立儿皇帝

天显十一年(936年)七月,后唐河东节度使石敬瑭和后唐主李从珂争权。李从珂重兵压境,石敬瑭派使赵莹出使辽国求援。八月,辽太宗领兵援救。九月,辽兵进入雁门关,旋进占太原。

后唐派高行周、符彦卿抗辽,又派张敬达、杨光远夹攻,都被辽兵打败。十月,辽封石敬瑭为晋王。辽太宗亲临石敬瑭府第,石敬瑭亲自奉觞为辽太宗上寿。辽后来击败后唐赵延寿,并命石敬瑭要世为大辽藩辅,还在晋阳设坛备礼封册。十一月,辽封石敬瑭为大晋皇帝。

后来,辽帮助石敬瑭打败唐军,设宴盛待石敬瑭。酒酣耳热,辽主和石敬瑭执手约为父子,送石敬瑭白貂裘1套,厩马20匹,战马1200匹,以5000骑兵送石敬瑭入洛阳。石敬瑭为了报答辽恩,时常进贡。

会同元年(938年)七月,辽封石敬瑭为英武明义皇帝。石敬瑭为了讨好辽主,献上燕云十六州。

4. 文妃咏诗

天祚帝文妃萧氏,乾统三年(1103年)被册为妃子,生下蜀国公主和晋王。文妃擅长咏诗。天祚帝喜好游猎,不理政事,金主虎视眈眈,日益进逼。文妃感叹时事,咏诗述怀:

> 丞相来朝兮剑佩鸣,
> 千官侧目兮寂无声,
> 养成外患兮嗟何及,
> 祸尽忠臣兮罚不明。

> 亲戚并居兮藩屏位,
> 私门潜蓄兮爪牙兵。
> 可怜往代兮秦天子,
> 犹向宫中兮望太平。

天祚帝见诗以后,恨上了文妃。不久,文妃被赐死。

5. 四时捺钵

契丹是个游牧部落，四季纵驰游猎，各有处所。捺钵是指行在。秋冬违寒，春夏避暑，四时在各处行猎，称为四时捺钵。辽四时捺钵是依四时气候和外界的条件顺时移动，便于生活和生产。四时捺钵时，皇帝只有冬夏两季处理政务。

6. 头鱼宴

辽历代皇帝在春捺钵时，要前往达鲁河或鸭子河钓鱼。正月时天寒地冻，要先派人到河面凿四个大洞，等待鱼来。每次钓鱼，先由辽皇帝用绳钩钓上鱼来，这便是捕获头鱼。接着，设宴和群臣欢庆，称为头鱼宴。

7. 头鹅宴

辽皇帝在春捺钵时捕鹅，先由猎人到了有鹅的地方，伸旗帜为信号，令周围敲起扁鼓，使鹅惊起。然后，辽帝首先放鹰捕捉。鹅坠地以后，用刺鹅锥将鹅刺死。群臣设宴庆贺，将鹅毛插在头上，饮酒欢宴，人称头鹅宴。

辽帝王陵墓

1. 辽祖陵

辽祖陵，在今内蒙古巴林左旗辽祖州城遗址西北二公里的袋状山谷之中。这里丛林繁茂，泉水淙淙，辽太祖阿保机埋在这里，因称祖陵。辽人称，黑门、龙门两峰相距一百余米，中间有一土筑的横墙连接，横墙居中有一门址。由龙门入谷北行，大约二三里，有一处满是琉璃残片的殿址，这就是当年太祖皇帝庙。祖陵山谷周长十多公里，除入葬阿保机外，还祔葬着太祖皇后述律氏。圣宗弟耶律隆庆孝文皇太弟和齐天太后也葬在这里。

2. 辽永庆陵

辽永庆陵，在今内蒙古巴林右旗辽庆州城遗址北大约十公里的大兴安岭中。这里，有一个叫庆云山的地方，修筑着辽三代皇帝的陵墓，称为庆陵。庆陵由东陵、西陵、北陵组成，葬有辽圣宗耶律隆绪和其钦哀皇后、仁德皇后；兴宗耶律宗真和其仁懿皇后；道宗耶律弘基和其宣懿皇后。辽圣宗和仁德皇后、钦哀皇后的陵墓称为永庆陵。辽兴宗和仁懿皇后的陵墓称为永兴陵。辽道宗和宣懿皇后的陵墓称为永福陵。

永庆陵陵地全用砖、木造成，方圆十余里，规模宏大，工程建造雄伟。陵墓分布在一条东西横亘的大山南麓，此山辽称永安山，后改庆云山，俗称王坟沟。永庆陵三陵东西排列,中间相距约2公里。三陵陵墓都有陵门、享殿、神道。墓室中分前室、后室、中室和四个侧室,全用沟纹砖石灰浆砌成,墓壁用三层砖,墓顶用两层砖,墓内和墓门都抹石灰,再彩绘壁画。

三座陵墓,壁画十分丰富。中陵、西陵已塌毁,今仅存东陵壁画。内容包括装饰图案、人物、山水等。墓道和东西侧室、中室以及各角道壁画上,有彩绘和真人一般大小的七十多个人物。墓道两壁是十五个头戴圆帽,身穿圆领窄袖长衫,手执骨朵的仪卫和一匹备有鞍辔的健马。

辽代十位皇帝,其陵墓大致分布在五个地方:辽太祖祖陵,在今内蒙古巴林左旗境内;辽太宗怀陵,在今内蒙古巴林右旗境内,辽穆宗也葬在这里;辽显陵在今辽宁北镇医巫闾山中,是世宗父东丹人皇王陵,辽世宗也葬显陵西山;辽景宗乾陵,在今辽宁北镇西南,天祚帝葬于此;辽圣宗永庆陵、兴宗永兴陵、道宗永福陵,合称辽庆陵,在今内蒙古巴林右旗大兴安岭中。

四、金帝王生活

金帝王生平

1. 金太祖完颜阿骨打

完颜阿骨打是金太祖的女真名字,汉名称为完颜旻。阿骨打是女真族完颜部人,是辽完颜部节度使劾里钵的第三个儿子,母亲是翼简皇后纳喇氏。阿骨打喜好弓矢,长于骑射,为人沉默寡言,不苟言笑,胸怀大志。

辽天庆三年,阿骨打任女真各部都勃极烈,就是完颜部首领。辽天庆四年,辽主天祚帝到混同江(今松花江)钓鱼,怀疑阿骨打心怀异志,想杀死阿骨打。阿骨打脱险后,召集官僚耆旧,宣告伐辽,开始和辽分庭抗礼。这一年,阿骨打统兵连破辽宁江州,出河店。

天庆五年正月,阿骨打在汉士子杨朴的谋划下,得到了女真贵族的拥护,正式称帝,建都会宁(今黑龙江阿城南白城)。建国号为大金。

2. 金太宗完颜晟

金太宗完颜晟(1075—1135年),女真名完颜吴乞买,金太祖完颜阿骨打的四弟,金第二代皇帝,1123年即位。天会三年(1125年)十月,令谙班勃极烈完颜斜也为都元帅,统领金军,兵分东、西两路,逼进北宋首都汴京,双方订立城下之盟。天会四年(1126年)八月,经过半年休整,金太宗再次攻宋,命令宗望、宗翰统率两路大军,大举南伐。北宋首都汴京再度被包围,破郭京六甲法,汴京城陷落。天会十三年(1135年)正月,太宗病死于明德宫,终年61岁。遗体入葬和陵。其后代,全被海陵王完颜亮所杀。海陵王迁都后,改葬于大房山,称为恭陵。他死后,谥号是体元应运世德昭功哲惠仁圣文烈皇帝,庙号是太宗。

典故逸闻

1. 金太宗私库受杖

太宗完颜晟即大位后,奉行太祖治国之策,保留女真旧俗,车马居室和下属无异,依旧经常外出游猎。金世代有事集议,君臣杂坐,谈完正事后一同歌舞,毫无疑忌。这是君臣的结约。金曾设仓库收积财货,相誓作战时才可动用。金太宗曾私下挪用,大臣请太宗以违背誓约接受惩罚。群臣扶太宗下殿,受杖二十,然后又扶上殿,太宗自责谢罪。

2. 天眷新制

天眷年间,公元1138—1140年间,金熙宗大力改革官制,颁布新官制和换官格。换官就是将原来女真和辽、宋旧官职,依新定官制统一换授。接着,正式制定封国制。颁行新官制时,熙宗增设平章政事、参知政事官,依地位分置左右丞相、左右丞。中央设监察机构御史台。广建宫殿,确立百官仪制,百官朝参都穿朝服。自此以后,金制度日见完备。

3. 帝王知音律第一人

金章宗是位好学多才的皇帝。他即位以后,确定礼乐、正订礼法、修制刑律、改革官制,搞得王朝兴旺。章宗更定科举制度,建立孔子庙,尊孔读经,设弘文院译写经书。章宗命大臣修《大金集礼》《新定律令敕令敕条格式》,纂修《辽史》。命将女真字译成汉字。章宗喜好汉族文化,广罗汉人图籍和名人字画。长于书法,仿徽宗瘦金体。精通音律,善写诗歌。被誉为帝王知音律第一人。

4. 钓鱼台

钓鱼台,在今北京阜成门外。金时始建。相传金章宗曾在此钓鱼,后来,人称为金章宗钓鱼古台。元时,称此地泉水汇集处,为玉渊潭。清乾隆时,修建行宫。

金帝王陵墓

金以北京为都城,历9个皇帝,凡120年。在今北京西南房山县西北10公里的云峰山下,有一处历代陵墓群。这片金陵墓群,在明代时被彻底破坏了。清康熙二年九月,康熙帝曾命人修缮了金太祖、世宗陵殿,并且立下了碑文,流传至今。碑文叙述了陵墓群的破坏和修缮经过,斥责了明帝的无知,迷信风水,而不知改过。

金太祖阿骨打死后,原葬在东北海古勒城西的泰陵。其弟金太宗陵也曾修在上京。海陵王迁都燕京(今北京西南隅)后,将太祖、太宗二陵和同葬的十陵迁到中都大房山云峰寺。

金太祖、太宗陵墓迁葬云峰山后,金后代帝后便相继葬在这里,包括:太祖睿陵、太宗恭陵、世宗兴陵、章宗道陵、熙宗思陵和随同太祖、太宗迁来的十帝陵——光陵、熙陵、建陵、辉陵、安陵、定陵、永陵、泰陵、献陵、乔陵,以及后妃王墓数十处。

经自然和人力的破坏,房山金代帝后陵墓早已荒废,地面建筑全部毁坏,地宫也遭盗窃。太祖陵和太宗陵东西相隔约 40 米,现除封土还保存处,地面建筑一无所有。太祖睿陵较大,高 5 米多,周围用三合土夯成。

五、元帝王生活

元帝王生平

元朝是蒙古族建立的一个庞大的帝国。辽金时期,蒙古族分为尼伦部和都尔鲁斤部两大部分,游牧在今西伯利亚贝加尔湖和蒙古草原东部地区。蒙古族尼伦部分为 25 个部落。其中之一便是孛儿只斤部落,世居克鲁伦河发源地不儿罕山一带,元开国大帝成吉思汗就是生在这个部落。

孛儿只斤酋长合不勒,夺取了金克鲁河以北广大地区以后,于 1140 年建国,号大蒙古国。蒙古的意思是银,是为了和女真——金的称号相对。蒙古称号,正是从这时开始的。合不勒死后,孛儿只斤部落处于离散状态。

1. 元成吉思汗

1206 年,铁木真统一各个部落,被尊为成吉思汗,建立蒙古汗国,初步订立了各项制度。成吉思汗在位时,曾大规模西征,灭亡了花剌子模,占领了中亚细亚和南俄罗斯草原的广大地区。成吉思汗将大片的领土分封给他的长子术赤、次子察合台、三子窝阔台。

成吉思汗攻灭西夏前夕,于 1227 年病逝,三子窝阔台即位,为元太宗。1234

年,太宗灭金,统一了中国北部地区,第二年建都和林。

成吉思汗和他的子孙在占领的广大地区建立了四大汗国:

钦察汗国,辖地东到吉尔吉斯草原,西到匈牙利。

窝阔台汗国,辖地阿尔泰山一带和新疆北部。

察合台汗国,辖地阿姆河以东到天山一带。

伊儿汗国,辖地阿姆河以西,即今伊朗、伊拉克一带。

2. 元世祖忽必烈

忽必烈,是元太祖成吉思汗孙子,生于太祖十年(1215年)11月,是睿宗拖雷的第四个儿子,宪宗蒙哥的同母弟,母亲是怯烈氏。忽必烈长大后,宽厚睿智,仁爱至孝,礼贤下士。1244年,忽必烈39岁,想有为于天下,广求贤才,延揽藩府旧臣和四方文学士子,请原金左右司郎中王鹗讲解《书》《孝经》《易》《大学》等修身、齐家、治国、平天下的道理,往往到午夜时方止。

宪宗元年(1251年),蒙哥以忽必烈在同母弟中年龄最大,为人最贤,命他总领漠南汉地军政事。第二年,奉命南征云南。三年(1253年)八月,忽必烈统兵从临洮进兵,过大渡河,行经山谷二千余里,在金沙江乘革囊和大竹筏渡江,攻破大理都城。旋回京兆(今陕西西安),教民耕植。

宪宗七年(1257年),蒙古兵分道伐宋。宪宗入蜀。忽必烈攻鄂。九年七月,宪宗在钓鱼山(今四川合川县)暴死。九月,忽必烈闻讯宪宗去世,对侍臣说:我奉命南来,哪能无功而还!渡江,围困鄂州(今湖北武昌)。这年闰十一月,忽必烈得讯,其弟阿里不哥密谋继位。忽必烈召群臣商议。谋士郝经力主和守议和,迎宪宗灵柩,收皇帝印玺,北上争位。正好这时宋丞相贾似道派密使北上,愿意以长江为界,每年贡银、绢各20万。忽必烈许可,引军北还。

1260年三月,忽必烈统兵到达开平(今内蒙古多伦县北)。诸王和左右侍从劝忽必烈在开平即皇帝位,不要前往和林召开库里尔台即蒙古选汗大会。忽必烈同意,宣布即大汗位,这年45岁。阿里不哥不服,也宣布为大汗,调兵遣将。海都也不服,依附阿里不哥。

忽必烈平定关陇后,亲自统兵讨伐阿里不哥。中统二年(1261年)十一月,两军在和林南戈壁大战,阿里不哥败北。江淮大都督李璮叛乱,忽必烈统兵讨伐,一举平定。至元元年(1260年)八月,定都于燕京(今北京),改称中都。

忽必烈定都中都后,大举伐宋。至元八年(1271年)十一月,太保刘秉忠建议,取《易经》所载:"大哉,乾元"之义,定国号为大元。忽必烈同意。此前,中国历代国号,都是以封地命名;以文义定国号者,自此开始。

359

元军势如破竹,攻下襄樊,夺取鄂州,拿下建康。谢太后、宋益王赵昰、广王赵昺被俘。至元十五年(1278年)四月,宋端宗去世,赵昺即位。第二年,宋大臣陆秀夫在走投无路之下,背赵昺投海而死,南宋灭亡。至元十七年(1280年)二月,日本杀元使者杜世忠。八月,忽必烈命中书臣范文虎统兵渡海东征。船到平壶岛,遇上飓风,十万将士只三人生还。

忽必烈在位期间,消灭了南宋,平定内乱,完成了统一大业。他以前代制度为基础,建立了行政、军事、赋税、官制等各项制度。忽必烈十分重视农业,发展生产,兴修水利,发展交通,以钞法即纸币通商。还创制文字,创定了一千余蒙古新字。

忽必烈执政,取得了巨大的成功,主要在于他敢于大胆用人。安图21岁时,便被忽必烈任为中书右丞相。宋潼川安抚副使刘整投降忽必烈,被委以重任。宋出于离间刘整与元的关系,授刘整节度使,封燕郡王,遣僧人持告身即是委任状、金印、牙符和书信授予刘整。事觉以后,刘整见忽必烈说:这是宋人怕我用兵襄阳,想杀死我。忽必烈深信,下令杀死僧人,重赏刘整。

至元二十三年(1286年),忽必烈要重用海南人程文海。谏官和大臣们反对,说程文海是南人,年纪又轻,不能用。忽必烈大怒,说:我没有用南人,你们怎么知道南人不能用? 自今以后,省、部、台、院,都必须参用南人! 于是,拜程文海为侍御史,广求贤人于江南。

典故逸闻

1. 斡难河大会

铁木真的父亲也速该被毒死后,铁木真随同他的母亲、弟弟颠沛流浪,历经磨难。铁木真长大后,广召人马,笼络人心,兵强势壮,渐渐统一了乞颜部。金大定二十九年(1189年),忽图剌合罕的儿子阿勒坛、铁木真伯父的儿子忽察儿、叔父的儿子撒察别乞等显赫贵族共同推举铁木真为乞颜部合罕。东征西讨,渐渐成为蒙古霸主。

金泰和六年,即铁木真元年(1206年)春天,铁木真在斡难河召集各部贵族、那颜召开忽里台(大聚会)大会,建九脚白旄纛,即蒙古大汗位。

大会时,有一个显豁坛氏族人萨满教巫师阔阔出,声称能和上天通话,预卜吉凶,曾多次进言铁木真:上天授给你地上皇帝大位。这一天,阔阔出又手舞足蹈,声称得上天启示,面向各部贵族、那颜对铁木真说:地上各部如今已经被你征服,土地为你所有,人口、畜牧为你所领,因此,你应为诸王之王,普天下之汗;上天旨意,你的称号应为成吉思汗。从此,铁木真成为全蒙古共认的帝王成吉思汗,建立了大蒙古帝国。

2. 铁木真何意

12世纪时,驰骋在中国北方草原的游牧各部落连年攻杀,争斗不已。当时,蒙古、塔塔儿、克烈、篾儿乞等部最为强大。蒙古尼伦部首领也速该实力雄厚,被誉为拔阿秃儿,就是勇士。

有一次,也速该巧遇篾儿乞部酋长的弟弟赤列都迎亲,也速该见新娘天生丽质,美貌绝伦,便伙同两个弟弟打败了赤列都,将新娘抢为己有。新娘成为也速该的正妻,她便是诃额伦。

尼仑部和塔塔儿部世代为仇,曾十三次前去复仇未果。金大定二年(1162年),也速该第十四次前去复仇,大获全胜,俘获其首领铁木真兀格。也速该凯旋回到斡难河畔跌里温盘陀山住地时,一踏进帐篷,适值诃额伦生下一个男孩。也速该十分激动,便用俘获首领的名字,命名他为铁木真——精钢之意。这孩子,就是后来的成吉思汗。

3. 天马之使

至元二年(1336年),元顺帝派使臣前往欧洲,面见罗马教皇,要求帮助购买良马、珍宝。两年后,元使臣抵达法国,拜见教皇。教皇派马黎诺里为特使,出使元朝。至正三年,即1343年,马黎诺里一行到达上都,献顺帝一匹好马。顺帝大喜,命宫廷文人赋诗作画,称为天马。文人周伯琦写《天马行应制作》。画师周朗,作《天马图》。这件史事成为中西交流的一件大事,史称天马之使。

元帝王陵墓

成吉思汗陵,位于今内蒙古伊克昭盟伊多霍洛旗阿腾席连镇东南15公里处。相传,伊克昭是鄂尔多斯七旗会盟的地点。伊克,意思是大。昭,意思是寺庙。伊克昭,就是大庙。鄂尔多斯七旗共同为盟,每年在大庙会盟一次,这既可以谈政务利弊和裁政,又可以叙论尊卑,联络友谊。

这种会盟,一直延续了三百年。会盟的地点起初在鄂尔多斯左翼中旗王爱昭。后来,地点因盟长不同而多有变动。伊多霍洛旗建起了成吉思汗墓以后,鄂尔多斯七旗的札萨克即旗长,借每年三月间公祭成吉思汗,在这里举行盟会。

成吉思汗死后葬在何处?一直说法不一。当时,蒙古人葬习俗不起陵殿,是挖地穴葬。即便有公祭,也不知道真的尸骨葬在何处。明英宗正统年间,鄂尔多斯蒙古人进入中原河套地区,供奉传为成吉思汗灵柩的八白室。

明孝宗弘治年间,达延汗统一蒙古各部,将蒙古分为左右翼,每翼分设三个部,分封诸子统治。达延汗的第三个儿子巴尔斯博罗特入主右翼,领有鄂尔多斯各部,并作为达延汗的副王,统治右翼土默特部和永谢布部。当时,成吉思汗的陵殿即八白室就在他这里。巴尔斯博罗特为了守护成吉思汗陵,命名他的部落为鄂尔多斯,意即宫帐守护。

成吉思汗为什么在这里建陵?

传说,公元1226年,成吉思汗统兵远征西夏,路过鄂尔多斯高原时,正是春光明媚时节,景色迷人。成吉思汗流连忘返,不忍离去,便赞美着说:这个地方太美了,我死后,就葬在这里吧!

第二年,成吉思汗便病死在清水县军中。他的遗体便千里迢迢,运到这里安葬。这里就称为伊金霍洛,意即主人的陵园。清初移陵到伊金霍洛,此后世传为成吉思汗陵。

抗日战争时,日本利用以德王为首的上层分子统治蒙古。德王秘派心腹想将成吉思汗陵盗去归绥。沙王和广大蒙古人民坚决反对,在广泛呼吁下,国民政府成立移陵委员,1939年5月,移陵于甘肃省榆中县兴隆山。十一年后,又迁至青海省塔尔寺。1954年春,内蒙古自治区组成代表团,迎回成吉思汗灵柩于伊金霍洛,重建了陵园。

陵园主殿,由三座蒙古包式的大殿和廊屋组成。包括正殿、寝宫、东殿、西殿、东廊、西廊六个部分,下面有一个高大的台基,四周绕以栏杆。陵园正殿,是成吉思汗纪念堂,正中塑成吉思汗坐像。堂后的寝宫安放成吉思汗等人灵柩的黄色蒙古包四个。

成吉思汗和他后代的元帝王陵墓,至今还是一个未解之谜。谁也不知道,这些草原上皇帝的尸骨葬在何处。《元史》帝王本纪记载:元帝葬在起辇谷。

第九章
明帝王生活

公元1368年,明太祖朱元璋在南京应天府称帝,国号大明。明朝皇帝姓朱,因此,又称朱明。明初,定都于应天府。1421年,迁都至顺天府,在应天府设立南直隶。明朝前期国力强盛,经历洪武之治、永乐盛世、仁宣之治等治世,国势达到全盛,疆域辽阔。中期,经土木之变由盛转衰。后期,因政治腐败、天灾外患,国力衰退,爆发明末民变。1644年,李自成攻入北京,崇祯帝朱由检于煤山自缢。明历16帝,灭亡。明朝宗室,在江南建立南明政权。随后,清朝趁乱入关,击败李自成农民军和南明政权。1662年,永历帝朱由榔被杀,南明灭亡。1683年,清军攻占台湾,统一全国。

明朝疆域,囊括汉地广大地区。初年,东北抵日本海、外兴安岭、黑龙江流域,后缩至辽河流域;北达戈壁沙漠一带,后撤至长城;西北至新疆哈密,后退守嘉峪关;明成祖时,曾收复安南。明朝极盛之时,国土面积约达1000万平方公里。明代,手工业和商品经济繁荣,出现商业集镇和资本主义萌芽;文化艺术方面,呈现世俗化趋势。根据《明实录》记载,明朝人口峰值为7185万;但是大部分学者认为,实际逾亿。

明朝是继汉、唐之后强盛的大一统中原王朝。清修《明史》,评价明朝为"治隆唐宋""远迈汉唐"。

一、明帝王宫廷生活

明帝王宫室

1. 八朝古都

北京是中国一座历史久远的古都,先后有八个王朝定都北京:燕、前燕、大燕、辽、金、元、明、清。

北京位于华北大平原北部,北面、西面、东北面三面高山环绕,形成天然屏障,拱卫着这座气势非凡的文化古都。北京北扼居庸关,右耸太行山,左面是沧海,河济自南流过,地势十分险要。

周武王封功臣召公奭于燕地,北京成了燕都邑,时称蓟城,城址在今北京房山琉璃河乡董家村。蓟城核心部位在宣武区(现西城区广安门内外)当时营造的蓟城呈长方形,东西850米,南北600米,城墙都是用细土夯筑而成。早期的蓟城城墙十分独特,分为三个部分:主墙、内附墙、护城坡。这是为了有效地防御和自卫。燕王在燕都蓟城营建了辉煌壮丽的宫殿,著名的有宁台、元英宫、燕昭王建碣石宫,筑黄金台,招纳天下英豪才俊。

十六国时期,后赵鲜卑贵族慕容皝统兵打败了石季龙,占领蓟城,建立前燕,作为燕都。前燕正式建筑太庙、宫城、正阳殿。隋唐时,北京称为幽州城,城墙高大结实,四面设几个门,南北7里,东西9里,周长32里。五代时期,刘守光囚禁他的父亲,夺取幽州城,建立大燕,以幽州城为都城。

辽主耶律德光升幽州为燕京,就是辽南京。燕京墙高3丈,墙厚一丈五尺,城周36里,四周设8个门。辽燕京城店铺林立,十分热闹。大内位于燕京西南,宫室楼阁鳞次栉比。著名的宫室包括永兴宫、积庆宫、兴圣宫、延庆宫、太和宫、延和宫、长春宫、永昌宫、延昌宫、长宁宫、洪武殿、昭庆殿、元和殿、临水殿。

金主完颜亮改燕京为圣都,不久改称中都。金中都在辽宁省燕京城址上仿北宋汴京宫室规制大规模营建,由汉人张浩、孔彦舟主持。征用民夫一百万,历时三年,中都建成。

元世祖忽必烈在开平府即蒙古汗位。开平府,在今内蒙古正蓝旗东。四年后,忽必烈下诏升开平府为上都。至元元年(1264年),元世祖忽必烈颁诏,以燕京为中都。至元八年,忽必烈建元。第二年,改中都为大都。

元大都的营建,早在至元四年便已着手进行,主持营建工程的是汉人刘秉忠,历时二十余年基本完成。元大都是在元中都东北郊大宁宫的基础上,利用高梁河的水源加以全面、系统的改造,形成一座宫殿密布、水网交错的繁荣大都城。

元大都大城周长60里,城呈长方形,四周城墙设门11座。城墙都是用上好的细土夯筑而成,坚固结实,墙基厚度达24米,土中间夹杂永定柱和纤木。城墙上部有半圆形瓦管,用以排水。城墙外表覆以芦苇编成的草席。大城城墙四隅,建有巍峨的角楼,城外还设有墩台。

元大城内前为宫殿,后为坊市,五十条街坊错落有致,星罗棋布。大旅行家马可·波罗先生来到大都,置身于一片繁华之中,不禁由衷感叹:大都城实在太美了,城市布局这样巧妙,我简直是无法形容,无以描述!

元皇城在大都大城内,城周二十里,俗称阑马墙。皇城中心是万岁山和太液池,以此将宫室分成三个宫殿群:大内、隆福宫、兴圣宫。

元宫城在皇城东部,位于太液池延东一带,城周9里,四周设6个城门:南面三门是星拱门、崇天门、云从门;北为厚载门;东为东华门;西为西华门。

元宫城正门,是位于南面正中的崇天门。门楼是琉璃瓦顶,深11间。崇天门后为大明门,门内是宫城正殿大明殿。大明殿是元朝皇帝举行大典的所在,登极、朝会、节令等一应重大典仪都在这里举行。大明殿深11间,南北120尺,东西200尺,彩砖玉石,威严壮观。大明殿,戒备森严。元宫城大明殿东为文思殿,西为紫檀殿,后为宝云殿。宝云殿后,是皇后正宫延春阁。

明太祖朱元璋建立明王朝,定都南京。

明南京都城是在旧有宫城的基础上大规模改建扩建而成。南京都城的营建始于元至正二十六年(1366年),明洪武元年,着手改建,洪武十年,基本完成。旧城简洁、朴实,改建以后规模宏大,气势雄伟,布局对称。

明南京皇城有六座城门:北为玄武门;南为洪武门、长安左门、长安右门;东为东安门;西为西安门。明南京皇城内,是宫城,称为紫禁城。明南京宫城有六个城门:南为午门,左掖门、右掖门;北为北安门;东为东华门;西为西华门。午门内是奉天门。过奉天门,是宫城正殿奉天殿,殿后为华盖殿、谨身殿,这是前朝理政、朝会、举行各种大典的三大殿。

明成祖朱棣夺得帝位后,迁都北京,南京宫城依旧保存着,并时有修建。但这时的南京宫城只是一座空城。

明崇祯皇帝在万岁山自尽,南明福王在南京即皇帝位,重修南京宫殿。清军统治中原,进军南京,南京宫殿犹在。太平天国时,南京宫殿毁于战火。

明洪武元年十月,明太祖朱元璋派大将军徐达,统兵25万进军北京,只用了四个月,便占了这座古都。朱元璋颁诏,改元大都为北平府。朱元璋封第四个儿子朱棣为燕王,王府设在北平。

明太祖朱元璋去世，太孙朱允炆即皇帝位，为建文帝。燕王朱棣起兵北平，发动靖难之役，历时四年夺得皇位，为明成祖。年号永乐。

明永乐元年正月，成祖朱棣升北平府为北京。永乐四年下诏迁都北京。永乐五年开始营建北京都城，经精心准备，到永乐十五年二月开工营建皇宫，历时三年，到永乐十八年九月建成。永乐十九年，成祖下令，正式迁都北京。

2. 北京中轴线

北京有3000多年建城史，有860年建都史，是八朝古都：燕、前燕、大燕、辽、金、元、明、清。

中轴线，是指明清北京城的中轴线，北京的城市规划具有以宫城为中心左右对称的特点，很多建筑都建筑在对称轴上，称为中轴线。北京中轴线，南起永定门，北至钟鼓楼，直线距离长约7.8公里，是世界城市建设历史上最杰出的城市设计范例之一。

中国建筑大师梁思成曾赞美这条中轴线："一根长达八公里，全世界最长，也最伟大的南北中轴线穿过全城。北京独有的壮美秩序就由这条中轴的建立而产生；前后起伏、左右对称的体形或空间的分配都是以这中轴线为依据的；气魄之雄伟就在这个南北引伸、一贯到底的规模"。

元代，北京中轴线线正式形成，位置在今旧鼓楼大街的中心线及其向南的延伸线，越过太液池东岸的宫城中央。明代时，统治者将北京中轴线向东移动了150米，最终形成现在的格局。

建立中轴线，目的是为强调封建帝王的中心地位，正如中国之名，意为世界中央之国一样。《吕氏春秋》说：择天下之中而立国，择国之中而立宫，择宫之中而立庙。北京城市总体布局，以中轴线为中心，左面为太庙，右面为社稷坛；前面是朝廷，后面为市场，即"左祖右社""前朝后市"。在城市布局上，北京成为世界上最辉煌的城市之一。

北京中轴线，南起外城永定门，经内城正阳门、中华门、天安门、端门、午门、太和门，穿过太和殿、中和殿、保和殿、乾清宫、坤宁宫、神武门，越过万岁山万景亭、寿皇殿、鼓楼，直抵钟楼的中心点。这条中轴线，连着四重城，即外城、内城、皇城和紫禁城。

元代时，元大都城墙即为左右对称，南正门丽正门即在中轴线上。皇城坐落在中轴线上，也是左右对称的。但是，自皇城以北，中轴线向西偏斜2°。在这个偏斜中轴线上的地安门，向西偏离子午线200多米；元大都的钟鼓楼，已向西偏离子午线近300米。这个偏斜的中轴线，向北顺延270余公里后，即为忽必烈入主中原前的国都元上都(今锡林郭勒正蓝旗兆奈曼苏默)。

明清时期,除西直门以北城墙一角之外,明清北京城,基本按照元代的中轴线,左右对称。但是,北部偏斜的中轴线则被矫正过来。

明清时期,北京城的中轴线上,耸立着雄伟的建筑,从南往北,依次为:

永定门箭楼(1957年拆除)、永定门城楼(1957年拆除,2005年重建)、天桥(1934年拆除)、正阳桥坊(五牌楼)、正阳门(前门)箭楼,正阳门城楼、中华门(明称大明门,清称大清门,民国时改为中华门,1954年拆除)、天安门、端门、午门、太和门、太和殿、中和殿、保和殿、乾清门、乾清宫、交泰殿、坤宁宫、坤宁门、御花园、钦安殿、顺贞门、神武门、北上门(1956年拆除)、景山门、绮望楼、万春亭、寿皇门、寿皇殿、地安门(1954年拆除)、万宁桥、鼓楼和钟楼。故宫的建筑多数东西对称。太和殿等主要建筑坐落在中轴线上。

■ 中轴线偏移

3. 紫禁城

明成祖定都北京,经历代皇帝营建,北京都城分内外四重:外城、内城、皇城、紫禁城。外城建于明世宗嘉靖三十二年,建筑的目的是防御蒙古人的入侵。外城最初计划是围住全城,但因财力不足,外城只修了南城28里便草草结束。

内城是在元大都城址的基础上改建的,城墙高大厚实,全部用砖砌成,墙高12米,城周46里。皇城在内城内,凡四个门:南大明门、北安门、东安门、西安门。皇城城周18里。

皇城正门大明门北是西字形广场,广场两边便是王朝各大部院的办事大堂:东边包括宗人府、吏部、户部、礼部、兵部、工部、鸿胪寺、钦天监;西边包括五军都督府、太常寺、通政使司、锦衣卫。

承天门金碧辉煌,清时,改称天安门。承天门前,一条金水河,河上是玉石砌就的金水桥。金水桥前,是一对石狮和高高耸立的华表。承天门两边,按古代左祖右礼的规矩,左边为太庙,即今劳动人民文化宫,右边是社稷坛,即今中山公园。承天门往北,是端门。端门往北,是帝后生活的宫城紫禁城。

紫禁城是明清两代皇宫,是皇帝和后妃们生活的宫城。明清近五百年间,这里先后生活过24位皇帝——明代,14位皇帝;清代,10位皇帝。

紫禁城城高墙厚，城高10米，用澄浆砖砌成。紫禁城城周3420米，呈长方形，南北960米，东西750米，城内占地约72万平方米，有宫殿980余间，现存房屋8728间。城外围以护城河，河梁10米，河宽52米。

紫禁城，筹建于明成祖永乐五年，正式动工兴建是在永乐十五至十八年。负责紫禁城营造工程的是侯爵陈珪，但具体指导施工的是规划师吴中。紫禁城是在元大都旧城遗址上大规模扩建营造的，既充分利用了元大都旧有的建筑格局和地下水系，引太液池池水进入皇宫，又考虑到新的都城风格，巧妙设计出庄严肃穆、对称规整的宫城布局和精巧别致的整座城市的供水系统。

紫禁城宫城，对元大内进行了规模宏大的改造，充分吸收了历代都城的合理成分，最突出的一点便是实施了古人周桥南北是天街的设想。这种设想在宋代汴京宫城的布局中有所体现，而明富紫禁城则把这一正统、神圣的设想展示得淋漓尽致。

元大内中轴线，正门崇天门到大都正门丽正门之间，设有古人设想的天街。明初设计和建造紫禁城时，将京城南墙向南推出约一里，形成正阳门——大明门——承天门——午门为中轴线的对称布局，而是皇城正门前形成了一条威严神圣的天街。

紫禁城宫城的营造，是个极为复杂的、庞大的工程，仅仅筹备就花费了整整10年。紫禁城宫城主要是用木料建筑而成的，所需的大量木料主要采自四川、湖北、湖南、江西、浙江等省。

四川深山老林中的木料通过嘉陵江等大江大河进入长江，由长江转入大运河，经通惠河由通州张家港运抵北京崇文门，最后，再送到神木厂。河北木料，走汉水进入长江。湖南木料，走湘江进入长江。江西木料，通过赣江进入长江。

明代营建宫城的木料主要是珍贵的楠木。清廷入主中原，紫禁城宫城许多宫室被毁，清廷将东北的大量松木运进北京，改造和扩建宫城，松木就成了清代宫城的主要木料。宫殿建筑还需要大量的石料、红粉、清砖、琉璃瓦。

宫殿建筑除了木料，大量需要的便是石料。紫禁城宫殿的石料主要是青石、青白石、白石、艾叶青、汉白玉等，这些石料来自全国各地，主要产地是京郊门头沟、牛栏山、马鞍山等处。

红墙碧瓦，历来是中国宫殿外观的标志，只有皇家才有资格享用。紫禁城宫殿的红墙是如何产生的？原来使用的是红粉，就是红土子。红土子，盛产于山东鲁山，在博山经过精细加工以后形成可用于涂墙的红粉，运到宫城，供刷墙使用。

紫禁城宫殿用瓦十分考究，黄色琉璃瓦，几乎铺满了整座宫城，在阳光下闪耀着华贵富丽的光。黄色琉璃瓦中，还有金属瓦顶。宫城东部的个别宫殿顶部，还用青瓦。

紫禁城是中国明清两代皇帝、后妃生活的宫城,从宫城格局上分,包括前朝、后宫即外朝,内廷两个部分。前朝即外朝是皇帝裁理政务的所在。朝中各种大型典礼和重大政治活动都是在这里举行。前朝由承天门——端门——午门——华盖殿——谨身殿组成的中轴线和两旁的殿阁廊庑组成。

明宫廷服饰

明代宫廷服饰是在继承前代宫廷服饰的基础上发展、创新,形成独具特色的宫廷服饰。明太祖洪武元年(1368年),学士陶安进奏,请制五冕。太祖朱元璋摇头,认为这套古礼太繁,不予采纳,吩咐除祭天地、宗庙服衮服,其余场合即大祀、小祀都不用。两年后,确定明廷在元旦、冬至、圣节三大节和祭祀社稷、先农、册拜等重大礼仪活动场合服衮冕。

明太祖洪武三年(1370年),确定皇帝常服:乌纱折角向上巾,盘领窄袖袍,束带用金玉琥珀。永乐三年,皇帝常服:折角向上,称翼善冠;衣用黄色盘领窄袖袍,玉带、皮靴。明世宗嘉靖时,确定皇帝燕居时所服燕弁服,用乌纱制成,分十二瓣,玄衣青缘,两肩绣日月,胸前绣一条盘龙,后背绣二条方龙。

明文武百官常服,是头戴乌纱帽,身穿团领衫,束带按品级有所不同——一品用玉带;二品用花犀;三品用金级花;四品用素金;五品银级花;六、七品素银;八、九品乌角;公、侯、伯、驸马同于一品。后来,文武百官以补子区分品级:公、侯、伯、驸马绣麒麟、白泽;文官一品绣仙鹤;二品锦鸡;三品孔雀;四品云雁;五品白鹇;六品鹭鸶;七品溪敕;八品黄鹂;九品鹌鹑;杂职练鹊;风宪官绣獬豸。

明代宫廷中,内臣所穿的服饰独具一格。明初期,内官常服不同于群臣,不许戴朝冠、幞头,不许穿公服、祭服,只用纱帽。宦官当权后,内臣和朝臣服饰相同,帽子也用梁冠。明代宫廷中内臣通常是头戴乌纱描金曲脚帽,身穿共葵花胸背圆领衫,腰系乌角带;没有品级和地位的内臣身穿没有胸背花的圆领衫;十五岁以下的小内臣头戴乌纱小顶帽。

明代皇后、嫔妃服饰,有着严格的规定。明初洪武时期,规定皇后头戴双凤翊龙冠,后改为龙凤珠翠冠;身穿真红大袖衣,衣上加霞帔,红褙子,下着红罗裙;特髻上加龙凤饰,衣服上织金龙凤纹加绣。

明成祖时,明文规定,皇后冠上饰一条金龙,两只珠翠凤,龙凤都中衔珠滴;前后两朵牡丹花,九朵金宝钿花,饰珍珠九颗,金凤一对,口衔珠结;一对金簪,一副珊瑚凤冠嘴;身穿黄大衫,深青霞帔上织金云霞龙文,饰珠玉坠子。皇贵妃、妃嫔、太子妃饰物各有规定,均低于皇后。

明宫中饮食

明代宫廷,讲究饮食美味,膳食品种繁多,制作十分精美。但可惜的是,深宫无数奇珍异味,秘不外传,以确保皇室独享其味,可是,无数美味佳肴,随着王朝的灭亡而绝迹。

明代宫廷,设有甜食房,甜食房所制作的丝窝、虎眼糖、咸煤、栽松饼,据说都十分可口,但外人一律不许观看制作过程。因此,有些朝官,得到赐赏,也只能尝到美味而不知其秘方,所以,这些美味的名称,被载入史册,而秘方却不得而知。

明代宫中,美味制作过程不许观看,其宫廷食单,自然也是秘不示人。学者阮葵生写《茶余客话》,书中录下了一份明深宫漏传宫外的大内食单,名字取得十分古怪,叫一了百当;其制作过程也很奇特:猪、牛、羊肉各一斤剁烂成馅;虾米半斤捣成碎末;马芹、茴香、川椒、胡椒、杏仁、红豆各半两,捣成末;十两细丝生姜;腊糟一斤半;麦酱一斤半;葱白一斤;盐一斤;芫荽细切二两。先用好香油一斤炼热后,将肉料一齐下锅炒熟,然后都下锅。放冷以后,装入瓷器,封贮收藏,随时食用。吃时,有时可以调以汤汁。

明代皇帝,对宫中美味习以为常,不觉得如何滋味无穷,而他们各自则常常有不同的偏好,有些偏好不伦不类,显得有点可笑。可是,养成嗜好的皇帝醉心于自己钟情的饮食,乐此不疲。明熹宗天启皇帝喜吃大杂烩。宫中特地将炙蛤、鲜虾、鲨翅、燕菜等上十种海味,烩在一起,进呈天启皇帝,天启皇帝吃得有滋有味,乐不可支。

明穆宗隆庆皇帝喜欢吃果饼,没即皇帝位前,穆宗朱载垕生活在藩邸,常派侍从到东长安街去买果饼,吃得很上瘾。做了皇帝以后,朱载垕仍念念不忘,总是想吃这种果饼。负责皇帝饮食的尚食监、甜食房得知皇帝想吃街上的果饼,立即派人观摩,并且开价数十两,到宫外去买原料,精心制作。穆宗喜欢,吃得十分开心。吃过果饼以后,穆宗很得意地告诉膳食大师:这种果饼,只需用五钱,就可以买一大盒。开价数十两银子的内臣、大师们,一个个心虚地缩着头,恭敬地认罪。穆宗宽怀地笑笑,不以为意。

明末代皇帝崇祯和穆宗不同,好吃燕窝羹。崇祯皇帝朱由检生性多疑,厨师们都十分小心,细致精到地调制,做好后先由负责的品尝,再由五六个递尝,让咸淡合适,滋味美妙,方才进献给皇帝。皇帝吃得舒服了就会不作声,因为理当如此,而一旦不如意,便龙颜震怒,内臣和厨师们就有性命之虞或皮肉之苦了。

明宫正月,好饮椒梧酒,吃水点心,即扁食,就是人们常吃的饺子。饺子中个别的包一两个银钱,吃到的人被认为来年一年吉利。新年时,通常吃百事大吉盒儿,就是将柿饼、荔枝、龙眼、栗子、熟枣等装在盒子里。驴头肉也是必吃的,用小盒盛装,宫中称吃驴头肉为嚼鬼,因为俗称驴为鬼。

正月,明宫所尚珍味,包括:冬笋、银鱼、鸽蛋、麻辣活兔、塞外黄鼠、半翅鹖鸡、冰下活虾、烧鹅、烧鸡、烧鸭、烧猪肉、冷片羊尾、爆炒羊肚、猪灌肠、带油腰子、羊双肠、黄颡管耳、脆团子、烧笋鹅、烧笋鸡、爆醅鹅、暴醃鸡、煠鱼、柳蒸煎攒鱼、煤铁脚雀、卤煮鹌鹑、八宝攒汤、羊肉包、猪肉包、枣泥卷、糊油蒸饼、乳饼、奶皮、烩羊头、糟腌猪蹄、糟腌猪耳、糟腌猪舌、糟腌猪尾、鹅肫掌。

素食珍味,主要包括:滇南枞、五台山天花羊肚菜、鸡腿银盘蘑菇、东海石花海白菜、龙须、海带、鹿角、紫菜、江南蒿笋、糟笋、香菌、辽东松子、蓟北黄花、金针、都中山药、土豆、南部苔菜、武当山鲨嘴笋、黄精、北山榛、栗、梨、枣、核桃、黄连茶、虎丘茶、江南蜜柑、凤尾橘、漳州橘、橄榄、小金橘、凤菱、臑藕、软子石榴。

凡遇下雪的天气,宫人便聚在暖室,观赏盛开如火的蜡梅花,吃羊肉包子、炙羊肉、乳皮、乳窝卷蒸食,喝浑酒,喝牛乳。穆宗好吃大锅烩,将炙蛤蜊、炒鲜虾、田鸡腿、笋鸡脯、海参、鳆鱼、鲨鱼筋、肥鸡、猪蹄筋共烩一锅,称为三事,穆宗进食,其乐无穷。

正月十九日,宫中称为燕九。这一天,京师城西白云观,相传是胜园丘真人丘处机成道的所在,僧道齐集。朝廷勋戚、内臣宫眷,喜好黄白术的都要前往白云观,访求丹诀。到这一天,宫中御前安设的各种灯样,都尽行撤去。

正月二十五日是宫中的填仓日,就是放开肚皮大吃大喝的特殊日子,宫人美滋滋地称之为填仓。

二月初二日,各宫门都尽行撤去元日佳节的各种彩妆。各宫各室用黍面枣糕油煎进食,十分可口。有的将面和得很稀,摊成煎饼,称熏虫。这个月宫中讲求分菊花、牡丹,将窖藏过冬的花木开一条缝隙放风。

明宫廷游乐

明清时期,宫中娱乐丰富多彩,在前代宫中娱乐活动的基础上,不断发展,有继承,也有创新。

1. 豆叶戏

豆叶戏,又叫掉城戏,是明神宗朱翊钧在宫中发明的。明神宗对这种博戏很喜爱。豆叶戏的玩法很简单,分大、小两种规模。小规模的玩法是用色罗一方,绣出井字,界作九营,中一营为上营,四方四营为中营,四角四营为下营。玩的时候,让宫女用银钱或小银球投掷,落入上营赏银九两,落入中营赏六两,下营则赏三两;双抛双赏;落在营外或者压着井字,罚银六两。

豆叶戏大规模的玩法,是在御前十余步开外,画界为一座方城,城内用数个十字划成八个部分,即八城,每城每别写上银 3—10 两。玩的时候,让太监用银豆叶即豆叶大的银子或八宝投掷,落在某城就照数赏赐,落在城外,或压线,则收其所掷物。这种游戏,算是一种赌,不同于双方对垒的博。这种赌戏,内臣常称为掉城戏。但是,几年以后,北边边城抚顺、开原相继陷落,被满人占有。掉城戏在宫中视为不祥之戏,此戏于是消失。

2. 弹射骑射马技

习射,历来是中国皇帝的一门必修课。所谓射是仁爱之道,习射能够正己,己正而后能立世。《白虎通》说得更明白:天子喜欢习射,为什么?是能助阳气达万物!皇帝都是马上得天下,但得了天下以后不可将武艺荒废,要文武兼备,居安思危。所以,历代和平时期的守成皇帝,射艺,就成了其作为皇帝所必须具备的修养,并纳入了庄重严肃的王朝礼仪,被看作是皇帝威武雄壮的象征。同时,皇帝悠闲深宫,养尊处优,从事习射也是一项有趣而有益的健身活动。

明代宫中,专设有弹子房。弹子房设掌房一人,佥书数人,专备各种弹弓、弹丸。弹子房的弹弓种类多,也很精巧、别致。弹丸一般为泥丸,其大小轻重,也是各有不同。弹丸都是用黄布袋装着。皇帝要玩弹射时,太监们立即呈进使用。

明武宗朱厚照好玩弹射,而且技艺不错。明崇祯皇帝朱由检在政务繁忙之余,也喜欢玩弄弹弓。弹弓所需的膂力,远远比不上射箭,又简便又省力,这对于膂力不足的皇帝来说,当然是一种有吸引力的健身游戏。

蹴鞠,在明代宫中十分流行,其规则和方法基本与宋元时相同。明代宫中,常进行蹴鞠活动。《明宣宗行乐图》中,生动地描绘了宣宗朱瞻基观赏蹴鞠的情景。《崇祯宫词》中,记述了田贵妃和宫人一起蹴鞠的盛况:锦厨平铺界紫庭,裙衫风度压娉婷;天边自结齐云社,一簇彩云飞便停。

随着蹴鞠活动兴盛的另一种娱乐活动,就是击球。明成祖朱棣就曾多次到东苑观看击球和射柳表演。如永乐十一年重五日,成祖临东苑观战。当时,击球官分为两朋,由驸马都尉、广平侯袁容领左朋,宁阳侯陈懋领右朋。自太孙以下,诸王大臣都参加击射,优胜者由皇帝赐赏彩帛夏布。

骑射,历来是中国皇帝的一种爱好。明代的皇帝大多长于骑射。明成祖曾五次骑马北征荒漠。明武宗更是嗜骑如命,有时驰奔上千里,几天几夜也不疲倦,随侍他奔驰的侍从一个个气喘吁吁,叫苦不迭。

3. 冰嬉、角抵、水嬉

冰嬉，是冰上嬉戏的简称，泛指一切冰上的玩乐和活动。北方寒冷地区，很早就有这一类活动。明代宫中，很重视冰嬉，冬天经常有各种冰上活动。《明宫史》记载，阳德门外，冬至结冰，可拉拖床，用木作平板，上加交床或者荐荐，一人在前面引绳，可拉二三人，在冰上奔行如飞。

明代西内太液池，是宫中理想冰嬉场所。"西内太液池玉河桥下，长至冰合，竟作木床，牵渡冰上如飞，谓之拖床。"明世宗嘉靖皇帝晚年，修真入道，长年住在西内。嘉靖二十一年正月十六日，皇太子从宫中前往西内拜见父皇，就是坐着拖床渡过的。

角抵，也是明清宫中的一项重要娱乐活动。据说明太祖没发迹时，从太和进香回来，路遇滁州陈也先登台自称拳棒无敌，太祖便与他角抵，很快将也先摔在台下。明代皇帝的亲兵营中也有角抵项目。明武宗常在西内练兵，曾令边镇总兵江彬率兵入宫，习阵营、校骑射，还有角抵戏。

水嬉，在明代宫中很繁盛。明代宫中的水嬉活动一般在玉熙宫。玉熙宫在西安门北，金鳌玉炼桥西。明宫的水嬉活动，实际上是水中游戏，是用轻木雕成海外诸国、先贤文武男子诸像，高约二尺，彩画栩栩如生，有臂、无足、底平，下面安卯榫，用竹板相承。这些用品，有点像明宫中的傀儡戏道具。

水戏，是在方木池中，池里盛满清水，还有鱼虾萍藻。水池后，设有一个纱幛。水傀儡操作者，在幛后游移转动，水面上的人物，做各种动作，还有一人在一旁配音。

明宫之中，水嬉活动大多安排在夏天。明崇祯皇帝喜欢在玉熙宫夏日宴饮，看水戏。有一年，崇祯帝正兴致勃勃地看着，边报飞至，汴梁失守，亲藩被害！崇祯帝悲痛欲绝，放声大哭，宴饮和水戏马上停止。从此以后，崇祯帝再也没有到过玉熙宫。

4. 优伶讥讽天子

明清时期，天子身边设有专门取乐的插科打诨的优伶，优伶的角色由宦官代替。宫中的演戏活动就成了宦官当差的副业。这样，优伶存讽议、通下情的古意荡然无存了，因为宦官谁也不敢在宫内斗胆。不过，有些敏锐、诙谐的宦官不敢讽刺皇帝，但把讽刺的对象转向皇帝所宠爱的权倾一时的外戚、大臣、宦官首领，同样别有情趣，也能收到讥讽天子的效果，意在提醒皇帝，要当心皇权被佞幸侵夺。

明宪宗时，大太监汪直受宠，权倾内外，党羽遍及朝野。当时，后宫有一位宦官阿丑,聪明、伶俐,颇具汉代东方朔讽谏之风。一次宪宗看阿丑等表演节目。阿丑醉眼蒙眬,神思恍惚。旁人喊:某官到。阿丑醉态依旧。又有人喊:圣驾到。阿丑依旧不改醉态。再一个人小声喊:汪太监来了!阿丑扮演的醉态者立刻惊醒,服服帖帖、恭恭敬敬地拜迎汪太监。旁人惊讶地质问:圣驾到了不惧,却惧汪太监,为什么?阿丑回答说:我只知道有汪太监,不知道有天子!

当时,王越、陈钺趋奉,谄媚汪直,也是权倾一世。阿丑文扮作汪直,手持双斧,趋跄而行。旁人问这是什么缘故,阿丑回答说:我带兵只仗此两钺!问:钺叫什么?回答:王越、陈钺!宪宗看罢微哂。

那时,掌管十二团营的朱永役兵谋私,营造私第。阿丑又扮作儒生,高声吟诵:六千兵散楚歌声。一人从旁更正说:八千。并几人争论。阿丑这时从容地说:你不知道,二千在保国家盖房子。宪宗醒悟,立即秘遣尚铭察究真实。

成化末年,政务纷繁,可皇帝不务政事,长年不见朝臣。阿丑在宫中扮六部差遣官,奉旨选择贤能。得一人后,问其姓名。问:公论如何?说:公论如今无用。又一人问:公道怎样?说:公道如今也难行。最后一人问:糊涂呢?首肯答说:糊涂如今还行。宪宗观赏后,微哂而已。

明孝宗时,皇后张氏的家族荣显空前,张皇后的两位兄弟封侯拜爵。有一次,宫中举行内宴,张氏兄弟在座。宦官优伶们正在宴前表演节目。有一个伶人扮作一只猴,登高跳跃,好不威风。一旁的伶人指他说:这猴(喻侯)子爬得高,会跌得重!孝宗若有所悟,一张脸马上沉了下来,许久,宣布罢宴。

帝王文化生活

1. 钟鼓司

明代宫廷戏班子,就是宦官机构钟鼓司,全部成员由宦官组成。钟鼓司设掌印太监一人,佥书数十人,司房、学艺官二百余人。掌管出朝钟鼓和演戏。凡是圣驾朝拜圣母回宫和万寿圣节、冬至、年节升殿回宫,钟鼓司都派员侍驾,都头戴青攒,顶缀五色绒,身穿有补红贴里,在圣驾前作乐,迎导宫中升座承应。重九登高和端午斗龙舟、插柳;岁暮宫中大傩;日食、月食救护打鼓,也都是钟鼓司的职掌。

钟鼓司演戏的剧目,大多沿自金元时期的院本。演出时,很少整场演出,一般是只一部戏中的几出。钟鼓司承应太监,经常奉命执板清唱。但从总体上说,钟鼓司太监演戏,毕竟是他们的副业,其演艺水平远远不及在宫外竞争中占优势的戏班子,所以,在重大庆典时,明宫中有时召宫外戏班入宫献艺。崇祯时,皇后生日,沉香班优人就曾入宫,演出《西厢记》《玉簪记》。

钟鼓司演戏,不仅仅是出于娱乐,还有劝导勤政的用意。明代宫中规定,每年秋收季节,钟鼓司要演打稻戏,以使皇帝知道农事艰难。《明宫史》记载:西内秋收时,有打稻戏。圣驾临幸旋磨台、天逸殿等地方。钟鼓司扮农夫、馈妇和田唆官吏、征租交纳词讼等事。内官监等衙门,伺候供应所有器具,这是祖宗使后人知道稼穑艰难的美意。

另外,有过锦戏,约有百回,每回上场十余人,各有引旗一对,锣鼓送上,装扮民间各色人物如少女、中年妇女、市井商贾、无赖等,表现他们的生活和冲突,备极世间骗局百态,穿插杂耍、百戏。明神宗曾设四斋演传奇戏,孝敬其西宫皇太后。

2. 宫廷藏书

明代宫廷藏书是在接受前代宫廷藏书的基础上丰富和发展起来的,藏书十分丰富。明代宫廷中,最著名的宫廷藏书楼是位于紫禁城东华门内的文渊阁。明代闻名于世的宫廷书籍,是明宫太监们出版的经厂本书。明代太子学习和讲学的地方,是位于文渊阁南的文华殿。明代最负盛名的宫廷大型书籍,是《永乐大典》《古今图书集成》。

3. 皇帝和书画

明代帝王之中,善于画画的有宣宗朱瞻基、景帝朱祁钰、宪宗朱见深、孝宗朱祐樘诸人。明宣宗朱瞻基,是明成祖的孙子,明仁宗朱高炽的嫡长子,母亲是诚教昭皇后。朱瞻基生于惠帝建文元年,据说他出生时,成祖做有一梦,梦中太祖授以大圭,面谕:传之子孙,永世其昌。成祖醒后,颇感迷惑。到朱瞻基降世满月,成祖前往看视,见朱瞻基后,成祖大喜,连说爱孙英气溢面,与我梦中所见一致。永乐九年,成祖立他为皇太孙。洪熙元年,仁宗立他为皇太子。洪熙元年五月,仁宗死。六月,朱瞻基即位,时年二十八岁。明年为宣德元年。

史书记载说,宣宗嗜书,智识杰出,有出类拔萃的艺术才气。宣宗的艺术才华,主要表现在两个方面,一是完善画院制度,一是个人在书画方面的造诣、修养与酷爱。宪宗喜绘画,以人物见长。宣宗则诸笔兼工,在山水、花鸟、人物、草虫等方面,均能与宣和时代争胜媲美。

传世宣宗御笔《花下狸奴图》,画的是湖石野菊,菊下一大一小,坐两狸奴,眼睛传神,毛发松软,极其生动。《猿戏图》画山溪静谷之中,溪水潺潺,水草翩跹,母猿怀抱小猿,坐于临溪大石,右面枇杷树上,公猿攀缘,与幼猿嬉玩。

宣宗的书法,写得生动别致,富有力度,很有气势。传世的行书《上林冬暖诗》就是一幅布局精巧、极有神韵的书法作品,这御笔诗,实可与康熙行书《唐人诗句》、雍正行书《经海一滴序》等相媲美。

明宪宗昏聩无能,却在绘画上很有建树。他画的题材多为神像、金盘、瓶子、牡丹、兰花、梅竹之类,他的山水也是超凡出众的。孝宗性情沉静,无意传扬自己的作品,却极爱默看画士们作画。明代画士作画的地点在仁智殿,有一次,孝宗前往观画,画士钟钦礼全身心地投入了创作中,没发现孝宗在后观看,画得忘乎所以,如醉如痴,最后一捋胡子大叫:天下老神仙! 孝宗随赐这几个字,作为他的私印。

明神宗自幼就喜好书法,用心苦练,到十岁时便写出一手好字。他先学赵孟頫,后练章草,再习二王法帖,时人称其御墨挥洒,有凤翥龙翔之妙。明景泰帝也喜好文墨,笔下多画小鸟、杏花、夹竹桃。明光宗临御天下才一个月,也常挥洒泼墨,写匾额和对联。由于明代的皇帝与文墨有不解之缘,所以明宫每月十四、二十四日都要两次贡进御笔,每次20管。冬天的笔管裹绵施绫,春天裹紫罗,夏秋则用象牙、水晶、玳瑁等。孝宗时有著名的笔匠施阿牛。

中国皇帝和西方传教士

世界上,宗教无疆界。世界三大宗教,从公元1世纪到19世纪,陆续、悄然地涌入了中国,不同程度地冲击了中国文化,也丰富了中国文化。最初,佛教东来,在中国落地生根,开花结果,产生了中国流派各异的佛教哲学。接着,伊斯兰教入华,很快地在中国西北部各民族聚居之地,找到沃土,迅速地生根、开花。然后,就是16世纪至17世纪的动乱百年,基督教天主教教士扬帆出海,踏浪东来,带着西方科学掩盖下的侵略意图,深入中国各地。客观上,西文传教士的到来,繁荣和丰富了中国文化。19世纪,基督教新教的布道者们,脱下了慈善的外衣,他们在大炮、军舰的掩护下,相继入华,明目张胆地建造教堂,深入内地,发展会员,扩展势力,给苦难深重的中国平添了更多血泪。宗教入华,虽然背景不同,文化各异,但是影响巨大。

基督教,产生于公元1世纪,产生地是当时罗马帝国的东方行省,也就是今天的巴勒斯坦与叙利亚一带。基督教以《旧约全书》和《新约全书》作为基本经典,合称《圣经》。它宣传世界由上帝创造,上帝是一切的主宰;人类从始祖开始便犯有重罪,并在罪中受苦;只有信仰上帝及其儿子耶稣,人类才能免于苦难;人类除了绝对地忍耐便是服从,这样才有希望于来世享福。

基督教在唐时已经传入中国,名景教,影响较小。元时,又一次由陆地传入,叫也里可温教。明代可谓第三次传入,但这一次,却在中国朝野引起了不同的凡响。明武宗正德十年,即1515年,葡萄牙人拉斐尔·伯斯德罗乘船抵华,这是欧洲船舶接触中国的开始。明世宗嘉靖十九年,即公元1540年,葡萄牙国王约翰三世要求罗马教皇保罗三世派传教士入华。第二年,教皇派天主教耶稣会传教士圣方济各、沙勿略东来。方济各先入日本。嘉靖二十九年入华未遂,嘉靖三十一年再次入华,在广东上川岛登陆。这是西方传教士进入中国的开始。

明嘉靖三十六年(1557年),葡萄牙人获嘉靖皇帝的批准,在澳门交纳地租,建屋定居。自此以后,传教士以澳门为基地,试图扩展势力到东南亚和中国内陆,但中国当局拒绝了他们的要求。利玛窦翩然东来,以学术传教,西方传教士与中国政府之间的僵局才彻底改观。也自利玛窦之后,西方传教士才正式地赢得了中国皇帝的承认与尊重。

利玛窦是意大利马切拉塔人氏,出身贵族。少时就学于故乡的耶稣会书院。稍长以后,入罗马神学院。1571年,利玛窦入耶稣会,遂被训练成为一个优秀的、矢志于增加上帝荣光的耶稣会成员。利玛窦在潜心于神学的同时,曾受罗马神学院教授、当时的著名数学家克拉维斯等自然科学家的指点,所以他也广泛地涉猎了自然科学的各个领域,利玛窦也因此兼具了教士的虔诚与热情和学者的渊博的学识与才干。

利玛窦在各地游历与传教,他的敏锐与决断,使他在中国很快地摸索出了一套行之有效的传教方针,即走上层路线,获得统治者的支持;以学术传教,借助西方的科学、哲学与艺术,赢得士大夫的尊重,引起人们的注意;入乡随俗,在尊重中国的法律、风俗的前提下巧妙传教。

万历二十八年(1600年),利玛窦在取得澳门葡萄牙殖民当局的许可以后,带着瑞士传教士郭居静自澳门领来的经费与贡品,北上北京。万历二十九年,利玛窦一行到达北京后,马上着手贿赂中国官员,尤其是很快收买了宫中宦官,于是,在宦官马堂的帮助下,利玛窦很快地受到了万历皇帝的召见。

利玛窦进见万历的情况,张星烺《中国交通史》中有这样的记载:利玛窦进谒万历帝,献上天主圣像、圣母像、天主经典、自鸣钟、铁弦琴、万国图等。万历念其远方而来,特于便殿召见,垂帘以观。万历命内臣学习西琴,问西曲含意。利玛窦立译西琴八曲,呈进御览。后来,万历又多次召见利玛窦,问国政民情与大西教旨。万历很满意于利玛窦的器物、才华与学识,就设馔三朝,宴劳利玛窦等人,并授予廷官。

万历置自鸣钟于御几,奉圣像于御前,后命画工图形进呈御览。万历给赐优厚,公卿人等多与晋接,利玛窦遂安意京都,偕庞迪我僦屋居住,他们的日用饮食,悉数取于光禄。利玛窦还写有《上明神宗疏》,疏中也表明了他知悉中国先圣之学,对经籍之类,也略能记诵。换句话说,利玛窦进入北京,受到万历的青睐,说明了他对中国朝野官员、政治民情和经史子集的洞悉与理解,他能登堂入室于中国文化,这就决定了他的中国之行必然能以他的同人无可比拟的成就而开创新局面。

利玛窦居住北京十年,与徐光启、李之藻等合译《几何原本》《同文指算》《乾坤体义》《测量法义》《经天该》《万国舆图》等,他还将儒家经典译为拉丁文,推向欧洲,并编有《中意葡字典》《中国文法》等。可以说,利玛窦的尝试是成功的,他不仅获得了万历皇帝的尊重和承认,而且在中西文化的交流上,得到了士大夫的支持,留下了丰硕的功绩。

利玛窦去世以后,万历皇帝非常留恋,特在北京阜成门外赐赏土地,厚葬这位博学多才的西方传教士。据历史记载,当时有位宦官问首辅叶向高,说古来远方来宾,从来没有厚葬的先例,为什么皇上要厚葬利子?叶向高回答说,你见过古来诸宾,其道德学问有一个是及于利子的吗?不说其他,就仅仅以《几何原本》一书即当赐地厚葬。

利玛窦之后,来华的传教士其涌如潮。其中主要有意大利人:龙华民、高一志、艾儒略、熊三拔,西班牙人庞迪我,法国人金尼阁,比利时人南怀仁。他们出入宫禁,与皇帝、后妃、文士、太监相往还,利用各种机会宣传教义,获取信任。据说,法国金尼阁入华时,曾经带有一卷《天主事迹图》,后来,汤若望用汉文附以说明,呈进崇祯皇帝。同时,附蜡质朝观像一座,外施彩色,非常艳丽。

崇祯见后,非常欣喜,将呈进物放于御几,召后妃等观看。接受汤若望洗礼并将汤若望引入宫禁的中官若琴,乘机为后妃解释和阐扬天主事迹,后妃很受感动,随有几人要求加入教会。汤若望就允许若琴代为洗礼,于是后妃三人接受洗礼和基督教教义。到崇祯十三年,宫中信教者,女子50余人,中官40余人,皇族达140余人。徐宗泽《中国天主教传教史概论》中说,明末宫中信教者达540余人。

明宫习俗和节令

明清时期宫中的习俗、节令同样是在前代宫廷习俗和节令的基础上继承和发展的。明清时期的宫中习俗和四时节令较以往有继承,也有许多的不同,尤其是清代,带有浓厚的满族色彩。

1. 春日吉庆

宫中岁首吉庆、朝贺,在明代之时,十分重要。明代大朝会,仪式庄严而隆重。事先,尚宝司、鸿胪寺、主客司、钦天监、教坊司等做好各种准备,锦衣卫,陈设卤簿仪仗、羽扇、车辂、步辇。金吾卫列甲士军仗。御马监设仗马。百官朝服侍立。皇帝在《飞龙引》的乐曲声中,衮冕临坐,百官朝拜。大朝会之前,皇帝一般都要先去明堂、祖庙祭告。

明代宫中,春日的吉庆活动很多。自腊月二十四祭灶以后,身穿葫芦景补子、蟒衣的内官开始大事忙碌。正月元旦前蒸点心、储生肉,焚香放炮。三十日岁暮,互相拜贺庆祝,称为辞旧岁,大饮大嚼,鼓乐喧阗。门傍植桃符板,将军炭,贴各种门神。室内挂福神、鬼判、钟馗画像。床上悬挂金银八宝、西番经轮或者编结黄线如龙。詹楹插芝麻竿,院中焚柏枝柴,称禺岁。

元旦五更开始,焚香放纸炮,将门闩或木杠在院地上抛掷三次,称跌千金。饮椒柏酒,吃水点心,即扁食,就是水饺。这一天见面互相拜贺,称为贺新年。吃百事大吉盒儿的柿饼、荔枝、龙眼、栗子、熟枣。还吃驴头肉,称为嚼鬼,因为俗称驴为鬼。

立春时,后宫也有多种迎春活动。顺天府在东直门外迎春,一应勋戚、内臣、达官、武士都赴春场跑马。立春时无论贵贱都吃萝卜,称咬春。互相宴请,吃春饼和菜。初七日是人日,有各种宴请活动。初九日以后,耍灯市买灯。十五日,吃元宵,称元宵节、上元节。内臣宫眷改穿灯景补子蟒衣。二十五日,称填仓,放开肚皮大吃。

二月初二,撤各宫门彩饰。用黍面枣糕油煎,或者以面和稀摊饼,称薰虫。吃河豚,饮芦芽汤,煮过夏酒。宫中吃鲜,称为桃花鱼乍。三月初四日宫眷内臣换穿罗衣。清明为秋千节,鬓上插柳枝,坤宁宫后,各宫宫室安秋千。皇帝幸回龙观,观赏海棠花。

2. 夏节赏玩

四月初四日,明代宫眷内臣开始换穿纱衣。这时,牡丹、芍药盛开,在观花殿设宴赏花。初八日,进不落夹。接着尝樱桃,以为此岁诸果新味之始。吃笋鸡,吃白煮猪肉,称冬不白煮,夏不炼熬。又用各种肥肉、姜、葱、蒜判如豆大拌饭,用莴苣大叶裹食,称包儿饭。造甜酱豆豉。吃白酒、冰水酪,取新麦穗煮熟,剥去芒壳,磨成细条进食,称稔转,为此岁五谷新味的开始。

五月初一到十三日,明宫宫眷内臣,穿五毒艾虎补子蟒衣。门两边,安菖蒲、艾盆。门上悬挂吊屏,上面画天师、仙子、仙女执剑降五毒的故事。初五日,午时,饮朱砂、雄黄、菖蒲酒,吃粽子,吃加蒜过水温淘面,身佩艾叶,调诸药,画治病符。皇上驾幸西苑,斗龙舟,划船游乐。

夏至，戴草麻子叶，吃长命菜，就是马齿苋。六月初六，晒晾宫中书籍。吃过水面，吃银苗菜，即新嫩藕身。立秋，戴桃叶，吃莲蓬，吃藕，赏茉莉花、栀子兰、芙蓉花。

3. 秋时节令

七月初七，是七夕节。明宫眷内臣开始穿鹊桥补子，宫中设乞巧山，兵仗局备办乞巧针。七月十五是中元节，甜食房进供佛菠萝蜜，西苑做法事，放赏河灯，京师寺院则做盂兰盆追荐道场，也大放河灯。这时宫中吃鲥鱼，设宴赏荷花。宫人还捉促织相斗，好促织一只可值十余两，而且各色不同，相赌求胜。

八月，宫中赏海棠花、玉簪花。互相赠送西瓜、月饼、莲藕。十五日，供月饼瓜果，待明月初升，便恭敬焚香，然后大肆饮啖、竟夜尽欢。剩下的月饼，整收干燥通风处，到岁暮时合家分用，称团圆饼。酿造新酒。

九月，御前进献菊花。自初一日始，吃花糕。初四日开始，宫眷内臣，换穿罗重阳景菊花补子蟒衣。九日，重阳节，皇上幸万岁山或兔儿山，磨台登高。吃迎霜麻辣兔，饮菊花酒。

4. 冬季消寒

每年十月一日，宫中颁历。吃羊肉、爆炒羊肚、麻辣兔。十一月，百官传戴暖耳。冬至节时，宫眷内臣改穿阳生补子蟒衣。室内，悬挂绵羊太子画帖。司礼监印九九消寒图，还配有诗，每九诗文四句，从一九初寒才是冬，到日月星辰不住忙，都是瞽词俚语。宫里时兴吃猪蹄尾、鹅肫掌、炙羊肉、羊肉包、扁食、馄饨，取阳生之义。十二月，吃灌肠，吃烩羊头、爆灼羊肚。初八日，吃腊八粥。腊八，皇帝赏杂果粥米。腊八粥，是将红枣槌破泡汤，加粳米、白果、核桃仁、栗子、菱米煮粥，供呈佛前以及户牖、园树、井灶等处，然后再吃。二十四日，祭灶。最后，便是守岁。

5. 万寿节千秋节

皇帝生日，是宫中的重大节日，和元旦、冬至并重，称为宫中三大节。皇帝生日的名称代代不同，叫得花样百出。唐称为千秋节、天长节、庆成节、嘉会节、天平地成节。五代称启圣节、嘉庆节、天清节。宋称长春节，乾明节、乾元节、寿宁节、承天节、寿圣节。辽时，称千龄节。金时，称天寿节。元时，称名圣节。明清之时，才称万寿节。明代宫中，万寿节十分热闹。这一天，宫女、内监可以不穿青紫衣服，穿上自己心爱的服饰。明天启时，宫女们在万寿节竞相创制新式方胜葫芦,戴在身上,图案有宝历万年,四海丰登、洪福齐天。

二、明代皇陵

中都皇陵

明建国之前,明太祖朱元璋曾在他的老家安徽凤阳营建都城——明中都。朱元璋建明以后,定都南京。明成祖朱棣即位,营建北京。此后,明历代皇帝都以北京为都城。明在营建凤阳中都城垣宫殿时,还营建了朱元璋父母的皇陵,其遗址至今还在。

中都,朱元璋父母皇陵,陵前保存有一块皇陵碑,碑上详细地记述了皇陵的情况。朱元璋父母,早年从句容迁居凤阳,以务农为业,家境十分清苦。连年灾荒,朱元璋的父母兄长接连丧命:其父终年64岁,其母终年59岁;也是同一年,他的哥哥去世。年仅17岁的朱元璋面对三个亲人的尸首,看着家徒四壁,没有一寸土地,只有号啕痛哭。邻里地主刘继德不帮助他掩埋这三个亲人,反而百般呵斥,扬言要驱赶他。刘继德的哥哥刘继祖心中不忍,帮助朱元璋掩埋了他的三个亲人。

朱元璋即皇帝位后,追封祖宗,修建陵墓。他在泗州修建了祖父朱初一的祖陵,在凤阳修建了他父母的皇陵。中国皇陵,讲究风水。只有依山蓄水、树林葱茏的地方,才是上好的风水地脉陵地。然而,中都皇陵,地势很差,一无所有。朱元璋为什么不迁葬?原来,朱元璋做吴王时(1366年)曾回到濠州省墓,见父母的陵墓地势很差,很想迁葬,但是,他的势力日盛,又怕迁葬后泄了灵气,最后只是加大封土。

孝陵

明孝陵,是明太祖朱元璋的陵墓,位于南京市东郊紫金山南麓独龙阜。

元至正二十八年(1368年),朱元璋建国号大明,定都南京。朱元璋即皇帝位后不久,便看上了紫金山南麓独龙阜。独龙阜是原六朝开善寺旧址,宋元时期改称为蒋山寺。明太祖洪武九年(1376年),朱元璋着手筹建陵园,强迫蒋寺老和尚搬家,而将寺地迁到紫霞洞南。后因风水先生说新寺地不利于陵园,便再次迁至灵谷寺。寺名由朱元璋亲赐,号天下第一丛林。

孝陵经五年筹建,到洪武十四年即公元1381年初步建成。第二年,高皇后马氏入葬。高皇后马氏谥号孝慈,故命名此陵为孝陵。洪武十六年,规模巨大的孝陵大殿建成。负责筹建孝陵的李新因建陵有功,令太祖十分满意,被封为崇山侯。洪武二十五年（1392年），皇太子朱标葬孝陵东，称为东陵。洪武三十一年，朱元璋去世，入葬孝陵。到孝陵的附属工程——大明孝陵神功圣德碑建成（明成祖永乐三年）为止，全部工程历时三十年。

孝陵，是中国现存规模较大的几座帝王陵墓之一。孝陵从最前的下马坊到最后的方城，长达5里。孝陵的红墙周长约45里，相当于当时京城城墙长度的三分之二。由此可见其规模庞大。

六百年来，明孝陵的木构殿堂早已不复存在，但遗存的石基还清晰地展示着它当年的辉煌。明孝陵和它此后的十三陵结构，布局相同，但孝陵比十三陵大得多。孝陵入口处，至今还保留着三件重要的原始碑刻：下马碑坊、神烈山石碑、禁约碑。下马碑坊上刻着：诸司官员下马。这是指到了孝陵入口，出于对皇上的敬重，一应官员都要下马。

从下马坊西北行七百多米，就到了孝陵陵园大门：大金门。大金门楼已经坍毁，只有三个门洞依旧保存完好。进大金门北行，就到了四方城，城内有一块大石碑，碑高8.78米，是明成祖朱棣亲制，工整的楷书碑文记颂着太祖朱元璋的丰功伟绩。这块大石碑，便是大明孝陵神功圣德碑。碑亭已经毁坏，只有大碑和四面的围墙、门洞，故人称四方城。

过四方城西北行不远，是一座御河桥，过桥后就是神道。从东到西依次排列着狮子、獬豸、骆驼、象、麒麟、马六种石兽，每种石兽两对，都是两立两蹲，共十二对，二十四个。石兽尽处，神道折而向北，前面是一对华表。然后是两对文臣、两对武臣，文武臣中各有一对年轻无须的和一对年老有须的。文臣头戴朝冠，手秉朝笏。武臣身穿介胄，手执金吾，腰间佩有宝剑。

神道直达棂星门前。门已坍塌，只有六个石雕的柱础。经棂星门绕梅花山北麓，到达御河前，上有并列的五座石桥。过桥往北，到方城宝顶，建筑物都按中轴线固定下来，不再变更。孝陵神道曲折，据说是朱元璋曾发誓，要让梅花山孙权陵墓为他看守大门。

明太祖朱元璋死后，理应葬入孝陵。但是，关于朱元璋葬地却有许多传说，最玄乎其玄的是朱元璋死后，从都城十三个城门同时抬出棺材。这一传说在中国民间广为流传。关于朱元璋入葬的地点，有多种说法，主要是说在这几个地方：皇城万岁殿下，城西朝天宫三清殿下，北京万岁山。实际上，朱元璋应该是葬入孝陵。

十三陵

十三陵，是明代十三位皇帝的陵墓，位于北京西北郊昌平县十公里处。

十三陵营建于1409年,直到1644年明亡,历时二百余年,营造工程一直未曾间断,陵区面积达40平方公里。十三陵位于燕山山脉的余脉,自西向东,在陵区形成东、西、北三面环绕之势,形成一个天然山环。这里藏风蓄水,群峰耸立,气势磅礴,是个风水极好的陵地。

十三陵包括:明成祖朱棣长陵、明仁宗朱高炽献陵、明宣宗朱瞻基景陵、明英宗朱祁镇裕陵、明宪宗朱见深茂陵、明孝宗朱祐樘泰陵、明武宗朱厚照康陵、明世宗朱厚熜永陵、明穆宗朱载垕昭陵、明神宗朱翊钧定陵、明光宗朱常洛庆陵、明熹宗朱由校德陵、明思宗朱由检思陵。弯曲的温榆河,从十三陵盆地中缓缓流过,山清水秀,绿树成荫,风景十分迷人。

永乐七年(1409年),最后选上了十三陵之地。朱棣亲自察看以后,十分满意,便确定了下来。这里山地开阔,周围山峰环抱,风水极好。朱棣下旨圈地八十里为陵区禁地,着手修建长陵。

朱棣修建长陵以后,历代皇帝都依次在这里建陵,直到明末代皇帝思宗朱由检,先后有十三位皇帝埋在这里,形成了一大片明代皇帝的陵园,统称十三陵。

按照古代的丧葬制度,子孙的陵墓应当一个比一个小。明十三陵却并不尽然,有些就后来居上。朱元璋葬在南京孝陵。朱棣葬在北京长陵。孝陵,是祖陵。长陵,是北京十三陵的首陵。这两座陵,规模都很大。

明仁宗临终遗诏,称:我在位很短,对百姓没有什么恩德,不忍过多地劳役人民,我的陵墓修造从俭。仁宗的献陵和宣宗的景陵,都比较简陋。宣宗以后,历代皇帝都生长在深宫,醉生梦死,不知道民生之艰难。他们听惯了阿谀奉承,听不进忠言,自然对丧葬制度不屑一顾。明代丧制规定,每陵只葬一帝一后,可是,明英宗裕陵却葬一帝二后,明宪宗茂陵葬一帝三后。

北京十三陵,布局基本上和南京孝陵相同。十三陵陵区南北有一条七公里长的中轴线。陵区正门前是一座高大的石牌坊,建于明嘉靖十九年(1540年)。这座石牌坊结构是五间六柱十一楼,阔约29米,相当坊高的一倍。六根大方柱耸立在石基上,柱脚表面浮雕云龙,上面有立雕卧兽。石牌坊都是用汉白玉建成,雕刻十分精美。

过石牌坊约二里,便是陵园的大门:大宫门。门分三个门洞,面南而立,红墙黄瓦。这是陵园的总门户。大宫门两侧是下马碑,上刻:官员人等至此下马。明代陵寝禁例规定:进陵地拾柴折枝的要受鞭打;取土取石的,要被杀头,擅自闯进山门的,杖责一百;一应车马和守陵官民,都须在陵外百步下马,否则,以大不敬论罪。

大宫门东边,有一座小山,称为蟒山;西边也有一座小山,称为虎峪山,大宫门处于两山当中。蟒山象征着青龙,虎峪山相当于白虎,左青龙、右白虎正是皇帝的威严,青龙、白虎像两员大将分守左右,护卫着陵寝大门。

陵墓前立碑,原意是记颂功德。但十三陵前的石碑大都是不写一字的无字碑。是什么原因？说法不一。说好的是说皇上功德无量,文字无以表述。说不好的是说皇帝一无是处,没法子写,干脆不写。《帝陵图说》记载,明太祖朱元璋曾说：皇陵碑记都是儒臣写的粉饰文字,不足以为后世子孙诫！

《世宗实录》记载,十三陵中的长陵、献陵、景陵、裕陵、茂陵、泰陵、康陵七座陵墓,先前没有石碑,是嘉靖十五年四月才正式建亭立碑的,用了六年时间。当时,严嵩任礼部尚书,严嵩请世宗为七碑写碑文,世宗天天忙于炼丹行乐,哪有工夫？碑上便一直空着。世宗以后各陵,因为祖宗碑上都没有字,自然也就一字不写。

过碑亭往前,是八百米长的神道,两旁是石人、石兽等石象生,包括两对狮子、两对獬豸、两对石象、两对麒麟、两对石马、两对文臣、两对武臣、两对勋臣。文武臣前的石兽都是二立二蹲。这些石象生,无一不是线条生动,栩栩如生。

陵前,设置石象生,早在秦代时就有,此后历代沿有,数目略有差别。秦汉时设麒麟、辟邪、象、马。唐时设狮子、马、牛、玄鸟、文臣、蕃酋。北宋时设象、貘、马、羊、虎、狮子、玄鸟、文臣、武臣。到明十三陵时,基本上和南京孝陵相同,只是加了四个勋臣。

石象生,古代是称为翁仲。这一称呼始自秦始皇。传说,秦时,有位著名的大将,名叫阮翁仲,这人身高体壮,力量过人,曾经驻守临洮(今甘肃省岷县),镇服匈奴有功,声震朝野,享誉中外。阮翁仲死后,秦始皇出于纪念他,将他铸成铜像,放在京师咸阳司马门外。后来,人们将铜像、石像统称为翁仲。

石像后是棂星门,又称龙凤门。门分为三道,门上饰有火焰宝珠,俗称火烧门。过棂星门往北,沿神道穿过温榆河七孔石桥,弯弯曲曲通往长陵,也通往其他陵地。

十三陵,布局对称、谨严,有条不紊。神道,从石碑坊起,蜿蜒曲折,长达十公里。一路上的建筑、石像,很有气势,也很有次序。

三、明太祖朱元璋

生平

明太祖高皇帝朱元璋(1328—1398 年),字国瑞。原名重八,后来取名兴宗。

明朝开国皇帝。朱元璋幼时贫穷,曾为地主放牛。元至正四年(1344年),入皇觉寺,25岁时,参加郭子兴领导的红巾军。至正十六年(1356年),被部下诸将奉为吴国公。同年,攻占集庆路,将其改为应天府。至正二十八年(1368年),朱元璋击破各路农民起义军后,在应天府称帝,国号大明,年号洪武。随后,结束了蒙元在中原的统治,平定四川、广西、甘肃、云南等地,最终统一中国。

朱元璋在位期间,下令农民归耕,奖励垦荒;大规模移民,实行屯田和军屯;发展农业,组织各地农民兴修水利;大力提倡生产,鼓励种植桑、麻、棉等经济作物和果木作物;徙富民,抑豪强,解放奴婢;减免税负,严惩贪官;派人到全国各地丈量土地,清查户口,等等。经过洪武时期的艰苦努力,社会稳定,生产恢复,经济发展,出现繁荣景象,史称洪武之治。洪武十三年(1380年),朱元璋废丞相,设承宣布政使司、提刑按察使司、都指挥使司,以三司分掌权力,进一步加强中央集权。

洪武三十一年(1398年),朱元璋病逝于应天,享年71岁,庙号太祖,谥号开天行道肇纪立极大圣至神仁文义武俊德成功高皇帝。朱元璋聪明敏锐,富有远见。神威英武,收揽英雄。平定四海,求贤若渴。重农桑,兴礼乐,褒节义,崇教化。制定各种法规,有益于社会稳定。但是他性格苛严,晚年之时,猜疑多变,偏好诛杀,结果使明代开国元勋很少有善始善终者。

■ 明太祖朱元璋

事迹

朱元璋在位期间,推行了一系列措施,发展经济,富国强兵,史称洪武之治。

政治方面,消灭权臣,加强集权。

明初,官僚机构设置基本沿袭元朝。朱元璋执政后,着手改革。首先,废除行省制。1376年,朱元璋宣布,废除行中书省,设立承宣布政使司、都指挥使司和提刑按察使司,实行三司制,分别担负行中书省之职责。三司分立,互相牵制。

中央机构方面,废除丞相制。明初,中书省负责处理天下政务,地位最高。其长官为左、右丞相,位高权重。丞相权力极大,很容易与皇帝发生矛盾。明初时,以胡惟庸任相后,权力最甚。胡惟庸势力大增,威胁皇权。胡惟庸骄横跋扈,懈怠政事,无视皇帝。洪武十三年(1380年),朱元璋以擅权枉法罪名,下令处死胡惟庸以及有关官员。同时，朱元璋宣布，废除中书省，以后不再设丞相。

朱元璋惩治贪官，十分严厉。据史书记载，他以"剥皮揎草"之酷刑，处置贪官。惩治贪官之酷刑，包括：剥皮、挑筋、断指、断手、削膝盖等等，酷刑非常严厉。"剥皮揎草"酷刑，就是将贪官拉到所在府、州、县，设定"皮场庙"，现场将贪官剥皮；然后在皮囊内，填充稻草、石灰，将其放在处死贪官后任的公堂桌座旁边，用以警示继任官员，不要重蹈覆辙；否则，旁边的臭皮囊就是下场。如此酷刑震慑了大批官员，贪污受贿大为收敛。朱元璋明令，允许百姓上访，允许百姓扭送不法官吏。朱元璋特别在午门外，设立鸣冤鼓，允许百姓，如果有冤无处申，在地方讨不回公道，可以上京击鼓喊冤，直接告御状。朱元璋以残酷的手段，严惩贪官污吏。据记载，朱元璋从登基到驾崩，杀尽贪官运动，贯穿始终。但是贪官现象未能根除。

朱元璋为了加强集权，派出大量"检校"特务人员，暗中监视朝野大臣，密切关注其一举一动。检校众人，每天汇集有关情报，上呈皇帝。皇帝随时检阅，了解大臣动向，随时消灭可能的劲敌。有一次，学士宋濂上朝，朱元璋问宋濂：昨天，在家喝酒没有？请了哪些客人？宋濂如实回答。朱元璋听后，满意地说：果未骗朕。

洪武十五年（1382年），朱元璋下令，将皇帝禁卫的亲军都尉府改为锦衣卫，授以侦查、缉捕、审判、处罚罪犯等特大权力。从此，锦衣卫成为正式的军事特务机构，不受任何法律约束，由皇帝直接掌控。它有自己的法庭、监狱，因为由皇帝直管，所以称为诏狱。诏狱，可以逮捕任何人，狱中，采取剥皮、抽肠、刺心等种种酷刑。朱元璋随时指挥锦衣卫，在朝廷上执行廷杖，许多大臣，惨死杖下。工部尚书薛祥，就在大庭广众之下，被活活打死。

朱元璋临政，事必躬亲，他是中国历史上最勤政的皇帝之一。据史书记载，从登基到去世，朱元璋几乎没有休息过一天。在遗诏中，朱元璋说："三十有一年，忧危积心，日勤不怠。"据史书记载，从洪武十八年（1385）九月十四日至二十一日，八天之内，朱元璋审批内外诸司奏札，共计一千六百六十件，处理国事，共计三千三百九十一件；平均每天批阅奏札二百余件，处理国事四百余件。

朱元璋从小经历磨难，吃苦耐劳，一直保持着朴素的农民道德，对于孤苦无依的老人特别关注，也施以特别的尊重。在位期间，他颁布《存恤高年诏》，明确规定："所在有司，精审耆民……年八十、九十、邻里称善者，备其年甲、行实，具状来闻。贫无产业，八十以上，月给米五斗，肉五斤，酒三斗；九十以上，岁加赐帛一匹，絮十斤；其田业仅足自赡者，所给酒、肉、絮、帛如之。"洪武二十年，朱元璋唯恐执行不力，特别叮嘱礼部尚书，以皇帝的名义，再次重申此诏。

为了老有所养,日常有人服侍,洪武六年,明太祖朱元璋诏令天下,明文规定:"民年七十以上者,许令一子侍养,免其差役。"这是说,70岁以上老人允许一个儿子侍奉,免于服役。提倡孝道,凡是孝敬老人者,朝廷给予颁奖表扬,给予物质奖励,赏赐衣物,发放奖金。规定:凡是孝子孝女,年老之时,可以享受特殊待遇——当他们年届60岁时,可以享受普通老人80岁时的福利待遇;如果孝亲模范成为孤老,他们在家,可以享受在养济院之同等待遇,当地养济院,每月按照标准,把钱粮衣物等等,送到他们家中;去世后,政府发放三两银子,作为丧葬费。明时,各地尊老养老形成风气,敬老、养老,渗透到各地家法族规之中。

个人作品

朱元璋在行军之中刻苦学习,读书识字,练习书法。他的书法行笔自然,遒劲流畅;仪态生动,风神独具。不过,因为基础太差,他的笔画稍失法度,在天然雅拙之中,不乏挺拔。

朱元璋出身寒微,从小不识字,没有读过书,不知道孔孟诗书礼乐是何物。但是,他非常聪明,勤奋读书,刻苦学习。在戎马生涯中,他尝试着写过不少诗词,有《明太祖御制文集》传世。文集之中,收录了朱元璋一百余首诗词。其诗韵意境,自然天成,与李白、苏轼之韵律完全不同,非常富有艺术感染力和震撼力。

> 百花发时我不发,我若发时都吓杀。
> 要与西风战一场,遍身穿就黄金甲。
> 　　　　　　　　　　——《咏菊》

> 鸡叫一声撅一撅,鸡叫两声撅两撅。
> 三声唤出扶桑日,扫尽残星与晓月。
> 　　　　　　　　　　——《金鸡报晓》

历史评价

洪武三十一年(1398年),朱元璋劳累成疾,驾崩于应天皇宫。最后,葬于紫金山孝陵。洪武三十一年六月甲辰,上谥号为:钦明启运俊德成功统天大孝高皇帝,庙号太祖。永乐元年六月十一日丁巳,增谥号为:圣神文武钦明启运俊德成功统天大孝高皇帝。嘉靖十七年十一月朔日,改谥号为:开天行道肇纪立极大圣至神仁文义武俊德成功高皇帝。

康熙皇帝立碑,御笔亲书"治隆唐宋",高度称赞朱元璋。康熙皇帝说:"明太祖天授智勇,崛起布衣,纬武经文,统一方夏,凡其制度准今酌古,咸极周详,非独后代莫能越其范围,即汉唐宋诸君诚有所未及也。""洪武,乃英武伟烈之主,非寻常帝王可比。"

毛泽东说:"自古能君,无出李世民之右者,其次,则朱元璋耳。"

典故逸闻

1. 献袍桥

有一次,朱元璋统率起义军从金华来到兰溪县樟林村。官兵们列队村前,听朱元璋讲述军纪。突然,天降倾盆大雨,每个人身上都被淋透。侍从急忙请朱元璋进屋避雨,朱元璋却仍然骑在马背上,端坐不动,而以更响亮的声音讲演。朱元璋镇静从容,官兵们都被感染,一个个全神贯注,忘了自己置身于大雨之中。演讲结束了,大雨也停了。朱元璋脱下战袍,将它晒在近处一座小石桥上。当地人出于纪念,称此桥为献袍桥。

2. 伏虎寻将

元朝末年,天下大乱,烽烟四起。朱元璋带着军师刘伯温、武将胡大海到处寻访大将。有一天,朱元璋一行来到浙江嵊县境内一个山村,村里樵夫说,这里不远处有一个能人,力大无穷,叫常遇春,是秤柱坑人。朱元璋一行翻山越岭,来到一座草屋前。胡大海推开屋门,门内突然跳出两只老虎,向他们扑来。朱元璋大喝一声:孽畜,我老朱在此,休得无礼!老虎顿时伏在地上,像绵羊一般地驯服。

走进茅屋,见到了常母。朱元璋便向常母讲述天下大势,请她让儿子出山共打天下。常遇春回家了,也赞同改朝换代,但是,又顾念七旬老母,不忍离家而去。常母吩咐他,弄点山货招待客人。常遇春离开后,常母自焚而去,以解儿子的后顾之忧。于是,常遇春一心一意跟朱元璋出山,屡建战功。

3. 镂金床

经过交战,陈友谅被彻底消灭了。陈友谅属下的江西行省行政长官,把他的一张镂金床献给朱元璋。朱元璋收到礼物,细看玲珑剔透的镂金床,对侍臣们说:这张床,和后蜀国君孟昶的七宝尿壶,有什么不同?一张床做得如此精巧,其他的就可想而知了。穷奢极欲,怎么能不亡!说罢,朱元璋命人将床毁掉。

4. 铁牌戒

鉴于前代宦官之祸,朱元璋即皇帝位后,宫中设置宦官,不到一百人。朱元璋对宦官防范极严,立下戒条:不准宦官读书识字,不准宦官兼外臣文武官衔,宦官品级不许超过四品;严禁宦官和外廷大臣交往。

有一天,朱元璋对侍臣说:汉代、唐代宦祸成灾,虽然宦官有罪,但人主也有责任,是宠爱造成的;如果宦官不准其领兵干政,虽然想作乱,乱得成吗?朱元璋唯恐戒条的约束还不足以制止宦官干政,便特命工匠铸一块铁牌,竖在宫门内,铁牌上书:内臣不得干预政事,预者,斩!

但是,明代从第三代明成祖朱棣起,开始重用宦官,此后,愈演愈烈,以至不可收拾,终至亡国。明英宗正统七年(1442年),英宗宠爱的司礼监太监王振毁去朱元璋所立的铁牌,总揽朝廷军政。

5. 官多法乱

朱元璋即皇帝位后,准备大封亲戚朋友和功臣战将。然而,该封的人太多了,不知道该如何处置?有一天,大臣刘伯温邀朱元璋出外散心。两人穿上便服,向热闹非凡的城隍庙走去。

城隍庙内,围着许多人,正在瞧墙上的一幅画,画的是一个人头上是一束一束的头发,头发蓬乱,像个鸡窝,而每束头发上都戴一顶帽子。朱元璋看了很久,还是不明其意。回宫以后,想了一夜,还是不得要领。第二天,朱元璋忍不住问刘伯温,刘伯温这才笑着回答:陛下,这位画师真是了不起啊!他用画向陛下进谏,说是开国以后,要防止一桩,就是冠多发乱!

冠多发乱,谐音就是官多法乱。朱元璋恍然大悟,点点头说:这个画师,有些意思,跟寡人打起坎坎来,这个坎坎打得好,立即采纳,传旨出去,今后只封功臣,不封亲朋。

6. 取之有制,用之有节

明代初年时,因经历了连年战争,致使人烟断绝,城野空虚。朱元璋说:城野空虚,如果恣意享乐,使百姓困苦,将会导致灭亡。因此,朱元璋告诫他的子孙,要取之有制,用之有节,注意休养生息。

洪武二年,诸事顺利。有一天,朱元璋退朝回宫,指着宫中的一片空隙对侍候在旁的太子、诸王说,这里的空地并不是不可以建造亭台、观榭和开辟游览处所,只是不忍重伤民力罢了。从前,商纣王建琼宫瑶池,天下生怨,汉文帝想建露台,因顾惜百金而作罢。因此,国富民安,你们应常存儆戒。

389

7. 好对语

　　有一天,皇孙朱允炆奉命赋诗,诗的最后两句是:虽然隐没江湖里,也有清光照九州。朱元璋看过诗后,觉得诗意不爽,便有些不高兴。朱元璋就令朱允炆对答。朱元璋出上联:风吹马尾千条线。朱允炆对下联:雨打羊毛一片膻。对语格调低沉,胸无大志,朱元璋自然更不高兴,顿时变了脸。这时,朱元璋的第四个儿子朱棣在旁,忙上前奏对:日照龙鳞万点金。朱元璋听后,转怒为喜,不禁连声叫好:好对语! 好对语!

8. 掷棘杖

　　朱元璋夺得江山,巩固政权以后,大杀功臣宿将。太子朱标对此十分不解,觉得非常难受。有一天,忍无可忍的太子朱标劝谏父亲:陛下杀人太滥,恐伤和气。朱元璋听后,当时没吭声。第二天,朱元璋为了表明隐衷,晓喻太子,故意将一根长满棘刺的棘杖丢在地上,让朱标拿起来。朱标看一眼,面有难色。这时,朱元璋才一语双关地说:你怕棘刺,不敢拿棘杖,我替你把这些棘刺拔了,再交给你,不是更好?

9. 金杯同汝饮,白刃不相饶

　　朱元璋爱才,一直很信赖茹太素。茹太素,是泽州(今山西晋城)人。洪武三年(1370年,)茹太素中举。随后,上书称旨,渐次升官,官至户部尚书。茹太素为人耿直,进谏直言不讳,因而多次逆犯龙鳞,几至获罪,但是,朱元璋总是宽恕了他。有一天,朱元璋在便殿设宴,赐酒茹太素。酒席间,朱元璋说:金杯同汝饮,白刃不相饶。茹太素当即对答:丹诚图报国,不避帝心焦。朱元璋听罢,对茹太素的忠诚十分感动,放弃了杀他之心。

10. 朱元璋画像

　　朱元璋相貌丑陋,找了许多画师,为他画像。但是,没有一张令他中意。这一天,朱元璋找来画师三兄弟,替他画像。老大画朱元璋是马脸,猪嘴,脸上有三十六颗红麻子。朱元璋看了,自然摇头,吩咐将老大杀了。老二画朱元璋跟老大画的差不多,只是更加活灵活现。朱元璋还是摇头,吩咐将老二杀了。老三坐在家里,正在发愁,不知道怎么办才好。

　　这时,走进来一个陌生人,说:你那两个哥哥画得太像了,那不是找死吗? 皇上生平最偏爱、最信服的,就是两个人,一个是唐太宗李世民,一个是宋太祖赵匡胤。今晚,你把这两人的画像看透,明天照这两人去画,包你不死。老三恍然大悟,最后被召入宫中。老三仔细地将朱元璋看看,眉头一松,提笔一挥而就。朱元璋看后,不禁大喜,连声叫好,重赏了老三。这张画像,至今还陈列在明孝陵。

11. 胜棋楼

胜棋楼,位于南京水西门外莫愁湖公园内。楼凡二层,五开间,始建于明洪武初年。到清顺治十年时重修。相传,明太祖朱元璋即皇帝位后,常和中山王徐达在这座楼上对弈。徐达虽然棋艺高,但每下必输。朱元璋知道,徐达是故意让他的,便明确命令他,要拿出真水平。徐达答应,两人对弈,对弈到最后,徐达的棋子竟然布出了两个字:万岁。

朱元璋输了棋,却输得十分心服和高兴。于是,他吩咐,将这座楼和整个莫愁湖,赐给了徐达。因此,此楼名为胜棋楼。现在,胜棋楼还巍然耸立,楼中央安放了一张棋桌,据说,这就是当年的下棋处。楼中,挂有一张朱元璋和徐达对弈图,十分传神。两边是女书法家萧娴的隶书对联:钟阜开基,石城对弈。楼上匾额:胜棋楼,是清代状元梅启照所书。

12. 发配三千里

早年,朱元璋落脚皇觉寺,一直受到其他僧人的欺负。日子一长,朱元璋憋了一肚子气。有一天,他扫着地,被伽蓝神座绊了一下。于是,他很生气,顺手打了伽蓝神几扫帚。有一次,老和尚看见大殿上,伽蓝神座前的蜡烛被老鼠咬坏了。于是,当众训斥朱元璋。朱元璋心想,伽蓝神连自己面前的东西都管不住,还怎么管殿宇?于是,朱元璋悄悄在伽蓝神背后写了五个字:发配三千里。

13. 四菜一汤

明朝建立时,百姓生活艰难。功臣们居功自傲,尽情享乐,渐渐产生了骄纵之气。朱元璋深知民间疾苦,知道骄纵的后果。有一天,他大宴文武群臣,为皇后祝寿。大臣们非常高兴,打算大碗喝酒,大块吃肉,猜拳行令,一醉方休。可是,让他们意外的是,这是一个特别宴会。第一道菜,是炒萝卜;第二道菜,是炒韭菜;第三道,是两碗青菜;最后一道菜,是葱花豆腐汤。

大臣们目瞪口呆,不知所措。朱元璋兴高采烈,大赞每一道菜:萝卜上了街,药店无买卖。韭菜青又青,长治久安,安定人心。两碗青菜一样香,两袖清风喜洋洋。小葱豆腐青又白,公正廉洁如日月。群臣听了,顿时恍然大悟。朱元璋扫视君臣,严肃地宣布:今后众卿请客,最多只能四菜一汤。这一次,皇后寿筵,就是榜样。谁若违反,严惩不贷。

家族成员

祖辈

祖父：熙祖裕皇帝朱初一。

祖母：裕皇后王氏。

父亲：仁祖淳皇帝朱世珍（原名朱五四）。

母亲：淳皇后陈氏。

兄弟姐妹

长兄，南昌王朱兴隆（原名朱重五）。

次兄，盱眙王朱兴盛（朱重六）。

三哥，临淮王朱兴祖（朱重七）

太原长公主朱氏。

曹国长公主朱佛女。

后妃

马皇后，野史记载，名马秀英，也有称马腊梅。

成穆贵妃孙氏，陈州人。兄孙藩，元帅马世熊义女。生怀庆公主。谥号成穆。

李淑妃，寿州人，父李杰。史书未有她生下皇子的记载，但是，有人认为，李淑妃生懿文太子朱标、秦愍王朱樉、晋恭王朱棡。

硕妃，为高丽（今朝鲜）进贡的女子。有些历史学家认为，她是明成祖朱棣和周定王朱橚的生母。

胡充妃，生楚昭王朱桢，谥号昭敬。

郭宁妃，濠州人，父郭山甫，兄郭兴、郭英。生鲁荒王朱檀。

郭惠妃，生蜀献王朱椿、代简王朱桂、谷王朱橞、永嘉公主、汝阳公主。

崔惠妃，谥号庄靖安荣，未生子女。

胡顺妃，生湘献王朱柏。

赵贵妃，生沈简王朱模。

郑安妃，生福清公主。

李贤妃，生唐定王朱桱。

刘惠妃，生郢靖王朱栋。

达定妃，生齐恭王朱榑、潭王朱梓。

葛丽妃，生伊厉王朱㰘。

韩妃，为高丽（今朝鲜）进贡的女子。生辽王朱植、含山公主。

余妃，生庆靖王朱㮵。

杨妃,生宁献王朱权。

周妃,生岷庄王朱楩、韩宪王朱松。

张美人,生宝庆公主。朱元璋死后,她因女儿年幼而幸运地成为唯一一位免予殉葬者。

郜氏,生肃庄王朱楧。

子女

皇子26人:

序	姓名	封王	母亲
长子	朱标	懿文太子	孝慈高皇后
二子	朱樉	秦愍王	孝慈高皇后
三子	朱棡	晋恭王	孝慈高皇后
四子	朱棣	燕王	硕妃
五子	朱橚	周定王,初封吴王	硕妃
六子	朱桢	楚昭王	胡充妃
七子	朱榑	齐恭王	达定妃
八子	朱梓	潭王	达定妃
九子	朱杞	赵王	未知
十子	朱檀	鲁荒王	郭宁妃
十一子	朱椿	蜀献王	郭惠妃
十二子	朱柏	湘献王,初谥戾	胡顺妃
十三子	朱桂	代简王,初封豫王	郭惠妃
十四子	朱楧	肃庄王,初封汉王	郜氏
十五子	朱植	辽简王,初封卫王	韩妃
十六子	朱㮵	庆靖王	余妃
十七子	朱权	宁献王	杨妃
十八子	朱楩	岷庄王	周妃
十九子	朱橞	谷王	郭惠妃
二十子	朱松	韩宪王	周妃
二十一子	朱模	沈简王	赵贵妃
二十二子	朱楹	安惠王	未知
二十三子	朱桱	唐定王	李贤妃
二十四子	朱栋	郢靖王	刘惠妃
二十五子	朱㰘	伊厉王	葛丽妃
二十六子	朱楠	未封王	未知

皇女16人：

序	封号	母亲	驸马	备注
长女	临安公主	成穆贵妃孙氏	李祺,李善长子	
二女	宁国公主	孝慈高皇后	梅殷,梅思祖从子	
三女	崇宁公主	未知	牛城	
四女	安庆公主	孝慈高皇后	欧阳伦	
五女	汝宁公主	未知	陆贤,陆仲亨子	
六女	怀庆公主	成穆贵妃孙氏	王贞亮,王宁子	
七女	大名公主	未知	李坚	有一子李庄
八女	福清公主	安妃郑氏	张麟,张龙子	
九女	寿春公主	未知	傅忠,傅友德子	
十女	十公主	未知		早薨
十一女	南康公主	未知	胡观,胡海子	
十二女	永嘉贞懿公主	惠妃郭氏	郭镇,郭英子	
十三女	十三公主	未知		早薨
十四女	含山公主	高丽妃韩氏	尹清	
十五女	汝阳公主	惠妃郭氏	谢达	
十六女	宝庆公主	美人张玄妙	赵辉	

四、明成祖朱棣

生平

大明成祖朱棣（1360—1424年），汉族，明朝第三位皇帝，1402—1424年在位，在位22年，年号永乐，后人称其为永乐帝、永乐大帝、永乐皇帝等。元顺帝至正二十年（1360年）四月十七日（5月2日），朱棣生于应天府（南京）。早年被封为燕王。洪武三十一年十二月，为了提防朱棣造反，建文帝朱允炆派工部侍郎张昺为北平布政使，都指挥使谢贵、张信为北平都指挥使；随后，命都督宋忠屯兵，驻守开平；下令调走北平原属燕王管辖之军队。朱棣发动靖难之役，起兵攻打建文帝，历时4年。1402年，朱棣在南京登基，改元永乐，为明成祖。

朱棣在位期间，改革机构，完善体制，设置内阁制度，加强中央集权。注重文化建设，命人编修《永乐大典》；注重水利建设，疏浚大运河。1421年，迁都北京，强化明朝统治,起到了非常积极的作用。强化军事,对外用兵。先后五次亲征蒙古,收复安南(交趾);在东北,设立奴儿干都司;在西北,设立哈密卫;在西南贵州等地,建立行省行政区划。派遣官吏,加强管理,大力巩固边防,维护中国版图的统一。多次派郑和率领浩大船队,远下西洋,加强了中外友好往来。在位期间,社会稳定,经济繁荣,国力强盛,史称"永乐盛世"。

朱棣驾崩后,谥号为:体天弘道高明广运圣武神功纯仁至孝文皇帝,庙号太宗,葬于明长陵。嘉靖十七年(1538年)九月,明世宗改谥号为:启天弘道高明肇运圣武神功纯仁至孝文皇帝,改庙号为成祖。

■ 朱棣画像

《明史·成祖本纪》称:"雄武之略,同符高祖。六师屡出,漠北尘清。至其季年,威德遐被,四方宾服,受朝命入贡者殆三十国。幅员之广,远迈汉唐。成功骏烈,卓乎盛矣"。

为政举措

1. 巩固皇权

朱棣登基之后,采取了一系列重整内外的措施。下令重建被严重焚毁的南京皇宫奉天殿;雕刻新帝玉玺,颁布圣旨,号令天下;封王妃徐氏为皇后,分封诸妃嫔,建立自己的后宫。庆贺靖难成功,大封功臣,给予丰厚赏赐。建文年间贬斥的所有官员,一律恢复职务;建文年间采取的各项改革措施,一律取消;建文年间制定的各项法律法规,凡是与太祖规定相悖的一律废除;不过,建文时期部分有利于民生之规定也被废除,如建文二年,下令减轻洪武年间浙西一带之重赋。

永乐初年,朱棣以稳固江山为重。为了安抚诸位藩王,稳定国内局势,表示自己和建文皇帝有所不同,他下令,先后恢复周、齐、代、岷诸亲王旧封;建文皇帝的弟弟吴王朱允熥、衡王朱允熞、徐王朱允熙尚未就藩,朱棣特降圣旨,封他们为郡王;随后,将已经就藩的朱允熥、朱允熞召到燕京,以不能匡正建文皇帝为由,降旨将他们废为庶人,软禁于凤阳;仅留朱允熙,奉祀懿文太子,然而,不久,永乐四年,朱允炆死于火灾。皇位较巩固之后,他开始着手削藩:周、齐、代、岷诸王,再次被削夺;下旨,迁宁王于南昌,徙谷王于长沙,旋废为庶人;削辽王护卫,将他软禁。

朱棣在北方起家,十分重视经营北方,特别是燕京地区。永乐七年(1409年),朱棣开始着手营建北京天寿山皇帝长陵,借以表示将立足于北方。他积极改善与蒙古族的关系,建立联系,友好往来。北方鞑靼、瓦剌各部,先后接受明政府封号。永乐八年(1410年)至二十二年(1424年),朱棣亲自率领大军,五次北征,巩固了北部边防。经过十余年的准备,永乐十四年(1416年)开工修建北京宫殿紫禁城。永乐十九年(1421年),朱棣下诏,正式迁都北京。

2. 加强皇权统治

朱棣临政以后,实行高压统治,加强皇权。瓜蔓抄,是朱棣夺取皇位之后杀戮建文旧臣的一种残酷手段,因为杀戮血腥残酷,妄引株连,如同瓜蔓之伸延,故名。当初,建文四年(1402年),朱棣经过四年征战,攻占南京。左佥都御史景清行刺未遂,朱棣大怒,下令夷其九族,尽掘其先人坟墓;进而籍没其乡,转相攀引,以致村里为墟;后来,牵连蔓引,诛杀甚众。

朱棣执政时期,设置内阁,强化君主专制。

北平,是朱棣龙兴之地。朱棣潜心经营北平,30余年,统治稳固,社会安定。北平,地处北方农业区和草原畜牧区之接壤处,交通便利,地理独特,形势险要,是汉、蒙及北方各少数民族往来贸易的中心地区,是中国北方政治、军事、文化要地。控制北平,北可抗击南下入侵的蒙古人,管控东北地区,南则统领中原之地,进而控制全国,维护统一。因此,朱棣登基后,经过深思熟虑,决定迁都北平。

永乐元年,朱棣下诏,改北平为北京,改北平府为顺天府。永乐五年五月,开始营建北京宫殿。永乐九年,命工部尚书宋礼等修挖会通河。永乐十三年五月,平江伯陈瑄等人带领大批民夫,开凿淮安附近之清江浦,使得久废之运河重新畅通;永乐十九年,改京师为南京,改北京为京师。十二月,北京郊庙宫殿落成。永乐十九年正月,朱棣迁都北京,临御北京紫禁城奉天殿,受百官朝贺,大祀南郊。

3. 军功卓著

北征蒙古:朱棣尚武,为了彻底摧毁元朝盘踞北方的残余势力,从永乐八年(1410年)开始,朱棣亲自率领明军北伐。第一次北伐,明军抵达飞云山,与蒙古军展开激战,击破五万蒙古铁骑,获得大捷。蒙古本部之鞑靼惧怕明朝,俯首称臣纳贡。朱棣五次北征,取得胜利,大大削弱了蒙古势力,拓展边疆,确保明朝数

第九章 明帝王生活

十年北方边境的安宁。后来第五次亲征,明军得胜回朝,朱棣在班师途中不幸病死。

永乐十四年十二月,刘荣在旅顺口、望海埚、左眼、右眼、西沙洲、三手山、山头等地,修建烽台七座,派兵防守,以防倭寇。永乐十七年(1419年)六月十五日,在望海埚,发生了一场激烈战事。这场战役,杀死倭寇742名,生擒857名。刘江下令,用50辆大车装运俘虏,史称望海埚大捷。

4. 文化繁荣

永乐元年(1403年)七月,朱棣命解缙、姚广孝、王景、邹辑等人纂修大型类书。永乐二年(1404年)十一月,类书编成,取名《文献大成》。后来,称为《永乐大典》。《永乐大典》是明永乐年间编纂的一部大型类书,收入《永乐大典》之图书,均未删未改,保留了中华民族十分珍贵的文化遗产。当时,它是中国古代最大的百科全书,也是世界上最大、最早的百科全书,比18世纪中叶出版的《大英百科全书》和《法国百科全书》要早300余年。《永乐大典》是明代一部大型综合性的百科全书,全书共约3.7亿字,分成22937卷,11095册。该书以《洪武正韵》为纲,以韵统字,以字系事,内容包

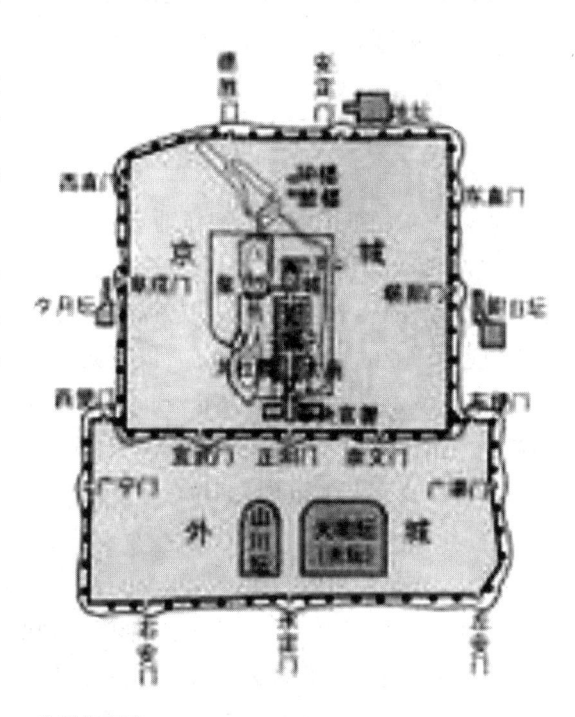

■ 明北京城

罗万象:"是书之作,上自古初,下及近代,经史子集与凡道释医卜杂家之书,靡不收采。诚以朝廷制作所关,务在详备无遗,显明易考。用韵以统字,用字以系事,凡天文、地理、人伦、国统、道德、政治、制度、名物以至奇闻异见、谀词逸事悉皆随字收载。"

5. 郑和下西洋

永乐三年(1405年),朱棣派遣宦官郑和为正使,王景弘为副使,率领水手、官兵共计27800余人,乘坐大明宝船六十二艘,远航西洋。明朝远航舰队是和平舰队,他们从苏州刘家港出发,先后到达占城(今越南南部)、马来西亚的马六甲、印度尼西亚的爪哇、苏门答腊,以及锡兰等地,经过印度西海岸,然后折返回国。此后,从永乐五年(1407年)到宣德八年(1433年),二十余年间,大明舰队先后七次出海远航,经过三十多个国家,最远曾达到非洲东岸、红海和伊斯兰教圣地麦加。这一远航事件,史称郑和下西洋。

当时,明朝在政治、经济、文化、军事方面处于世界领先地位,声望日著,万国来朝。史书记载,当时与明朝发生外交关系的国家多至百个。前来大明朝贡者,包括三类:一是表示臣服大明王朝,希望得到明朝承认、封赐以及给予支持的国家或地区;二是仰慕中国文化,想一睹中国风采;三是以贡使身份来华贸易的各地商人,寻找商机。贡使日多,事务繁杂。永乐三年(1405年),朱棣下令,重置市舶司。于是,大明王朝分别在福建、浙江、广东分设来远、安远、怀远三市舶司,负责接待各国来使;在京师之地,设立会同馆,以接待各国来宾。同时特设四夷馆,专掌翻译各国以及少数民族语言文字。

为了稳定中国北疆,朱棣先后五次远征蒙古。永乐二十二年(1424年),朱棣第五次亲征,回师途中,驻扎榆木川(今内蒙古乌珠穆沁),朱棣不幸去世。后来葬于长陵,庙号太宗。明世宗嘉靖年间,改为明成祖,谥号启天弘道高明肇运圣武神功纯仁至孝文皇帝,简称文皇帝。

典故逸闻

1. 建文出家

朱棣经四年靖难之役,带兵进入南京。当时宫中很乱,突然起了大火。建文帝朱允炆不知去向。有传闻说,建文帝和后妃在宫中自焚而死。又有传闻说,建文帝从宫中地道中逃出,落发为僧,云游于滇、黔、巴、蜀之间,晚年时曾在庵中壁上题诗数首,借此怀念早年的宫禁生活,嗟叹出宫后云游四方的寂寞凄凉。

据说,建文帝留下一首诗:

阅罢《楞严》磬懒敲，笑看黄屋寄团瓢。
南来瘴岭千层回，北望天门万里遥。
款段久忘飞凤辇，袈裟新换衮龙袍。
百官此日知何处？唯有群鸟早晚朝。

建文帝是否出家，一直是个谜。

2. 瓜蔓抄

朱棣攻下南京，坐上了皇帝的宝座。原御史大夫景清心怀不满，想为旧主建文帝报仇，决意刺杀成祖朱棣。有一天，景清怀揣利刃，准备行刺朱棣。不料，被近侍搜出利刃，逮捕问罪。朱棣大怒，不仅杀了景清，还株连景清九族和乡里故旧。结果，村里为墟。这场大规模的残杀活动，辗转牵连，像瓜蔓蔓延，世称为瓜蔓抄。

3. 东厂

东厂，官署之名，又称东缉事厂，是明代特权监察机构、特务机关和秘密警察机关。明成祖于永乐十八年（1420年），设立东缉事厂，简称东厂，由亲信宦官担任首领。东厂，是世界历史上最早设立的国家特务情报机关，其分支机构远达朝鲜半岛。

东厂地点，位于京师（今北京）东安门之北（一说，东华门旁）。明代中叶后期，锦衣卫与东厂、西厂并列，活动加强，常合称为厂卫。东厂权力，远在锦衣卫之上，只对皇帝负责，不经司法机关批准，可以随意监督、缉拿臣民，因此，东厂开明朝宦官干政之端。

■ 明代东厂腰牌

靖难之役，明成祖朱棣起事，夺得皇位，以强大武力非法夺取了建文帝建立的金陵朝廷政权，社会异议纷起。永乐十八年（1420年），朱棣为了镇压反对力量，决定设立一个机构，称为东缉事厂，简称东厂。这个新衙门，位于今北京东城区东厂胡同。东厂的行政长官为钦差掌印太监，全称职衔为：钦差总督东厂官校办事太监，简称提督东厂，尊称为厂公或督主。最初，由司礼监掌印太监兼任。后来，因事务繁杂，改由司礼监秉笔太监中位居第二、第三者担任。东厂属官,有掌刑千户、理刑百户各一员,由锦衣卫千户、百户来担任,称贴刑官。隶役,称为掌班、领班、司房,共四十余人。缉事,称为役长和番役等军官,由锦衣卫拨给。

明代东厂大堂入内处,可见大幅岳飞画像,提醒东厂缇骑,办案毋枉毋纵。堂前,还有一座"百世流芳"之牌坊。可惜,东厂在实际办案中,完全背离了这个初衷。东厂番子,每天在京城大街小巷里面活动,并非完全为朝廷办事,更多的是为自己牟私利。他们常常罗织罪名,诬赖良民;之后屈打成招,趁机敲诈勒索。到了明中后期,东厂的侦缉范围甚至扩大到了全国,连远州僻壤,也出现了"鲜衣怒马作京师语者"。

明代,刘瑾、魏忠贤等宦官专权,大多倚靠锦衣卫、东厂、西厂等带有特务性质的专设监察机构,他们胡作非为,不断陷害、诬杀正直大臣,多用酷刑,滥杀无辜。魏忠贤的党徒拷掠杨涟、左光斗等正直官僚,用尽酷刑。

4. 西厂

西厂,是明初特有的官署名称,全称为西缉事厂。明宪宗时,为了加强皇权,实行特务统治。成化十三年(1477年),在东厂之外,增设西厂。从此,西厂、东厂和锦衣卫,合称厂卫。明宪宗用太监汪直为西厂提督,其权力超过东厂,活动范围极广,从京师遍及全国各地。后来,因为大臣纷纷反对,被迫撤销。正德元年,明武宗短暂复开西厂。正德五年后,被撤销。

西厂是皇帝直属的特务机构,直接听命于皇帝,不受其他任何机构和个人的节制。西厂是一个短命的特务机构,前后只有两任提督,分别是大太监汪直和大太监刘瑾。西厂之成立,绝非偶然。成化十二年(1476年),京城内出现了"妖狐夜出"的神秘案件。接着,出现了一个妖道李子龙,以旁门左道蛊惑人心。当时,成化皇帝朱见深年仅20岁,得知此事,认为京城布满危险,因此非常紧张,每天疑神疑鬼。皇帝迫切想知道宫外民臣动向,于是,他命令太监汪直,从锦衣卫中挑选精干之人,乔装成平民百姓,出宫伺察,即时汇报。

■ 汪直

汪直为人狡诈,诡计多端,他及时抓住良机,爪牙布满京城,到处捕风捉影,搜罗了许多秘密消息,报告给皇帝。皇帝认为,这些消息很有价值,对汪直的表现非常满意，让他继续做下去。可是，这些爪牙乔装成百姓，不成气候。于是，皇帝决定扩大规模，成立新的内廷特务机构——西厂。西厂，以汪直为提督；厂址设在灵济宫前，以旧灰厂为厂署总部。西厂军官，主要从锦衣卫中选拔。军官们再自行选择部下。短短几个月，西厂人员极度扩充，其势力超过了老前辈东厂。

西厂成立，汪直权力在握，飞扬跋扈，气焰嚣张。史书记载，汪直门下，党羽奇多，每次出府都横行霸道。西厂权力极大，可以随意逮捕朝中大臣，不必向皇帝奏请。无形之中，造成了大量冤案，西厂成员借机陷害异己，残害忠良。西厂成员和东厂一样，都是从锦衣卫中选拔出来。皇帝钦定，西厂所领缇骑（锦衣卫校尉）之人数，比东厂多出一倍，职权比东厂和锦衣卫更大。西厂侦查范围，包括京城和全国各地，任何人都在西厂所监视的范围之内。

皇帝朱见深发现，汪直精明能干，屡屡揭发奸贼，破获大案。于是，他更加宠幸汪直。汪直跋扈，西厂越发肆无忌惮，屡兴大狱。辄置重法，人情大扰。

厂、卫，是明代特务政治机构，是皇帝的耳目和爪牙。东、西厂或大内行厂之头目，大多由司礼监太监充任。锦衣卫长官为指挥使，以皇帝亲信心腹担任，下有十七个所和南北镇抚司。

厂与卫，职权基本相同，但是，锦衣卫为外官，奏请需用奏疏，不如东厂、西厂等机构由太监负责，与皇帝亲近。因此，厂之势力大于卫。锦衣卫，侦伺一切官员。厂，则侦查官民和锦衣卫。内行厂，则监视官民和厂、卫。皇帝直接领导与监督所有侦查机关，构成一整套侦查特务机构体系。厂、卫，均可不经司法机关，直接奉诏受理词状，逮捕吏民，用刑极为残酷，朝野上下，人人自危。

锦衣卫是皇帝的侍卫机构。其前身是太祖朱元璋时所设之御用拱卫司。明洪武二年（1369年），改设大内亲军都督府。十五年，设锦衣卫，作为皇帝侍卫军事机构。锦衣卫首领，称为指挥使，或指挥同知、指挥佥事，一般由皇帝的亲信武将担任，很少由太监担任，属于外臣；东厂、西厂首领通常是宦官，属于内臣。在太监权倾朝野之时，锦衣卫指挥使见到东厂厂主，要下跪叩头。

5. 牵衣索夫

宁国公主是马皇后生的，是明成祖朱棣的亲妹。永乐三年（1405年）十月，宁国公主的丈夫驸马梅殷被朱棣的手下推入河中淹死。宁国公主得讯后，马上赶入皇宫，向哥哥朱棣要人。朱棣见到公主面色惨白，一脸怒容，知道不好，便转身就走。宁国公主赶上前去，牵住朱棣的衣服，高声问：驸马在哪里？朱棣冷笑说：我把害死驸马的人处死了，你不要自寻烦恼。事后，朱棣封宁国公主的儿子顺昌为中府都督，景福为指挥旗手卫佥事，并进封宁国公主为宁国长公主。

6. 出师遇险

建文帝登基,开始削藩。北平燕王朱棣深谋远虑,决不能坐以待毙。朱棣凭借多年苦心经营的兵力精心谋划,于1399年七月,正式起兵北平,直取南京。师出有名,朱棣打出的旗号是清君侧,名义上是铲除皇帝身边奸臣,为国消除灾难。朱棣之师刚出北平,在北平东坝一带,与南来的朝廷军队对峙,两军发生交锋,展开激烈厮杀。这里地理位置特殊,背负大山,面对陆地,诸水连河通海,坝河、亮马河、温榆河交汇。

可是,朝廷军队众多,势力强大。经过激烈交战,朱棣之师立占下风。朱棣骑一匹青骢马,逃到一条宽阔的河沟边。眼看追兵赶到,命在旦夕,情急之下,朱棣问坐骑:你能跨过这条河沟,让我脱险吗?说完,他一抖缰绳,这匹骏马驮着朱棣,飞翔一般,连跨三道河沟,成功地甩脱追兵,化险为夷,扬尘而去,最后累死。

后来,朱棣整顿兵马,誓师南征,接连攻陷通州、蓟州、德州、济南、宿州、扬州。1402年六月,朱棣攻占南京。七月,朱棣称帝,年号永乐。后来,迁都北平,改为北京。为了纪念当年出师遇险,坐骑忠勇,朱棣下旨,在东坝河建立马神庙,塑骏马供于庙中,当神祭祀。

7. 贤德皇后

朱棣之妻是徐皇后,她是开国功臣徐达的女儿。徐皇后能文能武,徐妃文静,但仍不失将门之女的风范。朱棣起兵之时,朝廷派李景隆围攻北平。朱棣亲率精骑,前往宁王府朱权处求援。李景隆得知朱棣离开,北京城空,立即展开猛攻。一时之间,北京城危在旦夕。危急关头,徐王妃从容不迫,披上战甲,组织将士兵民,守卫北平,挽救北平于危亡之中。

■ 徐皇后

后来,朱棣即位,徐氏册立为皇后。她主持后宫,温柔娴静,著书立说。她采集《女宪》《女诫》诸书,作《内训》二十篇;类编古人之嘉言善行,作《劝善书》,颁行天下。徐皇后十分贤德,经常劝告皇帝,爱惜百姓,广求贤才,不要娇宠外戚。46岁时,她因病去世,朱棣非常悲痛,赐谥仁孝皇后。此后十余年,朱棣不再立皇后。

8. 生母之谜

朱棣生母是谁,历来是一个历史谜案,数百年来,一直扑朔迷离。中国古代,正妻所生之子,称为嫡子;非正妻所生之子,称为庶子;正妻,称为嫡母;其他诸妾称为庶母。皇帝之家,嫡子和庶子,名分不同,待遇不同。中国古代继承制度规定,皇帝去世,皇位按照立嫡、立长顺序继承。

经过历代学者考证研究,明成祖朱棣,生母不是马皇后。明成祖生母是谁?一直成为历史谜案。

野史记载,碽妃,就是朱棣生母。明末,何乔远之《闽书》、谈迁之《国榷》《国史异考》、李清之《三垣笔记》等书,都有此记载。明汪宗元撰《南京太常寺志》,《南京太常寺志》记载:朱棣的母亲是碽妃;孝陵神位,左一位,李淑妃,生太子朱标、秦王、晋王;右一位,碽妃,生成祖朱棣。近人傅斯年、朱希祖、吴晗等史学家,皆持此说。

家族成员

父母

父亲:朱元璋。

母亲:孝慈高皇后马氏。

后妃

仁孝慈懿诚明庄献配天齐圣文皇后徐氏,安徽凤阳人,父徐达,1407年卒,寿46岁。

昭献贵妃王氏,苏州人,1420年卒。

昭懿贵妃张氏,河间忠武王张玉之女,英国公张辅的姐妹。永乐七年(1409年)二月册封为贵妃。

恭献贤妃权氏,朝鲜人,1410年卒。

康惠庄淑丽妃韩氏,朝鲜人,明成祖死后,吊死韩氏等16余人殉葬。

康靖庄和惠妃崔氏。

康穆懿恭惠妃吴氏。

贞静顺妃张氏。

惠穆顺妃郭氏。

恭和荣顺贤妃王氏。

安顺惠妃龙氏。

恭顺荣穆丽妃陈氏。

昭肃靖惠贤妃王氏。

昭惠恭懿顺妃王氏。

昭敬忠顺贤妃喻氏。

任顺妃。

李昭仪。

吕婕妤。

恭荣美人王氏。

子女

仁宗朱高炽,母仁孝慈懿诚明庄献配天齐圣文皇后徐氏。

汉王朱高煦,母仁孝慈懿诚明庄献配天齐圣文皇后徐氏。

赵简王朱高燧。仁宗、汉王、赵简王母,俱为仁孝文皇后徐氏。

朱高爔,母不详。幼殇,未封爵位。

女永安公主,下嫁广平侯袁容,1417年卒,子袁贝。

永平公主,下嫁富阳侯李让,1444年卒,子李茂芳。

安成公主,1403年下嫁宋琥(西宁侯宋晟子),1443年卒。

咸宁公主朱智明,1411年下嫁宋瑛(西宁侯宋晟子),1440年卒。

常宁公主,下嫁沐昕(西平侯沐英子),1408年卒,寿22岁。

长陵

长陵,是明成祖朱棣和皇后徐氏的陵墓,位于天寿山主峰即中峰下。长陵,是明十三陵中建陵最早和规模最大的一座。长陵,建于永乐十一年(1413年)。

长陵陵园,以围墙环绕,内中分为三个院落。长陵陵墓由陵门、神库、神厨、碑亭、棱恩门、棱恩殿、棂星门、宝城、明楼组成。

宝城系砖砌,呈圆形,直役约340米,周长一公里有余,上面有垛口,形状像城堡。内为高大的封土,封土下面就是地宫。宝城南正中有门,入门沿着磴道能到明楼。明楼呈方形,四面辟券门,中贯十字形穹隆式天花,顶部是黄筒瓦重檐歇山式建筑。上檐下有一个匾额,上书:长陵。正中有一座石碑,上刻:大明成祖文皇帝之陵。

长陵碑,建于明万历三十二年(1604年)。1955年,长陵全面整修,除陵园外,还有东、西二坟。东坟在德陵馒头山东。西坟在定陵西北。东、西坟内分别埋葬着为朱棣殉葬的十六个妃子。因为东、西坟形状像井,又称为东井、西井。

权妃墓,俗称为娘娘坟,位于山东枣庄峰城区娘娘坟村西,是永乐帝朱棣权妃的坟墓。权妃,是朝鲜人,为人聪明伶俐,长于吹玉箫。明永乐七年(1409年),她被封为妃子。第二年,权妃随永乐帝北征,凯旋归途中去世,葬于峰县。权妃墓,高七米。墓东、西、北面环山,地势开阔,风水很好。深秋时,这里满山红叶,显得十分清幽静谧。

五、明武宗朱厚照

生平

朱厚照是明孝宗朱祐樘的长子,母亲是张皇后。朱厚照生于明孝宗弘治四年(1491年)七月。第二年三月,朱厚照被立为皇太子。朱厚照天性聪明,却纵情声色,酷爱骑射。弘治十八年(1505年)五月,孝宗去世,朱厚照即皇帝位,为明武宗,时年14岁。

据传说,朱厚照并不是张皇后生的,他的生母是武城尉军郑旺的女儿,皇太后周氏宫中的宫女郑金莲。当时,京师流言四起。武宗即位后,再次掀起流言,武宗兴狱,但是,没有将郑旺处死。武宗之身世,一直是一个历史之谜。

事迹

武宗朱厚照即位以后,终日在太监刘瑾的引诱下,通宵玩乐,不理政务,朝政全部交由太监刘瑾、高凤、张永、马永成、谷大用、罗祥、魏彬、上聚裁处,时称正德八虎。

武宗性喜游乐,每天不是飞鹰走狗、击球走马,就是俳优杂剧、纵情女色,经常夜以继日,不知疲倦。正德元年,户部尚书韩文,大学士刘健等正直朝臣力主诛杀刘瑾等八虎。刘瑾八虎跪哭陈诉,武宗心动,授刘瑾主掌司礼监,八虎掌管司礼监、东厂、西厂和京师团营,分据各要地。正直大臣被清洗,朝政尽归八虎主持。

朱厚照的骑术很高,纵马狂奔几天几夜不知疲累。他先在京郊玩乐,后来在宣府建造行宫,再往后就远至大同、榆林、太原,驰奔数千里。正德十四年,江西宁王朱宸濠造反。巡抚王守仁27天就平叛。但是,朱厚照依旧以亲征为名,带着美人和兵勇,浩荡南巡,尽情玩乐,并大加勒索,不遗余力。应天府尹胡宗道因无力供应,满足不了所需,忧惧而死。

正德十五年九月,朱厚照在清江浦(今江苏清江市)和水池玩乐,不幸船翻落水,染上重病。十二月,朱厚照一行返回京师。十六年三月,朱厚照病死豹房。在位17年,年仅31岁。

典故逸闻

1. 两皇帝

朱厚照即位后,不理政务,一味宠信大太监刘瑾,恢复西厂。刘瑾派心腹党徒马永成掌管东厂,又建内行厂,直接由他指挥,控制和侦察除皇帝以外一切人的行动。刘瑾威行天下,势倾朝野,党徒亲信遍布朝廷内外。京师内外便称京城有两个皇帝,一个是坐皇帝朱厚照,一个是立皇帝刘瑾。

2. 马昂献美

延绥总兵马昂犯法,罢去官职。马昂深知武宗朱厚照喜好女色,便将已经出嫁怀孕的妹妹通过江彬献给朱厚照。马昂妹天生丽质,十分娇美。朱厚照见色心喜,哪里管是否怀孕?便大加宠幸,日夜淫乐。马昂妹不仅美丽,还能歌善舞,长于骑射,武宗爱得更是无以复加。武宗自然不会忘了马昂,先免了马昂的罪,升他为右都督,太监们就称马昂为舅。马氏家人不论大小都赏赐蟒衣,并赐给太平仓东一座豪华府第。

3. 豹房寻乐

武宗是以荒淫纵欲闻名于世的,豹房,就是武宗纵情声色的寻欢场所。豹房,位于西华门外太液池一带。豹房宫室相连,错综复杂,十分隐秘奇特,称为豹房,又叫新舍。内中包括美女、僧道、奇人、术士、兵勇、虎豹和奇珍异兽。

近侍对武宗说:色目人的女子白皙娇嫩,十分美丽,比中原的女子强过千百倍!于是,武宗吩咐,搜罗色目美人。在豹房之中,皇帝和十二个色目美女歌舞、淫乐,昼夜不息。此后,皇帝继续大量搜罗色目美女,充实豹房。

4. 珍珠粥凤眼鲑

传说,武宗朱厚照闲来无事时,常爱扮成书生,带个扮成书童的太监,出宫游玩。有一天,朱厚照来到南方石溪一带,观赏山水,流连忘返,以致迷了路,误了午饭。饥渴难耐的朱厚照便信步来到一个山村。日已落山,朱厚照就宿在村中。

这家老乡,老伯姓苏。苏老伯非常好客,先倒一碗清茶,招待客人。朱厚照喝了茶,一双眼睛瞄着桌上的饭菜。苏老伯见状,忙盛了一碗米饭,加上一碟麦螺鲑。朱厚照学着老伯的样子,喝一口稀饭,吃几个麦螺鲑,吃得有滋有味,美不可言。

朱厚照问:这顿饭菜,胜过山珍海味,不知道叫什么?苏老伯回答:山里的野味,叫不上什么名堂,要是定要起个名字,也不太难。你看,这白米像不像珍珠?这麦螺鲑,像不像凤眼?就叫珍珠粥和凤眼鲑吧!朱厚照大声叫好,回宫后,就让宫里做这道名菜。

5. 严禁养猪

朱厚照临死前,忽然颁一道诏书,严禁民间养猪。朱和猪,同音。说猪字,有损皇家尊严。朱厚照生于辛亥年,属猪,更是忌讳。诏书下达的第二年,民间没有了猪,清明节祭祀,就纷纷以羊替代。

康陵

康陵,是明武宗朱厚照的陵墓,位于泰陵南略西的金岭山,就是八宝莲花山,是明皇陵十三陵之一。合葬者,有武宗的皇后夏氏。莲花山即金岭山,山高谷深,山顶上怪石林立,地势险要,形状像莲瓣。

康陵内,松柏掩映,苍翠欲滴,景致十分幽雅静谧。康陵有碑,上书:大明武宗毅宗皇帝之陵。康陵明楼,毁于李自成起义军手中。如今,康陵还存有不少古柏。地面建筑大都焚毁,残存着宝城和垣墙。

六、明思宗朱由检

生平

朱由检(1611—1644年),明朝第十六位皇帝。明光宗朱常洛第五子,明熹宗朱由校异母弟,母为淑女刘氏。天启二年(1622年),册封为信王。1627—1644年在位,年号崇祯,后世称为崇祯帝。朱由检继位后,大力铲除阉党,革新政治;勤于政务,生活节俭,严于律己,曾先后六下罪己诏,是一位兢兢业业、年轻有为的皇帝。

在位期间,爆发大规模农民起义,关外后金政权虎视眈眈,内忧外患。1644年,李自成军攻破北京,他走投无路,在煤山自缢身亡,终年34岁,在位17年。朱由检死后,庙号怀宗,后改毅宗、思宗。清朝时,上谥号:守道敬俭宽文襄武体仁致孝庄烈愍皇帝。南明时,弘光帝上谥号:绍天绎道刚明恪俭揆文奋武敦仁懋孝烈皇帝。死后,葬于明十三陵之思陵。

事迹

1. 奋发图强

天启七年七月(1627年8月),明熹宗去世,由于没有子嗣,遗命信王朱由检继承皇位,时年18岁。第二年,改年号为崇祯。崇祯皇帝朱由检即位后,勤于政务,兢兢业业。崇祯十五年(1642年)七月初九日,他偶感微恙,临时传旨:免早朝。结果,竟然遭到辅臣的激烈批评。崇祯皇帝自知懈怠,连忙自我检讨。由于崇祯奋发图强,政治一度清明,大有明室中兴之望。

崇祯皇帝朱由检感于阉党乱政,登基之后,着手大力清除阉党。天启七年十一月,朱由检抓准时机,一举铲除了阉党首领魏忠贤之羽翼,使魏忠贤处于孤立无援的境地。接着崇祯降下诏书,贬逐魏忠贤,前往凤阳守陵。紧接着,降旨逮捕魏忠贤,迫令自缢身死。然后,下令磔尸于河间。最后,崇祯降旨,将阉党二百六十余人,或处死,或遣戍,或禁锢终身。从此,气焰嚣张的阉党受到了致命打击;同时平反冤狱,重新起用天启年间被罢黜的文武官员。重新起用袁崇焕,任命他为兵部尚书,赐予尚方宝剑,托付他全权收复辽东。

2. 赤地千里

崇祯元年(1628年),中国北方地区出现大旱,赤地千里,寸草不生。部分地区灾情严重,颗粒无收。崇祯执政时期,陕西年年旱灾,大旱之年,灾情非常严重,粮食缺乏,颗粒无收,百姓流离失所。崇祯十七年,江南地区是王朝的粮仓,灾情十分严重。崇祯十三年,江南遭遇大水,水灾造成粮食减产,许多地方颗粒无收。崇祯十四年,旱灾、蝗灾并行江南。崇祯十五年,持续发生旱灾,大疫流行各地。整个社会处于危险之中,许多地方处于一触即发的脆弱状态。盗匪蜂起,流民遍地,各地不断爆发民变。

3. 内忧外患

崇祯十五年(1642年),松山、锦州失守,主将洪承畴走投无路,只好降清。崇祯皇帝朱由检如同热锅上的蚂蚁,极想议和,打算派遣兵部尚书陈新甲前往东北商议议和事宜。因为泄露议和之事,皇帝大怒,下令将陈新甲处死。于是,大明与清最后的议和机会破灭。

崇祯十七年(1644年),李自成起义军进入北京,满洲铁骑汹涌入关,大明王朝面临灭顶之灾。危急时刻,大臣们建议迁都南京。但是,陈演、光时亨等人坚决反对。最后,崇祯皇帝未能下定决心迁都南京。王朝末日,大臣寥寥无几,皇帝朱由检召见阁臣,悲叹道:"吾非亡国之君,汝皆亡国之臣。吾待士亦不薄,今日至此,群臣何无一人相从?"

农民军起义起事十余年,国家残破。从北京到南京,数千里之地白骨盈野,人烟断绝。崇祯皇帝召见保定巡抚徐标。入京觐见途中,赤地千里,徐标流泪说:"臣从江淮而来,数千里地内荡然一空,即使有城池的地方,也仅存四周围墙,一眼望去,都是杂草丛生,听不见鸡鸣狗叫,看不见一个耕田种地之人。如此景象,陛下将如何治理天下?"崇祯皇帝听后,潸然泪下。

4. 煤山殉国

崇祯十六年(1643年)1月,李自成部攻克襄阳、荆州、德安、承天等府,向北挺进。张献忠部攻陷蕲州,势如破竹。明将左良玉溃不成军,逃至安徽池州。崇祯十七年(1644年)3月1日,大同失陷,北京危急。4日,皇帝朱由检任命吴三桂为平西伯,飞檄吴三桂带兵入卫京师;再次起用吴襄,提督京营。6日,李自成攻陷宣府,太监杜勋投降。15日,大学士李建泰投降。杜勋等人带路,李自成率领大军,包围北京。

3月17日,农民起义军围攻京城。18日晚,崇祯皇帝朱由检走投无路,带着贴身太监王承恩,登上煤山(万寿山,北京景山),远望北京城外和彰义门一带,浓烟滚滚,烽火连天。崇祯皇帝哀声长叹,徘徊无语。李自成挥师攻入北京,皇城危在旦夕。太监王廉狂奔入内,急告皇帝。朱由检正在宫中饮酒,不禁长叹:"苦我民尔!"太监张殷上前,悄悄劝慰皇帝投降。皇帝大怒,一剑将他刺死。

崇祯皇帝朱由检十分镇定,积极准备后事。他命随从急召太子、永王、定王,想悄悄送到勋戚周奎、田弘遇家。回宫之后,他写下最后诏书,命成国公朱纯臣统领诸军,辅助太子朱慈烺。随后,他来到乾清宫,命周皇后、袁贵妃和3个儿子入宫,简单叮嘱儿子们几句,命太监将他们分别送往外戚家躲避。他流着泪对周皇后说:"你是国母,理应殉国。"周皇后泪流满面,哽咽道:"妾跟从你18年,陛下没有听过妾一句话,以致有今日。现在,陛下命妾死,妾怎敢不死?"说罢,解带悬梁,自缢身亡。

朱由检对袁贵妃说:"你也随皇后去吧!"袁贵妃哭泣,拜别皇帝,入室自缢。崇祯皇帝朱由检召来15岁的长平公主,流泪说:"你为什么要生到帝王家啊!"说完,左袖遮脸,右手拔出刀,砍中长平公主左臂,接着,又是一刀,砍伤公主右肩。长平公主没有防备,昏死过去。崇祯皇帝几近疯狂,挥剑刺死自己年仅六岁的幺女昭仁公主。接着,朱由检挥刀,砍死妃嫔数人。

十九日凌晨,李自成起义军攻入彰义门,进入北京城。崇祯皇帝朱由检手执三眼枪,带着数十名太监,骑马奔出东华门,想突围逃出京城。然而,乱箭如雨,无法前行。崇祯只好跑到齐化门(今朝阳门),成国公朱纯臣紧闭城门,决不放行。崇祯无奈,最后转向安定门。此地守军已经逃散,大门深锁。随侍太监拿出利斧,无法劈开。3月19日拂晓,大火四起,浓烟滚滚。

崇祯皇帝出逃无门,不得不重返皇宫。北京城外火光映天。皇城内外,杀声如潮。天色将明,皇帝朱由检在前殿鸣钟召集百官。然而,竟然没有一人前来。

最后，崇祯皇帝逃往景山，在歪脖槐树上，自缢身亡，死时光着左脚，右脚穿着一只红鞋，时年33岁。皇帝身边，仅有提督太监王承恩陪同。崇祯皇帝上吊之前，在蓝色龙袍上手书遗言："朕自登基十七年，逆贼直逼京。虽朕薄德匪躬，上干天怒，致逆贼直逼京师，然皆诸臣误朕也。朕死，无面目见祖宗于地下，自去冠冕，以发覆面。任贼分裂朕尸，勿伤百姓一人。"

典故逸闻

1. 铲除魏忠贤阉党

天启皇帝临死前，召来弟弟朱由检，语重心长地叮嘱：魏忠贤，"恪谨忠贞，可计大事"。天启七年（1627年）八月，天启皇帝去世。第三天，其弟信王朱由检正式即位，为崇祯皇帝。当时，以魏忠贤为核心的太监集团，掌控着宫廷和朝廷，拥有雄厚的武装力量：魏忠贤以司礼秉笔太监提督东厂，魏忠贤亲信田尔耕为锦衣卫提督，魏忠贤私党崔呈秀为兵部尚书。宫廷内外、朝廷上下，遍布魏忠贤死党。

魏忠贤势力庞大，如日中天。天启皇帝十分信任他，临终还认为他忠贞于皇帝。崇祯皇帝入宫当天，一夜未眠，特地取来随侍宦官身上的佩剑，用以防身。皇嫂张皇后特地告诫崇祯皇帝，不要吃宫中食物，谨防中毒，只吃袖中私藏之麦饼。崇祯皇帝牢记皇嫂的教诲，忧心忡忡。整个大明宫中，笼罩在一种恐怖的气氛当中。信王朱由检登基之后，谨小慎微，不动声色。他像哥哥朱由校一样，尊重、信任魏忠贤和皇帝乳母客氏。他将信王府中的随待宦官和宫女，全部带到宫中侍候自己，以保证安全。

魏忠贤疑惑不解，始终无法猜透崇祯的心思。他试图测试崇祯皇帝，进献美女。可是，朱由检不好色，对美女毫无兴趣。为了安抚魏忠贤，朱由检将魏忠贤送来的4名绝色女子全部留下。但是，盼咐将她们仔细搜身。结果，发现4名女子裙带顶端，都系着一颗细小的药丸。这种药丸，宫中称为"迷魂香"。

魏忠贤想尽千方百计，引诱朱由检成为荒淫皇帝。他派小太监坐在宫中复壁内，手中持迷魂香，使室中飘荡着奇异的幽香，迷惑崇祯皇帝。可是，崇祯皇帝不近女色，全力以赴勤劳国事。

美色无法打动朱由检。魏忠贤一计不成，再生一计。他盼咐干儿、私党和无耻臣工，不断上疏，为魏忠贤歌功颂德。朱由检阅读奏疏，"且阅且笑"，不置可否。魏忠贤不知道皇帝的心意，特地上一道《久抱建祠之愧疏》，试探皇帝，请求停止为他建造生祠。朱由检立即朱批，不温不火，恰到好处："以后各处生祠，其欲举未行者，概行停止。"朱由检降旨，不断嘉奖、表彰魏忠贤、王休乾、崔呈秀等人。

　　崇祯皇帝等待时机,时机很快就到了。倒魏运动竟然由魏忠贤党羽发起。天启七年10月13日,御史杨维垣上疏,弹劾崔呈秀;同时,极力美化厂督魏忠贤。杨维垣是魏忠贤私党,此计是试探皇帝,意在丢车保车。崔呈秀,是魏忠贤门下五虎之一,是魏忠贤信任的心腹干将。因为魏忠贤关照,崔呈秀之子崔铎目不识丁,高中进士。

　　崇祯皇帝知道,除掉崔呈秀等于斩断魏忠贤一臂。于是,崇祯皇帝朱由检顺水推舟,降旨:免除崔呈秀兵部尚书,令他回乡守制。这样,倒魏序幕正式掀开。敏锐的大臣觉察到皇帝意图,于是,弹劾魏忠贤奏疏不断上呈。

　　朱由检不动声色,听任大臣不断上书,攻击魏忠贤。魏忠贤惊恐,到皇帝面前哭诉委屈。10月26日,海盐县贡生钱嘉征上疏,列举魏忠贤十大罪状:一、并帝;二、蔑后;三、弄兵;四、无二祖列宗;五、克削藩封;六、无圣;七、滥爵;八、掩边政;九、伤民财;十、亵名器。

　　钱嘉征奏疏,不是空洞之论,十条罪名,俱可坐实。崇祯皇帝朱由检立即行动,宣召魏忠贤,命令太监当着魏忠贤的面宣读钱嘉征奏疏。魏忠贤"震恐伤魄",心有余悸。事后,他立即去找好友、原信王府太监徐应元,讨教对策。徐应元劝告魏忠贤,应当立即辞去一切职位、爵位,保命保富贵。第二日,魏忠贤上书,引疾辞爵。崇祯皇帝朱由检窃喜,立即允准。

　　11月1日,皇帝朱由检降旨,斥责徐应元,下令将魏忠贤贬往中都凤阳祖陵司香。魏忠贤出京,带着卫士1000人、大车40余辆,浩浩荡荡一路南行。戴罪宦官,如此骄横跋扈。崇祯皇帝下旨,命锦衣卫旗校立即捉拿魏忠贤。11月6日,魏忠贤正在阜城县(今河北阜城)南关旅舍。锦衣卫奉旨,秘密赶到旅舍。魏忠贤在客栈之中,卫士尽散,孤单一人。他在舍中绕行,最后自缢身亡。接着,崇祯皇帝开始清算魏忠贤余党。

2. 秘阁图像

　　崇祯皇帝上吊后,在其身上遗言旁边,有一行书:"文武百官,全都到东宫行在去。"原来,崇祯以为,内阁诸臣已经看到了他所写的朱书。不知道内侍将朱书送入内阁时,大臣们早已四散逃命。内侍将朱书放在桌子上,就走了。因此,群臣没有一个人知道此书。据说,当初大内中,有一间密室,守卫森严。相传,内中有刘伯温所藏秘记,称没有重大变故,不能随意开启。明末时,事情紧急,众人开启一看,内有绘图三轴,最末一轴,图像酷似崇祯皇帝,身穿白背心,光着左脚,披头散发,悬在空中。此情景,正是崇祯上吊图。

3. 崇祯测字

相传,闯王兵临京师城下时,崇祯皇帝惶惶不可终日,寝食不安。有一天,崇祯皇帝带上贴心太监王承恩,一身青衣小帽微服出宫。闯王的军师宋献策知道崇祯皇帝素信天命,早就扮成测字老先生,混入京城。宋献策见王承恩四十来岁,却脸白无须,声音尖细,知道是个太监。再看他身边的崇祯皇帝,便一切都明白。王承恩先让测个友字。宋献策思索片刻后说:友字这一撇,遮去上部,成为反字,照字形来解,恐怕是反要出头。崇祯一听,脸色大变。

王承恩忙叫测个有字。宋献策沉吟不语。王承恩催促。宋献策轻声说:这字更为不祥,你们看,这有字上部是大缺一捺,下部是明少半边,分明是说,大明江山已去一半。崇祯帝急了,便急急地写下一个酉字。宋献策神秘地说:这话说给客官,但千万不能外传。看来大明江山危在旦夕,万岁爷获罪于天,无所祷告了。你看这酉字,在尊字中间,上没有头,下没有脚,分明是说至尊无头无脚!崇祯帝大惊。城破时,崇祯生怕闯王会砍去他的头、脚,便在煤山自尽。

家族成员

家世

高祖父:朱厚熜(明世宗)。

高祖母:(追尊)孝恪皇后杜氏。

曾祖父:朱载垕(明穆宗)。

曾祖母:孝定太后李氏。

祖父:朱翊钧(明神宗)。

祖母:王贵妃(既王恭妃,追封孝靖皇后)。

父亲:朱常洛(明光宗)。

嫡母:郭皇后(孝元皇后)。

生母:刘淑女(追封孝纯皇后)。

后妃

周皇后,1644年明亡之际自尽殉国。

袁贵妃,1644年明亡之际自尽却未死。清朝入关后,后由清廷赡养其终身。

田贵妃,田秀英,宠妃,1642年病死。与崇祯帝、周皇后葬昌平天寿山思陵。

王顺妃,原为选侍,因血崩症病逝,追封为顺妃。

儿子7人。

献愍太子朱慈烺,母周皇后,崇祯二年(1629年)生,1644年李自成封为宋王,李败退时不知所终。

怀隐王朱慈烜,母周皇后,崇祯二年生,不久薨,崇祯三年追封,五年正月二十二日葬于翠微山之原

定哀王朱慈炯,母周皇后,1644年不知所终。

永悼王朱慈照,母田贵妃,1644年不知所终。

悼灵王朱慈焕(1633—1708年),母田贵妃。康熙四十七年被捕,后以"朱某虽无谋反之事,未尝无谋反之心"为罪名遭处死。

悼怀王朱慈灿,母田贵妃,崇祯十年生,崇祯十二年三月二十七日卒,追封,同年九月十六日葬翠微山之原。

悼良王,母田贵妃,三岁殇。

女儿6人:

坤仪公主(名不详),母周皇后,早夭。

长平公主(1629—1646年),《明史》称为周皇后所出,明亡时,被父亲砍断左臂,未死,驸马周显。1646年病逝。

昭仁公主(名不详)(1639—1644年),母不详,1644年,思宗不忍其落于贼手,悲痛之余亲手杀死。

另有三女,皆早逝,生母无考。

思陵

思陵,是明崇祯皇帝朱由检的坟墓,位于陵区西南约六公里的锦屏山下,是明十三陵之一。崇祯皇帝生前,没有来得及修陵,死后,便葬入先他而去的爱妃田妃墓中。崇祯自缢后,顺天府官员命昌平地方官吏出银雇佣民夫,打开田妃墓,将崇祯和周皇后葬在里面。

崇祯十七年五月初六日,多尔衮以李明睿为礼部侍郎,负责明大行皇帝谥号、丧葬事宜。李氏拟上先帝谥号端皇帝,庙号怀宗;议改葬。后来,因崇祯已葬恭淑端惠静怀皇贵妃田贵妃园,不必改葬;改田贵妃园为思陵。清顺治十六年,世祖福临下令,在崇祯帝墓前,修建明楼和享殿。思陵,在十三陵之中,没有宝城,是十三陵中最小的一座陵。

第十章
清帝王生活

　　清朝(1636—1911年)，是中国历史上第二个由少数民族建立的统一政权，也是中国最后一个封建帝制国家。共历十二帝，国祚266年。1616年，建州女真部首领努尔哈赤建立后金。1636年，皇太极改国号为大清。1644年，李自成率大顺军攻占明朝国都北京。一片石之战后，清军趁势入关，政治上推行剃发易服，军事上打击农民军和南明诸政权，逐步掌握全国政权。后来，历经康、雍、乾三朝，发展至鼎盛。这一时期，多民族统一国家得到巩固，基本上奠定了中国版图。

　　清朝中后期，政治僵化、文化专制、闭关锁国、思想停滞，逐步落后于世界。1840年，爆发了中英鸦片战争，列强入侵，主权和领土严重丧失。第二次鸦片战争之后，开始了近代化历程，历经磨难。地主阶级积极进取，开展洋务运动。甲午战争之后，民族危机进一步加深。以康梁为首的维新派挺身而出，开始进行戊戌变法。但是，变法失败。1900年夏天，八国联军为了镇压义和团运动、维护在华利益，开始侵略中国。从此，清朝沦为半殖民地半封建社会。1911年，辛亥革命爆发，清朝统治瓦解。1912年2月12日，清帝被迫退位。从此，结束了中国2132年的封建帝制。

一、清帝王宫廷生活

清帝王官室

1. 皇宫南门——天安门

　　天安门是紫禁城的正门,也就是紫禁城的南大门。最早建于明永乐十五年(1417年),3年建成,距今经历了约600年的风云历史。最初称为"承天门",意思是"承天启运",取"受命于天"之意。最初的天安门只是一座简单的木牌楼,三层楼式,牌楼正中悬挂着4字匾额:"承天之门"。此楼经历了多次火灾,最后毁于兵火。清顺治八年(1651年)重修此楼,巍峨雄壮,改名为"天安门",一直持续至今。

　　晚清时期,内忧外患。1900年,八国联军围攻北京,炮轰天安门。天安门见证历史,也承载着一个悠久民族的屈辱和苦难,门楼荒凉破败,城墙上荒草萋萋。1949年10月1日,毛泽东登上天安门城楼,向全世界庄严宣告:中华人民共和国中央人民政府成立!从此,天安门城楼成为亿万中国人民心目中的圣地,天安门也就成为现代中国的象征,成为中国国徽的主体部分。

　　天安门城楼庄严壮丽,其设计者是江苏吴县人蒯祥,他是一代建筑大师,也是独步当世的能工巧匠,时人称他为"蒯鲁班"。天安门总高33.87米,上为门楼,最下面建造的是汉白玉须弥座,座上是红色墩台,高达10余米,由每块重达43千克的大砖砌成。墩台上是城楼大殿,东西宽九间、南北深五间,用"九五"之数,取帝王"九五"至尊,寓意皇帝至高无上。

　　天安门,明朝叫作承天门,清朝初年,之所以改称为天安门,有一则趣闻:据说,李自成攻进北京时,在承天门前,他自负地弯弓搭箭,射向承天门匾额上的"天"字。可惜,没有射中,闯王脸色大变。这时,他的下属安慰他说:"有天命者,任自为!"意思是说,闯王是有天命的,何必在乎这一箭射得准不准。李自成误会了他的意思,以为是在说他没有天命,当即勃然大怒,吩咐杀了这可恶的下属。清统治者入京,听说了这则逸闻,因此,将"承天之门",改为"天安门"。

　　天安门城楼,分为上下两层。上层是重檐歇山式,黄琉璃瓦顶,正面有36扇菱花格式门窗。城楼基座是汉白玉栏杆、栏板,雕刻着莲花宝瓶图案。城楼内所用木材,绝大部分都是金丝楠木,60根红漆大柱,柱顶上有藻井、梁枋,上绘金龙吉祥彩画和团龙图案。地面全是金砖,面积约2000平方米。屋顶的正脊、垂脊上,装饰着螭吻、仙人、走兽。下层是朱红色城台,高13米,四周环绕琉璃瓦封顶矮墙,下面是雕刻精美图案的汉白玉须弥座台基,高 1.59 米。

1970 年,重建天安门,比原来高出了 83 厘米,通高 34.7 米。

千步廊,明清时期从天安门到大清门(明称大明门、中华民国称中华门)之间是千步廊,这里占地数万平方米,是一个 T 字形的宫廷广场,是中央各大部院机关的办公场所,是帝国的行政中枢。其东西两边各有一门,东为长安左门、西为长安右门。

天安门城楼,城台总面积达 4800 平方米。东西两侧,各有一条长达百级的梯道,供上下城楼使用,俗称马道。城楼有 5 个拱形门洞,中间的门洞最大,高 8.82 米,宽 5.25 米,只有皇帝、皇后可以进出。城楼前,有外金水河,河上飞架 7 座汉白玉雕栏石桥,中间一座最为宽阔,是皇帝的专用之道,称为"御路桥";御路桥两旁,是宗室王公大臣过往的通道,称为"王公桥";王公桥左右,是三品以上文武大臣的通道,称为"品级桥";四品以下官员、兵弁、夫役,统统走两边的"公生桥"。公生桥,架在太庙(劳动人民文化宫)和社稷坛(中山公园)门前。

石狮、华表,金水河两岸,有两对石狮和两座华表。石狮是明代永乐年间旧物,距今已有 500 余年。华表连同须弥座,高为 9.57 米。华表之上,满刻盘龙、祥云,其顶端之上,有云板、承露盘,其上蹲坐着两只石兽:坐北朝南之兽,盼望着皇帝之入,人称为"望君归";坐南面北之兽,注视着皇帝之出,称"望君出"。石狮后面,两边设有红色观礼台,台前东西各筑花坛。

天安门是礼仪之门,只能典礼、大事和喜事出入,禁止丧事出入。

明清之际,皇帝们在天安门最重要的活动,主要有 6 项:

一是向全国颁布诏令,称为"金凤颁诏"。

二是皇帝登基、祭祀、大婚和皇帝父母进宫,以及迎娶皇后,皇后坐着喜字黄轿,都从中门进入。

三是将领出征时,在天安门前隆重祭旗,寓旗开得胜。

四是皇帝御驾亲征,在天安门前祭路,寓得胜归来。

五是刑部会审要犯,称为秋审,交皇帝勾决。

六是殿试公布状元三甲,称为金殿传胪:状元、榜眼、探花,头插金花,身披红绸,骑马游街。

天安门颁诏,天安门的主要活动之一,就是皇帝颁诏天下。明清时期,皇帝的重大诏书,如登基诏书,都要在天安门庄严颁发全国。

新皇帝在太和殿登基,在天安门隆重发布即位诏书。在太和殿前,文武百官跪听诏书。然后,宣诏仪卫官出宫,来到天安门前,站立在金水桥南北。仪卫官将皇帝诏书托在云盘上,仪卫从官举着黄盖,护送着云盘诏书,步出午门。午门外，事先停放着龙亭，诏书被安放在龙亭之中。銮仪卫校尉抬着龙亭，和声署奏乐引导，随着皇宫御仗，出午门、端门，沿着天安门北面的阶梯送上天安门城楼。

在天安门城楼上，宣诏官庄重宣读诏书。金水桥南北，文武百官再次跪伏恭听。然后，诏书放入礼器之中，沿着天安门城楼上的堞口正中，徐徐降下。明代时，盛放诏书的礼器是一个精制的木椟。清代时，皇帝的诏书是用一只金凤衔着，金凤高二尺一寸五分，立在宽三尺四寸的镀金云朵之上。其时，盛着皇帝诏书的木椟或金凤，都系以绳索，从天安门城楼上徐徐降落，象征着皇帝的诏令从此颁行天下。诏书降下后，由礼部官员恭接，放回到龙亭里，然后，一行人恭敬地送到礼部，刻版印制，颁行到全国各省。

百姓听谕，明朝时，每月一日早晨，京师大兴、宛平两县代表，代表全国人民前往承天门，聆听皇帝发布的谕旨。两县代表必须是有德行、有威望的耆老。届时，京师地方长官顺天府尹率大兴、宛平二县知县一起听谕，从宫中领出谕旨。谕旨由顺天府官员双手恭捧着，走在最前面。两县耆老，站在承天门前的金水桥南迎候。京师地方官，将皇帝的谕旨传宣给耆老们。

每次谕旨十分简单，只有两句白话。例如，明武宗正德十二年二月："说与百姓每，春气发生，都要宜时栽种桑枣。"正德十四年十二月："说与百姓每，遵守法度，不许为非。"这种谕旨，除了正月一日以外，每月一日都要发布。其实，皇帝以国为家，皇帝这是以家长的口气在春、夏、秋三季，提示他的子民，要注意农时，不误耕种；在冬季时，提示臣民，防火、防灾、守法。

有趣的是，明朝皇帝不论勤政或是怠惰，每月朔日都要发布这种白话谕旨，从来不误。嘉靖、万历皇帝经常不上朝，谕旨照旧颁发。例如，嘉靖三十三年四月发布："说与百姓每，用心耕耘，毋荒。"

端门，位于天安门正北，是一座形制与天安门基本相同的建筑，它位于皇城的大门天安门与宫城的大门午门之间，就像一座巨大的屏壁，耸立在皇宫之前。人们经过端门，沿着长长的甬道前往皇宫，不由自主地会心境庄重，肃然起敬。

端门巍峨高大，城门楼上，清代曾收藏着八旗禁卫军接受检阅时的军械，包括腰刀、撒袋一万八千份，盔甲一万八千副，梅针箭十八万支。

端门向北甬道两侧，是明清两代中央六部机构的公署，称为朝房。明清时，五更时分，上早朝的大臣就陆续来到宫门前，在朝房里等候宫门开启，称为待漏朝房。大臣们等待上朝，在一起沟通信息，交换感情，嘘寒问暖。

宫门开启之前，文官们集中在阙左门前等候，武官们则在阙右门前等候，一起进入皇宫。

2. 紫禁城

紫禁城一词,是历代皇宫的别称。古代皇帝称自己的皇宫为大内,古代官员称皇宫为禁中;而紫禁一词,是加入了星相学的观念制造出来的。古代星相说认为,上天有一座紫微星垣,是天帝的宫殿,而人间帝王所居住的宫殿当然就与之相对应。紫禁一词就是用紫微和禁中拼接出来的,唐朝诗人在诗作中经常用"紫禁"来称谓皇宫,这倒不是因为诗人们迷信星相,而是"紫禁"比"禁中"更显得风雅一些。紫禁城的"城"字,不言而喻,指皇宫乃是一座城中之城。但是"紫禁城"一词,即使在古代,也一般不用作朝廷对皇宫的正式称谓。

(1)故宫

"故宫"一词,古来就是指已经灭亡了的王朝宫殿。明清的这座王朝的宫殿紫禁城,在公元1925年以后被称之为故宫博物院,简称故宫。

1925年10月10日,故宫博物院成立,随之成立了闻名于世的故宫三大馆:古物馆、图书馆、文献馆。古物馆收藏着清宫遗留下的古物珍宝约100万件,图书馆接收了宫廷古籍图书约80万册,文献馆收存着宫廷文献档案约800万件。这些珍贵的古物、图书、文献,都是中华民族数千年积累下来的民族智慧的结晶,每一件都是价值连城的珍稀文化遗产。

(2)数字紫禁城

明清紫禁城,占地72万平方米,建筑面积17万平方米,房屋建筑面积15.5万平方米。整座紫禁城现存宫殿980余间,现存房屋8728间。

紫禁城呈长方形,南北长961米,东西宽753米,周长3428米。有4座城门,南为午门,北为神武门,东为东华门,西为西华门。北门神武门,原名玄武门,因避康熙皇帝玄烨讳,改称神武门。城墙高10米,呈梯形结构,上宽6.7米,下宽8.6米。城墙外16米,是护城河,河宽52米,深6米。

(3)护城河

护城河,紧紧地环绕着紫禁城,宽52米,深4米。护城河水来自中南海,向西北连接北海、什刹海、后海,经过西直门的高梁河、运河、颐和园,直通京西玉泉水。据说,为了确保护城河的水源安全和充足,玉泉水流到市中心的后海后,从地安门的步梁桥下,引出一支水流,经过景山西门的坚固地道,进入护城河。

从康熙十六年(1677年)开始,清廷在护城河常年栽种莲藕,既增加了宫廷收入,又美化了护城河。每年夏天,宽阔的河面之上波光粼粼,荷花盛开,淡淡的荷香在玉带般的河面上飘荡,清香笼罩着红墙碧瓦的宫殿,给肃穆的紫禁城平添了一道温馨的景致。据说,清朝皇帝特旨在护城河栽种荷花,主要的原因竟然是为了节省宫廷开支。护城河每年收获大量的莲藕,除了充足地供应宫廷膳食之外，剩余部分还拿到街市上去卖，仅仅这一项，就为宫廷节约了可观的开支。嘉庆年间，皇帝特许将护城河一隅2顷88亩地出租，专门种植荷花，每年收租银125两9钱1分5厘。

(4) 金水河

京城依山傍水，水系纵横交错。紫禁城则是按照中国古代风水理论建造的，所以，皇宫中的水系既有实用价值，也有着特殊的象征意义。每个朝代建造皇宫之时，就必然会引一道水渠流经宫中，象征银河。后来，风水大师说，水西北流入，蜿蜒流经宫中，从皇宫东南流出，就是藏风蓄水的风水宝地。紫禁城就按照风水大师的理念，设计出这条宫廷内河，河水蜿蜒曲折，由西北向东南流过重要的宫殿，人称内金水河。同样，天安门前与护城河相连接的河段，称为外金水河。

内金水河之水，从紫禁城北边神武门西的地道引入皇宫的，这条入宫的护城河水，沿着紫禁城西边的内宫墙一直向南，流到武英北、慈宁花园西墙外，转而向东南，蜿蜒流经武英殿南，折而向东，在宽阔的太和门广场前画出了一个优美的拱形弧，然后，向东转头，向北流经文渊阁，再画一个弧线向南，最后在紫禁城东南流出。

紫禁城护城河西边河段的河水相连着外金水河水，河水流到宫墙西南部之后，流入一个坚固的地道，经过织女桥，流经社稷坛，然后从外金水桥下流过，经牛郎桥向东，流过天妃闸，最后流出皇城。

紫禁城内金水河，有三大功能：一是皇宫风水，二是排泄雨水，三是风景观赏。

内金水河蜿蜒流淌，营造了玉带一般的景致，形成了宫城之中的一道美丽风景线。从崇祯皇帝开始，在内金水河栽种荷花、菱角，在水中养鱼，还放养多种水禽。从明代到清代，内金水河风景秀丽，有若江南水乡。

(5) 朝会

太和殿是皇宫正殿，是皇帝举行重大仪式的地方。太和殿的重大仪式，主要包括10项：一是皇帝登基典礼，二是皇帝宫中元旦、冬至、万寿三大节庆典，三是重大国家庆典，四是盛大国家宴会，五是皇帝命将出师仪式，六是殿试策士，七是上皇太后徽号，八是册封皇后大典，九是皇帝祭祀活动，如祭天、祈谷、祈雨，在这里阅视祝版，十是册封太子仪式。

明代规定，每月朔（初一）、望（十五日）之日，皇帝在太和殿召见大臣，称为朝会。可以说，这种朝会是介于典礼式大朝会和日常听政之间的政务活动，人称御殿视朝。清代时期，朝会是每月五日举行，或者是第月逢五逢十举行。

朝会时，王公、六部官员、其他朝官以及外藩使者都要参加。朝会不听政议政,主要活动是大臣面见皇帝:升迁改任官员、出京赴任官员面见皇帝,叩首谢恩;外藩使者面见皇帝要行拜见礼。

(6)品级山

太和殿是紫禁城最大的宫殿,是王朝的权力象征。殿前是广场是皇宫中最大的广场,面积达 3 万平方米。大朝会时,在广场中央御道上陈列皇帝仪仗,东西两边则排列着文武百官。规范文武百官按品级排列的标志物,就是品级山:范铜而成,山形石墩,上刻:正从一品……九品。

广场上,文武官员排列,按照文东武西,各排成 2 列,分 18 行。御史,站在品级山旁边,纠仪督导,称为站山子。凡是违反朝仪的官员,御史当即斥责纠正;事态严重、态度恶劣者,事后还要被纠劾,所以,百官们害怕御史,私下戏称站山子的御史为天罡星。

(7)紫禁城骑马

清时,只有亲王、贝勒、贝子才可以乘马入宫。康熙二十一年(1682 年),南书房翰林朱彝尊年事已高,人老体弱。康熙皇帝特旨,准许朱老在紫禁城骑马出入。大臣宫中骑马,这是清帝第一次允许大臣在宫中获得亲贵的待遇,以马为代步工具。从此,朱彝尊上朝,或者参与宫中宴会,他先乘轿子到东华门,然后骑一匹矮小温顺的老马入宫。

康熙以后,许多年事已高的大臣陆续获得皇帝特旨,在紫禁城内骑马。

当时,宫中规定:从东华门入宫者,骑至箭亭下马;从西华门入宫者,骑至内务府总管衙门前下马。

清朝中后期,紫禁城内骑马,称为"赏朝马"。随后,此事渐成制度:每年,军机处开列名单,列出一、二品大臣之中,年龄 60 以上者,报送皇帝,批准赏朝马。嘉庆九年(1804 年)冬天,嘉庆皇帝特旨大臣英和在紫禁城内骑马,当时,他官职不及一品,年龄仅为 34 岁。

(8)紫禁城乘轿

乾隆八年(1743 年),张廷玉、鄂尔泰等三朝元老年事已高,乾隆皇帝特放皇恩,允许他们在紫禁城乘轿:上朝时,在东华门、西华门,他们换乘二人抬的椅轿入宫。

平常时,大臣们乘暖轿上朝。暖轿是遮闭式的,能遮风雨,也很安全。入宫所换乘的椅轿是简易轿子,又称为亮轿。乘轿入宫,下轿的地点同样是箭亭。

乾隆三十六年(1771 年),皇帝明令,乘轿入宫的大臣条件放宽,主要是两条:一是一、二品以上大臣,二是年龄在 60 岁以上。合乎条件者,允许他们乘坐轿子,进入东华门。

道光时期，进一步厚待大臣。道光皇帝叔父仪亲王、成亲王年老，皇帝特许他们乘暖轿入宫，进入隆宗门，到养心殿前、内右门下轿。道光十四年（1834年），长龄77岁，曹振镛80岁，富俊86岁，皇帝特赏获亲王恩典，乘轿入宫。

（9）清帝洞房

清代时，从雍正皇帝开始，皇帝到养心殿办公、居住。皇后不居在坤宁宫，坤宁宫的主要功能一是皇帝大婚洞房，一是满清宗室祭神场所。

清朝时，在坤宁宫大婚的皇帝有3位：康熙、同治、光绪皇帝。

清帝大婚时，坤宁宫东暖阁布置成新婚帝后的洞房：洞房很宽敞，北部设龙凤喜床。床上挂床帐，帐上绣五彩百子图案。床上被子是宫中大婚特制的，是彩绣百子图明黄被子和百子图朱红缎被子，被子下是大红缎绣龙凤双喜字床褥。喜床上放一个宝瓶，宝瓶里装着金银、珠宝、米谷等物。

皇宫各大宫门、殿门，高悬双喜字大红彩灯。各大宫门，贴着喜庆的门神和对联。太和门、太和殿、乾清宫、坤宁宫等主要宫殿，全都用大双喜字红绸装饰。

清晚同治、光绪皇帝大婚，均由慈禧太后主持。光绪皇帝大婚，是清廷最大一次婚礼，大婚花费银子500万两。

（10）选秀女

清宫选秀女制度，是清世祖顺治皇帝从自己不幸的婚姻中总结教训而创立的。顺治八年（1652年）八月，刚刚14岁的顺治皇帝迎娶第一个皇后博尔济吉特氏。这门亲事是由睿亲王包办的，顺治皇帝十分痛苦，决定予以废除，并颁谕天下：从满洲官员之女和外蒙古贝勒以下、大臣以上女子中选秀女，作为后妃之选。选秀女的地点，就是御花园北的顺贞门和延晖阁。

清入主中原后，旗人分为八旗和内务府包衣三旗。八旗，包括满洲八旗、蒙古八旗和汉军八旗，共二十四旗，这是清廷政权的主要支柱；内务府包衣三旗，是清皇室的奴隶，二者的政治地位不同。所以，八旗和包衣三旗女子之选，都称为选秀女。不过，八旗和包衣三旗的具体选秀方法，主要有如下不同：

八旗秀女，3年一次，由户部主持，可备皇后妃嫔之选，或者赐婚三代以内、血缘关系比较密切的近支宗室。

包衣三旗秀女，一年一次，由内务府主持，主要承担后宫杂役。

清代后期，包衣三旗挑选女子，不再称为选秀女，称引见包衣三旗使女。

清宫挑选秀女，制度严密，标准十分严格：

①严格审查旗属与年龄，不在旗的想参选不可能；在旗的想逃避，也不可能。顺治朝规定：凡满、蒙、汉军八旗官员、另户军士、闲散壮丁家中，女子年满14—16岁都必须参选，三年一次；17岁以上女子，不再参加。乾隆五年（1740年）规

定：如果旗人女子在规定的年限之内没有参选，下届仍要参选；没有参选旗人女子，到了20多岁，也不准私自聘嫁；否则，查参该旗都统，予以惩治。清宫选秀女的年龄，在11—20岁之间。

②挑选秀女，逐级上报。先是户部奏报皇帝，允准以后，行文八旗都统衙门，逐层呈报，汇总到八旗都统衙门，最后由户部上报，皇帝决定选阅日期。凡是有病、残疾、貌丑者，必须逐层具保，由都统咨行户部，户部奏明皇帝，由皇帝定夺。

选秀程序：

①各旗秀女，坐骡车提前到京。乾隆时规定：引看女子，无论大小官员、兵丁女子，每人赏银一两，以为雇车之需。……着动用户部库银。秀女到京后，入宫前一天，坐在骡车上，由本旗参领、领催安排次序，称为排车。

②按照顺序入宫。排列顺序是：八旗序列——满、蒙、汉；每旗序列——宫中后妃之亲戚；曾选中留牌子、复选之女子；新选秀女。各组秀女，分别依年龄排列，鱼贯而入，车树双灯，上有：某旗某佐领某某人之女。

秀女入宫路线：日落发车，入夜进地安门，到神武门外等宫门开启，由太监引导，按序入顺贞门。秀女们乘坐的骡车则从神武门夹道东行而南，出东华门。第二天，骡车由崇文门大街北行，经北街市，经地安门来到神武门外。中午时，初选完毕的秀女们在神武门外坐上来时所坐的骡车，各归其家。这种排车法，是嘉庆年间的一位名叫丹巴多尔济的额驸发明的。

秀女验身：

①验看秀女。秀女们在神武门外下车后，按序列队，由太监引入宫中御花园、体元殿、静怡轩等处。每天阅看两个旗，通常是6人一排，有时仅1人，由皇帝或太后选阅。选中者，留下其名牌，称留牌子；没有选中者，称撂牌子。

②留牌复选。留牌子者，再定期复选，复选未留者，也称为撂牌子。复选选中者，一是留在宫中，随侍皇帝或者女主，二是赐予王公、宗室。

③入选妃。复选选中者，成为后妃候选人。经引阅、复看，选中者分记名、上记名。记名，就是留牌子；上记名，就是皇帝亲自选中留牌子者。经过留宫住宿，女官仔细检查、考察，选定数人，入选后妃。其余人等，都撂牌子。

清宫后妃制度承自明朝，较为简洁。清宫之中，后妃分为8个等级：皇后之下，分为皇贵妃、贵妃、妃、嫔、贵人五级，下有答应、常在，不算正式名号。

(11) 皇帝大婚

皇帝结婚，称为"大婚"。清宫规定了皇帝大婚的礼仪程序，每次皇帝大婚，必须严格按照规定，筹办婚礼。主要步骤包括：议婚、纳采、大征、册迎、合卺、庆贺及赐宴等。

①议婚

清代皇帝娶谁为后,通常由皇太后指定,或皇太后与辅政大臣商定,故称"议婚"选定后,由皇太后下谕旨,命皇帝娶某女为后。由内阁(后改为翰林院)撰写册文、宝文,礼部监制金册、金宝,内务府准备彩礼,由钦天监选定吉日,按吉期行礼。

②纳采

纳采即聘礼,是皇帝首次向其皇后家颁赐定婚礼品。清制规定,礼品为:鞍辔俱全的文马10匹、甲胄10副、缎100匹、布200匹。制书:"皇帝钦奉皇太后懿旨,纳某氏某女为后,命卿等持节行纳彩礼"。正使受节,至皇后府邸,皇后之父跪迎。同日,皇家在皇后府邸设纳采宴,宴请皇后家人。

③大征

大征即"六礼"中的"纳征",是定婚后,由皇帝颁赐给皇后父母礼品。比纳采的数量要多,规格也更高:黄金200两、白银1万两、金茶器1具、银茶器2具、银盆2个、缎1000匹、具鞍辔文马20匹,冬夏朝服、朝衣两套,貂裘两件。又有甲胄、弓箭等。皇后的兄弟、姐妹也均赐衣服、财物等礼品。

④册迎

册迎礼是册封和奉迎两种礼仪的合称。因这两种礼仪在皇帝大婚之日一并举行,故称"册迎礼"。

册迎礼是大婚诸礼中最隆重的典礼。大婚前一日,皇帝照例要派遣官员告祭天地、太庙。大婚这天,宫中处处张灯结彩,皇后仪驾经过的午门、太和门、太和殿、乾清宫等处,搭盖了"囍"字彩棚、彩门。吉时一到,皇帝穿礼服、乘舆去慈宁宫拜谒皇太后,谒毕,皇帝回太和殿、登宝座。奉迎正副使听宣后,即率队携皇后金册、金宝、仪驾、冠服出太和门,赴皇后府邸奉迎皇后。此日皇后府邸披红挂彩,后父率子弟家人跪迎于门外,内务府官员派女官将冠服进奉皇后。皇后在内堂穿戴毕,并跪受金册、金宝,然后登凤舆,随仪驾入宫。皇后凤舆中上下均铺有大红金绣云凤纹"囍"字铺垫,颇似民间的喜轿。凤舆后,嫁妆有金银珠翠、服装、家具等,常有2百抬。凤舆经大清门(今天安门)、午门、太和门至太和殿阶下止,皇后降舆,再由命妇迎入坤宁宫与皇帝行合卺礼。

⑤合卺

卺即瓢。汉族古代婚礼中,将一瓠对剖为两瓢,各盛以酒,令新人各饮其一,叫作"合卺",寓夫妻一体、相互敬爱之意。清宫合卺礼,于大婚当天在坤宁宫举行。届时坤宁宫东暖阁被装饰为临时洞房,内设龙凤囍炕,炕上悬挂五彩百子帐,铺大红缎绣龙凤囍字炕褥和朱红彩百子被,象征帝后多子多福。行合卺宴时,福晋4人服侍皇后净面,穿戴礼服,乘礼轿先入坤宁宫等候,皇帝着吉服后至。帝后对面坐炕上,皇帝居左,皇后居右,4名福晋夫人在旁恭侍。宴用黄地龙凤囍字膳桌;食品有"子孙饽饽"和以"龙""凤""呈""祥""乾""坤""和""泰""囍"等字为名的菜点;碗盘餐具多为金、红色并饰百子、囍字纹样。帝后进合卺宴时,还有结发侍卫夫妇于室外念"交祝歌",祝福帝后大婚吉祥、子孙满堂、夫妻美满。是夜,帝后同寝于坤宁宫洞房中,正式结为夫妻。

⑥朝见礼

大婚第二天一早,皇后要向太后行朝见礼,即民间的拜见公婆礼。因皇帝即位和大婚多是在前代皇帝死后,故皇后朝见的通常只有婆(皇太后)而无公(太上皇)。这天早晨,皇后着礼服出坤宁宫,乘舆至慈宁宫,先向太后行三跪九叩礼,然后亲自服侍太后盥洗和用早膳。礼毕,皇后乘舆回坤宁宫。第三天行庆贺礼。皇帝率群臣至慈宁宫向太后行礼。礼毕,皇帝御太和殿,王公百官上表庆贺皇帝大婚。皇帝颁诏,将大婚盛典晓谕天下。女眷如公主、福晋、命妇等则至坤宁宫向皇后行礼,以示祝贺。这天,皇帝在太和殿举行盛大筵宴,宴赏皇后之父及其男性族人,王公百官均与宴;皇太后在慈宁宫赐皇后之母及其女性亲属宴,公主、福晋、夫人和大臣命妇等与宴。大婚礼后,皇后从东、西六宫中选择某宫居住,是为"本宫"。

(12)垂帘听政

养心殿东暖阁,是清末的政务中枢,同治、光绪时期,前后40余年,慈禧皇太后在这里垂帘听政。东暖阁正中央,设立皇帝御座,面向西;御座后面,设立皇太后御座:太后御座呈长方形,长约2米,宽约1米,上面铺黄缎褥子;太后御座前,垂挂一层明黄色纱帘,帘用纱屏,分八扇。

同治皇帝、光绪皇帝亲政前,以皇帝身份象征性地坐在这里御坐上;黄纱帘后,慈禧太后、慈安太后坐在御座上,裁决政务;实际上,政务由慈禧太后一人裁决。慈禧太后主政期间,决定朝廷一切。

戊戌变法失败后,慈禧太后囚禁光绪皇帝,正式撤销垂帘,与光绪并坐,称为训政:慈禧太后坐在高大的宝座上,光绪皇帝则坐在左面一个很小的座位上。慈禧御座前设立长桌御案,铺设黄缎;御座后,东西两侧各有孔雀毛制成长柄宫扇护持。大臣进见,都跪在慈禧太后长案前,面向着慈禧太后奏事。

(13)养心殿退位

宣统皇帝溥仪,是清代最后一位皇帝,也是中国历史上最后一位皇帝。他于宣统元年(1908年)十一月九日举行登基大典,年仅3岁。

宣统三年农历十二月二十五日(1912年2月12日),隆裕太后率6岁的宣

统皇帝溥仪,在养心殿正式发布了清室退位诏书。退位诏书云:

> 今全国人民心理,多倾向共和,南中各省,既倡议于前,北方诸将,亦主张于后。人心所向,天命可知。予亦何忍因一姓之尊荣,拂兆民之好恶。是用外观大势,内审舆情,特率皇帝将统治权,公诸全国,定为共和立宪国体,近慰海内厌乱望治之心,远协古圣天下为公之义。……予与皇帝得以退处宽闲,优游岁月,长受国民之优礼,亲见郅治告成,岂不懿欤!

可以说,这是清王朝颁发的最后一道诏书,也是中国2000年帝制时代最后一道皇帝诏书。

清宫廷服饰

清代推行剃发易服令,强行推广满洲服制。乾隆时,曾有大臣进奏高宗,劝他改穿汉服。有一天他真的穿上衮冕,感觉极好。但他还是强调满洲先王遗风,自当永远遵循,衣冠不可轻易言改。乾隆虽然拒绝易服,但在衮冕上还是采用了汉衮冕服中的十二章纹饰。清代制订了严格的服饰制度,将各种等级森严的规定载诸成法,严格执行。

清代的服饰分朝冠、行冠、雨冠、吉服冠、常服冠。衣有衮服、朝服、补服、公服、龙袍、蟒袍、常服袍、行袍、行褂、马褂、常服褂、雨衣、雨裳。后妃有朝冠、朝褂、吉服冠、朝袍、朝裙、龙褂、龙袍、蟒褂、蟒袍、披风、常袍、背心、马甲、衣、裤、裙等。

衮服,只有皇帝才能服用,用于祭祀、祈谷、祈雨等重大场合,服用石青色,上绣五爪金团龙,左肩绣日,右肩绣月,前后篆文寿字并间王色云纹。朝服分夏朝服、冬朝服,采用上衣下裳制。朝服都用明黄色,但冬朝服祭祀圜丘,祈谷用蓝色,朝日用红色;夏朝服祭祀用蓝色,夕月用月白色。龙袍只限于皇帝、太子穿用。皇子穿龙褂。

皇帝和近侍都穿端罩,其形制如补服。皇帝的端罩用黑狐、紫貂做成,以明黄缎衬里。皇帝常服褂是石肝色。行褂比常服褂短。行袍一如常服袍,其右面衣裾下短一尺,便于乘骑,又称缺襟袍。

朝珠,是清代挂在颈项间的饰物,垂到胸前,上有108颗圆珠。朝珠上,附有三串小珠,其中二小串男在左、女在右,小串女在左、男在右。串珠的条线,皇帝用明黄色。腰带分朝带、吉服带、常服带、行带。皇帝所用为明黄色带。

祭祀等重大典仪时,皇帝穿衮服、龙袍。燕居宫中时,皇帝头戴红绒结顶,身穿常服。皇帝、皇后、太后去世,百日内不准剃发,禁绝音乐、嫁娶。丧期入临时须反穿羊皮褂。继位皇帝穿长寿袍,直到入殓为止。

满族妇女喜穿长袍,袍的袖口平大,长可掩足,袖端、衣襟、衣裾镶各色边,领头较低。这种长袍开始时又肥又大,后来渐渐变小,衍变为能体现女性曲线的小腰身。长袍外往往加罩坎肩。坎肩又叫马甲、背心,分对襟、一字襟、琵琶襟、大襟数种。后来,这种长袍衍变为满洲女性的主要衣饰——旗袍,也为广大汉族女性所接受。

满族妇女所穿的鞋很特别,鞋底又高又厚,一般为1—2寸,有的甚至4—5寸。鞋底上宽下圆,像一个花盆,俗称花盆底。鞋底用木做成,中部凿成马蹄式,踏地时迹若马蹄,故称马蹄底。清后宫盛行梳两把头,穿长袍,蹬高底鞋。西太后也极喜这种衣饰,她常在宴饮、小礼时穿用,淡黄色长袍便服,配三寸的高底鞋,美不可支。清宫女一般穿红袄绿裙,常服穿蓝布衫或蓝布袍,加披丝绸坎肩,梳着辫子,耳旁戴两朵花。宫女被皇上临幸,辫子消失,梳成发髻。

清朝官员补子,与明代有所不同:

文官:一品,仙鹤;二品,锦鸡;三品,孔雀;四品,云雁;五品,白鹇;六品,鹭鸶;七品,𪄠𪃟;八品,鹌鹑;九品,练雀。

武官:一品,麒麟;二品,狮子;三品,豹;四品,虎;五品,熊;六品,彪;七品,犀牛;八品,犀牛;九品,海马。

清朝官员品级表:

亲王年俸1万两,米5000石;郡王5000两,米2500石;贝勒2500两,贝子1300两,料650石。

养廉银:总督:2万两;巡抚15000两;布政使9000两;道员8000两;盛京将军(一品)2000两,提督(从一品)2000两;各地将军1500两。

中央(地方)官员:

超品:公、侯、伯。

正一品(光禄大夫):子,太师、太傅、太保、殿阁大学士、领侍卫内大臣、銮仪卫大臣。年俸180两,米90石。

从一品(荣禄大夫):少师、少傅、少保;太子三师;内阁协办大学士;各部院尚书,左都御史;九门提督,内大臣,八旗都统。(将军,都统,提督)

正二品(资政大夫):太子三少,各部院侍郎,内务府总管;副都统,前锋营等统领。(总督;副都统,部兵)年俸155两,米70石。

从二品(通奉大夫):内阁学士,翰林院掌院学士;散秩大臣。(巡抚,布政使;副将)

正三品(通议大夫)：左副都御史,宗人府丞；一等侍卫,八旗参领等。(顺天府尹,奉天府尹,按察使；城守尉,参将,指挥使)年俸130两,米65石。

从三品(中议大夫)：光禄寺卿,太仆寺卿；护军参领,王府一等侍卫等。(盐运使；游击,五旗参领,指挥同知)。

正四品(中宪大夫)：通政使司副使,六科掌院给事中,二等侍卫,副参领、佐领,侍卫领班。(顺天府丞,奉天府丞,各省守巡道员；防守尉,佐领,都司,宣慰使同知)。年俸105两,米50石。

从四品(朝议大夫)：内阁侍读学士,翰林院侍讲学士,国子监祭酒；城门领,二等护卫。(知府,土知府,盐运司运同；宣抚使,宣慰副使)。

正五品(奉政大夫)：春坊庶子,光禄少卿,给事中,各部郎中,太医院院使；三等侍卫。(同知,土同知,直隶知州；关品守御、防御,守备,千户)年俸80两,米40石。

从五品(奉直大夫)：翰林院侍读、侍讲,各部员外郎；四等侍卫,委署前锋参领。(各州知州,土知州,盐运副使；守御所千总,河营协办守备,安抚使,招计使,副千户)

正六品(承德郎)：内阁侍读,侍讲,春坊中允,国子监司业；蓝翎侍卫,前锋校等。(京府通判,京城知县、通判；门千总,营千总,长官使,百户)年俸60两,米30石。

从六品(儒林郎)：春坊赞善,翰林院修撰；内务府六品蓝翎长,六品典仪。(布政司经历,直隶州同,州司；卫千总)

正七品(之林郎)：翰林院编修,太常寺博士,国子监监丞,内阁典籍,知事；城门史,马厂协领。(京县丞,顺天府满洲教授、训导,知县,教授；把总)年俸45两,米20石。

从七品(征仕郎)：翰林院检讨,内阁中书,国子监博士；七品典仪。(京府经历,布政司都事,州判；盛京游牧副尉)。

正八品(修职郎)：司务,五经博士,国子监学正,钦天监主簿,太医院御医。(布政司库大使,府经历,县丞,学正,教谕；外委千总)年俸40两,米20石。

从八品(修职佐郎)：翰林院、国子监典簿,僧录司左右觉义,道录司左右至义；八品典仪,委署亲军校。(布政司照磨,训导)

正九品(登仕郎)：礼部四译馆大使,钦天监候；各营蓝翎长。(州吏目,道库大使,巡检；外委把总)年俸25两,米10石。

从九品(登仕佐郎)：翰林院待诏,国子监典簿,博士,太医院吏目,太常寺司乐,工部司匠；太仆寺马厂委署协领。

未入流：翰林院孔目，都察院库使，礼部铸印大使，崇文门副使。

清宫廷饮食

清代，宫中膳食机构为内务府和光禄寺。内务府负责皇族一应事务，府中的御茶膳房是专门负责宫廷膳食的机构。御茶膳房，包括茶房、清茶房、膳房，主管皇帝、后妃们的日常膳食，并举办部分筵宴活动。

清代，皇帝用膳地点不固定，一般在寝宫和活动的地方。每天早、晚两次用膳。早膳多在卯正以后，即早晨六七点钟。晚膳多在午、未之间，即下午一点。晚上酉时即六点还要进一次晚点，一般是小吃。传膳时，太监先布好膳桌，膳食出房以后立即摆好。

没有皇帝特旨，任何人不准靠近膳桌，更不许和皇帝同桌进膳。太后、皇后、妃嫔等一般也都在自己宫中用膳。

清代宫中，膳食极为精美。同治帝刚即位时的除夕晚餐是：大碗菜四品——燕窝万字金银鸭子、燕窝年字三鲜肥鸡、燕窝如字锅烧鸭子、燕窝意字什锦鸡丝；歪碗菜四品——燕窝溜鸭条、攒丝鸽蛋、鸡丝翅子、溜鸭腰；碟菜四品——燕窝炒炉鸭丝、炒野鸡爪、小炒鲤鱼、肉丝炒鸡蛋；片盘二品——挂炉鸭子、挂炉猪；饽饽二品——白糖油糕，如意卷；蒸窝八仙汤。一桌美食达数十种，皇帝吃不完就赏赐臣下。

1. 御膳

御膳，就是皇帝及其家族所享用的饮食。中国古代宫廷御膳，各个朝代，风味不同，特点不尽，中国历代皇帝对于口腹之欲，十分讲究。中国宫廷之中，使用各地各派名厨，汇聚天下美食，形成各个朝代精致、美味的御膳风味。宫廷御膳，是历代皇帝独享珍馔。但是，这些珍味，几乎都是来自民间。可以说，宫廷御膳是中国古代烹饪艺术的高峰之作，可以代表一个时代中国烹饪技艺的最高水平。

宫廷御膳，有三大特点：

（1）选料精致。精选食材，是御膳珍味的第一大特点。周代规定："不食雏鳖。狼去肠，狗去肾。狸去正脊，兔去尻。狐去首，猪去脑。鱼去乙，鳖去丑。"

（2）烹饪精湛。中国历代宫中，征集天下最好的厨师，用高超的烹饪技艺，制作精湛的食物。清宫之中，内务府和光禄寺就是两大御膳机构，体系庞大，职能健全，对于各种精致菜肴，从菜品与形式、名称与内容、选料与加工、造型与拼配、口感与营养、器皿与菜名等，进行严格管理，尽善尽美。

（3）食品新奇。宫廷御膳，不断创新，不断出奇。清代入关之前，清太宗寿宴御膳，多用牛、羊、猪、鹿、狍、鸡、鸭等原料，制作食品。入关以后，皇家御膳，花样翻新，名馔无穷。御厨整日处心积虑，创新美味，创制名品。如御膳熊掌、御厨鹅掌、御府铁雀、御府砂锅鹿尾，等等。

在中国历史上，清代宫廷御膳，登峰造极。清宫御膳，选料名贵，烹饪精湛，注重造型。在烹调方法方面，清宫御膳，特别强调祖制。如：民间烹制八宝鸭，只用主料鸭子，加入八种辅料。清宫御厨烹制八宝鸭，遵循祖制，严格限定辅料，不可随意改动。史书记载，努尔哈赤、康熙皇帝，用膳非常简约；乾隆皇帝，每次用膳，大约有四五十种；慈禧太后、光绪皇帝，用膳大约一百种。清宫御膳，有三大风味特色：一是满族菜，二是鲁菜，三是淮扬菜。

中国皇帝的膳食，从来就不是一件可以苟且的事，连克己复礼、谨守古制的孔子在美食面前都不能自已，提出了食不厌精、脍不厌细的美食原则，就更别说视天下为己物、把大大的朕字写到了天上的皇帝了。食者，人之性也。喜吃美食是人的天性，中国皇帝是如此，外国君主也是如此。不过，把吃饭当成一种高级享受，把进膳搞得大张旗鼓的，也只有中国皇帝，吃饭的环境要典雅，用餐的桌椅、器物要精致，美食要兼具色、香、味，摆满一大桌子。牙筷、银箸、金碗、玉碟，食物雅名，如同食物的造型一样五花八门。进餐时，音乐萦回，钟鸣悠扬，奴仆成群，井然有序。在这个世上，恐怕只有东方君主，特别是中国皇帝，才把吃饭搞得这样大张旗鼓，不厌其烦，如此繁文缛节。

中国历代宫廷，饮食消费十分惊人。在清代，皇帝每天膳食原料，主要包括：猪油一斤，羊二只，鸭子三只，鸡五只，肉二十七斤，白菜、菠菜等约二十斤，大萝卜、胡萝卜等六十斤，牛乳一百斤。

中国古代宫廷，美食很多，可惜的是，有许多已经失传。鲜是什么？就是鱼和羊。在古代，文化人造字之时，只有鱼、羊最为鲜美，于是，就造出一个鲜字。先秦至秦汉之时，有龙肝、凤髓、貂胎、鲤尾等美味八珍。周文王喜欢吃菖蒲俎；向往先贤、讲求美食的孔子也曾试图尝尝这种有着浓郁香气的食物——这食物美是美，但就是有些呛人的味，可怜的孔老夫子为了美食，捏着鼻子吃了三年这才适应。

宫中，当归羊肉汤，更加鲜美：先把没有污染的鲜羊肉洗净，煮熟；然后，取鲜羊汤煎当归，炮姜；煎一个小时，就可以饮汤吃肉了。宫里的做法更加精细。乾隆皇帝早餐有如下鲜味奇珍：酒炖鸭子、酒炖肘子、清蒸鸭子、托汤鸭子、燕窝肥鸡丝、烧狗肉攒盘、糊猪肉攒盘、燕窝扁豆锅烧鸭丝、再加上蔬菜、巧果、奶子、孙泥额芬白糕、竹节卷小馒头等等。

2. 茶房

明代大学者高濂在他的名著《遵生八笺》中说:人饮真茶,能止渴、消食、除痰、少睡、利水道、明目益思、除烦去腻;人固不可一日无茶。满洲人吃肉饮乳,喝茶解腥,茶一直是他们的重要饮品。清承明制,设立御茶房,由皇帝钦定的总管内务府大臣负责,下设尚茶正、尚茶副、尚茶共 11 人,专事宫中茶事。

清宫用茶,大约有一百多种,都是全国各地盛产茶叶的茶区最好的贡品。

清宫的名茶包括:

云贵地区——普洱珠茶、普洱芯茶、普洱芽茶、普洱大茶、普洱中茶、普洱小茶、普洱女茶、黄缎茶膏;

四川地区——涪茶、仙茶、观音茶、名山茶、春茗茶、锅焙茶、青城芽茶、灌县细茶、蒙顶山茶、邛州砖茶;

湖北地区——砖茶、通山茶、郧尔茶;

湖南地区——安化茶、界亭茶、君山银叶茶;

福建地区——武夷茶、莲芯茶、花香茶、三昧茶、莲芯尖茶、郑宅芽茶、郑宅香片茶、工夫花香茶、小种花香茶、天柱花香茶、乔松品制茶;

江西地区——庐山茶、永安砖茶、永新砖茶、安远砖茶、宁邑芥茶、赣邑储茶;

安徽地区——雀舌茶、银针茶、珠兰茶、松罗茶、梅片茶、黄山毛尖茶;

江苏地区——阳羡茶、碧螺春茶;

浙江地区——黄茶、龙井茶、内素茶、大突茶、小突茶、日铸茶、龙井芽茶、桂花茶膏、人参茶膏、龙井雨前茶。

清宫从皇帝到下人苏拉,人人都有茶份。共茶份就是根据每人的身份等级,配给的用茶数额:皇帝每月锅焙茶 3 斤 3 两,普洱茶 3 斤 3 两等;

皇贵妃、贵妃、妃、嫔每月每人各用六安茶 1 斤 4 两,天池茶 8 两;

贵人等每月每人用六安茶 7 两,天池茶 4 两等。

清帝每年都要到宫外举行隆重的试茗活动:在每年的谷雨以后,皇帝在大臣们选好的日子,品尝每年的头贡佳茗;这头贡最上乘的好茶,必须用泉水、雪水、荷露烹制茶水——用精致的小竹炉,炉上置沙铫子,下面烧宫里上好的无烟炭火。每次烹茶,由皇帝掌握烹茶水沸的程度,要掌握好火候,要恰到好处,然后细品;皇帝在优美迷人的环境之中,满眼融融的绿色,自烹、自斟、自饮,自己品味,其乐融融,兴之所至,还要作赋吟诗。

乾清宫东庑最北的三楹房间,清朝曾悬挂康熙手书的"御茶房"匾额。这里是专供皇帝御用的茶房,太后、皇后及皇子们另有各自的茶房。

御茶房提供皇帝所用的茗饮、奶茶、果品及宫中各处的供品、参与备办节令宴席。

御茶房所提供的茶水,都是从京西玉泉山取来的,送水车每天都行驶在玉泉山至皇宫的路上。茶叶多取自安徽的六安茶,每年需用六安茶九十袋。南方进贡来的果品,例行交到御茶房来,皇帝品尝之后,其余的陆续赏给王公、大臣、后妃。

深宫美酒

明代宫中用酒不由光禄寺提供,而是专设御酒房。御酒房由太监掌管,房中设提督太监一人,佥书数人。明御酒房中造酒非常有名,包括:荷花蕊、寒潭香、秋露白、竹叶青、金茎露、太禧白。明崇祯帝,极好金茎露、太禧白,称其为长春露、长春白。魏忠贤当道后掌管后宫,常在宫外造酒,送进深宫,由御茶房进呈皇帝,其酒的名目极多,包括金盘露、荷花蕊、君子汤、佛手汤、天乳、琼酥等。

清代,酿酒业有了长足的发展,出现了许多闻名遐迩的名酒。清康熙帝勤于治政,严厉戒酒,并将御制诗写刻于元宫留下的黑玉酒瓮上,终身放弃饮酒之乐。乾隆风流倜傥,不管什么皇祖酒戒,大臣张照献松苓酒方,他便命人照方酿酒——寻采深山古松,挖至树根,将酒瓮开盖,埋在树根下,使松根的液体被酒吸入,一年后挖出,酒色一如琥珀,味道极美。乾隆常有节制地饮用松苓酒,有益长寿。有人说,乾隆寿跻九旬仍康庄强健,与饮松苓酒有关。

宫中,御膳房做菜,也常用玉泉酒调料。玉泉酒还用于祭礼,每年正月祭谷坛、二月祭社稷坛、夏至日祭方泽坛、冬至日祭圜丘坛、岁暮祭太庙,玉泉酒都是作为福酒供祭。

每年腊月,最后一天,茶膳房首领会同药房首领将大黄、桔梗、白术、肉桂各一两八钱;乌头六钱;菝葜一两二钱,研成细末,用缝囊装好,悬在药房井内,离水三尺。正月初一日子初取出,用木瓜酒一斤、冰糖面五钱,一同煎熬。这便是新春佳节饮用的屠苏酒,用以屠绝鬼气,苏醒人魂,除瘟避疫。

每年,五月五日端午节,将雄黄加入酒内,为雄黄酒。如雄黄玉泉酒,雄黄太平春酒。每逢端午,皇帝、后妃们都要饮用雄黄酒,以解蛇蝎诸毒。宫内还有不少药酒,由御药房配制,用以健身去痰。如嘉庆帝曾长期饮用清热除湿酒。还有一些低度酒如黄酒、木瓜酒、五加皮酒供随时饮用。

同治、光绪年间,西苑南海瀛台,种植了莲荷上万棵。西太后常令小太监采取莲花蕊,加药制酒,为莲花白酒。同时,又有菊花白酒。这些酒,是因西太后偏爱而身价百倍的清末宫中的两大名酒。清末宫中,宴席上还出现了香槟等洋酒。

清宫廷乐舞

中国宫中,戏剧活动繁荣,历史很悠久。张衡的《西京赋》,曾详尽描述了汉代平乐馆中百戏娱乐的光怪陆离。三国时,魏明帝复修乐舞,其后诸帝受用,但乐舞名目未立。唐明皇始设教坊,别增女优。宋徽宗喜制新乐,令大晟府同教坊司按习,这是雅乐播于教坊的开始。金代既并喜吹入太乐,又别置教坊提点,教坊列入官职始自此时。后来,历元至明,历代沿用不衰。元代有宫内戏,明代相承,尤以武宗、神宗时为盛。

清代承明旧制,在顺治元年,设立教坊司,规定凡是宫内行礼宴会,悉用领乐官之妻领教坊女乐 24 人,序立奏乐。同时,又别设随銮细乐太监 18 人,凡是巡幸、亲诣坛庙、祭祀等等,均由他们承做。这些规定,是清代乐工改任太监的开始。

顺治时,凡是宫悬大乐,都由教坊司和奏,设正九品奉銮一人,左右韶舞各一人,左右司乐各一人,协同官 15 人,俳长 20 人,色长 17 人,歌工 98 人。顺治八年,停止教坊司女乐进入宫廷,女乐所担事务,均由太监承应,数额定为 48 人。

教坊司掌乐,分为雅乐和俗乐两种,雅乐包括中和乐、丹陛乐等。俗乐包括百戏、队舞、讴歌等。康熙时,有用内乐工试验《中和韶乐》之事。雍正元年,除乐户籍,择选精通音乐的人充实教坊,考核以后,经过培训成为教坊乐工。这些活动,是清代挑选民工入役供奉的开始。

乾隆初年,高宗命张文敏照制院本进呈,以备演习。据说当时的署中剧本,均由南书房行走撰写。清代宫中的戏剧活动,就影响和规模上说,大概要数"南府"和"景山"最有名气。

"南府",在明代是灰池。清初,在其地用树杂植,培灌苏、杭盆景,并且因此改名,叫作"南花园"。乾隆仿唐明皇梨花园中教演弟子的故事,移"内中和乐""内学"、内监等,在此娴习乐艺。他们统辖于内务府,其总管大臣和堂事郎中因办公园内,为区别西华门内迤北的内务府,故名"南府",地址在长街南口。

"景山",是旗籍子弟读书的所在,在那里,清廷设有官学。乾隆初年,内府供奉需人,就由苏州、杭州等地选取一些有点名气的民籍艺人入官。这些人,初到宫中,按例,他们不能与太监杂居。后来,考虑到教授后学,于是,就都安置在景山。他们与官学同住,后来,才及于南府。

"景山"虽然与"南府"并称,但前者的规模却远远不及后者。"南府",有内三学(内头学、内二学、内三学)、外二学(大学、小学)、中和乐、十番学、跳索学以及钱粮处、大差处等等。内三学,均用太监习艺。各学,均设正副首领各一人,太监人数没有定额。

宫中的承应节目,主要分为两类,一类是"月令承应",一类是"庆典承应"。

月令承应,包括元旦、立春、上元诸节承应和花朝、浴佛、赏荷等特殊承应。元旦承应,大多是祥瑞例戏,如"寿山福海""椒柏屠苏""开筵称庆"等。立春承应,则是"早春朝贺""对雪题诗"之类。上元节戏目,主要是伴随欢筵而设的,包括"嘉夜戏游""灯月交辉""紫姑占福""御花献瑞""海不扬波""太平王会"等。特殊承应,针对性很强,如花朝应"万卉呈祥""千春燕喜";浴佛应"佛化金神""光开宝座";重九应"九华品菊""众美飞霞"等。

庆典承应,包括法宫雅奏和九九大庆两类。法宫雅奏,指内庭各种喜庆事的承应,如皇帝定婚、皇帝大婚、皇子成婚、皇子诞生、皇子弥月,以及后妃们上徽号、册封等等,在这些场合,自然是上演祥征瑞应之类的节目。九九大庆,则是指帝后的寿节承应,节目不过是黄童白叟、群仙神道之类。如皇帝万寿,节目有"宝镜开祥""群仙祝寿";皇后千秋节则为"万年太平""螽斯衍庆";亲王寿辰有"升平集庆颂尧年";皇妃寿辰有"金桃献寿觐龙光";等等。

清代宫廷的演戏场所,在紫禁城之中主要有四处,即畅音阁大戏台、漱芳斋戏台、倦勤楼戏台、寿安宫戏台。

清宫廷游乐

1. 玩仙图

能够和明神宗朱翊钧创设豆叶戏相媲美者,是清乾隆皇帝弘历,他独创了一种游戏——玩仙图。其玩法,也和豆叶戏一样,十分简单。玩仙图,取材于古代的神话和传说的列仙传,将各种神仙绘成一幅神仙庆寿图。每位神仙代表一种吉祥,玩的时候,用骰子投掷。据说,这是用作新年吉祥游戏的玩仙图。慈禧太后很喜欢这种游戏,并有所改进,重绘新图游玩。

2. 骑射马技

满洲八旗,所向披靡,入主中原,据有天下。满洲皇帝依旧注重射猎活动。顺治入关的第一年即数幸南苑,下令禁旅行围,并制订了大狩扈从例。康熙即位以后,更注重骑射活动,制订了详细的车驾行围条例。他曾率军幸塞外,猎南山,出山海关,次乌拉,一路上弓矢校猎。这是康熙二十年的事。两年以后,康熙幸古北口外行围。自此以后,开始了清代皇帝每年必须举行的木兰秋狝。

康熙六十一年,木兰行围成为定制。木兰,原意为哨鹿,解为围场,位于承德府北四百里,属翁朱特旗,方圆达一千三百余里,林木葱茏,草木丰盛,百兽飞禽繁衍其中。这是一处很理想的围场。

康熙勤于政务,但从不懈怠骑射。康熙六十岁时,对侍从说,他用鸟枪、弓矢,先后猎获了虎135只、熊20只、豹25只、猞猁狲10只、麋鹿14只、狼96只、野猪132只,哨获鹿凡数百只,其余围场随便射获诸兽不可胜记。

乾隆皇帝也追随康熙,崇文尚武,每年都到塞外骑射狩猎。乾隆的射艺本领很高,他能一箭射中双鹿,侍臣为此作了《一发双鹿图》。宣宗曼宁也长于射猎。骑射是马技和射艺的结合。爱好骑射的明清皇帝们,都有极高的马技。其中,马技之佼佼者,要数明成祖、明武宗、清圣祖、清高宗,尤以尚武为乐的明武宗为最。

3. 冰嬉角抵

清代,皇帝们极喜冰嬉活动。早在努尔哈赤时就曾拥有一支特种部队,既善滑冰,又能冰橇,而且战斗力极强。有一次,巴尔虎特部洛围攻墨根城甚急,努尔哈赤部将费古烈所部兵皆着乌喇滑子,神速冰行,以炮驾爬犁,沿着脑温江冰层驰救,一日一夜急行七百里。城池垂陷,援兵赶到以后巴尔虎特部落还一无所知。等援兵炮响,这才大惊,怀疑神兵天降。

入主中原以后,清宫常在太液池进行冬月冰上表演。所谓:太液冻初坚,冰嬉队连连。弯弧兼肄武,仰射彩球圆。每年,西苑太液池封冻,清宫便有冰嬉活动,借以健身习武,皇上临视。参加冰嬉的人,都是从八旗和前锋统领、护军统领、训练有素的士兵中选拔出来的。

每年,选拔工作从十月即已开始。每旗,照定数各选善于走冰的二百人,由内务府预备冰鞋、行头、弓箭、球架。冬至日后第九天,皇帝驾幸瀛台,陈设冰嬉伎、较射天球伎。分兵丁为二翼,每翼头目12人,身穿红服、黄马褂,其他是齐肩马褂。射球兵丁160人,幼童40人,以次走冰、较射。

清代,角抵活动空前繁荣,规则日趋完善,技巧也花样翻新。清军之中,设有善扑营,编制为二百人,由八旗精练勇士中挑选。清代皇帝,几乎都尚角抵。清圣祖康熙即位时,常令小太监习布库以为戏,最后,借助这些善扑的小太监,捉拿了专横跋扈的权臣鳌拜。清乾隆皇帝,也最喜其技。

清代角抵,有官跤、私跤之分。官跤,是指善扑营和官方举行的表演和比赛。竞赛时,跤场铺大绒毡,比赛人身穿褡裢,着短靴,披挂白布窄袖上装,上场扭结,并可绊足,以使对方倒地为胜。角抵,在宫中常用于在御前表演。

4. 优伶

清代皇帝,除了在后宫看戏,不需要什么优伶存讽议。优伶被皇帝蔑视,更不敢妄自讥讽。清代皇帝忌讳极多,宦官优伶们侍从左右,每天提心吊胆。乾隆南巡时,昆山有位久负盛名的净角,召到御前,演唱《训子》一折,其《粉蝶儿》一曲,首句是:那其间,天下荒荒。演唱时,净角心中慌慌,该唱之时,临时改词:那其间,楚汉争强。乾隆看后,大为赞赏,厚赐净角。

雍正时,一位优伶则无此幸运,在宫内演唱《绣襦》,很成功。本来,龙颜大悦,盼咐嘉奖,赐伶人进食。剧中,郑儋是常州刺史。这时,伶人忽然笑问:今日常州知府是谁?世宗大怒,斥问他:汝优伶,何可擅问官军?结果,一顿刑杖,把伶人打死。

帝王文化生活

1. 康熙博览群书

1661年,顺治皇帝死于故宫养心殿。顺治第三个儿子爱新觉罗·玄烨即位,为清圣祖康熙皇帝。次年,为康熙元年。康熙即位时,年仅八岁,国家政务交与正白旗苏克萨哈、正黄旗索尼、镶黄旗遏必隆、鳌拜四大辅臣代理。四大辅臣中索尼年老,遏必隆软弱,苏克萨哈势力单薄,因此,一切实权实际由鳌拜独揽,政务全权处理。在鳌拜当政期间,年幼而聪颖的康熙,一方面潜心地涉猎各种知识,一方面对朝廷的矛盾密切关注。

按照中国传统的要求,人子八岁,即当入学读书。事实上,康熙在八岁之前,就已经有了良好的熏陶,打下了相当的学习基础。康熙的父皇顺治帝,是位汉族文化的崇尚者,他不仅能诗,而且善画,对于佛学禅宗,更是表现出来了卓越的天资和领悟力。由于顺治推崇汉文化,因此,在刚刚入关的满洲贵族,踌躇满志蔚然向学。康熙降生,正是在这种向学的风气之中,一心向学,大有教益。

据史书记载,幼年的康熙不讨父皇喜爱。因此,在很小的时候,康熙就被父皇寄养在宫外的福佑寺。康熙生活在宫外,认真读书。乳母孙氏、太监张氏、林氏,都是康熙早年的启蒙导师。孙氏是正白旗汉人包衣曹玺的妻子,张氏、林氏是在明廷中长大成人的,他们知道众多的故事,了解许多的掌故。

即位以后,康熙一方面如饥似渴地吸收知识,博览群书,将中西文化融为一体,一方面将从自己知识结构中所衍生出来的文化策略一一付诸实施,这就演化出了一个在专制时代不可多得的文化盛世。

中国文化的主体,千百年来,是以孔子为中心的一套儒家学说的思想体系,儒家经典就是这套体系的物质载体。因此,康熙学习的主要任务是认识孔子和熟谙中国的儒家经典。康熙在《至圣先师孔子庙碑》中说道,起之于天,大道之弘,在于圣贤。因此说,仲尼之道,实天道矣。

康熙尊崇孔子,视孔子、孟子的经书为人生立世的根基。康熙说,熟读四书五经,举凡存心、养性、立身之道,无不明备。故此,康熙在武英殿刊刻大量经史之外,又续顺治御注《孝经》之后,御纂、钦定了一批儒家经籍,即御纂《周易折中》《日讲四书解义》,钦定《诗经传说汇纂》《书经传说汇纂》《春秋传说汇纂》等。

在康熙看来,《书经》是以道来谈论政事的,是虞夏商周的治国法本,因此,他在《书传序》中说:二帝三王的政教,是本之于道,而二帝三王之道则又本之于心,如得其心,则道与治国的本领可以同时得到;道心是人心之主,心法是治法之原,道与心,道法与心法,均可在《书经》中得到。《诗经》则兼备六法,融通六艺,于讽诵吟咏之间,观感、铺排、起兴,正所谓诗以言志,温柔敦厚,诗教也。《春秋》是经世大法,礼教是治民的道理。六经的主旨,不过是修身、养性、治国、平天下而已。

康熙知识广博,在地理、气象、农业,以及吸收西方文化而体现在历法、数学、机械、医学等诸方面,均有很深的造诣。史地,历来是相提并论的。精通历史者,常常是熟谙地理。康熙不仅从书本中获取地理知识,而且在行军、出巡时,常常抓紧时间,考察其地的地质、地貌、了解当地的农业、生产、水文、生物等等。

康熙三十五年4月,康熙在杂记中,记载了自独石口至喀伦的如下情况:从独石口至喀伦,绳量有八百里,比较以前行人所量,日见短少。从京师到独石口,路途较近,约计不过423里。皇太子可以派人前往测量。喀伦地方,用仪器测验北极高度,较京师高出5℃,以此测度,则里数是1250里。这是用北极高度测算里数的记载。

关于沙漠,历来笼罩着神秘与凶暴,人们大有谈沙色变的感慨,更不用说是涉足沙漠。康熙则亲历流沙,留下有详细的沙漠记载。康熙三十五年四月,康熙训谕太子:现在经过的地方并不是大瀚海,大瀚海更西,其地更为辽阔空远;然而这里,山阜连绵,砂石相间,自出喀伦以来,还没有见过一寸土地;这里的沙很坚,履而不陷,营中的军士凿井很方便,一人可凿二三十处,所以,军中的用水没有问题。此外,康熙还记有黑龙江乌喇、内蒙古喀尔沁等地的木化石与鱼化石,还组织专人测绘地理,并且敏锐地注意到了偏磁的问题。

康熙常读《豳风》《无逸》等书籍,对于西汉的农业诏令也非常熟悉,由此可以看出,康熙非常重视农业问题。康熙重视农业,不仅仅表现在与民休息和倡导耕织,而他自己在这一方面,则是有着丰富的农业知识与专深的造诣。康熙曾说,他自幼就喜观赏稼穑,常将各地进献的五谷菜蔬诸种,亲自种、植,观其收获。

康熙在正统学说方面的才华,在帝王之林中是无与伦比的,而他在偏门杂学方面的才识，也同样出类拔萃。只是，康熙的杂学才识，历来是秘阁深藏而鲜为人知的。康熙写有《蒙气》，记太阳在空气中的折射影像。写有《方音》，记七省地方语言的差异。写有《雷声不出百里》，记声、光、黄钟之间的关系。还有《南方物性》《海鱼化唐》《山气》《雷楔》《潮汐》等，真是举不胜举，无法统计。

康熙接受西方科学，主要是通过西方传教士来实现的。他在天文、历法、物理、数学、医学等领域潜心西学，很好地把中学与西学的精华融为一体。

历法之争，是明末清初中西文化激烈冲撞的一个带有政治色彩的学术问题。康熙尊重科学，不以种族与国籍相排斥，更不掺入政治是非问题，他只用严谨、科学的实验方法，去证明历法是哪一方更为科学、合理。反复实验的结果，西方传教士的历法不差毫厘。于是，康熙纠正中方历法的失误，重委南怀仁主钦天监事，并将举止失措的杨光先、吴明烜等从宽处理。这样，自始至终，康熙既信服了西方科学的深奥，又成功地将这一复杂的、带有浓厚政治色彩的历法之争，严格限制在学术范围之内。

南怀仁，不仅精通历法，而且也有深厚的数学知识。他用满文编译《几何原本》，康熙借助此书，学到了不少东西。南怀仁死后，康熙又向法国传教士张诚、白晋、安多，葡萄牙传教士徐日升等学习天文、数学、机械、制图等，并了解、熟悉、研模、组装各种仪器。康熙于养心殿辟专舍，每天召进传教士入宫进习。因此，养心殿的讲习所，实际上是康熙与传教士实施中西文化交流的一个小天地，大舞台。

康熙学《几何原本》，学法国数学家巴蒂斯的《实用和理论几何学》，学拉丁文，记各种各样的定理、定律，最为重要的是，他还培养了宣城梅文鼎、梅谷成，泰州陈厚耀，大兴何国宗，内蒙古明安图等一代数学大师。康熙组织这批数学大师，修撰了一系列震惊学界的数学典籍，其最具代表性的，是于蒙养斋修撰的《律历渊源》等。《律历渊源》一百卷，包括《历象考成》（上编、下编、续编）、《律吕正义》（上编、下编、续编）、《数理精蕴》（上编、下编、表）三个部分，其记载丰富，考核详明，既囊括了中国古代数学的全部精华，又详细地收入了西方传教士所传入的几何、代数、三角等等。完全可以肯定地说，《律历渊源》是一部数学百科全书，是康熙兼收并蓄、融贯中西所表现在数学方面的科学结晶。

康熙喜欢医学，深谙中医。他对中国古代的医学大家，如张仲景、华佗之流，很为钦佩。康熙三十二年，由于传教士用金鸡纳（奎宁）治好了康熙的疟疾，康熙遂对西方医学发生了浓厚的兴趣。康熙为了表示感谢张诚、白晋等治病之功，特于皇城西安门内赐厦一所，并随后拨给银两，建造大堂，赐匾：万有真源。其堂中正祭台后，康熙还许建观象台，作日常藏书和观象之用。康熙另外专辟实验室,召传教士就中制造西药,以备出巡和行军之需。

康熙还曾将这些西药慷慨赐给病中臣僚与军士。康熙在吸收和研究药物药性的同时,还让传教士传授解剖学知识。解剖学在中世纪的欧洲是被视为异端邪说的。在当时的中国禁忌重重,讲求礼制,视人体为禁区,其黑暗沉沉一如欧洲的中世纪。

康熙以帝王之尊,率先研究解剖,这不能不说是气魄夺人而难能可贵的。罗雅谷等曾述译《人身图说》,邓玉函述译《泰西人身说概论》,法国的巴明多精通满文,将法国皮理的《人体解剖学》,应诏译为满文。康熙就从传教士和这些书籍中,获得医学方面的知识与技能。康熙中西融贯,博览群书,即使在科学发达的今日,他的渊博学识与专深学问,也是同样令人由衷敬佩的。

2. 乾隆和书画

乾隆与绘画的因缘,可以体现在两个方面。其一是身体力行,繁荣了清代的宫中绘画;其二是拓展知识,充实自己的艺术才华。胡敬生于乾嘉时代,他在《国朝院画录》中说,清朝画院是乾隆年间正式设立的:国朝踵前代旧制,设立画院。清初画院,用工匠,后来渐用士流,有的由大臣引荐,有的因献画而召入。由此可见,清代对于绘画设有机构,但规模较小,不像宋代设有翰林图画院,而是如清宫档案所载,只有画院处。

由于画院处机构简单,只供消遣之用,所以其间只设内廷祗候、仙廷供奉。康熙十九年,清宫大兴土木,召天下名工巧匠,任职宫中。康熙组织了一次宫中较大的宫廷绘画创作活动,即以都察院左副都御史宋骏业主其事,由石谷、宋骏业、杨晋共同完成的《康熙南巡图》。这幅《南巡图》正本十二卷,绢本设色,是康熙第二次南巡以后的宫中产物,草图由石谷执笔,经过康熙首肯以后,经三人凝思落笔、合力而成。

在这以后,康熙又多次地组织画师,在宫中创作。于是,有王原祁的《万寿图》,冷枚的《避暑山庄图》《汉宫春晓图》,沈瑜的《避暑山庄三十六景》,信秉贞的《耕织图》。康熙时,宫廷画师在创作画作之外,还受命编辑画集,其代表性的作品是《佩文斋书画谱》。该谱丛辑一百卷,引书凡1844种,经康熙钦定,由孙岳颁、宋骏业等当世名流编修。因此,它是一部极有价值的书画研究参考书。

乾隆时期,宫中除了一大批中国画家之外,还有不少精于画艺的西方传教士,如郎世宁、王致诚、潘廷章、安德义、艾启蒙等。郎世宁本名加斯提里阿拉,是意大利美朗诺市人。康熙五十四年他以27岁进入中国。雍正即位以后,召见郎世宁发挥西洋画法,绘《聚瑞图》以进。世宗看《聚瑞图》,赏识郎世宁的绘画才能,遂留侍宫廷。乾隆即位以后,郎世宁画乾隆肖像、画战功图、画马、画人物、画花卉。他的作品融合中西、画面细致,有极强烈的写实精神。如他的《玛瑞斫阵图》《阿玉锡持矛荡冠图》《爱乌罕四骏》《百骏图》《八骏图》等。乾隆题郎世宁的作品较多,如题郎世宁画马,就有这样的诗句:

伯乐今难遇,谁空冀北群?
横风嘶逸韵,意气欲凌云。

乾隆爱画、好画、题画,自己也能挥笔作画,留下不少的作品。乾隆的画品主要有《烟波钓艇图》《开泰说并仿明宣宗开泰图》《竹溪雪意》《雪竹》《岁朝图》《春蔬图》《四友图》《岁寒三益图》《古柏》等。

3. 清帝文化策略

清帝国自清太祖努尔哈赤时起,一直都很重视先进、成熟的汉族文化。太宗皇太极的汉化政策和多尔衮、顺治帝的具体实施,为康乾盛世的文化繁荣奠定了不可忽视的坚实基础。康熙智擒鳌拜以后,一反鳌拜轻视文教、排斥汉官的统治策略,在文化上,极力推行尊孔崇儒、优容知识分子的致治方略。他在鳌拜当政期间,就毅然决然地亲临国子监,在国子监举行颇犯鳌拜所忌讳的临雍大典。随后,又不经过鳌拜的同意,果敢地敕令有司,恢复圣裔监生的旧例,表现出了卓越的睿智与才干。

亲政以后,康熙推行了一套兴盛国家的文化策略更是史无前例。他礼祀孔子,拜谒阙里,制孔、颜、曾、思、孟赞文,立孔、孟、周公石碑。大规模地召集儒臣,或任为官吏,或撰修书籍。并御纂《周易折中》《日讲四书解义》,钦定《诗经传说汇纂》《书经传说汇纂》《春秋传说汇纂》。康熙在倡导文化的同时,自己也身体力行,刻意学习。

康熙涉猎经学、史学、文学、艺术、文化、科学等各个领域,融汇古今,博通天地,在中国帝王之林中,可以称得上一枝独秀、出类拔萃。他还写有丰富的《御制诗文集》,用文字留下了他心理、思想、生活方面的足迹。康熙的文化思想表现在社会的治理上,就是确立以强调规范与秩序的程朱理学作为治理社会的官方哲学,并将理学发扬光大,使之更加走向成熟和神秘。他还千方百计地怀柔与笼络地主阶级知识分子,一次又一次地扩大科举,荐引隐士,设博学鸿词科,以皇帝之尊礼敬士子。

康熙皇帝重视文化,在翰林院、蒙养斋、武英殿、佩文斋等处,设立修书所,纂修了像《康熙字典》《佩文韵府》等特色各异的六十多种著作,这些著作必将以非凡的价值而彪炳史册、永垂千古。尤其难能可贵的是,康熙不以天朝大国的至尊自居,重用博学多才的西方传教士,向他们学习西方的科学知识,并让他们在钦天监、内阁和宫廷等处任职,这样,使得中国文化在天文、地理、数学、音乐、解剖、机械、制图、火炮等方面,注入了一定的、充满生机与活力的新鲜血液,从而促进了东西文化的大融合,繁荣了中国文化。

雍正即位以后,以严谨来治理这个国家。他虽然有谋父、逼母、弑兄、屠弟的骂名,但是,他在阐述封建伦理与道德方面,却是感人至深的。他著《孝经集注》,情真意切。他礼重孔孟,信服程朱;他重用人才,宽严并举。但是,他为人苛刻,从皇统的巩固出发,大兴惨无人道的文字狱。他下令,屠戮吕留良家族及其故旧,其规模之大,手段之残酷,实在令人惨不忍睹。然而,他颁布《大义觉迷录》,试图感化迷途之人,有超人的政治家风度。

乾隆皇帝重视文化,博学通才。他尊孔崇儒,在整理儒家典籍方面,较之他的父祖更是不遗余力。他御纂《周易述义》《诗义折中》《春秋直解》,钦定《周官义疏》《仪礼义疏》《礼记义疏》,还召集文臣,修《明史》续三通,编方略,真是文章鼎盛,风华盖世。乾隆时代,最有影响的文化盛事大概就是《四库全书》及其节略本《四库荟要》。《四库全书》是一部乾隆年间完成的大型丛书,分经、史、子、集四部,故名四库;全书收录了3500余种古书,共计7.9万卷,3.6万册,约8亿字,基本囊括了中国古代所有图书,故称全书。《四库全书》是在乾隆皇帝的亲自主持下,由纪昀等360多位学者编纂而成,先后有3800余人参与抄写工作,费时13年。当时,乾隆皇帝命人手抄7部《四库全书》,分别收藏:最先抄好四部,分贮于紫禁城文渊阁、辽宁沈阳文溯阁、圆明园文源阁、河北承德文津阁,称为"北四阁";随后抄好三部,分贮于扬州文汇阁、镇江文宗阁和杭州文澜阁,称为"南三阁"。《四库全书》装函之后,按部类顺序分别归入楠木书架,安置阁中。包括:经部书20架,每架48函,凡960函,分贮下层两侧;史部书33架,每架亦48函,凡1584函,藏于中间暗层;子部书22架,每架72函,凡1584函,安放上层之中;集部书28架,每架亦72函,凡2016函,分置于上层两旁。总计103架,6144函,36000册。

《四库全书荟要》:《四库全书》卷帙浩繁,当时,已经63岁高龄的乾隆皇帝希望在有生之年能看到一部大型成书,所以,在开馆之初,乾隆命于敏中、王际华等人,从应钞诸书之中,撷其精华,以较快速度,编纂一部《四库全书荟要》。

5年后,乾隆四十三年,乾隆皇帝68岁,第一部《四库全书荟要》完成,收藏于紫禁城坤宫宁御花园的之摘藻堂。第二年,又誊缮一部,收藏于圆明园内之味腴书屋,以备乾隆随时阅鉴。《四库全书荟要》共 463 种,20828 卷,11178 册,下设若干子目。《四库全书荟要》成书后,乾隆欣喜若狂,题诗一首:

> 全书收四库,荟要粹其精。
> 事自己巳兆,工今戊戌成。
> 于焉适枕柞,亦欲励尊行。
> 设日资摘藻,犹非识重轻。

乾隆崇尚儒学,强调修身。他说,立身至诚,读书明理。他崇尚理学,崇尚朱熹在深奥的思辨中所构造的思想本系和理学所刻意表达的格物致知与制欲明理。他喜欢博览群书,吸收各个方面的知识,因此,他在天文、地理、诗文、科学,以至考据、鉴赏等方面具备了丰足的知识和深厚的造诣,在这个基础上,他才能以一个巨人的双手,推进文化的兴盛,把中国的文化学术又一次推向一个高峰。

正是由于康乾时代颇具感召力的文化政策,也正是由于康乾二帝的文化涵养,在大清王朝的盛世百年,文化在这时呈现姹紫嫣红的繁荣之势:理学,经过明末清初实学思潮的冲击以后,再次在时代的思想风潮中卷地崛起;汉宋之学中,一度兴盛一时的考据学,再次在新的土壤中复活;诗书礼义,遍布天下;各地设立学校、诵习诗书,蔚然形成一代风气。这是一个崭新的时代,也是一个王朝盛世。如果说,康熙时代的文化舞台呈现一种云蒸霞蔚的时代景观,那么,乾隆时代的文化繁荣,可以说是如日中天。

皇帝的隐私

1. 皇帝和妓女

清咸丰时,皇帝和大臣同时爱上了一个艺妓,这在中国历史上也是极为罕有。这位艺妓是位雏伶,名叫朱莲芬。她美艳照人,善唱昆曲,歌喉娇滴圆润,清脆动听。她还多才多艺,能歌善舞,能诗能文,她的楷书还极有功底。咸丰皇帝奕詝发现了这个雏妓,爱怜不已,时常召幸。但与此同时,有不少的朝廷大臣也爱上了朱莲芬,其中,最痴情的要算御史陆氏和吏部官员龚引孙。

陆氏因朱莲芬时常被皇帝召入后宫,十分恼火。陆氏上书咸丰皇帝,直言切谏,慷慨激昂,主旨一个,就是劝告皇帝要勤于政务,不要亲近倡优。奏章引经据典,洋洋数千言,写得气势磅礴。咸丰皇帝看了陆氏的奏章,捧腹大笑,说:陆都老爷吃醋!随即咸丰在奏章上批朱:如狗啃骨头被人夺去,岂不恨哉!钦此!但是,咸丰帝并未因此而惩治陆某。

西太后专权揽政,身为同治皇帝的儿子载淳无可奈何。同治帝正值华年,终日幽闭深宫,抱负无法施展,心中十分忧苦。西太后又干预同治帝的婚姻生活,致使同治帝愤恨不已,终年独宿乾清宫,冷落皇后。然而,同治帝精力正盛,这种宫中幽闭和半死不活的婚姻生活他如何承受得了?近侍和心腹便勾引同治帝,出宫巡游。同治帝微服出入于娼寮酒馆,玩得痛快至极。

当时,著名的娼寮妓馆是常有内务府和大臣光顾的,一旦君臣遇上,自然万分尴尬。同治帝就到内城私窑子等大臣们很少去的地方去嫖妓。这些地方是下层人生活的所在,什么人都有,性病极滥。不久,年轻的同治皇帝便染上了梅毒,40天后就因梅毒死去,年仅19岁。

2. 皇帝演戏

清道光皇帝为了取悦生母,在母后生日时,竟面挂白须,身穿斑连衣,手持鼗鼓扮作孺子戏舞状,演斑衣戏彩一阕,博父母欢悦。

西太后喜好淫戏,同治帝深以为耻,但又无法阻止。

有一天,西庆后点《翠屏山》。同治听到后,便到后台化装扮演石秀。开演以后,石秀的真戏被草草了结,戏词也削减大半。勾引石秀的潘巧云也只得草草作结。又有一次,西太后点《双摇会》,同治扮戏中劝架的邻居,自己即兴说词:你我两家邻居,相处多年,你家大爷年纪也不小了,家庭里若是这样常常闹笑话,闹个不了,非但不成体统,也未免太不给年轻人留地步了!

清宫节令和风俗

1. 节令之娱

清宫过年,十分热闹。

每年十二月,是农历腊月,清宫开始准备过年。

每年十二月初一日,皇帝亲书福字。

每年十二月初一日,称为"嘉平朔日"。古代,称十二月为腊月。上古商朝,称腊月为嘉平。清代皇帝喜欢拟古,喜欢称腊月为嘉平月。

皇帝书福字,始于康熙皇帝。每年腊月,皇帝书写第一个福字,悬挂于乾清宫正殿。其余御笔福字,悬挂于后宫各处,或者赏赐给王公大臣。当时,王公大臣以获得皇帝御笔福字为荣。

康熙皇帝有专用毛笔,书写福字。这支御笔,笔管为竹制,深色髹漆,上面镌刻着"赐福苍生"字样,用泥金填注;笔头不是珍稀的兽毛,而是用棕制作的。用于书写福字的笺为内府绢,表面喷涂一层丹砂,上绘金云龙图案。御笔所书福字,第一张,悬挂于乾清宫正殿,其余御笔,则悬挂于各宫。

从雍正皇帝开始,皇帝书写之福字,在宫中张挂之外,还大量赏赐王公大臣。

乾隆以前,皇帝在乾清宫,或者是养心殿,御笔书写福字,时间通常是在除夕之前。乾隆二年(1737年),乾隆确定,每年十二月初一日,在重华宫漱芳斋,有时,在建福宫书写,皇帝开笔,书写福字,成为常例,称为"嘉平书福"。

从此以后,清代历任皇帝书写福字之笔,都是康熙皇帝传下来的那支"赐福苍生"之笔。这支笔,一直到清末之时仍在,专门安放在乾隆皇帝为其专做的檀木匣中。

乾隆年间,王际华历任礼部尚书、户部尚书,深受皇帝信任。他是浙江钱塘人,供职朝廷31年,先后获得皇帝赏赐福字24幅。他将御笔福字精心装裱,悬挂在自家厅堂,取名为二十四福堂。

每年腊月八日,是释迦牟尼的成佛日。北宋之时,京城汴梁(今开封)就流行吃腊八粥。当时,僧人、百姓,在腊八之日,煮果子、杂料粥,称为腊八粥。清代时,京城北京流行吃腊八粥,用料方面较为讲究:白米、黄米、小米、江米、菱角米、红枣、栗子、红豇豆、杏仁、桃仁、榛仁、松仁、花生、瓜子、葡萄干等等,煮成一锅。

腊八日,皇宫之中,皇帝在紫禁城中正殿举行隆重仪式。中正殿是藏传佛教重要佛事场所,位于紫禁城北部偏西,雨花阁北边。殿前,设立黄色毡帐,圆顶,称为小金殿。皇帝升殿,御前大臣侍从。达赖喇嘛或者章嘉胡图克图,亲手为皇帝拂拭衣冠,去除灾邪。殿外,众喇嘛一起唪经。皇帝派遣王公大臣,前往雍和宫,负责煮粥、献粥、施粥事务。

腊月十九日,宫中开始燃放爆竹。燃放爆竹,始于三国魏晋时期。传说,西方山中有一种人,身长尺余,长一只脚,称为山臊,非常凶狠。如果有人触犯了它,会立即浑身发冷,发起高烧。人们害怕它,就将竹子放入火中燃烧,竹子爆裂,发出巨响,驱逐山臊,消灾祈祷。宋代时,人们开始用纸做炮仗,腊月燃放,称为爆竹、炮仗。

腊月二十三日,是小年。小年之前4天,钦天监选择一个吉日,由皇帝布告天下,各个衙门,正式封印。封印,就是把印封存,不再办公,表示放假。封印后,各部门掌印之官,邀请同僚欢聚,酬谢一岁之劳。

宫中封印之日,要举行隆重的封印仪式:恭捧宝印宝玺,安放在交泰殿供案之上,设果品,设酒食,点香烛。皇帝亲自拈香,行礼。主管官员恭奉宝印宝玺出殿,来到乾清门外,洗净、擦拭;然后,捧回殿内,封贮保存。第二年,正月吉日,正式开封取印。

清宫祭灶,定在腊月二十三日,地点是坤宁宫煮祭肉的大灶之前。祭祀之时,设立供案,供奉神牌,备香烛,摆贡品33种。南苑,猎取黄羊一只;用盛京内务府进献的麦芽糖(关东糖),献祭。汉人祭祀,禁止妇女主祭。清宫祭灶,皇帝、皇后分别到坤宁宫主祭:在佛像前、神龛前、灶神前,拈香行礼。

腊月二十四日,上灯。总管内务府大臣率领太监,举着天灯,进乾清门,在乾清宫两侧丹墀上,安设天灯;在丹陛上,安设万寿灯。从十二月二十四日晚开始,每天晚上,宫中点设天灯,一直到新年之二月初三日;万寿灯,每日升灯联,直至除夕,内务府大臣率领员役换联,安设两廊之灯。除夕、元旦、正月十一至十六日上灯,正月十八日,出灯。

正月十五日,元宵节。宋代,元宵日,吃圆子。相沿成俗。

正月二十三日,是宫里的小填仓,祝福五谷丰登;正月二十五日,大填仓日,则是祈祷风调雨顺。正月二十三日,宫里的太监、宫女也都学做小填仓游戏:将草木烧成灰,堆成约二寸高的线条,画成一座四合院。这个院子有堂有室,有门有窗,有东西厢房。院子的天井里,要画一个大圆囤,圆囤的中心,要堆一大堆草木灰。草木灰上,撒一些五谷杂粮。

小填仓的四合院做好以后,一直不能动,直到正月二十五日的大填仓。大填仓又叫龙引,也是用草木灰,所不同的是,不是用草木灰搭房子,而是从家中的水缸底下开始撒灰,一直引到天井旁边的圆囤那里。撒完了灰,再用瓷碗沿着一道长灰洒一溜水,灰和水平行。这是表示龙从宫里吃饱了,喝足了,取水走了,这是祈祷一年风调雨顺。大填仓后的七天,就是二月二了。这一天,活动很多,最有趣的就是扫仓官儿了!

从慈禧太后开始,宫中的女人,几乎个个都很迷信怕鬼。宫女们晚上走路,都要把眼睛用纱蒙上,害怕被鬼撞上。通常,她们会事先找懂得阴阳八卦的福太监,帮助她们算好今晚的吉祥方位。她们都备好优质的羊角灯,配备一个白纸盒,选好一些白色的长鸡毛,把毛都拔了,只留尖上的羽毛,做一个刷子。晚上八点,李莲英等一帮太监准时进殿请安以后,大小太监提着羊角灯笼,到宫院各个角落细走一遍,仔细查看,该上锁的上锁,该封门的封门。由专人封门之后,将钥匙送交钥匙房。确保宫院绝对安全以后,李莲英带着他的一群太监,就撤走了。

太监们一走,慈禧太后一个眼神,一身黑衣的宫女们就开始行动了:所有的灯都暗淡下来,只有一只只的羊角灯在宫院的各个角落晃动,两个宫女一组,手捧白纸盒,拿着鸡毛刷子,呼吸着清香的空气,在地下,在墙角,寻找初春刚刚苏醒的虫子。看谁找得多,从虫子的品种多少,可以预知一年的气候干湿。找得多的就是有福之人,慈禧太后会给予重奖。这就是中和节,太后和宫女们的扫官仓儿。

每年二月初二,龙抬头。二月,万物苏醒,动物们从冬眠中苏醒过来,大地回春,万物复苏,人们纷纷出户郊游,挑菜踏青,人称挑菜节、踏春节。

宫里的许多活动,本来应该在二月一日办,因为二月一日是宫里的送神节,这个节日很隆重,就改在二月二日了。二月一日,萨满大师一身仙衣,在宫中举行隆重的祭神大典,一方面,他们要送走上界的各方大仙,另一方面,表示宫中一切的春节活动正式结束,新的一年又要开始。

七夕之夜是相思之夜,慈禧太后有时也参与宫中女人们举行的赛针活动。宫里的宫女们,整年都是伺候主子,没有什么节日,只有七夕节才是她们自己的日子,不用动针线做活计,不用从早到晚忙个不停地侍候人。七夕节是宫廷女人们的女儿节,她们在心里则称为夫妻节,慈禧太后通常在这一天给女人们放假一天,并让她们玩上一宿,没有任何限制。她心情好的时候还参加她们的赛针会。这一天,所有应该做的工作做完之后,宫女们按照宫里的规矩,穿上自己最美丽的衣服,三五一伙地来到大槐树前、藤萝架下、葡萄园里,对着蓝天里的天河,倾吐着自己心底不为人知的女儿心事。

乾隆的养生之道

1. 饮食讲究,精通补益之道

乾隆皇帝的一生,饮食上十分讲究,精通补益之道。乾隆皇帝喜欢吃鸭子,吃燕窝;早晚爱吃热汤面,喜欢喝粥;平常的时候,喜爱吃豆制品和山菜,几乎每顿都有,不能缺少。豆制品食物中,乾隆皇帝喜欢豆腐和豆芽菜。豆类作物,在中国历史很悠久,早在公元前二百年,中国的先人就发明了豆腐的制作方法。汉代宫廷中,就盛行吃豆腐。汉高祖刘邦对豆腐有兴趣,常吃不厌;他的孙子刘安,袭封淮南王,是一位讲究享乐的饮食男女的高手,他还有一手绝活,就是会做豆腐。据说,中国真正成形的做豆腐的技术,是始于刘安,也就是说,刘安是中国的豆腐老祖。

豆腐是美食,能轻身益气,美人颜色,所以,女人尤其喜爱吃豆腐。豆腐是美味,能够壮骨补虚,所以古人称豆腐为小宰羊。唐代诗人描述豆腐:旋干磨上流琼液,煮同铛中滚花开。豆芽菜也是健康食品,尤其是黄豆芽。中医中药就很看重黄豆芽,称之为大豆黄卷。黄豆芽性味甘平,有健脾利湿、补五脏不足之神效。

据清宫《膳食档》的记录,乾隆皇帝对于豆制食品有着特殊的嗜好,差不多每天的膳桌上都有,而且每餐都不得重样。乾隆皇帝经常喜欢吃的豆类食品包括:豆片汤、炒豆芽菜、红白豆腐、厢子豆腐、鸡汤豆腐、鸭子豆腐、鸭丁豆腐、锅塌豆腐、什锦豆腐、豆豉豆腐、羊肉炖豆腐、烩三鲜豆腐、烩云片豆腐、卤吓油炖豆腐,锅烧鸡烩什锦豆腐。

　　山菜也是乾隆皇帝极好的一类健康食品,包括蕨菜、松蘑、香菇、冬笋等等。蕨菜是中国东北每年进贡清宫的山菜,俗称拳头菜,清宫视为山菜之王,又呼为吉祥菜。松蘑又称为松茸、松蕈、松口蘑,松软细嫩,滑润鲜美,营养丰富。清宫之中,除了东北的松蘑之外,全国各地所产的山珍,也都要定期进贡宫中:如浙江进笋尖、琴笋、冬笋,江西进石耳、铅山香菰,湖南进笋片、干木耳,四川进茶菇、丁香菌、名山笋尖,山西进银盘蘑、五台山台蘑。

　　乾隆皇帝喜欢吃的山珍包括:冬笋炒肉,冬笋炒鸭丝,冬笋收汤鸡,口蘑冬笋肥鸡,燕窝冬笋肥鸡,口蘑冬笋炒肉,口蘑冬笋爆炒鸡,口蘑冬笋白鸭子,燕窝口蘑白鸭子,鸭子口蘑馅提褶包子,鸡肉香菇馅汤面饺子,鸭子口蘑馅烧麦。

2. 饮食结构合理

　　乾隆皇帝的饮食结构很合理,一句话,就是清淡之余享受口福之乐。乾隆皇帝在享受口福的同时,讲究营养均衡,荤素搭配:肉类中以吃白肉为主,注重补益;多吃豆类食物,多吃蔬菜,多吃山菜;早晚吃些面食、粥类,经常吃杂粮糕点。

　　据清宫留传下来的《膳底档》记载,乾隆皇帝常吃的主食有47种,副食热锅类47种,热菜类59种,汤类7种。乾隆皇帝常进食的主食包括:米饭,素包子,荷叶饼,大馒首,枣儿糕,粳米干膳,白面丝糕,老米面糕,豇豆水膳,藕子米面糕,鸭子馅包子,鸡肉馅烧麦,鸡肉馅饺子,韭菜馅包子,羊肉馅包子,竹节卷小馒首,韭菜馅炸馃儿,猪肉馅侉包子,匙子饽饽红糕,孙尼额芬白糕,猪肉馅炸三饺子,鸭子馅提褶包子,鸭子馅合手包子,鸭子口蘑馅烧麦,鸭子口蘑馅包子,鸭子馅散旦饺子,鸡肉馅汤面饺子,鸭子口蘑馅合手包子,鸭子口蘑馅汤面饺子,鸡肉香蕈馅汤面饺子等。

　　乾隆皇帝喜吃的冷盘有:咸肉,野鸡爪,银鲽小菜,烧狍肉攒盘,羊肉卷攒盘,祭神肉攒盘,苏造肉攒盘,百果鸭子攒盘,银葵花盒小菜,锅他狍肉攒盘,蒸肥鸡鹿尾攒盘,五香肘子丝攒盘,蒸肥鸡塞勒卷攒盘,蒸肥鸡烧想皮攒盘,蒸肥鸡炸羊羔攒盘,清蒸鸭子鹿尾攒盘,蒸肥鸡烧鸡肉卷攒盘,蒸肥鸡烧猪肉卷攒盘,蒸肥鸡炸羊羔卷攒盘,清蒸鸭子糊猪肉攒盘,清蒸鸭子羊肉卷攒盘,蒸韭菜挂炉鸭子攒盘,羊肉卷烧野猪肉攒盘,清蒸鸭子鹿尾野猪肉攒盘,五香鸡丝冬笋挂炉鸭丝咸肉丝醋烹绿豆菜攒盘。

　　乾隆皇帝喜爱的汤类包括:豆腐片汤,燕窝三鲜汤,鸡丝燕窝汤,燕窝攒丝汤,燕窝红白鸭汤,清水海兽碗菜,燕窝冬笋锅烧鸭子汤等。

　　乾隆皇帝早餐喜吃面食、粥食,主要有:果子粥,苏烩烫膳,杂烩烫膳,拆鸭烂熟面、燕窝八鲜面、燕窝鸡丝馄饨、红白鸭子三鲜面、燕窝鸭腰三鲜面、燕窝拆鸭子烫膳、燕窝锅烧鸭子烫膳。

乾隆皇帝吃饭的时候，喜爱在填漆的彩花膳桌上，早餐与晚餐之间，则在红龙矮桌子上吃一些果品和饽饽。晚餐上通常是五菜一汤——每次的菜和汤都要有变化，汤类主要是羊肠羊肚汤、燕窝八鲜汤、燕窝鸡丝汤、燕窝三鲜汤、燕窝攒丝汤、燕窝红白鸭子三鲜汤。

3. 爱饮美酒

清代造酒业十分发达，许多名酒闻名遐迩。但是，清康熙皇帝鉴于历朝历代酒误政事，特地写了一篇《酒戒》和戒酒御制诗，并刻写于元宫遗留下来的黑玉酒瓮上。从此以后，清帝的膳桌上不许摆放酒具，清宫之中，也没有太多的美酒，而且终清一代，没有一位嗜酒的皇帝。不过，康熙皇帝的子孙们，并没有完全执行康熙对于饮酒的戒令，他们也喜欢饮酒，只是有些节制罢了。

清宫用酒主要有：竹叶青、玉泉酒、葡萄酒、屠苏酒、雄黄酒、苦露酒、乳酒。

乾隆皇帝认为，酒是百药之长，医食同源，酒食同源，食酒药同用。酒的功效很多，能够通血、散湿、暖胃、养气，还能温肠胃、御风寒、壮阳气、止腰痛、杀百毒。所以，他不仅喜欢酒，还自己造酒，还写诗吟赋，赞美咏叹酒。

不过，乾隆皇帝饮酒，并不是为了满足自己的贪欲，他饮的是长寿酒，每天饮，有益于健康长寿。乾隆皇帝饮酒，也是他能够长寿的秘诀之一。

乾隆皇帝好饮两种酒：一是龟龄酒，一是松苓酒。龟龄酒是明清两代皇帝都很迷恋的一种药酒，长饮有益于身心健康，也是一种补酒。

龟龄酒是用人参、鹿茸、海马、枸杞子、麻雀脑等28种珍稀之物精制而成，其制作方法十分独特，熬炼的时间就长达30天！长年饮用此酒，能够祛病延年、壮阳补肾、养血运气、消毒健身，常饮不辍，自然延年益寿，长命百岁，称为龟龄酒。

清宫的龟龄酒与明宫有所不同，其配方和制作方法在明宫的基础上有所增益。清宫的龟龄酒药方是：用生地、熟地、当归、杜仲、锁阳、青盐、天门冬、肉苁蓉、川牛膝、枸杞子、补骨脂等33味珍稀中草药精制而成。

乾隆皇帝常饮此酒，说此酒能够补肾此阳，是健脾益胃的上好佳酿；并对先天不足、忧伤过度、腰膝无力、下部虚寒，有神奇的功效，能够培本固元、养血运气、补精治虚。

乾隆皇帝几乎每天都喝这种龟龄酒、松苓酒，所以，有人说，乾隆皇帝能够寿跻九旬，到晚年仍然很健康硬朗，与喝龟龄酒、松苓酒有关。

玉泉酒是用玉泉山的泉水酿制的一种健康长寿酒。每年春季、秋季，光禄寺下的良温署就派专人到玉泉山取泉水酿酒,方法是用糯米,加上豆子、花椒、酵母、芝麻、箬竹叶等配上玉泉山泉水,酿制而成,称为玉泉旨酒,味道鲜美。这种酒是清宫中皇帝的日常饮用酒,乾隆皇帝差不多每天晚上都要喝上二两,而他的儿子嘉庆皇帝更喜爱此酒,每天要喝上六七两,高兴的时候则喝上十四五两。

清宫的屠苏酒,是一种驱疫防病的药酒,乾隆皇帝也很喜欢。清宫的屠苏酒是用白术、乌头、大黄、桔梗、肉桂等研为细末,放入布袋中细密缝好,在腊月三十日中午悬入井中,距井水三尺,正月初一日子夜取出;然后,再将这些东西与木瓜酒、水糖面按一定比例煎熬,经过四五开以后,屠苏酒就制成了。每年端午节,清宫例喝屠苏酒,用以驱虫、祛毒、逐邪。

4. 只喝天下第一泉

明代大医学家李时珍在《本草纲目》中说:观茶味之美恶,饮味之甘渴,皆系于水、火烹饪之得失,即可推矣。

乾隆皇帝十分讲究用水,他品出北京香山玉泉山的泉水最佳,称为天下第一泉,从此以后,就只喝这天下第一泉,不仅在北京是如此,出巡、狩猎、六下江南,他都是只喝这天下第一泉。

每次出行的时候,细心的乾隆皇帝总是不忘记带上他的心爱小宝贝:一个特别制作的银制小方斗。此斗用于称量泉水的重量。乾隆所到之处,就命侍从选取各地的泉水,然后,他用这个小方斗,精量各地泉水,评出优劣。结果,玉泉山的泉水水分最清,水味最甜,水质最轻。

乾隆皇帝亲自撰写《玉泉山天下第一泉记》一文,并刻石立碑:

  尝制银斗较之,京师玉泉之水,斗重一两;塞上伊逊之水,亦斗重一两。济南之珍珠泉,斗重一两二厘;扬子江金山泉,斗重一两三厘,则较之玉泉重二三厘矣。至惠山、虎跑,则各重玉泉四厘,平山重六厘;清凉山、白河、虎丘及西山的碧云寺,各重玉泉一分。然则更轻于玉泉者有乎?曰:有,乃雪水也。尝收集而烹之,较玉泉斗轻三厘;雪水不可恒得,则凡出山下而有冽者,诚无过京师之玉泉,故定为天下第一泉。

从此,玉泉山的泉水成为皇帝的御用水。清宫每年每月定时派专人到玉泉山取泉水,用的是宫里的专用水车,车上插着黄色的小旗,因系御用之物,一路之上,凡黄色小旗所到之处,通行无阻。史官记载说:若大内饮水,则专取之玉泉山也。

二、清太祖努尔哈赤

生平

努尔哈赤(1559—1626年),清王朝的奠基者。庙号太祖,初谥武皇帝,后谥高皇帝,葬福陵(今沈阳东陵)。58岁登基,在位11年,享年68岁。

他身体强壮,聪颖好学,从小就喜欢汉族文化,通晓满语、汉语,特别喜读《三国演义》。26岁时,起兵于白山黑水之间,统一女真各部落,平定了整个关东地区。明神宗万历四十四年(1616年),他正式称帝,建立后金,建元新朝,年号天命,割据辽东。随后他发挥自己出众的军事才能,展开大规模的对明战争。萨尔浒之役,取得空前大捷,随之迁都沈阳。然后挥师激战,席卷辽东,攻下明朝辽东70余座城池。

事迹

明熹宗天启六年(1626年)1月,努尔哈赤发起著名的宁远之战。明朝守将袁崇焕固守城池,坚决抗击,以葡萄牙制的红夷大炮击败进攻。失败后,兵退盛京(今沈阳)。同年四月,努尔哈赤又亲率大军,远征蒙古喀尔喀。天命十一年(1626年)7月中旬,努尔哈赤身患毒疽。7月23日,前往清河汤泉疗养。8月初病危,决定乘船顺太子河返回沈阳。8月11日,乘船顺太子河而下,转入浑河。大妃乌拉那拉氏前来迎接,两人相见。继续前行,至离沈阳四十里之瑷鸡堡(今沈阳市于洪区翟家乡大挨金堡村)病故,终年68岁。葬于沈阳福陵(今沈阳东陵),庙号太祖,谥曰:承天广运圣德神功肇纪立极仁孝睿武端毅钦安弘文定业高皇帝。

女真民俗,壮者皆兵,平时以渔猎为生。每次作战、行猎,女真人依家族、城寨出师,以10人为单位,以1人为牛录额真,总领其余九人。努尔哈赤起兵,利用女真人传统的狩猎组织形式,起初,总分为环刀、铁锤、串赤、能射四军;后来,依此创建旗制。

明万历二十九年(1601年),努尔哈赤吞并乌拉。随后整编军队:三百人为一牛录,设置一牛录额真(后称佐领)管理;分设四军,分别为黄、白、红、蓝四色为四旗。万历四十三年(1615年)十一月,努尔哈赤明定:五牛录为一甲喇,设一甲喇额真(后称参领);五甲喇为一固山(旗),设一固山额真(后称都统),以梅勒额真(后称副都统)二人副之;固山额真之上,由努尔哈赤之子侄分别担任旗主贝勒,共议国政。旗的数目在原有四旗基础上,再增镶黄、镶白、镶红、镶蓝四旗,共为八旗,分长甲、短甲、巴雅喇三个兵种,分别是清前锋、骁骑和护军营的前身。

■ 正黄旗

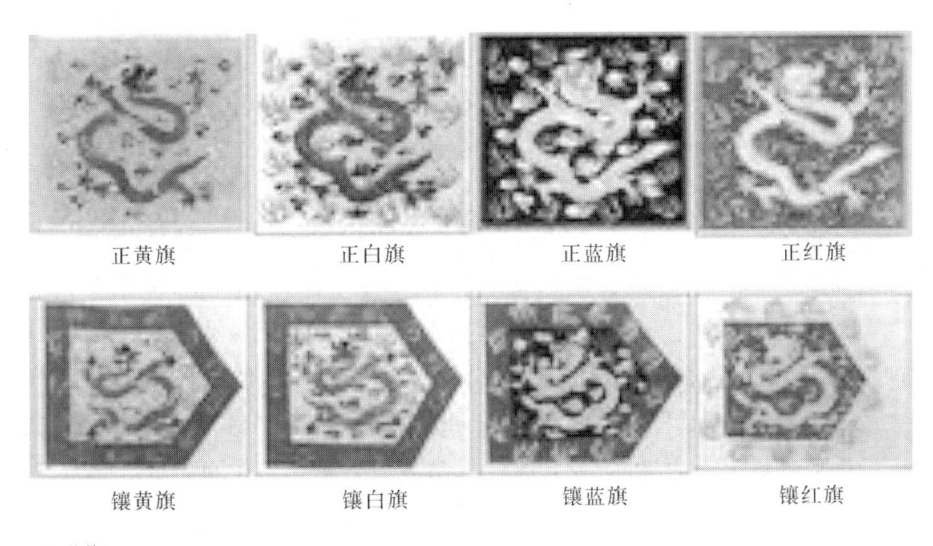

| 正黄旗 | 正白旗 | 正蓝旗 | 正红旗 |

| 镶黄旗 | 镶白旗 | 镶蓝旗 | 镶红旗 |

■ 八旗

　　早在金朝时期,女真人在契丹字的基础上就创建女真字。后来,金国亡于元朝,中原地区,女真人高度汉化,东北女真人受蒙古影响,因此,女真文在明朝后期基本失传。

　　起初,二人提出:女真人早已习惯书写蒙古文,不必制造新文字。努尔哈赤坚决驳斥:如何以我国之语制字为难,反以习他国之语为易耶?明确提出要求:借用蒙古字母拼写女真语。后来,二人根据努尔哈赤之意,创制文字,颁行通用。这种文字,后世称为无圈点满文(老满文)。天聪年间,文字经过达海完善,称为

451

有圈点满文（新满文）。努尔哈赤主持创制满文，大力推广使用。于是，人们书写公文、记载政事、翻译汉籍。从此，大量汉籍译成满文。努尔哈赤及其后继统治者阅读汉人书籍，从中吸取了大量经验。

努尔哈赤之死，史学界一直众说纷纭，莫衷一是。

争论之焦点有二：一是病死说，身患毒疽，不治身亡；二是重伤致死说，死于袁崇焕之炮火所伤，郁愤而死。

宁远之战，努尔哈赤如果重伤，那么，守卫宁远之最高统帅袁崇焕最为清楚，这是袁崇焕抗击之特大奇功。可是，袁崇焕上奏之宁远大捷折奏和朝廷表彰袁崇焕之圣旨，以及朝臣祝贺袁崇焕宁远大捷之奏疏，均只字未提努尔哈赤受伤之事。显然，重伤忧郁致死，是附会之说。

■ 袁崇焕

姓氏之谜

爱新觉罗是清皇室姓氏，他们创立了清王朝，统治中国长达200余年。"爱新"，是满语"金"的意思。"觉罗"，是远支姓氏，据称，是以努尔哈赤祖先最早居住的地方"觉罗"（今黑龙江省依兰一带）作为姓氏，其发源地在宁古塔旧城东门外大约三里。"爱新觉罗"之姓氏，是按照远祖部族支系之远近来划分的，意思是爱新部族之远支。历史上，爱新觉罗氏之著名人物，有：爱新觉罗·玄烨（康熙皇帝），爱新觉罗·弘历（乾隆皇帝），等等。

关于清太祖努尔哈赤之姓氏，中国古代文献记载，以及稗官野史杂说纷纭，莫衷一是，是一个历史之谜。据有关文献记载，努尔哈赤之姓氏，有六种说法：佟、童、崔、雀、觉罗、爱新觉罗。

明朝、朝鲜有关文献记载，努尔哈赤姓"童"或"佟"。努尔哈赤曾是明朝建州卫官员，先后八次骑马前往北京，向明朝万历皇帝朝贡。明人文献及明清之际的学者笔记，都说努尔哈赤姓佟。努尔哈赤曾同朝鲜来往数十年，朝鲜文献留下了大量记载。朝鲜申忠一《建州纪程图记》记载：万历二十四年（1596年）正月，努尔哈赤向朝鲜国王回帖云："女真国建州卫管束夷人之主佟努尔哈赤禀"，等等。

清康熙读书像

清雍正帝观书像

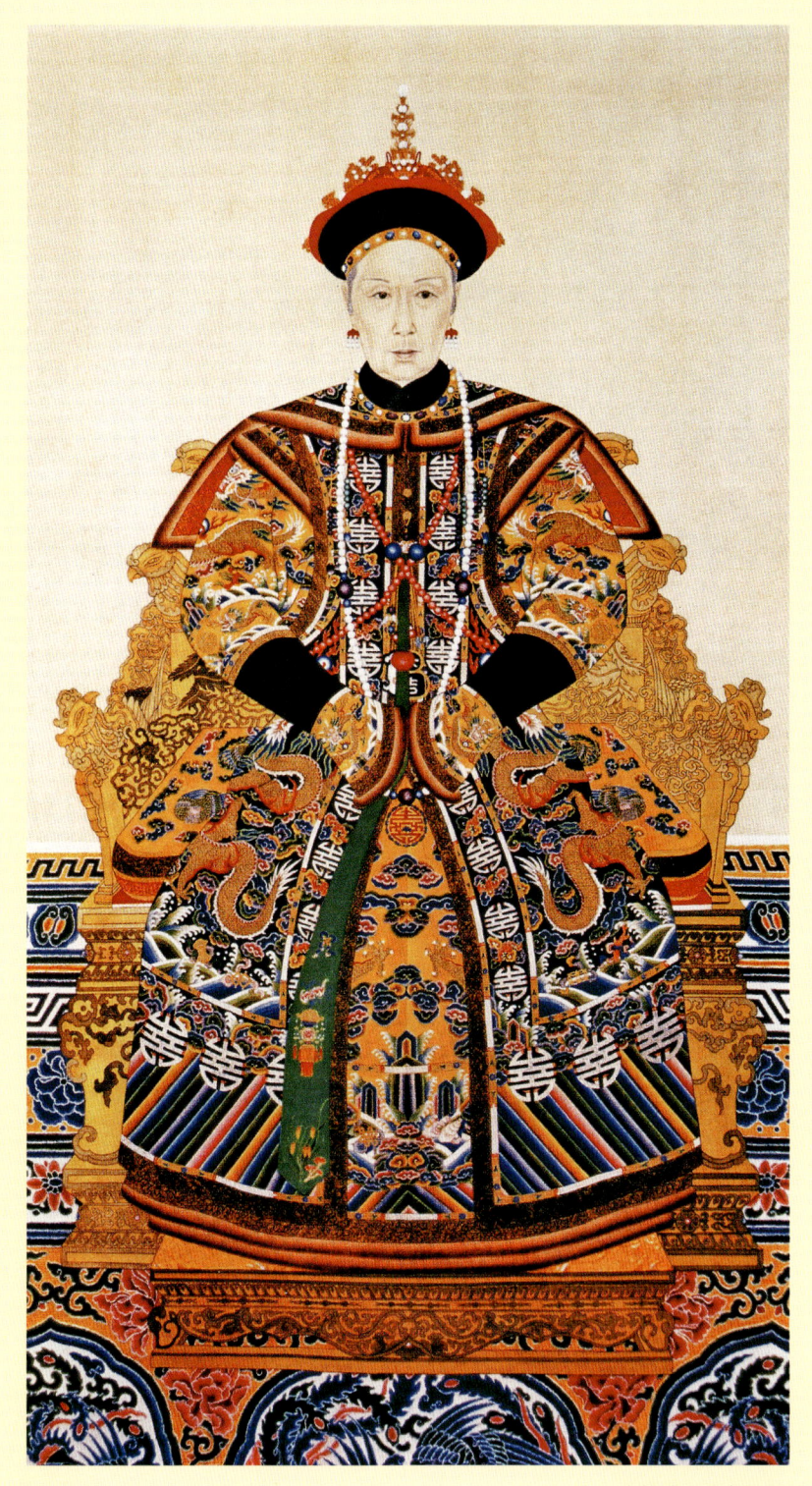

清慈禧太后朝服像

清雍正妃子像

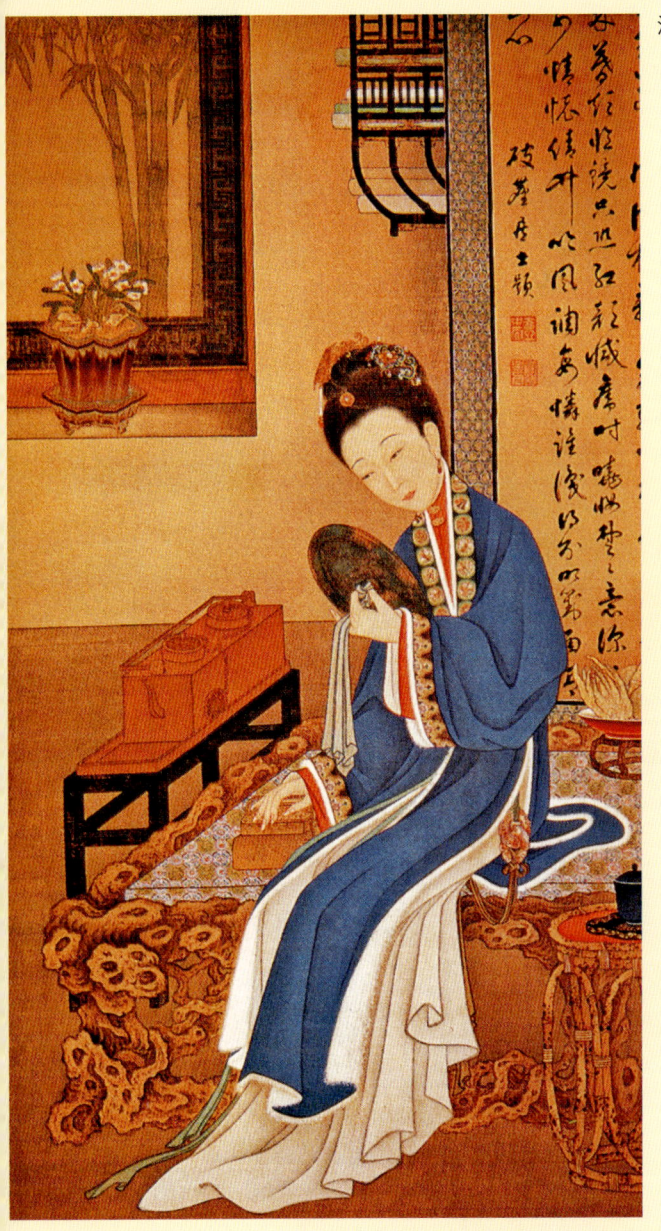

清同治皇帝登基大典朝靴：石青寿缎靴

清雍正帝朱笔批年羹尧奏折

宫中文房四宝

清光绪皇帝夏用朝袍

慈禧寿礼：铜镀金掐丝珐琅九桃蝠熏炉

宣统三年:清帝退位诏书

清咸丰御玺:同道堂、御赏

清宫便盆

清宫澡盆

朝鲜文献中,更多的是把"佟"写作"童"。其实,"童"和"佟"是女真人的通用姓氏,是假借汉人之姓,谁做了部落酋长,谁就以佟或童为姓,通过"四译馆",上书明政府。章炳麟《清建国别记》中说:佟姓,原是汉人的姓氏,后来常被夷人袭用,以假冒汉人。朝鲜文献中,还称努尔哈赤姓雀或姓崔。可能是来源于努尔哈赤之母吞下雀卵生下他。"崔"和"觉罗"中之"觉"相近,其崔姓可能源于"觉罗"之误读。

家族成员

祖先

始祖:布库里雍顺,始祖母曰佛库伦。数世后,肇祖移居苏克苏浒河赫图阿喇。

曾祖父:福满,兴祖直皇帝。兴祖有六子:长德世库,次刘阐,次索长阿,次觉昌安,是为景祖翼皇帝,次包朗阿,次宝实。

祖父:觉昌安,追尊景祖翼皇帝。塔克世之母,追尊翼皇后。景祖有五子:长子礼敦;次子额尔衮;第三子界堪;第四子塔克世,是为显祖宣皇帝;第五子塔察篇古。

父母

父亲:塔克世,追尊显祖宣皇帝。生母:喜塔喇氏,都督阿古之女,追尊宣皇后。显祖有五子,长子,努尔哈赤。母喜塔喇氏,是为宣皇后,孕十三月而生。继母:哈达纳喇氏,完汉所养族人之女。庶母:李佳氏,古鲁礼之女。

兄弟

关系	姓名	身世	备注
二弟	爱新觉罗·穆尔哈齐	母为塔克世之妾李佳氏,异母弟	追封多罗诚毅勇壮贝勒
三弟	爱新觉罗·舒尔哈齐	母为宣皇后喜塔喇氏,同母弟	追封和硕庄亲王
四弟	爱新觉罗·雅尔哈齐	母为宣皇后喜塔喇氏,同母弟	追封多罗通达郡王
五弟	爱新觉罗·巴雅喇	母为塔克世次福晋哈达纳喇氏,异母弟	追封多罗笃义刚果贝勒

姐妹

和硕公主。

后妃

文献记载,努尔哈赤共有 16 个妻妾。《清史稿》记载,努尔哈赤共有 14 位妻妾。

孝慈高皇后,叶赫那拉氏,名孟古哲哲,叶赫贝勒杨吉努之女,叶赫贝勒纳林布禄(那林孛罗)、金台什(金台失)之妹。明万历三年生。万历十六年九月嫁努尔哈赤为侧福晋。万历三十一年九月二十七日薨,年29岁。崇德元年四月,皇太极追封其母为孝慈武皇后。康熙元年四月,尊为孝慈高皇后,祔葬福陵。生子一,皇八子皇太极,即清太宗。

大妃,乌拉那拉氏,名阿巴亥,乌拉贝勒满泰之女。明万历十八年生。二十九年十一月,其叔父贝勒布占泰(卜占台)送她嫁努尔哈赤为侧福晋。大福晋去世,立为大福晋。天命十一年八月十一日,太祖崩。次日,大妃以身殉葬(或称:大妃之殉焉,为太祖遗命,诸子执而逼之乃死),年37岁。顺治七年八月,多尔衮追封其母为孝烈武皇后。生子三,皇十二子阿济格;皇十四子多尔衮;皇十五子多铎。

寿康妃,博尔济吉特氏。蒙古科尔沁贝勒、后封炳图郡王孔果尔之女。明万历四十三年正月,嫁努尔哈赤为侧福晋。顺治十八年十月,康熙帝尊封为皇曾祖寿康太妃,行册封礼。无子女。

职位	姓名	父母	子女	备注
元妃	佟佳氏,名哈哈纳扎青	塔本巴晏之女	子二 皇长子褚英; 皇次子代善 女一 皇长女,嫁董鄂氏(东果氏)何和礼,称东果格格,封固伦公主	努尔哈赤入赘 元配嫡福晋,为第一任大福晋 史称太祖元妃
继妃	富察氏,名衮代	莽塞杜诸之女	子二 皇五子莽古尔泰; 皇十子德格类 女一 皇三女,名莽古济	初嫁努尔哈赤三祖索长阿孙威准,生子昂阿拉按昂阿拉;万历十三年复嫁努尔哈赤;继室大福晋,为第二任大福晋;天命五年二月,以窃藏金帛,迫令自尽(一说,被其子莽古尔泰所杀);葬福陵之外;史称太祖继妃

侧妃

职位	姓名	父母	生卒年	子女	备注
侧妃	伊尔根觉罗氏	札亲巴晏之女	不详	子一皇七子阿巴泰 女一皇次女,名嫩哲	无

续表

职位	姓名	父母	生卒年	子女	备注
侧妃	叶赫那拉氏	杨吉砮之女；孝慈高皇后之妹	不详	女一皇八女,名聪古伦,封和硕公主	明万历三十八年嫁努尔哈赤为侧福晋
侧妃	科尔沁博尔济吉特氏	蒙古科尔沁贝勒明安之女	顺治元年二月卒	无子女	太祖闻其贤,往聘之；明万历四十年壬子正月嫁努尔哈赤为侧福晋
侧妃	哈达那拉氏	哈达部贝勒（都督佥事）扈尔干之女,哈达万汗见前显祖次妃之孙女	不详	无子女	明万历十六年戊子四月,扈尔干遣子岱善（即明实录之歹商）送之来嫁努尔哈赤为侧福晋

庶妃

职位	姓名	父母	生卒年	子女	备注
庶妃	兆佳氏	喇克达之女	不详	子一 皇三子阿拜	无
庶妃	钮祜禄氏	博克瞻之女	不详	子二 皇四子汤古代； 皇六子塔拜	无
庶妃	嘉穆瑚觉罗氏,名真哥	贝勒浑巴晏之女	不详	子二 皇九子巴布泰； 皇十一子巴布海 女三 皇四女,名穆库什； 皇五女,嫁达启； 皇六女,嫁苏纳	无
庶妃	西林觉罗氏	奋杜里哈斯祜之女	不详	子一 皇十三子赖慕布	无
庶妃	伊尔根觉罗氏	察弼之女	不详	女一皇七女,封乡君品级,嫁鄂托伊	无

子女

儿子(16人)

姓名		职位	母亲
皇长子	爱新觉罗·褚英	废太子,广略贝勒	母为元妃佟佳氏
皇次子	爱新觉罗·代善	和硕礼烈亲王	母为元妃佟佳氏
皇三子	爱新觉罗·阿拜	追封奉恩镇国勤敏公	母为庶妃兆佳氏
皇四子	爱新觉罗·汤古代	镇国克洁将军	母为庶妃钮祜禄氏
皇五子	爱新觉罗·莽古尔泰	因罪夺爵,子孙降为红带子	母为继妃富察氏
皇六子	爱新觉罗·塔拜	追封奉恩辅国悫厚公	母为庶妃钮祜禄氏
皇七子	爱新觉罗·阿巴泰	追封和硕饶馀敏郡王	母为侧妃伊尔根觉罗氏
皇八子	爱新觉罗·皇太极	清太宗	母为孝慈高皇后叶赫那拉氏
皇九子	爱新觉罗·巴布泰	奉恩镇国恪僖公	母为庶妃嘉穆瑚觉罗氏
皇十子	爱新觉罗·德格类	因罪夺爵,子孙降为红带子	母为继妃富察氏
皇十一子	爱新觉罗·巴布海	镇国将军;传一代,绝嗣	母为庶妃嘉穆瑚觉罗氏
皇十二子	爱新觉罗·阿济格	罢英亲王	母为大妃乌拉那拉氏
皇十三子	爱新觉罗·赖慕布	追封奉恩辅国介直公	母为庶妃西林觉罗氏
皇十四子	爱新觉罗·多尔衮	和硕睿忠亲王(追封成宗义皇帝,后罢)	母为大妃乌拉那拉氏
皇十五子	爱新觉罗·多铎	和硕豫通亲王	母为大妃乌拉那拉氏
皇十六子	爱新觉罗·费扬果	黜宗室	母不详(一说,母为继妃富察氏;一说,不是)

女儿(8人;养女1人)

皇长女(1578—1652年),称东果公主,封固伦公主,谥固伦端庄公主。

皇次女(1587—1646年),名嫩哲,称沾河公主,封和硕公主。

皇三女(1590—1635年),名莽古济,称哈达公主。

皇四女(1595—1659年),名穆库什,革和硕公主。

皇五女(1597—1613年),无封。

皇六女(1600—1646年),无封。

皇七女(1604—1685年),封乡君。

皇八女(1612—1646年),名聪古伦,封和硕公主。生母为努尔哈赤侧妃叶赫那拉氏。

福陵

沈阳福陵、沈阳昭陵、新宾县永陵,合称关外三陵、盛京三陵。

清太祖福陵,是清太祖努尔哈赤及其孝慈高皇后叶赫那拉氏之陵墓。福陵,始建于天聪三年(1629年),顺治八年(1651年)基本建成。后来,经顺治、康熙、乾隆时期多次增修、扩建,形成一座规模宏大之古代帝王陵墓建筑群,距今已有380余年的历史。崇德元年(1636年),大清建国,定陵号为福陵。1929年,奉天当局辟福陵为东陵公园。1963年,列为辽宁省重点文物保护单位。1988年,国务院将其列为国家重点文物保护单位。

福陵位于沈阳市东郊20里之天柱山,整个陵园占地面积为557.3公顷。其中,陵寝占地为19公顷。整座陵墓,背倚高大巍峨的天柱山,前临波涛滚滚的浑河。地理优越,气势磅礴。自南而北地势渐渐升高,众山俯伏,百水回环,山形雄浑迤逦,万松林立,古木参天。陵地玉石朱壁,碧瓦生辉,幽静肃穆,古色苍然。福陵之独特建筑格局是因山势而建造的,形成前低后高之势,南北狭长,从南向北,分为三部分:大红门外区、神道区、方城、宝城区。陵寝建筑庄严肃穆,规制完备,设施齐全,建筑群保存较为完整。2004年7月1日,苏州第28届世界遗产委员会会议批准中国沈阳福陵作为明清皇家陵寝文化遗产扩展项目,正式列入《世界遗产名录》。

三、清太宗皇太极

生平

皇太极(1592—1643年),满族,曾译为"黄台吉""洪太"。乾隆年间改用现译名,沿用至今。皇太极为努尔哈赤第八子;母为叶赫纳拉氏,名孟古哲哲,是叶赫贝勒布斋和纳林布禄的妹妹。崇德八年(明崇祯十六年)八月初九日(1643年9月21日)去世,庙号太宗,谥文皇帝,葬昭陵(今沈阳北陵)。35岁登基,在位17年,享年52岁。

皇太极从小常随父兄狩猎和征战,骑射娴熟。后金天命元年(1616年),努尔哈赤建立大金国(史称后金),自称大汗,任命次子代善为大贝勒、侄子阿敏为二贝勒、五子莽古尔泰为三贝勒、八子皇太极为四贝勒,简称四大贝勒。

天命十一年(1626年)农历八月十一日,努尔哈赤因病去世,大妃乌拉那拉氏和两个庶妃殉葬。大贝勒代善再三考虑,决定拥皇太极继承汗位。代善长子贝勒岳托和三子贝勒萨哈廉拥护皇太极,对诸贝勒大臣说:四贝勒"才德冠世,当速继大位"。

因为代善鼎力支持,众贝勒随之合词请上嗣位。皇太极辞之再三,乃许。农历九月一日,皇太极在大政殿即汗位,次年为天聪元年。崇祯九年(1636年),皇太极被漠南蒙古部落奉为"博格达·彻辰汗",又称天聪汗。同年,皇太极改女真族名为满洲,在沈阳称帝,建立大清。皇太极在位17年。庙号太宗文皇帝,谥号:应天兴国弘德彰武宽温仁圣睿孝敬敏昭定隆道显功文皇帝。

事迹

明万历二十七年(1599年),努尔哈齐命巴克什额尔德尼等人以蒙古字母为基础,结合女真语音,创制满文。这种由蒙文脱胎而来、没有圈点的满文,称为老满文。天聪六年(1632年),皇太极命巴克什达海将老满文在字旁加圈点,使满文之语音、字形更臻完善。这种加圈点之满文,称为新满文。

典故逸闻

1. 姓名之谜

皇太极,曾以"洪太极""黄台吉"等名字出现在明末清初的大量文献之中。有学者认为,皇太极并非其真实名字,而是其称号,源于蒙古贵族的称号"浑台吉"。关于皇太极的本名,则众说纷纭。俄罗斯汉学家戈尔斯基认为,皇太极的本名是阿巴海。此说,曾一度被西方学界广泛接受,但是,这个名字并没有出现在当时的汉文和满文文献中,因此,史学界不接受,被认为是错误的,很有可能系其称号"天聪汗"的误读。

明代陈仁锡的《山海纪闻》中,皇太极称为"喝竿"。在《朝鲜王朝实录·仁祖实录》中,皇太极称为"黑还勃烈"。黑还是皇太极的本名;勃烈即"贝勒",是满洲贵族的一种称号。

2. 去世之谜

皇太极之死,史学界多有争议。清代官书、档案上记载"无疾而终":崇德八年(1643年)农历八月九日,勤政一天的清太宗于晚上亥时(21点至23点),在清宁宫南炕突然死亡。

但是,有关史料记载,崇德五年春,皇太极"圣躬违和"。崇德五年农历七月,前往鞍山温泉疗养。崇德六年,松山大战前夕,前线告急,皇太极原定于崇德六年农历八月十一日亲征,却因身体原因推迟三天。崇德七年,因"圣躬违和",在大清门外大赦天下。崇德八年,又"圣躬违和"。正月初一,免庆贺礼;再次大赦天下;向各寺庙祷告,施白金。

皇太极一生勤政,事必躬亲,积劳成疾。宸妃之死,心极悲痛。潜伏之疾病突发爆发,瞬间猝死。

3. 传国玉玺

据史书记载,天聪九年九月初六,察哈尔林丹汗之子额尔克孔果尔率众归附皇太极,献上历代传国玉玺。皇太极大喜,特率众贝勒迎至盛京城外南冈,设香案,拜天受之。这块传国玉玺出自汉代,后数传至元代。元顺帝被明洪武帝所败,弃都城,曾携玉玺逃至沙漠,后死于应昌府,玉玺遂遗失。据传,二百年后,有牧羊人在一处山冈下放羊,见一头山羊三日不啮草,不停地用蹄子刨一个地方。牧羊人很奇怪,就在那块地方挖起来,发现了汉代的这块传国玉玺。后来,玉玺被元后裔博硕克图汗所珍藏。察哈尔林丹汗打败了博硕克图汗,传国玉玺再易其主。这块传国玉玺,以璠玙为质,雕交龙纽,上有汉篆"制诰之宝"四字,并非卞和得于荆山下之和氏璧。

家族成员

父母

父:清太祖努尔哈赤;

母:孝慈高皇后孟古哲哲。

后妃(15人)

元妃,钮祜禄氏。弘毅公额亦都的女儿,皇太极原配夫人,首任大福晋。生一子,洛博会,幼殇。

孝端文皇后,博尔济吉特氏(博尔济吉特氏,均为蒙古科尔沁人),名哲哲,正宫皇后。生三女,下嫁额哲、奇塔特、巴雅思祜朗。

敏惠恭和元妃,博尔济吉特氏,名海兰珠,关雎宫宸妃。生一子,二岁而殇。

懿靖大贵妃,博尔济吉特氏,名娜木钟,麟趾宫贵妃。生一子,博穆博果尔。一女,下嫁噶尔玛索诺木。

康惠淑妃,博尔济吉特氏,名巴特玛璪,衍庆宫淑妃。

孝庄文皇后,博尔济吉特氏,名布木布泰,永福宫庄妃。生一子,顺治帝。三女,下嫁弼尔塔哈尔、色布腾、铿吉尔格。

继妃,乌拉纳喇氏。生二子,豪格、洛格。一女,下嫁旺第。

侧妃,叶赫那拉氏。生一子,硕塞。

侧妃,扎鲁特博尔济吉特氏,戴青贝勒女。生两女,一女固伦公主下嫁夸扎,一女下嫁哈尚。天聪九年十月初七日,扎鲁特博尔济吉特氏被皇太极给了叶赫部的南褚。

庶妃，纳喇氏。生一子，高塞。二女，下嫁辉塞、拉哈。

庶妃，奇垒氏。察哈尔部人。生一女，第十四女建宁公主，下嫁吴应熊。

庶妃，颜扎氏。生一子，叶布舒。

庶妃，伊尔根觉罗氏。生一子，常舒。

庶妃，生一子，韬塞。

庶妃，生一女，下嫁班第。

子女（25人）

	姓名	生母	职位	备注
皇长子	爱新觉罗·豪格（1609—1647年）	生母为继妃乌拉那拉氏	肃武亲王	万历三十七年三月十三日子时生，顺治五年三月卒
皇二子	爱新觉罗·洛格（1611—1621年）	生母同皇长子	幼殇	万历三十九年生，四十九年殇
皇三子	爱新觉罗·洛博会（1611—1617年）	生母为元妃钮祜禄氏	幼殇	万历三十九年生，四十五年殇
皇四子	爱新觉罗·叶布舒（1627—1690年）	生母为庶妃颜扎氏	辅国公	天聪元年十月十八日子时生，康熙二十九年卒
皇五子	爱新觉罗·硕塞（1629—1654年）	生母为侧妃叶赫那拉氏	承泽裕亲王	天聪二年十二月二十四日亥时生，顺治十一年十二月卒
皇六子	爱新觉罗·高塞（1637—1670年）	生母为庶妃纳喇氏	镇国悫厚公	崇德二年二月十六日子时生，康熙九年卒
皇七子	爱新觉罗·常舒（1637—1699年）	生母为庶妃伊尔根觉罗氏	辅国公	崇德二年四月十九日寅时生，康熙三十八年卒
皇八子	（1637—1638年）	生母为敏惠恭和元妃博尔济吉特氏	未命名，幼殇	崇德二年七月初八日亥时生，崇德三年正月殇
皇九子	爱新觉罗·福临（1638—1661年）	生母为孝庄文皇后博尔济吉特氏	顺治帝	崇德三年正月三十日戌时生于盛京皇宫的永福宫，顺治十八年正月初七崩
皇十子	爱新觉罗·韬塞（1639—1695年）	生母为庶妃克伊克勒氏	辅国公	崇德四年二月初八日戌时生，康熙三十四年二月初九日卯刻卒

续表

	姓名	生母	职位	备注
皇十一子	爱新觉罗·博穆博果尔（1642—1656年）	生母懿靖大贵妃	襄亲王	生于崇德六年十二月二十日，顺治十二年（公元1655年）封襄亲王，顺治十三年薨逝，谥号昭

女儿

	姓名	生母	职位	备注
皇长女	（1621—1654年）	生母继妃乌拉那拉氏	固伦公主	天命八年生，顺治十一年卒，年三十三
皇二女	名马喀塔（1625—1663年）	生母为孝端文皇后	固伦温庄公主	天命十年生，康熙二年（公元1663年）卒，年三十八
皇三女	（1628—1686年）	生母为孝端文皇后	固伦靖端长公主	天聪二年七月初三日生，康熙二十五年（公元1686年）五月卒，年五十八
皇四女	名雅图（1629—1678年）	生母为孝庄文皇后	固伦雍穆公主	天聪三年正月初八日生，康熙十七年闰二月卒，年四十九
皇五女	名阿图（1632—1700年）	生母为孝庄文皇后	固伦淑慧公主	天聪六年二月十二日生，三十九年（公元1700年）正月初十日卒于京师，年六十八
皇六女	（1633—1649年）	生母为侧妃扎鲁特博尔济吉特氏	固伦公主	天聪七年十一月十五日生，顺治六年三月卒，年十六
皇七女	（1633—1648年）	生母为孝庄文皇后	固伦淑哲公主，谥固伦端献公主	天聪七年十一月十六日生，顺治五年卒，年十五
皇八女	（1634—1692年）	生母为孝端文皇后	固伦永安公主，谥固伦端贞公主	天聪八年闰八月十六日生，康熙二十一年（1692年）正月公主卒，年五十八
皇十女	（1635—1661年）	生母为庶妃纳喇氏	封县君品级	天聪九年生，封县君，即固山格格，顺治十八年（1661年）公主卒，年二十六

续表

姓名		生母	职位	备注
皇十一女	（1636—1650年）	生母为懿靖大贵妃	封固伦公主	崇德元年三月二十五日生,顺治七年卒,年十四
皇十二女	（1637—1678年）	生母为庶妃赛音诺颜氏	封乡君品级	崇德二年三月十五日生,康熙十七年（1678年）卒,年四十一
皇十三女	（1638—1657年）	生母为庶妃纳喇氏	未受封	崇德三年七月初七日生,顺治十四年（1657年）四月卒,年十九
皇十四女	（1641—1703年）	生母庶妃察哈尔奇垒氏	封和硕恪纯公主	崇德五年六月生,四十三年（1703年）公主卒,年五十二
养女	（1615—1637年）	皇太极之兄代善长子克勤郡王岳托之长女,生母为嫡福晋哈达那拉氏,皇太极抚为己女	封和硕公主	崇德二年（1637年）七月十九日卒,年二十二

昭陵

清太宗昭陵,位于盛京古城北大约5公里(皇姑区北陵大街北端),俗称北陵。清朝关外3陵中,昭陵是最大的陵园:始建于清崇德八年(1643年),竣工于顺治八年(1651年);占地面积近48万平方米,现存古建筑38座。陵园所有建筑以神道为中轴线,对称分布,形成平面布局规整、设施齐备的皇家陵园。自南向北,依次有:下马碑、华表、神桥、石牌坊、正红门、石像生、神功圣德碑亭、方城、隆恩门及门楼、角楼、隆恩殿、东西配殿、二柱门与石台,明楼、月牙城、宝城、宝顶等建筑。

昭陵建筑风格独特,保留了清初关外的许多地方特色和民族特色,主体风格则是按中原王朝的陵寝规制进行建

■ 沈阳昭陵

造。陵区庄严肃穆,建筑设计精致,造型华丽。精雕细琢的汉白玉月台以及月台之上高雄高大的隆恩殿,城堡式的方城,高耸的隆恩门楼,造型别致的角楼,阴森神秘的地宫,气势非凡的神功圣德碑以及碑亭等,均为昭陵颇具特色的建筑,是中国古代建筑的精美杰作。入主中原后,康熙、乾隆、嘉庆、道光四朝皇帝曾10次亲临昭陵祭祀。

五、清世祖福临(顺治帝)

生平

清世祖爱新觉罗·福临(1638—1661年),清太宗皇太极第九子,清朝第三位皇帝,清朝入关第一位皇帝。其母为永福宫庄妃,博尔济吉特氏,即孝庄文皇后。顺治十八年(1661年),于养心殿驾崩,葬清孝陵,谥号体天隆运定统建极英睿钦文显武大德弘功至仁纯孝章皇帝,庙号世祖。6岁登基,在位18年,享年24岁。年号顺治,顺,顺利之意;治,治理之意,意思是顺利治国。

崇德八年八月初九日(1643年9月21日),清太宗皇太极暴卒,因心血管病突然去世,没有留下任何遗言,没有指定皇位继承人。未定储嗣,事发突然,诸王贝勒一时手足无措,都到清宁宫瞻仰皇太极遗体,探听虚实。遗体入殓,存放于崇政殿,哭丧3日。5天后,八月十四日,皇位争夺战在皇太极第十四弟、掌正白旗的和硕睿亲王多尔衮与其长子肃亲王豪格之间激烈展开。

争夺双方势均力敌,相持不下。十四日黎明,两黄旗大臣在大清门盟誓,拥护豪格即位;布置两黄旗侍卫全副武装,环卫崇政殿。争执激烈时,两黄旗大臣佩剑大声说:"吾属食于帝,衣于帝。养育之恩,与天同大!若不立帝之子,宁死从帝于地下而已!"精明多谋的多尔衮随机应变,提出折中方案:1.拥立皇太极第九子福临为帝;2.和硕郑亲王济尔哈朗和多尔衮共同辅政。结果这一动议获得通过。八月二十六日,福临登基,在盛京笃恭殿之鹿角宝座上正式即位,为清世祖,次年,改年号为顺治。

事迹

1. 政治成就

顺治皇帝6岁登基,由叔父摄政王、和硕睿亲王多尔衮辅政。顺治元年(1644年),清军入关,占领北京。九月,清自盛京迁都北京。十月初一日(1644

年10月30日），福临在武英殿即皇帝位，他是于大清入关的第一位皇帝。福临登基，由足智多谋、独断专行的叔父多尔衮摄政，在寡母孝庄文皇后的教导下，他很快成长起来。多尔衮摄政7年间，清廷以武力统一全国：全力追剿李自成、张献忠等农民起义军，以及南明各地的抗清武装；强力推行剃发令、易服令；实行圈地运动；等等。顺治七年十二月初九日（1650年12月31日），摄政王多尔衮在关外狩猎，突然逝世，年仅39岁。其弟多铎之子多尔博承袭亲王，食俸禄为诸王三倍。

顺治八年正月十二日（1651年2月1日），顺治帝开始亲政，时年14岁。亲政后，皇帝第一件大事，就是追究摄政王多尔衮的罪责。多尔衮病逝后，皇帝亲到东直门外迎祭；尊谥为义皇帝，按照皇帝丧礼办理丧事；颁布诏书，称赞他的功德："扶立朕躬，平定中原。至德丰功，千古无二。"然而，多尔衮霸占皇帝之母孝庄太后，霸占皇帝大哥豪格之妃，无视皇帝，顺治一直怀恨在心。亲政后，顺治先拿其胞兄和硕英亲王阿济格开刀：以谋乱之罪将他圈禁，赐死，籍没家产；收拾其党羽，论死。

亲政一个月后，定多尔衮十大罪状：一、私制御用服饰。二、私用两白旗篡权。三、诬陷肃亲王豪格，纳其妃。四、独擅威权。开始摆脱傀儡地位，对多尔衮实行了削除封号爵位、罢撤庙享谥号、籍没家财等身后惩处。

同年八月，顺治帝大婚。为加强皇权，他废除了诸王贝勒管理各部事务的旧例，又采取了停止圈地，放宽逃人法等一系列缓和民族矛盾的措施。尽管顺治很想有番作为，也颇为中原文化所吸引，但终因他周围尚未形成一支以他为主导的强有力的政治势力，致使他的计划暂时搁浅。

顺治十八年（1661年）正月初二，他安排吴良辅出家为僧。这天他亲临悯忠寺观看吴良辅出家仪式。归来的当晚即染上天花，发起高烧来。他预感病体沉重，势将不支，初六日深夜急召礼部侍郎兼翰林院掌院学士王熙及原内阁学士麻勒吉入养心殿，口授遗诏。

当夜，年仅24岁的青年天子，便与世长辞了。福临晏驾后，麻勒吉及侍卫贾卜嘉二人，"捧诏奏知皇太后，即宣示诸王贝勒贝子公大臣侍卫等"。遗诏立8

顺治帝

岁的皇三子爱新觉罗·玄烨为皇太子并继帝位,命索尼、苏克萨哈、遏必隆、鳌拜为辅政大臣。

福临崩后,梓宫厝于景山寿皇殿。四月十七日,由再次进京的茆溪行森秉炬,举行火化仪式。火化后宝宫(骨灰罐)安葬于遵化马兰峪,是为孝陵。庙号世祖,谥号章皇帝,后世累有尊谥,至乾隆元年尊谥加为二十二字:体天隆运定统建极英睿钦文显武大德弘功至仁纯孝章皇帝。

即位的康熙帝

2. 文化成就

福临亲政初期,就认识了天主教耶稣会士汤若望。汤若望(1592—1666年),德意志人。明万历末年来华传教。福临亲政后,汤若望的地位迅速提高,十年三月赐名通玄教师,十二年授为通政使,十五年诰封光禄大夫,秩为正一品。最初,福临因母亲孝庄文皇后称汤若望为义父,称其为玛法,即汉语爷爷之意。在频频的接触中,福临深为汤若望渊博的学识与高尚的品德所折服。对各种知识都感兴趣而又好学的福临,向汤若望请教有关天文历算、社会人生等各种问题,他总是以获得新鲜的知识而感到惬意,并愈加尊敬汤若望。他下令,汤若望见他时免除跪拜,并屡加厚赐。

福临常常召汤若望至宫中,往往谈至深夜,最后,"命四位或六位青年贵胄,护送他到家",并且,一再嘱咐其小心护送。福临还多次亲临汤若望住宅,"作较长之晤谈",仅顺治十三、十四两年间,就达二十四次。汤若望记载说,"皇帝亲到民宅,这是非常稀少的事件"。除此之外,这两年间,福临"仅有一次,出宫拜访一位皇叔,于其府邸之中"。

汤若望与顺治帝在一起

顺治十四年（1657年），福临开始接触佛教。顺治十六年（1659年）二月，玉林琇入京面帝。福临大喜，封其为大觉禅师，并且以禅门师长之礼优待玉林琇，自称弟子，请求取名。玉林琇不敢，再三推辞，福临不许，并且提出，"要用丑些的字眼"。玉林琇书十余字进览，福临自选"痴"字，下用龙池派中之"行"字。于是，取法名行痴。从此，福临自号痴道人。以后，他的钤章之中，有尘隐道人、懒翁、太和主人、体元斋主人等。

典故逸闻

1. 董鄂妃

董鄂妃，是满族人，是内大臣鄂硕的女儿。她最初嫁给福临的弟弟襄亲王博穆博果尔。顺治十三年（1656年），福临大婚，董鄂妃作为陪娘被福临看见，两人眉目传情。襄亲王得讯后，曾怒斥董鄂氏。福临得报后指责弟弟，结果，襄亲王愤然自杀。后来，董氏被召入后宫，很快封为贤妃，几个月后进封贵妃。第二年十月，董贵妃生福临第四个儿子，一百余天后，这个儿子夭折。福临破例将这个死去的儿子封为和硕荣亲王。

顺治十七年，董鄂妃病死。福临又破例追封她为端敬皇后。福临悲痛欲绝，亲撰董鄂妃行状，洋洋数千言，十分沉痛。董鄂妃死后，福临命全国服丧，并令三十名太监、宫女殉葬。

2. 太后下嫁

清太宗皇太极死后，博尔济吉特氏依靠皇十四弟睿亲王多尔衮立她的儿子福临为帝，福临时年六岁，政事悉由多尔衮裁决，称为摄政王。入主北京后，顺治被迎入紫禁城，称多尔衮为皇父摄政王。相传，多尔衮居功自傲，自由出入宫禁，到嫂侄住处，俨如家人父子。

大学士范文程密派心腹对福临说：摄政王功高望重，入主中原实得力于摄政王，并将皇位让给你，摄政王视皇上如同亲子，皇上应视摄政王为亲父。范文程又进言说：听说摄政王新丧王后，而皇太后正寡居无偶，皇上既然视摄政王如亲父，总不能让父母异居？宜请摄政王和皇太后同宫。大臣们便说：应写在书策，称皇太后下嫁摄政王。太后下嫁之议确定。

3. 哭庙案

顺治十八年（1661年）正月，福临去世。按照国丧规制，各省督抚应在治所设灵位率官绅哭奠。噩耗传到苏州府，府臣举行隆重的哭临大典。当时，江南统治不稳。丧典这一天,吴中士子金圣叹、倪用宾等十八人进入灵帐,递进揭帖,后继的达千余人之众,一同哭诉吴县县令任维初滥施刑法、贪贿浮征。

主事人大怒,棍棒交加,下令逮捕金圣叹等人,群情大哗。

金圣叹是吴中才子,便在狱中上书千余言,指责朝廷任官不察。巡抚朱国治恐惧,密奏朝廷。清廷立即派叶尼访察,定成大狱,不分首犯、从犯,一律凌迟处死,共计十八人,并没其妻孥财产。金圣叹临死时,口赋一绝:

天公丧母地丁忧,万里江山尽白头。
明日太阳来作吊,家家檐下泪珠流。

4. 顺治出家

顺治出家,是清宫三大疑案之一。传说,顺治因董鄂氏去世,辍朝五日,世事看淡,便放弃帝位,出家五台山。董鄂妃刚去世时,顺治帝郁闷终日便想出家,并一度剃发。几个月后,顺治出巡五台山,坚决不返,削发为僧。朝中为掩人耳目,称皇上驾崩。

传说,康熙皇帝四次巡幸五台山,实际上是拜谒父皇顺治。前三次时,顺治还在,每次康熙都屏退侍从,独登高峰拜谒。第四次时,顺治去世,康熙作诗哀悼:文殊色相在,惟愿鬼神知。但是,实际上顺治死于天花,这些都是无稽之谈。

5. 独宠董妃

孝献皇后,世称董鄂妃,内大臣鄂硕之女,董鄂妃,顺治十三年(1656年)八月二十五日,被册为贤妃。仅一月有余,顺治以其"敏慧端良,未有出董鄂氏之上者"为由,晋封她为皇贵妃。十二月初六日,顺治帝还为董鄂妃举行了十分隆重的册妃典礼,并且,按照册封皇后的大礼规格,正式颁诏,大赦天下。

因册立妃嫔而大赦天下,这在中国历史上是绝无仅有的。这一年,顺治19岁,董鄂妃18岁。在中国第一历史档案馆中,保存了册立董鄂妃为皇贵妃的诏书。按常规,皇帝只有在册立皇后的大礼上,才会颁布诏书,公告天下。顺治十四年(1657年),董鄂妃生下皇四子,顺治欣喜若狂,颁诏天下,"此乃朕第一子"。对这个孩子如同嫡出,大有册封太子之意。

然而,这个孩子,生下不到三个月就夭折。顺治十分哀痛,下令追封其为和硕荣亲王,为他修建了高规模园寝。董鄂妃,本来就体弱多病,皇四子百日而殇,这种沉重打击,使她一病不起,顺治十七年(1660年)八月十九日,董鄂妃病逝于东六宫之承乾宫,年仅22岁。据福临回忆,董鄂妃崩时,"言动不乱,端坐呼佛号,嘘气而死。薨后数日,颜貌安整,俨如平时"。

家族成员
后妃
皇后(4人):

职位	姓氏	父	生卒年	谥号	子、女	备注
废后	博尔济吉特氏	科尔沁部卓礼克图亲王吴克善	生卒年不详	无	无	孝庄文皇后侄女
孝惠章皇后	博尔济吉特氏	科尔沁部镇国公贝勒绰尔济	生于崇德六年(1641)辛巳十月初三日	谥曰孝惠仁宪端懿慈淑恭安纯德顺天翼圣章皇后	无	废后的堂侄女;雍正、乾隆累加谥
孝康章皇后	佟佳氏	都统佟图赖	生于崇德五年庚辰	谥曰孝康慈和庄懿恭惠温穆端靖崇天育圣章皇后	皇三子玄烨(康熙帝)	一子;雍正、乾隆累加谥
孝献皇后	董鄂氏	内大臣鄂硕	生于崇德四年(1639)	谥曰孝献庄和至德宣仁温惠端敬皇后	皇四子(和硕荣亲王)	抚远大将军费扬古之姊

正妃(7人):

以下七位皆葬孝东陵妃园寝

职位	姓名	父、母	生卒年	子、女	备注
恭靖妃	博尔济吉特氏	蒙古额尔德尼郡王博罗特之女	二十八年己巳四月初二日薨	无	康熙十二年十二月尊为皇考恭靖妃
端顺妃	博尔济吉特氏	阿巴亥部一等台吉布达希布之女	四十八年己丑六月二十六日薨	无	康熙十二年十二月尊为皇考端顺妃

续表

职位	姓名	父、母	生卒年	子、女	备注
淑惠妃	博尔济吉特氏	蒙古科尔沁镇国公后封贝勒绰尔济之女	五十二年癸巳十月三十日薨,年七十余	无	孝惠章皇后之妹
宁悫妃	董鄂氏	长史喀济海之女	三十三年甲戌六月二十一日薨	爱新觉罗·福全	
悼妃	博尔济吉特氏	科尔沁部和硕达尔汗亲王曼殊锡礼之女	顺治十五年（1658年）三月初五薨	无	废后的堂妹;追封为悼妃
贞妃	董鄂氏	轻车都尉一等阿达哈哈番巴度之女	顺治十八年辛丑正月初七日以身殉世祖死	无	孝献皇后之族妹
恪妃	石氏	吏部侍郎石申之女	康熙六年丁未十一月二十日薨	无	

庶妃(8人):

姓名	父、母	生卒年	子、女
巴尔福晋	不详	不详	皇长子牛钮,殇;皇三女,五岁殇;皇五女,七岁殇
塞母肯额捏福晋	云骑尉伍喀女	不详	顺治十七年十二月生皇八子永干,八岁殇
唐璟福晋	不详	不详	顺治十六年生皇六子奇授,七岁殇
钮祜禄福晋	不详	不详	顺治十七年生皇七子隆禧,即和硕纯靖亲王隆禧
陈图塞尔福晋	不详	不详	皇长女,两岁殇;皇五子常宁,后封和硕恭亲王
杨喇亥娘福晋	不详	不详	顺治十年十二月生皇二女,即和硕恭悫公主,下嫁瓜尔佳·讷尔杜
乌雅福晋	不详	不详	顺治十一年十二月初二生皇四女,八岁殇
克里纳喇福晋	不详	不详	顺治十四年十月初六生皇六女,五岁殇

子女

皇长子爱新觉罗·牛钮,生母为庶妃巴氏,即笔什赫额捏福晋。生于顺治八年十一月初一,殇于顺治九年正月三十,只活了89天。

皇二子爱新觉罗·福全,生母为宁悫妃董鄂氏,时为妃。生于顺治十年癸巳七月十七日丑时,康熙四十二年六月二十六日卒,康熙六年(1667年)封裕亲王。

皇三子爱新觉罗·玄烨,生母为孝康章皇后佟佳氏,顺治十一年三月十八日生,康熙六十一年十一月十三日薨,即康熙帝。

皇四子,生母为孝献皇后董鄂氏,顺治十四年十月初七日生,十五年正月二十四日而殇,仅三个多月,封为和硕荣亲王。

皇五子爱新觉罗·常宁,生母为庶妃陈氏,生于顺治十四年十一月,康熙四十二年(1703年)六月初七日卒。康熙十年(1671年)封恭亲王。

皇六子爱新觉罗·奇绶,生母为庶妃唐氏,即唐福晋,生于顺治十六年十一月。

皇七子爱新觉罗·隆禧,生母为庶妃钮氏,即牛福晋生于顺治十七年四月,康熙十八年七月十五卒。康熙十三年封为纯亲王。康熙十四年分给佐领。

皇八子爱新觉罗·永干,生母为庶妃穆克图氏,即塞母肯额捏福晋。

皇长女,生母为庶妃陈氏,顺治九年三月十五生,顺治十年十月殇。

皇二女,生母为庶妃杨氏,和硕恭悫公主。初封和硕公主。

皇三女,生母为庶妃巴氏,即笔什赫额捏福晋。

皇四女,生母为庶妃乌苏氏,顺治十一年十二月初二生,顺治十八年三月殇。

皇五女,生母为庶妃巴氏,即笔什赫额捏福晋。

皇六女,生母为庶妃那拉氏。

养女和硕和顺公主,承泽亲王硕塞次女,生母为硕塞嫡福晋那拉氏。下嫁尚可喜之子尚之隆。

养女和硕柔嘉公主,顺治帝堂兄安郡王岳乐次女,生母为岳乐继福晋那拉氏。顺治十五年指婚给耿继茂之子耿聚忠,康熙二年(1663年)十一月下嫁。

养女固伦端敏公主,简纯亲王济度次女,生母为济度嫡福晋科尔沁博尔济吉特氏。康熙九年(1670年)下嫁班第。

孝陵

孝陵是清世祖顺治皇帝的陵墓,位于河北遵化马兰峪西,是清东陵的主要建筑,建在昌瑞山主峰南麓,是东陵的中心。孝陵南为开阔平原,前面两山对峙,两山之间的山口称为龙门。进入龙门后,是一座五间六柱的十一楼巨型石坊。陵区的门户是大红门。大红门后,依次为圣德神功碑楼、石象生、龙凤门、神道石桥、碑亭、朝房、值房、隆恩门、隆恩殿、配殿、三座门、二柱门、石五供、方城、明楼、宝城、宝顶、地宫。还有更衣殿、焚帛炉、神厨库等。随顺治葬在这里的还有:孝惠章皇后、端顺妃等七人,福晋四人,格格七人。

五、清圣祖玄烨（康熙帝）

生平

清圣祖仁皇帝爱新觉罗·玄烨（1654—1722年），清朝第四位皇帝、清定都北京后第二位皇帝。年号康熙：康，安宁；熙，兴盛；康熙，取意万民康宁、天下熙盛。蒙古人称他为恩赫阿木古朗汗（Enkh Amgahan），或者简称阿木古朗汗。蒙语"平和宁静"之意，汉译为"康熙"。他8岁登基，14岁亲政，在位61年，是中国历史上在位时间最长的皇帝。他是中国统一多民族国家的捍卫者，奠定了清朝兴盛的根基，开创康乾盛世。死后，谥号合天弘运文武睿哲恭俭宽裕孝敬诚信功德大成仁皇帝。

玄烨，是顺治帝福临的第三子，母亲孝康章皇后佟佳氏时为庶妃。顺治帝生前，没有册立太子。顺治十八年，顺治帝接受汤若望的建议，因玄烨出过天花，具有免疫力，将他选为继承人，以遗诏的形式册立玄烨为皇太子。顺治十八年正月，玄烨即位，时年6岁。次年正月（1662年2月），改元康熙。遗诏之中，指派索尼、苏克萨哈、遏必隆、鳌拜四大臣辅政。玄烨8岁丧父，10岁丧母。母亲重病时，玄烨"朝夕虔侍，亲尝汤药，目不交睫，衣不解带"；母亲病故后，玄烨昼夜守灵，水米不进，哀哭不止。康熙后来回忆说，幼年在"父母膝下，未得一日承欢"。

为政举措

1. 智擒鳌拜

康熙六年（1667年）六月，首辅索尼病故。七月初七，14岁的康熙帝正式亲政，在太和殿受贺，大赦天下。但是，亲政仅仅十天后，鳌拜控制生杀大权，他擅杀同为辅政大臣的苏克萨哈。数天以后，他与遏必隆一起进位一等公。实际上，政局并不受康熙皇帝直接掌控。

康熙八年（1669年），康熙帝时常召集少年侍卫，在武英殿中，做扑击之戏。五月十六日（6月14日），康熙皇帝突然下令，让这些少年侍卫在鳌拜进见之时，将他逮捕。大臣议定，鳌拜大罪三十条，请求诛灭其族。康熙帝念鳌拜有功，赦其死罪，将他拘禁；但是康熙下令，诛杀鳌拜众多弟侄亲随，以及党羽。不久，鳌拜死于禁所。仅存之辅政大臣遏必隆，因为长期勾结鳌拜，被削去太师、一等公。至此，康熙帝完全夺回大权，开始真正亲政。

2. 平定三藩

康熙十二年(1673年)三月,平南王尚可喜请求归老辽东,但是,请求留其子尚之信继续镇守广东。以此为导火线,引发了朝廷是否撤藩的激烈争论。最后,康熙帝认为,"藩镇久握重兵,势成尾大,非国家利",毅然决定,下令撤藩。同年十一月,吴三桂在云南发动叛乱,提出反清复明。第二年,他派将率领大军,进攻湖南,攻陷常德、长沙、岳州、澧州、衡州等地。随后,他派人四处散布檄文,声讨清朝。

这时,广西将军孙延龄、四川巡抚罗森等许多地方大员响应,纷纷反清。接着,福建耿精忠造反。短短数月之内,滇、黔、湘、桂、闽、川六省相继宣布独立,一时之间,大清帝国危在旦夕。随后,陕西提督王辅臣、广东尚之信等相继反叛,叛乱扩大到广东、江西和陕西、甘肃等省。

康熙帝从容应对,其对策是坚决打击吴三桂,决不妥协。对于其他叛变者大开招抚之门。康熙之意,是分化叛军,削弱吴三桂之羽翼,从而孤立吴三桂。于是,康熙帝把湖南作为进攻重点,命勒尔锦等将军,统领清军,进至荆州、武昌,正面抵抗吴三桂,进击湖南;命岳乐率领大军,由江西赴长沙,夹攻湖南。接着,康熙帝放手重用汉将,率领汉兵,参加作战。

康熙十五年(1676年),陕西王辅臣和福建耿精忠在清军进攻下,先后投降。广东尚之信于康熙十六年(1677年)投降。陕、闽、粤,以及江西等地,先后平定。吴三桂局促于湖南一隅,外无兵援。清军调整之后,由江西进围长沙。

康熙十七年(1678年)三月,吴三桂在衡州称帝,国号周,大封诸将。未几,他忧愤成疾,于八月病死。吴三桂死后,其部将迎立其孙吴世璠继位,退居云贵。不久,清军先后收复湖南、广西和四川。康熙二十一年(1681年)冬,清军攻破昆明,吴世璠自杀。

3. 统一台湾

康熙二十年(1681年),郑经中风而死。这时,台湾郑氏王朝发生政变,年仅12岁的郑克塽继任延平王,执政大权,实际为冯锡范、刘国轩掌握。郑氏官僚集团人心惶惶,政权开始动摇。傅为霖负责与清朝谈和,他表示愿当内应。清大臣姚启圣认为,这是进攻台湾的绝好时机。于是,他向康熙帝推荐施琅。

康熙二十二年(1683年),康熙皇帝任命施琅为福建水师提督,出兵攻台。在澎湖,清军大败刘国轩所率领的郑氏海军,收复了台湾。康熙二十三年(1684年),清政府在台湾设立一府(台湾府)三县——台湾县(今台南)、凤山县(今高雄)、诸罗县(今嘉义),隶属福建省;在台湾设巡道一员,总兵官一员,副将二员,驻兵八千；在澎湖，设副将一员，兵二千。从此，清廷加强了对台湾的管辖，促进了台湾的发展。

4. 驱逐沙俄

从明末开始，沙俄远征军曾多次入侵黑龙江流域，烧杀抢劫，四处蚕食。康熙二十二年（1683年）9月，清廷勒令盘踞在雅克萨等地的沙俄侵略军，立即撤离清领土。侵略军不予理睬，反而继续入侵，窜至爱珲劫掠。清将萨布素统兵，将其击败，并且将黑龙江下游侵略军建立的据点给予焚毁，使雅克萨成为一座孤城。但是，沙俄侵略军负隅顽抗。康熙二十四年（1685年）1月23日，为了彻底消除沙俄侵略，康熙命都统彭春率领大军，奔赴爱珲。数日之间，清军攻克雅克萨城。清军班师，留下部分兵力，驻守爱珲；另外，清廷派兵在爱珲、墨尔根（今黑龙江嫩江）屯田，加强黑龙江一带防务。

康熙二十四年（1685年）秋，沙俄卷土重来，再次占领雅克萨城。俄军背信弃义，引起清政府的极大愤慨。康熙接到奏报之后，立即下令反击。康熙二十五年（1686年）7月24日，清军2000多人，进抵雅克萨城下，将城围困，勒令沙俄侵略军立即投降。沙俄侵略军首领托尔布津负隅顽抗，不予理睬。八月，清军开始攻城，托尔布津中弹身亡，侵略军改由杯敦代行指挥，继续顽抗。

8月25日，清军考虑到沙俄侵略者死守雅克萨，必待援兵。清廷考虑，隆冬时节，坚冰封冻以后，舰船行动、马匹粮秣诸多不便，于是决定：在雅克萨城之南、北、东三面，掘壕围困；在城西河上，派战舰巡逻，切断守敌外援。侵略军被围困，战死、病死者众多，826名俄军，最后只剩下66人。雅克萨城，旦夕之间，指日可下。

这时，俄国摄政王索菲娅急忙向清请求撤围，遣使议定边界。清廷答应所请，准许侵略军残部撤往尼布楚。雅克萨之战，完满结束。双方于康熙二十八年（1689年）七月二十四日，缔结了《中俄尼布楚条约》，规定：以外兴安岭至海格尔必齐河和额尔古纳河为中俄两国东段边界，黑龙江以北，外兴安岭以南，以及乌苏里江以东地区，均为大清领土。

毛泽东称："康熙三征噶尔丹，团结众蒙古部，把新疆牢牢地守住。他进兵西藏，振兴黄教，尊崇达赖喇嘛，护送六世达赖进藏，打败准噶尔人，为维护西南边疆的统一，迈出了关键性的一步。他进剿台湾，在澎湖激战，完成统一台湾的大业。他在东北收复雅克萨，组织东北各族人民进行抗俄斗争，和沙俄签订《尼布楚条约》，保证我永成黑龙江，取得了独立自主外交的胜利，为巩固东北边疆做出了重大贡献。"

典故逸闻

1. 朱三太子案

朱三太子,是明亡国皇帝朱由检的三太子,李自成起义军入京后,一直下落不明。清入主中原,坐镇北京。汉人多眷恋明室,冒充朱三太子的事接连不断,借以组织反清。清王朝对此十分恐惧,也十分头疼。顺治十二年,扬州捕获朱周镇,称朱三太子。第二年,直隶拿获朱慈㷚,自称崇祯帝的儿子,准备在正定起事。康熙十二年,平三藩战事正酣,北京出现了一个杨起隆,自称朱三太子,密谋起事。清廷风声鹤唳,惶惶不可终日。

康熙十八年,安亲王岳乐奏报,捕获崇祯太子朱慈灿。康熙矢口否认。第二年,四川奏报,捉到冒充朱三太子的杨起隆。四十七年,捕获在浙江大岗山起兵抗清的张念一,供出与朱三太子有联系。清廷活捉一朱三太子,年已76岁高龄,不久将他凌迟处死,满门抄斩。

2. 锦幔送藏

康熙二十九年(1690年),五世达赖喇嘛圆寂后第八年,第司桑结嘉措着手建造五世达赖灵堂,扩建红宫。红宫是历代达赖的灵塔殿和佛堂,位于布达拉山。布达拉山最早称为红山,故称。建堂工作历时二年四个月,到三十二年四月时竣工,并隆重举行落成典礼。康熙三十五年,玄烨派札萨喇嘛登巴色吉送幔帐到拉萨,作为红宫落成的赠品。这双幔帐用锦做成,十分精致,入藏后,便放在五世达赖享堂司西平措大殿内。锦幔很大,锦缎精绣,幔面分别绣着宗喀巴和五世达赖像。这双锦幔,是特命建造一座织造厂用金线编织的,费时一年多,耗银一万六千余两,织工精美绝伦,被传为布达拉宫稀世珍宝。

3. 遗诏之谜

康熙皇帝69岁时在畅春园突然病故,病因不明。康熙一生,一直没有解决好立储的问题,为后人留下了"遗诏之谜",至今争论不休。除雍正篡改遗诏之外,康熙之死亦与雍正有关,而关心这后一桩疑案的人并不太多。由于康熙没有早定储君,未来的皇位便成为十多名皇子暗中角逐的目标。其中,四子胤禛锋芒内敛,沉着、老练胜于众兄弟。康熙十月还在南苑围猎,11月就病了,父皇的突然不豫,使得争夺继承人的斗争更加惊险、微妙。伺机多年的胤禛不能再坐等福运了,皇位靠争取。他和掌管京都防卫兼宫内一等侍卫的隆科多早已结为盟友,康熙病重时只有隆科多在旁,雍正与隆科多合作,在康熙的食物中下了毒,毒发后昏迷,同时步军统领隆科多在京城布置好了应变的军队。前来畅春园侍疾的其他皇子被挡驾在外,直至康熙崩逝,隆科多宣布传位于四子的遗诏,胤禛即位于梓宫前,一切均照计划完成。

4. 康熙相貌

　　法国传教士白晋称:"他威武雄壮,仪表堂堂。身材高大,举止不凡。他的五官端正,双目炯炯有神,鼻尖略圆而稍显鹰钩状。虽然脸上有一点天花留下的痘痕,但是,丝毫不影响他的美好形象。"

　　荷兰使节《鞑靼旅行记》称:"皇帝中等人材,是一位慈祥、稳重、举止端庄的人。他那威严的外表,无论从哪一方面看,即使放在千人之中,也与众不同,能够立即分辨出来,这是由于他想使自己的容态和举止,让人一看便是心地高尚的人所造成的。"

　　法国耶稣会士李明《中国现状》称:"据我所见,皇帝身材比普通人稍高,堪称恣态优美,比我们稍胖些。但还达不到中国人所谓的富态程度。脸也稍宽,有痘痕,前额宽大,鼻子和眼睛比中国普通人小些。嘴美,颐和蔼,动作温柔,一切容态举止,都像是位君主,一见便引人注目。"

■ 青年康熙朝服像

5. 废长城

　　清朝以前,历代王朝希望大一统。但是,常常为长城所阻。实际上,这是传统、狭隘的民族观念制约所致。这种长城之分,"内中国,外夷狄",是心胸狭窄之想。从康熙皇帝开始,废除长城观,倡导天下一家。康熙即位时,除了台湾之外,全国基本实现了统一。当台湾纳入大清版图之后,清朝实现了全国统一。清朝是否能够真正实现大一统,能否实现民族大融合,关键取决于三北游牧民族的归服。长城观,是一大关键。

　　康熙三十年(1671年),康熙皇帝率领诸王、贝勒、文武大臣,前往多伦诺尔(今内蒙古多伦),召集内外蒙古王公,来此会盟,确定疆界,制定法律,为外蒙喀尔喀蒙古诸部编制盟旗,使其接受清朝之管辖,从而真正实现中国北部广大地区,以及西北地区的空前统一。从此以后,蒙古问题宣告解决。

　　这次会盟之后,有些大臣看到长城年久失修,建议拨款修理。康熙皇帝继承皇太极、顺治帝所提出的民族统一思想,主张满汉一家,进而提出,"中外一视""天下一家",所以康熙认为,大一统之天下,长城之存在,不利于国家统一,尤其不利于与三北游牧民族融为一体,于是,康熙否定了修长城之议。

6. 奉行节俭

康熙皇帝崇尚节俭,日常生活较为简朴。康熙三十九年(1700年),他对大学士说:"自朕听政以来,一应服食,俱从节俭"。康熙四十七年(1708年)秋,他听说皇太子胤礽奢侈,十分愤怒,斥责他时说:"朕即位以来,诸事节俭,身御敝褥,足用布袜。"此言虽有炫耀之意,但不能否认,他在努力为臣工做出节俭的榜样。

康熙厉行节俭,以身作则,朝野上下人人仿效,产生了较大影响。王公大臣们不敢奢侈,纷纷效法皇帝,少用或者不用金银器皿,以及金银马镫等贵重物品,日常服用所需资费,"较从前十分之内,已减九分矣"。康熙初年,达官贵族为亲属行葬时,仍以焚化皮衣为时尚;到康熙中叶,"其风已熄"。

康熙节俭,分寸恰当,内外有别。对此,传教士白晋深有感触,记述如下:"他非常节制个人的开支,同时,又十分慷慨大方地提供国家的经费。只要是为了帝国的福利,哪怕花费千百万,他也在所不惜。修缮公共建筑,保持江河管道的畅通,建桥、造船等,一切方便百姓、有利贸易的事情,他动用巨款,十分慷慨。因此,不难断定,他不为个人妄费分文,完全是出于贤明的节约,以便把金钱用于帝国真正的需要"。

7. 推广西药

康熙40岁时,得了疟疾,中医药未能治愈。耶稣会士白晋、洪若翰、刘应等人,进献金鸡纳霜(奎宁)。康熙服用后,十分灵验,病立即就好了。他召见洪若翰、刘应进等人,在西安门内,赏赐房屋。后来,这里成为天主教北堂。大臣曹寅得了疟疾,康熙赏赐金鸡纳霜,治好了他的病。从此以后,康熙对西药发生兴趣,命后会在京城内炼制西药,在宫中设立实验室,试制药品,亲自临视、观察。他提倡种痘,以防天花。他破除陈规,推广种痘,命先给自己子女,以及宫中女子种痘,还给蒙古49旗,以及喀尔喀蒙古部民种痘,这样,使千万之人因种痘而免去患天花导致的死亡。

8. 养生之道

康熙皇帝在位61年,是中国古代在位时间最长的皇帝。玄烨活到69岁,在古代,他的寿命是长的。康熙懂得养生,其饮食、起居有度,洁衣净宝,注意生活品质。其养生之道,主要包括:一、起居有序。这一点,是康熙的养生之要。康熙认为,人想长寿,必须饮食有节,起居有序。二、居室温馨。爱干净,讲卫生,成习惯,是康熙的健康之道。康熙认为:不论在家里,或出门在外,人应该干净整洁。康熙提倡洁净,但是,他反对洁净成癖。三、饮酒有度。康熙不反对饮酒,但是反对沉湎于酒中,不加节制。康熙帝反对抽烟,他认为,烟酒对健康有害。四、神静心和。康熙倡导:寡虑、寡言、寡欲,这是康熙皇帝的养生秘诀。康熙认为,若想神静心和,必须坚定意志,不意气用事。心静平和,杂念不起,心中清明,自然身健长寿。康熙皇帝在《庭训格言》中说:"惟宽坦从容,以自颐养而已。"

家族成员

家世

长辈	祖母:孝庄文皇后(昭圣太皇太后)	父亲:爱新觉罗·福临(顺治皇帝)	
	嫡母:孝惠章皇后(仁宪皇太后)	生母:孝康章皇后(慈和皇太后)	
兄弟	顺治皇长子:爱新觉罗·牛钮	顺治皇二子:爱新觉罗·福全	顺治皇四子:和硕荣亲王
	顺治皇五子:爱新觉罗·常宁	顺治皇六子:爱新觉罗·奇绶	顺治皇七子:爱新觉罗·隆禧
	顺治皇八子:爱新觉罗·永干		
姊妹	顺治皇长女	顺治皇二女:和硕恭悫长公主	顺治皇三女
	顺治皇四女	顺治皇五女	顺治养女:和硕和顺公主
	顺治养女:和硕柔嘉公主	顺治养女:固伦端敏公主	

后妃

皇帝初婚,11岁。

皇后,4人。

孝诚仁皇后,赫舍里氏。满洲正黄旗人,领侍卫内大臣噶布喇之女,世袭一等公索额图的亲侄女,康熙首辅索尼的孙女。生于顺治十年十二月十七日。康熙四年册封为皇后,时年13岁。康熙八年生皇二子(未序齿)承祜(早殇);康熙十三年生皇七子(序齿皇次子)胤礽后,因难产去世。葬清东陵之景陵。初谥

"仁孝皇后",雍正元年改谥"孝诚",全部谥号:孝诚恭肃正惠安和淑懿恪敏俪天襄圣仁皇后。

孝昭仁皇后,钮祜禄氏。满洲镶黄旗人,辅政大臣一等公遏必隆之女。生于顺治十年。初为妃,康熙十六年八月册封为皇后,仅半年,于康熙十七年薨。葬清东陵之景陵。初谥"孝昭皇后",后雍正、乾隆、嘉庆累加谥,全部谥号:孝昭静淑明惠正和安裕端穆钦天顺圣仁皇后。

孝懿仁皇后,佟佳氏,满洲镶黄旗人,领侍卫内大臣佟国维之女,康熙帝生母孝康章皇后的嫡亲侄女,康熙帝的表妹。生年不详。康熙十六年八月册封为贵妃,二十年晋升为皇贵妃。二十二年生皇八女(早殇)。康熙二十八年七月初九日册为皇后,次日即去世。葬清东陵之景陵。初谥"孝懿皇后",后雍正、乾隆、嘉庆累加谥,全部谥号:孝懿温诚端仁宪穆和恪慈惠奉天佐圣仁皇后。

孝恭仁皇后,乌雅氏,满洲正黄旗人,护军参领威武之女。康熙十七年生皇四子胤禛,即雍正帝。十八年封为德嫔。次年生皇六子胤祚;二十年十二月二十日为德妃;二十一年生皇七女,殇;二十二年生皇九女温宪公主;二十五年生皇十二女,殇;二十七年生皇十四子胤禵。雍正帝即位后,尊为仁寿皇太后,雍正元年薨,享年64岁。葬清东陵之景陵。全部谥号:孝恭宣惠温肃定裕慈纯钦穆赞天承圣仁皇后。

皇贵妃,3人。

敬敏皇贵妃,章佳氏,满洲镶黄旗人,参领海宽之女。康熙二十五年生皇十三子允祥。后又生生二女,下嫁仓津,多尔济。康熙三十八年七月二十五日薨,追封敏妃。雍正初年,雍正帝因为胤祥的缘故,追封章佳氏为皇考敬敏皇贵妃,并祔葬景陵,开了清朝皇贵妃陪葬的先例。章佳氏是唯一一个陪葬康熙的妃子。

敦怡皇贵妃,三品协领祜满之女。瓜尔佳氏。侍奉康熙时为和妃,世宗雍正帝尊为皇考贵妃,高宗乾隆尊为皇祖温惠皇贵太妃,乾隆三十三年薨,年八十六。生一女,殇。

悫惠皇贵妃,佟佳氏,孝懿仁皇后的妹妹。康熙三十九年册为贵妃,雍正时尊为皇考皇贵妃,乾隆时尊为皇祖寿祺皇贵太妃。乾隆八年薨,享年七十六岁。死后,谥为悫惠皇贵妃。

贵妃,1人。

温僖贵妃,钮祜禄氏,满洲镶黄旗人,孝昭仁皇后的妹妹,康熙二十年册为贵妃。

妃,11人。

顺懿密妃,王氏。初为密嫔,后尊封为密妃。三子,允祹、允禄、允祄,允祄八岁夭折。

纯裕勤妃,陈氏。初为勤嫔,被雍正尊封为勤妃。一子,允礼。

惠妃,纳喇氏,郎中索尔和之女,初为庶妃。康熙十六年册为惠嫔;二十年为惠妃。雍正十年四月初七日薨。享年在70岁以上。二子,承庆、允禔。

荣妃,马佳氏,员外郎盖山之女。康熙十六年册为荣嫔;二十年为荣妃。雍正五年闰三月初六去世。享年在70岁以上。生有五子一女,其中只有允祉成人,一女下嫁乌尔衮。

宜妃,郭络罗氏,满洲镶黄旗人,佐领三官保之女。康熙十六年册为宜嫔;二十年为宜妃。雍正十一年八月二十五日薨。享年在70岁以上。三子,允祺、允禟、允禌。

宣妃,博尔济吉特氏,科尔沁达尔汗亲王和塔之女,顺治皇帝悼妃的侄女。康熙的表姐妹。康熙五十七年册封为宣妃。

慧妃,博尔济吉特氏,科尔沁三等公吉阿郁锡之女,幼年被选进宫,尚未册封,于康熙九年薨。五月初九追封为慧妃。

成妃,戴佳氏,满洲镶黄旗人,司库卓奇之女,初进宫为嫔。康熙十九年生皇七子。康熙五十七年十二月册封为成妃。乾隆五年十月三十日薨,享年当在70岁以上。

定妃,万琉哈氏,满洲正黄旗人,郎中拖尔弼之女。康熙在时为嫔,雍正时尊为皇考定妃,后来随儿子履亲王允祹住,轮到自己的生日的时候,还会被迎进宫去祝贺,但再未进尊封,薨时97岁,她也时康熙诸妃中最长寿的。

良妃,卫氏,内管领阿布鼐女,本辛者库罪籍,入侍宫中。康熙二十年,生皇八子胤禩。三十九年十二月,册为良嫔,四十三年册封为良妃。

嫔,10人。贵人6人,不再一一罗列。

子女,55人;35子,20女;写入宗谱者,有24子,11女。

继位人:爱新觉罗·胤禛(雍正帝)(第四子)

太子:爱新觉罗·胤礽(两立两废)(第二子)

注:清世宗雍正皇帝爱新觉罗·胤禛,即位这后,为避讳,诸皇子名中"胤"字,改为"允"字;唯皇十三子怡亲王胤祥,与雍正最为亲密,去世之后,雍正降旨,复其名中胤字。

儿子

排序/序齿	名字	生卒年月		生母
1	承瑞	生	康熙六年九月那时候康熙才13岁	荣妃
		卒	康熙九年五月	
2	承祜	生	康熙八年十二月	孝诚仁皇后
		卒	康熙十一年二月	
3	承庆	生	康熙九年二月	惠妃
		卒	康熙十年四月	
4	赛音察浑	生	康熙十年十二月	荣妃
		卒	康熙十三年一月	
5/1	胤禔【zhī】（保清）	生	康熙十一年二月	惠妃
		卒	雍正十二年十一月	
6	长华	生	康熙十三年四月	荣妃
		卒	当天夭折	
7/2	胤礽【réng】（保成）	生	康熙十三年五月	孝诚仁皇后
		卒	雍正二年十二月	
8	长生	生	康熙十四年六月	荣妃
		卒	康熙十六年三月	
9	万黼	生	康熙十四年十月	通嫔
		卒	康熙十八年一月	
10/3	胤祉【zhǐ】	生	康熙十六年二月	荣妃
		卒	雍正十年闰五月	
11/4	胤禛【zhēn】	生	康熙十七年十月	孝恭仁皇后
		卒	雍正十三年八月	
12	胤禶	生	康熙十八年二月	通嫔
		卒	康熙十九年二月	
13/5	胤祺【qí】	生	康熙十八年十二月	宜妃
		卒	雍正十年闰五月	
14/6	胤祚【zuò】	生	康熙十九年二月	孝恭仁皇后
		卒	康熙二十四年五月	

续表

排序/序齿	名字	生卒年月		生母
15/7	胤祐【yòu】	生	康熙十九年七月	成妃
		卒	雍正八年四月	
16/8	胤禩【sì】	生	康熙二十年二月	良妃
		卒	雍正四年九月	
17/9	胤禟【táng】	生	康熙二十二年八月	宜妃
		卒	雍正四年八月	
18/10	胤䄉	生	康熙二十二年十月	温僖贵妃
		卒	乾隆六年九月	
19	胤禑【jǔ】	生	康熙二十二年十一月	贵人郭络罗氏
		卒	康熙二十三年六月	
20/11	胤禌	生	康熙二十四年五月	宜妃
		卒	康熙三十五年七月	
21/12	胤祹	生	康熙二十四年十二月	定妃
		卒	乾隆二十八年七月	
22/13	胤祥	生	康熙二十五年十月	敬敏皇贵妃
		卒	雍正八年五月	
23/14	胤禵【tí】	生	康熙二十七年一月	孝恭仁皇后
		卒	乾隆二十年一月	
24	胤禨	生	康熙三十年一月	平妃
		卒	康熙三十年三月	
25/15	胤禑【xú】	生	康熙三十二年十一月	顺懿密妃
		卒	雍正九年二月	
26/16	胤禄	生	康熙三十四年六月	顺懿密妃
		卒	乾隆三十二年二月	
27/17	胤礼	生	康熙三十六年三月	纯裕勤妃
		卒	乾隆三年二月	
28/18	胤祄【jiè】	生	康熙四十年八月	顺懿密妃
		卒	康熙四十七年九月	

续表

排序/序齿	名字	生卒年月		生母
29/19	胤禝	生	康熙四十一年九月	襄嫔
		卒	康熙四十三年三月	
30/20	胤祎	生	康熙四十五年七月	襄嫔
		卒	乾隆二十年一月	
31/21	胤禧	生	康熙五十年一月	熙嫔
		卒	乾隆二十三年五月	
32/22	胤祜	生	康熙五十年十二月	谨嫔
		卒	乾隆八年十二月	
33/23	胤祁	生	康熙五十二年十一月	静嫔
		卒	乾隆五十年七月	
34/24	胤祕	生	康熙五十五年五月	穆嫔
		卒	乾隆三十八年十月	
35	胤禐	生	康熙五十七年二月	贵人陈氏
		卒	当天夭折	

女儿

排序/序齿	生卒年月	生母	封号	夫婿
1	康熙七年十一月—康熙十年十月	庶妃张氏		
2	康熙十年三月—康熙十二年二月	端嫔		
3/2	康熙十二年五月六日—雍正六年四月	荣妃	固伦荣宪公主	乌尔衮
4	康熙十三年二月—康熙十七年	庶妃张氏		
5/3	康熙十三年五月—康熙四十九年三月	贵人兆佳氏	和硕端静公主	噶尔臧
6/4	康熙十八年五月二十七日—雍正十三年三月	贵人郭络罗氏	固伦恪靖公主	敦多布多尔济
7	康熙二十一年六月—康熙二十一年八月	孝恭仁皇后		
8	康熙二十二年六月—康熙二十二年闰六月	孝懿仁皇后		

续表

排序/序齿	生卒年月	生母	封号	夫婿
9/5	康熙二十二年九月—康熙四十一年七月	孝恭仁皇后	固伦温宪公主	舜安颜
10/6	康熙二十四年二月二十六日—康熙四十九年三月	通嫔	固伦纯悫公主	策凌
11	康熙二十四年九月—康熙二十五年五月	温僖贵妃		
12/7	康熙二十五年四月—康熙三十六年三月	孝恭仁皇后		
13/8	康熙二十六年十一月二十七日—康熙四十八年六月	敬敏皇贵妃	和硕温恪公主	仓津
14/9	康熙二十八年十二月七日—乾隆元年十一月	贵人袁氏	和硕悫靖公主	孙承运
15/10	康熙三十年一月六日—康熙四十八年十二月	敬敏皇贵妃	和硕敦恪公主	多尔济
16/11	康熙三十四年十月—康熙四十六年	庶妃王氏		
17	康熙三十七年—康熙三十九年	庶妃刘氏		
18	康熙四十年—生即殇	敦怡皇贵妃		
19	康熙四十二年—康熙四十四年	襄嫔		
20	康熙四十七年—同年	庶妃钮祜禄氏		
养女/1	康熙十年十月—乾隆六年	恭亲王福晋晋氏	固伦纯禧公主	班第

景陵

景陵,是清圣祖康熙皇帝玄烨的陵墓,位于孝陵以东稍南。景陵,始建于康熙二十年,建筑规模仅次于孝陵。景陵内隆恩殿大柱高耸,十分壮观。景陵向东,是两座妃嫔的园寝,即康熙太妃、景妃园寝。

六、清高宗弘历(乾隆帝)

生平

清高宗爱新觉罗·弘历(1711—1799年),清朝第六位皇帝,入关之后第四位皇帝。年号"乾隆",寓意"天道昌隆"。25岁登基,在位60年;禅位后,又任三年零四个月太上皇,实际行使国家最高权力长达六十三年零四个月,是中国历史上实际执掌国家最高权力时间最长的皇帝,也是中国历史上最长寿的皇帝。卒于嘉庆四年(1799年),享年89岁。庙号高宗,谥号:法天隆运至诚先觉体元立极敷文奋武钦明孝慈神圣纯皇帝。葬于清东陵之裕陵。

弘历在位期间,清朝达到了康乾盛世以来的最高峰。社会稳定,经济繁荣,文化发达,汉学充分发展。在康熙、雍正两朝的统治基础上,弘历进一步完成了多民族大统一,社会经济、文化有了长足发展。弘历重视国计民生和社会稳定,关心受灾百姓,在位期间,先后五次普免天下钱粮,三免八省漕粮,极大地减轻了农民负担;重视水利建设,大力发展和保护农业生产,使得清朝国库日渐充实。弘历武功繁盛,在平定边疆地区叛乱方面做出了巨大贡献,维护了国家统一,开疆拓土;完善了对西藏的统治,占领了新疆,正式将新疆纳入中国版图。清朝版图由此达到了最大化。弘历在位期间,民间艺术获得了很大发展,如京剧,形成于乾隆年间。在位后期,奢靡腐化,吏治有所败坏,多地爆发起义。实行闭关锁国政策,拉大了中国和西方的差距,使清朝统治出现了危机。文字狱之风更加盛行,比康熙、雍正时期更加严酷。

■ 宝亲王时期的弘历

康熙五十年(1711年)八月十三日,弘历出生于北京雍亲王府。弘历自幼聪明,五岁就学,过目成诵。康熙六十年(1721年),据说,康熙帝在雍亲王府,就是后来的雍和宫,第一次见到了孙子弘历。当时,弘历十岁,祖父康熙见而惊爱,令养育宫中,亲授书课。雍正元年(1723年),雍正书立储密旨,立弘历为继承人,藏于锦匣,置于乾清宫"正大光明"匾后。雍正二年(1724年)底,康熙皇帝再期忌辰,弘历第二次祭景陵。

雍正五年(1727年)七月,雍正皇帝赐成大婚,娶出身满洲名门之察哈尔总管李荣保女富察氏为妻,居于紫禁城西二所。弘历即位后,这里改名为重华宫。是年,三阿哥弘时因放纵不谨,削除宗籍。雍正八年(1730年),嫡子永琏降生。雍正帝亲自赐名为永琏,隐含继承皇位之意。皇子期间,将所著论赋诗词等编成《乐善堂集》十四卷。

雍正十一年(1733年),弘历被封为和硕宝亲王。自此,经常奉命祭陵、祭孔、祭关圣帝君、享太庙、祭地、祭太岁、祭大社大稷等。雍正十三年(1735年)二月,弘历与弘昼、鄂尔泰等共同办理苗疆事务。八月二十三日凌晨,雍正帝去世,内侍取出谕旨,宣布弘历即位。九月初三日,即皇帝位于太和殿,颁登极诏书,大赦天下,以明年为乾隆元年。九月二十七日,移居养心殿。宣布免除民欠丁赋以及额赋。十月宣布:宽严相济,为至治之道。下令各省,呈报虚垦地亩,始行裁除各省杂税;赏阿其那、塞思黑子孙红带,收入玉牒。十一月,左都御史孙嘉淦上疏,除三习,杜三弊。十二月,严禁各省工程摊派;赈济安徽、湖北等地水灾。以"大逆不道"罪,处死曾静、张熙。降旨,上皇太后钮祜禄氏徽号为崇庆皇太后。

事迹

1. 执政大事记

乾隆元年(1736年)七月,宣谕密书建储谕旨,以皇二子永琏为皇太子。

乾隆二年(1737年),降旨释放雍正末年因贻误军机而判死罪之岳钟琪、傅尔丹,赐予允禵等公爵。十一月,谕令大学士鄂尔泰等人仍办理军机事务。

乾隆三年(1738年)五月,张广泗讨平贵州苗乱。十月,皇储永琏病殁,谥端慧皇太子。

乾隆四年(1739年)二月,噶尔丹策零请以阿尔泰山为界。七月,额驸策凌奏请率兵进驻鄂尔海西拉乌苏,并且,分兵驻鄂尔坤河、齐齐尔里克、额尔

■ 乾隆古装御容图

德尼昭、塔密尔,以及乌里雅苏台,防范准噶尔叛乱。十月,庄亲王允禄、理亲王弘晳结党营私案发,弘历降旨:革允禄议政大臣、理藩院尚书职;弘晳,削爵,圈禁;贝勒弘昌等人,革降,停俸。十二月,晋西藏贝勒颇罗鼐为郡王。

乾隆五年十二月,张广泗率领清军,彻底平定广西、湖南苗叛。

乾隆六年(1741年)七月,弘历首次举行秋狝典礼。随后,奉皇太后至避暑山庄。降旨,免除所经过地区额赋之十分之三,减行围所经过州县额赋,岁以为常。

乾隆十年(1745年),噶尔丹策零死后,准噶尔部内乱,达瓦齐夺得汗位。七月,弘历开始派兵,进剿四川瞻对地区叛乱。九月,清军收复上瞻对,进剿下瞻对。

乾隆十三年(1748年)二月,弘历东巡,驻曲阜,诣阙里,谒孔林,祭少昊、周公,登泰山。福建瓯宁老官斋会起义,旋被清军镇压。三月,皇后富察氏逝世,谥为"孝贤"。

乾隆二十年(1755年)二月,弘历发兵五万直捣伊犁,向达瓦齐发起进攻。达瓦齐猝不及防,兵败被俘。不久,归降清廷的阿睦尔撒纳,因统治厄鲁特蒙古四部的野心未能得逞,聚众叛乱。

乾隆二十一年(1756年)三月,清军收复伊犁,阿睦尔撒纳逃往哈萨克。弘历命西路、北路大军进征哈萨克;命大学士傅恒赴额林哈毕尔噶,整饬军务。

乾隆二十二年(1757年)春,清廷遣军从巴里坤等地分路进击,叛军溃败,阿睦尔撒纳叛逃沙俄后,病死。清军平定准噶尔贵族分裂叛乱的战争,至此,取得胜利。

乾隆二十三年(1758年)初,清朝平定准噶尔大局已定,弘历立即调派满、汉官兵一万人,南下,讨伐大小和卓。九月,提督马得胜以攻库车失机,处死。弘历下令,驻防伊犁大臣兼理回部事务。乌什城降。十月,兆惠军孤军陷叶尔羌,史称黑水营之围。

乾隆二十四年(1759年)二月,富德、阿里衮等率领清军,与霍集占大战呼尔璊,大败之,解黑水营之围。六月,弘历命兆惠进兵喀什噶尔,富德进兵叶而羌,收复之。谕李侍尧,传集外商,颁布禁约。闰六月,布拉呢敦弃喀什噶尔,逃遁。霍集占弃叶尔羌,逃遁。七月,清军攻克喀什噶尔、叶尔羌,大、小和卓木逃至巴达克山部,被杀,回疆叛乱平定。

乾隆二十五年(1760年)七月,以俄国驻兵和宁岭等四路,声言分界,弘历晓谕阿桂、车布登扎布以兵逐之。十月,皇十五子永琰(嘉庆帝)生。

乾隆三十年(1765年)十一月,云贵总督杨应琚奏报,缅甸各部头人内附。弘历以杨应琚病,命杨廷璋赴永昌,接办抵御缅军。

乾隆三十二年(1767年)正月,清军征缅失利,弘历谕杨廷璋回广东。二月,底瓦江之战,清军征缅失利。闰七月,赐杨应琚自尽。缅军入寇云南,西南危急。

乾隆三十三年(1768年)二月,弘历令傅恒赴云南,经略征缅事宜。

乾隆三十四年(1769年)正月,命阿桂、阿里衮协助傅恒剿缅。十一月,副将军、户部尚书阿里衮死于军中。傅恒督师征缅,以缅甸为烟瘴之地,清军损失大半。缅酋乞降,命班师,缅酋猛驳称臣纳贡。

乾隆三十五年(1770年)七月,小金川与沃克什土司相勾结,挑衅叛乱。弘历降旨,命阿尔泰劝谕小金川。和亲王弘昼、大学士傅恒染病,相继逝世。十一月,土尔扈特蒙古脱离俄国羁绊,返回祖国。

乾隆三十六年(1771年)，土尔扈特部进入中国境内，弘历命巴图济尔噶勒赴伊犁办理安置事宜。九月，土尔扈特首领渥巴锡等在热河入觐，封渥巴锡为汗，以下封亲王、郡王等爵。

乾隆三十八年(1773年)，弘历下令，编纂《四库全书》。历时九年，成书，是当时世界上最为庞大的百科全书。

乾隆四十三年(1778年)，弘历为多尔衮昭雪，复其王爵。

中年以后，弘历逐渐好大喜功，大兴土木，六下江南，耗费大量国家人力、物力。而且，贪污腐化开始盛行。整个清王朝，在乾隆后期，开始由盛转衰。

乾隆四十六年(1781年)正月，甘肃人苏四十三率回民起义。六月，甘肃出现捐监冒赈奇贪案，命刑部严审总督勒尔谨，逮捕王亶望，皆处死。回民起义被平定，苏四十三被害。

乾隆四十七年(1782年)四月，山东巡抚国泰、于易简亏空库帑案发，和珅等奉旨查办。查实、降旨，革职逮问，旋皆处死。

乾隆五十二年(1787年)三月，林爽文在台湾起义，攻占诸罗、凤山，进逼台湾府，所占县城，随即失去。五月，湖南凤凰厅苗民起义，被清总兵尹德禧镇压。八月，命福康安为将军，赴台进剿林爽文起义。十二月，福康安以镇压林爽文之功，晋公爵。

乾隆五十七年(1792年)六月，福康安败廓尔喀军，出境作战。八月，命孙士毅驻前藏督粮运。廓尔喀战败乞降，福康安班师。九月，令福康安、孙士毅等定西藏善后事宜，确定金奔巴瓶抽签制度。十月，《十全武功记》写成。

乾隆五十八年(1793年)三月，通谕设金奔巴瓶于北京雍和宫，饬理藩院堂官、掌印札萨克喇嘛等人，共同掣出蒙古所出之呼毕勒罕。六月，英使马戛尔尼来华。七月，命和琳稽核藏商出入。八月，弘历在热河接受马戛尔尼使团入觐。

乾隆六十年(1795年)正月，湘黔苗民起义爆发，至嘉庆二年(1797年)平定。八月，弘历85岁生日。九月三日，御勤政殿，宣示建储密旨，立皇十五子永琰为皇太子，定明年归政，改为嘉庆元年。十月，颁嘉庆元年时宪书，普免明年地丁钱粮。

嘉庆元年(1796年)正月，举行归政大典，弘历自为太上皇帝。授玺后，礼部鸿胪寺官员诣天安门城楼，恭宣嘉庆帝钦奉太上皇帝传位诏书，金凤颁诏，宣示天下。弘历在禅位之后，仍然居住在养心殿，掌控朝政。嘉庆元年(1796年)正月十九日，太上皇在圆明园召见属国使臣，告诉他们："朕虽然归政于皇帝，大事还是我办。"皇帝举办千叟宴，弘历以太上皇莅临。白莲教起义爆发，数月间，遍及川、陕、楚、豫、甘五省。嘉庆七年(1802年)，平定。

嘉庆三年(1798年)八月,弘历得知农民起义领袖王三槐被擒,侈谈"武功十全之外",又"成此巨功"。

嘉庆四年(1799年)正月初三日,弘历于养心殿逝世,终年89岁,嘉庆帝亲政。立即降旨,逮捕和珅于刑部狱,旋赐死。降旨,以成亲王永瑆为军机大臣。三月,赦乾隆间文字狱各案涉及人员。四月,上尊谥为"法天隆运至诚先觉体元立极敷文奋武孝慈神圣纯皇帝",庙号高宗。九月,葬于裕陵。

2. 政尚宽大

弘历即位后,针对雍正时期留下的混乱政局和紧张的政治气氛,采取了一系列缓和措施,对雍正的许多政策做了较大的调整。乾隆初年,弘历毫不讳言地宣称:"赋性宽缓,政尚宽大",济之以严。在经筵日讲中,他说:"宽、信、敏、公,乃圣王治世之大本,而必以宽居首",弘历晚年时,曾写诗述怀:"政实宜宽弗宜猛。"不过,在绝大多数时间,弘历宽严并重,相辅相成。

弘历精于权术,善于驾驭群臣。乾隆初年,朝廷之中,以鄂尔泰、张廷玉为核心,满汉两派大臣拉帮结伙,互相拆台,斗争十分激烈。弘历居高临下,不是采取打一派拉一派的策略,而是对他们双方进行严厉警告,采取高压和抑制手段,严厉约束他们,不让一派打压另一派,始终让他们保持平衡,避免出现朝廷大臣之间发生大分裂。

弘历非常勤政,每天,卯时(早上五时至七时)起床,开始裁理政务。如果是冬天,这时天还是黑的。军机大臣、军机章京在军机值班,有十余人,每晚留一人值班。每日轮值一人,早点上班相助。因此,他们也是五更上班。平时,人们不知道弘历何时起床、每天行踪。但是,每年从十二月二十四日开始,弘历从他寝室出来,每过一门,必响鞭炮一声,凭此知道,乾隆皇帝圣驾已经到达何处。乾隆到达乾清宫,这时,燃上一寸长的蜡烛之后,天才大亮。

3. 十全武功

弘历认为,保持国家的军事强大是十分必要的;战争对国家的强盛也是十分必要的。

乾隆皇帝执政64年,对于自己的武功非常自豪,声称自己的十次重要军事行动取得重大胜利,他称为十全武功。不过,乾隆皇帝一再声明,其十全武功取得大捷,绝非是穷兵黩武之举。十次军事行动,非常必要。

成功击退廓尔喀部落入侵西藏之后,暴露出当时武备逐渐废弛,官兵习于晏安,不思进取。于是,他在《十全记》强调:"乃知守中国者,不可徒言偃武修文,以自示弱也。彼偃武修文之不已,必致弃其故有而不能守。"

乾隆皇帝弘历战绩卓著,武功赫赫。他在镇压边疆地区少数民族头领的叛乱中,在成功击退外敌入侵的反击战役方面指挥有方,恩威并重,取得了巨大的成就,做出了巨大成绩,巩固了大清王朝统一的多民族国家政权,维护了国家的统一,开疆拓土,使清王朝的国土面积达到了空前未有的程度,多达1300万平方公里,使大清王朝处于鼎盛。

清朝疆域辽阔,经过康熙、雍正、乾隆三代皇帝的艰辛努力,最后形成大清王朝的国土疆域。经营边疆,是乾隆皇帝弘历最大的功绩,极盛之时,疆域包括:东北到外兴安岭、库页岛、鄂霍次克海;西北到巴尔喀什湖、葱岭;北到恰克图、贝加尔湖,色楞格河;南到南沙群岛;东到东海。

4. 文化繁荣

乾隆皇帝弘历效法祖父康熙皇帝,重视文化,选拔积极合作的汉人知识分子,压制和打击不合作者。乾隆元年(1736年),乾隆仿康熙做法,举行了一次博学鸿词科考试,大量选拔士人。南巡时,乾隆皇帝利用一切机会,施恩汉人知识分子。据史料记载,乾隆皇帝巡幸途中,大量选拔、重用士子,试以一诗一赋,一论一策,优异者授予进士、举人,给予官职,等等。

弘历十分重视文化事业,组织文臣,编纂典籍,繁荣文化。执政期间,各种官修书籍多达100余种,主要包括:完成顺治朝开始编撰的《明史》,完成康熙时开始编写的《大清一统志》;命令儒臣编成《续文献通考》《皇朝文献通考》《大清会典》;组织文臣,编纂文字音韵著作《清文鉴》、文学著作《唐宋诗醇》、地理著作《大清一统志》、农家著作《授时统考》、医学著作《医宗金鉴》、天文历法著作《历象考成后编》;亲自倡导、编纂大型文献丛书《四库全书》。

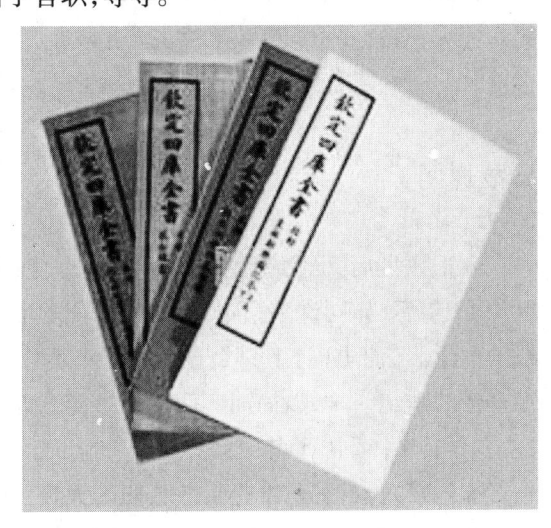

■ 四库全书

《四库全书》,是中国历史上规模最大的一套丛书。清乾隆三十八年(1773年)开始编纂,历时9年,全书告成。全书共收书3503种,79337卷,36304册,近

230万页,约8亿字。整套丛书,收录了从先秦到清乾隆前期大部分重要古籍,涵盖了古代中国几乎所有学科领域。全书分为经、史、子、集四部,44类。其中,包括:《论语》《大学》《孟子》《中庸》《周易》《周礼》《礼记》《诗经》《孝经》《尚书》《春秋》《尔雅注疏》《说文解字》《史记》《资治通鉴》《孙子兵法》《国语》《水经注》《战国策》《本草纲目》《茶经》等,还有日本、朝鲜、越南、印度以及来华欧洲传教士的代表性著作。

乾隆皇帝弘历才识过人,即位之时,正当25岁,血气方刚。他继承了康熙、雍正的帝王业绩,大力倡导文化事业,使大清王朝文化繁荣,更上一层楼。同时,为了江山稳固,他将许多著作列为禁书,大加销毁;大兴文字狱,残酷镇压知识分子。乾隆年间,弘历大兴文字狱,制造了130余桩大案,占整个清朝文字狱的80%,其中,47案之主要案犯被处以极刑,包括:生者凌迟,死者戮尸,男性亲族15岁以上者连坐立斩。王锡侯《字贯》案、胡中藻《坚磨生诗抄》案、徐述夔《一柱楼诗》案,等等,都是乾隆年间的文字狱大案。

乾隆皇帝弘历是中国历史上执政时间最长的君主,也是最长寿的皇帝。有人说,世界上统治纪录的创造者是法国太阳王路易十四,在位72年。然而,太阳王5岁登基,22岁亲政,实际掌权时间不过50年。乾隆皇帝25岁登基,手握皇权长达64年。弘历是世界上运气最好的君主:执政顺利,政权稳固;身体健康,无病无灾;皇宫安宁,子女众多。弘历是世界上产量最多的诗人,一生作诗4万多首。

典故逸闻

1. 死亡之谜

雍正去世后,弘历即皇帝位,为乾隆。雍正去世,也一直是一个谜。雍正在登位13年后,如同许多皇帝一样,以暴死的形式离开了他的宝座,引发了后人纷纭的推论。《清史稿》上只是显示雍正由不豫到崩殂中间只隔了一天,也如同许多皇帝的本纪一样,以简而不明的文字宣告皇帝一生的结束。而许多人从一篇《鄂尔泰传》中看出了其中的不测和惊险:当日雍正像往常一般视朝,午后,忽然急召鄂尔泰入宫,鄂尔泰是身兼数职的大员:兵部尚书兼署吏部、大学士、一等伯爵,刚刚在办理苗疆事务时不力,引咎削爵。鄂尔泰急忙跨马向圆明园奔去,此时外间已经宣传皇帝暴崩。鄂尔泰的坐骑连鞍都未及放,一路上髀骨部位被磨破,流血不止。入圆明园后,留宿三日夜始出,未吃一餐饭。这些记载,很容易让人联想到雍正死于被刺。然而,没有更多的佐证。

雍正死于吕四娘的谋刺之说,在民间流传甚广,这种传说可以编入历史演义,但由于缺乏可靠的史料证据和推论上的谨严性,很难被研究者当作历史事实看待。雍正死于食丹又是一说。在寻访术士、寻求不老术方面,雍正继承了各代先行帝王的遗志。据说宫中有一些由各地选送的炼丹道士,为雍正炼制金丹,其结果是使雍正因长期服用丹药,中毒而亡。历史上因食丹而死的皇帝,其死因大都明明白白地载在史册,如果雍正确实死于丹药中毒,为何清代史官和修清史者讳莫如深。

2. 身世之谜

民间的许多传说中,说弘历不是雍正的儿子,而是汉人的后代,其中,传得最广,也最绘声绘色的是,弘历是大学士陈阁老的儿子。

据传,清康熙年间,雍亲王府与大学士陈阁老陈府相邻。奇巧的是,雍亲王福晋与陈氏夫人,同时怀孕,并在同年同月同日各生下了一个孩子,不同的是,福晋生的是一个女儿,陈氏夫人生的是一个儿子。但是,雍亲王盼子心切,对外谎称生了个男孩,决定以偷梁换柱之计,将自己的女儿与陈氏的男孩互换:雍亲王先是说想看看陈家的孩子,陈氏兴高采烈地将孩子抱进雍亲王府,让亲王看看;可是,陈氏抱进亲王府的男孩,抱出来交回的,虽然衣服一样,但却是个女儿。陈阁老知道是亲王换了孩子,他不敢言语。这位男孩,就是后来的乾隆皇帝弘历。

还有一个传说,说是康熙年间,雍亲王随康熙皇帝到热河,与一民女发生关系,生下了弘历。

3. 天禄琳琅

天禄琳琅,是清乾隆皇帝建立的最珍贵的宫廷藏书。

清乾隆九年,乾隆皇帝命侍从文臣搜检宫中秘藏,选择其中最为珍贵的古书进呈御览,然后收藏于乾清宫东的昭仁殿。乾隆皇帝仿照汉代天禄阁藏书的故事,将昭仁殿珍本藏书处赐名为:天禄琳琅。

乾隆皇帝亲笔御书匾额,高悬于昭仁殿内。御匾两边是御书对联:

风奏南薰调玉轸,霞悬东壁灿瑶图。

天禄琳琅主要收藏的是宋、元珍本古书,乾隆皇帝亲自鉴藏,并将其中奇珍中的奇珍,一一亲笔御题诗文。

乾隆四十年,于敏中、王际华等大臣奉旨入殿点查古书,删除重复,编纂一部《天禄琳琅书目》十卷,首列乾隆十二年乾隆皇帝御题昭仁殿诗、乾隆四十年重华宫御茶宴天禄琳琅联句诗,然后按照经、史、子、集四部,收载所藏珍本,每部再按宋、金、元、明时代先后排列珍藏的抄本、刻本、影印本等。共计收藏宋本 71 部,影宋本 20 部,包括:乾隆皇帝御题宋本 24 部,御题影宋本 5 部等。

清嘉庆二年,乾清宫失火,殃及昭仁殿,天禄琳琅珍藏全部化为灰烬。太上皇乾隆皇帝和嘉庆皇帝下诏,再选宫中珍藏,重建天禄琳琅。

大臣彭元瑞奉旨编纂《天禄琳琅续编》二十卷,计收藏宋本 241 部,包括:乾隆皇帝御题宋本 7 部,御题影宋抄本 2 部等。

4. 贡使觐见

进入产业革命以后,英国迅速获得了原始积累资本,需要更为广阔的市场。18 世纪末期,英国将眼光投向了古老的中国。清乾隆五十二年(1787 年),英国派卡思卡特出使中国,使臣的船队没有到达中国就因故返航了。

清乾隆五十七年(1792 年),英国政府派马嘎尔尼出使中国。马嘎尔尼曾任英国驻孟加拉国的总督,对东方各国的语言文字、社会制度较为了解和熟悉,对于古老的中国更是充满了浓厚的兴趣。马嘎尔尼是带着政治和商业的双重目的率领他的使团来到中国的,他这次出使,意在获得英国在中国的外交权力和商业利益。

马嘎尔尼使团一行 700 余人于 1792 年(乾隆五十七年)9 月 25 日从英国的对外商港朴次茅斯港起航,乘坐海军狮子号军舰、印度斯坦号商船和豺狼号供应船南行驶往中国。英使是以向 83 岁的乾隆皇帝祝寿的名义,带着英国皇帝的亲笔信和大量珍贵礼物,不远万里来到中国前来谒见乾隆皇帝的。他们所带的礼物包括:大望远镜、气枪、鸟枪、手枪、刻金花、刻银花、熟皮马鞍、马缰,英国上等品绒毯和爱尔精织的丝与羊毛混织的太平内脱等等。

中英双方在谒见皇帝的礼节上发生了分歧:英方坚持行英国拜见本国皇帝之礼,中方觉得应该行中国臣子拜见皇帝的三跪九叩之礼。英方仍然坚持行本国拜见礼。中方官员说:倘若贵使一定要行英国礼也未尝不可,只是不知道英国礼是什么样式,怎么行法? 英方使臣说:英国礼就是屈一膝,引手伸嘴,握皇帝陛下的手,亲吻一下。

中国官员闻听之下,大惊失色,这是闻所未闻的礼节,屈膝、引手、伸嘴、亲吻? 中方官员不敢相信,再次询问:真的是屈膝、引手、亲吻? 这样的礼,在我们皇上面前如何使得? 英方说:自然使得,这是我国的最高礼节,敝使以拜见本国皇帝之礼,拜见贵国皇帝,已属万分恭敬,何言使不得?

英使对中方官员接着说:敝使到达中国后,听说乾隆皇帝多福又多寿,年逾八十,依旧精神矍铄,精力旺盛如同少年,天下臣民都欢欣爱戴。这种盛况,不特敝使会欢欣鼓舞,即使我英皇以西方第一雄主的身份,也当为东方第一雄主的乾隆皇帝额手相庆!经过乾隆皇帝的允准,中方同意英方的要求。和中堂前往英使居住的公馆,传达乾隆皇帝的恩准之意,但只许单膝下跪,不要亲吻皇帝之手。

交谈中,英使说到途经交趾国。和中堂自豪地说:那是中国的蕃属。英使赞叹说:贵国声威远播,四方臣服,敝使殊为欣慰。和中堂问英使:俄罗斯与英吉利有多远?目下两国关系如何?意大利、葡萄牙两国与英吉利相近吗?是否臣服于英吉利?英使一一回答。和中堂说:皇上对贵使的礼物大加赞赏,特别是《英国名人集》一册,皇帝特别喜欢,特地让人送到圆明园,嘱一文学大臣译为清文。只是,望远镜还不太会使,请派人前去试演。英方立即派吉伦博士带一个译员前往,教授望镜、日镜、夜镜和活落架等等的使用方法。

9月14日,乾隆皇帝在万树园大幄次,接见了英使马嘎尔尼、副使史但顿等。英使呈上了英国皇帝的亲笔国书,送上大量的礼物。乾隆皇帝接受了英皇的国书,回赠了珍贵的礼物,并赐宴招待了英使。

据英使记载,当时,乾隆皇帝坐在一个十六抬的无盖肩舆上,座前是侍卫、执事、大臣、仆从人等。皇帝身穿天青色的不绣花的丝绸龙袍,头戴天鹅绒冠,冠前缀着一颗巨大的东珠。乾隆皇帝问了问英国皇帝的年龄,然后,他说:我今年83岁了,希望你们国王同我一样长寿。

英使记述当时的情形时说:乾隆皇帝说到自己83岁的时候,颇为自得,其气概尊严,若有神圣不可侵犯之状,然其眉宇之间,仍然流露出其蔼然可亲之本色。我等静观其人实一老成长者,形状与我英国老年绅士相若,精神颇为壮健,八十老翁,看上去就像六十多岁人一样。

英使在谒见活动结束以后,回到了北京。英使提出的一系列商业要求,都被乾隆皇帝断然拒绝。英国使团沿运河南下,从广州乘船回国。第二年9月,他们回到伦敦。

5. 五福五代堂

五福五代堂是指紫禁城西部宁寿宫宫区内的景福宫。

景福宫位于宁寿宫宫区东部庆寿堂之后,是紫禁城皇宫之中西北角一座独立的宫院。这座宫院始建于清康熙二十八年,宫院前有门,高悬的门匾上书:景福门。宫院的正殿,称为景福宫。正殿后面,有两座从事佛事活动的楼阁,一个是梵华楼,一个是佛日楼。

这座景福宫,是清康熙皇帝为孝敬孝惠太后而特地建造的。这里环境优雅,景致秀美，佛堂楼阁清幽宁静，是一处理想的清修胜境。清康熙皇帝目睹景福宫的太后生活，心中颇有欢愉，便写诗一首：

     慈颜懿教，祗奉铭箴。
     福祉灵寿，遐龄喜深。
     松筠玉树，绕彻清音。
     涉德纯嘏，萱枝茂林。
     挥毫敬颂，永日葵心。

孝惠太后作为顺治皇帝的第二任皇后，自然就是康熙皇帝的嫡母。孝惠太后一直活到康熙五十七年，那时，康熙皇帝已经有了重孙，那么，孝惠太后就是五世同堂的老太后了。所以，景福宫是个福地。

清乾隆皇帝晚年时，喜得五代同堂，特地将景福宫重新修葺一新，作为晚年自己修身养性之所。乾隆皇帝亲笔御书一匾：五福五代堂，悬挂在景福宫。此后，景福宫又称为五福五代堂。

6. 散财童子

清康熙年间，经过六十年的休养生息，国库存银5000余万两。

清雍正时期，经过十三年的苦心经营和艰苦积累，国库存银6000余万两。

乾隆皇帝文才武略，25岁即皇帝位，正当意气风发的花样年华。经过五十多年的经营和努力，经济繁荣，人民富足，人口大增，天下太平，整个王朝呈现出一派欣欣向荣的繁荣景象，大清帝国达到了鼎盛。清乾隆五十五年（1790），国库存银达8000余万两。

乾隆皇帝好大喜功，自许文治武功天下第一；一生喜好游乐，巡游各地，六下江南，到乾隆末年，国库为之一空，库存银仅约200万两。

乾隆皇帝挥金如土，十全武功之军费，耗资惊人；加上庞大官僚集团的俸禄、治理河渠的河道工程以及游乐、庆典、修筑御园、广泛搜罗奇珍异宝等等，每一项的耗银数目都令人咋舌：

乾隆皇帝修建避暑山庄、圆明园，所有花费不下两亿两；

乾隆皇帝三次为母后祝寿、两次为自己庆寿，花费的数目令大臣们心惊；

乾隆皇帝在万寿寺旁修建一条苏州街，只是为了博太后一笑；

乾隆皇帝六下江南，从北京到杭州，沿途仅皇帝的行宫就多达30余座。

乾隆皇帝挥霍金银，耗尽了王朝的家底和积蓄，到他去世时，国库已经是所剩无几了,所以,人称乾隆皇帝为散财童子。

不过,客观地说,乾隆皇帝的这些钱,大多都没有白花:

清宫里留存至今的百万件珍贵文物中,有相当大的一部分都是乾隆时期留下的,包括古籍、书画、陶器、瓷器、金器、玉器、竹雕、木雕、牙雕、珐琅、古玩、织绣等等,这些都是乾隆皇帝留给后世的极其宝贵的文化遗产,这些遗产不仅制作精致,质量上乘,而且在乾隆皇帝的督促下,著录、登记、造册、保管等方面也都十分细致周到,有条不紊。所以说,风流才子的乾隆皇帝,并不完全是为了一己之欲而挥霍浪费国库钱财,而是做了许多有益的事。

7. 禅位

乾隆皇帝一心仿效其祖父康熙皇帝,康熙皇帝在位61年,他在即皇帝位之初,就焚香告天,为自己祈求百岁长寿,并许诺:如果能在位60年,到时一定传位给嗣君。乾隆皇帝敬重其祖父康熙皇帝,所以立愿60年,少康熙一年。

日月如梭,光阴荏苒。25岁即皇帝位的乾隆皇帝,似乎还没感觉到自己八十余高龄的时候,他许诺的在位60年很快就到了。乾隆六十年九月,乾隆皇帝临御勤政殿,召见王公大臣、皇子皇孙,郑重宣布立皇第十五子为皇太子,明年正式退位,以皇太子即皇帝位,改年号为嘉庆。

乾隆皇帝即将归政,他意味深长地下一道谕旨:朕归政后,应用喜字第一号玉玺,镌刻"太上皇之宝"玉册,即将御制"十全老人之宝"镌刻作为太上皇帝宝册。

宣布以后皇十五子入住毓庆宫,定于次年元旦举行授受典礼。嘉庆元年元旦,正式授受大典如期举行,大典完毕以后,85岁的乾隆皇帝回到宁寿宫,在寿皇殿举行千叟宴。乾隆皇帝只是名义上退位,他在圣谕中一再表示过问军国大事,禅位仍训政。实际上,权力仍然控制在他的手里,直到嘉庆四年正月去世。

家族成员

父母

父亲:爱新觉罗·胤禛,年号雍正。

嫡母:孝敬宪皇后(1679—1731年),乌喇那拉氏,满洲正黄旗人,父为内大臣费扬古,母觉罗氏为努尔哈赤玄孙。

生母:孝圣宪皇后,钮祜禄氏,生于康熙三十一年(1692年)十一月五日,满洲镶黄旗人,四品典仪官凌柱之女。卒于乾隆四十二年正月二十三(1777年3月2日),清朝孝圣宪皇后葬泰东陵。谥孝圣慈宣康惠敦和诚徽仁穆敬天光圣宪皇后。

后妃

皇后,3人。

孝贤纯皇后:富察氏。弘历之元配皇后。满洲镶黄旗,察哈尔总管李荣保的女儿。姿貌窈窕,乾隆对其钟爱异常,乾隆十三年,随帝东巡,崩于返京途中,年三十七,上深恸,为制《述悲赋》。

纯帝继皇后:那拉氏,名不详。乾隆三十一年(1766年)七月薨,以皇贵妃礼葬。生皇十二子永璂,皇十三子永璟及皇五女。

孝仪纯皇后:魏佳氏,本汉军旗;乾隆时期抬入满洲旗,改魏佳氏。内管领魏清泰之女。乾隆四十年(1775年)正月二十九日薨,年四十九。谥令懿皇贵妃。祔葬裕陵。

妃嫔

皇贵妃,5人				
慧贤皇贵妃高佳氏	哲悯皇贵妃富察氏	淑嘉皇贵妃金佳氏	纯惠皇贵妃苏氏	庆恭皇贵妃陆氏
贵妃,5人				
忻贵妃戴佳氏	愉贵妃珂里叶特氏	循贵妃伊尔根觉罗氏	颖贵妃巴林氏	婉贵妃陈氏
妃,6人				
舒妃叶赫那拉氏	豫妃博尔济吉特氏	惇妃汪氏	芳妃陈氏	晋妃富察氏
容妃和卓氏				
嫔,6人				
仪嫔黄氏	怡嫔柏氏	恂嫔霍硕特氏	诚嫔钮祜禄氏	慎嫔拜尔葛斯氏
恭嫔林氏				
贵人,12人				
白贵人柏氏	金贵人柏氏	慎贵人柏氏	新贵人曾氏	瑞贵人索淖洛氏
福贵人索淖洛氏	秀贵人索淖洛氏	寿贵人柏氏	顺贵人钮祜禄氏	鄂贵人西林觉罗氏
武贵人索淖洛氏	陆贵人陆氏			
常在,4人				
张常在张氏	宁常在宁氏	揆常在揆氏	平常在平氏	

皇子

皇长子,永璜,母哲悯皇贵妃。1750年薨,年二十三。追封定亲王,谥曰安。子二,绵德、绵恩。

皇次子,永琏,母孝贤皇后。雍正帝赐名,隐示承宗器之意,深得弘历钟爱,"聪明贵重,气宇不凡",乾隆元年七月,弘历密定皇储缄其名于乾清宫正大光明匾额后。1738年薨,弘历极为伤感,册赠皇太子,谥端慧。

皇三子,永璋,母纯惠皇贵妃,乾隆二十五年薨,年二十六。追封循郡王。子一,殇。过继永瑆次子绵懿为嗣,袭贝勒。卒,子奕绪,袭贝子。卒,子载迁,袭镇国公。

皇四子,永珹,履端亲王。母淑嘉皇贵妃。乾隆二十八年十一月奉旨出继和硕履懿亲王允祹后,四十二年二月二十八日辰时薨逝,终年三十九岁,谥曰"端"。

皇五子,永琪,母愉贵妃,少习骑射,娴国语。乾隆三十年十一月封荣亲王。乾隆三十一年薨,年二十六。谥曰纯。子五,四皆殇;绵亿。

皇六子,永瑢,母纯惠皇贵妃,乾隆二十四年十二月,出继为慎靖郡王允禧子,封贝勒。乾隆三十七年,进封质郡王。善诗文、绘画,兼通天算。

皇七子,永琮,母孝贤皇后。"性成夙慧,岐嶷表异,出自正嫡,聪颖殊常",皇七子颇受弘历疼爱,弘历欲立为太子。乾隆十二年以痘殇,方二岁。上谕谓:"先朝未有以元后正嫡绍承大统者,朕乃欲行先人所未行之事,邀先人不能获之福,此乃朕过耶!"命丧仪视皇子从优,谥曰悼敏。嘉庆四年三月,追封哲亲王。

皇八子,永璇,母淑嘉皇贵妃,初封仪郡王,后晋亲王,时人品评其"沉湎酒色,又有脚病。"卒于道光十二年,谥"慎"。

皇九子,未命名,幼殇,未封。母淑嘉皇贵妃金佳氏。

皇十子,未命名,幼殇,未封。母舒妃叶赫那拉氏。

皇十一子,永瑆,字镜泉,号少厂,别号诒晋斋主人,生母为淑嘉皇贵妃金佳氏。乾隆五十四年封成亲王。

皇十五子,永琰,母为孝仪纯皇后。后改名颙琰,原名永琰,清朝第七位皇帝,清军入关后的第五位皇帝,弘历的第十五子。年号嘉庆,1796—1820年在位。庙号清仁宗睿皇帝,谥号受天兴运敷化绥猷崇文经武光裕孝恭勤俭端敏英哲睿皇帝,葬于清西陵之昌陵。

皇十七子,永璘,母孝仪纯皇后。和珅诛,没其宅赐永璘。嘉庆二十五年(1820年)永璘晋庆亲王,三月十三日去世。

公主

皇三女,固伦和敬公主。母孝贤皇后。乾隆初年,封固伦和敬公主;乾隆十二年三月下嫁科尔沁博尔济吉特氏色布腾巴勒珠尔。

皇四女,和硕和嘉公主。母纯惠皇贵妃,乾隆二十五年正月封和硕和嘉公主;三月下嫁傅恒之子福隆安。

皇七女,固伦和静公主。母孝仪纯皇后,乾隆三十五年封固伦和静公主;七月,下嫁博尔济吉特氏拉旺多尔济。

皇九女,和硕和恪公主。母孝仪纯皇后,乾隆三十六年封和硕和恪公主。三十七年嫁乌雅氏札兰泰。

皇十女,固伦和孝公主。母惇妃,弘历最幼女,乾隆五十四年下嫁和珅之子丰绅殷德。

裕陵

裕陵,是清高宗乾隆皇帝弘历的陵墓,位于东陵孝陵以西的胜水峪。裕陵旨地约690亩,全陵建筑以神道贯穿,并且和孝陵主神道相连。裕陵南端为重檐九脊圣德神功碑楼,楼凡四角,各竖华表。长长的神道两边依次排列着八对石象生。进入陵门,依序是牌楼、神道碑亭、隆恩门、隆恩殿、方城、明楼、宝城。裕陵地宫全部是拱券式石结构,三堂四道石门,成主字形,深约五十余米,面积约三百三十平方米。四壁、券顶都是各种石雕刻。

裕陵地宫明堂两侧,有放册室的石座八个;金堂有石制宝床,中央是弘历的棺椁,旁边是两个皇后、三个贵妃的灵柩。裕陵以西约一里处,有弘历皇后乌喇那拉氏、皇贵妃、贵妃、嫔妃等35人的裕妃园寝。

七、西太后和宣统帝溥仪

生平

西太后叶赫那拉氏,满洲正黄旗人,安徽徽宁池广太道惠征的女儿,是咸丰帝皇后。西太后又称那拉太后、慈禧皇太后。咸丰元年,公元1851年,那拉氏进宫,封懿贵人,时年17岁。四年后,封懿嫔。再过两年,生载淳即穆宗,进封懿妃,次年进懿贵妃。咸丰十年,随文宗逃往热河。第二年,文宗去世,其子载淳即皇帝位,时年6岁,那拉氏和孝贞皇后并尊为皇太后。那拉氏居丧时住热河行宫烟波致爽殿西暖阁,因称西太后。文宗遗命,怡亲王载垣、郑亲王端华等政务王大臣,辅佐幼主。那拉氏发动政变,逮系辅政大臣,独揽大权,垂帘听政。

事迹

　　西太后执政后,借重曾国藩等地主武装,镇压太平军、捻军和苗民起义。同治十二年,西太后宣布归政给儿子穆宗载淳,但是实际上,她仍大权独揽。到第二年,载淳病死,册立四岁的载湉为皇帝,为清德宗光绪皇帝,西太后再次垂帘听政。西太后依靠李鸿章等开展洋务运动,先后在列强的进逼下签订了一系不平等条约。屠杀义和团。光绪三十四年,西太后病死。时年74岁。

　　清逊帝溥仪是光绪皇帝的弟弟醇亲王载沣的儿子,母亲是苏完瓜尔佳氏。光绪三十四年十月二十日,光绪帝病重,西太后命溥仪入宫教养,以载沣为摄政王。醇王太福晋闻命,放声大哭,抱着溥仪不放,大声说:杀了我的儿子,又来杀孙子,虽然名义上是皇帝,实际上是终身圈禁!第二天,光绪帝去世,西太后命溥仪继位。第二天,西太后去世。

　　宣统三年,公元1911年,孙中山同盟会在广州起义。各地烽火四起,风起云涌。十月十日,武昌起义,各省响应,共推孙中山为临时大总统。这年十二月二十五日,清廷被迫宣告溥仪退位。清至此灭亡,历十二帝,凡二百七十六年。

　　1917年7月1日,军阀张勋复辟,拥立溥仪重登皇帝宝座,历时仅12天。1924年,废除帝号,溥仪被迫迁出紫禁城。1931年底,溥仪在侵华日军策划下,潜往东北,任伪满洲国执政。1934年,溥仪出任伪满洲国皇帝。1945年,溥仪被苏军俘虏。1950年8月,溥仪移交给中华人民共和国政府,经改造后,于1959年12月4日被特赦。1967年10月17日,溥仪病逝北京,终年62岁。

光绪之死疑案

　　清光绪皇帝生活在慈禧太后的阴影下郁郁寡欢,其死亡之日恰在慈禧咽气前的一天。对此,官修史书未加任何注解。光绪之死,令在野的士大夫们悲愤满腔,认为这是一段痛史,是五千年未有之奇冤。感叹身为光绪之弟的摄政王不去清查此案,感叹董狐之笔无人敢执。光绪在死之前确实病魔缠身,然而一些文人、医士的回忆材料令人无法相信光绪之死实由疾病而无人为的加害。在权力斗争中,光绪虽一直处于劣势,但暗中的较量愈到晚期愈微妙而尖锐;光绪体弱多病,慈禧进入七十以后健康每况愈下,所以体力的较量到后来至关重要。

　　光绪三十四年(1908年)秋天,慈禧患泄病,十月转成严重的痢疾,意识到自己将不久于人世的太后曾说过"吾不能先彼死"之话。光绪此时也病情严重。十月十六日,他们最后一次在西苑勤政殿,召见大臣。那天,被召见的是新任命的直隶提学使傅增湘,傅增湘看得出:太后神态殊惫,闻是日病已不支。皇上天颜癯晦,玉音低微,座中掖以数枕,强自支持。角力场上的两个对手都已精疲力竭了,不同的是一个是 73 岁的老妪,一个是 38 岁的壮龄男子。

先倒下的人却是光绪皇帝。十月二十一日傍晚,光绪死了。那天早晨,御医周景焘入内看脉:见皇上东床仰卧,瞪目指口,意欲得食,而其时内监只余一人。宫中器皿皆被阉人盗窃殆尽,只余一玉鼎。正彷徨间,复见光绪转侧,见医生在,招手使前而无一言,俄顷忽吐血盈床,跪近视之,无少声息。此前三日,即十月十八日,为光绪治病的西医屈桂庭,见光绪腹痛,在床上乱滚,并对屈桂庭叫道:肚子痛得了不得! 屈桂庭诊得皇帝的病史:心跳、面黑、神衰、舌黄焦、便结、夜不能睡。他认为,此时的腹痛与以往的病绝少关联。

光绪之死,岂能不是一件宫闱疑案? 如果是被害,加害者是谁呢? 慈禧之外,袁世凯、李莲英都有可能。袁世凯是光绪最恨之人,恨之入骨,袁世凯自己不会不知道;李莲英也是光绪的眼中钉。他们能坐等光绪在慈禧死后对他们报复? 20 世纪初的这件事情,未能得到及时查证,旷隔多年,只剩下人们的纷纭推测了。

典故逸闻

1. 殡天异闻

同治帝载淳之死,传闻极多。传说,同治帝并不是西太后生的,实际上是咸丰帝和宫女生的。那拉氏毒死了宫女,将这孩子据为己有,称自己所生。咸丰帝大喜,封她为贵妃。同治帝即位后,私求生母遗像,西太后大惧,便毒死了同治皇帝。又传说,同治帝病重时,召军机大臣李鸿藻,称李为师傅,口称遗命,凡千余言,以防西太后。遗诏完成后,同治帝看过,很为满意。李鸿藻出宫后,十分恐惧,就奏报西太后。西太后大怒撕诏掷地,下令断绝同治帝医药饮食。不久,同治帝去世。

再传说,同治帝不满西太后专权,微服出宫。游幸青楼,沾染梅毒。西太后为了掩丑,下令以痘症诊治。同治大怒,说:母后害我! 不久去世。再有传说:同治帝确实患痘症。他的皇后在他跟前抱怨西太后太狠。同治帝说:忍着吧,总有出头之日。这话刚好被西太后听到,入内就揪住同治皇后的头发,准备责杖。同治帝见状,惊得昏死过去。醒来后,痘溃去世。

2. 瀛台囚帝

瀛台,位于北京紫禁城西南海中,四面环水,一条板桥通往岸边。正中是涵元殿,东向是庆元殿,西向是景星殿。这里是清历代皇帝避暑和裁政之所。光绪二十四年(1898 年)9 月 21 日,西太后发动政变,以光绪帝的名义发布诏书,称光绪帝有病,再次由西太后听政。光绪帝被赶出养心殿,软禁在慈宁宫左边偏房,日夜有16名太监看守。西太后想废了光绪,但中外反对,便只好将他迁禁瀛台。

八国联军入京,西太后带光绪逃离北京。回京后,又将光绪囚禁瀛台。光绪在瀛台终日看书、写字、聊天、睡觉,并几次试图逃离,没有成功。天长日久,积郁成疾,于三十四年10月21日于瀛台涵元殿含恨而死。

3. 珍妃井

珍妃,他他拉氏,满洲镶红旗人,侍郎长叙的女儿,是德宗光绪皇帝的爱妃。光绪十四年(1888年),12岁的他他拉氏选为珍嫔,得光绪宠爱,进封珍妃。光绪二十四年,百日维新失败,西太后囚禁了光绪皇帝,也将支持光绪变法的珍妃囚禁在南海冷宫。光绪二十六年,八国联军进犯北京。西太后挟光绪帝出逃西安。离京时,西太后命太监将珍妃推入紫禁城外东路一口井中溺死。第二年,西太后、光绪回宫,才将珍妃尸体捞出下葬。此井后名为珍妃井,至今还在。

八、清代皇陵

清代皇帝的陵墓主要分布在四个地方:沈阳福陵、沈阳昭陵、东陵、西陵。

沈阳福陵

福陵,是清太祖努尔哈赤和皇后叶赫那拉氏的陵墓,位于沈阳市东部,又称为东陵。福陵是清初著名的关东四陵之一。福陵前临浑河,后倚天柱山,气势雄伟,风水极好。福陵初建于后金天聪三年(1629年)。清康熙、乾隆时曾分别增修。陵园面积约19万平方米。

福陵四周,是矩形的缭墙,南面正中是正红门。正红门东西墙上有嵌雕着蟠龙的琉璃壁。门前两侧依次是下马碑、华表、石狮、石牌坊。正红门内是长长的神道。神道苍松掩映,成对地排列着石狮、石马、石驼、石虎等石雕。神道往北,地势越来越高,依着山势修筑一百零八块磴砖砖阶。拾级而上,砖阶尽处,是一坐石桥。过石桥,正中是一座雄伟的碑楼,楼内竖一块康熙皇帝亲书的大清福陵神功圣德碑。碑楼左右是供祭祀用的茶果房、涤器房、省牲房、斋房等。

过碑楼往北,是城堡式的方城。这是福陵的主要建筑。南面正中是隆恩门,门上是三重檐的高大门楼。北面正中是明楼,楼内竖一块石碑,上书:太祖高皇帝之陵。方城四角建有角楼。城内正中是隆恩殿。殿凡三楹,东西配殿则各五楹。这是福陵祭祀的地方，内中供奉着神位木主。正殿后，是石柱门和石五供。殿前设焚帛亭。方城后，是月牙形的宝城，又称为月牙城。方城上是宝顶，下面是埋葬陵墓主人的地宫。福陵古松参天，幽静肃穆，风景十分优美。

沈阳昭陵

　　昭陵，是清太宗皇太极和孝端文皇后博尔济吉特氏的陵墓，位于辽宁沈阳市北，又称为北陵。昭陵，是清初著名的关东四陵之一。昭陵在清关外的诸陵中，是规模最大又保存最为完整的一座。昭陵陵园，面积约450万平方米。

　　昭陵，始建于清崇德八年(1643年)。清顺治八年(1651年)，昭陵竣工。清康熙、嘉庆时，曾一再增修。昭陵建制和福陵大同小异。四周，是缭墙围绕。南面正中，是正红门。门外是下马碑、华表、石狮、石桥和清嘉庆六年增建的青石碑坊。大门两侧，有嵌有五彩琉璃的蟠龙琉璃壁。门内，是神道，神道两旁排列着栩栩如生的石兽群：狮子、麒麟、獬豸、骆驼、马、象，六对十二只。

　　昭陵神道北部正中，是一座碑楼，楼内竖一块康熙御书的大清神功圣德碑。碑高5米多，重约10万斤。碑楼旁，有石表。碑楼东西，是茶膳房、涤器房。碑楼后，是城堡式方城。这些建筑，是陵园的主体。方城正中，是隆恩殿。

　　隆恩殿，建在精美的花岗石台基上，大殿面阔三间，雕梁画栋，堂皇富丽，上面是黄琉璃瓦顶。隆恩殿东西，有配殿。殿前是隆恩门。殿后是明楼，楼内竖一块石碑，上书：太宗文皇帝之陵。

　　方城四角是角楼。方城北是月牙形宝城。宝城上部为宝顶，下部就是太宗皇太极和后妃的地宫。昭陵建造于平地。整个陵园殿宇耸立，苍松翠柏，景致十分幽美。

清东陵

　　东陵，位于河北省遵化县西北部马兰峪昌瑞山，距离北京约250里。东陵，包括五座帝陵、四座后陵、五座妃园寝，埋葬着5个皇帝，15个皇后、136个妃子。

　　东陵，风景优美。清统治者曾视这里是上吉之壤，以风水禁地，禁止任何人出入。这里地势雄伟，确实是万年龙虎抱，每夜鬼神朝的风水宝地。东陵15座陵墓，在昌瑞山南麓依山势东西排开，陵前是长长的神道，陵后是巍峨的大山。

1. 营建

　　清初，顺治年间，顺治帝在一次狩猎中偶然来到昌瑞山下，见这一带山区，风景优美，山峦之间王气葱郁，不禁流连忘返。顺治帝便取下射御钩弦用的扳指，射向空中,晓谕侍从:扳指落处,必是佳穴,以后作为我的寿宫。

清康熙二年(1663年),顺治帝孝陵建于昌瑞山下。这座孝陵工程,是清营建东陵的开始。清康熙皇帝去世后,他和他的后妃分别葬在东陵的景陵、双妃园寝、景妃园寝。如此,开创了清代子随父葬、祖辈衍继的昭穆之制。这一制度,到雍正时期才发生了变化。

2. 布局

孝陵是东陵的中心,位于昌瑞山的主峰下。从孝陵最南端起点的石牌坊到孝陵宝顶,绵延着十里的神道,神道上依次排列着:大红门、更衣殿、大碑楼、石象生、龙凤门、一孔桥、七孔桥、五孔桥、下马碑、小碑楼、东西朝房、东西班房、隆恩门、焚帛炉、东西配殿、隆恩殿、琉璃花门、二柱门、石五供、明楼、宝顶。

大红门,是东陵的门户。门前,耸立着一座五间六柱十一楼式的石牌坊。门前石牌坊旁,是石麒麟和下马碑,碑上书:官员人等至此下马。过大红门,在神道右边原有一座供谒陵人员换衣的更衣殿,此殿已不复存在。

大红门后,是长约十里的神道,神道上是栩栩如生的石象生。石象生,从华表开始,排列着十八对石人、石兽、獬豸、马、象、狻猊、麒麟、文臣、武将。乾隆裕陵,八对;其他陵墓,是五对;后妃陵,没有。

神道石象生后,是大碑楼,楼内正中竖一块圣德神功碑,碑身是镜面玉石,分别用满、汉文写着顺治帝的神功圣德。大碑楼北是龙凤门,门凡三楼,是三间六柱式建筑,以彩色琉璃砖瓦装饰。

神道北端,是碑亭。亭内竖着龟趺石碑,碑上刻着皇帝的庙号、谥号、徽号、陵号。碑亭东为神厨房,是烹调祭品的所在,包括神厨五间、神库六间、省牲亭一座。碑亭北是三孔桥,桥下是玉带河,又叫龙须沟。

碑亭北,是隆恩门,门前东西两侧是朝房和班房。东朝房是茶膳房,西朝房是饽饽果品房。隆恩门面阔五间,单檐歇山式,两边是高大的红色宫墙。入隆恩门,是正殿隆恩殿。这是祭祀的地方。殿前月台上,中间是铜鼎,两边是铜鹿、铜鹤。东西各有配殿,殿南是焚帛炉。

隆恩殿后是琉璃花门,是三个门洞,用彩色琉璃砖瓦装饰。门两旁是宫墙,隔成前朝和后殿两个部分。进琉璃花门,过二柱门,前是陈列台石五供。石五供后,是明楼。明楼为重檐歇山顶式,楼内竖一块石碑,碑上刻着满、蒙、汉三种字体,写着庙号、陵名。明楼下是方城,方城呈正方形,两边是高大的城墙,绕墓一周,称为宝城。宝城前和琉璃影壁相连,状如月牙,又称月牙城。宝城中间是巨大的土丘,这便是帝后的坟墓,叫作宝顶,又叫独龙阜。宝顶南侧是琉璃影壁,影壁下是通往地宫的隧道。宝顶下是帝后的地宫。

3. 陵墓

东陵埋着5个皇帝、15个皇后、136个妃子。风水围墙外,还分布着亲王、公主、太子园寝。除昭西陵外,各陵都以帝陵为中心,后妃陵建于帝陵侧。而各帝王陵又以顺治孝陵为中心,分布东西两侧。

孝陵:清顺治帝陵墓,位于昌瑞山主峰下。

景陵:清康熙帝陵墓,位于孝陵以东稍南。

裕陵:清乾隆帝陵墓,位于孝陵西胜水峪。

定陵:清咸丰帝陵墓,位于裕陵西平安峪。

普祥峪定东陵:清咸丰帝皇后钮祜禄氏墓,即慈安太后、东太后墓。

普陀峪定东陵:清咸丰帝妃子那拉氏墓,即慈禧太后、西太后墓。

惠陵:清同治帝陵墓,位于景陵东双山峪。

清西陵

清自顺治入关,到宣统时结束,先后有10个皇帝。东陵,有5座皇帝陵,埋葬着五个皇帝和他们的后妃。另外五个皇帝,除了逊帝溥仪以外,剩下的4个皇帝都埋在西陵。

西陵,位于北京以西约240里的易州:今河北省易县梁各庄西。西陵周边一百余公里,层峦叠嶂,树木葱茏,风景十分幽美。西陵,葬有四座帝陵:泰陵、昌陵、慕陵、崇陵;3座后陵:泰东陵、昌西陵、慕东陵;妃嫔、公主等人,7座园寝。西陵,埋葬着四个皇帝:雍正、嘉庆、道光、光绪;9个皇后,以及27个妃子。

清代自顺治以后,实行子随父葬、祖辈衍继的昭穆丧葬制度,按这个制度清代的十位皇帝应该葬在一起,为什么在东陵之外又建西陵?是清雍正皇帝破坏了这一制度。

清太宗雍正皇帝,名爱新觉罗·胤禛,是清圣祖康熙皇帝的第四个儿子。据传说,胤禛在康熙病重时,进放了毒的人参,毒死了康熙,从而抢占了皇帝宝座。雍正即位以后,心中自然不安,怕死后和父皇康熙葬在一起,遭康熙报复,于是,另选陵址,远离东陵在数百里之外。

史书记载说,雍正即位第七年,便命人寻找建陵的吉地。受命勘测的大臣先在东陵孝陵、景陵旁卜择吉地,不大相宜;再在孝陵、景陵不远的龙凤朝阳山选址,但是,因为形局不全,穴中土地带有砂石,因而作罢。东陵,没有理想的建陵所在,理所当然另择吉地。

怡亲王允祥、大臣高其倬都是雍正的心腹，自然深知雍正的心思。他们奉旨选择陵址，在易州境内的泰宁山天平峪，发现了万年吉地。于是，他们上奏雍正皇帝。奏章之中称：天平峪是乾坤聚秀之区，阴阳和会之所，龙穴砂水，无美不收，形势理气，诸吉咸备。总之，这里是一块上吉的风水宝地。

雍正览奏以后，当然高兴，也认为那里的山脉水法实是上吉之壤。但是，雍正不能明确表态，因为选择新址就违背了子随父葬的丧葬祖制。雍正表示，这新址风水虽好，但是距父祖的景陵、孝陵相去数百里，实在于心不忍。接着雍正垂询大臣，让大臣们考证，另选陵址和古帝王规制典礼有没有未合之处。

聪明过人的大臣们自然心领神会，纷纷引经据典，证明另选新址，是合乎古制的。夏禹是大圣人吧？夏启也是，夏禹葬在浙江会稽，而启以后的夏代君主，却都葬在山西夏县，其间相距一千里。商汤葬在河南偃师，商著名的君主太甲葬在山东历城，太戊葬在彰德府内黄，武丁却葬在西华，相去都有约六百里。汉唐帝王都在陕西，但是他们的葬地也都不同。汉高祖、文帝、景帝、武帝分别葬在咸阳、长安、高陵、兴平，而唐高祖、太宗、高宗又分别葬在三原、醴县、乾县，其间，相去二百里到五百里不等。由此可见，历代帝王父子，可以不葬在一起；何况，易州和遵化，都地迫京师，同居畿辅，这和古制更不冲突。

雍正皇帝有了这些依据，自然就理直气壮地选择新址，而且心安理得。雍正下令，在泰宁山下大兴土木，建造泰陵。西陵陵区的开辟，就是从这里开始。雍正开辟西陵，除了自己建陵，还希望以后的子孙，也随着他葬入西陵。但是，他的儿子乾隆就违背父意，偏偏在东陵选址，并且规定，以后父子不葬一地，分别在东西两陵区选址造陵。

西陵之西有紫荆关，南傍易水，隔易水和狼牙山相望，东有2300多年前古燕国下都遗址。西陵树林葱茏，景致幽美，陵园建筑面积达5万平方米，计宫殿千余间，石建、石雕100余座。

参考文献

(清)张英等:《渊鉴类函》450卷,重刻乾隆古香斋袖珍本。

(唐)徐坚:《初学记》30卷,清乾隆古香斋袖珍本。

(晋)皇甫谧撰,(清)宋翔凤集校,《帝王世纪》10卷,(清)嘉庆十七年刻本。

(清)陆费墀编:《帝王庙谥年讳谱》1卷,清道光四年小琅环仙馆刻本。

(唐)李世民:《帝范》2卷,民国十三年东方学会铅印本。

(明)张太岳:《帝鉴图说》,明万历元年纯忠堂刻本。

(清)陆承如:《皇朝舆地略·内府舆地图》,清道光二十一年辩志书塾刻本。

(宋)赵佶撰,《圣济经》10卷,(宋)吴禔注清光绪十三年刻本。

(清)宣宗曼宁撰:《养正书屋全集定本》40卷。

(清)英和编:清光绪五年内府铅印本。

《世宗御制文体》30卷。

(清)世宗胤禛:清光绪五年内府铅印本。

《宫闱典》,(古今图书集成)本,中华书局。

(明)刘若愚、(清)高士奇:《明宫史·金鳌退食笔记》,北京古籍出版社1980年版。

(明)沈德符:《万历野获编》,中华书局1959年版。

朱偰:《明清两代宫苑建置沿革图考》,商务印书馆1947年版。

(清)潘荣陛、(清)富察敦崇:《帝京岁时纪胜燕京岁时记》,北京出版社1961年版。

(宋)孟元老:《东京梦华录》。

(宋)灌圃耐得翁:《都城纪胜》。

(宋)西湖老人:《西湖老人繁胜录》。

(宋)吴自牧:《梦粱录》。

(宋)周密:《武林旧事》,古典文学出版社1956年版。

(明)朱权:《明宫词》,北京古籍出版社1987年版。

无名氏撰:《圣政杂录》,明抄本。

(明)刘若愚:《酌中志略》卷22,清内府朱格抄本。

无名氏撰:《历代帝王统系纪年》,清乾隆十七年于敏中抄本。

(清)松椿编:《通鉴类纂》卷40,清光绪朱格抄本。

(清)于敏中:《国朝宫史》卷36,清嘉庆十一年朱格抄本。

(清)庆桂:《国朝宫史续编》卷100,清嘉庆十一年朱格抄本。

(清)允禄:《钦定满洲祭神祭天典礼》卷6,清乾隆内府朱格抄本。

无名氏撰:《历代祭祀乐章》,清顺治年抄本。

《钦定辽金元三史语解》46卷,清道光四年武英殿刻本。

(清)张廷玉撰,(清)英廉补:《明史本纪》24卷,(清)乾隆四十二年武英殿改订刻本。

(清)龚士炯编,(清)王元枢续:《御定历代纪事年表》100卷,清康熙五十四年内府刻本。

(清)宋荦:《御批资治通鉴纲目全书》108卷,清康熙四十六年扬州诗局刻本。

(清)傅恒:《御批历代通鉴辑览》116卷,清乾隆三十三年武英殿朱墨套印本。

(清)马骕:《绎史》160卷,清康熙内府刻本。

(清)阿桂等:《皇清开国方略》33卷,清乾隆五十一年武英殿刻本。

(清)小彻辰萨囊台吉:《钦定蒙古源流》8卷,清乾隆四十二年殿本。

(清)世祖福临辑注:《内政辑要》,清顺治十二年内府本。

(清)世祖福临:《御制孝献皇后哀册·御制行状》2卷,清顺治十七年内府刻本。

(清)福敏:《八旗满洲氏族通谱》80卷,清乾隆九年武英殿刻本。

《钦定古今储贰金鉴》6卷,(清)乾隆五十一年武英殿刻本。

(清)托津等:《钦定明鉴》24卷,清嘉庆二十三年殿本。

(清)徐郙:《钦定承华事略补图》6卷,清光绪年殿本。

《钦定宫中现行则例》4卷,(清)武英殿刻本。

(清)观保等:《钦定太常寺则例》114卷,清乾隆四十二年殿本。

(清)德成等:《光禄寺则例》84卷,清乾隆四十年殿本。

(清)赵昌等:《万寿记》,清康熙四十九年内府本。

(清)王原祁等:《万寿盛典》120卷,清康熙五十六年内府本。

(清)阿桂等:《八旬万寿盛典》120卷,清乾隆五十七年武英殿聚珍本。

(清)允禄:《皇朝礼器图式》18卷,清乾隆三十一年殿本。

(唐)杜佑清:《通典》200卷,乾隆十二年殿本。

《钦定续通典》150卷。

（清）嵇璜等：清乾隆四十八年殿本。

（清）嵇璜等：《皇朝通典》100卷，清乾隆年武英殿刻本。

（宋）郑樵：《通志》200卷，清乾隆十二年殿本。

（元）马端临：《文献通攷》348卷，清康熙十二年内府刻本。

周锡保：《中国古代服饰史》，中国戏剧出版社1984年版。

叶骁军：《中国都城发展史》，陕西人民出版社1988年版。

（晋）葛洪：《抱朴子》，上海书店出版社影印本。

（晋）陈寿：《三国志》，中华书局1959年版。

（汉）司马迁：《史记》，中华书局1959年版。

（汉）班固：《汉书》，中华书局1962年版。

（宋）范晔：《后汉书》，中华书局1965年版。

（唐）李百药：《北齐书》，中华书局1972年版。

（唐）姚思廉：《陈书》，中华书局1972年版。

（唐）刘肃：《大唐新语》，中华书局1984年版。

（隋）虞世南：《北堂书钞》，天津古籍出版社1988年版。

（唐）封演：《封氏闻见记》，清雅雨堂刻本。

（唐）崔令钦：《教坊记笺订》，中华书局1962年版。

（唐）房玄龄：《晋书》，中华书局1974年版。

（后晋）刘昫：《旧唐书》，中华书局1975年版。

（唐）张彦远：人民美术出版社1963年版。

（唐）姚思廉：《梁书》，中华书局1973年版。

（梁）萧子显：《南书》，中华书局1972年版。

（唐）魏徵：《隋书》，中华书局1973年版。

（晋）陈寿：《三国志》，中华书局1959年版。

（北齐）魏收：《魏书》，中华书局1974年版。

（晋）葛洪明：《西京杂记》，汲古阁刻本。

（唐）段成式：《酉阳杂俎》，中华书局1981年版。

（宋）魏泰：《东轩笔录》，中华书局1983年版。

（宋）周密：《癸辛杂识》，中华书局1984年版。

（宋）李心传：《建炎以来朝野杂记》，商务印书馆。

（宋）王巩之等：《渑水燕谈录·归田录》，中华书局1981年版。

（宋）吴处厚：《青箱杂记》，中华书局1985年版。

(宋)洪迈:《容斋随笔》,上海古籍出版社1978年版。

(宋)邵伯温:《邵氏闻见录》,中华书局1983年版。

(宋)叶绍翁:《四朝闻见录》,中华书局1989年版。

(宋)李昉:《太平广记》,中华书局1961年版。

(宋)王谠:《唐语林校证》,中华书局1987年版。

(宋)欧阳修:《新唐书》,中华书局1975年版。

(宋)欧阳修:《新五代史》,中华书局1974年版。

(宋)郭茂倩:《乐府诗集》,中华书局1979年版。

(元)陶宗仪:《辍耕录》,广文堂藏版。

(辽)王鼎津:《焚椒录》,逮秘书本。

(元)柯九思:《辽金元宫词》,北京古籍出版社1988年版。

(明)余继登:《典故纪闻》,中华书局1981年版。

(明)彭大翼:《山堂肆考》,文锦堂刻本。

(明)陶宗仪:《书史会要》,上海书店影印明洪武本。

(明)沈榜:《宛署杂记》,北京古籍出版社1983年版。

(明)宣宗朱瞻基:《五伦书》,明刻本。

(清)吴乘权:《纲鉴易知录》,中华书局1960年版。

(清)赵翼:《陔馀丛考》,中华书局1963年版。

(清)顾炎武:《历代宅京记》,中华书局1984年版。

(清)黄本骥:《历代职官表》,上海古籍出版社1980年版。

(清)张廷玉:《明史》,中华书局1974年版。

(清)黄宗羲:《明夷待访录》,中华书局1981年版。

(清)朱彭:《南宋古迹考》,浙江人民出版社1983年版。

(清)吴士鉴:《清宫词》,北京古籍出版社1986年版。

(清)于敏中:《日下旧闻考》,北京古籍出版社1983年版。

(清)徐松:《唐两京城坊考》,中华书局1985年版。

(清)王士慎:《香祖笔记》,上海古籍出版社1982年版。

(清)昭梿:《啸亭杂录》,中华书局1980年版。

毕沅:《续资治通鉴》,撰清刻本。

(清)吴振棫:《养吉斋丛录》,北京古籍出版社1983年版。

朴人:《帝王生活》,台湾学生书局。

易白沙:《帝王春秋》,岳麓书社1984年版。

施克宽:《中国的宦官秘史》,常春树书坊1985年版。

509

东郭先生:《太监生涯》,北岳文艺出版社1991年版。

侯立朝:《中国皇后史》,台湾博学出版社。

中国一史馆:《康熙起居注》,中华书局1984年版。

《吕氏春秋》,上海书店出版社影印本。

徐珂:《清稗类钞》,中华书局。

陈可冀:《清代宫廷医话》,人民卫生出版社1987年版。

杜文凯:《清代西人见闻录》,中国人民大学出版社1985年版。

坐观老人:《清代野记》,巴蜀书社1988年版。

陈万鼐:《清代乐制之研究》,台湾故宫丛刊甲种。

王芷章:《昇平署志略》,北平史学研究会1937年版。

《十家宫词》,中国书店1990年影印洪武本。

凌廷堪:《燕乐三书》,黑龙江人民出版社1983年版。

任二北:《优语集》,上海文艺出版社1981年版。

徐永昌:《中国古代体育》,北京师范大学出版社1983年版。

邓之诚:《中华二千年史》,中华书局1983年版。

《子史精华》,上海锦堂图书局民国十一年殿板影印。

责任编辑:宰艳红
封面设计:周涛勇
版式设计:汪　阳
责任校对:吕　飞

图书在版编目(CIP)数据

皇宫黄档——中国历代帝王宫廷故事/向　斯　著. —北京:人民出版社,2017.6
ISBN 978-7-01-016900-2

Ⅰ.①皇…　Ⅱ.①向…　Ⅲ.①宫廷-史料-中国-古代　Ⅳ.①K220.6

中国版本图书馆 CIP 数据核字(2016)第 256004 号

皇宫黄档
HUANGGONG HUANGDANG
——中国历代帝王宫廷故事

向　斯　著

人民出版社 出版发行
(100706　北京市东城区隆福寺街 99 号)

北京汇林印务有限公司印刷　新华书店经销

2017 年 6 月第 1 版　2017 年 6 月北京第 1 次印刷
开本:710 毫米×1000 毫米 1/16　印张:32.75　插页:8
字数:610 千字　印数:0,001-5,000 册

ISBN 978-7-01-016900-2　定价:76.00 元

邮购地址 100706　北京市东城区隆福寺街 99 号
人民东方图书销售中心　电话 (010)65250042　65289539

版权所有·侵权必究
凡购买本社图书,如有印制质量问题,我社负责调换。
服务电话:(010)65250042